Mercedes-Benz
Renn- und Sportwagen

2. Auflage 1982
Gestaltung: S. Naprawnik, D-8000 München
Titelfoto: Hans Peter Seufert, D-7050 Waiblingen
Foto Umschlagrückseite und Seite 202,
203 unten, 204 oben: Günther Molter, D-7016 Gerlingen
Reproduktionen: G. Preiss, D-7016 Gerlingen
Gesamtherstellung: Maisch & Queck, D-7016 Gerlingen
ISBN 3-88350-151-4

MERCEDES-BENZ
RENN- UND SPORTWAGEN

KARL LUDVIGSEN

deutsche Bearbeitung
STEFAN KNITTEL

BLEICHER VERLAG

Inhalt

Vorwort	6
Der Mercedes wird geboren	8
Die Gordon-Bennett-Rennen und die ersten Großen Preise	16
Der Blitzen-Benz	27
Motoren mit obenliegender Nockenwelle	38
Kompressorwagen aus Stuttgart	50
Der Benz-Tropfenwagen	63
Porsches Achtzylinder	71
Vom Typ K zum SSKL	79
Die 750-kg-Rennformel	93
Es bleibt beim Achtzylinder	107
Mercedes Rekordwagen	122
T 80 – Fahrzeug der Superlative	137
Die Dreiliter-Formel	145
Hart erkämpfte Siege	158
Die 1,5-Liter-Sensation	167
Die Geburt des Flügeltürers	176
Traumwagen 300 SL	189
Mercedes-Benz Automobile in Farbe	193
1954: Von A-Nocken und Z-Steuerung	216
Grand-Prix-Sieger	229
Mercedes-Benz 300 SLR	242
Testfahrzeuge	258
Stichwortverzeichnis	275

Vorwort zur deutschen Ausgabe

Meine Freunde in Deutschland wissen, warum ich der Meinung bin, daß dieses Buch von Günther Molter hätte geschrieben werden sollen. Es dürfte kaum jemanden geben, der als „Außenstehender" den Renn-Aktivitäten bei Daimler-Benz so dicht beiwohnen durfte. Er hat sich bereits als Buch-Autor mit den Rennwagen beschäftigt, zusammen mit dem Fotografen Kurt Wörner; und über die Fahrer Karl Kling und Juan Manuel Fangio hat er erstklassige Biographien erstellt. Als der Sport-Redakteur „Gümo" bei *auto motor + sport* hat er den Lesern in Deutschland über die großen Mercedes-Benz-Erfolge der fünfziger Jahre berichtet. Er war auch in gewisser Weise an dem triumphalen Sieg bei der Carrera Panamericana 1952 in Mexiko beteiligt, wo er den Reservewagen von Etappe zu Etappe fuhr.

Als ich mit den Vorbereitungen zu diesem Buch begann, war es Günther Molter indessen nicht möglich, die Autorenschaft zu übernehmen, er gab mir seine besten Wünsche mit auf den Weg und bot mir jedwede Unterstützung an. So verhält sich nur ein wahrer Gentleman. Heute bekleidet Günther Molter einen führenden Posten im Hause Daimler-Benz. Er war es auch, der den Ansatz zu einer deutschsprachigen Ausgabe meines Buches gab. Und so erscheint dies nun genau zehn Jahre nach der Premiere in Englisch.

Es wird Günther als Mitarbeiter der Daimler-Benz AG bestimmt interessieren, welche Auswirkungen dieses Buch auf den Verfasser gebracht hat. Bevor ich es schrieb, dachte ich mir nichts dabei, anstelle des Markennamens Mercedes-Benz einfach „Mercedes" zu sagen. Das hat sich jedoch geändert. Die Geschichte des Hauses Benz vor dem Zusammenschluß im Jahre 1926 erschien mir genau so wichtig und interessant als jene von Daimler. Und nach diesem Datum war es in der Tat erstaunlich, zu sehen, wie sehr die Mannschaft, die Konstruktions-Prinzipien und die Traditionen von Benz-Mannheim in Stuttgart die Oberhand gewannen. Noch viele Jahre nach dem Zusammenschluß war im gesamten Firmenbereich der Stolz der einzelnen Mitarbeiter, ein „Benz-Mann" oder „Daimler-Mann" zu sein, deutlich zu erkennen. So ist es für mich selbstverständlich geworden, alle Wagen der Daimler-Benz AG mit Mercedes-Benz zu bezeichnen und ich bedaure die Tendenz, die zweite Hälfte des großen Markennamens verschwinden zu lassen.

Die volle Würdigung der Rolle von Benz ist nur eine der Überraschungen, die den Leser dieses Buches erwartet. Als ich die Geschichte der Mercedes-Benz-Rennwagen mit Hilfe der vorhandenen Werks-Unterlagen aufzuzeichnen begann, mußte ich feststellen, daß viele der überlieferten Wahrheiten schlichtweg falsch waren. So beläuft sich beispielsweise die Leistungsangabe für den Grand Prix-Wagen der Saison oftmals auf 646 PS. Der tatsächliche Wert liegt dagegen eher bei 580 PS – der Leser erfährt genau, wie es zu der höheren PS-Zahl kam. Die Geheimniskrämerei um diese Rennwagen ging so weit, daß wir erst jetzt erfuhren, daß die De Dion-Hinterachse schon 1936 eingeführt wurde und nicht – wie immer behauptet – erst an den 1937er-Wagen zu finden war. So hat auch die allgemein gebräuchliche Typenbezeichnung der 1939er-Wagen „W 163" nie existiert. Sie war nach dem Krieg in der Verwirrung um die Verhöre der Daimler-Benz-Ingenieure durch den britischen Geheimdienst entstanden und wurde von den britischen Autoren, die sich nach dem Krieg mit dem Grand-Prix-Geschehen beschäftigten, übernommen.

Heutzutage wo die Rennfahrer in ihren wöchentlichen Zeitungskolumnen über die Vorkommnisse in aller Offenheit berichten und die Reporter Teams und Techniker nach jedem kleinen Detail befragen, fällt es einem schwer zu glauben, wie wenig man zur damaligen Zeit über die in diesem Buch beschriebenen Fahrzeuge gewußt hat. Dies traf ganz besonders für die dreißiger Jahre zu, als die ungeheuren Anstrengungen und Fortschritte in Forschung und Entwicklung keinerlei Erwähnung fanden und eigentlich erst heute richtig bekannt wurden.

In den Augen der Öffentlichkeit galt das Mercedes-Benz-Rennprogramm stets als ein Musterbeispiel technischer Perfektion. Die wahre Geschichte hingegen zeigt, wie auch die Rennwagen der DBAG oft immenser Nacharbeit und Improvisation bedurften, besonders in der Ära Uhlenhaut. Ich werde nie vergessen, wie plötzlich die alten Berichte und Dokumente zum Leben erwachten, als ich mich gerade mit dem überraschenden Startverzicht des gesamten Teams am 9. Juli 1939 in Reims befaßte, das mitten in eine bisher erfolgreich verlaufene Saison fiel. Durch eingehende und zielstrebige Bemühungen fand man dann schließlich die richtigen Lösungen, um die Saison mit dem gewohnten Erfolg zu Ende zu führen. Erst jetzt ist es uns möglich geworden zu erfahren, wie hart man dafür hat arbeiten müssen.

Da dies die Geschichte der Wagen ist, besteht der Text zum Großteil aus technischen Erläuterungen. Aus diesem Grund kann ich Stefan Knittel nur meine allergrößte Sympathie und Anerkennung aussprechen. Für mich war es schon schwer genug, die Worte für die Beschreibung der Wagen, der Männer und der Ereignisse der Mercedes-Benz-Rennwagen-Geschichte zu finden. Ich danke dem Übersetzer sehr, daß er die noch schwierigere Aufgabe, diese Worte ins Deutsche zu übertragen, auf sich genommen hat.

Die englischsprachige Ausgabe des Buches trägt eine schlichte Widmung: „To Fa". Ich habe damals keine Erklärung dafür abgegeben, aber ich glaube, daß ich dies hiermit nachholen sollte. „Fa", so nannte ich meinen Vater, Elliot Leon Ludvigsen. Alle anderen Leute nannten ihn „Lud", aber bei meinem Bruder und mir hies er eben Fa. Er war es, der mich eigentlich auf mein Interesse an der Welt des Automobils brachte. Als ich noch ein Schuljunge war, nahm er mich samstags mit, um Ausschuß-Teile aus Lkw-Getrieben der

Firma Fuller zu holen, bei der er als Geschäftsführer angestellt war. Er war selbst Ingenieur und unterstützte mich bei meinem Vorhaben, selbst Ingenieurs-Wissenschaften und später Industrie-Design zu studieren. Er verfolgte meine Aktivitäten auf dem Automobil-Sektor mit großem Interesse und Anteilnahme, und ich konnte stets auf seine Erfahrung und seine hervorragenden Ratschläge zurückgreifen. Seit seinem Tod im Jahre 1978 habe ich ihn sehr vermißt. Es bedeutet mir sehr viel, dieses Buch nun in zwei Sprachen vor mir zu haben, nicht zuletzt als eine Erinnerung der Zuneigung und des Respekts, wie ich sie Fa entgegengebracht habe.

Karl Ludvigsen

Regent's Park, London, England
August 1981

Mein Dank gilt all jenen, die zur Entstehung dieses Buches beigetragen haben. Für die großzügige Unterstützung möchte ich mich ganz besonders bei den folgenden Herren bedanken:
Artur Keser, Dirk H. Strassl, Rodolfo Mailander, Walter Stiebing, Bernhard Hülsen, Manfred Lorscheidt, Karl Bunz, Graf Marcus Clary, Karl Kling, Baron von Korff, Leo Levine, Robert Neary und Rudolf Uhlenhaut. Peter Helck, Lew Schäfer, Don Vorderman, L. Scott Bailey, Beverly Rae Kimes, Dr. Vincente Alvarez, Jesse Alexander, Charles L. Betts, James Bradley, Henry Austin Clark jr., René Dreyfus, Walter Gotschke, G. L. Hartner, Jaan Jaakson, Edward Jurist, Frederico Kirbus, Charles Lytle, William A. Moore, Jan Norbye, Stanley Nowak, Yu Ohkawa, John Peckham, Mauro Salo, Hubertus Graf Dönhoff, Manfred Schweiger und Halwart Schrader.

„Mein Vater setzte seine ganze Hoffnung auf Maybach. Er wußte, daß dieser „Poet der Technologie“ – von den Franzosen wurde er bald „König der Konstrukteure“ genannt – in der Lage sein würde, alle seine Vorstellungen zu verwirklichen. Diese beiden Männer – der eine lieferte die Anregungen, der andere setzte sie in die Realität um – verbanden eine Freundschaft und gemeinsame Interessen gleich einer Symbiose.“
Guy Jellinek-Mercédès

Der Mercedes wird geboren

Man schrieb noch das vorige Jahrhundert. Es war eine andere Zeit, eine andere Epoche menschlichen Denkens. Deutschland hatte sich zu einem mächtigen Kaiserreich entwickelt, dessen Höhepunkt 1898 noch nicht erreicht war. Berlin war Hauptstadt und sollte eine internationale Metropole werden. Am 24. Mai jenen Jahres war von alledem indessen nicht viel zu spüren. Ein paar Neugierige hatten sich eingefunden, um die Abfahrt von dreizehn schnaufenden und wackelnden, pferdelosen Kutschen mitzuerleben. Es handelte sich um den Start zum ersten Automobilisten-Wettbewerb im Kaiserreich.

Die Wagen ratterten die ausgefahrene Hauptstraße in Richtung Potsdam davon. Dieses Städtchen war als Wendepunkt ausersehen worden, von wo aus die Rückfahrt anzutreten war. Potsdam war auch die Residenz eines der ersten deutschen Förderer der Motorisierung – Kaiser Wilhelm II.

Die 54 Kilometer lange Ausfahrt war noch aus einem anderen Grund ein historisches Ereignis, denn erstmalig waren hier Fahrzeuge von Daimler und Benz am Start. Für die Zukunft ließ sich daraus freilich noch nichts ableiten, denn für den Sieg kamen sie nicht in Frage. Diese Ehre fiel einem Humber-Dreirad zu, das mit einem Vorsprung von neun Minuten vor einem Daimler-Viersitzer ins Ziel kam. Die Wagen von Benz plazierten sich als Vierte und Fünfte.

Der Daimler legte die Strecke auf der Potsdamer Chaussee mit einer Durchschnittsgeschwindigkeit von 23,6 km/h zurück. Vierzehn Jahre später begann man ein wenig weiter westlich mit dem Bau einer vierspurigen Schnellstraße. Und genau neununddreißig Jahre und sechs Tage nach dem allerersten Rennen in Deutschland siegte ein Wagen der Daimler-Benz AG in einem Rennen über 154 Kilometer auf eben dieser neuen Bahn. Der Schnitt des Siegers bei diesem Rennen des Jahres 1937 betrug 261,6 km/h, eine Rekordmarke, die erst 1958 überboten werden sollte.

Bei den ersten an jenem motorsportlichen Ereignis von 1898 teilnehmenden Fahrzeugen der Firmen Daimler und Benz handelte es sich um gewöhnliche Personenwagen, keineswegs um spezielle Rennfahrzeuge. Wagen dieser Art existierten noch nicht, wenn sich eine Entwicklung in diese Richtung auch bereits abzeichnete. Frankreich war damals die führende Nation auf dem Gebiet der Motorisierung. Die französischen Enthusiasten trachteten danach, jede Gelegenheit zu einem sportlichen Vergleich zu nutzen, und da viele reiche Leute, die in der Lage waren, sich dieses neue „Spielzeug“ leisten zu können, das Winterhalbjahr im sonnigen Süden verbrachten, lag es nahe, dort auch die ersten Rennen zu veranstalten. In Nizza wurden schon 1897 eine ganze Reihe von Wertungsfahrten und Sprintrennen ausgetragen. Schon damals gab es kritische Stimmen, die auf den drohenden Professionalismus in dieser Sportart hinwiesen, die eigentlich als ein privates Vergnügen, ebenfalls als öffentliche Kuriositätenschau, entstanden war. Aber der Wert der Publicity solcher Veranstaltungen, die Werbewirksamkeit für diese neuartigen Geräte, wurde bald entdeckt.

Der Qualitätsmaßstab für einen Motorwagen waren die damit errungenen Erfolge. Bald tauchten die ersten Gerüchte über spezielle, leichtgewichtige Wagen und aufgebohrte Zylinder auf, Maßnahmen, die damals nur von den Herstellern selbst vorgenommen werden konnten. Weshalb man auch einen ungerechten Vorteil der Werksfahrzeuge gegenüber privaten Wagen stark verurteilte. Anstrengungen auf diesem Gebiet hatte man von Karl Benz übrigens nicht zu erwarten. Dieser Automobilpionier verwendete seine ganze Schaffenskraft auf die Motorisierung des Verkehrs und hielt nichts von einem sportlichen Einsatz seiner Fahrzeuge. Benz war gerade 35 Jahre alt, als am Silvester-Abend des Jahres 1879 sein Zweitakt-Versuchsmotor zum ersten Mal funktionierte. 1882 gründete er in Mannheim die Firma „Benz & Co. Rheinische Gasmotoren-Fabrik“, wo er sich sowohl mit Stationärmotoren als auch mit Experimenten für einen Kraftwagen befaßte. Die ersten Benz-Wagen, die man ab 1886 in den Straßen Mannheims sehen konnte, waren noch Produkte aus dem Dampfmaschinenbau und der Feinmechanik, jedoch versehen mit Ideen und Errungenschaften des Benzschen Erfindergeistes. Das Interesse galt zu jener Zeit weniger den technischen Details, als vielmehr der Tatsache, daß solche Fahrzeuge überhaupt funktionierten. Ein Wagen, der von einem einzigen Mann bedient und gesteuert werden konnte, war ja noch ein höchst ungewöhnlicher Anblick.

Als seine Fahrzeuge zufriedenstellend liefen, wandte sich Benz sogleich ihrer Verfeinerung zu. Änderungen und Verbesserungen an Details sollten eine baldige Produktionsaufnahme von Motorfahrzeugen ermöglichen. Er wollte innerhalb kurzer Zeit sogar mit einem Programm verschiedener Aufbauten aufwarten können und unternahm deshalb keine großen Anstrengungen, die schon bewährten technischen Grundlagen weiterzuentwickeln.

An der Meinung Karl Benz’ über Rennwagen änderte sich auch in der Folgezeit kaum etwas. Im Jahre 1901 erklärte er, daß er dadurch sogar den Fortschritt des Automobils gefährdet sähe: „Diese seit neuem immer weiter um sich greifende Leidenschaft, andere im Geschwindigkeitswettstreit zu überbieten um sich schließlich noch mit schnellen Eisenbahnzügen zu messen, gefährdet nicht nur mit Mutwillen das Leben der Fahrer, sondern auch das der übrigen Verkehrsteilnehmer.“ Den Standpunkt seiner Firma erläuterte Benz im gleichen Jahr: „Anstatt an Rennen teilzunehmen, die keinen Gewinn an Erfahrung bringen, sondern vielmehr nur Schäden anrichten, werden wir weiterhin Wert legen auf die Herstellung solider und zuverlässiger Tourenwagen.“

Karl Benz war der Meinung, daß eine Geschwindigkeit von 50 Stundenkilo-

Der 16 PS-Zweizylinder wurde 1900 in verbesserter Ausführung vorgestellt. Auf dem Frontteil war ein System von Wasserrohren, versehen mit dünnen Kühlrippen, angebracht worden. Dadurch ließ sich die Kondensierung des verdampften Kühlwassers erheblich verbessern.

Benz Rennwagen 1899. Am Steuer dieses Zweizylinder-Modells ist Eugen Benz zu sehen, der sich im Gegensatz zu seinem Vater für höhere Geschwindigkeiten begeistern konnte. Neben ihm sitzt der bekannte Verleger und Automobil-Enthusiast Gustav Braunbeck.

Rechts- Konsul Emil Jellinek, der Österreichische Geschäftsmann, dem die Daimler-Motoren-Gesellschaft ihre ersten großen Sport- und Export-Erfolge zu verdanken hatte. Er war es auch, der 1900 den Wagen aus Bad Cannstatt den Namen Mercedes gab.

Oben: Der Kurbeltrieb des Daimler-Phönix-Motors; auffällig ist dabei das 60 cm große Schwungrad.

Wilhelm Maybach, der großartige Konstrukteur, der alle frühen Daimler- und Mercedes-Wagen und -Motoren schuf.

Für die Rennwoche in Nizza im Jahre 1900 ließ Jellinek bei der D. M. G. diesen Daimler-Phönix-Rennwagen anfertigen. Er war vom gleichnamigen Tourenmodell abgeleitet, wies aber einen kürzeren Radstand auf.

Hier ist die untere Hälfte des Motors von 1900 zu sehen; der Vierzylinder hatte einen Hubraum von 5507 ccm und leistete 28 PS bei 800 U/min.

metern auf den damaligen Straßen mehr als ausreichend sei. In Anbetracht der Mischung aus Fußgängern, Radfahrern, Reitern, Kutschen und Pferdefuhrwerken, die damals die Straßen bevölkerten, schien diese Ansicht mehr als gerechtfertigt. Höhere Geschwindigkeiten, so meinte Benz, seien nur auf speziell gebauten Autostraßen vertretbar. Seine beiden Söhne hingegen, Eugen und Richard, waren der Ansicht, daß die Autos mit ihrem Namen eine Chance erhalten sollten, ihre Überlegenheit bei den publikumswirksamen Rennen von Stadt zu Stadt unter Beweis zu stellen. Auf diese Weise verließen schließlich doch einige speziell präparierte Wagen die Tore des Mannheimer Werks.

Wie die meisten dieser Rennwagen des ausgehenden 19. Jahrhunderts, war auch der Benz von 1899 nach einem „Zwei-Etagen-Prinzip" gebaut. Ein rechteckiger Stahlrahmen trug den Aufbau und den Motor; die ganze Anordnung befand sich recht hoch über dem Boden, bis zu 75 cm. Darüber waren die Fahrer untergebracht. Sie saßen auf der Motorabdeckung und hatten beide Zugriff zur zentral stehenden Lenksäule mit allen Bedienungshebeln. Im Heck, über den Hinterrädern, war der Benz-„Contra-Motor" eingebaut, ein längsliegender Boxermotor.

Wie auch bei früheren Benz-Einzylindern lag die Kurbelwelle des Zweizylinders frei, geschmiert durch eine Tropfölung. Zu jener Zeit begann man, die unhandlichen Oberflächenvergaser durch die neuen Spritzvergasertypen zu ersetzen. Die Auslaßventile wurden mechanisch gesteuert, während der Einlaß nach wie vor gegen leichten Federdruck durch die Ansaugbewegung des abwärtsgehenden Kolbens automatisch geöffnet wurde. Das Kühlwasser floß von zwei seitlich angebrachten Behältern zu den Kühlmänteln um die Zylinder. Durch Lüftungsschlitze an der Motorabdeckung sollten den Wassertanks Luft zugeführt werden, jedoch basierte das System hauptsächlich auf der Verdampfung des Wassers, und Versuche, das Kühlmittel durch Kondensation in einem Röhrensystem auf dem Motorkasten zurückzugewinnen, funktionierten nicht. Man hoffte, die Luft würde auch quer zur Fahrtrichtung hindurchströmen.
Es war natürlich nur eine Frage der Zeit, wann diese Kühlung wieder mit Frischwasser versorgt werden mußte. Deshalb modernisierte man 1900 den „Rennwagen" mit einer Wasserpumpe, die das Kühlmittel im Umlauf hielt und es durch verrippte, V-förmig an der Vorderseite des Wagens aneinandergereihte Kühlröhren pumpte, eine Anordnung nach französischem Vorbild. Dadurch wurde der Aktionsradius des Fahrzeugs erhöht und die Möglichkeit zur Leistungssteigerung geschaffen. Normalerweise wies der Benz-Boxermotor die Abmessungen 110 × 120 mm für Zylinderbohrung und Kolbenhub auf, damit ergab sich ein Hubraum von 2280 ccm. Ursprünglich leistete er 8 PS bei 750 U/min, doch bei der Rennausführung von 1900/01 kam man bereits auf 16 Pferdestärken.
Der Motor trieb über einen Flachriemen das vor ihm angebrachte Viergang-getriebe an. Man wählte den Riemenantrieb wegen seiner Nebenwirkung als Antriebsstoßdämpfer. Das Getriebe gab die Kraft direkt an eine querliegende Zwischenwelle weiter, auf der die Ritzel für den Kettenantrieb zu den Hinterrädern angebracht waren. Diese ganze Maschinerie bewegte sich im „Keller" des Fahrzeugs, unter den Bodenbrettern. Die starren Achsen waren mit geraden Rohren an den Rahmen geschraubt, wobei die Verbindung flexibel blieb. Gefedert wurden die Achsen durch dünne Blattfedern, hinten halbelliptisch und vorne vollelliptisch ausgeführt. Ein Zahnrad an der Unterseite der Lenksäule griff in zwei Zahnstangen ein, die die Bewegungen der geteilten Hebellenkung auf die Vorderräder übertrugen.
Die Benz-Renner liefen auf kräftigen Holzspeichenrädern. Die Hinterräder (Durchmesser 108 cm) trugen den größeren Teil des Fahrzeuggewichts und wiesen eine versetzte Doppelreihe von Speichen auf. Die Vorderräder waren mit nur 87 cm Durchmesser kleiner gehalten. Für den normalen Straßengebrauch hatte man auch Lampen angebracht, die jedoch für den Renneinsatz demontierbar waren. Die geschwungenen Kotflügel hingegen wurden nicht entfernt. Ausgestattet mit Luftreifen, die mit 90 mm vorne und 120 mm hinten schon verhältnismäßig breit waren, sowie mit einem Radstand von 1900 mm und einer Spurbreite von 1250 mm geriet der Zweizylinder-Benz zu einem sehr erfolgreichen Wagen in Deutschland, hauptsächlich bei Fahrten von mittlerer Distanz, bis etwa 150 Kilometer.
Für ein Kurzstreckenrennen in Frankfurt im Sommer des Jahres 1900 kam aus dem Hause Benz jedoch ein sehr spezieller Rennwagen. Georg Diehl, ein sehr talentierter Mann, der seit 1899 die Konstruktionsabteilung bei Benz leitete, zeichnete für dieses Fahrzeug verantwortlich. Der neue Renner basierte auf dem vorhergehenden Chassis, man versah die Räder indessen mit noch breiteren Reifen und fügte zusätzlich zu den Nabenbremsen an den Hinterrädern noch Klotzbremsen an, die auf die Reifen wirkten. Zum ersten Mal wurde auch die Lenksäule nach hinten geneigt und die Lenkgriffe wichen einem Steuerrad. Unter der hinteren Abdeckung gab es genug Platz für einen Vierzylinder-Boxermotor, der wieder in Längsrichtung eingebaut wurde. Die Leistungsausbeute belief sich auf 20 PS, ein normaler Wert für einen 5,4-Liter-Motor (Bohrung-Hub-Verhältnis quadratisch: 120 × 120 mm). Die notwendige zusätzliche Kühlung ermöglichte ein verbessertes Röhrensystem an der Frontseite des Wagens. Der 25jährige Chefmechaniker Mathias Bender steuerte diesen allerersten Boxer-Vierzylinder in jenem Rennen zum Sieg. Seine Durchschnittsgeschwindigkeit lag mit knapp 48 km/h gerade noch innerhalb der vom Hause Benz gezogenen „Grenze der Vernunft".
Die Wagen von Daimler waren zu jener Zeit auch nicht schneller als die von Benz. Von Daimler gebaute Motoren siegten bei Autorennen jedoch schon seit 1894, also schon seit den ersten Anfängen dieser Sportart. Gottlieb Daimler war eigentlich auch mehr Motorenbauer als Automobilhersteller im Sinne eines Karl Benz. 1889 schloß er mit Peugeot und Panhard & Levassor Lizenzverträge ab, die diesen Firmen die Verwendung seiner fortschrittlichen Motorenkonstruktionen gestatteten. Diese hochdrehenden Aggregate, deren Drehzahlgrenze bei 900 U/min gegenüber den 250 Umdrehungen herkömmlicher Motoren lag, baute er in Cannstatt, einem Vorort nordöstlich von Stuttgart, bereits seit 1882.
Im Jahre 1890 wurde die Daimler-Motoren-Gesellschaft gegründet, deren Aufgabe die Herstellung von Einbaumotoren für Automobile, Eisenbahn-Triebwagen, Boote und für die Industrie sein sollte, außerdem wollte man das Projekt eines eigenen Automobils vorantreiben. Daimlers erstes Motorfahrzeug war im Jahre 1885 ein Zweirad mit Holzrahmen gewesen, das er zu Erprobungszwecken von Cannstatt nach Untertürkheim und zurück gefahren hatte. Bei all seinen Versuchen hatte Daimler seit 1869 Wilhelm Maybach zur Seite gestanden, der zwölf Jahre lang sein Schüler war und ein ungewöhnliches Geschick als Konstrukteur und Techniker vorweisen konnte.
Daimler-Motoren waren es, die in den Panhard & Levassor-Wagen gegen Ende des Jahrhunderts von Erfolg zu Erfolg fuhren und damit der französischen Automobilbranche zu ihrer anfänglichen Führungsposition verhalfen. Die Weiterentwicklung dieser Konstruktionen durch Daimler und Maybach war jedoch ins Stocken geraten. Die Finanziers der neuen Firma hatten kein Interesse an weiteren Versuchs- und Entwicklungsarbeiten, sie wollten mit der erfolgreichen Produktion schnell Geld verdienen. Die Probleme konnten erst 1895 überwunden werden, als die Machtverhältnisse in der Daimler-Motoren-Gesellschaft endgültig geklärt waren: Wilhelm Maybach wurde zum Technischen Direktor ernannt und Daimler fungierte als Fachberater der Geschäftsleitung und bekleidete den Posten eines „General-Inspekteurs". Diese Männer, die ihr ganzes Leben der Technik und der Forschung auf diesem Gebiet verschrieben hatten, wiesen nur wenig Gespür für die Erfordernisse des im Entstehen begriffenen Automobilmarktes auf. Sie bauten weiterhin ihre zwar zuverlässigen, aber in ihrem Äußeren nicht mehr ganz zeitgemäßen Wagen.
Auf der anderen Seite des Geschehens, nämlich in den Kreisen der wohlhabenden ersten Abnehmer von Motorwagen bewegte sich Emil Jellinek. Er hatte sich erste berufliche Erfahrungen im Konsulatsdienst der österreichisch-ungarischen Monarchie verschafft und verband dies in der Folgezeit mit einem großen Aufstieg als Repräsentant einer französischen Versicherungsgesellschaft. So spielte sich sein Leben zwischen mondänen Orten wie Baden bei Wien und Nizza an der Côte d'Azur ab.
Jellinek suchte im Alter von 43 Jahren nach einer neuen Herausforderung, als er im Jahre 1896 eines Tages in einer deutschen Zeitschrift auf eine Werbeanzeige für Daimler-Motoren aufmerksam wurde. Daraufhin besuchte er das Cannstatter Werk und bestellte umgehend einen Daimler-Wagen. Das Doppel-Phaeton sollte man ihm nach Nizza liefern. Doch wurde der temperamentvolle Jellinek mit diesem 6-PS-Wagen nicht so recht glücklich; er lief zwar ohne jedes Problem, war aber nur 25 Stundenkilometer schnell. So schrieb er Anfang 1897 nach Cannstatt und bestellte ein Auto, das mindestens 40 km/h erreichen sollte. Die Wichtigkeit seines Auftrages unterstrich er mit weiteren vier Bestellungen.
Diese Forderung überraschte Daimler und Maybach, aber die damit verbundene Großbestellung erschien verlockend. So bauten sie einen Wagen, der 42 km/h erreichte und dabei immer noch mit dem herkömmlichen Zweizylinder-

Heckmotor auskam. Doch damit weckten sie bei Jellinek die Vermutung, daß es durchaus noch schneller gehen könnte. Er orderte daraufhin den Bau von weiteren sechs Wagen durch die D. M. G. und bestand dabei auf der Verwendung eines Vierzylindermotors, der vorne eingebaut werden sollte – wie bei den erfolgreichen Panhard.

Auf diese Weise entstanden 1898 die ersten Vierzylinder, genannt Daimler-Phönix. Bei den ersten Modellen handelte es sich noch um extrem hoch bauende Vehikel mit runder Motorhaube und kreisförmigen Kühlern, sie wiesen eine Motorleistung bis zu 24 PS auf. In der Rennwoche von Nizza im März 1899 konnten sich die Daimler-Phönix-Wagen bei den Wertungsfahrten gut plazieren, jedoch gab es weder bei den Geschwindigkeitsprüfungen noch bei dem La Turbie- Bergrennen für sie einen Sieg zu verzeichnen. Jellinek kündigte daraufhin an, daß es im kommenden Jahr ganz anders laufen würde. Er beauftragte sogleich die D. M. G., ihm für das nächste Rennen in Nizza einen völlig neuen Wagen zu bauen, mit dem ihm der Sieg sicher sei.

Dem eigensinnigen und freiheitsliebenden Gottlieb Daimler war es nicht mehr vergönnt, diese neue Schöpfung fertiggestellt zu sehen. Im Sommer 1899 verschlechterte sich sein Gesundheitszustand zusehends; er nahm zwar weiterhin an den Vorgängen im Werk teil, indem er sich laufend von seinen Söhnen Paul und Adolf berichten ließ. Daimler starb jedoch am 6. März 1900 – gerade als der erste richtige Rennwagen, der seinen Namen trug, zusammengebaut wurde.

Für die Rennwoche des Jahres 1900 hatte man die Vierzylindermotoren auf 28 PS bringen können. Es handelte sich um einen stehend eingebauten Reihenmotor mit den Zylinderabmessungen 106 × 156 mm, woraus sich ein Gesamthubraum von 5507 cm ergab. Er wies immer noch Schnüffelventile auf der Einlaßseite auf, die Auslaßventile indessen wurden von Nocken gesteuert. Mit 28 PS bei 800 U/min lag man acht Pferdestärken über der Leistung der annähernd gleichgroßen Benz-Aggregate. Eine mit Leder belegte Konuskupplung stellte den Kraftschluß zu dem verwendeten Vierganggetriebe her. Über ein Differential wurde die Kraft an die Zwischenwellen gegeben, die mittels Kettenräder und Ketten die Hinterräder einzeln antrieben.

Erwähnenswert sind auch die 1900 erstmalig verwendeten Vorder- und Hinterräder annähernd gleicher Dimension, 910 × 90 mm vorne und 920 × 120 mm hinten. Bei dem kompakten Daimler-Phoenix-Zweisitzer ergab sich nun ein Radstand von 2075 mm bei einer Spur von 1280 mm. Er fiel etwas niedriger als im Vorjahr aus und sah schon sehr rennmäßig aus. Der Kühler war rechteckig und befand sich zwischen den vorderen Rahmenenden. Der Wagen konnte entweder als Zweisitzer eingesetzt werden oder mittels aufschraubbarer Notsitze im Heck auch als Viersitzer. Für Nizza versah man das Fahrzeug mit einer Übersetzung, die eine Höchstgeschwindigkeit von 80 km/h zuließ, womit sich das Tempo bei den Daimler-Wagen in drei Jahren annähernd verdreifacht hatte.

Die Rennbeteiligung wurde diesmal von der Daimler-Motoren-Gesellschaft sehr ernstgenommen, weshalb man den Rennwagen dem Werkmeister Wilhelm Bauer anvertraute, dessen Fahrkünste wie seine Fähigkeiten als Mechaniker bekannt waren. Bauer war gut vertraut mit der Fahrtechnik des Rennwagens, doch am 30. März verfehlte er die erste Biegung auf der La Turbie-Bergstrecke und prallte frontal an die Begrenzungsmauer. Sowohl Bauer als auch sein Beifahrer Hermann Braun trugen schwere Verletzungen davon, Bauer verstarb am Tag danach.

Auch die Daimler-Phönix-Wagen, die vier Tage zuvor beim Straßenrennen in Nizza an den Start gegangen waren, erwiesen sich im Rennverlauf als schwer manövrierbar und konnten zu keiner Zeit zur Spitzengruppe aufschließen. Zweifellos war der Daimler von 1900 ein ziemlich frontlastiges Fahrzeug; allein der Motor wog fast 300 kg und weiter vorne befand sich noch der riesige Kühler. Besonders auf losem Straßenbelag war es nicht leicht, mit den Vorderrädern Spur zu halten, ganz im Gegenteil zu den hecklastigen Benz-Vierzylindern. Für den gerade erst aufblühenden Motorsport war es genau wie für die bisherigen Anstrengungen des Hauses Daimler ein schwerer Schlag, als man mit Wilhelm Bauer das erste Todesopfer zu beklagen hatte. Ein Schatten fiel natürlich auch auf den Daimler-Phönix, denn es wurde allgemein angenommen, daß die Ursache für Bauers Todessturz in der Konstruktion des Wagens zu suchen war. Nach Meinung der D. M. G. lag die Verantwortung jedoch bei Jellinek, der ein derart gefährliches, schnelles Auto gefordert hatte; Jellinek wiederum sah den Schuldigen in der Cannstatter Mannschaft, der es nicht gelungen war, eine bessere Konstruktion auf die Beine zu stellen. Doch der aufbrausende Konsul beschloß von seinen deutschen Geschäftspartnern noch eine ganze Menge mehr zu verlangen.

Am 2. April 1900 begann Emil Jellinek seine Hoffnungen und Forderungen zu formulieren. Er handelte einen Vertrag aus, der ihn ermächtigte, Fahrzeuge, die bei der D. M. G. gefertigt wurden, zu verkaufen. Eine Klausel in der Abmachung sagte aus, daß „ein neuer Motor gebaut werden soll, der den Namen Daimler-Mercedes tragen wird". Dieser Zusatz war der Name einer der Töchter Jellineks. Er verlangte einen Motor mit mindestens 35 PS, der in ein niedrigeres, längeres und breiteres Chassis eingebaut werden sollte. Dieses Mal belief sich sein Auftrag auf nicht weniger als 36 Wagen, womit er Maybach einen Anreiz bieten wollte, diesen Auftrag auch pünktlich bis zum 15. Oktober zu erfüllen.

Dies waren die Voraussetzungen, die zum ersten Automobil mit dem Namen Mercedes führten. Die ersten Probeläufe wurden erst am 22. November durchgeführt, mit einigen Wochen Verzug; aber schon am 22. Dezember konnte der erste Wagen für Jellinek nach Nizza verfrachtet werden. Bereits bei den ersten Wettbewerben des Jahres 1901 in Pau in Südfrankreich war der Mercedes am Start. Obwohl er eigentlich gar kein Rennwagen war, bedeutete das Erscheinen dieses Automobils einen bedeutenden Schritt in die Zukunft des Motorfahrzeugs, zugleich stellte er die Ausgangsbasis aller kettengetriebenen D. M. G.-Rennwagen der Folgezeit dar. Er verdient somit eine eingehende Würdigung.

Angestachelt von Jellineks ungeduldigen Briefen und den Ermahnungen seiner Vorgesetzten in Cannstatt hatte sich Wilhelm Maybach an eine völlige Überarbeitung des bisherigen Konzepts gemacht. Jede Änderung zog umfangreiche Arbeiten nach sich und führte zugleich zu immer neuen Verbesserungen. Dies wirkte sich natürlich auf die benötigte Zeit aus und es dauerte dadurch vergleichsweise genau so lang, den Wagen zu ändern, wie die Erstellung einer grundlegenden Neukonstruktion.

Bei der zweisitzigen Wettbewerbsausführung des neuen Wagens behielt man die Räder mit zwölf Holzspeichen bei, doch die Chassisdimensionen hatte man stark verändert. Der neue Radstand war auf 2330 mm und die Spur auf 1400 mm angewachsen. Das verlängerte Chassis bewirkte eine Entlastung der Vorderachse, denn der Motor war weiter nach hinten gerückt worden und auch tiefer eingebaut. Die Motorhaube war nun sehr viel niedriger geworden und bildete in ihrer kantigen Form das Vorbild für alle künftigen Wagen mit Frontmotor.

Maybach hatte als Material für die Hauptlager ein neues Leichtmetall vorgesehen. Erfunden von Ludwig Mach, stellte es eine Aluminium-Legierung mit einer Beigabe von 5 Prozent Magnesium dar, es wurde Magnalium genannt. In den ersten Konstruktionsentwürfen war auch von Partinium die Rede, einer Legierung aus Frankreich, die aus Aluminium mit 7,5 Prozent Kupfer, 2 Prozent Zink und je 1 Prozent Silikon und Eisen bestand. Aluminium wurde auch für das horizontal geteilte Kurbelgehäuse verwendet. Die Zylinder fertigte man paarweise aus Grauguß, an die Stelle der abnehmbaren Köpfe wie beim Daimler-Phoenix traten angegossene Zylinderköpfe. Die Pleuel (im H-Profil) und die mit zwei Ringen versehenen Kolben bestanden aus Stahlguß. Das Gewicht der kompletten Maschine betrug 210 kg, was angesichts einer Leistungsausbeute von 35 PS bei 1000 U/min nicht zuviel war. Die Zylinderabmessungen waren auf 116 × 140 mm festgelegt, wodurch sich ein Hubraum von 5973 ccm ergab. Bei dem fest verschweißten Zylinderkopf

Rechts: *Konstruktionszeichnung für den Mercedes-Rennwagen von 1901. Der Vierzylindermotor hatte nun auch mechanisch gesteuerte Einlaßventile bekommen.*

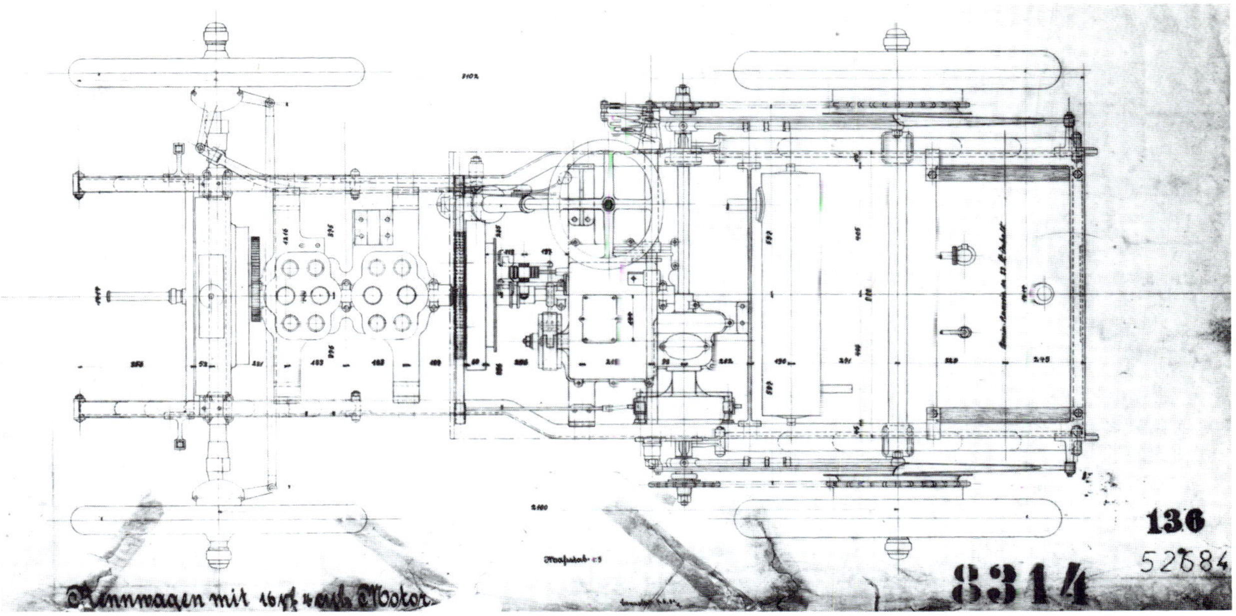

1901 war in Nizza ein recht moderner Mercedes am Start. Die Vorder- und Hinterräder waren nunmehr gleichgroß, die Motorhaube war wesentlich niedriger geworden. Die Motorleistung betrug 35 PS.

handelte es sich um einen T-Kopf, bei dem die Ventile beiderseits stehend angeordnet waren, links die Einlaßventile mit einem Durchmesser von 53 mm, rechts die 51 mm großen Einlaßventile. Maybach machte erneut Motorenbau-Geschichte, indem er hier erstmals von gemischtgesteuerten Ventilen abging und beide Ventilreihen durch eigene Nockenwellen steuerte. Ein offenlaufender Zahnradabtrieb an der Schwungscheibenseite der dreifach gelagerten Kurbelwelle diente als Antrieb der ebenfalls nicht verkapselten Nockenwellen zu beiden Seiten des Kurbelhauses. Die mechanische Steuerung der Einlaßseite brachte eine Verringerung der Motorengeräusche und einen runderen Leerlauf sowie gutes Beschleunigungsvermögen aus niedrigen Drehzahlen und damit eine ausgeglichene Motorencharakteristik, die für diese Zeit schon fast unheimlich wirkte.
Die Kanäle wurden an den Zylinderpaaren zusammengefaßt, pro Einlaßflansch wurde ein Vergaser angebracht. Ein Zufuhrregler ermöglichte es zusammen mit dem Gashebel am Lenkrad die Drehzahl im Bereich zwischen 300 und 1000 U/min zu steuern. Von der Mitte der rechtsseitigen Nockenwelle (Auslaß) wurde mit einem Zahnradsatz der Niederspannungszündmagnet und die Wasserpumpe angetrieben; diese pumpte das Kühlwasser direkt in die Ummantelung des Zylinderkopfs. Ein weiterer Radsatz am vorderen Ende dieser Nockenwelle trieb außerdem einen kleinen Ventilator hinter dem Kühler.

Die Kühler der Daimler-Phönix-Wagen waren aus einer Vielzahl kleiner Röhrchen zusammengefügt worden, die den Durchsatz von Kühlluft durch den Wasservorrat ermöglichten. Maybach hatte erkannt, daß man die Wirksamkeit des Kühlers noch vergrößern konnte, wenn man den Luftdurchsatz erhöhte. Dies ermöglichte er durch die Verwendung von rechteckigen Rohren (Querschnitt 5 × 5 mm), die man enger zusammensetzen konnte. Die Mercedes-Kühler von 1901 ließ er aus genau 8070 Röhrchen zusammenlöten, darüber war ein kleiner Vorratsbehälter angebracht. Für diesen Kühler benötigte man nur neun Liter Wasser, genau halb soviel, wie beim Daimler-Phönix. Alle anderen Wagen waren zu dieser Zeit noch mit den herkömmlichen Kühlern mit Rohrschlangen ausgestattet, beispielsweise der Benz-Vierzylinder von 1900.
Maybach beabsichtigte auch, jegliche Kupplungsprobleme ein für alle Mal zu beseitigen, indem er hier eine vollkommen neue Konstruktion verwendete. Seine Federbandkupplung bestand aus einer aus Federstahl gewickelten Schraubenfeder, die – auf einer kleinen Trommel (∅ 15 cm) angebracht – auf die Getriebewelle gesteckt wurde. Die Feder war innerhalb des Schwungrades angeordnet und daran befestigt. Zur Kupplungsbetätigung wurde mittels eines konisch geschliffenen Nockens die Spannung der Feder reguliert. Falls die Kupplung zu rutschen drohte, verstärkte sich der Zugriff der Feder automatisch. Zu Anfang fand Maybachs Idee wenig Gegenliebe bei Jellinek, denn dieser wollte den Motor völlig auskuppeln können, um bei Bergabfahrten das Fahrzeug rollen zu lassen. Aber das bedeutete für Maybach nur eine weitere technische Herausforderung. Er koppelte den Drehzahlregler mit dem Kupplungsmechanismus, und auf diese Weise fiel die Drehzahl auf Leerlauftouren, sobald man das Kupplungspedal trat. Das Einlegen der vier Vorwärtsgänge und auch des Rückwärtsganges geschah mit einem einzigen Hebel, der in einer ebenen Schaltkulisse bewegt wurde – eine weitere Neuentwicklung, die an diesem bemerkenswerten Auto zu finden war.
Während Firmen wie Panhard ihre Motoren noch immer unter Verwendung von Hilfsrahmen in das Chassis stellten, ließ sich Maybach eine neue Fahrgestellform einfallen. Er führte die vorderen Rahmenrohre in Höhe der Pedalerie enger zusammen und befestigte den Motor direkt auf den Längsträgern. Diese bestanden aus 4 mm starkem Stahlblech und waren als C-Profile gefertigt. Anstelle der bisherigen Falz-Methode wandte man bei der Herstellung dieser Profile bei der Daimler Motoren-Gesellschaft erstmals das Preßverfahren an, das wesentlich bessere Möglichkeiten zur Anpassung der

Rahmenteile an verschiedene Belastungskräfte, wie sie auftraten, ergab. Aufgrund der Erfahrungen mit dem Daimler-Phönix war Maybach besorgt um ein ausgewogenes Fahrverhalten und konstruierte eine verbesserte, leichtgängige Lenkung. Er verwendete ein Schnecken-Lenkgetriebe und neigte die Lenksäule, die zugleich auch weiter nach hinten versetzt wurde. Die Lenkachsen wurden sehr viel weiter nach außen gerückt und fanden direkt an den Radnaben Platz. Damit konnte man eine Übertragung der Fahrbahnstöße stark vermindern.
Auch die Bremsanlage wurde zur Gänze überarbeitet. Die Außenbandbremsen, wie sie beim Daimler-Phönix an der Zwischenwelle angeordnet waren, wurden durch große Trommelbremsen an den hinteren Kettenrädern ersetzt. Die Betätigung erfolgte durch einen Handhebel, der auf ein Gestänge wirkte. Als Fußbremse wurde eine Kardanbremse eingebaut.
Dies alles waren völlig neue Details, die im Automobilbau Maßstäbe setzen sollten. Der erste Mercedes war für den motorsportlichen Saisonauftakt des Jahres 1901 vorbereitet worden und wurde mit der Bahn von Cannstatt nach Paris gebracht. Dort traten bei den ersten Probefahrten Probleme mit dem Antrieb auf, doch das konnte rechtzeitig bis zum Rennen in Pau im Februar behoben werden. Bei diesem Lauf gab es indessen Kupplungsdefekte, auch der Schalthebel lockerte sich. Mißgeschicke in Pau sollten übrigens für Mercedes bis 1939 an der Tagesordnung bleiben – irgendwie hatte man bei diesem Rennen auch in der Folgezeit stets Probleme…
Bei der Rennwoche in Nizza im März fuhr Werkspilot Wilhelm Werner einen der noch recht unfertig wirkenden Mercedes in allen Wettbewerben: Straßenrennen, Bergrennen, Sprintprüfungen über Meile und Kilometer bei stehendem und fliegendem Start. Werner gewann fast alle Rennen und wurde lediglich von den Dampfwagen auf den Kurzstrecken geschlagen, wo sie noch immer ihre Vorteile ausspielen konnten. Den fliegenden Kilometer schaffte Werner mit einer Endgeschwindigkeit von 86,5 km/h.
Die Erfolge in Nizza brachten den nötigen Aufwind für Jellineks Verkaufsaktivitäten. Der Motorsport-Historiker Gerald Rose berichtet: „Das regte die anderen Konstrukteure zu ernsthaften Überlegungen an, da sie in den außergewöhnlichen Fortschritten der Cannstatter Firma eine Bedrohung ihrer Vormachtsstellung sahen." Das Spektakel in Nizza war jedoch nur eine kleine Veranstaltung, das Teilnehmerfeld bot kaum einen repräsentativen Querschnitt. Auch hatte die Leistung des Mercedes noch weiter unter jener der großen Rennwagen von Panhard, Mors oder Napier gelegen. Man konnte eigentlich noch nicht von einer Herausforderung aus Cannstatt sprechen, die ergab sich erst bei der Fernfahrt Paris – Berlin, bei der Werner nur einen 14. Platz zu erreichen vermochte.
Der 1901 in einer kleinen Serie produzierte 35-PS-Mercedes stellte die Ausgangsbasis für den 40-PS-Rennwagen von 1902 dar. Die äußeren Abmessungen des Motors wurden beibehalten, der Block jedoch aufgebohrt, er wies einen Hubraum von 6560 ccm (118 × 150 mm) auf. Die Pleuel waren um 10 mm auf 290 mm verlängert worden. Den T-förmigen Zylinderkopf hatte man beibehalten, die Nockenwellen allerdings verkapselt. Die Antriebsmechanismen der Nebenaggregate blieben unverändert, lediglich der Kühlerventilator war weggefallen. Hier realisierte Maybach eine Idee, die eine ganze Generation von Motorenkonstrukteuren übernehmen sollte. Er gestaltete die Speichen des im Durchmesser 60 cm großen Schwungrades als Schaufelbleche und ließ sie dem Kühler Kühlluft zuführen, indem er den ganzen Motorraum mit Abdeck- und Leitblechen versah. So kam auch die vollkommene Blechabdeckung der Wagenunterseite zustande. Möglich wurde diese Anordnung durch die Verwendung der Federbandkupplung, die mit sehr geringen Abmessungen auskam. Der Bienenwabenkühler behielt seine kantige Form, aber man benötigte jetzt nicht mehr als sieben Liter Kühlwasser. Auch konnte man durch das neue Schwungrad das Gewicht weiter senken. Ein einzelner Vergaser mit zugehörigem Ansaugkrümmer trat an die Stelle der Zweifachanlage; eine Vorwärmvorrichtung wurde hinzugefügt, um die Zerstäuberwirkung der Luftdüse am Maybach-Vergaser zu verbessern.
Um der höheren PS-Leistung entsprechen zu können, wurde eine zusätzliche Fußbremse eingebaut, die als Bandbremse auf die Zwischenwelle des Kettenantriebs wirkte und am Differentialgehäuse gelagert war. Alle vier Bremsen – die beiden 30-cm-Trommeln und die Bandbremsen von 24 und 20 cm Durchmesser – wurden mit Spritzwasser aus einem Vorratstank gekühlt, das mit der Betätigung des Bremsmechanismus auf die Reibflächen tropfte. Trotz des auf

Der französische Konstrukteur Marius Barbarou baute 1903 bei Benz einen sehr fortschrittlichen Rennwagen, der mit Kardanantrieb und einer Schwingachse ausgestattet war. Er ist hier bei dem unheilvollen Rennen Paris-Madrid in voller Fahrt zu sehen.

2450 mm angewachsenen Radstands konnte das ganze Fahrzeug für den Renneinsatz erneut abgemagert werden. Das gab dem nunmehr 942 kg „leichten" Mercedes eine gute Chance, gegenüber den schweren Konkurrenten mit oftmals mehr als 15 Liter Hubraum zu bestehen, außerdem durfte man ihn als absolut zuverlässig bezeichnen. Seine Höchstgeschwindigkeit wurde von William K. Vanderbilt in Ablis, Frankreich, mit 111,8 km/h ermittelt.

Für Jellinek und Maybach bedeutete das Jahr 1902 eine Saison der Planung und Vorbereitung im Hinblick auf größere Dinge, die man im nächsten Jahr vorhatte. Nach dem Rennen im Mai auf dem Circuit du Nord kaufte Jellinek den siegreichen Panhard und ließ ihn zwecks genauer Untersuchung nach Cannstatt bringen. Vier 40-PS-Mercedes fanden sich vier Wochen später am Start des Rennens Paris-Wien ein. Graf Zborowskis Wagen wies einen neuen Kühler auf, der bereits auf weitere Neuentwicklungen hindeutete. Mit einem Schnitt von 61,3 km/h belegte Zborowski den zweiten Rang bei diesem 1000-Kilometer-Rennen. Ein anderer Teilnehmer, der Brite S.F. Edge, äußerte sich über das problemlose Fahrverhalten des Mercedes und fügte hinzu: „Vom sportlichen Standpunkt aus betrachtet, hätte bei diesem Rennen der Sieg zweifellos dem Mercedes gebührt, aber durch einen technischen Vorteil ging dieser an ein französisches Fahrzeug, wie all die Jahre vorher. Alle, die wir an diesem Rennen teilgenommen haben, wissen, daß Graf Zborowski durch seine bravouröse Fahrt und seine erzielte Geschwindigkeit der wahre Sieger dieses Rennens ist, zudem hat er ja die schnellste Zeit gefahren."

Ohne den Einfluß eines Mannes wie Jellinek, der dem Unternehmen zwar nicht angehörte, dennoch alle seine fortschrittlichen Ideen und Konstruktionsvorschläge einbringen konnte, nahm die Entwicklung bei Benz einen anderen Verlauf. Karl Benz schien sich mit der Ablehnung von motorsportlichen Aktivitäten zu Anfang des neuen Jahrhunderts selbst ins Abseits zu manövrieren. Er gestattete Georg Diehl (der einmal unter Maybach bei der D.M.G. gearbeitet hatte) und Fritz Erle nur wenige zaghafte Neuerungen. Und so war es Benz nicht möglich, mit den Erfolgen von Mercedes gleichzuziehen.

Über diese Haltung kam es innerhalb der Firma Benz & Cie. AG bald zu einem Streit zwischen Karl Benz und seinem Partner Julius Ganß, dessen Absicht es war, die Firma mit neuen Entwicklungen wieder auf ein höheres Niveau zu bringen. Ganß warb im Oktober 1902 von der französischen Firma Albert Clément den damals 26jährigen Konstrukteur Marius Barbarou ab, der zusammen mit einem ausgewählten Mitarbeiterstab bei Benz eine separate Entwicklungsabteilung betreuen sollte. Diese wurde von Ganß beauftragt, eine neue Modellreihe moderner Benz-Wagen zu schaffen.

Während des Winters arbeitete Barbarou an seinen neuen Konstruktionen. Die Wagen wiesen Zweizylinder-Frontmotoren und Kardanantrieb auf. Die Parallel-Zweizylinder waren noch immer mit automatischen Einlaßventilen ausgestattet, und das Chassis war aus Holz, verstärkt durch Armierungen aus Stahlblech. Für einige nationale Rennen im Jahre 1903 wurden spezielle Sportversionen vorbereitet, die mit ihren 1,5 Liter-Motoren (90 × 120 mm) auf 14 PS kamen. Um diese Wagen und auch andere Versionen mit Diehls Vierzylinder in Barbarous Chassis wurden innerhalb des Werks heftige Diskussionen geführt – mit der Folge, daß Karl Benz 1903 seinem Unternehmen den Rücken kehrte. Allerdings kehrte er ein Jahr später als technischer Berater wieder zurück. Inzwischen hatte Barbarou von Ganß freie Hand in der Entwicklung von Rennwagen bekommen.

Seit 1901 waren die Rennwagen in Europa in vier Gewichtsklassen eingeteilt, wobei die Obergrenze 1902 fixiert wurde:

A = 650 bis 1000 kg
B = 400 bis 650 kg
C = 250 bis 400 kg
D = bis 250 kg.

Marius Barbarou beschloß, einen möglichst leistungsstarken Benz für die Klasse B zu bauen, was ihm schließlich beinahe auch gelang. Sein neuer Vierzylinder geriet zu einem Musterbeispiel des Leichtbaus, und durch die leicht überquadratische Auslegung des Bohrung-Hub-Verhältnisses (160 × 140 mm) gelang es ihm, den großen 11260-ccm-Motor auch relativ kompakt zu halten. Das Gewicht des Aggregats betrug 250 kg, das war nur wenig mehr als die halb so große Mercedes-Maschine wog. Die paarweise gegossenen Zylinder bekamen Kühlmäntel aus Aluminium aufgeschraubt; aus dem gleichen Material war das zweiteilige Kurbelgehäuse gefertigt. Auch der Benz-Motor hatte nun einen T-Zylinderkopf mit mechanisch gesteuerten Ventilen. Auf der Auslaßseite waren einzelne Kanäle angeordnet, die Einlässe hingegen paarweise zusammengefaßt und über einen nach unten gerichteten Ansaugkrümmer mit dem Vergaser verbunden. Jeder Zylinder hatte zwei Zündkerzen, die jeweils oberhalb der Ventile saßen. Den Zündstrom lieferte wieder ein Niederspannungsmagnet, was einen deutlichen Rückschritt gegenüber der von Benz entwickelten Hochspannungsanlage bedeutete. Barbarou verwendete eine Konuskupplung mit Metallbelag, um die Kraft auf ein Dreiganggetriebe zu übertragen, bei welchem der dritte Gang direkt übersetzt war. Von dort aus führte die Antriebswelle in einem Hüllrohr nach hinten zu einem recht großen Differentialgehäuse, parallel hierzu verliefen die Schwingarme. In den Achsrohren bewegten sich die Antriebswellen zu den Hinterradnaben. Lange Halbelliptikfedern wurden vorne und hinten verwendet.

Barbarous gutes Gespür für feine Details ließ sich aus der Bauweise des Chassis ablesen. Die Seitenholme aus gepreßten U-Profilen hatte er durch drei rohrförmige Querträger versteift, zwei davon befanden sich in der Mitte, wo auch das Getriebe an ihnen befestigt war, einer ganz vorne unmittelbar hinter dem Kühler. Der Radstand des 60-PS-Renners betrug 2760 mm, die Spur maß 1320 mm. Ein Manko aber war das Gesamtgewicht des Wagens, denn mit 750 kg war er um einiges zu schwer, um in der Klasse B startberechtigt zu sein.

Barbarou selbst fuhr den sehr niedrig ausgefallenen Benz in seinem einzigen Einsatz, dem Rennen von Paris nach Madrid im Mai 1903. Er entfernte zu diesem Zweck nicht einmal die Lampenhalter, denn er mußte ja ohnehin in der schweren Klasse starten. Bei der Abnahme wurde das Wagengewicht mit 782 kg ermittelt – damit war der Benz der zweitleichteste Wagen unter den 52 Startern seiner Klasse. Beim Etappenziel Bordeaux erschien Barbarou auf dem 28. Platz in seiner Klasse und auf dem 46. Gesamtrang. Die Fahrt ging indessen nicht weiter: Dieses unfallträchtige Rennen, das einen Schlußstrich unter die Ära der großen Städte-Rennen ziehen sollte, ging hier vorzeitig zu Ende.

Später im Jahr vermochte Barbarou doch noch zu beweisen, daß es möglich war, den Benz für die ursprünglich beabsichtigte Klasse zu präparieren. Für ein Sprintrennen in Huy, Belgien, montierte er die Sitze auf ein stark abgemagertes Fahrgestell, installierte einen winzigen Benzintank und verzichtete fast völlig auf eine Karosserierung. Diese Maßnahmen brachten das Gewicht unter Nutzung der erlaubten 7-kg-Toleranz auf das vorgeschriebene Klassenlimit.

In Huy wurde für den von seinem Konstrukteur gesteuerten Benz eine Geschwindigkeit von 119,8 km/h ermittelt, womit er um 2 km/h schneller war als der gleichstarke Mercedes, der in der schweren Klasse von Baron de Caters an den Start gebracht worden war. Der Benz lief dem Mercedes auch bei einem Bergrennen davon, doch blieb es für den Rest der Saison bei diesen zwei Erfolgen gegenüber dem direkten Konkurrenten. Barbarou setzte seinen Wagen zwar noch bei Kurzstreckenrennen in Dublin, Frankfurt und Spa ein sowie bei dem an Bedeutung zunehmenden Semmering-Bergrennen. Mit diesen Auftritten schloß der Franzose seine Aufgabe in Mannheim ab und kehrte in seine Heimat zurück, wo er sich bei Delaunay-Belleville ansiedelte. Benz-Wagen wurden nun wieder von den eigenen Leuten weiterentwickelt, die aber noch lange von den Arbeiten Barbarous profitieren konnten.

Im Mercedes-Werk werden die Autos nicht nur gebaut, sie werden dort auch entworfen, und wie wir alle wissen, sind diese Konstruktionen in aller Welt zum Vorbild geworden.
Allgemeine Automobil-Zeitung

Die Gordon-Bennett-Rennen und die ersten Großen Preise

Erfreut und zugleich angesporn durch ihre Rennerfolge während der Saison des Jahres 1902, waren die Techniker der Daimler-Motoren-Gesellschaft bereits im Oktober und November eifrig damit beschäftigt, die Fahrzeuge für 1903 vorzubereiten. Diese Wagen sollten nun endlich auch den besten französischen Erzeugnissen zumindest ebenbürtig sein. Bisher hatte es ja ausschließlich an der reinen Motorleistung gemangelt. Und erneut sollte es sich zeigen, daß Maybach und sein Team in der Lage waren, ein Projekt mit vollem Einsatz in die Tat umzusetzen, sobald ihnen dazu freie Bahn gegeben wurde. Diesmal sollte es ihnen gelingen, mit dem Rennwagen von 1903 das endgültige Vorbild für alle weiteren Konstruktionen im internationalen Rennsport der ersten Dekade im 20. Jahrhundert zu schaffen.
Die Frontansicht des neuen Rennwagens erhielt nun ihre für lange Zeit charakteristisch bleibende Form mit dem dachförmigen Kühler-Oberteil und der entsprechenden Motorhauben-Gestaltung.
Die Wirkung des Kühlers wurde erneut verbessert, indem man die 10 cm langen Röhrchen mit feinen Riefen versah; auf diese Weise war man in der Lage, mit der gleichen Kühlergröße einen Motor mit annähernd doppelt so viel Hubraum zu kühlen. Das Chassis hatte man geringfügig verlängert (2750 mm) und zugleich die Spur um einige Zentimeter schmaler ausgelegt (1410 mm). Der Rahmen aus Preßstahl-Profilen und die wassergekühlte Bremsanlage (der Tank befand sich unter dem rechten Längsholm) wurden im Prinzip unverändert beibehalten. Und kaum hatten sie die Schaltung in der H-förmigen Kulisse eingeführt, wollten Maybach und seine Mitarbeiter schon wieder darauf verzichten. Einige der Wagen erhielten einen Steuernocken im Getriebe, der eine geradlinige Schaltbewegung des Ganghebels erlaubte, außerdem baute man versuchsweise eine Reibungskupplung ein. Beide Neuerungen wurden jedoch bald als unnütz erkannt. Die Lenkung wurde erneut völlig neu gestaltet, die Radnabensteuerung wich einer neuartigen Vorderachse im Doppel-T-Profil mit zurückversetzten Elliott-Achsschenkeln. Beides waren sehr ungewöhnliche Details für die damalige Zeit.
Maybach ging auch in der Motorenkonstruktion wieder einen Schritt weiter und löste den seitenventiligen T-Kopf durch zwei Neuentwicklungen ab. Beide Motoren wiesen obenhängende Einlaßventile und seitlich stehende Auslaßventile auf; diese wechselgesteuerte Bauweise wurde für die nächsten sechs Jahre richtungsweisend. Obwohl die kleinere Maschine die Typenbezeichnung 60 PS trug, leistete sie 65 Pferdestärken bei 1100 U/min. Das Verdichtungsverhältnis betrug 4,5:1 und die Abmessungen für Bohrung und Hub beliefen sich auf 140 × 151 mm, wodurch sich ein Gesamthubraum von 9293 ccm ergab. In dieser Ausführung sollte der neue Motor hauptsächlich in der Serienproduktion verwendet werden, während die größere Version nur für den Renneinsatz gedacht war. Das 90-PS-Aggregat war überquadratisch ausgelegt, um die Bauhöhe in Grenzen zu halten. Bei 170 × 140 mm kam man auf 12700 ccm. Der Motor vertrug Drehzahlen bis zu 1200 U/min.
Die Motoren hatten auch weiterhin zwei Nockenwellen, wobei die rechtsseitige nun zur Steuerung der Abreißzündung diente, deren Unterbrecher in die Brennräume ragten und über Stoßstangen bewegt wurden. Zusätzlich zur Niederspannungs-Magnetzündung baute man auch ein Hochspannungssystem mit normalen Zündkerzen ein.
Die Einführung der neuartigen ioe-Ventilanordnung (engl.: inlet over exhaust), bei der das Einlaßventil fast direkt über den Kolben gerückt war, schien den Konstrukteuren noch nicht ideal. Diese Motorenfanatiker gingen noch einen Schritt weiter und gaben ihrer Maschine zusätzliche Schnüffelventile, von denen man annahm, sie würden einen besseren Gasstrom ermöglichen als die mechanisch gesteuerten Ventile.
Die Ansaugöffnung bestand aus zwei konzentrischen Ringspalten, in deren Zentrum sich die kurze Führung für das Ventil befand. Verbunden waren die Ringe durch sechs sternförmig angeordnete Stege. Dieses Gebilde war aus einer Stahlscheibe mit einem Durchmesser von 106 mm gefräst und wurde in eine Vertiefung oben am Verbrennungsraum eingesetzt. Das zugehörige Ventil setzte sich aus einem zentralen Teller, der den inneren Ringspalt verschloß und einem Außenring, der genau in den zweiten Spalt paßte, zusammen. Die Verbindung wurde auch hier am Ventil durch sechs Stege bewerkstelligt. Einfach dargestellt, könnte man von einem normalen Ventil mit zusätzlichen Einström-Öffnungen sprechen. Der Schaft war ziemlich kurz, da die Ventilfeder direkt auf der Rückseite der eingesetzten Stahlscheibe saß. Die Federn, durch die das Gemisch einfloß, waren von den Alu-Ansauggehäusen umschlossen, die an jedem Zylinderpaar auf den Köpfen verschraubt waren. Aus diesen Gehäusen ragten die Ventilschäfte ein kleines Stück heraus, um mit den Kipphebeln in Kontakt zu kommen.
Bis zum Jahre 1908 verwendete die D. M. G. diese Ventile für alle Rennmotoren. Sie erforderten eine peinlich genaue Bearbeitung der Ventilsitze, um gute Passung und Dichtheit zu gewährleisten. Die Einbaumaße mußten mit den thermischen Belastungen und Materialspannungen in Einklang gebracht werden, denn beim Betrieb konnten sich diese Werte wieder ändern. Es darf als beredtes Zeugnis der Handwerkskunst der Mercedes-Monteure gelten, daß dieses System während der ganzen Zeit einwandfrei funktionierte.
An einigen Motoren konnte man den Ventilhub bei laufender Maschine beeinflussen, an den Kipphebelenden ließen sich zu diesem Zweck die Stoßstangen ein- und ausschrauben. Das dazugehörige Steuergestänge war am Motorblock befestigt und ließ sich vom Lenkrad aus bedienen. Eine Zufuhrdrossel am Vergaser begrenzte die Höchstdrehzahl auf 1200 U/min.
Die Steuerzeiten für den 60-PS-Motor lauteten: Einlaß öffnet 11 Grad nach

Rechts: Einer der ersten Profi-Rennfahrer der Geschichte, Camille Jenatzy aus Belgien. Er fuhr zwischen 1903 und 1910 große Erfolge auf Mercedes-Rennwagen heraus.

Unten: Der erste große internationale Sieg für Mercedes. Jenatzy gewann 1903 die Gordon-Bennett-Trophäe.

Fliegenden Kilometer, was für den 60-PS-Mercedes eine respektable Höchstgeschwindigkeit bedeutete. Doch dieser Erfolg wurde von dem tragischen Unfall des Grafen Eliot Zborowski überschattet. Nur wenige Meter von der Erinnerungstafel an Bauers Sturz im Jahre 1900 entfernt, prallte er wie jener frontal an die Begrenzungsmauer. Diesmal sprach man von einer Manipulation am Wagen oder von einem Fahrfehler.
Jellinek zog eine Verwendung des 60-PS-Typs für das Rennen von Paris nach Madrid vor, obwohl in Cannstatt mittlerweile auch sechs Wagen der 90-PS-Ausführung bereitstanden. Vom Chassis her waren beide Wagen in ihrem Äußeren identisch, der stärkere Typ wies indessen eine weitere zurückversetzte Sitzposition und eine flacher angestellte Lenksäule auf.
Jellinek sollte mit seiner Wahl Recht behalten, denn am Ende der ersten Etappe (die dann auch die einzige bleiben sollte) lagen beide 60-PS-Wagen vor dem größeren Mercedes, der bei seinem ersten Einsatz noch nicht perfekt lief, obwohl er schon sehr hohe Geschwindigkeiten erreicht hatte. Charles Jarrots Beifahrer berichtete, wie sie von einem 90er eingeholt worden waren: „Noch nie habe ich so ein schnelles Fahrzeug gesehen! Es überholte uns und

OT / Auslaß öffnet 45 Grad vor UT, Einlaß schließt 11 Grad nach UT / Auslaß schließt 6 Grad nach OT.
Am Renn-Mercedes von 1903 gab es einen vereinfachten Steigstromvergaser, bei dem die Ansaugluft nach wie vor durch die Auspuffhitze vorgewärmt wurde, indem man eine Heizleitung zwischen den Zylinderpaaren herüberführte. Der Gasdruck im Auspuff wurde für die Kraftstoff-Förderung und für die Ölzuleitung zu den Schaugläsern am Armaturenbrett verwendet. Wasserpumpe und Zündmagnet wanderten an die rechte Motorseite.
Die Firma Christian Auer in Cannstatt fertigte den bewährten Sprintrenneraufbau an, der aus einer simplen Plattform mit draufgesetztem Kübelsitz, einer Spritzwand und einer Motorhaube aus Aluminium bestand. Einige Wagen der 60-PS-Version standen für die traditionelle Rennwoche von Nizza zur Verfügung, wo sie unter der gestrengen Aufsicht Emil Jellineks an den Start gingen. Hermann Braun erzielte mit 117,6 km/h den Bestwert über den verschwand in einer mächtigen Staubwolke.“ Aber sie sahen das Auto schon bald wieder, nämlich an einem Kontrollpunkt: „Wir näherten uns dem Wagen, als dieser sich zu unserem großen Schrecken plötzlich aufzulösen begann. Die Hinterachse war gebrochen und dadurch krachte das Chassis zu Boden, wobei es alle möglichen Teile davonriß, die in der Gegend herumflogen.“
Am 10. Juni wurde um halb drei Uhr morgens die Karriere des 90-PS-Mercedes und die gesamte Tätigkeit der D. M. G. mit einem Schlag gewaltsam unterbrochen. Ein Brand verwüstete die Fabrikanlagen in Cannstatt und zerstörte die Produktionseinrichtungen wie auch alle vorhandenen Fahrzeuge. Der geplante Umzug in größere Betriebsgebäude in Untertürkheim auf der anderen Seite des Neckar, am nordöstlichen Ende von Stuttgart, mußte nun in aller Eile bewerkstelligt werden, um wenigstens Anfang 1904 wieder weiterarbeiten zu können. Untertürkheim wurde damit für alle

Mit dem Mercedes von 1903 setzte Wilhelm Maybach einen Meilenstein. Die Konstruktionsprinzipien wurden für lange Zeit zur Ausgangsbasis neuer Wagen.

Zukunft die Heimat und Kommandozentrale der Daimler- und später der Daimler-Benz-Aktivitäten.

Als das Feuer die vielversprechenden 90-PS-Wagen vernichtete, stand das nächste große Rennen der Saison um die Gordon-Bennett-Trophäe unmittelbar bevor. Diese Veranstaltung war Ende 1899 ins Leben gerufen worden, als der Herausgeber des New York Herald, James Gordon-Bennett, dem Automobile Club de France einen Wanderpokal stiftete und Anregungen über den Wertungsmodus gab. Dies führte zu dem jährlich ausgetragenen Wettbewerb, bei dem jede Teilnehmernation mit drei Wagen an den Start gehen durfte, nachdem diese vorher durch Abstimmungen oder aber durch Ausscheidungsläufe ermittelt worden waren. Der Grundgedanke und auch der Ablauf der Gordon-Bennett-Rennen entsprachen ziemlich genau der traditionellen Segelregatta um den America-Cup. Jeder teilnehmende Wagen mußte in allen seinen Komponenten in dem vertretenen Land entstanden sein. Diese Vorschrift wurde derart genau eingehalten, daß die für 1903 gemeldeten Mercedes ihre Michelin-Reifen gegen deutsche Continental-Produkte austauschen mußten. Die Michelins waren zwar deutsche Lizenzprodukte, aber die Schlauchventile waren französischen Ursprungs! Schließlich waren 1903 dann doch Mercedes-Wagen am Start, unter größten Anstrengungen waren sie in letzter Minute fertig geworden. Das Entscheidungsrennen fand diesmal in Irland statt, weil ein britischer Napier im Jahr zuvor den Sieg davongetragen hatte. Da aber in England selbst Straßenrennen verboten waren, mußte man auf die Grüne Insel ausweichen.

Um überhaupt eine deutsche Abordnung nach Irland entsenden zu können, blieb Emil Jellinek und der D. M. G. nichts anderes übrig, als einige 60-PS-Wagen von Privatleuten zurückzukaufen, um sie dann für den Renneinsatz abzuändern. Baron Pierre de Caters, der von vorneherein die Ansicht vertreten hatte, daß auch der kleinere Wagen für den Einsatz durchaus geeignet sei, saß am Steuer eines dieser repatriierten Werksautos. Ein weiteres Fahrzeug lieh man von dem amerikanischen Enthusiasten Clarence Gray Dinsmore aus, dessen Chauffeur Wilhelm Werner vom verantwortlichen deutschen Automobilclub allerdings nicht als „Herrenfahrer“ akzeptiert wurde. Somit hielt man ihn auch nicht für würdig, die deutsche Nation in diesem wichtigen Rennen zu vertreten. Gegen den Belgier Camille Jenatzy hatte man indessen nichts einzuwenden und so vertraute man ihm Dinsmores Wagen an. Wie auch der andere Rennwagen wurde dieser weiß lackiert – in den Gordon-Bennett-Rennen wurde die Tradition der landestypischen Rennfarben geboren. Jenatzy, ein verbissener und stets spektakulär agierender Fahrer, gewann dieses Rennen an jenem kühlen und wolkigen 2. Juni mit einer Durchschnittsgeschwindigkeit von 79,7 km/h. Dies bedeutete den ersten großen internationalen Erfolg sowohl für Deutschland als auch für Mercedes. Die beiden

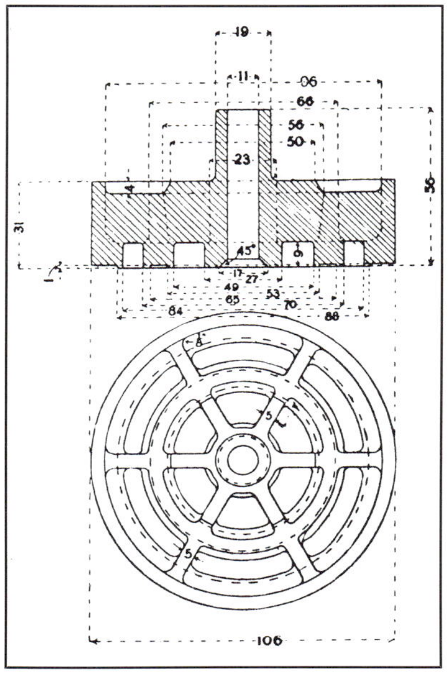

Links: Skizze des ungewöhnlich gestalteten Einlaßventils der Maybach-Konstruktion. Es wurden dabei die Wirkungsweisen eines mechanisch gesteuerten und eines sphärisch gesteuerten Ventils kombiniert.

Unten: Der Rennwagen für die Saison 1904 ähnelte sehr stark seinem Vorgänger. Er erreichte indessen eine Spitzenleistung von knapp über 100 PS.

Unten: Mit diesem 90-PS-Mercedes durchfuhr Baron de Caters 1904 den Kilometer bei fliegendem Start mit einer Geschwindigkeit von 156,5 km/h. Dies bedeutete den absoluten Geschwindigkeits-Weltrekord für Landfahrzeuge.

Links: Der 90-PS-Mercedes von 1903 stellte ein zuverlässiges Fahrzeug dar; hier ist er in der einsitzigen Gordon-Bennett-Version zu sehen.

Unten: Das selbe Fahrzeug noch einmal von hinten. Deutlich sichtbar sind die vielen Handöler im Cockpit.

Rechts: Otto Salzer am Steuer des 120-PS-Mercedes von 1906.

Unten: Der Prototyp des 120-PS-Rennwagens, der später an den Sultan von Jahore verkauft wurde.

Links: H. L. Bowden fuhr 1905 mit seinem zweimotorigen 60-PS-Mercedes in Daytona 176,6 km/h schnell.

Unten: Ein 80-PS-Mercedes, wie er 1907 beim Kaiserpreis-Rennen im Taunus eingesetzt wurde.

anderen Mercedes waren erneut mit gebrochenen Hinterachsen ausgeschieden, ein Schicksal, das Jenatzy auf dem rauhen und sehr kurvenreichen irischen Kurs erspart geblieben war. Die wesentlich bessere Handlichkeit im Vergleich mit den größeren Wagen geriet dem 60-PS-Mercedes in Irland zum Vorteil, eine Tatsache, die Jenatzy gut zu nutzen wußte. Ein anderer Teilnehmer, Charles Jarrott, hatte eingehend Gelegenheit, Jenatzys Fahrstil zu studieren: „Die Straße wies eine Kurve nach der anderen auf, doch Jenatzy fuhr absolut Vollgas. Er schleuderte halsbrecherisch um die Ecken und verfehlte einige Begrenzungsmauern nur um Haaresbreite, denn es waren überall deutliche Schleifspuren zu erkennen. Ich konnte mir nicht vorstellen, daß er mit dieser riskanten Fahrweise sehr weit kommen würde.“ Aber Jenatzy hielt nicht nur die ganze Distanz durch, sondern besiegte auch die gesamte Konkurrenz, womit er dem Namen Mercedes eine neue Reputation verschaffte. Denn spätestens von diesem Zeitpunkt an war mit dieser Marke sowohl im Rennsport als auch im technischen Wettstreit zu rechnen ...

Die D. M. G. verwendete nun alle ihre Anstrengungen auf das Ziel, möglichst bald wieder mit der Herstellung von Automobilen und Motoren beginnen zu können. Aus diesem Grund wurden auch an den Rennwagen für 1904 kaum Änderungen durchgeführt; man beabsichtigte, den 90-PS-Wagen nun erstmals voll einzusetzen. Für das Gordon-Bennett-Rennen wurde der Hubraum des Motors auf 11972 ccm vermindert, indem man die Zylinderbohrung von 170 auf 165 mm reduzierte. Die bisherigen Erfahrungen mit der Maschine und kleine Verbesserungen am Schmiersystem erlaubten etwas höhere Drehzahlen, was zu einer leichten Anhebung der Leistungsausbeute führte. Die Angaben beliefen sich nun auf mindestens 98 PS bei 1150 U/min, wobei man aber auch schon auf 105 PS bei 1380 Umdrehungen gekommen war.

Das Chassis unterzog man ebenfalls nur geringfügigen Änderungen. Die gemeinsame Achse für Schalt- und Handbremshebel wanderte weiter nach vorne, und die verkürzte Lenksäule bekam in ihrem unteren Drittel ein stärkeres Hüllrohr. Es ist auch anzunehmen, daß Wilhelm Maybach sich eingehend mit Verbesserungen an der Hinterachse befaßt hatte. Während des Jahres 1904 nahmen zwei private Besitzer von 90-PS-Renner große Anstrengungen auf sich, um die mögliche Höchstgeschwindigkeit des kraftstrotzenden Mercedes zu ermitteln. Es handelte sich dabei um Wiliam K. Vanderbilt

Die Prinz-Heinrich-Fahrt 1908 gewann Fritz Erle mit einem 30/60-PS-Benz. Im vorhergehenden Jahr fuhr er auch die Targa Florio mit, doch dort konnte er keinen Erfolg verbuchen.

Unten: dieser 1907er Grand-Prix-Mercedes diente 1908 als Trainingswagen in Dieppe.

und Pierre de Caters. Vanderbilt führte seine ersten Versuche auf der Strandpiste von Daytona, Florida, durch. Im Februar erreichte er dort über den fliegenden Kilometer 148,7 km/h. Dies war gleichzeitig die höchste bisher erzielte Geschwindigkeit eines Automobils, aber wie so oft bei solchen Unternehmungen, fehlte die internationale Anerkennung durch die Sportbehörden. Unter deren Aufsicht wagte de Caters im Juli einen Versuch in Ostende in Belgien. Sein Bestwert von 156,5 km/h wurde folglich als Weltrekord anerkannt, was Mercedes den einzigen Eintrag in der Liste des absoluten Geschwindigkeitsweltrekords für Automobile einbrachte. Der Mercedes blieb auch weiterhin ein überlegener Wagen, wenngleich der Weltrekord noch vor Jahresende durch einen Gobron-Brillié auf über 160 km/h geschraubt und bald darauf von einem Darracq überboten wurde.

Vanderbilt hatte für die Rekordwoche in Daytona 1905 einen 90-PS-Mercedes entsprechend abgewandelt. Die Sitze waren nun direkt auf dem Wagenboden befestigt, der Fahrer streckte seine Beine flach nach vorne. Die Lenkung war ebenfalls sehr flach eingebaut und der Motor mit einer niedrigen, windschnittigen Abdeckung versehen worden. Anstelle der üblichen

Mit einer überragenden Leistung konnte Christian Lautenschlager den Großen Preis von Frankreich 1908 für sich entscheiden.

Oben: Willy Pöge lief bei diesem Rennen auf Platz Fünf ein.

Links: Die Mercedes-Mannschaft vor dem Rennen in Dieppe: Lautenschlager (35), Salzer (19) und Pöge (2).

Antriebskettenräder mit 30 Zähnen baute Vanderbilt solche mit 32 Zähnen ein, doch damit konnte der Motor nicht mehr ausdrehen – Vanderbilt blieb sogar noch unter seinen Werten vom Vorjahr. Ebenfalls im Jahre 1905 fand sich ein sehr eigenwilliger Mercedes in Daytona ein, mit dem Herbert L. Bowden in den Mittelpunkt des Interesses rückte. Er hatte das Chassis eines 60-PS-Mercedes verlängern lassen, um einen zweiten Motor unterbringen zu können. Mit diesem ‚Flying Dutchman II" getauften Vehikel erreichte Bowden auch tatsächlich einen neuen Bestwert, doch die 176,6 km/h fanden erneut keine Anerkennung durch den Automobile Club de France, dem die Aufsicht über solche Rekordversuche oblag. Es dauerte übrigens noch bis zum Jahr 1927, ehe Rekordfahrten auf dem Strand von Daytona Anerkennung fanden.

Der 90-PS-Mercedes war aber in erster Linie als Rennwagen gedacht, nicht als Rekordfahrzeug. Doch gerade seine wichtigste Aufgabe in der Saison 1904 mißlang: die Verteidigung des Gordon-Bennett-Pokals. Emil Jellinek hatte nichts unversucht gelassen, dem deutschen Team die bestmöglichen Voraussetzungen für einen neuerlichen Erfolg zu schaffen. Er gab dazu auch in Wiener-Neustadt, dem seit Juni 1902 ebenfalls zur D.M.G. gehörenden Werk, drei 90-PS-Rennwagen in Auftrag. Diese Fahrzeuge sollten als zusätzliches Team ins Rennen geschickt werden, lackiert in den österreichischen Farben Schwarz und Gelb. Jellinek riskierte damit sogar eine Verletzung des Reglements, denn bei diesen Fahrzeugen handelte es sich lediglich um in Österreich montierte Wagen, deren Teile fast alle aus der Untertürkheimer Fertigung stammten. Für einen der beiden deutschen Daimler (als dritter Vertreter war ein Opel-Darracq gemeldet) wurde Baron de Caters als Pilot engagiert. Die Vertragsbedingungen, wie sie zur damaligen Zeit zwischen den wohlhabenden Sportsmännern, der D.M.G. und dem unternehmungslustigen und manchmal auch zynischen Jellinek ausgehandelt wurden, sind einer näheren Betrachtung wert. Für den Fall, daß de Caters mit dem 90-PS-Mercedes das Rennen gewinnen sollte, sollte er einen Mercedes seiner Wahl als Siegesprämie erhalten. Für einen zweiten Platz wollte man ihm einen 40-PS-Mercedes geben, als Drittem stand ihm ein Rabatt von 25 Prozent auf jedes Mercedes-Modell seiner Wahl bereit. Auch wenn er das Rennen nicht beendete, stand ihm zumindest ein 18-PS-Mercedes als Startprämie zu. Der

Baron wurde schließlich Dritter und nutzte die 25prozentige Vergünstigung für den Ankauf eines 40-PS-Modells.
Der Profi-Rennfahrer Jenatzy kam diesmal nicht über den zweiten Rang hinaus. Er steuerte den zweiten Mercedes im deutschen Team, dessen Eigner Clarence Dinsmore war. Die unter österreichischer Flagge gestarteten Wagen liefen auf den Plätzen Fünf und Elf ein, der dritte Wagen war ausgefallen. Und obwohl Jenatzy den weitaus schnellsten Mercedes zur Verfügung hatte, gelang es ihm nicht, den kleineren Richard-Brasier einzuholen. Die Franzosen hatten bei diesem Wagen erstmals Stoßdämpfer eingesetzt, die ihm zu einer weit überlegenen Straßenlage verhalfen: sie ließen einen krassen Unterschied zu den oftmals wild schwingenden Konkurrenzfahrwerken erkennen. Bei Mercedes hatte man lediglich kleine Gummipuffer an den Blattfedern befestigt, da diese beim vollen Einfedern heftig an den Rahmen anschlugen.
Mit wesentlich größerem Erfolg, allerdings auch gegen schwächere Konkurrenten, beteiligten sich einige Mercedes-90-PS-Piloten an dem im September stattfindenden Semmering-Rennen. Südwestlich vor den Toren Wiens gelegen, diente diese 10 Kilometer lange Steilpaßstrecke schon seit 1899 als bevorzugter Austragungsort für automobilsportliche Vergleichskämpfe. Für die Fahrzeuge der D. M. G. fand sich hier ein idealer Ort für eindrucksvolle Demonstrationen. 1904 steuerte Hermann Braun einen der in Österreich montierten 90-PS-Renner in neuer Rekordzeit auf die Paßhöhe.
Die Techniker der D. M. G. mußten nun ihre Kraft auf zwei Firmen verteilen, denn beide Betriebe sollten weiter wachsen. Der Großbrand in Cannstatt hatte zusätzliche Probleme aufgeworfen. Ende 1903 war schließlich auch noch ein Mitbegründer der Firma, Max von Duttenhofer, verstorben und sein Nachfolger im Vorsitz des Aufsichtsrates, Wilhelm Lorenz zollte den großartigen Leistungen und Fähigkeiten eines Wilhelm Maybach deutlich weniger Respekt.
So kam es auch, daß Wilhelm Maybach 1904 von jeglicher Entwicklungsarbeit ausgeschlossen wurde. Er wurde nur noch bei der Beratung über zukünftige Konstruktionsideen hinzugezogen, aber selbst hier mußte er bald feststellen, daß er über vieles nicht informiert wurde. Nach außen hin jedoch war er nach wie vor für alle entwicklungspolitischen Entscheidungen in der D. M. G. zuständig. Doch hatte Maybach nun kaum mehr die Möglichkeit, auf die Weiterentwicklung der Rennwagen der Jahre 1904 bis 1906 Einfluß zu nehmen, obwohl sie alle auf seinem 90-PS-Modell von 1903 basierten. Er wollte die Wiedererlangung seiner alten Position im Jahre 1906 erzwingen, indem er mit seinem Ausscheiden aus der Firma drohte. Sein Ultimatum wurde abgelehnt mit der Folge, daß Wilhelm Maybach am 1. April 1907 Untertürkheim verließ.
In der Öffentlichkeit erfuhr man nichts über die Unruhe innerhalb der D. M. G. So wurde zu Anfang des Jahres 1905 wie gewöhnlich der Mercedes-Rennwagen für die kommende Saison vorgestellt. Die äußerlich sichtbaren Änderungen beschränkten sich auf die nunmehr ganz herumgezogenen Karosserieschürzen, die nun auch das Gestell für die beiden Kübelsitze mit einbezogen. Der Ganghebel war jetzt nach innen gewandert, nur die Handbremse befand sich noch außerhalb der Verkleidung. Hinten auf die Rahmenenden hatte man einen runden Benzintank gesetzt und damit den unten eingehängten eckigen Behälter abgelöst. Der Wassertank für die Bremsenkühlung wurde beibehalten. Die Kettenräder für den Hinterradantrieb waren auf 36 Zähne angewachsen und man verzichtete diesmal auf Bohrungen zur Gewichtsverminderung. Angetrieben wurde der 1905er Gordon-Bennett-Mercedes von einer vergrößerten Version des bewährten Vierzylinders, der mit den Abmessungen 175 × 146 mm für Bohrung und Hub nunmehr auf 14065 ccm kam. Es handelte sich jetzt um eine 120-PS-Maschine, die mit gemäßigten Drehzahlen – knapp über 1000 U/min – arbeiten sollte. Der Ansaugkrümmer war nicht mehr nach unten gerichtet, sondern führte fast horizontal nach außen zum dadurch wesentlich höher angebrachten Vergaser. Die rechte Nockenwelle steuerte neben dem Abreißmechanismus der Zündanlage mittels Stoßstangen und Kipphebel auch die Einlaßventile. Die Auslaßventile wurden weiterhin direkt von der linken Nockenwelle bewegt, welche auch Wasserpumpe und Magnet antrieb.
Als die Wagen im Juli zur Endausscheidung um die Gordon-Bennett-Trophäe in Frankreich eintrafen – drei Wagen aus Deutschland und erneut drei zusätzliche aus Österreich –, unterschieden sie sich doch recht deutlich von dem vorgestellten Prototyp, der inzwischen an den Sultan von Jahore ver-

Der riesige Vierzylindermotor mit einem Hubraum von 12780 ccm leistete 135 PS. Die im Reglement auf 155 mm festgelegte Zylinderbohrung wurde knapp unterschritten, der Hub betrug 180 mm. Man scheute sich nicht, beim Aufbohren des vorhandenen Motors schiefe Pleuel zu verwenden.

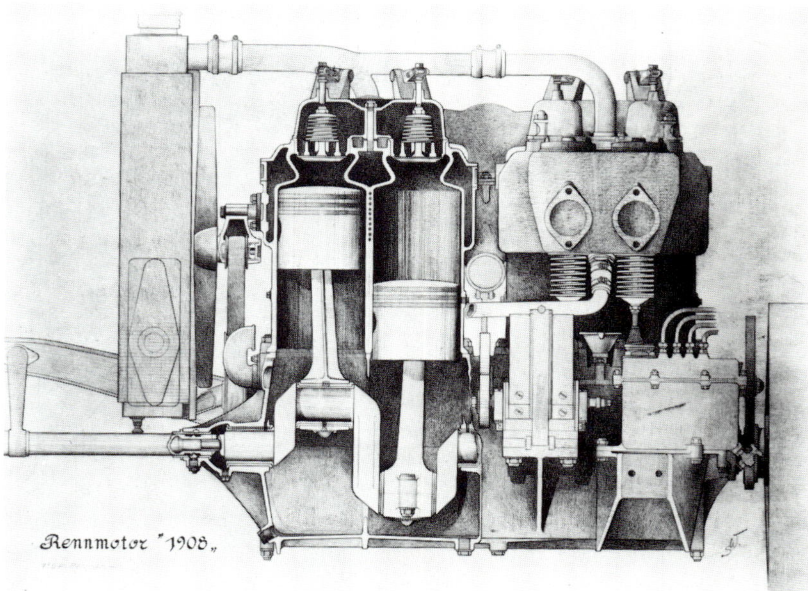

kauft worden war. Der Radstand betrug jetzt stattliche 2920 mm, wodurch es möglich wurde, den Kraftstofftank direkt über der Hinterachse anzubringen. Einen zusätzlichen Querträger hatte man vor dem Kühler eingebaut, versehen mit elf Bohrungen, um das Durchströmen von Kühlluft zu ermöglichen. Aus dem linken Seitenteil der Motorhaube ragten zwei kurze Auspuffkrümmer. Die österreichischen Wagen wiesen an den Blechen der Abdeckung Ausbuchtungen auf. Die Kettenräder hatte man wieder verkleinert, um sie der neuen Getriebeabstufung anzupassen. Ein in seinen Abmessungen kompakter gehaltenes Vierganggetriebe mit leicht versetzter Zwischenwelle und vor allem einem direkten vierten Gang löste den alten, schnellaufenden Antrieb mit den wassergekühlten Bandbremsen ab. Jede der beiden Antriebswellen bekam nunmehr eine eigene Bremse zugeordnet.
Das leichtere Antriebssystem trug erheblich dazu bei, daß der leistungsstarke Mercedes noch innerhalb des Gewichtslimits der schweren Klasse (1000 kg) blieb. Die Wagen hatten indessen noch mit einigen Problemen zu kämpfen; nach wie vor gab es keine Stoßdämpfer, beim Training in Frankreich erwiesen sich die Rennreifen als nicht haltbar genug und schließlich fielen auch vereinzelt die eingesetzten Schnüffelventile des komplizierten Einlaßmechanismus aus. Während des Rennens riß bei einem der österreichischen Wagen ein Ventil, wodurch er ausfiel. Bei jedem Reifenwechselstop entfernten die Monteure von Continental behutsam die alten Decken und verloren dadurch sehr viel Zeit; die Franzosen schnitten den Gummi einfach mit einem Messer auf und konnten dadurch ihre Bereifung wesentlich schneller wechseln. Dies war einer der Gründe, warum kein Mercedes in der Spitzengruppe auftauchte. Lediglich die Ränge Fünf, Sieben und Zehn konnten sie in diesem

Jahr belegen. Diese Resultate ließen sich auch beim Vanderbilt-Cup im Oktober auf Long Island bei New York nicht verbessern, hier fielen sogar alle vier an den Start gebrachten 120-PS-Mercedes aus. Die Ergebnisse des Gordon-Bennett-Rennens wurden von *Autocar* zurückhaltend kommentiert: „Man erhielt die Bestätigung, daß der Einsatz einer großen Streitmacht nicht immer gleich zum Erfolg führen muß."

Als die Gordon-Bennett-Rennen im Jahre 1906 eingestellt wurden, bedauerte man nicht so sehr den sportlichen Verlust als vielmehr den Wegfall eines Nationenwettstreits. Doch der fand bald wieder eine neue Belebung, und Mercedes-Fahrzeuge sollten dabei eine wesentliche Rolle spielen.

Noch während der Saison 1906 wurden einige weitere Versuche bei der Verwendung verschiedener Auspuffanlagen angestellt. Ein Teil der Wagen wies auch bei den Ardennen-Läufen und beim Vanderbilt-Cup die durch die Motorhaube ragenden Stummel-Auspuffe auf. Beim Großen Preis von Frankreich wurden erstmals einzelne Auspuffkrümmer verwendet, die unter der Motorhaube nach unten bis zum Rahmenträger führten, denn das dortige Reglement ließ keine waagrecht nach außen ragenden Rohrstummel mehr zu.

Nahezu unverändert, mit Ausnahme eines leicht verlängerten Kolbenhubs (175 × 150 mm, was 14432 ccm ergab), nahmen drei Mercedes am 1906 erstmals ausgeschriebenen französischen Grand Prix teil. Am Ende des Rennens lagen nicht weniger als neun italienische und französische Fahrzeuge vor dem ersten deutschen Wagen. Es war nun offensichtlich geworden, daß firmeninterne Zwistigkeiten der D. M. G. sich letztlich doch auf die technische Weiterentwicklung der Mercedes-Rennwagen auswirkten.

Bei Benz in Mannheim hatte man einige Jahre zuvor eine ähnliche Vertrauenskrise überwinden müssen. Im Jahre 1905 beschäftigte sich eine geeinte Benz-Mannschaft mit der Verbesserung der in Produktion befindlichen Modelle und so ganz nebenbei auch mit einigen Rennfahrzeugen. 1907 erreichte die von Georg Diehl geführte Konstruktionsabteilung den Höhepunkt ihres Schaffens. Fritz Erle, der jetzt 31 war und schon seit 13 Jahren der Firma Benz angehörte, bekam die Leitung der Rennabteilung übertragen. Ihm zur Seite standen zwei junge Konstrukteure: Louis de Groulart (27), der mit Barbarou nach Mannheim gekommen war, und ein gewisser Hans Nibel, der es mit seinen 27 Jahren schon zum stellvertretenden Leiter der Konstruktionsabteilung gebracht hatte. Ein erfahrener Mann kam später noch hinzu, der 30jährige Victor Hémery. Er hatte seine Karriere bei den vielseitigen Brüdern Bollée begonnen, mit denen er fünf Jahre zusammenarbeitete, bevor er für weitere sechs Jahre in die Versuchsabteilung von Darracq ging. Darüberhinaus konnte Hémery auch auf eine Reihe von Rennerfolgen zurückblicken.

Man entschloß sich bei Benz, den Wettstreit mit dem Erzrivalen in Untertürkheim wieder aufzunehmen und machte sich deshalb Gedanken über einen neuen Hochleistungswagen für die Modellreihe 1906. Nach dem Vorbild der D. M. G. verwendete man ebenfalls einen wechselgesteuerten Vierzylindermotor, der jedoch nur eine Nockenwelle aufwies. Der Benz 38/60 leistete knapp über 60 PS bei einem Hubraum von 8920 ccm (140 × 145 mm). Eine mit Lederbelägen versehene Konuskopplung übertrug die Kraft an ein Viergang-Getriebe mit direkt übersetzter vierter Fahrstufe. Die Hinterräder wurden wieder von beidseitigen Ketten angetrieben. Mit einem zweisitzigen Rennwagenaufbau und gänzlich verschaltem Unterboden traten drei dieser neuen Benz-Modelle im April 1907 in Sizilien zur Targa Florio an. Alle drei überstanden das mörderische Rennen, wobei Fritz Erle auf Rang 15 kam. Gegen Ende des Jahres verlängerte man den Hub um 10 mm, womit man den Zylinderinhalt auf 9845 ccm brachte und die Leistung auf 70 PS bei 1300 U/min steigerte. In dieser Ausführung fanden die schnellen Benz-Wagen die besondere Vorliebe des Prinzen Heinrich, der inzwischen einen Wettbewerb für Tourenwagen ins Leben gerufen hatte.

Im Jahre 1907 ließ Heinrichs Bruder, der deutsche Monarch Wilhelm II., das Kaiserpreis-Rennen ausschreiben. Dabei wurde eine ganze Anzahl von Reglementierungen erlassen, zum Beispiel setzte man die Größe der Motoren auf höchstens acht Liter fest und schrieb ein Mindestgewicht von 1175 kg vor. Fritz Erle bereitete für dieses Rennen drei auf den Targa-Florio-Wagen basierende Fahrzeuge vor. Er versuchte seine Chancen mit zwei verschiedenen Motordimensionen zu erhöhen: Zwei Wagen hatten einen kurzhubigen Motor mit 145 × 120 mm und einer die Abmessungen 130 × 140 mm.

Es wurden auch drei Mercedes an den Start des Kaiserpreis-Rennens gebracht, deren Motoren auf Maybachs 60-PS-Typ von 1903 basierten und nun 80 PS bei 1300 U/min leisteten. Doch in jenen Junitagen versagten die Erzeugnisse der Firmen Daimler und Benz vor den Augen des Kaisers. Bereits in der Vorentscheidung waren zwei Benz auf der Strecke geblieben, der dritte schied nach der zweiten von vier Runden aus. Von den Mercedes konnten zwei das Rennen zwar beenden, aber sie kamen über einen 9. und 14. Platz nicht hinaus. Dies war in der Tat eine schwache Vorstellung deutscher Ingenieurskunst. Es gab hierfür Gründe: Benz befand sich gerade in einer Aufbauphase, und bei Mercedes war die technische Weiterentwicklung vorübergehend ins Stocken geraten. Den Konstrukteuren beider Firmen war keineswegs entgangen, daß sowohl der siegreiche Fiat als auch der zweitplazierte Pipe halbkugelförmige Verbrennungsräume und zwei schräghängende Ventile pro Zylinder aufwiesen. In Mannheim wie in Untertürkheim zog man daraus naheliegende Schlüsse.

Bei Daimler waren bereits einige Entscheidungen im Hinblick auf neue Entwicklungsrichtungen gefallen. Adolf Daimler, einer der vier Söhne Gottlieb Daimlers, leitete die Produktion in Untertürkheim und sein Bruder Paul wurde 1907 zum Nachfolger Maybachs in der Konstruktionsabteilung ernannt. Im Alter von 27 Jahren hatte er 1897 eine Stelle als technischer Zeichner in der D. M. G. angetreten, 1902 war er technischer Direktor der Fabrik in Wiener-Neustadt geworden. Doch schon drei Jahre später wurde er wieder zurück nach Untertürkheim beordert, um an den internen Machtkämpfen beteiligt zu werden. Kritiker innerhalb der Firma und auch einige Außenstehende hatten Bedenken, ob es Paul Daimler gelingen würde, in die Fußstapfen des großen Automobil-Pioniers zu treten.

Schon 1905 hatte sich die D. M. G. mit der Entwicklung eines Sechszylindermotors beschäftigt, angeregt durch die Erfolge von Napier in England. Paul Daimler entwarf einen Sechszylinder-Rennmotor, der die Grunddimensionen 140 × 140 mm für Bohrung und Hub aufwies und damit auf einen Hubraum von 12920 ccm kam. Er verwendete drei paarweise gegossene Zylinderblöcke und behielt das von Maybach eingeführte Steuerungssystem bei, jedoch rückte er den Einlaß wieder weiter nach außen, wodurch beide Ventile wie beim Daimler-Phönix in einer Art Vorkammer senkrecht übereinander lagen. Die einzelne Nockenwelle auf der linken Motorseite wurde durch Zahnräder von der Kurbelwelle angetrieben, wobei es sich hier um verdoppelte Radsätze an der Wellenmitte handelte, genau zwischen den mittleren beiden der vier Kurbelwellenlager. Die altbewährte Abreißzündung konnte auch hier wieder eingebaut werden, zumal einflußreiche D. M. G.-Kunden wie Emil Jellinek nach wie vor auf diesem Zündsystem bestanden. Auf der rechten Motorseite hatte man sechs runde Inspektionsdeckel eingebaut, durch die man an die Pleuellager gelangen konnte. Der Vergaser war wieder mit einer Vorwärmeinrichtung der Ansaugluft versehen und versorgte die Zylinder über einen kompliziert gewundenen Ansaugkrümmer.

Paul Daimlers Motor kam indessen nicht zum Einsatz. Dafür aber lieferte er einige wertvolle Anregungen für einen 1907 eingeführten Serien-Sechszylinder und bildete darüberhinaus die Ausgangsbasis für die Rennmotoren der nächsten Grand-Prix-Wagen aus Untertürkheim. Diese für den Großen Preis von Frankreich 1907 vorbereiteten Wagen hatten zwar noch immer Aggregate mit vier Zylindern unter der Haube, aber es handelte sich dabei um solche mit je zwei Zylinderpaaren des Versuchs-Sechszylinders. In seinen Abmessungen (175 × 150 mm) glich dieser Motor seinem Vorgänger von 1906, er hatte

der die Wagen maximal 30 Liter Kraftstoff für 100 Kilometer konsumieren durften. Weder die Konstruktion noch die Rennresultate wurden durch dieses Reglement entscheidend beeinflußt. Otto Salzer lag mit seinem Mercedes nach der ersten Runde an vierter Stelle, er wurde dann jedoch langsamer und fiel kurze Zeit später aus. Nur einer der drei Mercedes blieb im Rennen und konnte schließlich den zehnten Platz belegen. Bei dem Fahrer, einem Franzosen, handelte es sich um einen Mann, der kurze Zeit später wertvolle Informationen über die Konstruktionen der D. M. G. an die Konkurrenz in Mannheim weitergeben konnte: Victor Héméry.
Der britische Autofabrikant D. M. Weigel schrieb nach dem Rennen über die Mercedes-Rennwagen: „Meinen Eindrücken nach – bestätigt von der Zeitnahme – waren die Mercedes die schnellsten Wagen im Teilnehmerfeld. Jenatzys großartiger Rundenrekord lieferte hierfür den Beweis. Aber anscheinend waren die Wagen zu leicht gebaut oder die Firma Mercedes war auf dieses Rennen nicht gut vorbereitet." Ein weiterer Ausfallgrund lag vermutlich am zu mageren Kraftstoffgemisch, das man diesmal zur Einhaltung des Verbrauchslimits verwendet hatte. Paul Daimler und die D. M. G.

Oben: Nicht weniger als acht Mercedes-Rennwagen der Typen 130 und 150 PS stehen hier beisammen. Die Fahrzeuge wurden ab 1909 von zahlreichen Privatteams eingesetzt, aber offensichtlich in Untertürkheim betreut.

Rechts ein 150-PS-Mercedes als Straßensportwagen. Theodor Dreher und einige weitere wohlhabende Kunden ließen sich die Boliden im Werk umrüsten.

einen Hubraum von 14432 ccm. Die Auspuffanlage war ebenfalls neu; sie bestand aus vier Krümmern, die unten am Chassisholm in einen gemeinsamen Topf mündeten – die ganze Anlage befand sich aber hier noch unter der Motorhaube.
Am Fahrwerk führte Paul Daimler eine ganze Reihe von Änderungen durch, um es dem nunmehr 120 PS leistenden Motor anzupassen. Der Radstand wurde erneut verkürzt und die Spur etwas verbreitert, außerdem setzte man das ganze Chassis tiefer. Dennoch blieb der Mercedes noch immer der hochbeinigste Wagen unter seinen Konkurrenten. Die Vorderachse hatte man wesentlich stärker gekrümmt, die Blattfedern flacher eingebaut. Zum ersten Mal verwendete man an den Wagen Reibscheiben-Stoßdämpfer. Weiterhin wurden die Rahmen-Längsträger über der Vorderachse gekröpft und der Kühler tiefer gesetzt, dadurch konnte auch die Höhe der Motorhaube verringert werden. Das Cockpit blieb fast unverändert, lediglich die Hebelwerke von Handbremse und Schaltung wurden abgedeckt. Der Benzintank war nunmehr dreieckig gestaltet, denn dadurch wurde die Befestigung von Reserverädern vereinfacht. Die Holzspeichenräder bekamen abnehmbare Felgen, die mittels acht Bolzen angeschraubt wurden.
Obwohl es für 1907 kein Gewichtslimit mehr gab, blieb der Mercedes mit 1040 kg erfreulich leicht. Ab jetzt fuhr man nach einer Verbrauchsformel, bei

mußten sich etwas einfallen lassen, um zum nächstjährigen Rennen wieder besser dazustehen.
Der Große Preis des französischen Automobilclubs (ACF) war mittlerweile zum wichtigsten Ereignis der internationalen Motorsport-Szene avanciert, er sollte auch 1908 wieder auf dem Kurs bei Dieppe an der Atlantikküste stattfinden. An dieser Stelle soll die Tatsache Erwähnung finden, daß die meisten Rennmotoren jener Zeit – also auch die Maschinen von Daimler und Benz – größer dimensionierte Bohrungen im Vergleich zum Kolbenhub aufwiesen. Die Konstrukteure waren einhellig der Meinung, daß die Motorleistung in einem direkten Zusammenhang mit der Kolbenfläche, also dem Zylinderdurchmesser, und der Zylinderzahl stand. Die Zylinderbohrungen erreichten Werte von nahezu 180 mm, was angesichts der Gußeisen-Kolben als bemerkenswert angesehen werden darf. Kolbenhub und Kurbelwellendrehzahl galten in jener Zeit als zweitrangig, hier lagen die Grenzen bei der Materialqualität und dem Entwicklungsstand in der Schmiertechnik. Gerade die Drehzahlen blieben relativ gering, solange die Kolbengröße beliebig zu wählen war.
Diese Entwicklung fand im Juli 1907 ein Ende, als man daran ging, das Reglement für den Grand Prix von 1908 auszuarbeiten. Die Funktionäre des ACF gedachten die Motorleistung der Rennwagen in Grenzen zu halten und

führten deshalb ein Limit für den Zylinderdurchmesser ein. Für die hauptsächlich verwendeten Vierzylinder dachte man an eine Beschränkung auf 160 mm, aus Deutschland kam ein Gegenvorschlag mit 135 mm. Festgelegt wurde schließlich der aus England vorgeschlagene Wert von 155 mm. Zusätzlich wurde ein Minimalgewicht von 1100 kg vorgeschrieben. Diese Regeln führten nun zur vermehrten Anwendung höherer Drehzahlen und Kolbengeschwindigkeiten, womit die Literleistung deutlich über die 10 PS/l-Barriere hinaus anwuchs.

Daimler und seine Mitarbeiter setzten die Zylinderbohrung ihrer Motoren auf 154,7 mm fest und wählten einen 180-mm-Hub, womit die neue Maschine auf einen Hubraum von 12780 ccm kam. Im Aufbau glich die Maschine wieder den Maybach-Entwicklungen mit zwei untenliegenden Nockenwellen und erstmals gab es nun auch einzelne Auspuffkanäle. Wegen des niedrigen Öldrucks und der noch vorherrschenden Schleuderschmierung war man gezwungen, die Höchstdrehzahl auf nicht mehr als 1600 U/min zu fixieren; seine beste Leistung von 135 PS erreichte der Motor bei 1400 Umdrehungen. Um die Temperaturen unter der Haube nicht unnötig zu erhöhen, verlegte man die Auspuffanlage komplett nach außen.

Gleich nachdem der erste Motor fertiggestellt war, baute man ihn zu Testzwecken in einen Vorjahreswagen ein. Schritt für Schritt wurde dieser Versuchswagen weiteren Detailänderungen unterzogen. Das vordere Achsrohr änderte man leicht ab, verringerte die Räder im Durchmesser und montierte breitere Reifen. Die Tankform wurde erneut überarbeitet und das Lenkgetriebe wanderte zugunsten einer weiter abgesenkten Lenksäule ein Stück nach vorn.

Der Dreieckskurs bei Dieppe wurde am 1. März 1908 für Rennfahrzeuge gesperrt, jedoch hatte die Mercedes-Mannschaft vorher schon ausgiebig mit ihrem „Testträger" trainiert. Die gewonnenen Erfahrungen führten zu einer Reihe weiterer Verbesserungen. So wurde der Radstand um mehr als 15 cm auf 2690 mm verkürzt. Zum ersten Mal wurden auch bei Mercedes jetzt die Seitenteile der Karosserie genügend weit hochgezogen, um den Fahrern mehr Schutz zu bieten. Immerhin erreichten die Wagen in Dieppe schon Geschwindigkeiten von über 160 km/h. Ebenfalls geschützt wurden die Reibungs-Stoßdämpfer, die man jetzt mit einer Hülle versah. Die Kraftstoff-Leitungen montierte man nun außen an der Karosserie, damit man sie besser kontrollieren und schnell auswechseln konnte. Der Motorraum war auch weiterhin von allen Seiten verkleidet, denn noch immer verwendete man die Schwungscheibe als Kühlventilator, obwohl jetzt auch wieder ein Propeller direkt hinter dem Kühler zu finden war.

Eine andere Neuheit stellten die 1908 allgemein verwendeten Michelin-Räder dar, bei denen man zum Abnehmen der Felge nurmehr eine einzige Mutter lösen mußte. Mercedes fertigte die stählernen Felgenringe aus 5-mm-Material und hatte damit im Rennen keine Probleme, ganz im Gegensatz zu vielen Konkurrenten, die eine Stärke von 2,5 mm für ausreichend gehalten hatten. Ebenfalls erheblich weniger Schwierigkeiten hatte das deutsche Team mit Reifenschäden. Dies rührte zum einen von dem außerordentlich hohen Reifendruck von 7 atü und zum anderen von der ungestümen Fahrweise von Christian Lautenschlager her. Der bisherige Daimler-Versuchsfahrer stieg im Alter von 31 Jahren mit einem Schlag zur Rennfahrer-Elite auf, als er den französischen Grand Prix des Jahres 1908 gewann.

Die Werkswagen von Mercedes stellten zu diesem Zeitpunkt den Entwicklungshöhepunkt der ersten Generation klassischer Rennwagen dar. Trotz ihrer 1120 kg erwiesen sie sich als erstaunlich kompakt und handlich. Der Antrieb auf die Hinterräder geschah noch immer mittels Rollenketten, während bereits an 19 der teilnehmenden Fahrzeuge diese Antriebsart einer Kardanwelle Platz gemacht hatte. Die geringeren ungefederten Massen und das Fehlen eines Aufstellmoments an der starren Kettenantriebsachse wurde 1908 noch als großer Vorteil gegenüber der kardangetriebenen Schwingachse angesehen. Nach wie vor hielt man diese Antriebsart als für besser geeignet, ein schon bei niedrigen Drehzahlen zur Verfügung stehendes hohes Drehmoment auf die Antriebsräder zu übertragen.

Bei den Buchmachern waren die weißen Wagen aus Untertürkheim diesmal nicht favorisiert. Die Wetten lauteten 8:1, denn in den letzten Jahren hatte Mercedes hier keinen besonderen Erfolg vorweisen können. Gleich zu Anfang des Rennens klärte Otto Salzer die aktuellen Verhältnisse, indem er bereits in der ersten Runde absolute Bestzeit fuhr und einen Schnitt von 124,8 km/h erreichte. Im weiteren Verlauf erwies sich Hémérys Benz als der härteste Konkurrent der Mercedes-Equipe, denn viele der französischen und italienischen Wagen waren durch Reifenschäden zurückgefallen. Lautenschlager setzte sich an die Spitze und beendete das Rennen als Sieger, und Willy Pöge, ein Elektroartikelfabrikant, fuhr den dritten Mercedes auf Platz Fünf. Christian Lautenschlager, der schon seit 1899 der D. M. G. angehörte, kommentierte seinen Sieg mit den Worten, die für die Zukunft der Mercedes-Renneinsätze bestimmend werden sollten: „Ich bin überglücklich über den großen Triumph, den dieser Sieg meiner Firma einbrachte. Diesen Erfolg haben wir uns wirklich verdient, denn die Wagen waren über einen langen Zeitraum hinweg gründlich erprobt worden. Die Vorbereitungsarbeiten wurden mit großer Sorgfalt verrichtet und beanspruchten sehr viel Zeitaufwand. Alles funktionierte hervorragend, abgesehen von einigen Reifenpannen." Es handelte sich genau um drei solcher Zwangsstops, denn Lautenschlager mußte sich mit großer Vorsicht in die beiden letzten Runden begeben, weil es in den Boxen keinen einzigen Ersatzreifen mehr gab ...

Wie es damals allgemein der Brauch war, finanzierten die Automobilfirmen einen Teil des Aufwandes für den Motorsport, indem sie Werkswagen an bevorzugte Freunde des Hauses verkauften, die ihrerseits Berufsrennfahrer engagierten und die Wagen zu allen wichtigen Rennen an den Start brachten. Für die Motoren dieser besonderen Kundschaft stellte Paul Daimler Spezialzylinder bereit, die die größte früher verwendete Bohrung von 175 mm aufwiesen. Dafür mußte man allerdings die Zylinderabstände ändern und auch die Pleuelschäfte leicht abwinkeln. Diese 17330-ccm-Motoren stellten die hubraumstärksten Aggregate dar, die von der D. M. G. jemals für Rennzwecke gebaut wurden. Ihre Leistung wurde mit 150 PS angegeben. Ein mit einer solchen Maschine ausgerüsteter Ex-Grand-Prix-Wagen bezwang im Herbst 1908 den Semmering in 7:23,6 Minuten; im Vergleich hierzu hatte der unveränderte Werkswagen 7:31,0 Minuten benötigt. Otto Salzer verbesserte mit diesem Fahrzeug im folgenden Jahr seine eigene Bestzeit auf 7:07,0 Minuten. Einer dieser Wagen – er wurde interessanterweise „180-PS-Mercedes" genannt – wurde 1910 von Camille Jenatzy am Ende seiner Laufbahn bei verschiedenen Sprintrennen eingesetzt. Ohne Änderung der Übersetzung erreichte er in Ostende die Höchstgeschwindigkeit 172 km/h. Nach diesem Erfolg konnte sich der rotbärtige Belgier zusammen mit dem altgedienten Renner beruhigt und zufrieden aus dem Rennsport zurückziehen.

Derartige Privateinsätze ehemaliger Werkswagen wurden bald darauf von der D. M. G. kräftig unterstützt, denn man hatte gemeinsam mit Benz und 15 anderen wichtigen Werken einen Vertrag unterschrieben, in dem man sich auf einen Rückzug von allen wichtigen Rennen des Jahres 1909 geeinigt hatte. Als Folge boykottierten alle früheren Teilnehmer 1909 den französischen Grand Prix, der daraufhin abgesagt werden mußte. Für einen Vertragsbruch hatte man untereinander eine hohe Geldstrafe beschlossen, und die deutschen Firmen hielten sich auch bis 1912 an die Abmachung. Wie auch ein halbes Jahrhundert später, hinderte ein solcher Pakt die Unterzeichnerfirmen indessen nicht daran, eine Anzahl hochkarätiger Rennwagen für private Interessenten zu bauen ...

Daimler hatte für diese Zwecke 1911 in Gestalt des neuen 37/90-PS-Serienwagens eine günstige Ausgangsbasis geschaffen. Er wurde von einem 9570-ccm-Vierzylinder (130 × 180 mm) angetrieben, der Doppelzündung sowie drei Ventile pro Zylinder aufwies. Die beiden Auslaß- und das einzelne Einlaßventil wurden weiterhin über Stoßstangen und Kipphebel bewegt. Der

Antrieb für die linksseitig angeordnete Nockenwelle ging wie bei Daimlers Sechszylinder-Prototyp von der Kurbelwellenmitte aus. Die Zylinder waren auch hier wieder paarweise gegossen. Bei einer ganzen Modellreihe sportlicher Tourenwagen gelangte dieser 90-PS-Motor zum Einbau. In einer leistungsgesteigerten Ausführung setzte man diese Maschine in verschiedene Rennwagen ein, die allesamt auf den Wagen des Jahres 1908 basierten. Diese hervorragend gelungenen „Zwitter" errangen in den USA eine ganze Reihe von Erfolgen, wobei Spencer Wishart und Ralph de Palma ihre Wagen mit spitz zulaufenden Kühlverkleidungen versehen hatten. 1912 und 1914 gewann de Palma mit einem solchen Mercedes den Vanderbilt-Cup. Ein ähnlicher Wagen, allerdings mit Drahtspeichenrädern und entfernter Kühlerverkleidung sowie einer Vorderachse von 1907er Werkswagen wurde 1913 von der D. M. G. beim Großen Preis auf dem Sarthe-Kurs an den Start gebracht, wo er auf den achten Rang kam.

Beim Rennwagen mit dem 37/90-PS-Motor verwendete man auch den Kühler aus dem Serienbau, der übrigens zum ersten Mal mit dem berühmten Mercedes-Stern versehen war. Eine weitere Änderung in der äußeren Erscheinung

1911 stattete man einige 1908er GP-Chassis mit modifizierten 37/90-PS-Serienmotoren aus. Einen solchen Wagen mit einer Bugverkleidung fuhr Ralph de Palma in den USA.

Mit Speichenrädern versehen, startete Leon Elskamp mit diesem Mercedes 1913 beim Sarthe-Grand-Prix.

der Untertürkheimer Wagen hatte es 1910 in Form eines Spitzkühlers gegeben, den einige Serienwagen verwendeten. Ebenfalls hielt der Wellenantrieb bei Mercedes Einzug in den Serienbau und auch Charles Knights Schiebermotor gab sein Debüt. Mehrere Wagen dieses Typs wurden von dem belgischen D. M. G.-Repräsentanten Theodor Pilette präpariert und bei verschiedenen Rennen eingesetzt. Den Anstoß hierzu hatte ihm Camille Jenatzy gegeben, der mehr und mehr die Rolle Emil Jellineks als Berater bei den Motorsportplänen der Firma Daimler übernahm.

Pilette besaß die Kühnheit, 1913 einen Mercedes 16/45 mit Knight-Schiebermotor für Indianapolis zu melden. Der Wagen mit dem 4084-ccm-Vierzylinder war der hubraumschwächste Teilnehmer – er vermochte sich gerade noch als letzter für den Start zu qualifizieren. In einem Rennen ohne Boxenaufenthalt – eine große Seltenheit in jenen Tagen – kam Pilette auf einen Benzinverbrauch von 11,8 Liter und einen Ölverbrauch von 3,93 Liter auf 100 km (was als außerordentlich gering galt). Pilette brachte es fertig, im Rennen stets den fünften Platz zu halten. Mit dieser Vorstellung konnte eine ganze Reihe amerikanischer Hersteller von den Vorzügen des Schiebermotors überzeugt werden, worauf sie sich ebenfalls zur Übernahme einer Lizenz entschlossen.

Der großartige Sieg 1908 in Dieppe hatte der Daimler-Motoren-Gesellschaft auf der Bühne der großen internationalen Rennveranstaltungen einen festen Platz zugewiesen. Jetzt hatte man den Beweis, daß Paul Daimler ein fähiger Nachfolger Wilhelm Maybachs war. Doch bekanntlich ist Ruhm vergänglich und die französischen Konstrukteure machten alsbald enorme Fortschritte, während Mercedes auf der Stelle trat. Und zur gleichen Zeit hatte eine tatkräftige Mannschaft bei Benz in Mannheim einen sensationellen Wagen entstehen lassen, der für die nächsten acht Jahre zum schnellsten Automobil der Welt avancieren sollte.

„Ich beglückwünsche den wagemutigen Yankee zu seinem in der Tat bemerkenswerten Erfolg in einem deutschen Wagen."
Kaiser Wilhelm II.

Der Blitzen-Benz

„Zu jener Zeit befand sich Benz stark unter französischem Einfluß", charakterisierte Alfred Neubauer in späteren Jahren die Epoche in der Geschichte der Mannheimer Firma, die mit der Verpflichtung von Marius Barbarou begonnen hatte und mit dem Wirken eines ehrgeizigen und talentierten Victor Hémery ihre Fortsetzung fand. Dieser Hémery hatte es sich zur Aufgabe gemacht, einen Grand-Prix-Siegerwagen zu bauen, den er später zum schnellsten Wagen der Welt weiterentwickeln wollte. Gemeinsam mit den Technikern bei Benz konnte er 1910 beide Ziele verwirklichen. Auf dem Weg zu diesen Spitzenleistungen war auch der Blitzen-Benz gebaut worden, der zu einem der faszinierendsten Wagen in der Geschichte des Automobils werden sollte. Und er sollte auch der berühmteste Benz-Rennwagen werden, wobei er vor allem durch seine Einsätze in den USA ungeheure Popularität erlangte.

Die Geschäftsleitung des Hauses Benz beabsichtigte durch die Rückkehr zum Motorsport die einstige Bedeutung in der internationalen Automobilwelt wiederzuerlangen. Dies bedingte einen großen Aufwand beim Bau und der Vorbereitung der Werkswagen für den französischen Grand Prix des Jahres 1908. Die kleine Gruppe der bei anderen Werken abgeworbenen Techniker stellte für die Mannheimer Firma den Gegenwert einer mehrjährigen eigenen Rennerfahrung dar. Durch diese fähigen Leute war man bei Benz in der Lage, den von Daimler errungenen Vorsprung nun innerhalb kürzester Zeit aufzuholen. Hémery hatte 1907 seine Stellung als Werksfahrer bei Mercedes zugunsten eines wesentlich erweiterten Aufgabengebiets bei Benz aufgegeben, außerdem vermochte er seinen früheren Darracq-Kollegen René Hanriot zu überreden, 1908 ebenfalls für Benz zu fahren.

Fritz Erle, ein gebürtiger Mannheimer, war mit Benz-Wagen schon seit 1901 sehr erfolgreich unterwegs gewesen; jetzt trug er die Verantwortung für die gesamten Rennaktivitäten des Hauses. Zusammen mit seinen Fahrern spielte er die entscheidende Rolle beim Zustandekommen des neuen Rennwagens. Die technische Entwicklung war nach wie vor Angelegenheit des Konstrukteurs Georg Diehl, unter dessen Leitung Hans Nibel und der Belgier Louis de Groulart am Rennwagenprojekt arbeiteten. De Groulart stammte aus Lüttich und hatte in Frankreich bei Serpollet und Albert Clément gearbeitet, von wo aus er 1903 gemeinsam mit Barbarou zu Benz nach Mannheim ging. Es gelang ihm sehr schnell, sich bei Benz Respekt zu verschaffen; man achtete ihn als einen erstklassigen Motorenkonstrukteur. Und wenn es überhaupt je möglich ist, einem einzigen Mann den Erfolg einer komplexen technischen Schöpfung zuzuschreiben, dann gebührt diese Ehre in Bezug auf die Zuverlässigkeit und die überlegene Leistung der Benz-Vierzylinder-Rennmotoren ihrem Konstrukteur Louis de Groulart.

Der Grand-Prix-Wagen war in seinen Grundzügen nach bewährten Prinzipien gebaut. Wie beim Mercedes wurde auch hier ein Rahmen aus Preßstahlprofilen verwendet, dessen Längsträger an einem Ende nach oben über die Achse gekröpft waren. Nur wurde beim Benz die Hinterachse untergehängt und die Vorderachse an geraden Holmen befestigt – umgekehrt wie beim Mercedes. Diese U-Profile waren nach herkömmlicher Art durch Traversen versteift. Eine rohrförmige Traverse befand sich an den hinteren Federschäkeln, vier massive Motoraufnahmen bildeten eine Verstärkung und ein weiteres Profilstück war unter dem Kühler befestigt, im Gewicht vermindert durch große Bohrungen. Die hintere Rahmenkröpfung ermöglichte den Einbau einer stabilen Hinterachse, bestehend aus einem geschmiedeten Doppel-T-Profil und durch zwei gezogene Schwingarme geführt. Die Vorderachse war ein kunstvolles Schmiedestück, wobei die Radaufnahmen – kräftige Elliot-Achsschenkel – in festen Halterungen verankert waren. In der Mitte mußte der Achskörper etwas durchgebogen werden, um nicht der Andrehkurbel im Weg zu stehen. Eine lange Schubstange verband das an der rechten Seite befestigte Lenkgetriebe mit der elegant gebogenen Spurstange. Alle Einzelteile wurden dabei mit höchster Präzision angefertigt und so kam es auch, daß es niemals zu einem Schaden am Fahrwerk kam. Immerhin wurde diese Konstruktion innerhalb der nächsten 15 Jahre nicht mehr wesentlich geändert und sie erwies sich auch bei Geschwindigkeiten bis zu 240 km/h als durchaus einsatztauglich. Verkürzte, recht schmal gehaltene Blattfedern fanden rundum Verwendung und in der ersten Ausführung der Werkswagen von 1908 waren Reibungsstoßdämpfer mit Scherenarmen eingebaut. Diese wurden jedoch vor dem Großen Preis von Frankreich gegen simple Federbandstoßdämpfer ausgewechselt. Durch eine Verstellschraube ließ sich die Spannung des Bandes, das auf eine kleine, am Rahmen befestigte Reibtrommel wirkte, vergrößern, wodurch – theoretisch – die Dämpferwirkung erhöht wurde. Die Oberfläche des Bandes reichte indessen nicht aus, um eine länger andauernde Wirkung zu gewährleisten oder eine Feineinstellung zu ermöglichen.

Nur an einem einzigen Wagen, und zwar dem von Hémery gefahrenen, waren diese Dämpfer symmetrisch angeordnet, das heißt, jeweils an den Außenseiten der Rahmenholme. An den anderen beiden Fahrzeugen waren sie einmal außen und einmal innen montiert, um der Spurstange mehr Raum zu geben. Bei Hémerys Wagen handelte es sich um das erste im März 1908 fertiggestellte Exemplar. Die Motorhaube war hier noch etwas länger und wies 18 Lüftungsschlitze anstelle der späteren 16 auf. An allen folgenden Wagen wurden auch die Sitze und der Benzintank etwas weiter nach vorne gerückt, womit man die Abmessungen der verkürzten Haube ausglich. Die Motoraufhängung war bei allen Wagen gleich. Die Räder entsprachen dem damaligen Rennwagenstandard: zwölfspeichige Holzräder mit aufgeschraubten Felgenringen; die Abmessungen betrugen 875 × 105 vorne und 935 × 135 hinten.

Noch vor dem Grand Prix montierte man Michelin-Felgenringe und tauschte die Hinterräder gegen eine kleinere Ausführung mit 805 mm Durchmesser aus, welche aber mit 145 mm breiten Reifen versehen wurden. Mit steigender Motorleistung kamen an den Antriebsrädern immer griffigere Reifenprofile zur Anwendung, die oftmals sogar noch durch stählerne Noppen verstärkt wurden, um auf losem Straßenbelag die Traktion zu verbessern.
Die Hinterradreifen mußten auch weiterhin die gesamte Bremskraft aufnehmen. Die in den Antriebskettenrädern eingelassenen Trommelbremsen wurden gemeinsam durch ein einzelnes Bremsseil mit dem Handhebel an der rechten Wagenseite betätigt, auf diese Weise wurde ein gewisser Bremsausgleich erreicht, der beide Bremsen gleichmäßig ziehen ließ. An den am Rahmen gelagerten Antriebszwischenwellen befanden sich Außenbandbremsen. Die an den beiden Enden angebrachten Bremsen wurden durch zwei getrennte Fußhebel betätigt. Besonders versierte Fahrer nutzten diese Einrichtung, indem sie ein durchdrehendes Rad einzeln abbremsten und dadurch die Wirkung eines Sperrdifferentials erreichten. Und natürlich ließen sich auch die langen Drifts in den Kurven, die für einen Rennfahrer des Jahres 1908 unentbehrlich waren und äußerst spektakulär aussahen, dadurch einleiten.
Mittels einer Auswahl von Kettenrädern zwischen 27 und 34 Zähnen an den Antriebswellen konnte man die Endübersetzung dem jeweiligen Einsatzzweck anpassen. Die Zahnkränze an den Hinterrädern wiesen 34 Zähne auf. Das Übersetzungsverhältnis zwischen Differential und Getriebe betrug meistens 26:29, das Vierganggetriebe selbst wies keinen direkten Gang auf.
Der Schalthebel befand sich an der rechten Außenseite des Cockpits an einer gemeinsamen Befestigung mit dem Handbremshebel. Die beiden Bremspedale, deutlich mit der Aufschrift „Bremse“ markiert, waren rechts und links von Kupplungs- (ebenfalls beschriftet) und Gaspedal angeordnet. Das Lenkrad wies vier stabile Speichen auf, wobei auf einer der Kurzschlußknopf für den Zündmagneten saß.
Für dieses perfekte, aber bisher nicht als außergewöhnlich zu bezeichnende Auto hatte Louis de Groulart einen ganz besonderen Motor gebaut, wobei ihm Héméry und Erle tatkräftig zur Seite gestanden hatten. Die paarweise in Grauguß gefertigten Zylinder mit angegossenen Köpfen stellten, für sich allein betrachtet, zwar auch nichts Ungewöhnliches dar. Jedoch die Details waren perfektioniert worden. Es gab Inspektionsdeckel an den Kühlmänteln, das Kühlwasser trat auf der rechten Motorseite, genau unterhalb des Zündkerzensitzes, ein und floß auf der linken Seite unten zwischen den Zylindern wieder ab, womit es genau den Hitzzonen im Motor entgegenwirkte.

Die Ventile waren allesamt hängend im Zylinderkopf angeordnet, Einlaß rechts und Auslaß links. Letztere wiesen einen direkt nach außen gerichteten Auspuffkanal auf; die Ansaugkanäle waren an jedem Block zusammengefaßt und gabelten sich zwischen den Auslässen, um quer nach hinten zu den Einlaßventilen zu führen. Diese waren nach dem Napier-Maybach-Prinzip wieder dreifach geführt und in eigenen Gehäusen untergebracht, die durch eingeschraubte Deckel über den Ventilfedern festgehalten wurden. Die einzige Kühlung der Einlaßventile kam über das angesaugte Kraftstoff-Luft-Gemisch zustande. Diese Art des Wärmetausches wirkte sich offenbar auch auf die Gemischqualität aus, denn keiner der Benz-Motoren wies eine Anwärmvorrichtung für die Ansaugluft auf, wie sie bei den D. M. G.-Aggregaten zu finden waren. Beim Vergaser handelte es sich um ein Steigstrom-Instrument mit Kolbenschieber, er versorgte die Zylinder über einen kurzen, zweiteiligen Ansaugkrümmer. Darüber ragten die vier einzelnen Auspuffrohre nach außen, sie führten nach einer starken Krümmung direkt nach unten zu einem Sammelrohr. Fritz Erle entschloß sich, seinen Wagen hier etwas abzuändern: Er ließ die vier Auspuffkrümmer durch die Motorhaube nach außen ragen und verlegte die ganze Anlage an die Außenseite des Rahmens – vielleicht hatte er die ebenfalls für den Grand Prix vorbereiteten Mercedes-Werkswagen gesehen. Darauf deutet auch eine weitere Modifikation hin, denn er verwendete keinen runden Benzintank, sondern einen dreieckigen.
Die hängenden Ventile wurden über Stoßstangen und Kipphebel von einer rechts in der oberen Kurbelgehäusehälfte untergebrachten Nockenwelle gesteuert. Diese wurde über Zahnräder an der Motorstirnseite von der Kurbelwelle angetrieben. Es wurden Rollenstößel verwendet, die zusammen mit den Rückholfedern außerhalb des Gehäuses in separaten Hüllrohren verkapselt waren. An manchen Motoren wurden vorgespannte Federn auch an den überlangen Kipphebeln verwendet. Am Nockenwellenantrieb griffen die Zahnräder für den Antrieb der beiden Bosch-D4-Magneten für die Doppelzündung sowie der Wasserpumpe ein. Diese war etwas ungewöhnlich, denn es handelte sich noch um eine Zahnradpumpe, während Zentrifugalpumpen zu dieser Zeit schon allgemein gebräuchlich waren. Eine sehr kleine Zahnradpumpe für den Ölkreislauf wurde mittels Welle und Kegelrad vom Ende der Nockenwelle angetrieben. Mechanische Ölpumpen waren damals noch sehr selten im Motorenbau anzutreffen. Mit einem Flachriemen wurde ein kleiner Ventilator hinter dem Kühler betätigt. Es handelte sich um einen Wabenkühler, der eine Kopie der Mercedes-Entwicklung von 1903 darstellte.

Benz beteiligte sich ebenfalls am französischen Grand Prix des Jahres 1908. Hier ist Victor Héméry beim Reifenwechsel zu sehen.

Der französische Konstrukteur Louis de Groulart zeichnete ab 1907 bei Benz für die Rennwagen verantwortlich. Ausgehend vom Grand-Prix-Motor schuf er 1909 diesen 200-PS-Vierzylinder. Das 21500-ccm-Aggregat sollte später das schnellste Fahrzeug der Welt, den Blitzen-Benz, antreiben.

Dieser Motor hielt sich selbstverständlich an das Reglement von 1908 und wies eine Zylinderbohrung von 154,9 mm auf. Nachdem die Hublänge freigestellt war, hatte de Groulart keine Skrupel, diese mit 200 mm zu bemessen, damit hatte er den hubraumstärksten Motor für dieses Rennen gebaut: Er kam auf 15095 ccm!

Die Kurbelwelle lief in drei Weißmetallagern, die Pleuelschäfte waren wie üblich im Doppel-T-Profil gehalten und die dünnwandigen Kolben bestanden aus Gußeisen. Der ungeheuer lange Hub und die dabei entstehenden hohen Kolbengeschwindigkeiten stellten ein großes Wagnis dar, vor allem wegen fehlender Schmierung der Zylinderwandungen, auf die andere Rennmotorenkonstrukteure, vor allem bei der D.M.G., großen Wert legten. Mit einem Verdichtungsverhältnis von 4,8:1 leistete die Maschine 158 PS bei 1500 U/min, kurzzeitig konnte sie bis 1600 U/min gedreht werden. Damit übertraf Benz die Konkurrenz aus Untertürkheim. Der Radstand war mit 2770 mm länger als der des Mercedes, die Spurbreite hingegen mit 1320 mm geringer. Der rennfertige Wagen war außerdem fast 10 kg leichter als der Mercedes.

Héméry erprobte seinen neuen Wettbewerbswagen auf ganz besondere Art und Weise. Er nahm am 19. Mai am Rennen von St. Petersburg nach Moskau teil, das 700 Kilometer lang über schlechteste Straßen führte. Diese „Testfahrt“ beendete er als Sieger und sein Schnitt von 82,7 km/h spricht Bände. Um auch auf dem Kurs von Dieppe trainieren zu können, waren die Wagen nicht rechtzeitig fertig geworden, dennoch waren sie perfekt vorbereitet, als das Rennen begann. Die Benz-Mannschaft brachte als einziges Team alle drei Wagen ins Ziel. In den Augen aller aufmerksamen Beobachter war dabei Héméry der moralische Sieger dieses Grand Prix. Nachdem die starken Konkurrenten von Fiat und Brasier etwas zurückgefallen waren, konnte Héméry in der vierten von zehn Runden die Führung übernehmen. Im ersten Umlauf fuhr er mit 37:55 min seine schnellste Rundenzeit und war damit zwar nicht so schnell wie Salzer (36:31 min) auf Mercedes, aber immer noch besser als der spätere Sieger Lautenschlager. Dieser überholte den Franzosen in der fünften Runde, doch Héméry lag nach sieben Runden und somit fast fünf Stunden Renndauer nur 51 Sekunden zurück! Dann aber flog ihm ein hochgeschleuderter Stein an die Fahrerbrille und zerschlug das Glas, wobei Héméry eine Verletzung davontrug. Ein Boxenstop und diese Behinderung ließen keine Aufholjagd mehr zu. Er behielt seinen zweiten Platz, Hanriot und Erle wurden mit den beiden anderen Benz-Wagen Dritter und Siebter.

Auch am Semmering und beim US-Grand Prix in Savannah gelang es dem Benz-Team nicht, einen weiteren Sieg zu erringen. In Amerika wurde Héméry wieder Zweiter, Hanriot Vierter. Fritz Erle hatte auch dort seinen speziellen Wagen mit der außenliegenden Auspuffanlage eingesetzt, er fiel aber aus, denn von einem Reifen hatte sich die Lauffläche gelöst, was zu einem leichten Unfall führte.

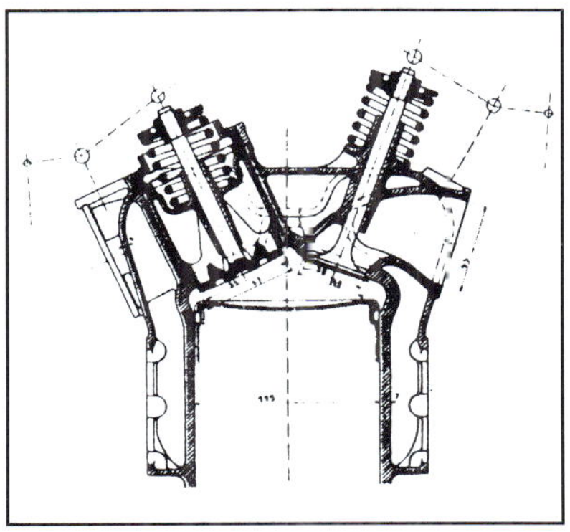

Links: Skizze der bei Benz ebenfalls verwendeten kombinierten Steuerung des Einlaßventils

Die Saison war eigentlich nicht ganz so erfolgreich verlaufen, wie man es aufgrund der Anstrengungen erwartet hatte. Alle weiteren Vorhaben in dieser Richtung waren für die Firma Benz & Cie. durch den Boykott der gesamten Autoindustrie bei allen internationalen Rennen unterbunden. Nach all dem bisherigen Aufwand wollte man bei Benz das Motorsport-Engagement dennoch nicht gleich wieder aufgeben. Man mußte sich zwar anpassen, aber es fanden sich andere Wege, das vorhandene Material sinnvoll einzusetzen. Gegen Ende des Jahres 1908 hatte Benz neue Werksanlagen bezogen, in Waldorf, am westlichen Stadtrand von Mannheim. Die Fabrik in der Waldhofstraße diente nun ausschließlich dem Stationärmotorenbau. 1910 rückte Georg Diehl in den Vorstand der Firma auf, Hans Nibel trat an seine Stelle als Leiter der Entwicklungsabteilung. Ein Jahr später wurde auch Friedrich Nallinger, damals 48 Jahre alt, in den Vorstand aufgenommen, ein Mann, der seit 1904 bei der D. M. G. beschäftigt gewesen war. 1912 wurde er technischer Direktor bei Benz. In diesen Posten sollte nach dem 1. Weltkrieg Hans Nibel hineinwachsen, der 1917 auch in den Vorstand berufen wurde.

Nicht nur diese beiden Männer hatten einen großen Einfluß auf die weitere Sportbeteiligung der Firma, auch die neu gegründete Benz Auto Import Company in New York war sehr stark daran interessiert. Der dortige Geschäftsführer Jesse Froehlich vertraute auf die Werbewirksamkeit der Rennbeteiligungen und setzte alles daran, Benz-Rennwagen bei wichtigen amerikanischen Veranstaltungen an den Start zu bringen, möglichst mit den jeweiligen Spitzenfahrern am Steuer. Er vereinbarte mit der Werksleitung in Mannheim, daß einer der Werkswagen (es handelte sich wahrscheinlich um Hanriots Fahrzeug) nach dem Savannah-Grand-Prix 1908 in den USA verbleiben sollte. Für die Rekordwoche von Daytona im März 1909 wurde der Wagen länger übersetzt und kam damit auf 183,4 km/h (in Dieppe wurden 162,9 km/h gemessen). Ein weiterer Werkswagen, diesmal handelte es sich um Hémérys Wagen, wurde im Sommer 1909 über den Veranstaltungsmanager Ernest R. Moross für den Einsatz Barney Oldfields nach USA geschafft. Oldfield, eine schillernde Gestalt in der amerikanischen Rennszene, fuhr mit diesem Wagen die ersten Rekorde bis zu einer Distanz von 25 Meilen auf der gerade fertiggewordenen Bahn von Indianapolis. Dies war am 19. August. Drei Tage später machte in Deutschland ein anderer Benz seine ersten Probefahrten, ein Wagen, der Barney Oldfield später zu weiterer Berühmtheit verhelfen sollte.

Victor Héméry hatte ein besonderes Augenmerk auf die Leistungen des Benz-Rennwagens jenseits des Atlantik gerichtet, denn er galt ja noch immer als der offizielle Weltrekordhalter. Seine mit einem speziellen Darracq V8 im Jahre 1905 erreichte Spitzengeschwindigkeit von 176,5 km/h war jedoch schon lange nicht mehr der absolute Bestwert. 1906 mußte er sich mit dem Darracq in Daytona geschlagen geben – Fred Marriots Stanley-Dampfwagen erreichte sagenhafte 205,4 km/h, aber da auch diese Fahrt in Europa nicht anerkannt wurde, war zumindest offiziell die 200 km/h-Barriere noch nicht erreicht. Anfang 1909 schließlich erhielt Héméry die Erlaubnis der Firma Benz, einen Wagen zu bauen, mit dem er diese Geschwindigkeit erreichen würde. Damit wäre er dann wieder der uneingeschränkt schnellste Mann der Welt. Man war sich darüber einig, daß man mit dem Grand-Prix-Wagen bereits eine vorzügliche Ausgangsbasis besaß, denn dieser war schon sehr nahe an das gesteckte Ziel herangekommen. Um aber noch schneller zu sein, würde man einen stärkeren Motor brauchen. In de Groulart hatte man genau den richtigen Mann, eine solche Maschine zu bauen.

Dieser weitete die Bohrung auf 185 mm aus und kam somit auf 21 500 ccm Hubraum. Dieser gigantische Vierzylinder sollte der hubraumstärkste Motor, den sowohl Benz als auch Daimler oder die später verbundenen Firmen je für ein Auto bauten, bleiben. Den nötigen Platz für die großen Zylinder fand man, indem man sie in der Längsrichtung gegenüber der vorherigen Zylindermitte versetzte. Die neuen Kolben gerieten auch etwas höher, wodurch die Verdichtung auf 5,8:1 anstieg. Verstärkt mittels angegossener Längsrippen unterhalb der Kühlmäntel, wurden die Zylinderpaare mit jeweils zwölf Bolzen auf dem Kurbelgehäuse verankert. Jenes mußte sich ebenfalls einige Änderungen gefallen lassen, da man nun den Einbau zweier zusätzlicher Hauptlager für nötig hielt. An der rechten Seite setzte man in das Gehäuse ein zusätzliches Ölreservoir ein. Der Hauptöltank hinter dem Motor wurde um weitere 20 Liter Fassungsvermögen vergrößert. Der Kraftstofftank hingegen war bei Sprintrennen wesentlich kleiner gehalten, er faßte nur 72 Liter, gegenüber 150 Liter in der Grand-Prix-Version.

Damit man auch diesen Motorengiganten noch mit einer Andrehkurbel starten konnte, behielt man eine Besonderheit des ursprünglichen Rennmotors bei. Man konnte nämlich die Nockenwelle axial verschieben, wodurch die Stößel auf einem anderen Nocken zu laufen kamen. Das bewirkte, daß die Ventile nicht mehr ganz geschlossen wurden. Durch den somit verminderten Kompressionsdruck konnte man die Maschine wesentlich leichter ankurbeln. Das Ganze wurde durch einen kleinen Knebelgriff unter dem Kühler gesteuert. Am Ventiltrieb wurden natürlich auch einige Änderungen vorgenommen. Die Kipphebel der Einlaßventile hatte de Groulart im Doppel-T-Profil gehalten, und die Auslaß-Kipphebel waren zusätzlich mit Erleichterungsbohrungen versehen. Es wurden kräftige Ventilfedern verwendet, gewickelt aus Vierkantstahl der Dimension 5 × 5 mm. Der Außendurchmesser betrug 50 mm und die Einbauhöhe der Federn maß unter Spannung 60 mm. Zusammen mit der verstärkten Lagerung gestatteten alle diese Änderungen auch für den größten Benzmotor eine unveränderte Höchstdrehzahl von 1650 U/min. Er gab bei 1500 Umdrehungen 184 PS ab, was aber noch durch einige Feinarbeiten auf schließlich 200 PS bei 1600 U/min gesteigert wurde. Dabei wog auch dieser Motor nicht mehr als 407 kg.

Im Sommer 1909 konnte der erste Motor dieser Art fertiggestellt werden. Man baute ihn sofort in ein gewöhnliches Rennfahrgestell ein, um erste Probefahrten auf dem Werksgelände durchführen zu können. Am 22. August kam er dann zum ersten Mal zum Wettbewerbseinsatz. Bei diesem Kurzstreckenrennen in Frankfurt überzeugte er allerdings noch nicht so recht. Fritz Erle brachte den Wagen dann auch zum Semmering, wo er aber von zwei älteren, wechselgesteuerten Mercedes-Rennwagen deutlich distanziert wurde. Einen Monat später, im Oktober, brachte Victor Héméry den großen Benz bei einer Beschleunigungsprüfung in Brüssel an den Start. Hier zeigte er sich der Konkurrenz deutlich überlegen und fuhr mit 31,3 sec für den Stehenden Kilometer einen neuen Rekord. Das gab dem nun schon recht ungeduldig gewordenen Héméry den erwarteten Auftrieb – jetzt konnte er sich für den Angriff auf den absoluten Geschwindigkeitsweltrekord vorbereiten.

Die legendäre Brooklands-Bahn mit ihrer berühmten Steilkurve war gerade erst eröffnet worden und für Héméry schien diese südlich Londons gelegene Strecke genau der richtige Ort für sein Vorhaben zu sein. Er traf dort am 8. November ein, ohne daß er bis dahin viel trainiert hatte. Sein Wagen wurde von den Anwesenden als „Grand-Prix-Typ“ bezeichnet. Er wies zu diesem Zeitpunkt noch nicht die spätere schmale Karosserie auf. Doch über sein gewaltiges Leistungspotential gab es bald keinen Zweifel mehr. Autocar schrieb: „Mit Sicherheit haben wir in Brooklands noch nie einen Wagen mit einer derart erstaunlichen Beschleunigung erlebt.“

Héméry gab sich die größte Mühe, diese Beschleunigungskraft auch in neue Rekorde umzusetzen, was ihm glänzend gelang. Mit stehendem Start durchfuhr er einen Kilometer in 31,326 sec und eine Meile in 41,268 sec, womit er die bisher von Darracq gehaltenen Bestwerte übertraf. Über einen Kilometer mit fliegendem Start kam er auf 202,7 km/h. Jetzt hatte er erstmals in Europa die 200-Kilometer-Marke erreicht und sogar noch überschritten. In der Steilkurve war der Benz nicht leicht zu halten, so daß Héméry bei der Fliegenden Meile lediglich auf 186,5 km/h kam. Er unterbrach seine Rekordversuche, um die Übersetzung zu ändern. Gleichzeitig verlegte man auch die Meßstrecke. Als jedoch die Arbeiten abgeschlossen waren, verhinderte der Einbruch der Dunkelheit einen neuerlichen Start. Auch am folgenden Tag nahm Héméry die Fahrten nicht wieder auf. Er wußte, daß man in einer anderen Abteilung des Werks mit einer speziell für Rekordversuche entwickelten Karosserievariante beschäftigt war und wollte seine weiteren Versuche bis zum Abschluß dieser Arbeiten aufschieben. Außerdem war es ihm klar geworden, daß man mit den erreichten Geschwindigkeiten an die Grenzen herkömmlicher Bahnen vorgestoßen war. Für die kommenden Versuche

Der ursprünglich nur als Rekordwagen gedachte 200-PS-Benz wurde 1910 auch werksseitig in Gaillon/Frankreich bei einem Rundstreckenrennen eingesetzt. 1912 wurde dieses Fahrzeug in Mannheim umgebaut und die konventionelle Karosserie mit dem großflächigen Kühler wurde durch einen zweiten Blitzen-Benz-Aufbau ersetzt. Auch dieser nunmehr mit Drahtspeichenrädern ausgestattete Wagen lief ausschließlich in den USA.

würde das Benz-Team gezwungen sein, sich auf andere Pisten zu begeben. In Daytona zum Beispiel schien es durchaus möglich zu sein, den überstarken Wagen voll auszufahren.
Ende 1909 war der Wagen fertig umgebaut. Mit seiner neuen Karosserie war er eindeutig das attraktivste Automobil seiner Zeit. Der Aufbau glich in seiner glattflächigen, schlanken Form einem schnellen Flugzeug. Der Benz sollte jedoch noch schneller als jedes damalige Flugzeug sein! Erst zehn Jahre später sollte seine Leistung von einem Luftfahrzeug überboten werden; auf dem Boden behielt der Benz sogar seinen Titel sogar noch zwei Jahre länger.
Erle und Héméry bauten die Karosserie so eng es nur gerade ging. Die Motorhaube lag so knapp auf, daß man drei Ausbeulungen anbringen mußte,

Oben: Der 200-PS-Benz in seiner Rekordwagen-Ausführung. Bei seinen Einsätzen in Amerika wies der Wagen eine Auspuffanlage mit nach unten gerichteten Krümmern und einem Schalldämpfer auf.

Die charakteristische Frontansicht des Blitzen-Benz mit dem extrem schmalen Kühler und dem schnabelförmig nach vorne gezogenen Wasserbehälter.

um den vorderen Auslaß-Kipphebeln genügend Bewegungsraum zu geben. Den schmalen Vorderwagen schloß ein völlig neu geformter Kühler ab, der dem Auto seine charakteristische Frontansicht verlieh. Der hohe, schmale Kühlerkern befand sich in einer Messing-Maske, deren oberen Abschluß ein spitz nach vorn gezogener Wasserkasten bildete. Dieser „Vogelschnabel“ verhalf dem Wagen zu einem aggressiven Aussehen. Natürlich war die Kühlkapazität stark gemindert, aber das Fahrzeug war ohnehin nur für Kurzstreckenrennen und Rekordversuche gedacht.
Das Chassis des Wagens blieb bis auf das Heckteil unverändert; dieses wurde etwas verkürzt, da man kleinere Federn einbaute, die zugleich den Wagen niedriger machten. Darüber lief die Karosserie in einem kurzen Spitzheck aus. Das enge Cockpit bot nach wie vor zwei Insassen Platz, die jedoch seitlich versetzt untergebracht waren. Schaltung und Handbremse fanden sich außerhalb der Karosserie, ebenso die voluminöse Auspuffanlage. An der Vorderachse wurden kleine Verkleidungsbleche angebracht, und es kamen erstmals Drahtspeichenräder zum Einsatz, wobei die relativ dicken Speichen noch sehr weit auseinanderstanden. Die Räder waren mit einer Sechskantmutter befestigt und nicht mit einer Schnellverschluß-Flügelmutter. Das Fahrzeuggewicht war nun mittlerweile auf 1450 kg angewachsen.
Anfang Januar 1910 war der Wagen auf dem Weg nach New York. Zuvor hatte man ihn ausgiebig auf den Straßen rund um Mannheim erprobt. Der Benz-Importeur Froehlich hatte mittlerweile Anlaß zu einigen Spekulationen über die voraussichtlichen Einsätze des Wagens gegeben; Gerüchten zufolge hatte er großes mit dem „Super-Benz“ vor. Als sicher galt ein Vergleichsrennen gegen Ralph de Palma, der mit seinem Fiat auf vielen amerikanischen Rennstrecken Rekordhalter war. Bei diesem Einsatz sollte George Robertson am Steuer des Benz sitzen. Doch Mitte Januar kam die Sensationsmeldung, daß Ernie Moross seinen Grand-Prix-Benz „in Zahlung gegeben“ und noch weitere 6000 Dollar aufbezahlt habe, um den neuen Benz zu bekommen. Dies bedeutete, daß Barney Oldfield den Wagen steuern würde. Der neue Besitzer gab dem Fahrzeug den Namen „Lightning Benz“.
Wie schon so viele groß angekündigte Sensationsveranstaltungen, fiel auch der große Zweikampf von Daytona ins Wasser. Da aber sowohl das Publikum als auch die Zeitnehmer anwesend waren, entschloß sich Oldfield, einen

Weltrekordversuch zu unternehmen. Daß es sich dabei wirklich um einen „Versuch" handelte, also ohne jede spezielle Vorbereitung, versicherte Oldfield später, als er meinte, er habe den Benz bei dieser Fahrt bei weitem nicht ausgefahren. An diesem 16. März übertraf er den Rekord von Marriotts Stanley-Dampfwagen, indem er die Fliegende Meile in 27,33 sec durchfuhr, was einer Höchstgeschwindigkeit von 211,97 km/h entsprach. Beim Fliegenden Kilometer hatte er 211,09 km/h erreicht. Zusammen mit den Resultaten von Brooklands war damit der Lightning-Benz eindeutig das schnellste Automobil der Welt. Doch die A.I.A.C.R. (Association Internationale des Automobile Clubs Reconnus), die Vorläuferin der FIA als Aufsichtsgremium im internationalen Motorsport, hatte soeben eine neue Regelung bezüglich der Anerkennung von Weltrekorden verabschiedet. Danach mußten die kurzen Distanzen auch in der Gegenrichtung durchfahren werden und als offizieller Wert wurde der Durchschnitt aus beiden Läufen anerkannt. So war also Oldfields einfache Fahrt ungültig, dennoch war sie unbestreitbar schneller als alle bisherigen Versuche.

Barney Oldfield vermochte mit seinem Benz aus dem neuerworbenen Ruhm Kapital zu schlagen. In einer Art Wanderzirkus traten die berühmten Akteure in einer von Moross organisierten Show auf und führten dabei gestellte Rennläufe gegen Teamkameraden in einem Knox oder Darracq durch. Anfänglich war der weiße Benz mit der Startnummer 19 und der Aufschrift „Lightning Benz" dekoriert. Der Automobil-Historiker Charles Lytle ist der Meinung, daß Oldfields damaliger „Sparringspartner" Ben Kerscher den Namen während der Saison in „Blitzen-Benz" abänderte. Das klang für amerikanische Ohren so richtig „teutonisch", ein Image, das man durch das Aufmalen des kaiserlichen Wappens auf den Wagen noch zu unterstreichen wußte. Dieser Name jedenfalls ist untrennbar verbunden mit einem der legendärsten Fahrzeuge im amerikanischen Autorennsport.

Oldfield wurde gegen Ende des Jahres 1910 von der AAA (American Automobile Association) ausgeschlossen und verlegte seine Aktivitäten deshalb kurzfristig nach Mexiko. Er fuhr stets mit der 34:34-Übersetzung seiner Rekordfahrt und wählte für die jeweiligen Strecken nur immer einen Gang, mit dem er dann die ganze Renndauer fuhr; den Rest besorgte das enorme Drehmoment des Benz-Motors. Aus Mexiko kam der Wagen mit einem zerschlagenen Kolben, gebrochenem Pleuel und einem Zylinderriß zurück, was angesichts der beschränkten Kühlerleistung eigentlich nicht weiter verwunderlich war. Moross ließ alles instandsetzen und verpflichtete Bob Burman als neuen Fahrer für die Saison 1911. Sehr zum Ärger des ausgebooteten Oldfield, der genau wußte, daß bei seiner Rekordfahrt der Benz immer noch Reserven gehabt hatte,brachte Burman den Blitzen-Benz wieder nach Daytona. Der frühere Buick-Werksfahrer erreichte am 23. April (seinem 27. Geburtstag) 225,65 km/h über den Fliegenden Kilometer und 227,51 km/h bei der Fliegenden Meile. Dieses Tempo war zu diesem Zeitpunkt fast doppelt so hoch wie das eines Flugzeuges und auch höher als das jedes Schienenfahrzeuges (Rekord 1903: 210 km/h). Die zeitgenössische Presse fand den richtigen Vergleich: „Nur eine Gewehrkugel ist noch schneller!"

Die Zuschauer an der Strandpiste von Daytona waren wie vom Donner gerührt, als der Benz vorbeibrauste. Sie verglichen den Auspufflärm mit dem einer 195-mm-Haubitze. Dies lag gar nicht einmal so fern, denn pro Kurbelwellenumdrehung, also alle 137 cm der Wegstrecke, explodierten Fünfeinhalb Liter Kraftstoff-Luft-Gemisch. Die Zuschauer, die den Blitzen-Benz bei den Vorführungen in Aktion erlebt hatten, vergaßen den gewaltigen Auspuffschlag ihr ganzes Leben lang nicht mehr. Oldfield und Burman erzählten später oftmals in eindrucksvoller Weise von ihrem „nervenzerschmetternden" Zwei-Meilen-Abenteuer auf der Sandpiste. Die Aussagen scheinen heute stark übertrieben, aber wir können uns das Verhalten eines derartigen Monsters im Jahre 1911 nicht mehr recht vorstellen. Abgesehen von der schiffsdieselähnlichen Maschine konnten diese Fahrzeuge auch keine Straßenlage aufweisen, die nur im geringsten mit heutigen Verhältnissen zu vergleichen wäre. Die Federung war bei den hohen Geschwindigkeiten fast wirkungslos, ganz zu schweigen von den schmalen Reifen. Außerdem saß ja der Fahrer auch völlig ungeschützt im Cockpit, es gab weder einen Windabweiser noch eine Scheibe, bei 240 km/h hatte der Fahrer nur seine primitive Schutzbrille vor den Augen. Es gehörte schon einiges an Mut und Kraft dazu, diese Boliden über den Sand zu jagen.

Nach seinen großartigen Rekordfahrten erschien der Blitzen-Benz für den Rest der Saison 1911 in neuer Kriegsbemalung. Er sollte wieder auf den Jahrmärkten herumgereicht werden und hatte dazu breite Zierlinien und einen riesigen Reichsadler aufgemalt bekommen. Ernie Moross fungierte in diesem Jahr als Veranstalter der Rennen in Indianapolis und er räumte Bob Burman die Möglichkeit ein, dort einige Rekorde über kürzere Distanzen am Tag vor dem ersten 500-Meilenrennen zu fahren. Der Benz entsprach nämlich nicht dem Reglement für das Hauptrennen (Hubraumgrenze 600 cu. in. = 9832 ccm). Man fuhr deshalb am Tag vorher mehrere eindrucksvolle Zeiten auf Distanzen wie „Quarter-Mile" und „Half-Mile" (Viertel- und halbe Meile), wobei die Rekorde bis 1915 bestehen blieben. Im selben Jahr (1911) beteiligte man sich auch mehrmals an Aschenbahn-Rennen. Dazu wurde am Wagenheck ein Ausgleichsgewicht untergehängt, um den hinteren Rädern des Blitzen-Benz auf dem lockeren Bahnbelag zu besserer Traktion zu verhelfen. Während seiner Karriere wurde der Blitzen-Benz auch einmal zurück ins Werk nach Mannheim gebracht, das war Ende 1911 oder Anfang 1912. Er sollte dort wieder komplett instandgesetzt werden. Jean Frey erinnert sich an diese vorübergehende Heimkehr in die Versuchsabteilung bei Benz und an das besondere Interesse, das Fritz Erle für die Reifen entwikkelte. Er ließ die amerikanischen Pneus, vermutlich spezielle Bahnreifen von Firestone, abnehmen und untersuchen. Das „winkelige" Profil erschien ihm „komisch" und so schnitt er einen Reifen auf und fand einige zusätzliche Gewebeeinlagen vor, eine Reifenverstärkung, die damals in Europa noch völlig unbekannt war.

Im Jahre 1912 sollte sich der Bestand an Blitzen-Benz-Rennwagen in den USA verdoppeln. Ende 1911 waren Moross, Burman und ein Vertreter der Benz Auto Import Company nach Mannheim gereist, um sich nach der Möglichkeit eines noch stärkeren Rennwagens zu erkundigen. Sie stellten sich einen 300-PS-Typ vor, der ihren Rennveranstaltungen neue Anziehungskraft geben sollte. Bei Benz teilte man den Amerikanern jedoch mit, daß man die Rennaktivitäten stark einschränken würde, da man zusammen mit anderen deutschen Firmen den Boykott des französischen Grand Prix auch 1912 aufrechterhalten wollte.

Benz wollte sich nun etwas auf den Lorbeeren ausruhen, denn man hatte nun ansehnlichen Ruhm erworben, was zum großen Teil den amerikanischen Unternehmungen zu verdanken war. Denn auch die Grand-Prix-Wagen von Benz waren inzwischen recht erfolgreich unterwegs gewesen. Eddi Hearne war einer der Fahrer in der Saison 1910, in der beim Grand Prix der USA in Savannah zwei Benz einen Doppelsieg errangen. 1911 bekam Erwin Bergdoll aus Philadelphia einen neuen Benz geliefert und siegte damit prompt in Fairmont Park. Hearne war diesmal in Savannah Zweiter geworden.

In Europa gab es nun ebenfalls einige 21-Liter-Benz mit dem Motor des Blitzen-Benz, denn schon bald nach der Verschiffung des Oldfield-Wagens nach Amerika hatte man einen weiteren Motor in ein vorhandenes Chassis eingebaut. Die hinteren Rahmenausläufer waren an diesem Wagen nicht ganz so kurz ausgefallen. Die vorderen Federschäkel, die die Blattfeder stets direkt am Rahmen hielten, wurden nun an abgebogenen Hörnern eingehängt; diese Änderung wurde an allen weiteren 200-PS-Benz beibehalten. Der Wagen wurde mit einem Grand-Prix-Aufbau versehen, auch hier ragten die gewaltigen Auspuffrohre wieder durch die Haube nach außen und es wurde ein dreieckiger Aufsatztank verwendet. Die Räder wiesen keine abnehmbaren Felgen auf, sie waren vorne mit 870 × 90 und hinten mit 880 × 180 bereift.

Im September 1910 fuhren Fritz Erle und Jean Frey den Wagen nach Gaillon

Oben: Das 200-PS-Benz-Chassis wurde in mehreren Exemplaren gebaut und mit verschiedenen Aufbauten versehen.

Oben: Hier wird die Länge des Chassis deutlich; der Benz war in allen Ausmaßen recht eindrucksvoll geraten.

Rechts: Die charakteristische Auspuffanlage war bei allen 200-PS-Typen gleich. Die Stummelrohre wurden nur versuchsweise verwendet.

Unten: Ein 200-PS-Benz mit einem wuchtigen Aufbau als viersitziger Tourer.

in Frankreich, auf halbem Weg zwischen Paris und dem Ärmelkanal gelegen. Dort gab es am 2. Oktober ein Sprintrennen über einen Kilometer, wobei die Strecke eine Steigung von 9 Prozent aufwies. Nach einem Anlaufweg von 800 Meter durchfuhr der Benz die Meßstrecke in 23,0 sek, was einer Durchschnittsgeschwindigkeit von 156,5 km/h entsprach und zugleich den Sieg einbrachte.

Gleich nach seiner Rückkehr aus Frankreich begann Erle an Verbesserungen der Karosserie zu arbeiten. Er zog die Seitenteile am Cockpit höher, um die Unterbringung der Fahrer etwas bequemer zu gestalten, denn auf der Fahrt von Mannheim nach Paris hatte die nahezu offene Karosserie den Insassen kaum Schutz bieten können. Ein zusätzlicher Aufbau im Stile des Blitzen-Benz war ebenfalls angefertigt worden. Auf dem Chassis mit Verkleidungen auf den vorderen Rahmenhörnern sowie Vorder- und Hinterachse konnten beide Karosserien wahlweise verwendet werden. Abgesehen von dem charakteristischen Kühler wich die nachgemachte Karosserie in vielen Details vom ersten Blitzen-Benz ab. In Deutschland verwendete man nur kurze Stummelrohre am Auspuff, im Gegensatz zur vollständigen Auspuffanlage des „amerikanischen" Wagens. Die Trennlinie des oberen Motorhaubendeckels verlief nicht über dem Auspuff, sondern zwischen den Rohren, was das Öffnen nicht gerade erleichterte. Die rechtsseitige Motorhaubenklappe war verkleinert worden, und an der Verbindungskante des Karosseriehecks mit dem Rahmen verlief nun eine zwei Zentimeter breite Sicke. Anstelle der Wölbung in der Motorhaube über dem ersten Auslaß-Kipphebel wurde nun einfach ein Loch ausgespart. Für den Fahrer war durch einen tieferen Ausschnitt im rechten Seitenteil die Bewegungsfreiheit verbessert worden und der Beifahrersitz war zum ersten Mal um etwa 15 cm nach hinten versetzt eingebaut. Das Spitzheck hatte man nun auch in der Vertikalen symmetrisch geformt, es war auch um 30 Zentimeter länger geworden.

Für damalige Verhältnisse sah diese Karosserie in der Tat äußerst windschnittig aus. Um sich Klarheit über die tatsächliche Wirkung zu verschaffen, verlud man den Wagen und brachte ihn noch einmal nach Gaillon. Man fuhr hier

wieder auf dem gleichen Meßabschnitt, doch die erzielten 165 km/h stellten keinen allzu großen Unterschied zu den vorher gemessenen Werten dar. Man hatte von einer Karosserie mit derart geringem Luftwiderstand eigentlich mehr erwartet. Fritz Erle setzte den Wagen 1911/12 noch bei verschiedenen Rennen ein, wobei er je nach Anforderung die Karosserie wechselte, ohne jedoch noch länger von dem erhofften großen Wirkungsunterschied überzeugt zu sein.
Im Verlauf des Jahres 1912 entschloß sich die Firma Benz, dem Ansuchen von Moross und Burman doch nachzukommen und bauten einen weiteren Wagen für Amerika. Sie nahmen den vorhandenen Nachbau mit der schmalen Karosserie und versahen das Fahrzeug auf ausdrücklichen Wunsch der Auftraggeber mit Speichenrädern. Ebenfalls ausgewechselt wurden die Hebelmechanismen für Handbremse und Schaltung; die neue, leichtere Ausführung ohne Ratschen wurde wieder entfernt. Selbstverständlich wurde auch die komplette Auspuffanlage angebaut.
Bob Burman fuhr auch in der Saison 1912 mit dem Blitzen-Benz wieder einige Rekorde. Es ist nicht mehr zu ermitteln, wann genau der zweite Wagen eintraf, jedenfalls nahm er am 7. September am Rennen auf dem Brooklyn Brighton Beach teil. Er verbesserte dort den alten Streckenrekord des „Original"-Blitzen-Benz. Beide Wagen waren erstmals am 30. September in St. Louis gemeinsam am Start, wobei man den neuen hochtrabend als „Jumbo-Benz" ankündigte, obwohl er den gleichen Motor wie der andere Wagen unter der Haube hatte. Vor Weihnachten schließlich brachten Burman und Moross ihr Benz-Duo nach San Diego in Kalifornien, wo sie auf der Strandpiste einige Rekordversuche fahren sollten. Am 23. benötigte Bob Burman 28 sek für die Meile, das entsprach einem Tempo von 208 km/h. Bei einem erneuten Versuch am nächsten Tag fing der Wagen plötzlich Feuer und geistesgegenwärtig benutzte Burman den Atlantik als Feuerlöscher... Es war nirgends zu erfahren, um welches Fahrzeug es sich dabei gehandelt hatte, aber man durfte annehmen, daß es der ältere Wagen war. Auf jeden Fall wurde der Schaden wieder behoben, mit einem Aufwand von 4000 Dollar.
Beim ersten 500-Meilen-Rennen von Indianapolis im Jahre 1911 war Ernie Moross sowohl Bewerber (zwei Benz, die schließlich ausfielen) als auch Funktionär gewesen. Er wurde jedoch von der Veranstaltungsgesellschaft entlassen und brachte auch seine Beziehungen zum nationalen Rennsport unter der Federführung der AAA in Gefahr, als er seine Jahrmarkts-Shows mit den Rennwagen fortsetzte. Burman fuhr hingegen weiterhin in den offiziellen Rennen, wobei er mit Moross eine spezielle Vereinbarung getroffen hatte, wonach sein Benz offiziell einem anderen Sponsor gehörte. Mittlerweile hatte Moross den neuen Wagen korrekterweise als „Blitzen-Benz II" bezeichnet, aber ohne jeden Skrupel Burmans Rekordmarke von Daytona ebenfalls auf das Heck gemalt. Mit nicht weniger als acht Rennwagen und dem ruhmreichen Teddy Tetzlaff als Starpilot marschierten Moross und seine Truppe im August 1914 in Salt Lake City, Utah, ein. Bill Rishel, ein dort ansässiger Rennsport-Fanatiker, benutzte diese Gelegenheit, seinen lange gehegten Plan in die Tat umzusetzen. Er hatte schon seit einiger Zeit versucht, den Salzsee bei Bonneville als geeignetes Gelände für Rekordfahrten populär zu machen. Gemeinsam mit einigen Freunden konnte er Moross für seinen Plan gewinnen, und es wurde ein Sonderzug zusammengestellt, der einige der Rennwagen sowie 150 Zuschauer zu dem Salzsee hinaus brachte.
Rishel erzählte später, wie man dort die Zeitnahme handhabte: „Es war keine elektrische Zeitnahme vorhanden, deshalb hatten viele der Zuschauer eigene Stoppuhren mitgenommen. An beiden Enden der Meßstrecke (eine Meile) wurden Männer mit Flaggen postiert; die offizielle Zeitnahme-Kommission setzten wir genau in die Mitte, damit sie die beiden Signalposten gut sehen konnten." Obwohl der Blitzen-Benz II auf den Probefahrten bereits 250 km/h erreicht hatte, kam er bei den Wertungsläufen nur sehr knapp über die alten Bestwerte von Burman hinaus, er fuhr 229,85 km/h. Einige Zuschauer jedoch waren absolut davon überzeugt, daß Tetzlaff die Traumgrenze von 3 Meilen pro Minute erreicht hatte, dafür wäre eine Geschwindigkeit von 288 km/h nötig gewesen...
Der zweite Blitzen-Benz soll später der Truppe von Ralph „Pappy" Hankinson, einem Dirt-Track-Veranstalter, angehört haben. Es hieß jedenfalls, er habe ihn noch 1917 besessen, bevor ihn dann 1919 ein Karnevals-Verein bei der Auflösung der Hankinson-Truppe übernahm. Von dort an aber verliert sich die Spur dieses Benz-Rennwagens – im Gegensatz zum Schicksal des ersten Blitzen-Benz.
Wie einige seiner Kollegen, beschäftigte sich auch Bob Burman ab 1914 mit dem Bau eigener Rennwagen. Zwei davon fuhren noch im gleichen Jahr in Indianapolis. Er kümmerte sich nebenher aber auch noch um den Umbau des altgedienten Benz. Er gehörte zu dieser Zeit einem Bankier in Indianapolis mit Namen Stoughton Fletcher, der ihn jedoch im Oktober 1915 an Harry Harkness verkaufte. Am 2. November stand er dann als „Burman Special" am Start eines Vergleichsrennens gegen Ralph de Palma und seinem Sunbeam, der Austragungsort war Sheepshead Bay im Staate New York.
Abgesehen von seinem charakteristischen Kühler und den übergroßen Auspuffrohren war der nach wie vor ungeschlagene Rekordwagen nicht mehr zu erkennen. Er rollte jetzt auf Drahtspeichenrädern mit einer engen Bespeichung und Zentralverschlußflügelmuttern. Scherendämpfer waren an die Stelle der Federband-Stoßdämpfer getreten und zwischen den vorderen Rahmenenden war ein Verstärkungsrohr eingefügt worden. Neue Antriebskettenräder hatte man angefertigt, wobei auf Erleichterungsbohrungen verzichtet worden war. Eine neue Karosserie war ebenfalls entstanden, Burman hatte die Sitze für sich und seinen Beifahrer Eric Schroeder versetzt untergebracht und eine Auswölbung vor dem Cockpit als Windschutz vorgesehen. Das Heck war wesentlich länger geworden und mehr abgerundet. Der Wagen sah recht geglückt aus, obwohl er in Sheepshead Bay noch ohne Lackierung antrat. Das Fahrverhalten indessen überzeugte keineswegs (was es eigentlich nie getan hatte), und man mußte sich dem Sunbeam geschlagen geben. Auf diese Weise hatte Ralph de Palma das eigentlich schon für 1910 als Debüt des Benz in Amerika vorgesehene Rennen doch noch für sich entscheiden können...
Burman kam bei einem Unfall mit einem Peugeot im April 1916 ums Leben. Der Wagen, der ihm zu seinen bedeutendsten Erfolgen verholfen hatte, fand nun seinen Weg nach Europa zurück – er wurde nach England gebracht. Dort tauchte er Ostern 1922 wieder auf, er war von Major R. F. Cooper zu einem Rennen in Brooklands gemeldet worden. Am Steuer saß Baron Louis Vorow Zborowski, der Sohn des 1903 an der Turbie mit einem Mercedes verunglückten Eliot Zborowski. Inzwischen war die Motorabdeckung des Benz geändert worden und es fand auch ein neuer Kühler Verwendung, der ebenfalls sehr schmal und hoch gehalten war, aber nicht mehr dem Original entsprach. Zborowski fuhr mit dem Burman-Benz nur wenige Rennen, denn er erkannte seine Problematik auf der holprigen Betonbahn in Brooklands. Sein bestes Resultat waren 172 km/h, was zu dieser Zeit in Brooklands keine bemerkenswerte Leistung mehr darstellte. 1923 zerlegte Zborowski den Wagen, um die Antriebsteile für sein neues Projekt, den Higham Special zu verwenden, der von einem Liberty V12-Zylinder-Flugmotor angetrieben werden sollte. Doch auch dieses letzte Bestandteil des einstigen schnellsten Fahrzeugs der Welt sollte nicht mehr lange halten. Als Zborowski zum ersten Fahrversuch des Higham Special starten wollte, zerbarst das Getriebe. In Mannheim konnte noch einmal Ersatz beschafft werden, aber damit war zugleich die Geschichte des Blitzen-Benz beendet.
Ein anderer 200-PS-Benz hatte in England eine ganze Reihe von Erfolgen erzielen können. L. G. „Cupid" Hornsted fuhr 1912 einen von H. A. Arkwright gemeldeten ehemaligen Grand-Prix-Benz zu Siegen in Brooklands und einigen Sprintrennen. Hornsted war ein mutiger und überlegter Fahrer, der Brooklands wie seine Westentasche kannte. Er hatte durch die Erfolge mit dem alten Benz-Rennwagen auf sich aufmerksam gemacht und fuhr nun in

Oben. Bob Burman mit dem Original-Blitzen-Benz 1915 in Shepsted Bay/USA.

Rechts. Dieser Blitzen-Benz wurde nach dem Ersten Weltkrieg in Mannheim rekonstruiert.

Unten links. Mit diesem 200-PS-Benz fuhr Colonel Hornsted 1913/14 in Brooklands. Unten rechts der in den dreißiger Jahren rekonstruierte Blitzen-Benz des Werksmuseums.

seiner Eigenschaft als englischer Benz-Repräsentant nach Mannheim, um sich nach einem neuen, stärkeren Rennwagen zu erkundigen. Die Geschäftsleitung willigte ein, ihm einen 200-PS-Wagen zur Verfügung zu stellen, worauf Hornsted gleich einige Änderungswünsche vormerken ließ. Bei seinem 150-PS-Motor hatte er wiederholt Schwierigkeiten mit den Ringventilen zu verzeichnen gehabt und deshalb bevorzugte er bei dem neuen Motor herkömmliche Einlaßventile. Darüberhinaus schlug er eine Versteifung am Kolbenboden zur Abstützung des Bolzenauges vor – ein Detail, das später bei den Benz-Flugmotoren Einzug hielt. Da er sowohl Renneinsätze als auch einen Angriff auf den Stunden-Weltrekord beabsichtigte, wurde sein Benz mit einem normalen, breiten Kühler versehen. Die Auspuffanlage fiel recht ungewöhnlich aus, denn der Topf wurde halbhoch angebracht und das Endrohr verlief knapp unterhalb des Cockpitausschnitts nach hinten. Als der dunkelblau lackierte Wagen im November 1913 erstmals in Brooklands erschien, waren noch weitere Details zu vermerken. Die Sitzanordnung war trotz eines angebauten Spitzhecks parallel geblieben; neue Handhebel wurden verwendet – die Handbremse ohne Ratsche; eine Rohrstrebe verband die Rahmenholme an der Wagenfront und Rudge-Whitworth-Drahtspeichenräder mit Zentralverschlußnaben waren an die Stelle der in Deutschland bevorzugten Holzspeichenräder getreten.

Wahrscheinlich handelte es sich hier um das Chassis aus einem Wagen, den Fritz Erle im Oktober 1912 in Gaillon und im Mai 1913 in Lyon gefahren hatte. Doch unter Hornsted sollte dieser Wagen dem Hause Benz seinen größten, offiziellen anerkannten Erfolg bringen. Im Dezember fuhr er einen neuen Bestwert über den Stehenden Kilometer, wobei der Schnitt aus den beiden verlangten Wertungsfahrten 30,405 sek betrug, was 118,66 km/h entsprach. Damit hatte er Hémérys alten Rekord auf der einfachen Strecke überboten. Im Januar 1914 konnte er auch dessen Leistung über die Stehende Meile übertreffen, als er ein Tempo von 140,53 km/h erzielte. Im gleichen Monat fuhr Hornsted auch die ersten offiziell anerkannten Rekorde über 5 Meilen und 10 Meilen, wobei er auf 186,77 und 181,12 km/h kam. Am 24. Juni 1914 schließlich wurde „Cupid" mit seinem Benz der erste offizielle Weltrekordhalter über die Fliegende Meile, womit er auch den absoluten Geschwindigkeitsweltrekord für Automobile errungen hatte. Der Mittelwert aus beiden Fahrten ergab 29,01 sek und damit eine Geschwindigkeit von 199,71 km/h. Hornsted verlor über diesen Triumph sein eigentliches Ziel nicht aus den Augen, den Rekord über eine Stunde Fahrt auf der Brooklandsbahn zu erringen. Bei seinem nächsten Versuch aber mußte er bereits nach 80 Kilometer Fahrt wegen Reifenschadens aufgeben. Bei seinen Renneinsätzen hatte Hornsted die fünf Kilometer lange Strecke mit 181 km/h umrundet, wobei aber der Rundenrekord auf 190,8 km/h stand, gefahren von dem gleichen Sunbeam V12, der später in Sheepshead Bay einen weiteren Benz besiegen sollte.

Nachdem Hornsteds Benz nach Mannheim zurückgebracht worden war, setzte man ihn auf der Rückreise im Juli 1914, unmittelbar vor Ausbruch des 1. Weltkrieges, in Ostende noch einmal bei den Beschleunigungsprüfungen ein. Der Wagen wurde anschließend in Erles Versuchsabteilung untergebracht, wo sich bereits ein weiterer oder vielleicht sogar zwei 200-PS-Benz befanden. Bei einem handelte es sich um ein Fahrzeug mit breitem Kühler, Holzspeichenrädern, vollständiger Auspuffanlage und der vormaligen Wechselkarosserie von Fritz Erles 1910/11 gefahrenen Wagen, den man später zum Blitzen-Benz II gemacht hatte. Dieser Rennwagen war hauptsächlich von Franz Hörner, ein von Héméry und Erle geförderter Nachwuchsfahrer, gefahren worden. In Sprint- und Bergrennen in Rußland, Italien, Spanien und Österreich-Ungarn war dieser Wagen gelaufen, wobei er in St. Petersburg einmal sogar auf 202 km/h gekommen war.

Laut Fritz Erle sind fünf 200-PS-Benz mit kurzem Radstand gebaut worden. Das letzte Chassis dieser Reihe war anfangs vermutlich mit einem Sportwagenaufbau ausgestattet worden, denn ein derartiges Fahrzeug war vor und auch nach dem Krieg, versehen mit einigen Modifikationen, im Einsatz zu sehen gewesen. Ein sechster Wagen mit 21,5-Liter-Motor hatte indessen einen Radstand von 3200 mm aufzuweisen (gegenüber 2771 mm) und wurde in Paris als viersitziger Tourer karossiert. In den späten zwanziger Jahren setzte man diesen Wagen mit großem Erfolg in Brooklands ein, wo er unzählige Klassensiege verbuchte und auf eine Höchstgeschwindigkeit von 185 km/h kam. Dieser Benz ist bis heute in England geblieben und wurde zwischenzeitlich von seinem Besitzer C. Eric Milner einer gründlichen Restaurierung unterzogen.

Nach dem Ende des Krieges machten sich die Benz-Leute daran, aus vorhandenem Material gebrauchsfähige 200-PS-Wagen zusammenzubauen. Bis 1921 stellten sie zwei eindrucksvolle Fahrzeuge fertig. Eines davon basierte auf dem Chassis des Hornsted-Wagens und war im Aufbau dem ehemaligen Blitzen-Benz II nachempfunden. Man behielt die Rudge-Drahtspeichenräder bei, deckte jedoch die Speichen vollkommen ab, ebenso verwendete man das halbhoch angebaute Auspuffsystem. Den schmalen Kühler hatte man geändert, er wies jetzt einen neuen Wasserkasten auf, der besser mit der Kühlermaske harmonierte und nicht wie eine Hakennase nach vorne ragte. Falls der Original-Blitzen-Benz auf seinem Weg von den USA nach England tatsächlich über Mannheim gekommen war, so könnte dies dessen Umbaukühler gewesen sein. Auch die versetzte Sitzanordnung und das Spitzheck waren dem zweiten Blitzen-Benz nachempfunden, in der Motorabdeckung befanden sich jedoch auf beiden Seiten rechteckige, herausnehmbare Deckel.

Der zweite Wagen war Hörners Kurzstreckenrennwagen mit dem großen Kühler. Hier wurden die herkömmlichen Holzspeichenräder mit abnehmbaren Felgen beibehalten, nur die Bereifung hatte man geringfügig geändert. An beiden Wagen wurde die Leitung der Kurbelgehäuseentlüftung neu verlegt, das Rohr ragte nun auf der linken Seite durch die Motorhaube und verlief am Rahmen entlang nach hinten. Diesmal wurden keine Reichsadler mehr aufgemalt, an den Cockpitseiten brachte man lediglich die Aufschrift „Benz“ an.

Der nachgebaute Blitzen-Benz wurde 1922 nach Brooklands gebracht, wo er als Werkswagen von Horace V. Barlow gefahren wurde und auf Anhieb das erste Rennen gewann, das Lightning Short Handicap im August. Leider kam es nicht zu einem Aufeinandertreffen mit dem Ex-Burman-Wagen, den Graf Zborowski in einem anderen Lauf ebenfalls zum Sieg steuerte. Beide Wagen waren jedoch am 30. September beim „100 MPH“-Kurzstrecken-Handicap-Rennen am Start. Captain John Duff saß diesmal am Steuer des Werkswagens und kam in seiner schnellsten Runde auf 184,21 km/h. Doch plötzlich hatte er Probleme mit den Bremsen – der Benz raste hoch in die Steilkurve und geriet über den Rand hinaus. Beim nachfolgenden Absturz streifte der Wagen einen Telefonmast und wurde fast vollständig demoliert. Der Benz wurde in Stücke gerissen, und der Motorjournalist William Boddy kann sich erinnern, daß Duffs Beifahrer von dem herausgeschleuderten Benzintank getroffen wurde. Das Wrack des Benz wurde sofort zurück nach Mannheim transportiert.

Trotz seines altmodisch anmutenden Äußeren konnte der zweite Benz-Werkswagen in den zwanziger Jahren noch mehrere Erfolge einheimsen. Er wurde in Mannheim mit dem Kosenamen „Großmutter“ belegt, während der Stromlinienwagen „Magerer Josef“ genannt wurde. Die „Großmutter“ zeigte sich bei Sprintrennen in Deutschland und Holland von ihrer besten Seite; Franz Hörner, der einzige Fahrer, der beide Wagen fahren durfte, setzte sie bis 1923 ein.

Als es am 24. September 1922 an den Start zum Semmering-Bergrennen ging, fühlte sich Hörner gesundheitlich nicht auf der Höhe. So beauftragte man einen jungen, 24jährigen Techniker, der erst vor kurzem zu Benz gekommen war, mit den Abstimmungs- und Vorbereitungsarbeiten des Wagens. Dieser junge Mann – es war Fritz Nallinger – hoffte insgeheim, daß Hörner auf einen Start verzichten würde, denn er rechnete sich dabei Chancen aus, selbst zum Zuge zu kommen. Hörner erholte sich jedoch und fuhr den Benz zum Sieg. Er benötigte 7:35 min für die Strecke, was jedoch keinen neuen Rekord bedeutete, es war sogar langsamer als Erles Zeit von 1909 – aber es war der einzige Sieg eines Benz in den Annalen des Semmering-Rennens.

Hörner und sein Wagen waren sogar noch bis 1933 im Einsatz, sie traten bei Werbeveranstaltungen der Daimler-Benz AG als Attraktionen auf. Zu diesem Zweck hatte man dem Wagen eine spezielle Auspuffanlage verpaßt. An jedem der vier kurzen Rohrstummel war eine Abzweigung angebracht worden, von wo aus ein Auspuffkrümmer nach unten zu einer herkömmlichen Anlage mit Auspufftopf und Endrohr führte. Mittels einer Klappe konnte man nun die Auspuffströmung entweder mit ohrenbetäubendem Lärm durch die Rohrstummel leiten oder aber durch das leisere Auspuffsystem – je nachdem wie es der jeweilige Show-Auftritt erforderte...

1935 wurden bei Daimler-Benz Vorbereitungen zur Feier des fünfzigjährigen Jubiläums des Automobilbaues getroffen. Die Firmenleitung wollte zu diesem Zweck aus den noch vorhandenen Teilen des 200 PS-Benz ein repräsentatives Ausstellungsstück zur Verfügung haben. So entstand ein weiterer Blitzen-Benz-Nachbau, nämlich der, der heute im Werksmuseum zu besichtigen ist. Hierbei wurden Teile von Hörners Wagen verwendet, vermutlich auch solche von dem verbliebenen Zweisitzer-Sportwagen. So handelt es sich bei allen vier montierten Reifen der Größe 820 × 120 in Wirklichkeit um ehemalige Vorderreifen; die Nabenverschlüsse mit der Benz-Inschrift wurden nur an dem Sportwagen verwendet. Aluminium-Abdeckungen verstecken die Holzspeichenräder. Von dem Brooklands-Unfallwagen stammt der Kühler und wahrscheinlich auch das Karosseriemittelteil. Die Motorabdeckung und das Heck sind neu angefertigt worden, denn wie auch die verkleideten Auspuffstummel sahen diese Komponenten bei den Einsatzwagen anders aus. Die Handhebel weisen keinen Ratschenmechanismus auf, sie könnten deshalb auch vom Unfallwagen stammen, bei dem man diese Konstruktion aus dem Jahre 1911 wieder eingebaut hatte

Dieser schmale, große Wagen im Daimler-Benz-Museum stellt den Repräsentanten der französischen Einflußperiode bei Benz dar. Was ist indessen aus den französischen Konstrukteuren geworden? De Groulart ging im April 1911 zurück nach Frankreich, wo er sich Lorraine-Dietrich anschloß. Als diese Firma ihr Werksteam zum Großen Preis von Frankreich des Jahres 1912 vorstellte, erwiesen sich die Wagen als annähernd originalgetreue Kopien der 1908er Benz-Rennwagen. Die Fahrer waren Héméry, Hanriot und Franz Heim, allesamt ehemalige Benz-Leute. Am 27. November 1912 brachte Victor Héméry einen dieser Wagen nach Brooklands und fuhr neue Weltrekorde über eine, zwei und sechs Stunden. Auf diese Weise war die Zusammenarbeit zwischen dem experimentierfreudigen Hause Benz und seinen schaffensfrohen französischen Freunden für beide Seiten sehr fruchtbar geworden...

„Im Grunde stehen die Deutschen auch nicht über anderen Nationen, wenn es um Bestleistungen geht, aber sie stehen einzigartig da, wenn es sich darum handelt, eine Sache mit der größtmöglichen Genauigkeit anzugehen. Sie scheuen keine Entbehrungen und sind in der Lage, eine unendliche Geduld aufzubringen. Der Rennsport gilt bei ihnen als reine Männersache, deshalb gibt es in ihren Fahrerlagern auch keine Frauen oder Fahrerfamilien. Für sie gleichen diese Unternehmungen mehr einem Feldzug."
H. Massac Buist

Motoren mit obenliegender Nockenwelle

Wilhelm Maybach hatte, als er Untertürkheim verließ, interessante Dinge hinterlassen. Einige davon waren noch aus dem ehrgeizigen Wettstreit mit seinem Nachfolger Paul Daimler entstanden. Dieser zollte den hervorragenden Entwicklungen seines großen Kollegen jede Hochachtung. Maybach hatte die obenliegende Nockenwelle eingeführt und war in der Anwendung schon sehr weit fortgeschritten. Paul Daimler wußte diese Erbschaft folgerichtig zu verwenden und führte dadurch die Daimler-Motoren-Gesellschaft im Jahre 1914 zu einem überzeugenden Sieg in einem Grand-Prix-Rennen, das von vielen als eines der größten Rennen überhaupt bezeichnet wurde.
Eine wichtige Rolle bei dieser neuen Konstruktion der Mercedes-Motoren spielte ein Russe. Boris Loutzky war als 37jähriger im Jahre 1902 nach Cannstatt gekommen, um im Auftrag der russischen Marine an der Konzeption und Konstruktion eines größeren Schiffsmotors mitzuarbeiten. Loutzky hatte in Deutschland studiert und war seit 1888 mit Entwürfen und Verbesserungsvorschlägen an Verbrennungsmotoren beschäftigt. In Nürnberg war er 1896 an der Entwicklung eines stehenden Einzylinders beteiligt gewesen, bei dem die Ventile direkt von den im Zylinderkopf untergebrachten Nocken gesteuert wurden, wobei die Nocken durch eine Welle von der Kurbelwelle aus angetrieben wurden.
Maybach und die D.M.G. willigten in Loutzkys Vorschläge ein, einen Sechszylindermotor mit einer Leistung von 300 PS zu bauen. Ein Aggregat, das die fünffache Leistung pro Zylinder aller bisherigen Motoren abgeben sollte. Man unterwarf sich dabei auch Loutzkys Bedingung, einen besonderen Brennraum zu gestalten. Das Einlaßventil sollte zentral im Kopf hängen, das Auslaßventil auf der linken Seite dazu in einem Winkel von 70 Grad stehen. Zwischen deren Schäfte ordnete Wilhelm Maybach eine einzelne Nockenwelle an. Sie öffnete die Ventile über Kipphebel, die an beiden Enden mit Rollen versehen waren. Man entschloß sich, die Nockenwelle mittels einer auf der Motorstirnseite angebrachten senkrecht stehenden Welle anzutreiben, die Ankoppelung erfolgte durch zwei Schneckenradsätze. Bevor dieser Prototyp-Motor nach Russland geschickt wurde, ermittelte man seine Leistung mit 272 PS bei 550 U/min. Für Maybach war dies eine neue und wichtige Erfahrung mit einer Art der Ventilsteuerung, die für die Zukunft vielversprechende Möglichkeiten eröffnete.
Einige Jahre später, als Maybach von der D.M.G. etwas zur Seite gedrängt worden war, erlaubt man ihm, an der Entwicklung des Sechszylinder-Projekts für 1905 mitzuwirken, das auch später in Rennwagen Verwendung finden sollte. Er entwarf einen Reihen-Sechszylinder, der wieder die Maybach-typischen Merkmale aufwies: fortschrittlich, durchdacht und wirkungsvoll. Auch hier wurde seine Vorliebe für große Kolbendurchmesser deutlich: die Abmessungen betrugen 140 × 120 mm für Bohrung und Hub, womit er auf einen Hubraum von 11080 ccm kam. Seine Höchstleistung erreichte der Motor mit 106 PS bei 1400 U/min. Er konnte auch mit 1500 Umdrehungen gefahren werden und wog 350 kg. Bei Maybachs Konstruktion wurde der breite und flache Brennraum der seitengesteuerten Motoren beibehalten, denn die nunmehr hängenden Ventile waren nicht über dem Kolben, sondern links und rechts davon angeordnet; man könnte sagen, es handelte sich um einen andersherum angeordneten T-Kopf. Außergewöhnlich große Schraubenfedern schlossen die Ventile. Geöffnet wurden sie von einer obenliegenden Nockenwelle mittels Rollenkipphebel. Pro Zylinder waren zwei Zündkerzen vorgesehen, jeweils in der Nähe der beiden Ventile eingeschraubt. Maybach verwendete zwei Zündmagneten. „Da dieser Wagen mit größter Sorgfalt berechnet und konstruiert ist, erhoffe ich mir gute Resultate, und das auch ohne Abreißzündung", schrieb er an Emil Jellinek, der die neuen Hochspannungs-Zündsysteme immer noch für nicht genügend zuverlässig hielt.
Zu jener Zeit ließ der Vorstand der D.M.G. kaum eine Gelegenheit aus, Maybachs Position zu schwächen. Die Herren äußerten deshalb Jellinek gegenüber ihre „beträchtlichen Zweifel" an der Zündanlage des Motors und vor allem an der ungewöhnlichen Position der Nockenwelle.
An der Motorstirnseite fanden sich neben der Nockenwellenantriebswelle, erstmals als Königswelle mit Kegel- und Tellerrädern ausgeführt, auch die Antriebe für die Nebenaggregate. Ebenfalls durch Kegelradsätze wurden die vor dem Motor liegenden Magnete getrieben. Eine weitere Welle setzte von der Mitte der Königswelle den Kühlventilator und die Wasserpumpe in Bewegung. Ein zusätzliches Kegelrad griff am Magnetantrieb ein und steuerte zwei Zahnrad-Ölpumpen, die für einen zuverlässigen Ölkreislauf sorgten. Maybach hatte diesmal auf ein weiterentwickeltes Schmiersystem großen Wert gelegt. Aber nicht nur die Verwendung von zwei Ölpumpen war ungewöhnlich, sondern vielmehr noch die siebenfache Lagerung der Kurbelwelle.
Die Sackzylinder standen in gleichmäßigen Abständen zueinander und waren einzeln gefertigt, nicht wie bisher paarweise. Die Zylinderkopfgestaltung war absolut symmetrisch gehalten. Der Aufbau war in einer für D.M.G. neuartigen Weise konstruiert. Die Zylinderbuchsen waren aus Stahl gedreht und wurden in die aus Kühlmantel und Zylinderkopf bestehenden Gußstücke von unten eingeschraubt. Ein zentral angeordneter Vergaser versorgte über einen Ansaugkollektor die einzelnen Kanäle, die sechs Auspuffkrümmer führten gerade nach unten in einen gemeinsamen Auspufftopf.
Es deuten verschiedene Einzelheiten darauf hin, daß Maybachs Motor mehr im Versuchsbetrieb lief als Paul Daimlers Gegenstück. So verschwanden zum Beispiel die anfangs verwendeten Rollen an der Kontaktfläche der Kipphebel

mit den Ventilschäften, und an der Ölwanne war im Lauf der Entwicklungszeit die Anzahl der angegossenen Kühlrippen verringert worden. Jedoch waren diese Entwicklungsfortschritte vorerst nicht von Bedeutung, da nicht Maybach, sondern Daimler die technische Zukunft der D.M.G. bestimmten sollte.

Im Herbst 1906 baute man zwei dieser Motoren in Rennwagen-Fahrgestelle ein. Sie nahmen im großen und ganzen das Aussehen der 1907er Grand-Prix-Wagen vorweg und waren ungewöhnlich niedrig. An der Motorhaube befanden sich Lüftungsschlitze, da ja der Ventilator aus der Schwungscheibe an die Kühlerrückseite gewandert war. Es wurde berichtet, daß mit diesen Wagen das Werksteam am Semmering gewesen sei, wo es durch Hermann Braun den vierten Mercedes-Erfolg in unmittelbarer Folge gegeben habe.

Als sich Anfang 1907 die Wege Maybachs und der D.M.G. trennten, bedeutete dies auch das Ende seines Sechszylinders, an dem nun kein Interesse mehr bestand. Zugleich begann man allerorten über seinen Nachfolger zu diskutieren. Emil Jellinek schrieb darüber einem befreundeten Bankier: „Sie haben nun diesem Paul Daimler die Leitung der Konstruktion übertragen. Der Mann ist zwar nicht ohne Talent, aber er kann eben kein ganzes Auto entwerfen, denn es fehlen ihm Voraussetzungen wie sie Maybach hatte – ein sicheres Gestaltungsgefühl und ein Gespür für das, was der Käufer will.“ In bezug auf die Wagen aus der Serienfertigung mag Jellinek zwar recht gehabt haben, aber sowohl 1908 als auch 1914 bewies Daimler seine hervorragenden Fähigkeiten bei der Rennwagenentwicklung.

An dieser Stelle müssen wir einen Abstecher auf das Gebiet der Flugmotoren unternehmen. Schon im Jahre 1888 war ein Daimler-Motor „in die Luft gegangen“; er diente als Lenkantrieb für ein Luftschiff. Die D.M.G. belieferte eine ganze Reihe von Luftschiffbauern, darunter auch Graf Zeppelin, und so war es naheliegend, daß man auch bei der Flugzeugindustrie seit ihren Anfängen im Jahre 1906 beteiligt war. 1908 hatte man einen Flugmotor mit 60 PS entwickelt, hierbei handelte es sich um einen Reihenvierzylinder mit stoßstangenbetätigten hängenden Ventilen. 1911 steigerte man seine Leistung auf 70 PS und baute auch einen Sechszylinder mit königswellengetriebener, obenliegender Nockenwelle.

Außerhalb der D.M.G. hatte man Maybachs Konzept einer obenliegenden Nockenwelle bereits erfolgreich angewendet und die anfänglichen Bedenken in Untertürkheim waren deshalb gegenstandslos. Bereits 1906 hatte die Firma Gaggenau (sie wurde später von Benz übernommen) bei ihren kleineren Wagen derartige Motoren eingebaut. Am Start des Großen Preises von Frankreich im Jahre 1908 fanden sich ebenfalls zwei ohc-motorisierte Wagen, der französische Clément-Bayard und der englische Weigel. Die Prinz-Heinrich-Fahrt 1910 wurde zu einer Angelegenheit der Austro-Daimler-Wagen – diese viersitzigen Tourer wiesen vierzylindrige 5410 ccm-ohc-Motoren auf, die schräghängende Ventile besaßen und 86 PS bei 1900 U/min abgaben, was in Anbetracht des Zylinderinhalts als eine außergewöhnliche Leistung galt. Der Konstrukteur dieser Motoren war Ferdinand Porsche.

In jenen Jahren des Experimentierens und Probierens verbanden sich mit der neuen Anordnung der Nockenwelle einige grundlegende Änderungen in der Ventilanordnung und damit auch der Brennraumgestaltung. Beim ersten Sechszylinder-Flugmotor von Mercedes hingen die beiden Ventile pro Zylinder in einem Winkel von 30 Grad und die Kipphebel waren wie bei Maybachs Sechszylinder teilverkapselt. Das Leistungsgewicht indessen kam nicht auf

Maybachs gigantischer 11-Liter-Sechszylinder aus dem Jahre 1906 sollte die neue Waffe der D.M.G. auf den Rennpisten werden. Doch die beiden Rennwagen, die man mit dem 105-PS-Motor versehen hatte, waren nur ein einziges Mal, 1906 am Semmering, am Start.

Die großen Ventile ragten hier nicht direkt in den Verbrennungsraum, sie hingen vielmehr in zusätzlichen Angüssen daneben. Es handelte sich sozusagen um einen umgedrehten T-Zylinderkopf.

den guten Wert eines Automotors, denn bei dem Flug-Aggregat verwendete man gußeiserne Zylinder.
Die D.M.G., Benz und andere Motorenhersteller erhielten 1912 einen gehörigen Ansporn in Gestalt des Kaiserpreises. Diese Auszeichnung sollte dem besten deutschen Flugmotor verliehen werden, wobei geringer Kraftstoffverbrauch und ein günstiges Leistungsgewicht eine große Rolle spielten. Später hieß es, daß man durch diesen Wettbewerb dem deutschen Flugmotorenbau zu seinem beispiellosen Aufstieg verholfen habe. Im Januar 1913 wurden die Ergebnisse bekanntgegeben. Den Sieg trug die Firma Benz mit einem Stoßstangen-Vierzylinder davon, der sich aber später in der Luft als nicht besonders erfolgreich erweisen sollte. Daimler-Motoren rangierten auf den Plätzen Zwei und Vier.
Der höher bewertete der beiden Daimler-Motoren war der einzige Sechszylinder unter den ersten fünf Bewerbern. Er wog lediglich 176 kg, wobei sich das niedrige Gewicht des 7250-ccm-Aggregats aus der besonderen Fertigung der Zylinder ergab. Sie wurden aus einfachen Stahlbuchsen gedreht, an die man auch die Kanäle für Einlaß und Auslaß anschweißte. Die Kühlmäntel aus dünnem Stahlblech wurden jeweils um ein Zylinderpaar geformt und ebenfalls angeschweißt. Als besondere Neuheit galten dabei die Stahlzylinder, denn auch der Kaiserpreis-Benz-Motor hatte die angefügten Kühlmäntel, nur daß sie bei ihm gußeiserne Zylinder umhüllten. Stahlbüchsen hatte man in Amerika schon 1903 bei Charles Manlys Fünfzylinder-Sternmotor eingesetzt, und auch in Europa bei Adler, Panhard sowie Palous & Beuse verwendet, wenn auch ohne jeden Erfolg. Erst bei der D.M.G. funktionierte diese Konstruktion und konnte dort Maybachs Zylinderform von 1906 ablösen.
Paul Daimler und seine Konstrukteure hatten sich für stählerne Zylinder nicht nur wegen ihres geringeren Gewichts, sondern auch wegen der größeren Belastbarkeit entschieden. Sie waren der Ansicht, daß Gußzylinder den erwünschten höheren Arbeitsdrücken nicht mehr gewachsen seien. Mit Werten über 8 atü für den Mitteldruck des Verbrennungsvorgangs wollte man die in letzter Zeit immer weiter gewachsenen Zylinderabmessungen zurückschrauben und dafür eine Leistungssteigerung über eine effizientere Gemischverbrennung herbeiführen. Der mit der Bezeichnung DF 80 versehene Sechszylinder von 1913 gab bei 1400 U/min 90,5 PS ab. Er wurde zum Vorbild einer ganzen Reihe erfolgreicher Daimler-Flugmotoren im 1. Weltkrieg und darüber hinaus auch der Gegenstücke von NAG, Benz und BMW. Der Einfluß setzte sich gar noch bis zu späteren Rolls-Royce-Aggregaten und dem amerikanischen Liberty-Motor fort, denn deren Vorgänger von Packard und Hall-Scott waren praktisch direkte Abkömmlinge des Daimler-Vorbilds. Außerdem fand sich eine Version dieses großartigen Motors natürlich auch in einem Rennwagen wieder.
Nach 1912 gab es seitens der Industrie keinerlei Boykott-Abmachungen gegen die Clubs mehr, die eine Rückkehr von Mercedes ins nationale und internationale Sportgeschehen verhindert hätten. Für 1913 plante man somit ein halboffizielles Werksteam. Bei Daimler baute man neue Rennwagen, die von dem Belgier Theodor Pilette eingesetzt werden sollten. Als dieser seine Nennungen für den französischen Grand Prix abgab, wurde ihm jedoch ein Start verweigert, da nach dem Reglement nur das Herstellerwerk zu einer Nennung berechtigt war. Die Veranstalter des Sarthe Grand Prix im August hingegen waren weniger kleinlich und ließen Pilettes vier weiße Mercedes an den Start.
Ein belgischer Landsmann des Teamchefs fuhr den bereits erwähnten Wagen mit dem Chassis des 1908er Werkswagens und einem speziell präparierten Serienmotor aus dem Typ 37/90. Die anderen drei Wagen wiesen neue Fahrgestelle auf, wobei aber auch hier noch das Rahmenvorderteil gekröpft war. Das Profil des Vorderachsträgers war nicht mehr so tief ausgeformt und die verwendeten Abdeckungen hatte man nunmehr aus Holz gefertigt. Die beiden Längsholme des Rahmens verliefen nicht mehr völlig parallel, sondern waren in Richtung nach vorne einwärts gebogen. Mit ihren Spitzkühlern und der klaren Linienführung in der Karosserie boten die neuen Mercedes-Rennwagen einen äußerst sportlichen und aggressiv wirkenden Anblick.
Pilette hatte auf dem althergebrachten Kettenantrieb bestanden. Mit den seitlich oder am Heck aufgeschnallten Reserverädern wirkten die Renner eigentlich etwas altmodisch. Als Antriebsaggregat diente bei zwei der neuen Wagen der DF 80-Sechszylinder-Flugmotor. Für den Einbau in Flugzeuge hatte es sich als sehr vorteilhaft erwiesen, alle Nebenantriebe und Zusatzaggregate auf der vorderen Seite, also der Antriebsseite anzuordnen. Im Auto saß der Motor genau andersherum, deshalb befand sich nun die Königswelle am hinteren Ende. Die Auspuffkrümmer eines jeden Zylinderpaares wurden noch innerhalb der Motorhaube zusammengeführt und so ragten drei Rohre aus dem Seitenteil, die am Wagenboden in einen gemeinsamen Auspufftopf mündeten.
Am erfolgreichsten sollte der dritte Wagen sein. Auch dieser von Pilette selbst gesteuerte Wagen wies einen Flugmotor auf. Es handelte sich dabei um den Typ G 4F, der nun ebenfalls mit einer obenliegenden Nockenwelle ausgestattet worden war und damit 100 PS bei 1350 U/min abgab. Er besaß einen Hubraum von 9230 ccm (140 × 150 mm) und wog 183 kg. Auf dem nebelverhangenen Sarthe-Kurs lag Pilette mit diesem Wagen auf Platz Zwei, bevor er kurz vor Schluß wegen eines Reifenschadens einen Rang einbüßte und sich somit hinter zwei Delage plazierte. Salzer und Lautenschlager belegten mit den Sechszylindern die Plätze Vier und Sechs.
Die Drehzahlgrenze der Sechszylinder lag bei der Verwendung im Flugzeug bei 1400 U/min, bei manchen Renneinsätzen auf der Straße wurden sie jedoch höher gedreht und begannen dabei erheblich zu vibrieren. Dieses Schütteln trat in besonderer Weise auf dem Hochgeschwindigkeitskurs in Indianapolis auf, wo Ralph de Palma 1914 einen dieser Sechszylinder-Wagen einsetzen wollte. Bei den Qualifikationsläufen empfanden sowohl de Palma als auch Eddie Pullen, der den Wagen kurz gefahren hatte, die Vibrationen als gefährlich. Um durch eventuell am Fahrzeug entstehende Schäden weder den Piloten noch die anderen Teilnehmer zu gefährden, wurde das Fehlen des Mercedes im Hauptrennen „von offizieller Seite entschuldigt" – die Funktionäre hatten einen Start untersagt. De Palma brachte daraufhin den Wagen in die Versuchsabteilung bei Packard, wo er als Berater fungierte. Dort ergab sich für die anwesenden Ingenieure die einmalige Gelegenheit, einen genauen Blick auf den neuesten Stand der D.M.G.-Flugmotorentechnik werfen zu können. Nebenbei wurde der Wagen für de Palma einsatzfähig gemacht.
Mittlerweile hatte es Paul Daimler verstanden, folgerichtig auf den Erfahrungen der Saison aufzubauen, was ihn zu enormen Erfolgen führen sollte. Am 4. Juli 1914 fanden sich in Lyon nicht weniger als fünf Mercedes-Rennwagen am Start zum Großen Preis von Frankreich ein, dies war die höchstzulässige Zahl von Startern eines Teams, denn bei allen Wagen handelte es sich um Werksnennungen. Dieses Mal gab es also keine Zweifel über eine Starterlaubnis. Doch kaum ein Franzose sah in diesem Aufgebot eine ernste Gefahr für die schnellen Peugeot, die als optimal sowohl in der Motorleistung als auch in der Straßenlage galten. Mit ihren sensationellen Motoren – vier Ventile pro Zylinder, gesteuert von zwei obenliegenden Nockenwellen – hatte Peugeot neue Maßstäbe gesetzt. In Lyon war nun noch ein weiteres Detail hinzugekommen: eine Vierrad-Bremsanlage.
Es hatte diesmal einige Monate gedauert, bis man das endgültige Reglement für den Grand Prix 1914 festgelegt hatte. Erst im September 1913 war zu erfahren, daß das Gewicht der Wagen höchstens 1100 kg betragen durfte, außerdem war erstmals der Hubraum begrenzt, nämlich auf 4500 ccm. Das war genau ein Liter weniger, als die bisher kleinsten D.M.G.-Rennmotoren aufwiesen, das favorisierte eindeutig Firmen wie Sunbeam, Peugeot und Vauxhall, die ohnehin besser in der Voiturette-Klasse aktiv gewesen waren und auch kleinere Aggregate gebaut hatten. Paul Daimler und seine Leute hatten bald erkannt, daß sie die Drehzahlen ihres Motors nahezu verdoppeln mußten, um überhaupt Aussicht auf Erfolg zu haben.

Paul Daimler, Sohn des Firmengründers, wurde als Nachfolger Wilhelm Maybachs im Jahre 1907 Konstruktions-Chef bei der Daimler-Motoren-Gesellschaft.

Unten: Das Mercedes-Werksteam für den Sarthe-Grand-Prix 1913. Von links, Leon Elskamp mit dem 37/90-Serienmotor, Lautenschlager und Salzer mit den DF 80-Sechszylindern, Pilette mit dem G4 F-Flugzeug-Vierzylinder.

Die neuen Vierzylinder waren zwar von Daimlers Automobiltechnikern entworfen, aber in der Flugmotoren-Abteilung montiert worden, da man dort mit den einzelnen Komponenten größere Erfahrung hatte. In jedem Detail dieser Neukonstruktion konnte man die Auslegung auf die ungewöhnlich hohe Drehzahl von 3500 U/min erkennen. Die Kurbelwelle lief in fünf Hauptlagern, jedes dieser Weißmetall-Gleitlager wies einen Durchmesser von 46 mm auf. Die Lagerschalen waren in die untere Kurbelhaushälfte eingesetzt und die Lagerböcke mittels langer Bolzen durch die obere Gehäusehälfte festgezogen. Für jede Kurbelkröpfung hatte man symmetrische Kurbelwangen verwendet, und dem Pleuelzapfen gegenüber saßen kleine, runde Gegengewichte. Diese ganze Anordnung zeigte die große Aufmerksamkeit, die man erstmalig der Kurbelwellenwuchtung geschenkt hatte. Jedoch erwiesen sich die Wellen als noch nicht genügend haltbar, erst als man sie aus einem speziellen Stahl (Aquila von der österreichischen Firma Danner) fertigte, liefen sie auch gefahrlos 3500 Umdrehungen. Die Pleuel waren ebenfalls gleitgelagert, die geteilten Bronzeschalen mit Weißmetall ausgegossen. Der Pleuelfuß war vierfach verschraubt und saß auf einem Hubzapfen von 48 mm Durchmesser.

Wie auch bei den Flugmotoren, waren die Kolben aus Gußeisen. Bei der Ausschreibung zum Kaiserpreismotor 1913 hatte ein Hersteller erstmals Aluminiumkolben verwendet, aber man hatte ihn von einer Wettbewerbsteilnahme ausgeschlossen, mit der Begründung, daß ein Metall mit einem derart niedrigen Schmelzpunkt die anfallenden Verbrennungstemperaturen nicht überstehen könnte. Dies hatte jedoch Mercedes nicht daran hindern können, für die Rennmotoren alternativ Alu-Kolben zu erproben; man hatte mit dem Motor M 93654 auch keinerlei Schwierigkeiten zu verzeichnen. Die Entscheidung, welche Kolben man im Einsatz verwenden sollte, überließ man den Fahrern (von denen drei als Chefmonteure im Motorenbau tätig waren), die sich für die herkömmliche Kolbenart entschieden. Es dürfte wahrscheinlich auch der Initiative einiger Fahrer zuzuschreiben sein, daß es Unterschiede bei der Anordnung der Kolbenringe gab. An einigen Motoren gab es einen bronzenen Dichtring unterhalb des Kolbenbolzens, an anderen deren zwei. Zwei eiserne Ringe fanden sich über dem Bolzen, dessen Buchse von einer im Gesenk des Pleuels angebrachten Ölleitung versorgt wurde.

In der Konzeption der Schmierung war man einem vollständigen Druckumlaufsystem einen großen Schritt näher gekommen. Die Ausführung 1914 wies eine ganze Batterie von Kolbenpumpen auf, die – von einer Querwelle hinter der Ölwanne angetrieben – nur die untere Hälfte des Motors versorgte. Eine einzelne Pumpe führte den Haupt- und Pleuellagern Schmierstoff zu und das mit einem Druck von nicht mehr als 2 atü. Eine andere pumpte das Öl vom vorderen Teil der Wanne ins hintere Reservoir; die Umlaufmenge belief sich auf vier Liter. Eine dritte Pumpe förderte aus dem Vorratstank im Cockpit (12 Liter) frisches Öl zur Druckpumpe. Paul Daimler behielt die Anordnung der Königswelle am hinteren Motorende – auf der Abtriebsseite wie bei den Flugmotoren – bei, er hoffte dadurch Verwindungen im Kurbeltrieb unterbinden zu können. Lediglich die Wasserpumpe, von einer senkrecht stehenden Welle angetrieben, saß vorne am Motor. Diese Auslegung der Nebenantriebe wurde bei Mercedes für lange Zeit beibehalten.

Eine Besonderheit des 1914er Aggregats war die Übersetzung der Radsätze für den Antrieb der Königswelle, denn diese lief schneller als die Kurbelwelle, um das sich aufbauende Lastendrehmoment gering zu halten. Zwei zusätzliche Kegelradsätze trieben die links und rechts angebauten Zündmagneten. Am M 93654 wurden wieder einzeln stehende Zylinder verwendet, denn diese waren leichter herzustellen (bei einem Schaden muß nicht das ganze Paar ausgetauscht werden) und bei den gleichmäßigen Zylinderabständen der fünffach gelagerten Kurbelwelle auch besser angebracht. Die gedrehten Stahlbüchsen wurden einzeln von unten in den Zylinderkopf eingeschraubt. Um diese Anordnung wurden die Kühlmäntel herumgelegt und angeschweißt. Die Kanalanordnung war auch hier wieder symmetrisch, jeweils 39 mm im Durchmesser und mit je zwei Ventilen (43 mm) sowohl für den Einlaß als auch für den Auslaß ausgestattet.

Die Verwendung von vier Ventilen pro Zylinder beim neuen Mercedes-Rennmotor war eindeutig auf die großartigen Erfolge des Peugeot zurückzuführen. Es hatte bisher auch noch keinen vierventiligen Flugmotor gegeben, zumindest nicht aus der Sindelfinger Fabrik. In Deutschland wie auch in Frankreich hatte es aber schon Vorläufer gegeben, beispielsweise die Motoren der Benz-Wagen für die Prinz-Heinrich-Fahrt des Jahres 1910. Am

Mercedes-Motor betätigte je ein gegabelter Kipphebel beide Einlaßventile, die Auslaßventile hingegen wiesen einzelne Kipphebel auf, die Nockenwelle war aus diesem Grund mit drei Nocken pro Zylinder versehen. Die Steuerzeiten wurden wie folgt angegeben: Einlaß öffnet im OT, schließt 35 Grad nach UT; Auslaß öffnet 50 Grad vor UT, schließt 9 Grad nach OT. Die hohlgebohrte (Öltransport) Welle lief in fünf sehr breiten Bronze-Gleitlagern im Steuergehäuse, welches die Zylinderköpfe verband und auch die Kipphebel verkapselte.
Wie schon in dem für „Bodeneinsätze„ verwendeten Flugzeugaggregat des Vorjahres wurde die gesamte Steueranordnung von einem – vom übrigen Ölkreislauf getrennten – Verlust-Schmiersystem versorgt. Der Beifahrer betätigte einen im Fußraum des Cockpits untergebrachten Pumpkolben, womit die nötige Menge Öl über ein Gewirr von Leitungen zu den Kipphebelgehäusen, dem Nockenwellenantrieb und an die Zylinderwände gelangte. Besonderes Augenmerk wurde auf die Schmierung des Ventiltriebs gelegt; innerhalb der Kipphebelgehäuse waren die Ölbohrungen noch weiter verzweigt und sogar mit Druckventilen versehen.
Im Cockpit gab es einen Hebel, mit dem man die Ölversorgung mittels Fußpumpe auch auf besonders wichtige Stellen am Chassis ausdehnen konnte, zum Beispiel zum Lenkgetriebe und zur Hinterachse. Trotz aller Regeleinrichtungen wurde im Renneinsatz jedoch sehr viel Öl verbraucht; Fahrer und Mechaniker fuhren nach wie vor nach dem Motto, „wer gut schmiert, der gut fährt“. So stieß denn der Mercedes auf dem Kurs von Lyon auch regelmäßig blaue Wolken aus dem Auspuff und in den letzten Runden während des Zweikampfes mit dem Peugeot hüllte der führende Mercedes seinen Verfolger völlig in einen Ölnebel. Die Wagen waren in der Hauptsache für dieses wichtige Rennen gebaut worden, deshalb wurde nach einem errungenen Erfolg nicht mehr nach den Ursachen eines hohen Ölverbrauchs gefragt.
Angesichts dieser Ölspritzerei war es sehr natürlich, daß der Motor mit genügend Zündkerzen ausgestattet war. Unterhalb der beiden Einlaßkanäle waren pro Zylinder deren zwei eingeschraubt, genau gegenüber am Auslaß befand sich eine dritte Kerze, und dort hätte man sogar noch eine vierte unterbringen können. Die Zündsysteme waren je nach Motorseite getrennt,

Oben: Die beiden Seitenansichten des neuen Mercedes-ohc-Vierzylinder. Die mit dieser Maschine ausgestatteten Rennwagen errangen 1914 beim französischen Grand Prix einen sensationellen Dreifachsieg (Lautenschlager-Wagner-Salzer).

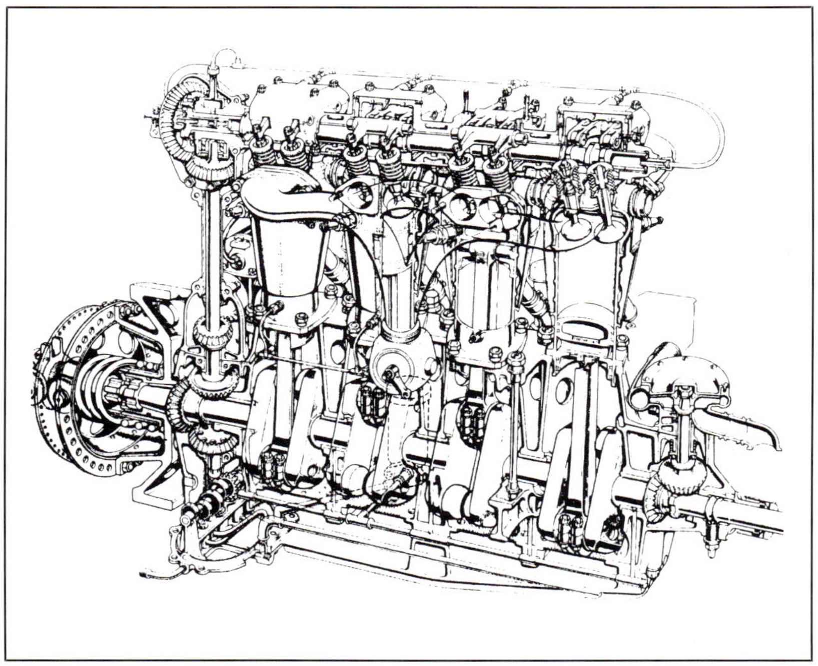

Rechts: Schnittzeichnung des Grand-Prix-Motors von 1914. Deutlich erkennt man hier die Königswelle zur Nockenwelle und die Neben-Antriebe. Die äußerst stabil ausgelegte Kurbelwelle ist in einem mehrfach versteiften Kurbelhaus untergebracht.

der eine Magnet versorgte die doppelten Kerzen und der andere lieferte dafür zweifachen Strom an die einzeln stehende. Daheim in Deutschland hatte man diese Anlage an einer Steilauffahrt erprobt und dabei festgestellt, daß die Kerzen den Anforderungen zunächst nicht gewachsen waren. Daraufhin fertigte man bei Eisemann eine neuartige Zündkerzenausführung, den Isolator mit Glimmer gefüllt und Elektroden aus Platin. Mit dieser Kerze war nun auch bei hohen Drehzahlen ein gleichmäßiger und starker Zündfunke gewährleistet.

Die Gemischversorgung übernahm ein Kolbenschieber-Vergaser, der als Steigstrominstrument über einen einfach gegabelten Ansaugkrümmer die vier Doppelkanäle belieferte. Der Krümmer war aus Kupfer gefertigt und wies zwischen den beiden Seitenarmen ein dickes Ausgleichsrohr auf. Eine vom Getriebe aus bewegte Luftpumpe baute im Kraftstofftank einen Druck auf und ermöglichte somit einen steten Benzinfluß. Am Armaturenbrett gab es noch eine zusätzliche Handpumpe zum Einspritzen des nötigen Zusatztreibstoffes für den Anlaßvorgang. Zur Schwimmerkammer am Vergaser führten zwei getrennte Benzinleitungen, um dadurch im Falle einer Beschädigung doppelte Sicherheit zu bieten. Auf der gegenüberliegenden Motorseite war der waagrecht nach außen gerichtete Auspuffkrümmer abgedeckt worden und mündete in ein langes, bis zum Wagenheck reichendes Rohr. Dieses war nicht abgebogen und führte in der Höhe der Auslaßkanäle, also in Schulterhöhe der Cockpitinsassen, nach hinten.

Die Typenbezeichnung M 93654 war wie alle Nummern bis zum Jahre 1927 eine Zahlenkombination aus den Dimensionen des Motors – 93 × 165 mm (4483 ccm) – und der Zahl der Zylinder, in diesem Falle vier. Am Motor Nummer 1005 nahm man eine Leistungsmessung vor, man betrieb ihn dabei mit einem Gemisch aus Benzin und Benzol. Die Höchstleistung wurde mit 105,5 PS bei 3100 U/min erreicht; bei 2000 Umdrehungen gab das Aggregat 81 PS ab und erreichte ein Drehmoment von 28,9 kpm. Der effektive Mitteldruck betrug dabei 8 atü. Christian Lautenschlager sagte: „Der Klang dieser Maschine ist für mich die schönste Musik, die ich jemals gehört habe. Bei 3500 Touren werden die Vibrationen jedoch höllisch." Er meinte, daß der Motor seines Siegerwagen in Lyon als einziger diesen Vibrationspunkt aufwies.

Die berühmte Federbandkupplung wich an diesem Wagen einer Neukonstruktion, der Doppelkonuskupplung. Eine starke Schraubenfeder drückte zwei mit Belagmaterial versehene konische Scheiben auseinander und in die Reibfläche an der Schwungscheibe und deren Abdeckung, der Kupplungsglocke. Ausgerückt wurde diese Kupplung durch Keile, die sich in einem Rollenkranz befanden und die Konuse wieder gegeneinander bewegte. Dieses System brachte eine große Reibfläche auf einem relativ kleinen Trommeldurchmesser, wodurch man den Motor tiefer in das Fahrgestellt des Wagens setzen konnte, wenngleich die ganze Anordnung auch etwas mehr Längenausdehnung beanspruchte.

Hauptsächlich Pilette zuliebe wäre Mercedes 1914 beinahe die letzte Firma gewesen, die bei ihren Rennwagen den Kettenantrieb beibehielt. Um den belgischen Mercedes-Importeur zufriedenzustellen, aber auch, weil er wußte, daß damit eine Gewichtsersparnis verbunden war, hatte sich Paul Daimler zuerst für diese Antriebsart entschieden. Der Kardanantrieb war in Frankreich schon fast allgemein gebräuchlich und wurde auch im Sport eingesetzt. Otto Salzer verwies auf die erfolgreichen Peugeot-Rennwagen des Vorjahres, die einen sehr leichtgewichtigen und kompakten Wellenantrieb hatten. Daimler fragte daraufhin nach dem exakten Gewicht des Mercedesantriebs und mußte umgehend seine Meinung ändern. Am nächsten Tag verkündete er: „Wir werden jetzt doch einen Wagen mit Wellentrieb bauen."

Die Achskonstruktion wurde dabei unverändert von den Mercedes-Serienmodellen übernommen, wo sie schon seit 1908 ihren Dienst versahen. Die Welle hatte nur ein einziges Kreuzgelenk, welches sich am Getriebeausgang befand; sie lief in einem Schubrohr, das starr mit der Hinterachse verbunden war und somit als Schwinge arbeitete. Vorn war dieses Rohr am Rahmen mit einem Kugelgelenk befestigt. Die Schub- und Aufstellkräfte wurden von einer kräftigen Quertraverse abgefangen, die an ihren Enden gegabelt war, um mit den Rahmenholmen eine stabile Verbindung einzugehen. Dies zusammen mit den Stützstreben zur Hinterachse stammte ohne Änderung aus dem Personenwagenbau.

Es erschien selbstverständlich, daß die D. M. G. weder für ihre Serienprodukte noch für ihre Rennwagen auf eine herkömmliche Hinterachskonstruktion zurückgreifen würde. Im Antriebsgehäuse befanden sich zwei Kegelräder, eines am Ende der Antriebswelle und eines genau gegenüber nach dem dazwischengeschalteten Differential-Radsatz. Jedes Rad wurde über eine Halbwelle mittels eines Kegelrades einzeln angetrieben. Bei den Rennwagen waren diese Tellerräder nicht mit den Halbwellen verschraubt, sondern sie waren fest angegossen. Diese Antriebsart, welche an frühen Rumpler-Konstruktionen ebenso wie an der Tatra-Schwingachsen zu finden war, erlaubte eine versetzte Anordnung der Halbachsen. An den 1914er Rennwagen hatte man einen positiven Sturz von 1'40" an allen vier Rädern eingestellt, dies sollte bei Straßenunebenheiten und Achsverwindungen einen Ausgleich bringen. Bei dieser Achsbauart wirkte auf die Kegelräder des Differentials nur etwa ein Drittel des üblichen Drehmoments ein, jedoch bewegten sie sich mit der dreifachen Geschwindigkeit, was natürlich besondere Ansprüche an das Schmiermittel stellte.

Am Rahmen wurde die Hinterachse durch die beiden Halbelliptikfedern gehalten, die mittels Schäkel am erstmals bei einem Mercedes auch hinten gekröpften Rahmen eingehängt waren. In anderen Details blieb das Fahrwerk gegenüber dem Vorjahr unverändert, lediglich die Reibungsstoßdämpfer wichen einer neuen Anordnung. Zwei lange Hebel übertrugen dabei die Fahrbahnstöße senkrecht nach oben über Reibscheiben auf eine Schraubenfeder; der Betätigungsmechanismus war mit einer Lederhülle vor Straßenschmutz geschützt. An den Hinterrädern befanden sich verrippte Bremstrommeln mit einem Durchmesser von 340 mm; die schmalen Bremsbacken wurden über ein Ausgleichsgestänge mit einem Seil an dem außen angebrachten Handhebel betätigt. Während des Rennens wurde von diesen „Verzögerern" reger Gebrauch gemacht, denn als Fußbremse fand auch weiterhin eine Bandbremse Verwendung. Die abnehmbaren Drahtspeichenräder waren mit den zu dieser Zeit weit verbreiteten Continental-Reifen aus weißem Gummi versehen, vorne in der Größe 815 × 105 und hinten 820 × 135. Das Vierganggetriebe war unter den Bodenbrettern etwas nach hinten gerückt, der Schalthebel samt Kulisse saß innerhalb des Cockpits an der rechten Seitenwand. Die geradverzahnten Getrieberäder wurden beim Schaltvorgang verschoben. Für den großen Preis von Frankreich standen die Antriebsübersetzungen 2,7 und 3,0 zur Verfügung, wobei wahrscheinlich nicht alle fünf Wagen die gleiche Übersetzung eingebaut hatten. Lautenschlager berichtete, er habe auf der langen abschüssigen Geraden 190 km/h erreicht, dies hätte bei der kürzeren Übersetzung (3,0) eine Motordrehzahl von 3750 U/min bedeutet. Es dürfte kaum möglich gewesen sein, daß man den Motor derart überdrehen konnte, somit erscheint die längere Übersetzung glaubhafter, denn damit wäre Lautenschlager lediglich auf 3370 U/min gekommen. Schon lange vor dem Rennen hatte man durch ausführliche Versuche die geeignete Übersetzung für den Kurs von Lyon ermittelt. Auf der kurvigen Strecke mit der einzigen, aber dafür äußerst schnellen Geraden wäre sogar ein fünfter Gang angebracht gewesen. Diese Modifikation hielt man indessen für zu aufwendig und so wurde der dritte Gang relativ lang ausgelegt, die Abstufung der Übersetzungen betrug 1,20 für den dritten Gang, 1,50 für den zweiten und 3,0 für den ersten.

Als ihre Konzeption endgültig festgelegt war, ging die Arbeit an den Wagen zügig voran. Die Pläne für das Fahrgestell wurden am 24. Februar abgesegnet, die für den Aufbau eine Woche später. Die Karosserie blieb im wesentlichen gleich, nur das Heck wurde verlängert und spitz ausgeformt, die

Links: Es war 1914 noch allgemein üblich, selbst die Grand-Prix-Renner auf eigener Achse zu den Rennen zu überführen. Hier sieht man die Mercedes-Mannschaft vor der Abfahrt nach Lyon.

Rechts: Otto Salzer fährt buchstäblich mit Volldampf dahin. Sein Motor verbrannte sehr viel Öl, was zu starker Rauchentwicklung aus dem Auspuff führte.

Links: Max Sailer am Steuer eines Trainingswagens. Die ersten beiden fertiggestellten Fahrzeuge wiesen einen etwas kürzeren Radstand, ein ausgeformtes Spitzheck und nur ein Halteband an der Kühlerhaube auf.

Links: Christian Lautenschlager, der spätere Sieger dreht einsam an der Spitze des Feldes seine Runden.

Unten: Louis Wagner bei einem Boxenstop. Nach dem Reglement mußten die Fahrer selbst an den Fahrzeugen arbeiten.

Reserveräder wurden in einer Aussparung untergebracht. Die Motorhaube wies keine Lüftungsschlitze auf und wurde durch Schnapper und einen Lederriemen gehalten. Das Auspuffrohr war am Cockpit mit Asbest umwickelt, um den Beifahrer vor Verbrennungen zu bewahren. Zwei Wagen in dieser Ausführung standen rechtzeitig zur Verfügung, um in Lyon im Training mitfahren zu können, bevor die Straßen Anfang April für Rennwagen gesperrt wurden.
Nach Abschluß dieser Fahrversuche wurden die Wagen noch einigen grundlegenden Änderungen unterzogen. Verglichen mit den Rennern von 1908 war der Radstand mit 2870 mm erheblich angewachsen. Er wurde nun wieder um 25 mm verkürzt, indem man die Hinterachse an den Federn entlang nach vorne rückte und auch die Antriebswelle änderte. Die Spurbreite blieb mit 1330 mm vorne und 1350 mm hinten erhalten. Das Spitzheck fiel wieder weg, vermutlich aus Gewichtsgründen; bei der Abnahme kam man mit 1080 kg schon nahe an das vorgeschriebene Limit. Die Schnappverschlüsse an der Motorhaube wurden ebenfalls demontiert und an ihrer Stelle ein zweiter Lederriemen hinzugefügt. Die Seitenteile wurden nun doch mit Lüftungsschlitzen versehen; Lautenschlagers Wagen hatte solche auf der ganzen Länge, während die anderen Wagen auf der rechten Seite eine kleine Klappe aufwiesen. Vermutlich konnte man hier beim Anlassen die Vergaserschwimmerkammer fluten.
Viele Einzelheiten an diesen Wagen wiesen auf eine eingehende und spezielle Vorbereitung durch erfahrene Monteure hin. Zwischen den Sitzen und dem Kraftstofftank befand sich ein abgeteiltes Fach, wo der Wagenheber und der Hammer für die Radverschlüsse untergebracht waren. Daneben gab es eine Thermosflache, aus der die Besatzung während der Fahrt durch einen Gummischlauch ein erfrischendes Getränkt saugen konnte. Lautenschlager war darüber nicht ganz glücklich, denn seine Flasche zerbrach aufgrund der Holperei des Wagens im Rennen. Am Armaturenbrett war eine Leiste mit Metallstreifen befestigt, die eine nach der andern vom Beifahrer umgebogen wurden – der Rundenzähler. Für den Großteil dieser Vorbereitungsarbeiten war ein begabter Techniker verantwortlich, der es zum Erstaunen der etablierten Rennfahrer sogar soweit brachte, einen dieser Wagen im Rennen selbst zu fahren. Dieser selbstbewußte Bursche war der zu diesem Zeitpunkt 31 Jahre alte Max Sailer. Er war in Esslingen geboren und hatte schon zwischen 1902 und 1905 bei der D. M. G. gearbeitet, bevor er zu Dixi nach Eisenach ging. Im Oktober 1910 war er zu Daimler zurückgekehrt, er sollte während der nächsten zwanzig Jahre eine wichtige Rolle bei den Rennaktivitäten von Mercedes und Mercedes-Benz spielen.
In dem siebenstündigen Rennen erwiesen sich die Mercedes ihren Gegnern

Oben: Um die Haarnadelkurve fährt Lautenschlager dem Sieg in Lyon entgegen. Das Rennen hatte für ihn 7 Stunden, 8 Minuten und 18,4 Sekunden gedauert. Er hatte die 752 Kilometer mit einem Schnitt von 105,6 km/h bewältigt.

Rechts: Der siegreichen Rennmannschaft wurde im Werk ein würdiger Empfang bereitet, Lorbeer für Mann und Maschine.

schon allein wegen ihrer Beharrlichkeit als überlegen. Vor dem Rennen hatte ihnen kein Mensch eine Chance gegen die Peugeot zugestanden, aber am Ende hatten die Wagen aus Deutschland ihre 32 Konkurrenten von einem Dutzend verschiedener Hersteller hinter sich gelassen. Mit Lautenschlager, Wagner und Salzer errang Mercedes bei diesem letzten motorsportlichen Großereignis vor dem bald darauf ausbrechenden Weltkrieg einen gloriosen Dreifach-Sieg. Doch auch für Mercedes war der Verlauf des Rennens keineswegs ohne Spannung und Dramatik gewesen. Schon vor dem Start hatte an Pilettes Wagen das Getriebe gestreikt. Es konnte zwar repariert werden, hielt aber nur drei Runden lang. Max Sailer kannte sich mit den Praktiken beim Grand Prix noch nicht recht aus und vermochte seine Position schlecht einzuschätzen, da man ja noch paarweise in 30-Sekunden-Abständen an den Start ging. Er fuhr jedenfalls so schnell es nur ging, wobei er einen der neuen Fiat gleich zu Anfang abhängte und das Rennen fünf Runden lang anführte. In der sechsten gaben die Pleuellager den Geist auf und kurz darauf natürlich auch die Pleuel selbst. Es hatte zuerst den Anschein, als sei Sailer beauftragt gewesen, ein hohes Tempo vorzulegen, jedoch gab es damals noch keine Teamorder dieser Art, solche Praktiken wurden erst zwölf Jahre später Wirklichkeit. Dafür hatte man sich aber bei den Boxenarbeiten einiges einfallen lassen. Um eventuellen Verwechslungen vorzubeugen, waren die Kannen für Treibstoff, Öl und Kühlwasser markiert. Zur Hälfte des Rennens wurde ein Boxenstop für jeden Wagen anberaumt, man wechselte dabei auch vorsorglich die Reifen aus. Dies gefiel dem alten Kämpen Louis Wagner überhaupt nicht, voller Wut verhinderte er einen Tausch seiner Hinterreifen. Als er 1903 das Rennen von Paris nach Madrid bestritt, wurde nur bei Reifenschäden gehalten – das war indessen sehr häufig der Fall gewesen...
Nach dem Rennen wurden die Vorderräder wieder mit Kotflügeln versehen und die erfolgreichen Wagen auf der Straße nach Untertürkheim zurückgefahren, wo man der Mannschaft einen festlichen Empfang vorbereitet hatte.

Ein anderes Fahrzeug, vermutlich ein Reservewagen, wurde nach England gebracht, um zu Reklamezwecken auf Ausstellungen gezeigt zu werden. Die D. M. G. war hierbei anscheinend etwas zu sorglos ans Werk gegangen, denn die politischen Veränderungen ließen keine Werbekampagne mehr zu, und der Wagen konnte auch nicht mehr heimgeholt werden. Der berühmte Konstrukteur W. O. Bentley berichtete später dazu folgende: „Ich wußte darüber Bescheid und erzählte meinem Vorgesetzten im Marine-Ministerium, Commander Wilfred Briggs, von diesem Mercedes. Wir fuhren daraufhin sofort nach Long Acre und bargen den Wagen, bevor er in unbefugte Hände geriet. Den Motor schickten wir nach Derby zu Rolls-Royce, wo man ihn auf dem Prüfstand erprobte, anschließend zerlegte und genau untersuchte. Es ist

Oben: Der Lautenschlager-Wagen aus dem Werksmuseum weist ein modifiziertes Heckteil auf.

Links: Mit einem umgebauten 1914er Grand-Prix-Wagen (andere Ventile, Vierrad-Bremsen) gewann Graf Giulio Masetti 1922 in Sizilien die Targa Florio.

Links: Max Sailers 28/95 PS-Sechszylinder-Mercedes wurde vor seinem Einsatz bei der Targa Florio des Jahres 1921 ausführlich auf dem Fabrikgelände in Untertürkheim getestet.

Oben: Die Ausgangsbasis zu dem Targa-Wagen stellte das Chassis der schwerfälligen 28/95-PS-Limousinen dar. Sailer war es gelungen, einen einsatzfähigen Sportwagen daraus zu entwickeln, mit dem er schließlich in Sizilien einen souveränen zweiten Rang belegen konnte.

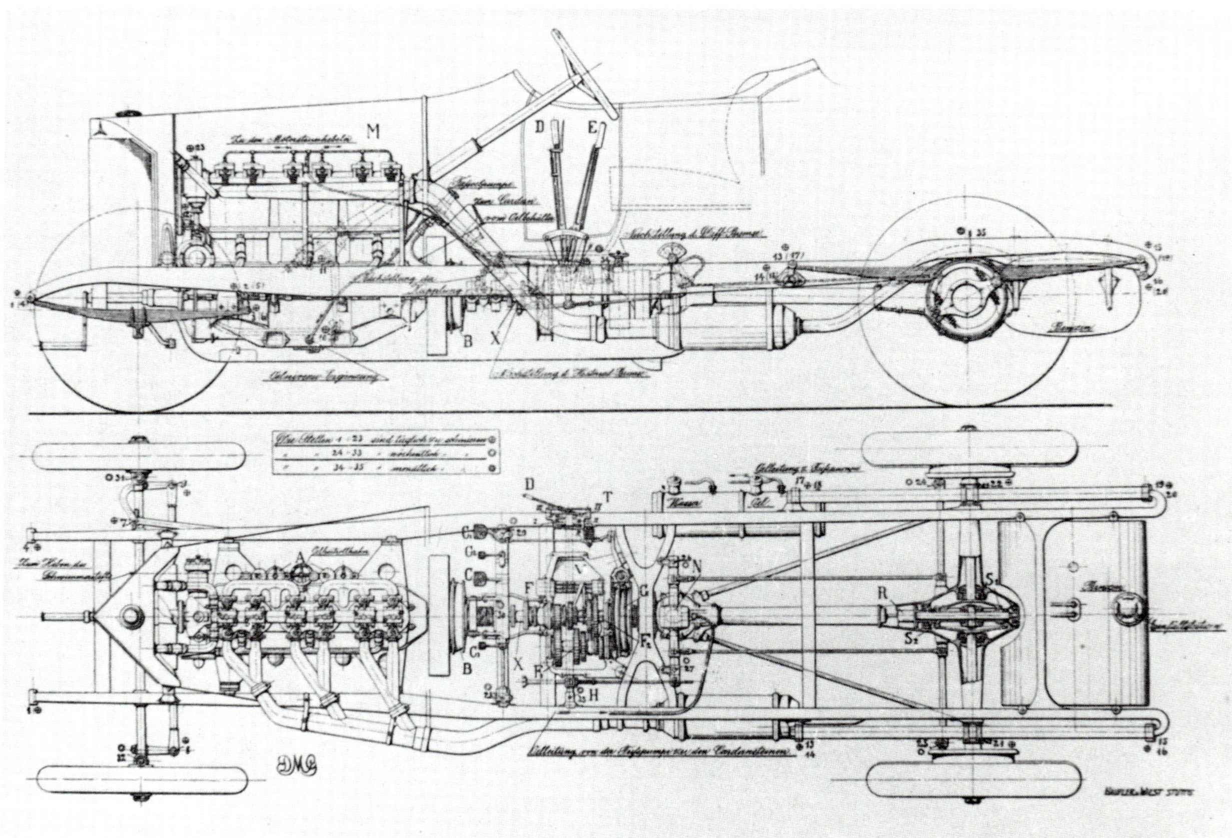

Rechts das 28/95-PS-Chassis. Die offenen Ventile am 7250-ccm-Sechszylinder (M 10546) lassen 1914/15 als Baujahr erkennen.

heute allgemein bekannt, daß alle Rolls-Royce-Flugmotoren des Ersten Weltkriegs mehr oder weniger direkt auf diesem Aggregat basierten." Bentley gestand, daß er von diesem Mercedes-Motor stark beeindruckt war und er übernahm nach seinem Vorbild auch den Ventiltrieb für den ersten Wagen seines Namens.

Einer der zurückgeführten Wagen wurde am 25. Juli, gerade zwei Wochen vor dem Inkrafttreten der britischen Seeblockade, wieder auf die Reise geschickt. Ralph de Palma hatte ihn erworben und siegte damit sofort bei seinem ersten Einsatz am 21. August in Elgin, Illinois. Er blieb bis ins Jahr 1916 damit erfolgreich und gewann 1915 auch die 500 Meilen von Indianapolis, womit er dort den einzigen Sieg in der Geschichte dieses berühmten Rennens für Mercedes errungen hatte. Die Standfestigkeit des Kurbeltriebs konnte er bei dieser Gelegenheit eindrucksvoll demonstrieren, denn er fuhr in den letzten drei Runden mit einer gebrochenen Pleuelstange und zwei Löchern im Kurbelgehäuse. De Palma hatte seinen Wagen wieder mit einem Spitzheck versehen und es entstand dadurch ein gewisser Anklang an den Blitzen-Benz. In den Kühlerverschluß hatte er ein Thermometer geschraubt und auf Anraten der Packard-Leute den Mercedes-Vergaser gegen ein amerikanisches Instrument mit automatischer Luftregulierung ausgetauscht. Es hieß, daß man dadurch einen weicheren Lauf bei niedrigen Drehzahlen erreichen könne und der Vergaser auch besser für die amerikanischen Treibstoffe geeignet sei.

Ein weiteres klassisches Rennen wurde ebenfalls von einem dieser standfesten Wagen gewonnen, es handelte sich dabei um die Targa Florio des Jahres 1922. Drei Mercedes waren insgesamt am Start, zwei Werkswagen für Lautenschlager und Salzer sowie ein rot lackierter Privatwagen. Dieser gehörte dem Grafen Giulio Masetti aus Florenz, der das Rennen auch gewann. Alle drei Wagen wiesen inzwischen Vierradbremsen auf. Neue geschmiedete Kolben aus einer Legierung, bestehend aus 86 Prozent Magnesium und 13,5 Prozent Kupfer, trugen zusammen mit größeren Ventilen zu einer Steigerung der Drehzahl auf gut 4000 U/min bei. Masetti hatte auch die vorjährige Targa gewonnen und war aus diesem Grund bei der D.M.G. auf Wohlwollen gestoßen. In einem knappen und mit mehreren Rekordrunden verbundenen Zweikampf hatte er damals Sailer auf einem Mercedes 28/95 besiegt. Mit seinem Fiat-Grand-Prix-Wagen aus dem Jahre 1914 hatte Masetti dabei große Mühe, gegen den Seriensportwagen zu bestehen. Dieser Typ 28/95 war keiner der berühmten Renner aus Untertürkheim, vielmehr ein bescheidener Anfang und nach dem Krieg auch ein nützliches Verbindungsglied zwischen erfolgreichen Vorgängern und mutigen zukünftigen Projekten.

Der 28/95 war als Nachfolgemodell des großen 37/90-Vierzylinder-Wagens gedacht; er basierte auf den von Flugzeugaggregaten abgeleiteten Sechszylindern des 1913er Rennwagens. Bis auf die nötigen Änderungen an den Halterungen am Kurbelhaus war der 7250-ccm-ohc-Motor mit dem DF 80-Flugmotor identisch. 1914 war daraus ein neuer Serienwagen entstanden, der auch die gleichen Antriebselemente wie der Grand-Prix-Wagen aufwies. Nur sehr wenige Exemplare wurden noch vor Kriegsausbruch fertiggestellt. Es scheint erwähnenswert, daß bei diesem als Luxusmodell im Mercedes-Programm gedachten Wagen laut Handbuch nicht weniger als 23 Schmierstellen täglich versorgt werden mußten. Beim wöchentlichen Wartungsdienst waren es dann noch zehn mehr – der Chauffeur der Vorkriegsjahre war in der Tat mehr als nur ein Fahrer.

1918 änderte man den Motorentyp M 10546, um ihn serientauglicher zu gestalten. Die Zylinder standen paarweise und waren nun wieder gegossen anstatt einzeln aus Stahl gedreht. Die aufgeschweißten Kühlmäntel wurden beibehalten. Auf jedem Zylinderpaar befand sich ein eigener Ventildeckel aus Aluminium, der nun den ganzen Ventiltrieb einkapselte. Die zwei Pallas-Steigstromvergaser versorgten den Motor nach wie vor über je einen dreiarmigen Ansaugkrümmer, hinzu kam nun noch ein Ausgleichsrohr. Der Typ 28/95 kam nie weit über das durch Vibration gesetzte Drehzahllimit seiner Vorfahren aus der Luftfahrt hinaus, denn die Kurbelwelle war etwas „unterernährt" und wies auch nur vier Hauptlager auf. Die Höchstleistung eines mit Benzin betriebenen Motors betrug 99 PS bei 1800 U/min, mit einem Drehmomentmaximum von 43,5 kpm bei 1400 Umdrehungen. Bei Verwendung von Benzol verringerte sich die Leistung um 6 PS.

Das von Mercedes gelieferte Chassis des 28/95 wurde in den meisten Fällen mit behäbigen Limousinen-Aufbauten versehen, doch Paul Daimler und Max Sailer entwickelten auch eine Sportversion. Sie verkürzten zu diesem Zweck den Radstand von 3372 mm auf 3063 mm und beließen die Spur bei 1351 mm. Den Kühler setzte man tiefer und auch weiter zurück hinter eine durchgebogene Quertraverse, durch die Verwendung eines kleineren, tiefer im Spitzkühler untergebrachten Ventilators wurde es möglich, den Abstand zum Motor zu verkürzen. Dieser blieb bis auf die Verwendung neuer Vergaser unverändert.

Indem man die Lenksäule flacher einbaute, konnte man auch die Sitzposition tieferlegen. Ebenfalls neu am 28/95 war der Einbau einer Vierradbremsanlage, diese konnte wahlweise mit dem Handhebel oder mit dem Pedal bedient werden, ein zweites Pedal war für die beibehaltene Kardanbremse vorgesehen.

Die Fähigkeiten Max Sailers zeigten sich am Beispiel des 28/95 recht deutlich. Er hatte den Wagen selbst umgebaut, fuhr ihn nach Sizilien und bestritt dort am 29. Mai 1921 ein erfolgreiches Rennen. In dieser Zeit war es für einen Deutschen sehr schwierig, eine Auslandsreise zu unternehmen, außerdem glich bereits die Anfahrt in bezug auf die Strapazen einem Renntag auf dem gefürchteten sizilianischen Rennkurs. Der Historiker W. F. Bradley bezeichnete Sailer als „den verwegensten, härtesten und zugleich erfahrensten deutschen Fahrer seiner Zeit". Und er wiederholte bei der Targa Florio seinen Auftritt von Lyon: Wieder lag er in der ersten der vier langen Runden in Führung. Masetti hatte in den folgenden zwei Umläufen die Nase vorne, doch Sailer war nur eine einzige Minute hinter ihm als es in die letzte Runde ging. Masettis kompakter Fiat behielt schließlich den hauchdünnen Vorsprung auf der alles fordernden Strecke. Beide Fahrer und ihre Wagen hatten ihr Bestes gegeben; die mit 58,2 km/h sehr niedrige Schnittgeschwindigkeit läßt dabei die Härte des Madonie-Kurses erahnen. Sailers ehrenhafter zweiter Platz stellte für die Mannschaft in Untertürkheim einen gehörigen Ansporn für die Zukunft dar. Mit einem reichen Schatz an Erfahrungen kehrte man noch für zwei weitere Einsätze zur Targa Florio zurück, wobei man erneut erfolgreich abschneiden konnte. Die späteren Erfolge basierten aber auch auf ganz neuen Konstruktionen, die eine enorme Steigerung der Leistung mit sich brachten. Dieser technologische Fortschritt war nicht zuletzt auch der Hilfe des 28/95 zu verdanken, mit dem die gloriose Renngeschichte der nächsten zwanzig Jahre ihren Anfang genommen hatte.

„Christian Werner verlieh dem Mercedes-Team erst den richtigen Glanz ...“
Motor Age

Kompressorwagen aus Stuttgart

Am 9. November 1918 begann für Deutschland ein neuer, wenn auch nicht unbedingt besserer Zeitabschnitt. Die Monarchie hatte ihre Existenz eingebüßt, der Kaiser war nach Holland ins Exil geflohen. Zwei Tage später ging der Erste Weltkrieg zu Ende und mit Friedensschluß wurden an Deutschland eine Reihe harter Bedingungen gestellt. Neue Strömungen wie Kommunismus und Nationalismus begannen das politische Klima zu beeinflussen. Wie die Offiziere, deren Bekenntnis zu preußischer Zucht und Ordnung den Krieg überdauert hatte, bildeten auch die Ingenieure eine eigene Elite, die, gegen äußere Einflüsse immun, gute wie schlechte Zeiten meisterte. Bei der Daimler-Motoren-Gesellschaft hatte Paul Daimler als klassischer Vertreter seiner Zunft seine verantwortungsvolle Position behalten, er war technischer Direktor und Vorstandsmitglied geblieben.

Daimler trug einen stolzen Schnauzbart und war wohlbeleibt, was damals als ein äußeres Zeichen des Erfolgs angesehen wurde. Er teilte sich die Führung der D.M.G. mit dem Verkaufschef Ernst Berge; beide zeichneten dem Aufsichtsrat gegenüber verantwortlich, dessen Vorsitzender Alfred von Kaulla war. Man hatte auch weiterhin Interesse am Rennsport, sah aber vorerst große Schwierigkeiten in dieser Richtung. Engländer und Franzosen hatten beschlossen, 1919 und 1920 keine größeren Motorsport-Veranstaltungen durchzuführen. Deutsche und österreichische Teilnehmer sollten darüber hinaus noch bis 1924 von der Teilnahme am französischen Grand Prix ausgeschlossen sein und auch von anderen wichtigen Rennen jener Jahre in Frankreich und Belgien. Dennoch befaßte sich die D.M.G. mit sportlichen Aufgaben. Man begab sich in weite Ferne um Ruhm und Ehre zu erlangen. So gewann Daimler 1924 auch eines der ältesten und härtesten Rennen Europas.

Wie schon 1913 und 1914 kamen viele der neuen Ideen für den Rennwagenbau aus der Luft – genauer gesagt: aus dem Flugmotorenbau. Die Zeit der berühmten Daimler-Flugmotoren galt zwar als beendet, denn solche Unternehmungen waren von den Siegermächten untersagt worden. Aber deshalb waren die Techniken und die gewonnenen Erfahrungen nicht verloren.

Um den Flugzeugen der deutschen Luftwaffe größere Flughöhen zu ermöglichen, hatte man sich 1915 erstmals mit aufgeladenen Motoren beschäftigt. Damals wurden Versuche mit Kolbenkompressoren und Flügelzellenverdichtern angestellt, sie wiesen jedoch noch viele Probleme auf und wurden deshalb 1918 durch Roots-Gebläse ersetzt. Mit diesem Kompressor wurden sowohl Flugmotoren als auch U-Boot-Aggregate ausgestattet.

„Paul Daimler ließ sich über alle Schwierigkeiten stets von den jeweiligen Abteilungsleitern informieren“ schrieb Richard von Frankenberg, „er leitete die Konstruktionen von seinem Chefsessel aus und begab sich nur sehr selten in das Zeichenbüro oder die Versuchsabteilung“. Der Leiter der Versuchsabteilung, Walter Schwerdtfeger, kam eines Tages zu Daimler, um ihm über neue Schwierigkeiten im Kompressorprogramm zu berichten. Dieser zögerte nicht lange und nahm Fahrermantel, Kappe und Brille, um den Versuchswagen persönlich zu erproben. Immer wieder pflegte er selbst zum Lenkrad zu greifen und führte auch den ersten Prototyp eines aufgeladenen Serienwagens dem Verkaufsleiter Ernst Berge vor.

Sein Ansehen als hochqualifizierter Konstrukteur hatte Paul Daimler mit der Einführung des Mercedes-Knight-Schiebermotors im Jahre 1909 aufs Spiel gesetzt. Man hatte dabei herkömmliche Wege verlassen. Im Krieg gab es dann eine Reihe von Problemen mit minderwertigen Schmierstoffen, und der Mercedes-Stern schien deshalb nicht mehr ganz so glanzvoll. Daimler befaßte sich aus diesem Grund mit dem Versuch der Leistungssteigerung durch Kompressoren um das Image wieder aufzupolieren. Ende 1919 lief der erste Motor mit einem kleinen Roots-Gebläse, das noch ein Stahlgehäuse aufwies und nur 10000 U/min drehte. Die Versuche mit diesem und einem zweiten Motor waren nicht gerade ermunternd verlaufen, die Schieberzylinder erwärmten sich am Auslaßschlitz zu stark und gingen fest, wobei sie auch noch die Schiebersteuerung zerstörten. Man mußte erkennen, daß der Knight-Motor die D.M.G. nicht in die Zukunft führen konnte. Aus diesem Grunde entwarf man eine neue Baureihe kleinerer Vierzylinder-ohc-Motoren, deren erster Vertreter Ende 1921 als 10/40 mit einem 2600-ccm-Aggregat (80 × 130 mm) präsentiert wurde. Man lehnte sich bei der Ausführung stark an die Konstruktion der Flugmotoren an, was im Hinblick auf die Serienfertigung vielleicht unklug erschien, denn die vier Zylinder waren von einem gemeinsamen Kühlmantel umschlossen. Das Kurbelgehäuse war aus Aluminium und beherbergte drei Kurbelwellenlager sowie einen Königswellenantrieb zur obenliegenden Nockenwelle.

Bevor der Wagen 1922 in Produktion ging, wurde aus dem 10/40 ein 10/40/65, denn man hatte ihm einen Kompressor beigegeben, der die Motorleistung kurzzeitig von 40 auf 65 PS zu steigern vermochte. Die erste Zahl der Typenbezeichnung wies die Steuer-PS-Leistung aus. Zum Ende des Jahres kam ein 6/25/40-PS-Mercedes hinzu, dessen 1568-ccm-Motor (68 × 108 mm) der erste von Anfang an auf Kompressorbetrieb ausgerichtete Motor der D.M.G. war. Auch er wies einen kleinen Roots-Verdichter auf, der vertikal an der Motor-Stirnseite angebracht war und über einen Kegelradsatz unter Zwischenschaltung einer Mehrscheibenkupplung von der Kurbelwelle angetrieben wurde. Diese Kupplung griff nur dann ein, wenn man das Gaspedal ganz niederdrückte, ansonsten lief der Lader nicht mit und brachte deshalb auch keine Auswirkungen auf den Kraftstoffverbrauch mit sich. Wie bei allen vorangegangenen D.M.G.-Versuchen und auch bei den Kompressormotoren anderer Firmen pumpte der Lader zusätzliche Luft in den Vergaser und dann

in den Brennraum. Diese Anordnung wurde in Untertürkheim zur traditionellen Bauweise, man machte sich auch in der Zukunft kaum Gedanken über eine Änderung des Schemas.
Diese Neukonstruktionen standen im Mittelpunkt, als man sich in der D. M. G.-Firmenleitung wieder für den Rennsport zu interessieren begann. Max Sailers Sieg bei der Targa Florio im Mai 1921 hatte auch die Direktoren zu einer Rückkehr in die Rennszene für 1922 angespornt. Zugleich stellte man erfreut fest, daß die Voiturette-Klasse, die Kategorie der leichteren Rennwagen, nunmehr eindeutig auf das Hubraumlimit von 1500 ccm festgelegt war und daß diese Wagen in Italien und England eine Anzahl von Startmöglichkeiten hatten. Man war sich bald darüber im klaren, daß man mit den aufgeladenen Motoren gute Ausgangspositionen inne hatte. So erging noch vor Jahresende der Auftrag an die Konstruktionsabteilung, die Maschine des 6/25/40-PS-Mercedes, intern mit der Bezeichnung M 68084 versehen, zu einem 1,5-Liter-Rennmotor weiterzuentwickeln. Otto Schilling, der 1912 zur D. M. G. gekommen war und am Bau des Grand-Prix-Wagens von 1914 beteiligt gewesen war, sollte über einen Zeitraum von 45 Jahren Daimlers führender Motorenkonstrukteur bleiben. Er hatte sich zum Ziel gesetzt, aus dem Motor die „höchstmögliche" Leistung herauszuholen, wie er ausführte.
Der Unterbau des Motors blieb gleich, lediglich das Bohrung-Hub-Verhältnis wurde mit 65 × 113 mm (1499 ccm) neu festgelegt. Die verschweißte Zylinderkonstruktion blieb ebenfalls erhalten. Neue Wege ging man bei diesem nunmehr mit M 65134 bezeichneten Motor in der Gestaltung des Zylinderkopfes, denn er wies erstmals zwei obenliegende Nockenwellen auf. Diese wurden wieder mittels einer Königswelle angetrieben, die an ihrem Ende mit Schneckenrädern versehen war, um über Querwellen die beiden Nockenwellen zu bewegen. Eine weitere Querwelle am Kurbelhaus trieb rechts den Zündmagnet und links die Wasserpumpe an. Die weiter unten angebrachten Ölpumpen wurden wieder von einem zusätzlichen Kegelrad am Zentraltrieb bewegt. Ebenso wie diese Anordnung wurde auch das Vierventil-Prinzip vom 1914er Motor übernommen; die Ventile hingen dabei in einem sehr spitzen Winkel zueinander. Bei der Konstruktion der Ventilstößel griff man übrigens auf ein Detail der Hispano-Suiza-Flugmotoren zurück. Die Stößel wurden in die hohlen Ventilschäfte eingeschraubt und wiesen eine abgeflachte Spitze auf. Sobald das Ventilspiel eingestellt war, wurden sie mit einer Kontermutter festgehalten. Dieses Konzept wurde später auch von vielen anderen Firmen übernommen, wie Alfa Romeo, Ferrari, Lancia und Maserati. Die D. M. G. hatte als erster die Eignung dieser Konstruktion für den Rennbetrieb erkannt.
Eine wichtige Verbesserung gegenüber dem Rennmotor von 1914 war die neue Zündkerzenanordnung. Je eine einzelne Kerze wurde von oben in das Zentrum des Verbrennungsraumes eingeschraubt, was durch die Verwendung von zwei Nockenwellen nun leicht möglich war. Otto Schilling sagte dazu, daß die Kerzen „nun bestens gekühlt wurden, indem der Fahrtwind über sie hinwegblasen konnte". An der Motorstirnseite fand sich der Kegelradantrieb (mit 2,2-facher Übersetzung) zum senkrecht stehenden Kompressor. Anstelle der noch nicht ganz ausgereiften Mehrscheibenkupplung ordnete man hier wieder eine Konuskupplung an. Der durch das Roots-Gebläse erzeugte Luftstrom wirkte bei diesen ersten Konstruktionen noch keineswegs direkt. Zuerst kam ein Schaltventil, das den normalen Ansaugweg blockierte, dann wurde der erzeugte Druck an den hermetisch angedichteten Vergaser weitergegeben und schließlich gelangte das vorverdichtete Gemisch über den verzweigten Ansaugkrümmer in die Brennräume.
Viele Jahre später, nämlich 1948, wurde ein solcher 1,5-Liter-Motor auf dem Prüfstand getestet. Dabei ergaben sich interessante Aufschlüsse über die Leistungsdaten. Ohne Kompressor leistete der 1,5-Liter-Rennmotor 54 PS bei 4000 U/min, der mittlere Kolbendruck erreichte bei 3000 Umdrehungen mit 8,7 at seinen Höchstwert. Bei eingekuppeltem Kompressor drückte dieser das Gemisch mit einem Ladedruck von 0,42 at in die Brennräume und steigerte dadurch den Mitteldruck auf 10,8 at bei einer Drehzahl von 3500 U/min. Die Leistung erhöhte sich bei 4000 Umdrehungen auf 72 PS und sogar auf 79 PS bei der festgelegten Höchstdrehzahl des Motors von 4500 U/min (kurzzeitig konnte man sogar auf 5000 U/min drehen). Die führenden Saugmotoren der Konkurrenz, etwa des Fiat Vierzylinders vom Typ 403, kamen auf einen in etwa gleichen Leistungsverlauf wie der Mercedes mit ausgekuppeltem Kompressor, aber jene Motoren reagierten wesentlich besser auf das

Der erste Mercedes-Kompressorwagen war der 1,5 Liter 6/25/40 PS, hier in der Sportausführung von 1924. Am Steuer sitzt Rudolf Caracciola, der mit diesem Wagen seine ersten Mercedes-Erfolge erringen konnte.

Gaspedal als das Laderaggregat. Dieser Punkt sollte 1923 in den USA noch stark an Bedeutung gewinnen.

Zur Targa Florio 1922 wurde der vielversprechende Motor in ein Fahrgestell gesetzt, das dem vorhandenen Leistungspotential nicht ganz entsprach. Achsen und Aufhängungen glichen im großen und ganzen denen des 6/25/40-PS-Serienwagens, auch die schmale Spur von 1194 mm. Den Radstand hatte man um nahezu 30 cm auf 3100 mm verlängert, was sich im Nachhinein als nicht besonders glücklich erweisen sollte. Der Rahmen selbst war neu angefertigt worden, aber die hintere Aufhängung mit Cantilever-Federn und Schubrohr blieb vom Serienmodell erhalten. Trommelbremsen wurden an den Vorderrädern hinzugefügt und die hinteren Bremsen vergrößert. Zwei Wagen wurden mit 765 × 105 bereiften Drahtspeichenrädern und provisorischen Kotflügeln versehen und auf die Reise nach Sizilien geschickt. An der Auswahl der Fahrer sah man, daß die D.M.G. dem Einsatz der nagelneuen Wagen noch nicht allzu große Bedeutung beigemessen hatte. Einen dieser Wagen fuhr der Italiener Fernando Minoia, der schon 1921 einen privaten 28/95-PS-Mercedes pilotiert hatte, den zweiten bekam Paul Scheef anvertraut, ein Angestellter in

Oben: Mit dem 1,5 Liter-Kompressorwagen beteiligte sich die D. M. G. 1922 an der Targa Florio. Im Bild Paul Scheef mit der Startnummer 12.

Rechts: Mit den 1,5 Liter-Wagen wurden später verschiedene Karosserie-Experimente durchgeführt.

Rechts: Mit dem 1,5-Liter-Vierzylinder wurde bei Mercedes eine neue Ära im Rennmotorenbau eingeleitet. Die vier Stahlzylinder waren mit den Köpfen verschweißt und in einem gemeinsamen Kühlmantel untergebracht. Zwei obenliegende Nockenwellen betätigten je vier Ventile pro Zylinder. Ein Kompressor bewirkte die Verdichtung der Ansaugluft.

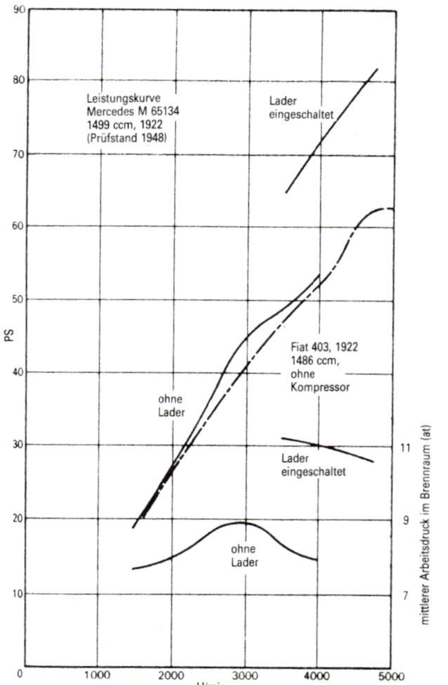

Oben: Auf dem Leistungsdiagramm sind die Leistungsdaten des 1,5-Liter-Mercedes-Rennmotors mit jenen des zeitgenössischen Fiat-Aggregats (1486 ccm, Vierzylinder) verglichen. Diese Messungen wurden 1948 durchgeführt.

Untertürkheim, der damit sein einziges größeres Rennen bestritt. Die Fahrer-Asse der Werksmannschaft bevorzugten stärkere Kaliber, um damit ihre Chancen auf einen Gesamtsieg zu sichern. Wie bereits erwähnt, hatte man für Lautenschlager, Salzer und Masetti die Grand-Prix-Wagen von 1914 umgebaut. Ein Sechszylinder vom Typ 28/95 PS, ein Wagen, wie ihn Sailer im Vorjahr gefahren hatte, wurde für Christian Werner bereitgestellt. Werner, ein hochgewachsener, schlanker und zäher Bursche, war 1911 zur D. M. G. als Mechaniker und Chauffeur gekommen. Mit 29 Jahren arbeitete er jetzt als Fahrmeister und hatte die Chance erhalten zu zeigen, ob er aus dem gleichen Holz geschnitzt war wie die anderen Werksfahrer. Auch Max Sailer war erneut mit von der Partie, er steuerte wieder einen 28/95-PS-Sechszylinder, der diesmal aber um die Hälfte mehr Leistung hatte und zwar durch ein Ladegebläse. Auf diese Weise wurde ein ehemaliger Flugmotor mit einem ebenfalls aus der Luftfahrt stammenden Nebenaggregat verbunden, womit sich der Kreis schloß. Der Kompressor am Sechszylinder war vertikal an der linken hinteren Motorseite montiert und wurde über Zahnräder von der Kurbelwelle angetrieben. Auch bei dieser Anordnung verwendete man wieder eine Mehrscheibenkupplung, um den Kraftschluß herzustellen. Die Druckleitung vom Kompressor zum Vergaser verlief in zwei an der Ölwanne angegossenen Kanälen, die von dort aus senkrecht nach oben zu den beiden rechtsseitig montierten Mercedes-Steigstrom-Vergasern führten. Dieser Motor gab etwa 140 PS ab und wurde in einen Wagen installiert, der mit seinem hochgelegten Auspuff schon einen sehr viel sportlicheren Eindruck als das Ausgangsmodell vermittelte. Mit einer Gesamtzeit von 7 Stunden, 12 Minuten und 8 Sekunden war Salzer am 2. April zwar um eine Viertelstunde schneller als im Vorjahr, konnte sich aber nur als Sechster plazieren. Nach dem siegreichen Masetti war er der schnellste Mercedes-Fahrer. Der neue Mann Christian Werner war taktisch sehr klug gefahren und brauchte mit seinem Saugmotor-Wagen nur vier Minuten länger, womit er auf Platz acht einlief.

Bei der D. M. G. hatte man diesen Einsatz keineswegs auf die leichte Schulter genommen. W. F. Bradley erzählte darüber folgendes: „Eine Woche vor dem Start befanden sich nicht weniger als 20 Mercedes-Fahrer und Mechaniker auf dem Kurs. Palermo schien von der deutschen Automobilindustrie in Besitz genommen zu sein.“ An den Boxen gab es keine Arbeitseinteilung, die bei dem teilweise chaotischen Rennverlauf der Targa auch nicht einzuhalten gewesen wäre. Jeder der Mercedes-Fahrer versuchte seine Abfertigung lautstark selbst zu dirigieren. Bradley sah die großen weißen Wagen nicht wie viele seiner Zeitgenossen als „hochentwickelte Maschinen, die mit Feingefühl behandelt werden mußten“, sondern als wilde Bestien, deren Temperament nur von den „hünenhaften Teutonen, die am Steuer saßen, zu bändigen war...“.

Die Rennen um die Targa Florio in den Jahren 1921 und 1922 bedeuteten für den altgedienten 28/95-PS-Sechszylinder den Höhepunkt seiner Karriere. Für den neuerlichen Erfolg war ihm durch den Kompressor buchstäblich neues Leben eingehaucht worden. Die niedertourigen Motoren waren in den Händen von Privatfahrern noch bis etwa 1925 für einige Erfolge gut, meist jedoch liefen sie dabei ohne Aufladung. Eine Kompressor-Version nach dem Vorbild des Werkswagens wurde vom holländischen Mercedes-Vertreter Theo Wiemann aus Den Haag sehr erfolgreich bei verschiedenen Sprintrennen gefahren. Sogar eine stromlinienförmige Karosserie wurde angefertigt, damit hätte man den 28/95-PS-Mercedes bestimmt noch weiterhin erfolgreich einsetzen können. Doch die Zukunft war bereits zugunsten des dohc-Vierzylinders bestimmt worden.

Die 1,5-Liter-Renner stellten die ersten Exemplare einer neuen Generation von Mercedes-Rennwagen dar, wenn ihr Debüt in Sizilien auch noch nicht recht glücklich verlaufen war. Minoia mußte aufgeben, Scheef war mit einem Hund zusammengeprallt, langsamer geworden und zurückgefallen. Seine Fahrzeit betrug 7:52:46,4 Stunden, das bedeutete den dritten Platz in der Voituretten-Klasse und den 20. Gesamtrang. Für das im September anberaumte Eröffnungsrennen auf der Bahn von Monza hatte man drei Wagen für die 1500-ccm-Klasse gemeldet, sie blieben jedoch dem Start fern. Als Grund wurde das Kompressorverbot angegeben. Es hing wahrscheinlich auch mit einer Serie von wilden Streiks in Untertürkheim zusammen, die nicht nur Produktion und Auslieferung beeinträchtigten, sondern sich auch auf das Rennprogramm der Firma auswirkten. Die beiden Targa-Wagen wurden auch später nicht mehr im Rennen eingesetzt. Eines der Fahrgestelle wurde 1922 für Versuchsaufbauten nach aerodynamischen Gesichtspunkten verwendet. Dabei wurden lange Heckteile und Radverkleidungen erprobt; einen Renneinsatz erlebte das Fahrzeug jedoch nicht mehr.

Im Jahre 1922 erlangte bei Grand-Prix-Rennen zum ersten Mal eine Hubraumbeschränkung auf zwei Liter Gültigkeit. 1923 wurde in Indianapolis diese Formel für das 500-Meilen-Rennen ebenfalls eingeführt, und dort waren auch Wagen aus Deutschland willkommen. Da auch einige Rennen in Italien gefahren werden durften, entschied sich die Firmenleitung der D. M. G. für den Bau von neuen Rennwagen der 2000-ccm-Klasse. Trotz der immer noch aufflackernden Streiks konnte man bei Mercedes hoffnungsvoll in die Zukunft blicken, denn ein soeben mit Russland geschlossener Freundschaftsvertrag der Reichsregierung versprach neue Absatzmöglichkeiten. Auch für die USA hatte man einen großangelegten Werbefeldzug in Vorbereitung; die Teilnahme in Indianapolis sollte hierfür als Startschuß dienen.

Der Indy-Mercedes wurde mit einer niedrigen Karosserie sowie einem abgeschrägten Spitzheck versehen und sollte damit Furore machen. Im Vorjahr wäre ihm das sicher auch gelungen, aber für 1923 sah das Reglement erstmals keine Beifahrer mehr vor, was an einigen der von Harry Miller gebauten Wagen zu pfeilschlanken Karossen führte. Dabei war keineswegs eine Fehlinformation die Ursache für einen nachteiligen Aufbau beim Mercedes gewesen, denn das andere Team aus Europa – Bugatti – brachte ebenfalls sehr windschnittige Einsitzer an den Start. Man hatte bei Daimler den zweiten Sitzplatz beibehalten, weil man die Mitnahme eines Mechanikers immer noch als Sicherheitsfaktor ansah. In dieser Ansicht wurde man durch einen Zwischenfall bestärkt, der sich bei den abschließenden Tests vor der Verladung der Wagen ereignet hatte. Max Sailer war bereits mit der Vorhut in Bremen und erfuhr davon später durch Richard Lang. Lang hatte 1921 einige Rennen gefahren und war nun Vorstandsmitglied und zugleich Betriebsleiter. Ihm oblag die Überwachung der abschließenden Arbeiten an den Indianapolis-Wagen: „Nach dem Unfall von Krauss entschieden wir uns augenblicklich, die Wagen wieder mit zwei Mann zu besetzen, was mir ja eigentlich schon immer lieber gewesen wäre. Krauss hat einige Prellungen abbekommen und will nun nur noch den Beifahrer spielen. Der Unfall war aber nicht allzu schlimm, wir haben den Wagen inzwischen wieder in Ordnung gebracht. Krauss sagte, daß einige Reiter auf ihn zugekommen seien und deren Pferde scheuten, als Ihr Neffe mit seinem Wagen ebenfalls näherkam. Er mußte ausweichen und im selben Moment blieb das Gaspedal hängen, er konnte den Motor nicht sofort abstellen und knallte deshalb an einen Telegraphenmasten. Dabei wurde die Vorderachse verbogen, ein Rad brach und einige andere Dinge zersplitterten.“ Dies war der Anfang einiger aufregender Wochen für Jakob Krauss, der als Chefmonteur in der Versuchsabteilung gemeinsam mit Walter Schwerdtfeder und dem Projektleiter Karl Schopper schon 1919 am ersten Kompressor-Mercedes mitgewirkt hatte. Diesmal war er als Ersatzfahrer für Indianapolis vorgesehen und sollte sich dort mit dem Nummer-1-Piloten abwechseln, doch nun saß er als „Fahrer-Mechaniker“ neben Christian Lautenschlager und sollte im Gefahrenfall die Zündung für ihn ausschalten.

Für die Indy-Wagen hatte man bei Daimler einen neuen Rahmen gebaut, die Längsholme waren dabei wieder im U-Profil aus Stahlblech angefertigt. Am Heck waren sie nach innen gebogen und mit einer Rohrtraverse an den Befestigungspunkten für die Federschäkel verbunden. Die anderen beiden Traversen waren wie gewohnt vor und hinter dem Getriebe angebracht, die hintere hatte man wieder mit Auslegern zur Verstärkung versehen; sie sah von oben wie ein K aus. Der Motor war an vier Befestigungspunkten des Alu-Kurbelhauses starr mit dem Rahmen verschraubt und bot dadurch die nötige Versteifung des vorderen Rahmenabschnitts. Die Doppelkonuskupplung, diesmal mit einem Durchmesser von 240 mm, wurde auch weiterhin verwendet. Das neue Getriebe war erstaunlich kompakt geraten. Die Hinterachse hingegen wartete mit einem vergrößerten Differentialgehäuse auf, in seiner Konstruktion war es jedoch nicht geändert worden. Laut Max Sailer fuhr man im Rennen mit einer Übersetzung von 3,5:1, womit der Motor auf den Geraden 4400 U/min drehte. Mit Dayton-Rennreifen der Größe 4½×29 entsprach dies einer Geschwindigkeit von 191 km/h.

Die Fahrwerkdetails waren in gewohnter Art und Weise ausgeführt. Rundum hatte man die Räder mit halbelliptischen Blattfedern am Rahmen befestigt. Sie bestanden aus jeweils sechs Stahlbändern, vorne 838 mm lang und 42 mm breit, hinten 1040 mm lang und 50 mm breit. Ebenfalls an allen vier Rädern waren verkapselte Reibungsstoßdämpfer angebracht, die jeweils über einen einzigen Hebelarm wirkten. Der Vorderachskörper und die vorderen Rahmenenden waren wieder in bewährter D. M. G.-Manier mit Holzverkleidungen versehen. Obgleich sie mit einem Radstand von 2730 mm die bisher kürzesten Mercedes-Rennwagen nach dem Krieg waren, wogen die kompakteren Miller fast 200 kg weniger.

Otto Schilling war an der von Paul Daimler geleiteten Neukonstruktion des

Rechts: Zusätzlich zu den Kompressor-Rennwagen entsandte man 1922 noch einmal Max Sailer mit seinem 28/95 Sechszylinder zur Targa Florio. Um den Wagen gruppierten sich hier die wichtigsten D. M. G.-Techniker. Von links: Dürrwächter, Daimler, Scheib, Merkle, Heeß, Schopper, Günther, Renz, Schwerdtfeger (mit Brille) Scheerer, Bauer, Sailer (am Steuer), Rieger, Krauss und Linck. Otto Schilling ist nicht zu sehen, er spielte den Fotographen.

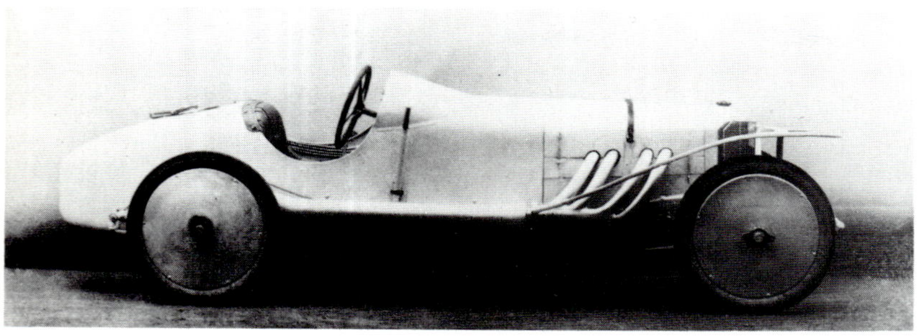

Oben und rechts: Mit diesem Zweiliter-Kompressorwagen beteiligte sich die D. M. G. 1923 am 500 Meilenrennen von Indianapolis. Max Sailer wurde dabei Achter und Christian Werner Elfter.

Zweiliter-Rennmotors beteiligt. Wie beim Vorgänger wurde ein Serienmodell als Grundlage genommen, in diesem Falle der 10/40/65-PS-Typ. Die Zylinderabmessungen wurden von 80 × 130 mm auf 70 × 129 mm verringert, womit man auf einen Hubraum von 1989 ccm kam. Trotz der seit langem abgeschafften Beschränkung des Kolbendurchmessers blieben die Konstrukteure noch immer bei der langhubigen Auslegung ihrer Rennmotoren.

Die bei der Targa Florio gewonnenen Erkenntnisse ließen eine neuerliche Anwendung des dohc-Vierventil-Konzepts sinnvoll erscheinen. Der ganze Aufbau wurde dabei unverändert übernommen, jedoch lagen diesmal die Ansaugkanäle auf der linken Motorseite und der Auspuff rechts. Dies war überraschend, denn dafür gab es kein Vorbild unter den bisherigen Rennwagen. Die Ventile maßen 34 mm im Durchmesser und waren am Schaft mit 11 mm äußerst stabil gehalten; sie hingen in einem Winkel von 50 Grad zueinander. Die Ventilführungen bestanden aus Bronze und wurden von oben eingeschraubt, zum Auswechseln der Ventile mußte man die Führungen entfernen. Um die Spieleinstellung der Ventile zu fixieren, hatte man dünne Stahlplättchen unter die Ventilstößel gelegt, die – von den Ventilfedern angedrückt und in Rillen an den Ventilschäften fixiert – die zylindrischen Stößel in Position hielten. Man trieb diesen relativ großen Aufwand nur, um diesbezügliche Hispano-Patente zu umgehen. Die Nocken waren 14 mm breit, der Grundkreis jedoch war auf nur 5 mm Breite abgedreht. Eine Bohrung auf dieser schmalen Seite ließ Öl aus der hohlen Welle auf die

Oben: Für die Saison 1924 erhielt der zuverlässige 1989-ccm-Vierzylinder eine neue Karosserie. Mit diesem Fahrzeug siegte Salzer beim Ecco-Homo-Bergrennen bei Prag.

Links: Otto Salzer und Beifahrer August Grupp fahren einen der Ex-Indy-Wagen 1923 bei verschiedenen nationalen Rennen in Deutschland.

Oben: Der neue Chefkonstrukteur in Untertürkheim, Ferdinand Porsche, überarbeitete den Zweiliter-Motor. Das Ergebnis war 1924 ein neuerlicher Sieg bei der Targa Florio.

Mit einem neuen Roots-Gebläse leistete der M 7294 126 bis 150 PS.

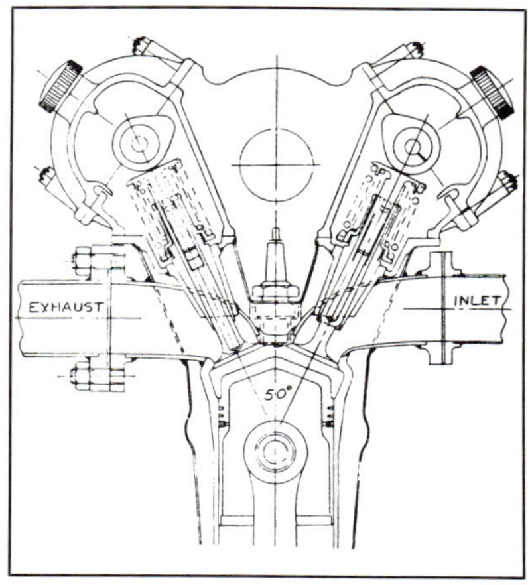

Porsche führte auch am Zylinderkopf zahlreiche Änderungen durch.

Rechts: Targa-Wagen der Werksfahrer Werner, Lautenschlager und Neubauer waren 1924 rot lackiert.

Links: Das Chassis war gegenüber der Indy-Ausführung kaum verändert worden, man beließ den Radstand auf 2730 mm und führte nur Detailverbesserungen und Verstärkungen aus.

Oben: Am Boden des Cockpits kann man den ovalen Getriebedeckel erkennen. Der Beifahrer bediente neben den Absperrhähnen für Öl und Benzin auch zwei Zusatz-Handpumpen.

Kontaktflächen treten. Sowohl die Ölsteigleitungen als auch die Rücklaufbohrungen waren Teil des stählernen Zylinderblocks, auf den die Alu-Nockenwellengehäuse aufgeschraubt wurden.
Der Kompressor mit seinen 130 mm langen Drehflügeln folgte gewohnten D. M. G.-Konstruktionsprinzipien. Die Mehrscheibenkupplung hatte sich nun durchgesetzt; die am Kurbelwellenstumpf befestigten hauchdünnen Stahlscheiben trieben Reibscheiben aus Messing an. Oben auf einer der Rotorachsen des Kompressors war eine Zentrifugal-Benzinpumpe mit vier Flügeln befestigt. Wenn der Kompressor nicht arbeitete, lief der Kraftstoff einfach durch das Instrument und einen vorgeschalteten Filter, bei eingekuppeltem Lader wurde auch die Benzinpumpe angetrieben. Diese förderte nun den Kraftstoff mit höherem Druck zur Schwimmerkammer, damit der Benzinfluß im Mischrohr mit der verstärkten Luftzufuhr im Einklang blieb. Zwei kleine Ölzylinder fanden sich ebenfalls auf dem Deckel des Roots-Gebläses. Die nur leicht gewölbten Kolben ragten weit in den dachförmigen Brennraum, der einen größeren Durchmesser als die Zylinderbohrung aufwies, um Platz für die vier Ventile und die zentral sitzende 18-mm-Zündkerze zu schaffen. Die wurde durch zwei Bohrungen am Pleuelauge, durch die Schleuderöl aus der unteren Motorhälfte eindringen konnte, geschmiert. Am Pleuelfuß war eine Öltasche angebracht, die den Schmierstoff für das Rollenlager von einem Spritzblech in der Ölwanne förderte. Sechs Spritzdüsen an der rechten Seite des Kurbelhauses versorgten diese Tröge wie auch die Spritzbleche und führten den Hauptlagern Drucköl zu. Eine absolute Neuheit am Indy-Wagen stellte ein zylindrischer Ölkühler aus Messing dar, der an der rechten Seite der Ölwanne befestigt war. Doch noch in der Entwicklungszeit erwiesen sich die Gleitlager der Kurbelwelle als zu schwach und wurden umgehend durch Rollenlager ersetzt, wobei man aber hier bei den Hauptlagern auf Besonderheiten wie am Pleuelfuß verzichtete. Das mittlere Lager stellte jedoch noch immer ein Problem dar, denn hierfür benötigte man einen geteilten äußeren Lagerring. Aus diesem Grund wurden bis zur letzten Minute Versuche mit einem Gleitlager angestellt. Als schon einige Fahrzeuge auf dem Weg in die USA waren, berichtete Richard Lang am 30. April seine letzten Erkenntnisse an Max Sailer: „Gestern probierten wir den Versuchsmotor in einem Chassis aus. Er hielt vier Stunden, dann ging das Mittellager fest. Das bedeutet, daß

Hier handelt es sich wieder um einen Trainingswagen für die Targa Florio. Drei Monate vor dem Rennen im April hatte man damit die Strecke schon ausgiebig befahren.

Vollschaftkolben waren aus Aluminium und in einigen Motoren offensichtlich auch aus Magnesium gefertigt. Drei 2-mm-Kompressionsringe befanden sich über dem Kolbenbolzen und ein Ölabstreifring darunter. Am Bolzenauge waren Sitzringe aus gehärtetem Stahl eingegossen, welche als Gleitlager für den 17 mm starken Kolbenbolzen dienten. Dieser war konisch gedreht und konnte nur von einer Seite eingeschoben werden; gesichert wurde er durch eine Madenschraube. Das Verdichtungsverhältnis betrug 7,5:1.
An der Kurbelwelle des M 7294 hatte man erstmals die Verwendung von Wälzlagern vorgesehen, um damit Drehzahlen über 4500 ohne Risiko erreichen zu können. Ursprünglich hatte man die drei 54-mm-Hauptlager in ihrer Form als Gleitlager belassen und nur die Pleuel auf Rollen laufen lassen wollen. Die Pleuelfüße waren deshalb nicht teilbar, dafür wurde die Kurbelwelle jetzt aus Einzelheiten zusammengebaut und an jeder Kurbelkröpfung verschraubt. Der Innendurchmesser der Pleuellager betrug nunmehr 65 mm. Diese Konstruktion ergänzte man noch durch eine erstaunliche und ziemlich aufwendige Vorrichtung, die man eine „Interimslösung" nannte. Jede Lagerrolle trug an einem Ende ein winziges Zahnrad, das in eine Verzahnung auf dem Kurbelzapfen eingriff und dadurch die Rolle zu einer kontinuierlichen Drehbewegung zwang!
Die Pleuel selbst maßen von Augenmitte zu Augenmitte 250 mm, die Schäfte waren wieder im Doppel-T-Profil geschmiedet. Das Kolbenbolzenlager das Gleitlager auch nicht zuverlässig ist. Enttäuscht, aber um eine Erfahrung reicher beschlossen wir am Abend, wieder ein Wälzlager einzubauen. Diesmal aber mit einem Stahlkäfig anstatt einem aus Bronze. Heute abend werden wir einen weiteren Ausdauer-Versuch beginnen, und wenn dann das Rollenlager seinen Geist aufgegeben hat, uns zu einer endgültigen Entscheidung durchringen. Die Ventile und Stößel sind in Ordnung und die Motorleistung war sehr zufriedenstellend, sie belief sich auf 95 PS an der Hinterachse."
Diese letzten Entwicklungsschritte wurden durch Veränderungen in der Konstruktionsleitung leider beeinträchtigt. Ende 1922 hatte Paul Daimler die D. M. G. verlassen und war zu Horch nach Zwickau gegangen. Ferdinand Porsche, der 1905 bei Austro-Daimler schon einmal Paul Daimlers Nachfolger geworden war, folgte ihm 1923 nun ein weiteresmal nach. Offiziell wurde er erst am 30. April in Untertürkheim angestellt, doch er hielt sich bereits vorher dort auf und kam gerade rechtzeitig zu den Vorbereitungsarbeiten des wohl aufwendigsten Rennvorhabens, das Mercedes je begonnen hatte. Einer der Beteiligten meinte später einmal lakonisch: „Das hat unserer Firma einen Haufen Geld gekostet."
Porsche konnte zu den letzten Motorenabstimmungen noch einen Beitrag leisten. Richard Lang berichtete darüber an Max Sailer: „Wir hatten im Vergaser eine kleinere Hauptdüse verwendet und erreichten dadurch eine gewisse Kraftstoffersparnis. Jedoch vergrößerte sich dadurch auch das Risiko

Rechts: Christian Lautenschlager auf der staubigen Piste in Sizilien.

Unten: Geschäftiges Treiben am Mercedes-Depot; Karl Sailer wechselt die Reifen während Christian Werner für einen Moment ausspannen kann.

Unten: Porsche konnte mit dem Ergebnis mehr als zufrieden sein. Die ersten von ihm bearbeiteten Mercedes-Rennwagen siegten auf Anhieb. Dem siegreichen Team ist die Anstrengung noch deutlich anzumerken. Links von Porsche Christian Werner, rechts sein Beifahrer Karl Sailer, ein Neffe Max Sailers.

Oben: Vorbei an der begeisterten Menge steuern Werner/Sailer das Ziel an. Sie gewannen neben der Targa-Wertung zusätzlich auch die Coppa Florio.

Links: Ein neuer Mann im Untertürkheimer Team war Alfred Neubauer, der seinem früheren Chef Ferdinand Porsche von Austro-Daimler zu Mercedes gefolgt war.

durchgebrannter Kolben. So müssen wir wohl bei einem etwas fetteren Gemisch bleiben und vermeiden dadurch den absoluten Höchstwert auf dem Diagramm" (womit er den Verbrennungsdruck ansprach). Er ging auch auf Riefen an der Kolbenkante ein: „Dies ist laut Porsches Erfahrungen auf unverdampftes Benzin im Brennraum zurückzuführen, welches den Schmierfilm wegwäscht und den hohen Verbrennungsdruck wie eine Lötlampe auf diese reibungsgefährdeten Stellen wirken läßt." Lang schloß seinen Bericht: „Die zahlreichen außenliegenden Leitungen wie Ölröhrchen und Druckkanäle vom Kompressor erwiesen sich als ziemlich bruchanfällig. Es ist deshalb absolut notwendig, alles noch einmal zu verstärken. Im Beisein von Dr. Porsche trug ich Herrn Direktor Berge meine Befürchtungen vor und berichtete ihm über die nach wie vor zahlreich vorhandenen Unsicherheitsfaktoren. Er legte die letzte Entscheidung hierüber in die Hände der Techniker."

Der Einsatz wurde keineswegs abgeblasen, das Rennen gefahren. Otto Weber, Chefmonteur aus dem Motorenversuch, vollbrachte wahre Wunder, als er bei allen bereits in Amerika befindlichen Wagen das mittlere Hauptlager gegen ein Rollenlager austauschte. Insgesamt hatte man vier Wagen mitgenommen, einer davon sollte als Ersatz- und Trainingswagen dienen. Werner war bei den Qualifikationsrennen der schnellste im Team, er kam auf 153,1 km/h und sicherte sich damit den 15. Startplatz. Zwei Plätze dahinter fand sich Lautenschlager ein, der 149,9 km/h gefahren war; Sailer war mit 145,6 km/h Zwanzigster. Tommy Miltons HCS Special (Fabrikat Miller), der spätere Siegerwagen, lief mit 174 km/h auch im Training bereits am besten. Fünf Wagen waren schneller als 160 km/h gefahren und Sailer hatte in einer Runde gezeigt, daß auch die Mercedes dazu in der Lage waren. Außerdem sollten sich die Fahrzeuge aus Untertürkheim im Unterschied zu manchen Konkurrenten als sehr zuverlässig erweisen. Die Handhabung der Wagen war hingegen nicht ganz unproblematisch. Der englische Rennfahrer Raymond Mays (er fuhr vier Jahre später einen gleichartigen Mercedes) schilderte dies folgendermaßen: „Der Lader setzte nur bei ganz durchgedrücktem Gaspedal ein, was zur Folge hatte, daß man den Leistungsverlauf nicht über einen kontinuierlichen Bereich hinweg beeinflussen konnte." Dieser Umstand hatte sich 1922 auf dem lockeren Belag in Sizilien nicht so sehr bemerkbar gemacht, dafür gab es aber nun auf der harten und rutschigen Bahn von Indianapolis ernste Schwierigkeiten.

Als sich die weißen Renner aus Deutschland auf die Strecke begaben, um ihre Qualifikationsrunden zu fahren, ging ein für den amerikanischen Mittelwesten typischer Platzregen nieder. Sailer, der sich zurück zu den Boxen, der berühmten „Gasoline Alley", begeben wollte, hatte dabei ein eindrucksvolles Erlebnis: „Als ich nach der Kurve wieder auf die Gerade kam, gab ich vorsichtig Gas, wobei der Wagen plötzlich heftig ins Schleudern kam. Ich konnte ihn nicht mehr abfangen, denn die Nässe und das Öl auf der Bahn waren rutschiger als eine Schneedecke!" Der Wagen krachte rückwärts an eine Begrenzungsmauer, beide Insassen wurden herausgeschleudert. Sailers altbewährter Beifahrer Hans Rieger wurde dabei so schwer verletzt, daß er am Renntag nicht mehr einsatzfähig war. Sailer und sein Neffe Karl steuerten schließlich den Ersatzwagen, Christian Werner fuhr alleine.

In der 14. Runde des Rennens gab es erneut Ärger. Sailer beobachtete den Vorgang: „Lautenschlager kam mit etwa 100 km/h in die Südkurve, er drehte etwas zu früh auf, und der Wagen schmierte auf dem glitschigen Belag weg. Er drehte sich mehrere Male und krachte frontal in die Mauer." Der Fahrer trug einige Verletzungen davon und konnte nicht mehr als Auswechselfahrer eingesetzt werden; sein Beifahrer, der vom Pech verfolgte Jakob Krauss, wurde ebenfalls verletzt. In dem gesamten Rennen gab es von 24 Startern nur noch drei Fahrzeuge, die ohne Probleme über die Runden gekommen waren...

„Den Mercedes-Wagen wurde großes Interesse entgegengebracht," schrieb die Zeitschrift Motor Age. „Es schien keine Vorurteile einheimischer Teilnehmer gegen sie zu geben, auch dann nicht, als man ihnen eine gute Siegeschance einräumte. Viel diskutiert wurde über den außergewöhnlichen Lärm, den diese deutschen Wagen machten." Nach einigen Boxenstops dauerte es manchmal ungewöhnlich lange, bis man das Getöse wieder vernehmen konnte, denn oft mußte ein beträchtliches Stück geschoben werden, bevor die Motoren ansprangen. Nach 200 Meilen lag Werner an dritter Stelle und Sailer unmittelbar dahinter, doch ein undichtes Ventil verlangsamte von da an Werners Fahrt. Am Ziel belegten Max und Karl Sailer Rang Acht, womit sie den besten Bugatti geschlagen hatten; Werner wurde noch Elfter.

Die beiden Unfallwagen wurden anschließend in Amerika verkauft. Einer davon fuhr 1924 wieder in Indianapolis, unter der Bezeichnung „Schmidt Special" kam er auf den 15. Platz. Versehen mit anderen Motoren, sah man ihn auch später noch öfter am Start. Die anderen beiden Wagen wurden mit zurück nach Deutschland genommen. Hier war inzwischen eine wahrhaft galoppierende Inflation ausgebrochen. Frankreich hatte das Ruhrgebiet besetzt und damit der ohnehin schon schwer angeschlagenen Wirtschaft einen weiteren Stoß versetzt. Bald sah sich die D.M.G. wie viele andere Betriebe gezwungen, eigene Geldscheine zu drucken; es wurde nur noch in Millionen und Milliarden gerechnet. Der Höhepunkt war am 20. November 1923 erreicht, als 1 US-Dollar mehr als vier Billionen Mark kostete.

Trotz dieser nicht gerade ermunternden Umstände beabsichtigte man im September in Monza an den Start zu gehen. Dazu hatte Max Sailer nach dem anstrengenden Indy-Abenteuer eine Liste von anstehenden Verbesserungsvorschlägen ausgearbeitet.

„1. Der Ölspritzerei muß Einhalt geboten werden. Nach einigen Runden sahen wir aus, als ob wir von Kopf bis Fuß im Öl gebadet hätten. Unsere eigene Sicherheit mußte darunter leiden, denn weder hatten wir ausreichende Sicht durch verschmierte Brillengläser, noch konnten wir das Lenkrad richtig festhalten.
2. Eine breitere Spur am Fahrgestell.
3. Wenn schon Einsitzer erlaubt sind, dann sollten diese auch gebaut werden.
4. Federnde Lenkradspeichen, damit die Hände und Unterarme nicht ständig den Schlägen ausgesetzt sind.
5. Großen Wert sollte man auch auf einen tiefen und gut gepolsterten Fahrersitz legen, denn anders ist kaum möglich, 500 Meilen durchzustehen. Nach diesem Rennen waren wir Fahrer total erschöpft.
6. Geringeres Gewicht."

Noch bevor Porsche nach Stuttgart gekommen war, hatte man ein Indy-Fahrgestell mit einer außergewöhnlich glattflächigen, strömungsgünstig geformten Karosserie versehen. Die hinteren Federn waren abgedeckt und auch die Auspuffanlage fast völlig mit einbezogen. Doch weder die Karosserie noch die Abdeckungsscheiben auf den Rädern kamen indessen zum Einsatz. Nur ein ganz nach aerodynamischen Gesichtspunkten gestalteter Benz war in Monza am Start – jedoch kein einziger Mercedes. Es hieß, die D.M.G. habe ihre Nennung zurückgezogen, weil man das Verhalten Italiens bei der Ruhrbesetzung mißbilligte.

In dem Rennen in Indianapolis hatten die neuen Zweiliter-Motoren ihre Leistung unter Beweis gestellt, für den Kompressorbetrieb aber schienen sie noch nicht standfest genug zu sein. Ferdinand Porsche machte sich darauf an die Arbeit, jedes Detail zu untersuchen und führte selbst viele Probefahrten durch. Zur gleichen Zeit wurden die Wagen auch bei Bergrennen an der Solitude und in Prag (Ecce Homo) erfolgreich eingesetzt, gesteuert von Otto Salzer und dem stämmigen Neuling Otto Merz. Salzers Siegerwagen des Jahres 1924 in Prag hatte eine abgerundete Motorhaube und eine kreisrunde Kühlermaske, danach wurde diese neue Karosserievariante aber nie wieder verwendet.

Porsche führte am gesamten M 7294-Aggregat Detailänderungen durch, bis nur noch die Grundmaße und der Ventildurchmesser erhalten blieben. Schon die Ventilschäfte waren nicht mehr die alten, sie maßen nun 12 mm im

Durchmesser. Die Auslaßventile waren bis hinunter zum Ventilteller hohlgebohrt und mit Quecksilber gefüllt, um die anfallende Hitze schneller an die Führungen abführen zu können. Es handelte sich dabei vermutlich um die erste Anwendung der Innenkühlung bei einem Ventil eines Rennmotors. Die Fixierung des Ventilspiels an den Stößeln wurde erneut vereinfacht: Anstatt mit einer konischen Haltescheibe wurde nun die äußere der beiden Ventilfedern am unteren Federteller und an der Unterseite des Stößels festgeklemmt, wodurch man eine Drehbewegung desselben verhinderte. Das Ventilspiel ließ sich durch feine Unterlegplättchen regulieren. Neue und besser verschraubte Gehäusedeckel an den Nebenantrieben machten die Motorrückseite öldichter. Die Ölzufuhr zu den Nockenwellen und zum Kompressor geschah mittels

Oben: Salzers Spezial-Renner. Bei diesem Wagen handelte es sich um ein Targa-Chassis mit einem 4,5-Liter-Grand-Prix-Motor von 1914, den man mit einem Kompressor versehen hatte. Charakteristisch war der links angebrachte Auspuff.

Links: Semmering 1924. Das Foto zeigt die Fahrer Werner, Salzer, Neubauer.

Oben: Otto Salzer konnte am Semmering zwar seinen alten Rekord unterbieten, mußte sich jedoch von Christian Werner im Zweiliter-Rennwagen geschlagen geben.

Die Targa-Florio-Autos wurden später noch bei zahlreichen Rennen eingesetzt. Links: Solitude 1925.

außenliegender Schmierleitungen, auch die Anordnung von Spritzdüsen zur Kurbelwelle wurde aufgegeben. Mit einem enormen Aufwand an Entwicklungsarbeit (Otto Schilling) vermochte man auch die Wälzlagerung zu perfektionieren. Verbessert wurde ebenfalls die Kurbelgehäuseentlüftung, den Ölkühler ließ man wieder weg. Auch in strömungstechnischer Hinsicht wurde der M 7294 komplett überarbeitet; die gesamte Abstimmung sollte den Kompressorbetrieb erheblich verbessern. Als erste Maßnahme wurde die Verdichtung um 40 Prozent zurückgenommen und auf 4,5:1 fixiert. Dies wurde durch die Verwendung eines neuen, wesentlich größeren Roots-Gebläses mehr als wettgemacht, dieses lief nun mit 1,78-facher Kurbelwellendrehzahl und erzeugte einen Ladedruck von 0,7 at. Dieser wurde an einen 44,5-mm-Steigstromvergaser weitergegeben, der eine zusätzliche äußere Luftdüse aufwies. Anstelle der bisherigen, vom Kompressor angetriebenen Benzinpumpe verwendete man ein Autovac-System.

Die Steuerzeiten lauteten bei korrektem Betriebs-Ventilspiel (Einlaß 0,15, Auslaß 0,20 mm) folgendermaßen: Einlaß öffnet 20 Grad vor OT, schließt 50 Grad nach UT; Auslaß öffnet 45 Grad vor UT, schließt 20 Grad nach OT. Die maximale Vorzündung belief sich auf 12 Grad. In seiner ersten Ausführung, so wie er 1924 bei der Targa Florio zum Einsatz kam, leistete der überarbeitete Motor 67,5 PS ohne Kompressor, aufgeladen 126 PS bei 4500 U/min. Kurzzeitig konnte man auf 4800 Touren überdrehen, doch bei 5000 war die Gefahr eines Pleuelschadens gegeben. Bis Ende 1924 konnte man die Leistung des M 7294 sogar auf 150 PS bei 4800 Umdrehungen steigern und hatte damit einen respektablen Wert erreicht; es war dies im übrigen der letzte Vierzylinder-Grand-Prix-Motor bis zur Zeit nach dem Zweiten Weltkrieg.

Der Zweiliter-Mercedes trat indessen nur ein einziges Mal gegen die Grand-Prix-Elite jener Tage an. Vor diesem Ereignis hatte er am 27. April 1924 bereits einen grandiosen Sieg bei der Targa Florio errungen. Hierbei wurde ein neues Fahrgestell verwendet, das zumindest vorne dem des Indy-Wagens entsprach. Am Heck wurden die Rahmenholme wieder gerade geführt, damit man die unentbehrlichen Reserveräder mitnehmen konnte. Der Radstand blieb unverändert, lediglich die Spur hatte man vernünftigerweise wieder verbreitert. Der Aufbau orientierte sich an den Vorgängermodellen; als einzige Neuheit durfte die erstmalig verwendete kleine Windschutzscheibe gelten, die sich auf Grund zahlreicher kleiner Mißgeschicke bei früheren Rennen als dringend erforderlich erwiesen hatte.

Die Vorbereitung zu diesem Rennen erreichte bei der D. M. G. diesmal wieder den hohen Standard von 1914. Schon im Januar 1924 hatte man zu Testzwecken zwei Wagen nach Sizilien geschickt. Dort zeigte sich, daß die Zündkerzen zum Verölen neigten, auch änderte man die Hinterachsübersetzung. Die Wagen erreichten nun lediglich eine Höchstgeschwindigkeit von 120 km/h, den ersten drei (indirekten) Gänge gab man die Übersetzungsstufen 2,42/1,60/1,22:1. Im Rennen selbst kam Christian Werner mit dem ersten Mercedes als Dritter vom Start weg, er schien während der ganzen Renndauer ruhig und entspannt zu fahren. Sowohl seinen Wagen als auch seine Gegner beherrschte er mit schlafwandlerischer Sicherheit. Er gewann beide Siegestrophäen, die Targa und die Coppa Florio. Lautenschlager konnte lediglich den zehnten Rang belegen, während auf Platz 15 ein neues Team-Mitglied einlief. Dieser 33jährige Fahrer war Ferdinand Porsche von Austro-Daimler zur D. M. G. gefolgt, wo er am 1. Juli 1923 unter Vertrag genommen wurde: Sein Name war Alfred Neubauer.

Die wirtschaftliche Situation in Deutschland hatte sich inzwischen wieder verbessert. Im September des Jahres 1924 waren die einzelnen Mitglieder der Mercedes-Fahrermannschaft außergewöhnlich aktiv. Man bestritt einige Bergrennen in Deutschland und Österreich, führte in Monza Tests mit einem neuen Achtzylinder-Wagen durch und fuhr in Spanien einen Grand Prix. Max Sailer hatte sich mit Giulio Masetti und den zwei Vierzylinder-Rennern nach San Sebastian begeben um auf dem dortigen 11 km langen Lasarte-Kurs gegen die etablierten internationalen Grand-Prix-Teams anzutreten. Zwar waren Alfa Romeo und Fiat zu diesem Rennen über 620 Kilometer nicht erschienen, dafür aber waren Delage, Bugatti, Diatto, Schmidt und Sunbeam am Start. Der Wagen aus England wurde allgemein als der Schnellste in dieser Saison angesehen; er wies als einziger neben dem Mercedes einen Kompressor auf.

Am Renntag goß es in Strömen. Die Strecke mit ihrer schmalen Fahrbahn und den zahlreichen Kurven stand förmlich unter Wasser. Sailer ließ an seinen Fahrzeugen den rechten vorderen Kotflügel nicht für das Rennen abnehmen und hatte dadurch wenigstens einen behelfsmäßigen Spritzschutz. Den weißen Wagen aus Deutschland galt wie stets die ungeteilte Aufmerksamkeit des Publikums, vor allem wegen ihres einzigartigen Geräusches. Es handelte sich dabei um einen harten und durchdringenden Ton, der durch das schrille Heulen des Laders noch verstärkt wurde, ebenso wie durch das trichterförmige Auspuffende. Die Leistungsentfaltung entsprach dabei durchaus der Lärmentwicklung, Masetti überholte gleich in der ersten Runde den Delage V 12 und setzte sich an die Spitze. Sailer kam auf der rutschigen Fahrbahn allerdings ins Schleudern und geriet von der Strecke, doch der italienische Graf hielt unangefochten die Führung. Nach einer Distanz von 265 km kam er ans Depot, um aufzutanken und Kerzen zu wechseln. Nach einer weiteren Runde blieb an seinem Wagen ein Seilzug der vorderen Bremse hängen, was den Wagen ins Schleudern brachte und seinen Ausfall bewirkte. Bis zu diesem Zeitpunkt hatte Masetti in eindrucksvoller Art und Weise den Beweis erbracht, daß der Mercedes-Vierzylinder trotz seines etwas überholten Äußeren ein der Konkurrenz ebenbürtiger G. P.-Wagen war.

Einige Wochen zuvor hatte Mercedes seinen traditionellen Angriff auf den Bergrekord am Semmering unternommen. Unter den Fahrern befand sich auch wieder Otto Salzer, der hier seit langem als Publikumsliebling galt. Seine alte Bestzeit von 7:07 min aus dem Jahre 1909 besaß noch immer Gültigkeit, und um ihm auch diesmal wieder zum Sieg zu verhelfen, hatte Porsche einen speziellen Wagen vorbereitet. In ein Targa-Florio-Chassis hatte man einen auf dem Grand-Prix-Aggregat von 1914 basierenden Motor installiert. Der Aufbau war kaum modifiziert, nur das Kurbelgehäuse war neu angefertigt worden, damit sich der Antrieb für einen Kompressor unterbringen ließ. Beim Training am Samstag ging der Lader allerdings fest, und es war kein gleichwertiger Ersatz vorhanden. Deshalb griff man auf einen Kompressor aus einem Serien-Mercedes zurück. Mit Müh und Not wurde der Wagen eine Stunde vor dem Start fetig. Salzer unterbot dann seinen Rekord zwar um zwei Sekunden, Christian Werner aber war mit dem Zweiliter noch schneller gewesen. Mit seiner Siegerzeit war er erstmals unter die Sieben-Minuten-Grenze gekommen.

Salzers Fahrzeug war durch seinen auf der linken Seite angebrachten Auspuff leicht von den übrigen Mercedes-Rennwagen zu unterscheiden, er wurde jedoch nur bei Sprints und Bergrennen eingesetzt. Wie der 200-PS-Benz wurde auch dieser Wagen mit dem Namen „Großmutter" bedacht. Doch er verhielt sich keineswegs großmütterlich, als Alfred Rosenberger ihn von 1927 bis 1930 bei unzähligen Veranstaltungen an den Start brachte. Rosenberger war ein erfolgreicher Geschäftsmann aus Pforzheim, der leidenschaftlich gern Autorennen fuhr. Dabei gelang ihm das Kunststück, am Lenkrad sämtlicher Mercedes- und Benz-Rennwagen der zwanziger Jahre je einmal gesessen zu haben. Auf den kleinen Mercedes-Sportwagen hatte er begonnen, die 1924 in einer Serie von 25 Stück mit dem 1,5-Liter-Doppelnockenwellen-Triebwerk entstanden waren. Diese schnellen und attraktiven Zweisitzer liefen sowohl in der Sportwagen- als auch in der Rennwagenkategorie. Vom gleichen Typ war auch jener erste Mercedes, den ein blutjunger und hochtalentierter Bursche damals im Renneinsatz fuhr. Er war am 30. Januar 1901 in Remagen zur Welt gekommen und hatte sich vorgenommen, für die D. M. G. unbedingt Rennen gewinnen zu wollen – wenn man ihn nur lassen würde. Seine große Chance sollte er 1926 erhalten. Der Name dieses jungen Mannes war Rudolf Caracciola.

„Willy Walb war ein leidenschaftlicher Befürworter des Tropfenwagens, wie alle, die ihn jemals gefahren haben. Er vermochte keinen einzigen Nachteil an ihm zu finden, wenn man einmal davon absieht, daß man ab einer gewissen Geschwindigkeit den hinter dem Fahrer untergebrachten Motor nicht mehr hören konnte."
Josef Ganz

Der Benz-Tropfenwagen

Der Eindecker, der über der neuerbauten Fabrik am Zusammenfluß von Rhein und Neckar kreiste, sah eigentlich mehr wie ein überlebensgroßer Falke als ein Flugzeug aus. Viele Leute liefen aus den Hallen und Büros ins Freie, um nach dem Störenfried zu sehen, als das Flugzeug plötzlich zur Landung auf der nahen Wiese ansetzte und bald danach vor dem Fabriktor ausrollte. Man schrieb den 25. Juli 1913 und Hellmuth Hirth war mit seiner Albatross, einem Nachbau der berühmten Rumpler-Taube, von Berlin nach Mannheim geflogen, um bei Benz die Einsatztauglichkeit des Kaiserpreis-Flugmotors eindrucksvoll unter Beweis zu stellen. Der damals erst 27 Jahre alte Hirth war bereits ein bekannter Flieger und hatte bis vor kurzem eng mit Edmund Rumpler zusammengearbeitet. Die Namen Benz, Hirth und Rumpler sowie die zu jener Zeit noch in ihren Anfängen steckende Fliegerei sollten zehn Jahre später mit einem außerordentlichen Rennwagen in Zusammenhang gebracht werden. Dieser Benz-Tropfenwagen stellte wesentlich mehr als nur einen Versuchsballon dar, bei ihm wurde zum ersten Mal versucht, die Konstruktion von Rennfahrzeugen durch wissenschaftliche Erkenntnisse einen gehörigen Schritt voran zu bringen. Der große Durchbruch sollte ihm jedoch – wie so vielen ambitionierten Konstruktionen vor und nach ihm – versagt bleiben.

Dieser Benz, bei dem man den Motor erstmals hinter dem Fahrer eingebaut hatte, war als Vorläufer einer ganzen Modellreihe von heckmotorigen Benz-Personenwagen gedacht. Das Schicksal machte ihn jedoch zum Endpunkt einer anderen Entwicklung. Während der Kriegsjahre leitete Friedrich Nallinger die Konstruktion und Entwicklung bei der Firma Benz. Ab 1917 verlagerte sich die Verantwortung als Chefkonstrukteur zunehmend in die Hände Hans Nibels, der sich nun neben Lkw- und Dieselmotor-Projekten auch mit Personenwagen befaßte. Nibels engste Mitarbeiter waren der Motorenspezialist Robert Staffin und Max Wagner, der für die Fahrgestellkonstruktion zuständig war.

Arthur Berger wurde schon vor 1914 von Nallinger zum Chef der aufstrebenden Flugmotoren-Abteilung gemacht, wo nun neben den Sechszylindern auch schon V8- und V12-Aggregate entstanden. In seiner Eigenschaft als Versuchsleiter arbeitete damals auch Fritz Erle mit Berger zusammen, nach dem Krieg jedoch verließ er Mannheim und übernahm die Benz-Service-Werkstätten in Berlin. Seinen Platz nahm ein Mannheimer Ingenieur namens Willy Walb ein, der als 24jähriger am 5. Oktober 1914 in Bergers Flugmotorenabteilung eingetreten war und den Ruf genoß, ein Perfektionist unter den Perfektionisten bei Benz zu sein.

Dies war also die Mannschaft, die von der Firmenleitung mit der Schaffung eines neuen Pesonenwagen-Programms beauftragt wurde. Und dies zu einem Zeitpunkt, als Deutschland am Rande des wirtschaftlichen Ruins stand und kaum jemand einen Gedanken an neue Autos verschwendete. Doch die Arbeit ging weiter. Als im Jahre 1921 dem staunenden Publikum der Berliner Automobil-Ausstellung ein völlig neuartiger Wagen vorgeführt wurde, stellte diese Konstruktion für die meisten dieser Ingenieure, welche an der Spitze der Branche standen, indessen keine allzu große Sensation mehr dar. Was Rumpler hier verwirklicht hatte, war auch in anderen Konstruktionsabteilungen im Gespräch oder gar in der Vorbereitung. Auf Edmund Rumplers Ausstellungsstand konnte man ein Chassis, eine offene Version und die Limousinen-Ausführung seiner „Tropfen-Auto" genannten Konstruktion bewundern. In den Zeitungen war zu lesen: „Hier wurden zum ersten Mal seit zehn Jahren grundlegende Wandlungen in der Konstruktion des Automobils gezeigt." Diese Wagen zogen eine immense Aufmerksamkeit auf sich und sie fanden trotz ihres ungewöhnlichen Anblicks allgemein Beifall.

Nicht nur Rumpler selbst war über die gute Kritik erfreut, auch bei Benz fühlte man sich bestärkt, denn man hatte sich mit den Gedanken dieses Mannes inzwischen anfreunden können. Er hatte es in idealer Weise verstanden, seine Erfahrungen als Automobil-Techniker, die er sich bei Adler in Frankfurt erworben hatte, mit seinen Erfahrungen als Luftfahrt-Pionier zu paaren. Mit dem Lizenzbau der legendären „Taube" des Österreichers Igo Etrich hatte Rumpler die erste deutsche Flugzeugfabrik aufgebaut, wandte sich aber nun mit dem Tropfenwagen wieder dem Landfahrzeug zu. Der Wagen stellte in seiner Zeit nicht nur ein Diskussionsobjekt ersten Ranges dar, sondern wurde bald als Meilenstein in den verschiedensten Bereichen der Kfz-Technik erkannt. Er wies eine zentrale Fahrgastzelle, eine nach strömungstechnischen Gesichtspunkten gestaltete Karosserie, einen Heckmotor (heute würde es genauer Mittelmotor heißen, da sich das Aggregat vor der Hinterachse befand) und eine unabhängige Hinterradaufhängung in Gestalt einer Schwingachse auf.

Als erfahrener Erfinder hatte der in Berlin ansässige Rumpler schon bei Beginn seiner Arbeiten, also bereits im Jahre 1915, Patente über einzelne Konstruktionsdetails eingereicht, vor allem bezüglich der Schwingachse. Genau wie bei den starrachsigen Rennwagen der DMG aus den Jahren 1914 bis 1924 befanden sich auch bei Rumpler zwei Ritzel und Zahnkranz-Ringe im Differentialgehäuse. Dadurch konnten die Halbachsen sich unabhängig voneinander bewegen; den Drehpunkt bildeten die Antriebsritzel an der Hauptwelle, die nach wie vor starr gehalten sein konnte und kein hinteres Kreuzgelenk benötigte. Die Führung der Schwingachsen übernahmen Nuten am Differentialgehäuse, in denen die Hüllrohre liefen, verstrebt durch schräg angeordnete Spurstangen.

Bei Benz war man daran interessiert, einige Konstruktionsprinzipien Rumplers zu übernehmen, und es kam darüber zu einem vorläufigen Abkommen.

Rechts: Zu Anfang der zwanziger Jahre entstanden bei Benz verschiedene Rennwagen-Versionen auf der Basis von Serienwagen. Hier ein 10/30-PS-Vierzylinder 1922, am Steuer Franz Hörner.

Unten ein Rennwagen mit dem Chassis des 200-PS-Benz und einem Sechszylinder-Motor aus dem Typ 27/70.

Links der Prototyp des Benz-Tropfenwagens mit vorderer Schwingachse.

Links: An der tiefen Sitzposition und dem kleineren Kühler ist der Prototyp ebenfalls zu erkennen.

Unten: Der Rumpler diente als Vorbild für den Benz-Tropfenwagen. Hier der offene Tourer.

Unten: Zeichnung des Rumpler-Chassis.

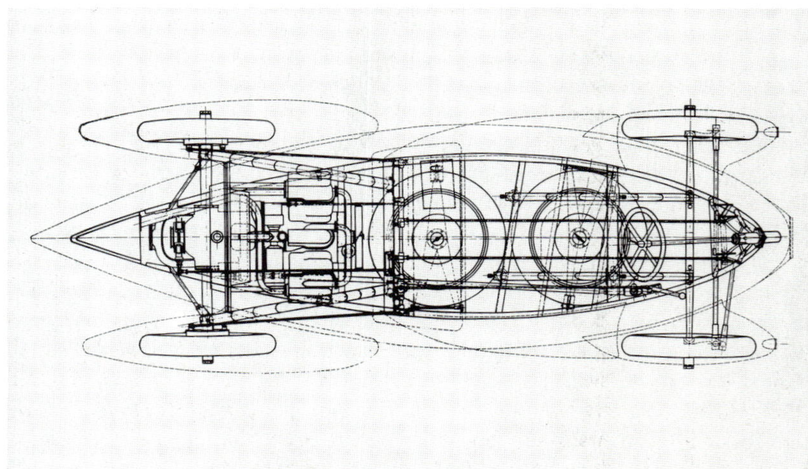

Rumpler schickte daraufhin einen Tropfenwagen mit Tourer-Aufbau für weitergehende Versuche nach Mannheim. Der ursprünglich eingebaute Motor wurde durch einen seitengesteuerten 10/30-PS-Benz ersetzt, der mit einem Hubraum von 2610 ccm auf 34 PS bei 2250 U/min kam. Max Wagner und seine Mitarbeiter waren daraufhin auf den Straßen in und um Mannheim unterwegs, um eventuelle Schwächen des Wagens ausfindig zu machen. Inzwischen hatte man im Vorstand der Firma Benz die Erkenntnis gewonnen, daß die Einführung einer Heckmotor-Modellreihe durch den Einsatz eines gleichartigen Rennwagens eine gute werbliche Unterstützung bekäme. Man dachte dabei an einen Wagen nach dem Reglement der Zweiliter-Grand-Prix-Formel von 1922. Doch Wagner konnte vorerst nicht viel Positives über den Wagen berichten, als Nibel und Nallinger sich nach den Ergebnissen der Testfahrten erkundigten. Es gab Probleme mit dem Chassis des Rumpler-Wagens, besonders mit der Führung der Schwingachse. Auf jeden Fall entschloß sich die Firma Benz daraufhin, keine Lizenzverträge mit Rumpler abzuschließen, sondern selbst die vollständige Neukonstruktion eines Heckmotorwagens vorzunehmen.

Trotz einer prekären Lage in der Zeit der Inflation, einiger Arbeitsniederlegungen und der nach wie vor zur Tagesordnung zählenden Materialknappheit ging die Arbeit am Rennwagen zügig voran. Das ursprünglich gesteckte Ziel ließ sich indessen nicht erreichen, denn für das Eröffnungsrennen von Monza im Herbst 1922 konnte Benz noch keinen Wagen bereitstellen. Zwar war der erste Wagen schon fertig, doch Walb und seine Leute hatten das Fahrzeug als untauglich und stark verbesserungsbedürftig befunden. Äußerlich wirkte das Auto perfekt und mit der eleganten, schlanken Karosserie schien es den Idealvorstellungen eines Rennwagens nahezukommen. Es hatte in der Tat den Namen „Tropfenwagen“ verdient, jedoch waren nun an die Stelle der Rumpler-Konstruktion Benz-eigene Komponenten getreten. Das Fahrzeug wurde mit der internen Bezeichnung ‚RH‘ versehen (vermutlich: Rennwagen Heckmotor).

Der Benz-RH-Prototyp unterschied sich in vielen Details von jenen Wagen, die 1923 in Monza an den Start gingen. Er hatte breitere Felgen und außenliegende Bremsen an allen vier Rädern, wie sie auch Rumplers Wagen aufgewiesen hatte. Abweichend davon hatte der Benz auch vorne eine geteilte Achse und somit auch hier Einzelradaufhängung. Die Karosserie wies einen stärker abgerundeten Querschnitt auf und die Nase fiel steiler ab. Vor dem Volant war eine flache und stark gekrümmte Scheibe angebracht, durch die der sehr tief sitzende Fahrer nach vorne schauen konnte; der Beifahrersitz war fast völlig abgedeckt. Der über die Karosserie herausragende Kühler sowie das Auspuffrohr waren am ersten Wagen noch relativ klein gehalten.

Einige der darauf folgenden Änderungen bedeuteten Verbesserungen, bei den meisten jedoch handelte es sich um Kompromisse zugunsten der besonderen Anforderungen im Renneinsatz. Die Reifenbreite wurde auf 765 × 105 verringert, der Radstand betrug nach wie vor 2780 mm. Der RH hatte deutlich unterschiedliche Spurbreiten, mit 1400 mm vorne und 1245 mm hinten. Am ganzen Wagen war jedes nur erdenkliche Teil im Gewicht verringert worden, sogar Vorderachskörper, Schalthebel, Schaltkulisse und Gaspedal hatte man durchbohrt. Das Leergewicht betrug nurmehr 750 kg – damit hatten sich die Leichtbau-Spezialisten wohl selbst übertroffen. Die den Konturen der Karosserie folgenden Längsholme des Rahmens waren geradezu mit Erleichterungsbohrungen übersät, ebenso die drei Quertraversen am vorderen Teil des Wagens und die einzelne Strebe am äußersten Ende hinter dem Motor. Zusätzliche Verstärkung erhielt das Chassis durch die an vier Aufhängungspunkten verschraubte Motor-Getriebe-Einheit.

Man war hier wieder zu einer starren Vorderachse zurückgekehrt, diese verlief oberhalb des Rahmens und war an zwei Auslegefedern befestigt; die notwendige Führung wurde durch paarweise längs angeordnete Spurstangen gewährleistet. Auf dem Rohrgestell, das auch den Kraftstoffbehälter trug, war das Schneckenlenkgetriebe befestigt. Eine Schubstange übertrug von dort die Lenkbewegung an das linke Vorderrad und die damit verbundene Zugstange an das rechte Rad.

Edmund Rumpler und seine Patent-Anwälte kosteten Max Wagner einige schlaflose Nächte. Da Benz ja keinen Lizensvertrag abgeschlossen hatte, war man nun gezwungen die Hinterachse auf eine Weise zu ändern, die das Rumpler-Patent nicht verletzte. Dabei kam man sogar auf einige sinnvolle Verbesserungen. Das herkömmliche Differential wurde am Rahmen befestigt und die beiden Antriebs-Halbachsen mit Kreuzgelenken an die Antriebszahnräder gekuppelt. Diese Gelenke wurden genau wie am Getriebeausgang mit einer als Kugelgelenk fungierenden Abdeckung versehen. Die Hüllrohre wiesen am inneren Ende gegabelte Streben auf, die mit dem inneren Kreuzgelenk auf einer Linie drehbar gelagert waren. Die Schwingungsbewegung der Achsen verlief entlang einer schrägen Linie, wie dies auch beim Rumpler-Wagen der Fall war. Der Vorteil der Benz-Konstruktion lag in der Vereinfachung der Befestigung, die jedoch einen höheren Schwingen-Drehpunkt erbrachte, da die Anlenkpunkte weiter vom Mittelpunkt entfernt waren. Fünfblättrige Auslegefedern fanden auch hier Verwendung; sie waren an den Hüllrohren der Halbachsen genau in der Mitte angelenkt und schräg eingebaut. Die inneren Enden hatten einen am Motorgehäuse angegossenen Befestigungspunkt, in der Mitte lagen die Federn auf dem Rahmenträger auf. Stoßdämpfer hatte man hinten nicht vorgesehen, da man der Meinung war, daß bei der Schwingachsanordnung die Reifen die Stöße von Straßenunebenheiten in ausreichender Weise abdämpfen würden. Die Reibungs-Stoßdämpfer an der Vorderachse bestanden zu Anfang noch aus alten Federband-Typen, wurden aber bis Monza gegen modernere Mehrscheiben-Konstruktionen ausgetauscht.

Edmund Rumpler hatte bereits in seinen Patentschriften die Möglichkeit von nach innen gerückten Bremstrommeln erwähnt. Sie sollten dort innerhalb der Achsrohre direkt auf Ring-Zahnkränze im Differential wirken. Als sie den RH-Prototyp überarbeiteten, gingen Max Wagner und seine Fahrwerksspezialisten bei Benz auch dieses Vorhaben an. Durch die neue Anordnung der Bremsen verringerten sich die ungefederten Massen an den Rädern. Man blieb jedoch bei konventionellen Trommelbremsen, die man am Differential-Ausgang anbrachte; ihr Durchmesser war für damalige Verhältnisse nicht groß, doch die Trommeln waren verrippt und belüftet. Alle vier Bremsen wurden nun gemeinsam über das Bremspedal betätigt. Sämtliche Steuerungsorgane, also die Gestänge für Bremsen, Gas und Kupplung sowie das Schaltgestänge wurden durch kräftige Aluminiumstäbe auf Gelenkverbindungen vor der Motorhalterung übertragen.

Das Antriebsaggregat basierte nur in den Grundzügen auf dem Serienmotor. Im Unterschied zu den aufgeladenen Mercedes-Maschinen hatte man ihn in allen Details speziell auf den Renneinsatz zugeschnitten. Der Vorläufer des eigentlichen RH-Motors war bereits 1921 gelaufen. Am 24. und 25. September jenes Jahres hatten die Eröffnungsrennen der Avus in Berlin stattgefunden, an denen Benz mit mehreren Wagen beteiligt war. Franz Hörner hatte eine Langheck-Version des 10/30-PS-Serienwagens mit großem Erfolg eingesetzt. Willy Walb hatte einen ähnlichen Wagen gefahren, der jedoch auf dem 6/18 PS basierte. Der ohc-Vierzylinder mit 1570 ccm (68 × 108 mm) Hubraum stammte ursprünglich von der Süddeutschen Automobilfabrik (SAF) in Gaggenau, die 1910 in den Besitz von Benz übergegangen war. 1918 hatte Benz den fortschrittlichen Königswellen-Motor für den 6/18 PS übernommen. Für Walbs Avus-Wagen hatte man das Serienaggregat mit einem Vierventil-Kopf versehen, womit man die Leistung auf 45 PS bei 3000 U/min zu steigern vermochte. Für den RH-Motor griffen Robert Staffins Leute ebenfalls auf ein Vierventiler-Konzept zurück, und der daraus entstehende Sechszylinder wich auch sonst nicht allzu weit vom 6/18-PS-Vorbild ab. Die Dimensionen von 65 × 100 mm für Bohrung und Hub ergaben einen Gesamt-Hubraum von 1997 ccm. Mit symmetrisch im 90-Grad-Winkel hängenden Ventilen erreichte man einen dachförmigen Verbrennungsraum, an dessen Spitze die zentralsitzende Beru-Kerze eingeschraubt wurde. Zwei obenliegende Nockenwellen öffneten mittels leichtgewichtiger Gabel-Kipphebel die Ventile, der ganze Ventilmechanismus befand sich in aufgeschraubten Aluminium-Gehäusen auf den einzeln stehenden Stahl-Zylindern. An der Rückseite des Motors bildete ein Stirnradsatz den Nockenwellenantrieb, den man aus Platzgründen dem ansonsten allgemein verwendeten Wellentrieb vorgezogen hatte. Der Zündmagnet auf der linken Seite wurde mit einem zusätzlichen Zahnrad angetrieben. Die große Wasserpumpe saß auf der anderen Motorseite und wurde über ein Zwischengetriebe von der Kurbelwelle angetrieben.

Die zusammengesetzten Stahlzylinder mit aufgeschweißtem Kühlmantel wurden wieder nach dem Vorbild des Kaiserpreis-Flugmotors von 1912 angefertigt, das Kühlsystem selbst hatte man jedoch stark verbessert. Das abgekühlte Wasser trat oben am angeschweißten Zylinderkopf auf der Auslaßseite ein und floß gegenüber beim Einlaß wieder aus. Rechts unten verband eine Leitung alle sechs Zylinder, wodurch ein gleichmäßiges Wasserniveau erreicht wurde, hier befand sich auch der Ablaßhahn. Ebenfalls auf der rechten Seite befand sich die Auspuffanlage, bei der alle Krümmer in ein einzelnes Rohr mündeten, das außen an der Karosserie entlang nach hinten führte. Auf der linken Seite versorgte je ein dreiarmiger Ansaugkrümmer eine Zylindergruppe. Das Gemisch bereitete jeweils ein 42-mm-Zenith-Vergaser auf. Die beiden Ansaugsysteme waren durch eine dünne Ausgleichsleitung miteinander verbunden. Bei Benz hatte man während des Krieges nicht mit der Motoraufladung experimentiert und hielt diese Vorrichtung auch für den Grand-Prix-Wagen nicht für erforderlich.

In den Kriegsjahren hatte der Flugzeugtechniker Hirth eine eigene Firma gegründet, den Versuchsbau Helmuth Hirth in Cannstatt. Er befaßte sich dort mit Flugmotor-Versuchen, und 1917 hatte er ein Aggregat mit Leichtmetall-Kolben zusammengebaut. Der Vorgänger der heutigen Firma Mahle wurde bald zum ausgesprochenen Kolbenspezialisten, und so stellte Hirth auch für den neuen Benz-Rennmotor spezielle Kolben aus Magnesium-Legierungen her. Man kam damit auf eine für das Jahr 1922 relativ geringe Verdichtung von 5,8:1. Hirth fertigte aber auch die Kurbelwelle für den Benz, die vollständig zerlegbar ausgeführt wurde, damit man sowohl für die sieben Hauptlager als auch für die Lagerung der einteiligen Pleuel Rollenlager verwenden konnte. In dem aus Aluminium gefertigten Kurbelhaus hatte man Vertiefungen angebracht, in denen die Muttern für die fest verschraubten Lagerböcke Platz fanden. Die mit Gegengewichten versehene Kurbelwelle wurde mit niedrigem Druck, dafür aber einer hohen Durchflußmenge geschmiert. Die Ölpumpe saß dabei an der Stirnseite des Motors, wo sich auch der Drehzahlmesser-Antrieb und die Benzinpumpe befanden.

Kaum eine der zahlreichen ungewöhnlichen Komponenten des Mittelmotor-Benz stand derart im Blickfeld wie die spektakuläre Kühler-Konstruktion. Die Lage hoch hinter dem Motor war an sich nicht ungewöhnlich, das entsprach der Praxis bei den Kampfflugzeugen im Ersten Weltkrieg. Rumpler hatte bei seinem Wagen den Kühler mit in die Karosserie einbezogen, beim Benz jedoch ragte er vollständig aus dem Rumpf heraus. Gegenüber dem Prototyp hatte man die Kühlfläche des flachen und gekrümmten Kühlers um 30 Prozent vergrößert. Das Wasser floß durch die einzelnen Kühlplatten nach außen. Das erhitzte Wasser kam vom Motor in den tropfenförmig gestalteten Tank, von wo aus es in die Kühlelemente floß und dann wieder in die Mitte zurückkehrte, um von der Pumpe zurück zum Motor befördert zu werden.

Die Dauerleistung des Motors belief sich auf 80 PS bei 4500 Umdrehungen, kurzzeitig waren auch 90 PS bei 5000 U/min möglich, wobei die Drehzahlgrenze bei 5400 U/min lag. Im Jahre 1923 waren dies in Anbetracht der ebenfalls kompressorlosen Konkurrenten mit 100 und mehr PS keine hervorstechenden Daten. Die aufgeladenen Motoren leisteten ja noch beträchtlich mehr. Die Kraft wurde beim Benz mittels einer Konuskupplung auf das zwischen Motor und Differential liegende Dreiganggetriebe übertragen. Der dritte Gang war direkt übersetzt und die Abstufungen für den ersten und zweiten betrugen 3,7 und 2,0. Die Übersetzungsverhältnisse schienen indessen besser für Sprintrennen als für große Straßenrennen geeignet zu sein. Der Schalthebel wurde in einer Kulisse bewegt, die eine Sperre für den Rückwärtsgang aufwies.

Die Sitze waren versetzt angeordnet, wobei der Beifahrer etwas weiter hinten plaziert war. Obwohl man die Cockpit-Abdeckungen nicht mehr so hoch nach oben wie beim ersten Wagen gezogen hatte, war die Besatzung immer noch weitaus besser geschützt und saß wesentlich tiefer als bei allen anderen Rennwagen dieser Zeit. Der Karosseriebug war etwas höher geworden, da hier ein 130 Liter fassender Tank Platz finden mußte, der nun durch einen abgedeckten Schraubverschluß anstelle der eingelassenen Klappe befüllt wurde. Auf der linken Seite fand sich eine kleine Einstiegstür, ein an Grand-Prix-Wagen selten zu findendes Detail.

Für den Großen Preis von Europa am 9. September 1923 in Monza hatte Benz drei weiße Tropfenwagen fertiggestellt. Und sie waren in diesem relativ schwach besetzten Startfeld hochwillkommen. Die einzigen erwähnenswerten Konkurrenten bildeten die seit neuestem mit Kompressor versehenen Fiat-Achtzylinder und der noch nicht aufgeladene Miller aus Amerika. Als Fahrer standen dem Benz-Team Franz Hörner und Willy Walb zur Verfügung, zu denen sich noch Fernando Minoia gesellte. Als Schüler des großen Felice Nazzaro fuhr dieser Mann bereits seit 1904 in den verschiedensten Rennen und mit den unterschiedlichsten Wagen. Auch den französischen Grand Prix von 1908 hatte er bestritten und im Vorjahr (1922) einen Kompressor-Mercedes bei der Targa Florio bewegt.

Die Streckenführung von Monza bestand zu jener Zeit noch aus einer Kombination von abgesperrten öffentlichen Straßen und einer neu gebauten Steilkurve. Das Training für das 800 km lange Rennen wurde bereits im August aufgenommen. Am Renntag selbst sollte sich dann die leistungsmäßige Überlegenheit der Fiat und Miller mit aller Deutlichkeit erweisen, denn schon in den ersten Runden fuhren diese Wagen auf mehereren Streckenabschnitten Geschwindigkeiten von annähernd 160 km/h. Mit dem ersten Benz folgte ihnen Minoia, hinter ihm Hörner und die Wagen von Voisin und Rolland-Pilain. Willy Walb war schon früh mit Motorschaden ausgeschieden. Die Wagen aus Mannheim mußten sich der überlegenen Konkurrenz geschlagen geben, doch nach einem langen und harten Rennen hatten sie ihre Positionen halten können. Minoia hatte als Viertplazierter einen Schnitt von 136,5 km/h gefahren und der auch im Ziel noch hinter ihm liegende Franz Hörner war 128,2 Stundenkilometer schnell gewesen. Das Benz-Team hatte wirklich allen Grund, stolz zu sein, da es sich hier um den ersten Auftritt eines völlig neuartigen Wagens gehandelt hatte. Max Wagner bekam vom Veranstalter in Monza einen Ehrenpreis überreicht, für seinen Beitrag zu dem außergewöhnlichsten Rennwagen im Teilnehmerfeld.

Die Wirtschaftskrise in Deutschland vereitelte alle weiteren Rennpläne der Firma Benz, und im Mai 1924 nahm ein entscheidender Umbruch Einfluß auf alle weiteren Pläne der Mannheimer Firma. Es handelte sich dabei vorerst um eher interne Angelegenheiten als um irgendwelche Veränderungen an der äußeren Erscheinung: man schloß mit der Daimler-Motoren-Gesellschaft ein „Abkommen über gemeinsame Interessen".

Die eigentliche Fusion der beiden Firmen fand erst zwei Jahre später statt, aber bereits zu diesem Zeitpunkt wurden sowohl der Aufsichtsrat als auch der Vorstand gemeinsam beschickt. Und auch die Programme beider Unternehmen wurden bereinigt, um unnötige interne Konkurrenz zu unterbinden. Im gesamten Vertragswerk schien im übrigen Stuttgart die Oberhand gegenüber Mannheim zu gewinnen.

Die Vermeidung von Konkurrenz unter den beiden Firmen wirkte sich naturgemäß auch auf die Rennsport-Aktivitäten aus. Zu diesem Zeitpunkt im Jahre 1924 wirkte bei der DMG noch der große Targa-Florio-Triumph nach, und Ferdinand Porsche (der ja jetzt auch in der Firmenleitung bei Benz saß) war bereits mit Arbeiten an einem neuen Rennmotor beschäftigt. Von diesem

Kompressor-Achtzylinder für die Zweiliter-Formel erwartete man sich sehr viel, und so war es mehr als naheliegend, daß man im Rennprogramm Mercedes die Priorität einräumte.
Aus diesen Gründen tauchte der Benz-Mittelmotor-Rennwagen kein weiteres Mal bei internationalen Rennen auf. Er wurde in Deutschland nur noch bei einigen kleineren Veranstaltungen in seiner ursprünglichen Form eingesetzt. Die zukünftige Rangordnung aber sollte sich am 18. Mai 1924 beim Solitude-Rennen bereits deutlich abzeichnen. Dort belegte Franz Hörner mit dem Benz den dritten Platz, der altgediente Werksfahrer mußte sich bei seinem letzten Rennen von zwei Kompressor-Mercedes geschlagen geben. Ende des Jahres begann man mit dem Umbau des RH in einen Zweiliter-Sportwagen. Gerade in dieser Klasse sollte er noch mehr Aufsehen erregen als er dies in seiner Form als Grand-Prix-Wagen vermocht hatte.
An den Antriebskomponenten wurde lediglich das Ausgleichsrohr der Ansaugleitung verändert, da man nun einen dritten Vergaser anbaute. Dieser sollte zur Erleichterung des Startvorgangs dienen, ebenso wie ein Dynastarter, den man an den Wasserpumpenantrieb ankoppelte. Von den insgesamt vier gebauten RH-Exemplaren wurde eines – vermutlich sogar zwei – unter Beibehaltung der bisherigen Kühlerkonstruktion zum Sportwagen verwandelt. Es wurden Kotflügel angebaut, die längs über den Rädern verliefen und ziemlich hoch an der Karosserie saßen, wodurch hier die Bezeichnung „Flügel“ sehr treffend war. Die Frontpartie hatte man umgestaltet, damit man zwei Scheinwerfer einbauen und in einem Stauraum das Reserverad unterbringen konnte. Der Tank rückte damit ganz nach hinten und fand in einem neuen Heckteil Platz. Es wurden kleinere Räder der Dimension 29 × 4,00 verwendet, und hinter den Vorderrädern hatte man längs an der Karosserie zwei weitere Spritzbleche angebracht. Durch diese Anordnung konnte man wie beim Rumpler-Wagen die geschwungenen Kotflügel und den damit verbundenen hohen Luftwiderstand vermeiden: aerodynamischer Spritzschutz 1924. Diese Konstruktion fand zu ihrer Zeit einige Nachahmer, von denen jedoch keiner im Aussehen mit dem bizarren Benz-RH konkurrieren konnte. In der Sportwagenversion wies er sogar eine kleinere Seitentür als der Grand-Prix-Wagen auf.
Im Juli 1924 bestritt Willy Walb mit dem umgebauten Benz den ersten

Rechts: Für den Benz-RH wurde ein neuer Motor konstruiert – 1997 ccm, 6 Zylinder, dohc. Über dem Motor der ungewöhnliche Kühler.

Oben: In der endgültigen Ausführung wies der Tropfenwagen vorne wieder eine Starrachse auf.

Unten: Chassis des Benz-RH. Vorne war der Kraftstofftank montiert, das Getriebe saß noch vor der Hinterachse. Die Rahmen-Längsträger waren so weit wie möglich mit Erleichterungsbohrungen versehen.

Wettbewerb; er gewann in Königstuhl das dortige Bergrennen. Im Mai des darauffolgenden Jahres fuhr Adolf Rosenberger seinen ersten erfolgreichen Einsatz in einem Benz; er siegte auf dem neueröffneten 22 km langen Kurs der Solitude bei dem für die Sportwagenklasse ausgeschriebenen Rennen und fuhr auch den ersten dortigen Rundenrekord. Im August war Walb wiederum in Freiburg erfolgreich, er gewann dort nicht nur die Sprintprüfung, sondern auch das Schauinsland-Bergrennen.

Die übrigen Fahrgestelle des RH-Typs wurden zu Spezialwagen umgebaut, die zwar in der Sportwagen-Kategorie starteten, jedoch nicht mit allen Details der anderen Wagen ausgestattet waren. Das neue Frontteil führte zu einem wesentlich weiter ausgeschnittenen Cockpit, wobei auch die Tür endgültig wegfiel. Der Kühler wurde bei diesen Fahrzeugen in einem kreisrunden Ausschnitt im Bug untergebracht. Es gab weder Scheibe noch Windabweiser und die Wagen sahen in ihrem Aufbau nicht gerade harmonisch aus. Sie aber waren es, die ihrem glorreichen Nachfahren des kommenden Jahrzehnts am meisten ähnelten. Gemeint ist der Auto-Union-Grand-Prix-Wagen.

Adolf Rosenberger fuhr auch diese Version des Benz-RH zu beachtlichen Erfolgen. So siegte er beispielsweise beim Herkules-Bergrennen in Kassel am 25. Mai 1925 in neuer Rekordzeit. Ein zusätzlicher Mann im Team war der Benz-Anhänger Carl Hermann Tigler, ein Privatfahrer, der in den Jahren 1924/25 ebenfalls einige Erfolge mit dem Benz-Mittelmotorwagen erringen konnte. Als Opel am 30. Mai 1925 seine neue Einfahrbahn in Rüsselsheim eröffnete, wurden dort auch einige Rennläufe abgehalten; hier setzte Tigler mit einem Schnitt von 127 km/h über zehn Runden eine Bestmarke. Im weiteren Verlauf der Saison erwiesen sich die Benz-Renner von Walb und Tigler dem aufgeladenen 1,5-Liter-Mercedes als knapp überlegen, dem Zweiliter-Wagen konnten sie jedoch nicht das Wasser reichen. Bei einem Sprintrennen in Baden-Baden erreichte Walb mit seinem RH die höchste mit diesem Wagen jemals gefahrene Geschwindigkeit: 168 km/h.

Die Werkseinsätze des Benz-Tropfenwagens wurden Ende 1925 beendet. Doch Willy Walb sollte das Steuer dieses Fahrzeugs noch nicht ganz aus der Hand legen. Fünf Jahre später präparierte das Werk für ihn noch einmal einen Wagen, denn er sollte Josef Ganz, dem angesehenen Ingenieur und Herausgeber der Fachzeitschrift ‚Motor Kritik‘, die Qualitäten dieser Kon-

Oben: Im August 1923 führte Benz in Monza Testfahrten für den einen Monat später stattfindenden Großen Preis von Europa durch.

Oben ein Benz-RH beim Training in der alten Steilkurve in Monza.

Links: Hörner, Walb und Minoia fuhren in Monza für Benz.

Rechts: Fahrer und Beifahrer saßen im RH-Cockpit sehr eng. Die Erleichterungsmaßnahmen erstreckten sich bei den Rennwagen sogar auf die Felgen.

struktion vorführen. Ganz war von den Vorzügen des Benz-RH bereits überzeugt, er wollte mit dieser Fahrt lediglich seiner Forderung nach Heckmotor und Schwingachsen im Serienbau Nachdruck verleihen. Fahren sollte er ihn indessen nicht selbst.

Ganz berichtete über seine Eindrücke auf dem Beifahrersitz neben Willy Walb: „Wir fuhren eine 150-Grad-Kehre mit etwa 100 km/h an, Walb bremste derart stark, daß es die Steinchen nur so aufwirbelte, doch der Wagen wich nicht um einen Millimeter von seiner Linie. Trotz seiner starren Vorderachse und der im Grenzbereich festzustellenden leichten Aufschaukel-Tendenz fährt sich der Wagen wesentlich leichter als jeder andere den ich kenne."

Ganz hatte darüberhinaus die Gelegenheit, die Gefühle des Renn-Beifahrers nachzuvollziehen: „Man sitzt direkt an dem heißen Wasserrohr, das die Kühlflüssigkeit vom Motor nach vorne zum Kühler führt. Dieses läßt einem warm werden, bis der Schweiß in Strömen rinnt. Das Fahrverhalten ist hingegen ungewohnt für einen Rennwagen, nur hie und da kommt ein Stoß bis in den Sitz durch. Es gibt kein ständiges Schütteln und Schlagen. Bei hohem Tempo verspürt man lediglich einige Vibrationen."

Als Ganz diese Impressionen über ein Auto, das inzwischen zum Museumsstück geworden war, niederschrieb, hatte die gerade erst vier Jahre alte Daimler-Benz AG solche Konstruktionsideen schon nahezu vollkommen verdrängt. Die drei Millionen Reichsmark, die das gesamte RH-Projekt verschlungen hatte, waren seit langem abgeschrieben und wie es schien auch vergessen. Zwei der Beteiligten aus Mannheim waren in der Zwischenzeit jedoch zu führenden Ingenieuren in der neuen Firma aufgestiegen: Hans Nibel und Max Wagner. Als diese beiden im Jahre 1934 den Mercedes-Benz-Sportwagen mit der Typenbezeichnung 150 vorstellten, bewiesen sie, daß sie nichts vergessen hatten. Dieser Typ 150 stellte in der Tat einen direkten Abkömmling des Benz-Tropfenwagens dar. Der Motor war wieder vor der Hinterachse eingebaut, welche als Schwingachse ausgebildet war. Es gab ein ungewöhnliches Kühlsystem, auch die Karosserie war wieder sehr rundlich geraten, wies Kühlschlitze und auch ein Spitzheck auf. Die vordere Schwingachse mit ihren doppelten Querblattfedern und die Schraubenfedern an der Hinterachse wurden auch beim Limousinentyp 130 übernommen. Dieser Wagen war einige Zeit vorher erschienen und wies ebenfalls einen Heckmo-

Der Benz-Heckmotor-Rennwagen war aerodynamisch sehr gut gestaltet, er konnte mit seinen 90 PS gut mit den stärkeren Wagen mithalten

Links: 1924 wurde der Benz-RH auch in einer Sportwagen-Ausführung gebaut; auffallend ist der dreigeteilte vordere Kotflügel.

Unten: Hier ist der Benz-RH in seiner letzten Ausführung (links im Bild) als Bergrennwagen mit Frontkühler zu sehen.

tor auf, diesmal aber hinter der Achse eingebaut. Auch das Vierganggetriebe und der Zentralrohrrahmen stammten von jener Heckmotor-Limousine.
Im Gegensatz zu den anderen Mercedes-Vierzylindern, die in den frühen dreißiger Jahren verwendet wurden und seitlich stehende Ventile aufwiesen, gab es für den 150er wieder eine obenliegende Nockenwelle. Die Dimensionen für Bohrung und Hub beliefen sich auf 72 × 92 mm, womit sich ein Hubraum von 1498 ccm ergab. Bei einer Verdichtung von 7,1:1 leistete der Motor 55 PS bei 4500 U/min. Der Kühler befand sich im Wagenheck über dem Getriebe und bestand aus einem Doppelblock, durch den mittels eines abgedeckten und mit Leitblechen versehenen Ventilators Kühlluft geblasen wurde. Die Bleche waren so angebracht, daß ein zusätzlicher Luftstrom auch den Vergaser erreichte. Das von Max Wagner entworfene Chassis wurde 1934/35 in kleinen Stückzahlen gebaut und mit zwei verschiedenen Aufbauten geliefert. Bei einem handelte es sich um eine im Werk Sindelfingen angefertigte zweisitzige Roadster-Karosserie mit ausgeschnittenen Türen und zwei seitlichen Reserverädern. Der Wagen wog 975 kg trocken. Die Scheinwerfer wurden freistehend zwischen Rumpf und Kotflügel montiert, wodurch die Frontpartie nach den Worten von Josef Ganz „aufgebrochen wirkte und ohne ersichtlichen Grund eine gute Stromform verhinderte". Er vermutete, daß die schlechte aerodynamische Durchgestaltung auch der Grund für eine Luftzuführung mit einem Gebläse war. Ganz gestand jedoch auch ein, daß der Wagen, „im allgemeinen, was die Gewichtsverteilung, die Radaufhängungen, die Federung und auch die Rahmenkonstruktion betraf, als perfekt zu bezeichnen ist".
Mit 998 kg nur unwesentlich schwerer war das Coupé auf Basis des Typ 150. Es hatte nur an der Front und in den Türen Fenster, der Blick nach hinten war lediglich durch eine Vertiefung im Dach möglich. Die abgerundete kompakte Wagenfront war aerodynamisch sauberer gezeichnet und die Heckabdeckung mit zwei dichten Reihen von Lüftungsschlitzen versehen. Das Coupé war auch für den Wettbewerbseinsatz vorgesehen. Unter den zahlreichen Mercedes, die 1934 für die 2000-Kilometer-Deutschlandfahrt vorbereitet wurden, fanden sich deshalb auch einige der Sportwagen vom Typ 150. Vier Fahrer errangen mit diesen Wagen Goldmedaillen, davon wurde ein Coupé von Walter Gärtner und einem gewissen „H. Lang" gesteuert. Bei letzterem handelte es sich um einen Motoren-Mechaniker, der erst seit einem Jahr bei Daimler-Benz arbeitete. Es sollte dies der erste erfolgreiche Einsatz mit einem vierrädrigen Fahrzeug für Hermann Lang sein.
Eines der 150er Coupés holte auch auf internationaler Ebene sportlichen Lorbeer; im August 1934 erhielt Hans-Joachim Bernet bei der Fernfahrt Lüttich-Rom-Lüttich mit diesem Wagen einen Sonderpreis. Er führte auf der Rückkehr von Rom das Gesamtfeld bis Pisa an und erreichte das Ziel ohne Strafpunkte, außerdem war er der bestplazierte Teilnehmer in einem geschlossenen Wagen.
Diese speziellen Mercedes-Sportwagen wurden zwar zu ihrer Zeit von den Kompressor-Fahrzeugen stark in den Schatten gestellt, doch die Mittelmotor-Wagen (damals fälschlicherweise stets als Heckmotor-Wagen bezeichnet) errangen ohne viel Aufhebens ebenfalls einige schöne Erfolge. Sie boten ein gelungenes Beispiel dafür, daß es Daimler-Benz auch verstand, kleinere Wagen in hervorragender Ausführung zu bauen. Daß sowohl der Benz RH als auch der Mercedes-Benz 150 nicht in jeder Hinsicht perfekte Automobile waren, steht ohne Zweifel fest, aber ebenso feststeht, daß beide Wagen Meilensteine auf dem Weg zu späteren Renn- und Sportwagen darstellen.

Oben: Der Mercedes-Benz 150 H ist als direkter Nachfolger zum Tropfenwagen zu sehen. Mit der Coupé-Ausführung wurden 1934/35 auch Langstrecken-Fahrten absolviert. In der Karosseriegestaltung fand dieser seltene Wagen einen berühmten Nachfolger. Unten die charakteristische Heckansicht mit dem Schacht für den Rückspiegel in der Mitte.

Rechts: Der Mercedes 150 H in der bekannten Roadster-Ausführung, Berlin 1935.

„Ich muß sagen, daß es sich bei diesem Motor um eine Meisterleistung seiner Zeit handelte. Wenn er die nötigen Drehzahlen erreicht hatte, um seine wirkliche Kraft zu entfalten, ließ er sich wunderbar fahren. Bis an die Drehzahlgrenze entwickelte er keine Vibrationen und lief absolut ruhig. Über den Rest des Wagens kann ich indessen nicht so lobend berichten."
Raymond Mays

Porsches Achtzylinder

Zum ersten Mal waren die Rennwagen nicht auf eigener Achse zu einem Rennen geschickt worden. Alfred Neubauer und Christian Werner hatten sich ihre Köpfe über einen schnellen Transporter zerbrochen und dabei ein Personenwagen-Chassis für ihre Zwecke zurechtgemacht. Vom Aufbau blieb dabei nur die vordere Partie mit Motorhaube und Cockpit erhalten, dahinter wurde eine einfache Fahrerbank montiert und auf dem nackten Rahmen Auffahrtsschienen für einen Rennwagen geschraubt. Da man die Spur des Transporters nicht verbreitert hatte, mußten diese Schienen über die Hinterräder gewölbt werden. Der Anblick des Fahrzeugs konnte nicht gerade als gelungen bezeichnet werden.

Am 2. September 1924 schritt Ferdinand Porsche nervös die Boxengasse des Autodroms von Monza auf und ab und wartete auf die verspätete Ankunft der Mannschaft aus Untertürkheim. Es war dies der erste Trainingstag zum Großen Preis von Italien, und das Fiat-Team drehte bereits eifrig eine Runde nach der anderen. Porsches neuer Mercedes-Rennwagen war gerade erst fertig geworden, man hatte noch gar keine Testfahrten unternehmen können. Es war deshalb wirklich keine Zeit zu verlieren.

Nach einer Reihe von Reifenpannen unterwegs kam der Tansporter endlich an. Sofort wurde der weiße Zweisitzer abgeladen. Da stand er nun, ein reinrassiger Kompressor-Rennwagen: der Zweiliter-Grand-Prix-Mercedes. Es war der erste Achtzylinder der D.M.G. und der erste Wagen, den Ferdinand Porsche für diese Firma konstruiert hatte. Er konnte es kaum erwarten, den Wagen laufen zu lassen und befahl: „Wir beginnen gleich mit ein paar Runden; ich möchte sehen, auf welche Zeiten wir kommen." Werner setzte sich ans Steuer und der Motor wurde angekurbelt. Der mit seinem geraden Kühler ziemlich grimmig dreinschauende Wagen donnerte davon. Er absolvierte jedoch nur eine einzige Runde und kam dann wieder zur Box zurück, wobei aus den Schlitzen in der Motorhaube Dampfwolken quollen. Eine bereits bekannte Schwäche hatte sich also doch stärker ausgewirkt, als ursprünglich angenommen. Porsche wollte bei seinem neuen Motor den Ladedruck wesentlich erhöhen und hatte aus diesem Grunde die Zylinderköpfe aus Bronze gießen lassen, um eine bessere Wärmeableitung zu erreichen. Jedoch hatte sich der Guß bereits bei Prüfstandsläufen als leicht porös erwiesen, was sich nun beim ersten Fahrversuch bös bemerkbar machte. Es war augenscheinlich, daß dadurch die Mercedes nicht einsatzfähig waren und Porsche teilte dem Veranstalter mit, daß er am 7. September keinen der vier gemeldeten Wagen an den Start bringen könne. Damit brachte er die Leute in arge Verlegenheit, denn Fiat hatte ebenfalls sein Fernbleiben angedeutet, da einige Fahrer wegen noch nicht verheilter Unfallverletzungen nicht antreten konnten. Es blieb nun keine andere Wahl, als das Rennen auf einen späteren Termin zu verlegen; man setzte nunmehr den 19. Oktober fest.

So machte sich die Mannschaft aus Deutschland noch am selben Tag wieder auf den Weg nach Untertürkheim, um einen neuen Wagen vorzubereiten. Dabei verwendete man nun wieder die altbewährten Stahlzylinder mit aufgeschweißten Wassermänteln. Es war schon sehr kühl und neblig, als im Oktober das Team erneut über die Alpen reiste. Der unerschütterliche Christian Werner und der schnelle Giulio Masetti – die zwei Targa-Sieger von Mercedes – sollten auch in Monza wieder am Start sein. Der dritte Wagen wurde Alfred Neubauer anvertraut, den vierten steuerte Graf Louis Zborowski. Er hatte 1922 in Brooklands den Blitzen-Benz gefahren und sah sich nun am Steuer eines Werks-Mercedes am Ziel seiner Träume. Als Ersatzleute wurden der stämmige Otto Merz und der 23jährige Neuling aus Remagen, Rudolf Caracciola, mitgenommen.

Während der Trainingsläufe verbrachte der junge Caracciola die meiste Zeit am Rande der Strecke: „An den Wagen gab es so viele Probleme, daß sogar die Stammfahrer kaum Gelegenheit zum Trainieren hatten." In einer Regenfahrt hatte Neubauer auch mit der Strecke seine Probleme „Wir kamen aus der Lesmo-Steilkurve und befanden uns schon auf der Geraden, als der Wagen plötzlich hinten wegschmierte. Er ging nach rechts, dann nach links und schleuderte immer heftiger ... bevor ich irgendwie eingreifen konnte, war es zu spät – wir drehten uns." Der Wagen krachte an eine Böschung, Neubauer und sein Beifahrer Hemminger blieben unverletzt, doch der Wagen war so schwer beschädigt, daß er nicht mehr instandgesetzt werden konnte.

Die Mercedes-Motoren sprangen nur mit großer Mühe an, so daß man hinter dem Armaturenbrett einen kleinen mit Äther gefüllten Behälter befestigte, von wo aus die leicht verdampfende Flüssigkeit beim Ankurbeln in die Vergaser geleitet wurde. Doch auch das half nicht viel: Als um 10 Uhr das Feld gestartet wurde, sprang Werners Wagen erst nach einigen Versuchen an. Zborowski mußte gar im vierten Gang angeschoben werden, denn die Kupplung trennte nicht.

Das Fiat-Team war auch jetzt nicht erschienen und so gab es auf diesem über 60 Runden (596,8 km) führenden Rennen eigentlich nur noch einen einzigen ernsthaften Konkurrenten, nämlich Alfa Romeo. Der frühere Alfa-Fahrer Masetti jagte diesmal die schnellen P2-Achtzylinder am Steuer eines Mercedes. In der ersten Runde lag er dabei an zweiter Stelle, fiel aber dann auf Rang Vier zurück. Neubauer war um einiges zurück, hinter ihm kam Werner, der jedoch immer mehr an Boden gutmachen konnte, bis er in der 17. Runde zu einem Wechsel der Zündkerzen die Boxen anlaufen mußte. Neubauer hielt kurz darauf aus demselben Grunde an und übergab seinen Wagen an Merz. Weitere Kerzen-Stops sollten noch folgen. Giulio Masetti mußte seine Verfolgungsjagd nach 43 Runden mit einer gebrochenen Benzinleitung aufgeben. Zborowski gelang trotz einer nach wie vor nicht wirksamen Kupplung ein

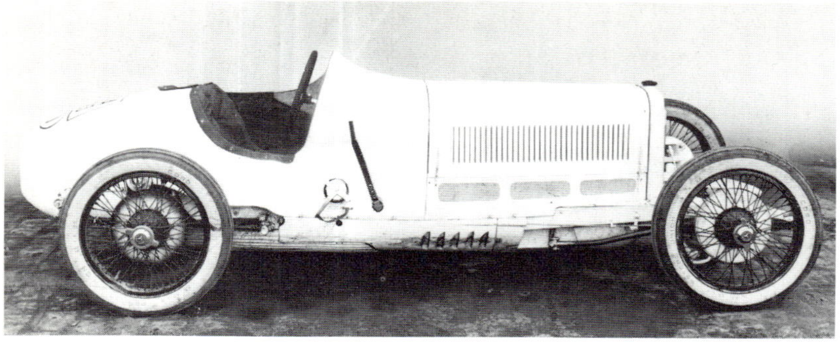

Oben: Der neue Mercedes-Zweiliter für die Saison 1924. In der abgebildeten Ausführung kam er allerdings nicht zum Einsatz.

Oben: Die endgültige und erheblich verbesserte Version des Achtzylinder-Rennwagens, wie sie im Oktober 1924 in Monza gefahren wurde.

Links: Christian Werner drehte am 2. September die ersten Proberunden in Monza (der Wagen hat nur einen Mercedes-Stern an der Kühlermaske), doch zahlreiche Probleme zwangen zum Abbruch des Unternehmens.

Unten: Werner und Neubauer hatten die Idee zum Bau eines Renntransporters; dieser umgebaute Tourenwagen war erstmals 1924 in Monza zu sehen.

Boxenhalt, jedoch konnte er seinen 44. Umlauf nicht mehr beenden. Er geriet in der Lesmo-Kurve von der Fahrbahn ab und fand den Tod, als sein Fahrzeug an einem Baum zerschellte. Wie schon sein Vater, mußte auch er sein Leben am Steuer eines Mercedes-Rennwagen lassen.

Die Nachricht von Zborowskis tödlichem Unfall erreichte die Boxen genau in jenem Augenblick, als Antonio Ascaris Alfa als Erster abgewunken wurde. Anstatt das Rennen noch über die verbleibende kurze Distanz fortzusetzen, hielt Max Sailer die beiden anderen Mercedes sofort an. Dies war das Ergebnis des einzigen bedeutenderen Renneinsatzes des Zweiliter-Achtzylinder-Mercedes.

Es war klar ersichtlich, daß Monza nicht gerade die günstigste Voraussetzung für die Einführung eines wichtigen neuen Rennwagens dargestellt hatte. Über die Todesursache des allseits beliebten Grafen Zborowski gab es über drei Tage hinweg eine Reihe von Verhören und Untersuchungen. Zuerst wurde vermutet, daß – genau wie bei Masettis Unfall mit dem Vierzylinder-Rennwagen drei Wochen zuvor in San Sebastian – ein Seilzug der Vorderradbremsen verklemmt gewesen sei. Die D. M. G. führte Beweise an, daß dies nicht der Fall gewesen sei, und als offizielle Unfallursache wurde dann ein Ausrutscher auf einem Ölfleck angegeben. Caracciola schrieb hingegen in seinen Erinnerungen von einem platten Reifen, kurz nach einem Wechsel desselben an der Box.

Nach diesem Todessturz und Neubauers Trainingsunfall schrieb man dem Achtzylinder-Mercedes ein problematisches Fahrverhalten zu, ein Urteil, das durch das weitere Fernbleiben des Teams nur bestärkt wurde. Für die Saison 1925 wäre der Wagen bei allen Grands Prix startberechtigt gewesen, und, auf einen Hubraum von 1,5 Liter verkleinert, wäre eine weitere Teilnahme auch in den Jahren 1926/27 möglich gewesen. Im Ausland wertete man das Verhalten der Untertürkheimer als Eingeständnis eines Fehlers in der Konstruktion, ohne daß man jedoch die wirtschaftliche Lage im damaligen Deutschland in Betracht zog. Genau zu dieser Zeit vollzog sich nämlich die Annäherung zwischen Daimler und Benz, wenngleich sie erst zum Teil wirksam wurde.

Der Brite Raymond Mays hatte sich in jener Zeit schon einen guten Ruf als Kurvenspezialist bei Bergrennen wie auch bei Straßenrennen erworben und fuhr einen dieser Mercedes-Rennwagen 1927 auf einer privaten Teststrecke. Er berichtete über seine Eindrücke: „Eine Federung schien überhaupt nicht vorhanden zu sein, der Wagen lag völlig starr auf der Straße. Ich bremste die nächste Kurve an und hielt das Lenkrad fest in der Hand. So schnell, daß ich gar nicht reagieren konnte, brach plötzlich das Heck aus und der Wagen rutschte mit voller Breitseite in den Straßengraben!" Mays bezeichnete das Fahrverhalten des Wagens als „erschreckend". Er erzählte weiter: „Meine Ansichten kamen natürlich auch den deutschen Mechanikern zu Ohren. Nach der Überwindung einiger Verständigungsschwierigkeiten erfuhr ich schließlich, daß diese Achtzylinder-Wagen eigentlich nie als besonders kurvenfreudig gegolten hatten." Nach einem Rennen in Brooklands, bei dem Mays eine Spitzengeschwindigkeit von über 200 km/h erreicht hatte, wobei der Wagen mehrere Male von der Piste abhob, ermahnte ihn Henry Segrave: „Ray, du kannst froh sein, daß du noch lebst; höre auf meinen Rat und fahr diesen Wagen kein weiteres Mal." Was Mays auch nicht tat.

Die Grundlagen für dieses glücklose Automobil waren bereits im Jahre 1922 geschaffen worden. Paul Daimler veranlaßte damals den Bau eines Einzylinder-Testmotors, aus dem parallel zum Indy-Vierzylinder ein Zweiliter-Achtzylinder-Aggregat entstehen sollte. Porsche übernahm das Projekt in einem nicht sehr weit fortgeschrittenen Stadium, und es gedieh erst unter seiner Leitung richtig. Es war jedoch bei weitem nicht seine einzige Aufgabe und auch nicht die wichtigste. Otto Schilling war an der praktischen Ausführung der Konstruktion, welche nun mit dem Namen M 218 versehen worden war, beteiligt. Es handelte sich dabei um ein gewaltig leistungsfähiges Aggregat, dessen Potential nur zum Teil ausgeschöpft wurde. In der eigentlichen Einsatzversion, die noch einmal überarbeitet worden war, verwendete man bei Daimler wie auch bei den Haupt-Konkurrenten Alfa Romeo und Fiat zusammengesetzte Stahlzylinder. Jedoch blieb man im Unterschied zu den anderen Firmen auch weiterhin dem Vierventil-Prinzip treu, das sich bei den Vorgängern in der Reihe der D. M. G.-Rennmotoren schon so glänzend bewährt hatte und für hochaufgeladene Kompressormaschinen in der Tat gut geeignet war. Die vier natriumgefüllten Ventile hingen schräg im Zylinderkopf und bildeten einen dachförmigen Verbrennungsraum. Sie wurden mittels zweier obenliegender Nockenwellen über gegabelte Kipphebel bewegt. Ein Stirnradsatz an der Motorrückseite trieb die Nockenwellen und über ein zusätzlich in der Mitte zwischen den Wellen laufendes Zahnrad auch den Zündmagnet an. Dieser versorgte die zentral in jedem Brennraum sitzende Zündkerze mit dem nötigen Funken. In einem auf die Zylinder-plus-Kopf-Einheit (Sackzylinder) aufgeschraubten Leichtmetallgehäuse waren die Nokkenwellenlager und die Kipphebelböcke eingegossen.

Die engstehenden Einzelzylinder und ihre aufgeschweißten Köpfe wurden von einem gemeinsamen Stahlgehäuse umgeben. Diese Konstruktion dürfte sehr aufwendig gewesen sein, besonders, wenn man an die kurze Vorbereitungszeit vor dem neu angesetzten Rennen in Monza denkt. Eine aufrecht an der Vorderseite des Motors montierte Wasserpumpe (entsprechend dem Vierzylinder GP-Wagen von 1914) förderte das Kühlwasser zu einer unterhalb des Einlasses angebrachten Verteilerleitung. Abgeleitet wurde das erwärmte Kühlmittel sowohl durch ein Sammlerrohr über dem Zylinderkopf als auch durch einen Abflußkanal an der Stirnseite der Kopfpartie. Die Zylinder wiesen an ihren unteren Enden ziemlich schmale Flansch-Angüsse auf, welche mit einer ganzen Serie von Zugankern am oberen Teil des Leichtmetall-Kurbelgehäuses verschraubt wurden. Diese Zuganker ragten durch das ganze Gehäuse hindurch nach unten und waren auf der Unterseite der Ölwanne im Durchmesser verringert und mit kleineren Muttern verschraubt. Dies hielt nicht nur das ganze Motorgehäuse zusammen, die 18 Zuganker trugen auch die unteren Enden der Kurbelwellen-Lagersitze.

Porsche wandte das ganze Spektrum des damaligen Entwicklungsstandes an und versah sowohl die Kurbelwelle als auch die Pleuel mit Rollenlagern. Im Unterschied zum Vierzylinder-Typ verwendete man dabei geteilte Lager-Außenringe, womit man die Kurbelwelle aus einem Stück fertigen konnte. Mit der projektierten Motordrehzahl von 8000 U/min lag man 25 Prozent über dem bisherigen Erfahrungsbereich; diese Drehzahlgrenze wurde in der Praxis auch nahezu erreicht. Zum ersten Mal wurde bei einem D. M. G.-Motor auch ein vollständiges Druckumlauf-Schmiersystem verwendet. Die Druck- und Saugpumpen waren am hinteren Ende der Ölwanne montiert, die in der Mitte ein rechteckiges Sammelbecken aufwies. Das abgetropfte Öl wurde von dort aus zurück zu dem an der linken Seite des Motors eingebauten 25-Liter-Tank gepumpt. Der Einfüllstutzen zu diesem Behälter schaute hinter dem Kühler aus dem Seitenteil der Motorhaube hervor. Die Unterseite des Öltanks ragte in den Fahrtwind und war mit einigen Kühlröhren versehen, durch die die Luft strömen konnte. Mit relativ niedrigem Druck gelangte das Öl als erstes zu den Hauptlagern, von dort tropfte es auf Schleuderringe an der Kurbelwelle, die es an die Pleuellager förderten.

Als Verbindungsmann fungierte bei der Entwicklung des M 218 und insbesondere des wälzgelagerten Kurbeltriebes zwischen dem Konstruktionsbüro und der Versuchsabteilung ein gewisser Wunibald Kamm. Dieser Ingenieur sollte später noch auf einem anderen Gebiet von sich reden machen (siehe Kapitel 12). Porsche hatte dem jungen Mann „weitgehende Freiheit" bei seiner Aufgabe eingeräumt. Kamm kümmerte sich intensiv um die gesamte Konstruktion des Achtzylinder-Motors und besonders um die Perfektionierung der Kompressor-Aufladung, wobei er eine Verdoppelung des bisher verwendeten Ladedrucks ins Auge gefaßt hatte. Ausgehend von einem zur Zeit der Konzeption des Motors (1922) üblichen Druck von 0,2 at dachte Kamm an eine Steigerung auf 0,98 at. Dies war ein ungewöhnlich hoher Wert im Vergleich zur allgemeinen Praxis. Ein Roots-Gebläse in ansehnlicher Größe

wurde horizontal am hinteren Ende des Motors angebracht und von den vorhandenen Antriebs-Zahnrädern des Nockenwelletriebs bewegt. Das Ladegehäuse war wieder reichlich verrippt, was sowohl zur Verstärkung als auch zur Wärmeableitung beitrug. Die Lager der Drehflügel wurden von der Druckschmierung des Motors mitversorgt.
Porsche wich mit dem M 218 in zweifacher Hinsicht von bisherigen Praktiken in Untertürkheim ab. Erstens sah er den Lader in dauerndem Eingriff vor, wodurch die problematische Rutschkupplung überflüssig wurde, und zweitens setzte er den riesigen Steigstrom-Vergaser auf die Ansaugseite des Kompressors. Der Lader drückte somit das höher verdichtete Kraftstoff-Luft-Gemisch über einen einfachen Krümmer in die Einlaßkanäle. An dessen Enden waren zwei Überdruckventile angebracht, die ein Zurückschlagen in den Kompressor im Falle einer Fehlzündung verhindern sollten. Porsche ging damit von Paul Daimlers Druckvergaser-Anordnung ab und verwendete, wie auch Sunbeam und Duesenberg im Jahre 1924, einen Saugvergaser.
In der Art und Weise seiner Leistungsabgabe stand der Mercedes-Motor einzigartig da, lediglich der Delage V12 und einige wenige Miller-Motoren übertrafen seine Höchstleistung innerhalb der bis 1925 gültigen Zweiliter-Formel. Der Delage mit seinen kleineren Zylindereinheiten erreichte ein vergleichbar hohes Drehzahlniveau. Interessant erscheint die Gegenüberstellung der wichtigsten Konkurrenten mit Achtzylinder-Aggregaten:

Porsche hatte mit dem M 218-Achtzylinder einen völlig neuen Rennmotor geschaffen. Eine Reihe mißlicher Umstände stand dem erwarteten Erfolg entgegen.

Typ		Abmessungen	Verdichtung	Ladedruck	Leistung
Miller 122	1925	59,6 × 88,9 mm	7,0	1,12 at	203 PS, 5800 U/min
Fiat 405 A	1924	60,0 × 87,5 mm	6,2	0,60 at	146 PS, 5500 U/min
Duesenberg	1925	60,3 × 86,9 mm	6,7	0,84 at	150 PS, 6000 U/min
Alfa Romeo P 2	1925	61,0 × 85,0 mm	6,0	0,75 at	155 PS, 5500 U/min
Mercedes M218	1924	61,7 × 82,8 mm	5,0	0,98 at	170 PS, 7000 U/min

Das Chassis des Zweiliter-Grand-Prix-Wagens von 1924; der Tank befand sich unter dem Wagenboden und erstreckte sich bis zur Hinterachse.

In dieser nach dem Kolbendurchmesser geordneten Spitzengruppe der zeitgenössischen Rennmotoren weist der M 218 den kürzesten Hub und die bei weitem höchste Drehzahl auf. Lediglich der mit einem Schleuder-Lader versehene Miller gab eine höhere Leistung ab. In der Praxis sollte die Bevorzugung eines hohen Drehzahlniveaus indessen nicht den gewünschten Erfolg bringen. In den unteren Drehzahlbereichen war die Motorleistung sehr gering und als eine Auswirkung davon ließ sich der Motor nur unter großen Schwierigkeiten starten. Raymond Mays berichtete von seinen eigenen Erfahrungen: „Ich beobachtete den Drehzahlmesser ganz genau. Unmittelbar nach der ersten Zündung beim Anlaßvorgang trieben die Mechaniker die Tourenzahl des kalten Motors auf 6000 Umdrehungen. Ich konnte später selbst feststellen, daß es bei kaltem Motor so gut wie unmöglich war, den Motor bei niedrigeren Drehzahlen rund laufen zu lassen." Bei seinen ersten Probefahrten im Jahre 1927 stellte Mays fest, daß „es sogar mit warmem Motor in dieser Hinsicht Probleme gab, denn wenn die Tourenzahl auch nur ein klein wenig abfiel, drohte die Maschine sofort abzusterben."
Durch das eingebaute Dreigang-Getriebe erwuchs ein zusätzlicher Nachteil. Wie Mays schilderte, „war die Beschleunigung unglaublich lahm, was sich auch mit der kürzest möglichen Hinterachs-Übersetzung nur kaum änderte. Unter 5000 Umdrehungen gab der Motor so gut wie keine verwertbare Leistung ab. In Brooklands kam ich im dritten Gang auf 7400 U/min. Bei hohen Drehzahlen, also 7000 und darüber, lief die Maschine indessen wunderbar weich und entwickelte eine gewaltige Leistung." Es dauerte jedoch insgesamt zu lange, bis diese Drehzahlen erreicht wurden, was auch andere Fahrer des Mercedes-Achtzylinder bestätigten.
Zum schlechten Leistungsverlauf in den unteren Drehzahlbereichen trugen verschiedene Faktoren bei. Die Steuerzeiten waren aller Wahrscheinlichkeit nach zu sehr auf eine maximale Leistungsabgabe zugeschnitten, was sich natürlich auf den kontinuierlichen Drehmomentverlauf ungünstig auswirkte. Die für eine hohe Funktionssicherheit des Laders auch bei Spitzendrehzahlen benötigten Laufspiele verschlechterten Gemischdurchsatz und Ladedruck bei niedrigen Drehzahlen. Außerdem beanspruchte der stets im Eingriff befindli-

che Kompressor-Antrieb einen gewissen Teil der Gesamtleistung, das Verhältnis verschlechterte sich dabei mit sinkender Drehzahl. Dem hohen Ladedruck stellte Porsche eine geringe Verdichtung gegenüber, dies jedoch bewirkte einen weiteren Leistungsabfall im unteren Drehzahlbereich.

Die Probleme mit dem Antrieb sind auf den Abschlußbericht Max Sailers über den Indianapolis-Einsatz zurückzuführen. Hierin vertrat dieser die Ansicht, daß drei Vorwärtsgänge bei folgenden Rennwagen-Projekten ausreichend seien. Die Empfehlungen wurden auch tatsächlich angenommen, obwohl es sich bei dem neuen Wagen um eine völlig anders geartete Konstruktion handelte. Im gesamten Antriebssystem waren darüberhinaus einige neue Details zu finden. Es wurde beispielsweise eine Mehrscheiben-Kupplung verwendet, die sich nunmehr an der Motorrückseite befand. Der Schalthebel für das Getriebe wurde direkt auf das Gehäuse montiert, die Schaltvorgänge wurden also nicht mehr mit einem Gestänge übertragen. Die offene Schaltkulisse blieb jedoch erhalten. Am Getriebeausgang wurde die Kraft mit einem Kreuzgelenk an die Antriebswelle übertragen. Diese lief wieder in einem stabilen Schubrohr, das sich an seinem vorderen Ende mit dem als Kugelgelenk ausgebildeten Gehäuse am Getriebe beziehungsweise dessen Halterung abstützte. Die Hinterachse war wieder an halbelliptischen Blattfedern aufgehängt, die diesmal an der Außenseite des stark nach oben gebogenen Rahmenhecks montiert waren. Eine Traverse über dem Vorderteil der Antriebswelle nahm die Querwelle zum Handbremshebel sowie die Ausgleichshebel der Brems-Seilzüge auf. Die Bremstrommeln an allen vier Rädern waren mit nunmehr annähernd 50 cm Durchmesser wesentlich vergrößert worden.

Am vorderen Ende des Rahmens war nur eine sanfte Kröpfung vorgesehen, womit auch der zur Verfügung stehende Federweg stark eingeschränkt wurde. Die Blattfederpakete waren jedoch diesmal relativ lang geraten und wurden durch Ausschnitte im Achskörper hindurchgeführt, anstatt auf ihm angeschraubt zu sein. Diese Konstruktion erleichterte die Sturz-Einstellung der Vorderräder insofern, als man nun die Radnaben an den Achsschenkelbolzen versetzte und nicht die Achse nach den Federaufnahmen abwinkelte. Das Lenkgetriebe der Spindellenkung wurde ziemlich weit vorne am rechten Rahmenholm montiert. Von deren langen Lenkhebel führte eine Schubstange schräg nach oben zeigend nach vorne zur rechten Spurstange. Diese Umlenk-Methode übertrug sämtliche Federungsbewegungen bis zum Steuerrad. Nur eineinhalb Umdrehungen genügten von Lenkanschlag zu Lenkanschlag.

Der Motor war bei diesem Wagen ungewöhnlich weit in die Mitte gerückt, die Stirnseite lag auf einer Linie mit dem Ende der Vorderräder. Porsche schlug auch mit der Unterbringung des Benzintanks völlig neue Wege ein: Der 95-Liter-Behälter wanderte auf die Rahmen-Unterseite, er erstreckte sich unter den Sitzen bis fast zur Hinterachse. Der Tank wies einen abgerundeten Boden auf, womit er an die nach wie vor angebrachten Verkleidungsbleche angepaßt wurde. Oben hatte er eine tiefe Einbuchtung für die Antriebswelle. Der Einfüllstutzen befand sich auf der rechten Seite des Cockpits. Auf diese Weise wurde das Hauptgewicht des Fahrzeugs um die Wagenmitte konzentriert. Nach Porsches Ansicht verhinderte ein tiefer und zentral angeordneter Fahrzeugschwerpunkt am ehesten das Ausbrechen der Wagenfront oder des Hecks in den Kurven. Im Zusammenspiel mit dem damaligen Stand der Fahrgestelltechnik jedoch wirkte sich diese Auslegung beim Mercedes dergestalt aus, daß der Wagen, wenn er ins Driften geriet, vehement über alle vier Räder wegrutschte. Dies geschah so schnell und unkontrollierbar, daß es den wenigsten Fahrern gelang, den Wagen in solcher Situation abzufangen. Außerdem schlug natürlich bei einem tiefen Schwerpunkt die Federung wesentlich leichter durch.

Der Mercedes wog 780 kg (Trockengewicht), wovon 51,3 Prozent des Gewichts auf der Vorderachse lasteten. Die ungewöhnliche Plazierung des Kraftstoff-Reservoirs entsprang Porsches Bemühen, den Einfluß der sich während des Rennens verringernden Benzinmenge auf die Achslastverteilung möglichst geringzuhalten.

Die Abmessungen des Chassis waren mit dem Radstand von 2600 mm und einer Spurbreite von 1360 mm ebenfalls verändert worden. An allen vier Rädern verwendete man nun wieder konventionelle Reibungsstoßdämpfer. Als man die Rennwagen im Werk für den Monza-Einsatz präparierte, zog man Continental-Reifen der Dimension 29 × 4 auf; nach der Ankunft in Italien wechselte man diese jedoch gegen wesentlich größere Pirelli-Pneus aus. Mit Hinterreifen der Abmessungen 31 × 6 und Vorderreifen der Größe 29 × 5 konnte man die Gesamtübersetzung etwas günstiger gestalten, außerdem wiesen die italienischen Reifen eine bessere Profilgestaltung auf.

Der erste Wagen der Zweiliter-Achtzylinder-Reihe war mit einem unansehnlichen, flachen Kühler versehen worden. Die Monza-Wagen indessen bekamen ein neues Frontdesign, denn man hatte die Kühler leicht abgerundet, wobei man am Wasserbehälter nun auf jeder Seite einen Mercedes-Stern angebracht hatte. Die Motorhaube und die Abdeckung der Wagenunterseite waren mit zahlreichen Luftschlitzen versehen. Als weiteres charakteristisches Merkmal fanden sich an diesen Wagen stark aufgewölbte Verkleidungsbleche über dem Armaturenbrett, die Fahrer und Beifahrer Schutz bieten sollten.

Mehr als ein halbes Jahr war seit dem Drama in Monza vergangen, als im Juli 1925 Christian Werner mit einem der Achtzylinder in Münchens Forstenrieder Park zu einem Sprint-Rennen antrat. Er konnte dort den Tagessieg erringen. Im August erschien er in Freiburg, wo man um die schnellste Zeit über den Fliegenden Kilometer mit einem Anlauf von 1,3 km kämpfte. Der Achtzylinder-Mercedes erwies sich auch hier mit einer Geschwindigkeit von 167,9 km/h als der schnellste Konkurrent. Im Jahr darauf kam Werner auf 173,1 km/h und 1927 sogar auf 183,9 km/h.

Im Jahre 1925 wurde zum ersten Mal das Schauinsland-Bergrennen bei Freiburg ausgetragen; mit einer Zeit von 11:31,8 min hieß auch hier der Sieger Christian Werner auf Mercedes. Dies gab dem gewissenhaften Chefmonteur einigen Auftrieb: Er holte sich von Ferdinand Porsche die Erlaubnis ein, einen der Achtzylinder-Rennwagen nach seinen eigenen Ideen umgestalten zu dürfen. Er wollte sich einen speziellen Kurzstrecken- und Bergrennwagen bauen. Werner begann an der Frontpartie, indem er einen anderen Kühler einbaute, der höher und wie in den früheren Rennwagen wieder stark gepfeilt ausfiel. Die Motorhaube war ebenfalls höher geworden, die Cockpitabdeckung wieder flach ausgeführt. Zum Schutz des Fahrers brachte er eine kleine Scheibe – wie bei den Targa-Wagen – an. Das Aussehen geriet noch altmodischer, als Werner den Benzintank gegen einen am Heck montierten Behälter austauschte. Zusammen mit allen anderen Modifikationen erwiesen sich diese Arbeiten Werners jedoch als sehr erfolgreich, denn bei seinem nächsten Start am Schauinsland im Jahre 1926 unterbot er seinen eigenen Rekord um mehr als eine Minute (10:24,2 min). Im darauffolgenden Jahr war er etwas langsamer und mußte sich einem neuen Gegner geschlagen geben – dem größeren Wagen von Mercedes-Benz.

1926/27 fuhr Werner seinen Wagen und auch andere Achtzylinder bei verschiedenen nationalen Rennen in Deutschland. Er gewann das Bergrennen in Kniebis und auch seine Klasse beim Nürburgring-Eröffnungsrennen am 19. Juni 1927. Adolf Rosenberger war mit diesem Wagentyp ebenfalls erfolgreich unterwegs, er gewann das Herkules-Bergrennen in Kassel, wo er den mit einem Benz-RH gehaltenen Rekord zu unterbieten vermochte. Und er siegte am Klausenpaß. Die D.M.G. folgte 1926 Werners Beispiel und baute einen weiteren ehemaligen Grand Prix-Wagen um. Man schnallte hier auch Ersatzräder auf, beließ aber den Benzintank an seiner ursprünglichen Stelle.

Diese kleinen Unternehmungen stellten lediglich Beiwerk zu wesentlich weitreichenderen Vorgängen dar. Die im Mai 1924 vereinbarte Zusammenarbeit der Firmen Daimler und Benz nahm nun konkrete Formen an. Die Untersuchungen über die zu erreichenden Vorteile sowie die damit verbundenen Entscheidungen führte Wilhelm Diesel durch. So wurde als erstes der

Karosseriebau der beiden Firmen im ehemaligen Flugmotorenwerk der D. M. G. in Sindelfingen zusammengefaßt. Die Händler-Organisationen wurden zusammengelegt und es erschienen Werbeanzeigen, die erstmals die Verbindung veranschaulichten, denn die beiden großen Namen waren hier bereits vereint worden: „Mercedes-Benz". Die Programme wurden gestrafft und Modelländerungen durchgeführt.
Benz stand von Anfang an auf einem schwächeren Posten. Das änderte sich auch 1926 nicht wesentlich, als der gemeinsame Vorstand den Gedanken einer endgültigen Fusion in Erwägung zog. Diese kam schließlich am 29. Juni 1926 zustande, und aus den beiden deutschen Traditions-Unternehmen wurde die „Daimler-Benz-Aktiengesellschaft". Die bisherige Firmenpolitik wurde beibehalten, dazu gehörten auch die rennsportlichen Aktivitäten, die Wilhelm Kissel sehr hoch einschätzte. Es ergaben sich keine einschneidenden Änderungen gegenüber den vorherigen Programmen.
Eines der ersten wichtigen Rennen nach der Fusion der beiden vormaligen Konkurrenten stellte der Große Preis von Deutschland dar, der in diesem Jahr erstmals zur Austragung gelangen sollte. Es wurde vom Automobil-Club

Links: *Alfred Neubauer fuhr ebenfalls einen Achtzylinder in Monza.*

Unten: Christian Werner steuerte den Wagen Nummer 12. Das dritte Fahrzeug vertraute man Graf Louis Zborowski an.

von Deutschland, dem AvD veranstaltet, welcher seit einem Jahr der A. I. A. C. R., dem internationalen Automobilverband, angehörte. In der Hoffnung, wesentlich mehr Teilnehmer als nur die Vertreter der laufenden 1,5-Liter-Formel an den Start zu bringen, ließ der AvD Wagen bis zu einem Hubraum von 3,0 Liter zu. Für die Wagen mit 1,5 und 2 Liter Hubraum wurden getrennte Wertungen durchgeführt. Im gegenseitigen Einvernehmen zwischen dem AvD und der D. M. G. hatte man auch eine Startmöglichkeit für Sportwagen eingeschlossen. Wobei jedoch der Begriff Sportwagen zu jener Zeit lediglich eine bestimmte Anzahl von Sitzplätzen im Wagen, gestaffelt je nach Motor-Größe ausdrückte.
Das Rennen fand am 11. Juli 1926 statt. Es wurde auf jenem Torso der vierspurigen Schnellverkehrsstraße in Berlin abgehalten, deren Erbauung auf ein Dekret von Kaiser Wilhelm im Jahre 1907 zurückging. Die Bauarbeiten hatten erst 1912 begonnen und waren 1920 wieder aufgenommen worden. Mit privater finanzieller Unterstützung entstand südwestlich von Berlin in Richtung Potsdam schließlich eine gebührenpflichtige Straße, welche 1921 mit einer Gesamtlänge von knapp zehn Kilometern eröffnet wurde. Der Name war im Gegensatz zur Strecke sehr lang, er lautete: „Automobil-Verkehrs- und Übungs-Straße". Sie wurde in Deutschland bald durch die Abkürzung AVUS bekannt. Durch verbindende Kehren an beiden Enden verwandelte man die Straße in einen 19,5 km langen Rennkurs für den Großen Preis von Deutschland. Hier mußten die Wagen nur zweimal pro Runde abbremsen und beschleunigen, dazwischen lagen lange Geraden mit ebenem Straßenbelag. Damit war die Strecke wie geschaffen für die Eigenheiten des Achtzylinder-Mercedes.
Ein Zweiliter-Sportwagen mußte nach dem Reglement vier Sitzplätze aufweisen, und bei den Mercedes ging es schon bei zwei Mann recht eng zu. Aber hier gab es einen Ausweg. Porsches Unterflur-Anordnung des Benzintanks machte es relativ einfach, einen „Fortsatz" an das Wagenheck anzubauen. Darin brachte man zwei Sitzgelegenheiten sowie Fußraum für zwei Personen unter; laut Alfred Neubauer handelte es sich dabei jedoch um reine „Staffage". Weitere Zugeständnisse an das Sportwagen-Reglement bestanden aus einer Ratsche für die Handbremse und einem Zahnradantrieb von der Einlaßnockenwelle für einen kleinen Kühlventilator. Es wurden auch neue Kühler angebracht, die jedoch nicht höher als die ursprüngliche Ausführung waren, dafür jedoch wieder stärker gepfeilt, so wie bei der bereits klassisch gewordene Mercedes-Form. Ein Dämpfer-Einsatz im Auspuffendrohr, Kotflügel an den Vorderrädern (sie wurden beim Rennen entfernt) und farbige Streifen auf der weißen Motorhaube vervollständigten das Erscheinungsbild der Mercedes-Sportwagen.
Ein zur gleichen Zeit in Spanien stattfindendes Rennen zwang das Mercedes-Team, seine Streitmacht zu teilen. Auf der Avus sollten der erfahrene und stets sehr schnelle Adolf Rosenberger sowie der in Monza nicht zum Zuge gekommene Ersatzmann Rudolf Caracciola an den Start gehen. Unter den 44 anderen Teilnehmern gab es einige sehr ernsthafte Anwärter für einen Sieg. Im Training hatten sich sowohl zwei 1,5-Liter-Talbot als auch ein bewährter Dreiliter-NAG sowie Fernando Minoia mit einem neuen Grand-Prix-Wagen von OM den Mercedes als ebenbürtig erwiesen.
Als um zwei Uhr nachmittags die Flagge fiel, lagen 390 Kilometer und fast drei Stunden aufreibendes Renngeschehen vor den Teilnehmern. Von seinem Startplatz in der Mitte der ersten Reihe aus schoß Caracciolas Mercedes als erster weg... er blieb jedoch gleich wieder stehen. Wie schon so oft, war der Motor abgestorben. Die anderen Wagen fuhren zu beiden Seiten an Caracciolas stillstehendem Fahrzeug vorbei, als sein Beifahrer Eugen Salzer hinaussprang und den Wagen anzuschieben versuchte. Rosenberger hatte sich mit

Links: Größere Erfolge konnte der Achtzylinder-Wagen in der Sportwagen-Kategorie erzielen, dazu mußte allerdings die Karosserie zur Unterbringung von vier Personen (Reglement) abgeändert werden.

Unten: Rudi Caracciola und Eugen Salzer siegten 1926 mit diesem Wagen auf der Avus, wo beim Großen Preis von Deutschland auch Sportwagen zugelassen waren.

Oben: Trotz der Cockpit-Verkleidung befand sich der Schalthebel noch immer außen.

Caracciola/Salzer bei der Ehrenrunde.

Oben: Christian Werner baute einen der Grand-Prix-Wagen zum Spezial-Bergwagen um, der Benzintank saß dabei hinten auf dem Rahmen, und der Kühler war höher geworden. Hier sieht man Otto Merz am Steuer, Beifahrer ist Hemminger.

Links: Im Werk wurde ebenfalls einer der Wagen umgebaut, äußerlich blieb er jedoch fast unverändert. Otto Merz und Eugen Salzer gingen 1926 damit beim Solitude-Bergrennen an den Start.

seinem Mercedes an die Spitze gesetzt, das Augenmerk von mehr als 200000 anwesenden Zuschauern richtete sich jedoch auf seinen am anderen Ende des Teilnehmerfeldes befindlichen Team-Kameraden. Der Äther-Behälter am Wagen, der zu Rosenbergers schnellem Start beigetragen hatte, ließ ihn das Rennen auch vorzeitig beenden. Der Behälter war eingerissen und die betäubenden Gase strömten ins Cockpit und zwangen Rosenberger, sich weit in den Frischluftstrom hinauszulehnen. In der Nordkurve verlor er dabei die Herrschaft über sein Fahrzeug und rutschte von der inzwischen regennassen Fahrbahn direkt in das Zeitnehmer-Häuschen. Drei Personen, die sich in dem gefährlich nahe am Streckenrand stehenden Häuschen befanden, wurden dabei getötet. Die beiden schnellen Talbot kamen ebenfalls von der Strecke ab und auch Minoia fiel nach einer Rekordrunde aus.

Rudi Caracciola legte einen Boxenstop zum Nachtanken und Kerzenwechsel ein und fuhr danach auf der abgetrockneten Strecke um einiges schneller. Er wußte zu diesem Zeitpunkt nicht, an welcher Position er lag und fuhr einfach, so gut er konnte. Er mußte bereits gegen ein Nachlassen seiner Kräfte ankämpfen, als er von Max Sailer durch wilde Gesten aus der Box angefeuert wurde. Trotz seines Gefühls, daß es ja doch nichts nütze, fuhr er mit vollem Einsatz weiter und überquerte die Ziellinie schließlich der Erschöpfung nahe. Es fiel ihm und Salzer sehr schwer zu glauben, daß sie soeben den ersten Großen Preis von Deutschland mit einer Durchschnittsgeschwindigkeit von 135 km/h gewonnen hatten. Auf der Avus wurden erst 1931 wieder Rennveranstaltungen erlaubt, denn die Berliner Behörden waren durch die Vielzahl der schweren Stürze beunruhigt.

Max Sailer, Ferdinand Porsche und Alfred Neubauer hatten diesen großen Triumph ihres ersten Achtzylinder-Rennwagens miterlebt. Neubauer hatte sich inzwischen mit seinem Schicksal abgefunden und eingesehen, daß er nicht das Zeug zum Spitzenfahrer mitbrachte. Caracciolas heldenhafter Einzelkampf regten aber einige Gedanken in ihm an, er meinte, „ein Rennfahrer ist während des Rennens der einsamste Mensch auf der Welt". Neubauer überlegte, auf welche Art und Weise er dem Fahrer dringend benötigte Informationen zukommen lassen könnte, wodurch er immer in Kontakt mit der „Außenwelt" bleiben könnte. Weder bei Mercedes noch bei Benz hatte es bisher derartige Vorkehrungen gegeben. Im Indianapolis-Bericht von 1923 schrieb ein Mitglied der D. M. G.-Mannschaft: „Die Team-Organisation der Amerikaner zeigte sich der unsrigen hoch überlegen. Sie überließen die Einteilung der Boxenhalte nicht den einzelnen Fahrern, sie wurden der Reihe nach durch Signaltafeln hereingerufen. Die Grundlage dazu bildete ein genau ausgearbeiteter Plan über den zu erwartenden Rennverlauf unter Einbeziehung möglicher Defekte am Fahrzeug." Demgegenüber richtete sich die Arbeit in den Mercedes-Boxen mehr nach dem Ansehen des jeweiligen Fahrers und dessen Überzeugungskraft. Es nahte jedoch nun eine neue Ära des Automobilsports und damit betraten auch neue Fahrer-Persönlichkeiten das Geschehen. Neubauer setzte sich mit diesen jungen Leuten zusammen, um ein System auszuarbeiten, das es gestattete, den Fahrer genau über seine augenblickliche Position im Rennen zu unterrichten. Es sollte der Rückstand auf den Vordermann, die gefahrene Geschwindigkeit und auch die noch zu fahrende Strecke angezeigt werden können. Willy Walb war ebenfalls in der Daimler-Benz Mannschaft vertreten und erwies sich bei diesen Vorbereitungsarbeiten als besonders hilfreich. Neubauer kümmerte sich auch um die Gestaltung und Funktion von Depots und Boxen sowie um die Verpflichtung und Einteilung der Wagenbesatzungen. Er faßte all diese Maßnahmen in einer für die zukünftigen Aktivitäten des Mercedes-Benz-Rennteams zum Dreh- und Angelpunkt werdenden Formulierung zusammen: „Ich sah, daß mein hauptsächliches Talent nicht in der aktiven Rennfahrerei lag, sondern vielmehr in der Organisation, der Planung und der Leitung der einzelnen Einsätze."

Am 12. September 1926 konnte man auf der Solitude erstmalig Alfred Neubauer mit seinen Flaggen und Signaltafeln an der Mercedes-Benz-Box agieren sehen: „Zum ersten Mal wurden die Fahrer wie an unsichtbaren Fäden durch das Rennen geführt." Der Erfolg ließ nicht auf sich warten. Nach einer Distanz von 460 Kilometern fuhr Otto Merz mit dem Mercedes als Sieger der Rennwagen-Kategorie durch das Ziel. Bei dem Wagen handelte es sich wieder um den vieldiskutierten und angeblich nicht so ganz geglückten Zweiliter-Achtzylinder.

„Es schien mir schon einige Zeit vergangen zu sein, seit ich den Mercedes zum letzten Mal sah; als ich jedoch auf die Gerade einschwenkte, vernahm ich das Heulen seines Laders hinter mir. Ich trat das Gaspedal voll durch, so gut es eben ging, aber das nützte gar nichts. Da tauchte schon die lange weiße Motorhaube mit dem silbernen Stern auf, ich sah Caracciola mit seiner Schirmmütze und geradeaus gerichtetem Blick. Nur für eine oder zwei Sekunden waren wir nebeneinander, dann zog er davon...“
Sir Henry (‚Tim‘) Birkin

Vom Typ K zum SSKL

Ein zweiter Platz in Le Mans bedeutete für viele Automobil-Firmen ein erstrebenswertes Ergebnis, ein solcher Erfolg stärkte bei vielen das Selbstbewußtsein. Allein die Tatsache, daß die Wagen hier 24 Stunden Dauerbelastung durchhielten, konnte bei dem damaligen Stand der Technik in der Werbung weidlich ausgeschlachtet werden. Doch das Bild veränderte sich, als 1931 ein Mercedes auf dem zweiten Platz einlief. Dem Namen Mercedes haftete aus den zwanziger und frühen dreißiger Jahren ein derart fabelhafter sportlicher Ruf an, daß ein zweiter Rang in Le Mans nicht den allgemeinen Erwartungen entsprach. Die Mille Miglia, die Tourist Trophy, der Große Preis von Deutschland, der Große Preis von Irland, das Eifelrennen, der Argentinische Grand Prix, die 24 Stunden von Spa – das waren lediglich die wichtigsten Rennen, die in den letzten Jahren von den Mercedes-Kompressor-Sechszylindern gewonnen wurden. Diese Wagen führten die neu geformte Daimler-Benz AG zu neuem Ruhm, wie er der D. M. G. und Benz für einige Zeit versagt geblieben war. Viele Jahre waren seit den Rennen um den Großen Preis von Frankreich in den Jahren 1908 und 1914, seit Daytona 1914 und seit der Targa Florio von 1924 vergangen. Außerhalb Deutschlands schien man allmählich zu vergessen, daß die Wagen mit den Namen Mercedes und Benz einst die Sieger aller großen Rennen waren. Doch da kamen völlig überraschend neue Rennwagen ins Gespräch: der Typ K, der S oder SS, der SSK und schließlich der SSKL.

Der Vorstand der Daimler-Motoren-Gesellschaft hatte einen neuen Tourenwagen der oberen Kategorie in Auftrag gegeben, doch es war ein Rennwagen, den der Konstrukteur Porsche ablieferte. Damit war der Anfang zu einer großartigen Modellreihe gemacht.

Als Porsche im Sommer 1923 seine Stellung in Stuttgart antrat, war eine seiner ersten Aufgaben die Entwicklung einer neuen Sechszylinder-Modellpalette. Man beabsichtigte damit die Ablösung des in Ehren ergrauten 28/95-PS-Typs. In jener Zeit ging man solche Projekte mit großem Eifer an, und es galt keineswegs als ungewöhnlich, daß die ersten Prototypen bereits Anfang 1924 liefen. Einen solchen Wagen nahm Max Sailer auf die „Erkundungs-Expedition“ nach Sizilien mit.

Im Herbst des gleichen Jahres konnte man der Öffentlichkeit die ersten Mercedes-Serienwagen mit Kompressoraufladung präsentieren. Der kleinste in der Reihe war der Typ 15/70/100 PS, der indessen weder zu kommerziellem noch zu sportlichem Erfolg führte. Die Typenangabe entsprach hier wieder der bekannten Aufschlüsselung nach Steuer-PS, Motorleistung ohne Kompressor und Höchstleistung mit eingeschaltetem Lader. Der Sechszylindermotor hatte die Abmessungen 80 × 130 mm für Bohrung und Hub und kam damit auf einen Hubraum von 3920 ccm. Dies war nicht gerade viel für einen Wagen, der je nach Aufbau bis zu 2,5 Tonnen auf die Waage bringen konnte. Die D. M. G. setzte diesen Wagentyp nur bei einigen Zuverlässigkeitsfahrten ein, denn mehr konnte man von dem trägen Fahrzeug nicht verlangen. Das Modell wurde denn auch bald wieder aus dem Programm gestrichen.

Am Anfang war auch der nächstgrößere Typ nicht gerade mit überschäumendem Temperament gesegnet. Der 24/100/140 PS Sechszylinder wies die Dimensionen des alten 28/95 PS auf (94 × 150 mm) und hatte einen Hubraum von 6242 ccm, er wog noch mehr als der kleinere Wagen und besaß einen wahrhaft enormen Radstand von 3750 mm. Beide Wagen waren wie beim Targa-Florio-Wagen von 1922 hinten mit halbelliptischen Auslegefedern ausgestattet. Vorne war der Rahmen nach oben gekröpft und die Vorderachse ruhte auf halbelliptischen Blattfedern. Die Bremsanlage bestand aus vier großen seilzugbetätigten Trommelbremsen; an den Hinterrädern waren pro Trommel vier Bremsbacken angeordnet, wobei das eine Paar von der Fußbremse und das andere von der Handbremse betätigt wurde. Wesentlich interessanter war natürlich das Antriebsaggregat, das sehr deutlich die Handschrift des Konstrukteurs erkennen ließ. Porsche hatte hier indessen auch einige der bewährten D. M. G.-Details wieder übernommen, eines davon war die Königswellen-getriebene obenliegende Nockenwelle. Der Antrieb befand sich wieder am hinteren Ende des Motors und war leicht nach rechts versetzt montiert. Der vom Fahrer zuschaltbare Kompressorantrieb fand ebenfalls wieder Verwendung.

Von seinen Arbeiten bei Austro-Daimler übernahm Porsche für den neuen Mercedes eine andere und bereits erfolgreich verwendete Zylinderbauweise. Die für Flug- und Rennmotoren gut geeigneten zusammengesetzten Zylinderkonstruktionen wurden damit aufgegeben, denn für die Serienproduktion wären sie viel zu aufwendig gewesen. Der einteilige Zylinderkopf bestand aus Grauguß, der Zylinderblock war ebenfalls aus einem Stück gegossen und reichte vom Zylinderkopf bis zur Kurbelwellen-Mitte. Für die Fertigung verwendete man Silumin, eine Aluminium-Legierung mit einem 13prozentigen Silikon-Gehalt. Diese leichteste aller erhältlichen Legierungen wurde beim Gießvorgang noch auf bessere Stabilität und Wärmeleitfähigkeit hin behandelt. Die notwendigen Zylinderlaufbüchsen aus Grauguß wurden in die Bohrungen im Block eingepreßt und mit einem Bund oben fixiert. Man tastete sich sehr zaghaft zur Verwendung von Aluminium-Kolben vor, indem man Alu-Kolbenkerne verwendete, die man aber mit einem stählernen Schaft versah. Mit Madenschrauben wurden die Kolbenbolzen im Kolben gesichert. Die langen Pleuelstangen wurden aus Chrom-Nickel-Stahl geschmiedet, hatten einen runden Schaft und einen teilbaren Fuß. Sie liefen auf Weißmetallagern und wiesen im Pleuelauge Grauguß-Buchsen auf. Die einteilig geschmiedete Stahlkurbelwelle drehte sich in vier Gleitlagern, die ebenfalls mit Weißmetall ausgegossen waren.

Mit der Sportversion Typ S des großen Kompressor-Sechszylinder-Mercedes begann ein neues Kapitel der motorsportlichen Aktivitäten bei Daimler-Benz. Der Wagen war wesentlich niedriger geworden, die Motorhaube schloß so knapp wie möglich über dem Ventildeckel ab. Der nun mit zwei Vergasern versehene Motor war auch erheblich in der Leistung gesteigert worden.

Unten: Das Chassis des Mercedes K. Der offiziell 24/100/140 K (K = kurzes Chassis) bezeichnete Wagen war von Ferdinand Porsche konstruiert worden und stellte die Ausgangsbasis zu den erfolgreichen Sportwagen der Jahre 1926–33 dar.

Das Schmiersystem am 24/100/140-PS-Mercedes stellte ebenfalls eine Abkehr von alten Konstruktionen dar. Eine Zahnradpumpe saugte durch ein Sieb in der Ölwanne den Schmierstoff an und pumpte ihn zu einem im Motorblock eingebauten Filter. Von dort lief das Öl zur Pumpe zurück und wurde über ein Verteilersystem in die einzelnen Schmierleitungen gedrückt. Zu den Hauptlagern führten jeweils direkte Zuleitungen, das abtropfende Öl gelangte dann auf die Schleuderringe auf der Kurbelwelle und an die Pleuellager. Im hohlgebohrten Pleuelschaft stieg es auch zum Kolbenbolzen auf. Eine weitere Steigleitung führte durch den hintersten der vier Nockenwellen-Lagerböcke in die hohle Nockenwelle, von wo aus das Öl durch kleine Bohrungen zu den Lagern gelangte und auch die Nocken selbst versorgte. Vom Zylinderkopf lief das Öl in speziellen Rücklaufbohrungen im Gehäuse zurück, wobei auch eine Seitenleitung zum Kompressor führte.
Als dieser Motor konzipiert wurde, stieß Porsche bei der D.M.G. weitgehend auf Ablehnung, weil er das alte Frischöl-System mit der Handpumpe zugunsten eines geschlossen Ölkreislaufs verlassen wollte. Nach seinen Erfahrungen in Indianapolis sprach sich jedoch auch Max Sailer beim 24/100/140 PS für dieses System aus, denn mit einem Pumpenkreislauf konnte man einen zuverlässigeren Öl-Nachschub erreichen. Am hinteren Ende des Zylinderblocks wurde ein Vorratstank angebaut, und ein kleiner Regulierkolben steuerte den Zufluß zur Ölpumpe. Pro 1000 km liefen aus diesem Behälter etwas mehr als 8 Liter nach.
Die flachen Verbrennungsräume im Zylinderkopf wurden durch zwei geradehängende und schräg versetzte Ventile gebildet. Die Auslaßventile der nebeneinanderstehenden Zylinder waren dabei enger zusammengerückt als die Einlaßventile. Die Zündkerze befand sich auf der linken Seite, in der Nähe des Einlaßventils. Auf Grund der Verwendung eines gußeisernen Zylinderkopfes sparte man zusätzlich eingesetzte Ventilführungen und Ven-

tilsitzringe ein. Die Ventile wurden von verdoppelten Schraubenfedern geschlossen, wobei diese konisch gehalten waren und somit oben einen kleineren Durchmesser aufwiesen als unten. Wie an Porsches Zweiliter-Achtzylinder fand man auch am Sechsliter-Sechszylinder Schlepphebel zwischen den Nocken und den Ventilkappen. Die Kontaktflächen waren dabei versetzt angeordnet, womit man den Ventilhub gegenüber dem Nockenhub vergrößerte und dadurch Raum für eine Spiel-Einstellschraube bekam. Kurze Achsen in den seitlichen Vertiefungen des Zylinderkopfs hielten die Schlepphebel. Diese reichten quer hinüber zu ihren Ventilen, so waren die Hebel für die Einlaßventile rechts angelenkt und jene für die Einlaßventile auf der linken Seite. Die verschiedensten Ausführungen von Schlepphebeln wurden in der ganzen Rennmotoren-Entwicklung bei Mercedes bis 1954 beibehalten.

Die einzelnen Auslaßkanäle am 24/100/140-PS-Motor wurden in einem waagrechten Gußeisen-Krümmer zusammengeführt. Der Ansaugkrümmer auf der anderen Seite des Motors (links) war zu annähernd zwei Dritteln am Zylinderkopf eingegossen und hinter einer Abdeckplatte verborgen, welche angeschraubt wurde und in der Mitte die Halterung für den Vergaser trug. Es handelte sich damals um einen allgemeinen Brauch, die Motoren von außen sehr aufgeräumt erscheinen zu lassen. Aus diesem Grund fanden sich auch alle Nebenaggregate beim 24/100/140 PS auf der rechten Seite unter einem voluminösen Alu-Deckel. Dort lagen nacheinander die Wasserpumpe, die Lichtmaschine und der Zündmagnet. Die Zündkabel wurden durch den Zylinderblock geführt, und zwar durch eine Passage zwischen dem zweiten und dritten Zylinder. Ein weiterer Quertunnel befand sich zwischen dem vierten und fünften Zylinder, hier wurde dem Vergaser Ansaugluft für den kompressorlosen Betrieb zugeführt. Die trockene und vorgewärmte Luft kam aus einem Sammelraum unterhalb des Auspuffkrümmers, dessen Verrippung die ihn umstreichende Luft anwärmte. Aus dem Sammelgefäß bezog auch der Kompressor die für die Gemischbildung notwendige Luft. Der Lader saß an der Motor-Stirnseite und war in herkömmlicher D.M.G.-Manier vertikal montiert. Auf der Ansaugseite des Laders befand sich ein Dämpfergehäuse, womit man den schrillen Lärm des Kompressors etwas verringern wollte. Die beiden Drehflügel des Roots-Gebläses liefen auf Kugellagern, oben war es ein einreihiges und unten ein doppelreihiges Lager. Die vorverdichtete Luft wurde in einem längsverrippten Kanal zum Vergaser gepreßt.

Wie bei den meisten seiner direkten Nachfolger wurde auch am 24/100/140-PS-Motor der Lader als unmäßig hohe Belastung des gesamten Aggregates angesehen. In der Bedienungsanleitung der Wagen hieß es: „Die hauptsächliche Aufgabe des Kompressors liegt darin, dem Wagen beim Anfahren und auf Steigungen zusätzlich Kraft zu geben, indem die Motorleistung erhöht wird. Darüberhinaus kann man mit dem Kompressor länger im höheren Gang fahren und es können dadurch auch höhere Durchschnittsgeschwindigkeiten erzielt werden." Es war durchaus möglich, den Lader mehr oder weniger ständig zu benutzen, jedoch mußten dann Zündkerzen mit höherem Wärmewert verwendet werden. Als Kraftstoff empfahl sich Benzol oder eine Benzin-Benzol-Mischung.

Ein Kegelradsatz an der Motorstirnseite trieb beim 24/100/140-PS-Typ den Kompressor mit 2,6facher Kurbelwellen-Drehzahl. Das Antriebsrad wurde durch eine dazwischengeschaltete Mehrscheiben-Kupplung kraftschlüssig gemacht. Auf der Rückseite des Andruck-Lagers fand sich eine ungewöhnliche Konstruktion, nämlich eine weitere Reibungs-Kupplung, die die Drehflügel sofort abbremste, wenn der Kompressor ausgeschaltet wurde. Die Steuer-Kupplung wurde mit zwei gekoppelten Winkelhebeln an ihrer Vorderseite betätigt. Die Steuerbewegung wurde durch eine massive Zugstange übertragen, in deren Mitte auch die Vergaser-Luftklappe angeschlossen war, die bei eingeschaltetem Kompressor den Ansaugweg durch das Motorgehäuse verschloß und damit den Druckaufbau ermöglichte. Die Zugstange wurde durch eine Hebelverbindung mit dem Gaspedal gesteuert. An jenem befand sich eine Rolle, die die Hebelumlenkung des Kompressorgestänges bei ganz durchgedrücktem Pedal in Gang setzte.

Der D.M.G.-Vergaser war speziell für den Kompressor-Betrieb ausgestattet und wies ein Überdruckventil auf, das im Falle eines Zurückschlagens des Motors geöffnet wurde. Die Unterdruck-gesteuerte „Automat"-Luftregulierung wurde beibehalten. Der Ladeluft-Zutritt wurde über zwei Kraftstoffdüsen versorgt, eine reguläre Hauptdüse und eine Zusatzdüse, die, durch einen Nocken am Gasgestänge gesteuert, die Wirkung einer Beschleunigerpumpe erbrachte. Die Autovac-Benzinpumpe wurde ebenfalls mit Druckluft aus dem Kompressor versorgt, damit die Benzinförderung zur unter Druck stehenden Schwimmerkammer stets gewährleistet wurde. Im Autovac-System war es nicht möglich, aus dem Benzintank weiter zu fördern, deshalb wurde das Vorratsgefäß durch den Druck geleert; die Menge reichte in etwa für eine Fahrstrecke von 15 Kilometern – das war weit mehr als die meisten Fahrer mit eingeschaltetem Kompressor zurücklegten.

Entsprechend dem bisherigen D.M.G.-Code erhielt das Aggregat die Bezeichnung M 9456. Es war 4,7:1 verdichtet und der Kompressor lieferte einen Ladedruck von 0,42 at. Wie schon aus der Typ-Angabe hervorgeht, wurden vom Werk 100 PS im Saugbetrieb und 140 PS mit Kompressor angegeben, dieser Wert wurde bei einer Drehzahl von 3100 U/min erreicht. Es ist nun interessant, wie verläßlich diese Angaben zu jener Zeit waren; eine werksunabhängige Versuchsreihe bot hier einen guten Einblick. Bei General Motors in den USA war man an der Kompressor-Technologie interessiert und führte aus diesem Grund mit einem 15/70/100-PS-Mercedes-Motor einige Tests durch. Dieser kleinere Sechszylinder entwickelte nach amerikanischen Berichten als Saugmotor 70 PS bei 2400 U/min sowie 103 PS bei 2900 U/min mit eingeschaltetem Lader. Daraus ist ersichtlich, daß die Werksangaben zutrafen, wenngleich sie im Zweifelsfalle eher tiefgestapelt waren.

Am 24/100/140 PS-Motor zeigte sich eine gelungene Bemessung des erzeugten Ladedruckes. Wenn an einem Motor alle Faktoren, einschließlich der Kolbenoberfläche, erhalten bleiben, steht die Leistungsausbeute in direktem Zusammenhang mit einer möglichen Erhöhung des Saugrohr-Unterdrucks, den der herabgehende Kolben bei geöffnetem Ventil im Ansaugweg erzeugt. Dieser Wert entsprach dem Druck von einer Atmosphäre. Daß nun der durch den Kompressor erzeugte zusätzliche Druck sich direkt proportional auf die Leistungssteigerung auswirken konnte, darf als Beweis einer geglückten Abstimmung angesehen werden. Das Druck-Verhältnis zwischen Saugmotor und aufgeladenem Motor lautete 1,0 at gegen 1,42 at (Gesamtdruck), was in der Leistung dem realen PS-Unterschied von 100 zu 140 PS ziemlich genau entsprach.

Eine Mehrscheibenkupplung mit Reibbelägen an Stelle der Metall-Reibscheiben übertrug die Kraft des M 9456, sie wurde mit einer starken Schraubenfeder angedrückt. Das Kurbelhaus war hinten länger ausgeformt, unter dieser Abdeckung befanden sich die schwergewichtige Schwungscheibe und darin eingebaut die Kupplung. Direkt angeschraubt war an dieser Stelle das Getriebe. Auf diese Weise wurde der jeweilige Kupplungsdruck beim Betätigen derselben nicht auf die Kurbelwelle übertragen, sondern auf die Getriebe-Eingangswelle. Das Getriebe selbst wies vier Vorwärtsgänge auf, wobei die Zahnräder geradverzahnt und nicht ständig im Eingriff waren. Der direkt übersetzte vierte Gang wurde mit einer Schaltklaue eingelegt. Durch ein Verschieben der Stirnräder auf der Hauptwelle wurden die anderen Übersetzungsstufen geschaltet. Dieses System verlangte ein sehr genaues Angleichen der Drehzahlen von Motor und Getriebe, um einigermaßen geräuschlos schalten zu können. In dieser Hinsicht gab es gerade am 24/100/140 PS und seinen Nachfolgern mehr Probleme als sonst üblich. Die Abstufungen der Gänge waren folgendermaßen festgelegt: 1. Gang 3,82:1; 2. Gang 2,225:1; 3. Gang 1,44:1; 4. Gang 1:1. Die Ölversorgung des Getriebes übernahm eine Tauch- und Schleuderschmierung. Die Schaltung war bei rechtsgesteuerten Wagen samt Kulisse auf einem Ausleger an die rechte Außenseite

Links: Beim Eröffnungsrennen auf dem Nürburgring am 18. Juni 1927 war neben den Werkswagen vom Typ S (Caracciola Nr. 1, Rosenberger Nr. 2) auch ein Typ K (Privatfahrer Mosch Nr. 3) zu sehen.

Oben: Nach einem dramatischen Rennverlauf wird Christian Werner als Sieger des Großen Preises von Deutschland 1928 auf dem Nürburgring abgewunken.

Oben: Start zum Großen Preis von Deutschland 1928. Caracciola, Merz, Werner und Rosenberger fahren hier den Typ SS mit dem Siebenliter-Motor.

Rechts: Reifenwechsel am Wagen von Otto Merz. Zur besseren Unterscheidung der Team-Mitglieder hatte man auf der Motorhaube einen Farbstreifen aufgemalt und auch die Kotflügel unterschiedlich lackiert.

Oben: Earl Howe mit seinem SS beim Shelsley Walsh-Bergrennen 1929.

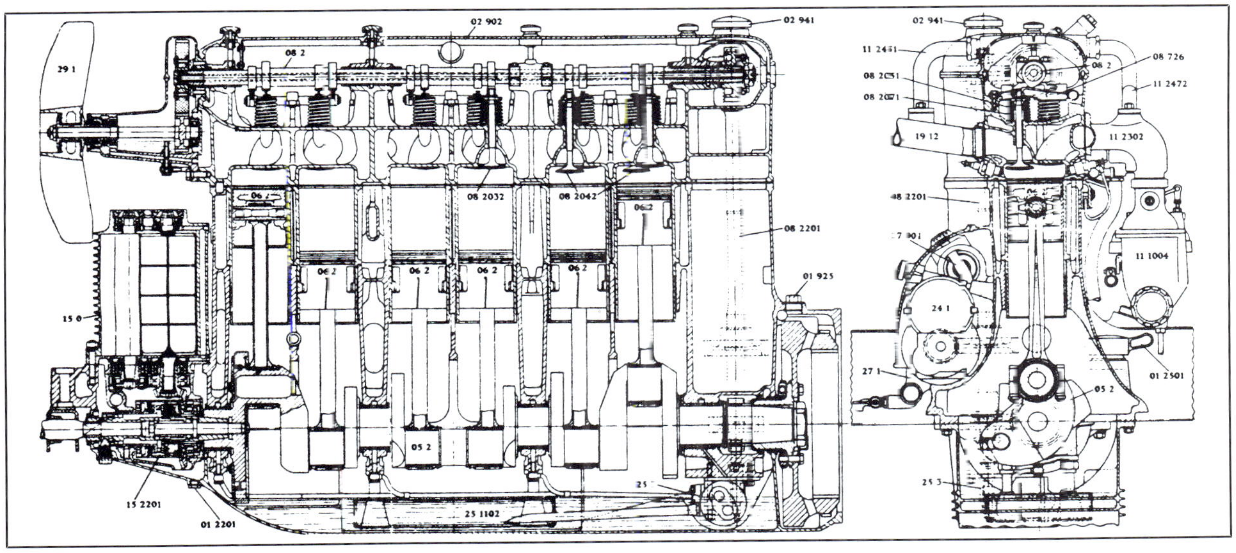

Der von Porsche konstruierte Sechszylindermotor in seiner endgültigen Ausführung. Dieses mit der Bezeichnung M 06 versehene Aggregat wies einen Hubraum von 7069 ccm (100 × 150 mm) auf und leistete je nach Auslegung und Kompressorgröße 225 bis 300 PS bei 3300 U/min. Aus der Schnittzeichnung ist der Aufbau gut zu erkennen.

verlegt worden. Bei Linkslenkung befand sich der Schalthebel in der Mitte, direkt auf dem Getriebedeckel montiert.

Der Motor-Getriebe-Block war mit seinen drei Befestigungspunkten, einer an der Frontseite und zwei auf der Höhe der Kupplung, stabil genug am Rahmen angeschraubt, um Aufstell- oder Schubkräfte des Achsantriebs aushalten zu können. Innerhalb des glockenförmigen Angusses am Getriebe befand sich das großzügig dimensionierte Kreuzgelenk der Antriebswelle, dessen Gelenkbolzen in den stählernen Gabeln auf Blei-Bronze-Lagern liefen. Geschmiert wurden diese aus dem Ölvorrat des Hinterachsgetriebes, das Schmiermittel gelangte dabei durch die hohle Antriebswelle zum Gelenk und wurde durch das Schubrohr wieder zurückgeleitet. Das Differentialgehäuse war zusammen mit den Achsrohren aus einem Stück gefertigt. Die Radnaben waren bei dieser Banjo-Achskonstruktion vollständig der gefederten Masse hinzugefügt; sie waren direkt an den Achsrohren befestigt, welche wieder mit Verstärkungsstreben am Schubrohr zusätzlich abgestützt waren.

Ferdinand Porsche und seine Konstrukteurs-Mannschaft der D. M. G. führten den Mercedes-Stern auf dem Spitzkühler des 24/100/140-PS-Mercedes zu neuem Ruhm. Die Wagen waren eigentlich nicht als Rennwagen und auch nicht einmal als sportliche Fahrzeuge gedacht, jedoch verhalfen die zahlreichen überlegenen Konstruktionsdetails schon Mitte 1925 zu ersten Erfolgen bei Kurzstreckenrennen und Zuverlässigkeitsfahrten. In jenem Sommer konnte auch Rudolf Caracciola sein großes Talent erstmals richtig unter Beweis stellen, als er bei der Robert-Batschari-Fahrt Sailer, Neubauer, Walb und Fritz Nallinger junior auf die Plätze verwies. Im Jahr darauf wurde einer dieser ersten 24/100/140-PS-Mercedes in Genf auf dem Fliegenden Kilometer gestoppt, der Wagen erreichte dabei eine Spitzengeschwindigkeit von 146,9 km/h.

Der Kompressor-Sechszylinder war in einer Zeit wirtschaftlicher Unsicherheit in Deutschland entstanden. Noch bevor die Namen Mercedes und Benz fest verbunden wurden, erkor man den 24/100/140-PS-Typ zum Spitzenmodell des gemeinsamen Verkaufsprogramms. Diese Stellung innerhalb der Modellauswahl wurde 1926 bekräftigt und der Wagen bekam ein verändertes Fahrgestell. An der Hinterachse wurden die Auslegefedern zugunsten herkömmlich montierter Blattfedern wieder aufgegeben. Die Kühlleistung wurde verbessert, indem man einen Ventilator mit sechs anstelle von vier Flügeln verwendete und bei manchen Wagen sogar Leitbleche einbaute. Außerdem wurden die Auspuffgase nun über drei große, durch die Haube ragende Krümmer nach unten in ein gemeinsames Rohr geführt. Der lange Radstand wurde auch weiterhin beibehalten, doch es war nun alternativ eine kürzere Version erhältlich. Dabei wurde der Rahmen hinter der Haupt-Traverse gekürzt und der nunmehr mit der Bezeichnung „K“ versehene Wagen hatte einen Radstand von 3400 mm. Die Sportsmänner in Untertürkheim versahen dieses Chassis mit einem offenen Viersitzer-Aufbau, der weit nach hinten geschwungene Kotflügel und eine Vertiefung am Heck zur Aufnahme der Reserve-

Räder angefügt bekam. Die lange Motorhaube wies erneut eine große Anzahl Lüftungsschlitze auf und die Cockpit-Abdeckung war wieder sanft ansteigend geformt. Die flache Windschutzscheibe war zweigeteilt, es ließen sich sowohl beide Hälften einzeln als auch die gesamte Scheibe nach vorne umklappen. Auf diese Weise war nun eine Sportwagen-Version des 24/100/140 K entstanden, die mit ihren noch immer imposanten Ausmaßen und einer Bodenfreiheit von 23 cm mehr einem Ackergaul als einem Rennpferd glich.
Während des Jahres 1926 führte die Motoren-Abteilung einige Änderungen an der Maschine aus, die zuerst im Wettbewerbseinsatz erprobt wurden, um dann schließlich 1927 in die Serienproduktion übernommen zu werden. Mit neuen Kolben, die aber nach wie vor einen Stahlschaft besaßen, wurde das Verdichtungsverhältnis auf 5,0:1 angehoben. Auf der rechten Motorseite wurden zusätzliche Zündkerzen in den Zylinderkopf geschraubt, da man das Zündsystem auf Doppelzündung umstellen wollte. Eine neue Apparatur von Bosch sah für die linke Seite weiterhin eine Magnetzündung vor, rechts wurde jedoch eine mit einem Verteiler ausgestattete Spulenzündung verwendet. Auf der rechten Motorseite lagen die Kerzen in der Auslaßzone, weshalb man hier einen höheren Wärmewert benötigte. Die Ventilgrößen wurden auf 50 mm erweitert und der Ventilhub maß nun 10 mm. Am Kompressor wurde nichts verändert, aber der Motor leistete nun 110 PS bei 2800 U/min beziehungsweise 160 PS bei 3000 U/min mit eingeschaltetem Lader. Dies stellte eine sehr willkommene Leistungssteigerung dar, vor allem, wenn man das Gewicht des

Rechts: Eine Anzahl wohlhabender Privatfahrer setzte in den zwanziger und dreißiger Jahren die Kompressor-Mercedes bei Rennen aller Art ein. Hier ein „abgespeckter" SS bei einer Bergwertung.

Rechts: Otto Merz bei der Tourist Trophy 1929 in Irland, wo er mit seinem SS hinter Caracciola an zweiter Stelle liegend ins Ziel kam.

Unten der Mercedes SS, Radstand 3400 mm.

Unten der Mercedes SSK, Radstand 2950 mm.

Links das verkürzte Chassis des Siebenliter-Wagens vom Typ SS, der dadurch zum SSK (K = kurz) wurde.

Unten: Carlos Zatuszek auf einem SSK beim Herbstpreis von Argentinien 1931.

Oben: Großer Preis von Italien, Monza 1929. Die drei Mercedes von links: Federico Caflisch im SS, August Momberger-SSK und Adolf Rosenberger mit dem Ex-Salzer-Wagen von 1924 („Großmutter“).

Rechts: Bergrennen Königsaal 1930. Caracciola gewann mit dem SSK, der hier in der Sportwagen-Klasse lief.

Fahrzeugs von 2000 kg in Betracht zog. Zur Anpassung der Gesamtübersetzung an verschiedene Einsatzzwecke standen drei verschiedene Hinterachsübersetzungen zur Auswahl: 3,00, 3,28 und 3,50. Als mögliche Höchstgeschwindigkeit wurden vom Werk 152 km/h genannt, was sich bei einem Sprint im Juli 1926 in Freiburg als sehr genaue Angabe entpuppte, denn dort kam man mit 153,4 km/h kaum schneller voran.

Ruhm und Erfolge waren auch für die Verkaufstätigkeit auf Export-Märkten unabdingbar, deshalb waren auch Wettbewerbseinsätze in solchen Ländern gern gesehen. Einen der ersten internationalen Starts des speziell präparierten 24/100/140-K-Mercedes hatte man für Ende Juli 1926 in San Sebastian in Spanien vorgesehen. Bei diesem 12-Stunden-Rennen belegten die drei weißen Renner die ersten drei Ränge in ihrer Wertungsklasse, den Gesamtsieg indessen holte sich ein Wagen mit nur 1100 ccm Hubraum. Die Mercedes-Mannschaft wurde von einer unglücklichen Serie von Reifenschäden heimgesucht. Der hochbeinige Typ K wurde auch weiterhin vom Werksteam eingesetzt und erfreute sich zunehmender Beliebtheit bei Privatfahrern.

Um wirklich konkurrenzfähig zu bleiben, mußte man sich aber etwas einfallen lassen. Ein speziell auf rennsportliche Erfordernisse zugeschnittener Wagen schien dabei unumgänglich zu sein. Es war diesmal nicht so selbstverständlich, daß man sich sofort an eine Neukonstruktion machen würde. Denn trotz des großen finanziellen Aufwands in einer wirtschaftlich schwierigen Zeit hatten die Wagen, die sowohl bei Benz als auch bei Mercedes für die Zweiliter-Formel entstanden waren, bei weitem nicht den erhofften Erfolg gebracht. Die neue 1,5-Liter-Formel hätte nun wieder völlig neue Wagen erfordert. Die wirtschaftliche Lage in Deutschland befand sich zwar 1926/27 in einem großen Aufschwung, aber der Aufsichtsrat des vereinigten Automobilkonzerns zögerte diesmal, einen nicht unbeträchtlichen Teil der Erträge für neue Rennsport-Unternehmungen auszugeben. Bei diesen Entscheidungen zeigte vor allem die Mannheimer Seite eine ablehnende Haltung. Der Automobilhistoriker K. B. Hopfinger schreibt darüber: „Gemessen an der Kapitalkraft ihres ehemaligen Unternehmens hatten die Benz-Aufsichtsräte im neuen Gesamtgremium eine untergeordnete Position. Aber dennoch gelang es ihnen, jeden Vorschlag aus den Reihen der Mercedes-Leute zu Fall zu bringen. In Wirklichkeit waren es die Benz-Aufsichtsräte, die es zu verhindern wußten, daß vor dem Jahr 1934 wieder Rennwagen gebaut wurden."

Da man nun schon keine Rennwagen bauen durfte, setzte man in dieser von je her rennbegeisterten Firma alles daran, das Beste aus dem vorhandenen Material zu machen. Auf der von Ferdinand Porsche geschaffenen gesunden Basis baute man in den folgenden Jahren hervorragende Sportgeräte auf. Die Arbeiten begannen Anfang 1927 mit einer grundlegenden Überarbeitung des 24/100/140 K, um ihn für Wettbewerbs-Einsätze besser tauglich zu machen. Es galt dabei auf die Verwendbarkeit im Serienbau Rücksicht zu nehmen, denn der aufgeladene Sechszylinder war inzwischen zu einem wichtigen Modell im Daimler-Benz-Programm geworden. Außer diesen Wagen fanden sich da noch die schon leicht veraltet wirkenden, seitengesteuerten Sechszylinder der Typen „Stuttgart" und „Mannheim" und ab 1928 der ebenfalls mit stehenden Ventilen versehen Reihenachtzylinder im „Nürburg". Parallel zu dem nun offiziell als Typ „K" bezeichneten alten Modell wurde nun der überarbeitete Wagen als Typ „S" (Sport-Modell) in das Programm eingereiht. Der Typ S war, so gut es nur ging, zu einem einsatzfähigen Wettbewerbsgerät umkonstruiert worden. Die Chassis-Abmessungen wurden unverändert vom K-Typ übernommen, das Fahrgestell war jedoch um einiges tiefergesetzt worden. Die Kröpfungen der Rahmenholme waren aus diesem Grunde viel stärker ausgeprägt, speziell an der Hinterachse waren die Holme sehr weit aufgewölbt worden. Die Federn waren nun unter der Achse durchgeführt, anstatt oben befestigt. Die Vorderachse und die Lenkung blieben unverändert. In der Draufsicht blieb die Rahmenkonstruktion ebenfalls gleich, die Längsholme verliefen parallel bis zur Motorraum-Rückwand und waren von da ab bis zur vorderen Federaufnahme nach innen gebogen. An beiden Enden des

Oben: Klausenpaß 1930. Sieger wurde Caracciola auf Mercedes SSK.

Rechts: Mercedes SSK mit Erleichterungsbohrungen am Rahmen, SSK „L" 1931.

Rahmens wurden Querrohre eingefügt; am Heck fand sich noch eine weitere Traverse, an der der Kraftstofftank eingehängt wurde. Wie auch die Verstärkung am Cockpitboden, waren die Traversen mit Erleichterungsbohrungen versehen. Die Bodenfreiheit maß nun nur noch 152 mm, und die gesamte Karosserie-Linie war nicht höher, als es der Motor erforderte. Dieser war um weitere 30 cm nach hinten gerückt worden, denn dadurch ließ sich die Einbauhöhe verringern und außerdem gestaltete sich die Gewichtsverteilung noch günstiger. Der Kühler wanderte ebenfalls weiter zurück, jedoch nicht ganz so weit, denn er sollte lediglich zwischen den Rahmenholmen Platz finden. Der Antrieb für den Kühlventilator wurde mit einem Zwischenrad an der Nockenwelle tiefergesetzt, er selbst saß nun auf einer Verlängerung vor dem Kompressor.

Das verkürzte Schubrohr wurde am Differential-Anschluß weiter verstärkt. Die Achsrohre waren umgestaltet worden, denn die langen Stützstreben zum Rahmen sollten wegfallen. Sie waren nun wesentlich breiter und zu den Enden hin verjüngt. Der Kraftstofftank lag so nahe an der Hinterachse, daß man ihn in der Mitte mit einer Aussparung versehen mußte, um Platz für das Differential zu schaffen. Für die Hinterachse gab es andere Übersetzungsstufen, mit den Abstufungen 2,50, 2,76 und 3,09 waren nun sechs verschiedene Antriebsübersetzungen lieferbar. Die Getriebeabstufung wurde enger gehalten: 1. Gang 3,15:1, 2. Gang 1,81:1, 3. Gang 1,36:1, 4. Gang 1,0:1. Die Schaltung wies nun keine offene Kulisse mehr auf, der Schalthebel saß auf einem neuen Getriebedeckel, er war leicht nach hinten gebogen und griff über ein Kugelgelenk ein. Zusammen mit den Änderungen an der Hinterachse wurden auch die Bremsen überarbeitet. Die Anordnung von zwei Bremsbacken-Sätzen, getrennt nach Fuß- und Handbremse, hatte sich nicht bewährt, weshalb man nun zu einer konventionellen Auslegung zurückgriff. Die Handbremse war dabei einfach an das hintere Bremsgestänge angekoppelt. An einigen Wagen vom Typ S wurde auch eine von Bosch entwickelte Unterdruck-Pumpe verwendet, um die Pedalkraft an der Fußbremse zu verstärken. Ein Handrad am Boden löste dabei die Bremse sofort wieder. Die Bremsen in den stark verrippten Gußeisen-Trommeln waren ungewöhnlich aufgebaut. Die Trommeln selbst waren innen mit einem Kupferbelag versehen, der Korrosion verhindern sollte und zugleich eine gute Wärmeableitung

Oben: Das Chassis aus der Vogelperspektive. Hier wird deutlich, wie weit der SSK gegenüber den Vorgänger-Modellen verkürzt worden war.

Blick in das Cockpit des Mercedes-Rennsportwagens für die Saison 1931. Der SSKL genannte Werkswagen für Caracciola war durch die überall sichtbaren Bohrungen um 125 kg leichter gemacht worden.

Unten: Chassis eines nachträglich zur Leichtbau-Version umgebauten SSK; die Rahmen-Längsholme blieben zwischen Kühler und Motorraum-Rückwand massiv.

ermöglichte. Es handelte sich hier um die von Porsche stets bevorzugten Innenbandbremsen, die so montiert waren, daß die Drehbewegung des Rades direkt auf das bewegliche Ende des Bandes wirkte. Dadurch ergab sich ein gewisser Selbstverstärkungs- oder Servo-Effekt. Der aufgenietete Belag wirkte bis auf 20 Grad auf die gesamte Trommelfläche. Lediglich der bewegliche Teil des Bremsbandes, der etwa 130 Grad umfaßte, war auf der Rückseite mit einer Verstärkungsrippe versehen. Wie bei den meisten Mercedes seit 1901 wurden diese Bremsen über einen Spannhebel betätigt.

Die Stoßdämpfer am Typ S waren bei seinen ersten Rennauftritten im Jahre 1927 wieder solche federbelastete und über eine Druckstange betätigte Reibungdämpfer, wie sie schon an den Grand-Prix-Siegerwagen von 1908 und 1914 sowie am 28/95-PS-Typ in Sizilien verwendet worden waren. Beim Serienmodell des S-Typs verwendete man an der Vorderachse hydraulische Houdaille-Dämpfer und hinten Scheren-Reibungsdämpfer, die innen an den Rahmenholmen befestigt waren.

Im selben Jahr lief auch ein umfangreiches Entwicklungsprogramm an, in dessen Verlauf der Sechszylinder-Motor in seinem Inneren so umfassend überarbeitet wurde, daß man ihn am Ende sogar mit einer neuen Typenbezeichnung versah, M 06. Die Numerierung läßt erkennen, daß es sich dabei um eines der ersten Projekte der Entwicklungsabteilung nach der Gründung der Daimler-Benz AG handelte. Der Hub blieb mit 150 mm erhalten, die Bohrung erweiterte man auf 98 mm und kam damit auf einen Hubraum von 6789 ccm. Diese Maßnahme schloß die Weiterverwendung von eingepreßten Laufbuchsen im Zylinderblock aus. Man verwendete deshalb nasse Laufbüchsen, die frei im Motorblock standen; sie waren oben und unten (wo sie tief eingesetzt wurden) durch einen Bund befestigt. Der Zylinderkopf mit zwei Kerzen pro Brennraum wurde mit einigen Änderungen vom Typ K übernommen. Auf der linken Motorseite wurde eine neue Abdeckplatte für die Ansaugleitungen angebracht, denn es sollten nunmehr zwei Vergaser – wie bei 28/95-PS-Typ – Verwendung finden. Die Ansaugluft für den kompressorlosen Betrieb kam aus einem T-Rohr zwischen den Vergasern, das an seiner Mündung eine Abdeckkappe besaß. Die Ansaugluft war beim M 06 nicht mehr vorgewärmt, die Verdampfung wurde lediglich durch eine über den Ventildeckel gelegte Heizleitung auf den Ansaugkrümmer erleichtert. Der Kompressor lief mit der 2,8fachen Kurbelwellen-Drehzahl und lieferte einen Ladedruck von 0,49 at. Die Motorleistung betrug 120 PS bei 2800 U/min und stieg bei eingeschaltetem Kompressor auf 180 PS bei 3000 U/min. Die vom Werk für den Sporteinsatz vorbereiteten Fahrzeuge wiesen eine erhöhte Verdichtung auf und wurden mit Benzol-Gemisch betrieben, sie leisteten bis 220 PS. Damit konnten sie einige eindrucksvolle Siege feiern, als sie im Juni und Juli 1927 auf einer neuentstandenen Rennstrecke auftauchten. Dieser neue Kurs in Deutschland, Nürburgring genannt, wurde in den folgenden Jahren zu einem der wichtigsten Motorsport-Schauplätze in Europa.

Der wirtschaftliche Aufschwung in der zweiten Hälfte der zwanziger Jahre hatte in Deutschland nicht alle Landstriche erreicht. Die Gegend um das Städtchen Adenau in der Eifel gehörte nach wie vor zu den ärmeren Gebieten im Reich. Der Landrat Dr. Creutz kam 1924 auf den Gedanken, daß man durch die Errichtung einer Rennstrecke rund um die Nürburg der Gegend einige Attraktivität verleihen könnte. In Adenau wurde ein Ortsclub des ADAC gegründet, und man konnte auch die finanzielle Unterstützung des preußischen Staates gewinnen. Im April 1925 wurden schließlich die Arbeiten aufgenommen. Es entstanden im Grunde genommen zwei Rennstrecken, die 7,6 km lange Südschleife und die 22,7 km lange Nordschleife, welche durch die Start- und Ziel-Schleife miteinander verbunden waren.

Die Holzschalungen für die Beton-Tribünen waren noch zu sehen, die schwierige Strecke noch nicht überall asphaltiert, als um 10.23 Uhr des 19. Juni 1927 die Flagge zum ersten Rennen auf dem Nürburgring fiel. Vor den Teilnehmern lagen zwölf Runden auf dem Gesamtkurs. In der ersten Startreihe befanden sich zwei Mercedes S und ein K-Modell, das neben den neuen Wagen etwas zu groß geraten schien; jene waren mit einem Trockengewicht von 1940 kg auch leichter. Das Rennen weihte nicht nur eine neue Strecke ein, es markierte auch den Beginn einer neuen Epoche im deutschen Sportgeschehen und speziell bei Mercedes-Benz. Der Sieger hieß Caracciola vor Rosenberger im zweiten S-Mercedes.

Einen Monat später kehrte die Truppe zurück, um diesmal um den Großen Preis von Deutschland anzutreten. Hier war Otto Merz erfolgreich, Werner und Walb belegten die Plätze Zwei und Drei. Bei diesem Rennen hatte man die weißen Wagen erstmalig mit breiten farbigen Streifen über der Haube versehen, damit man sie von den Boxen aus eindeutig identifizieren konnte. Im August gelang es mit dem Typ S, in Freiburg die Rekordzeiten des Achtzylinder-Wagens zu unterbieten und einen Monat später gewann Rosenberger mit dem S in 7:02.8 min die Sportwagen-Klasse am Semmering. Caracciola erreichte bei einem Beschleunigungs-Rennen in Antwerpen sensationelle 208 km/h. Damit bestand nun kein Zweifel mehr, daß der Mercedes S trotz seiner Tourenwagen-Abstammung zu einem überaus erfolgreichen Rennwagen herangereift war.

Das Prinzip der nassen Zylinderlaufbüchsen hatte sich inzwischen bewährt, so daß man daran ging, den M 06 für 1928 weiter zu verbessern. Zuerst wurde er um weitere 2 mm aufgebohrt, womit man nun auf 7069 ccm kam. Dann kamen endlich Voll-Aluminiumkolben zum Einsatz, sie waren mit Ölrücklaufschlitzen versehen. Neue Pleuel wurden ebenfalls verwendet; man behielt den runden Schaft bei, verschraubte jedoch den Pleuelfuß nun mit vier Schrauben. Der Kolbenbolzen wurde nicht mehr mit Madenschrauben im Kolben fixiert.

An der langen Kurbelwelle des Sechszylinders waren wiederholt Schwingungen im Bereich von 1300 bis 1500 Umdrehungen aufgetreten, dies wollte man nun mit einem Auswuchtgewicht abdämpfen. Dazu befestigte man auf die nunmehr vollrund ausgeführte Hubscheibe zwischen dem vorderen Hauptlager und dem ersten Hubzapfen einen Auswuchtring. Früher hatte es ähnliche Konstruktionen schon bei Lanchester und Rolls-Royce gegeben, wo eine „fliegende Schwungscheibe" auf der Kurbelwelle durch gegenseitige Reibung in Bewegung gesetzt wurde. Der Dämpferring bei Mercedes war jedoch fest montiert.

Das Schmiersystem hatte man nicht geändert, lediglich der Frischöl-Nachschub war nun auf 15 Liter pro 1000 km einreguliert worden. Bei hoher Belastung des Motors war dies genau richtig, jedoch neigten die Zündkerzen bei normalen Fahrbedingungen sehr schnell zum Verölen. Im Renneinsatz war lediglich die Unterbringung der zusätzlich benötigten Ölmenge problematisch. Aus diesem Grund hatten die Fahrzeuge für besonders schnelle oder über lange Distanzen führende Rennen einen zweiten Öleinfüllstutzen an der Cockpitabdeckung; dieser führte zu einem an der Motorraumwand angebrachten Zusatztank.

Die Trennkupplung am Kompressor bestand aus 22 Reibpaaren (Stahlplatten) am Antrieb und acht Paar kleinerer Scheiben zur Abbremsung. Der Lader selbst wurde unverändert übernommen, nur die Druckleitung zu den Vergasern war stärker verrippt. Die Ventile hatte man auf 52 mm vergrößert.

Dies war nun die letzte offizielle Version des M 06, er wurde 1928 in die Wagen mit den legendären Namen SS und SSK eingebaut. Zwei Ausführungen waren erhältlich. 4,7:1 verdichtet betrug die Saugmotor-Leistung 140 PS, mit 5,2 Verdichtung stieg dieser Wert auf 160 PS bei 2800 U/min. Die gleichlautende Angabe für den aufgeladenen Motor von 200 PS bei 3000 U/min wurde bei der höheren Verdichtung in Wirklichkeit weit übertroffen.

Für die Sportwagen-Klasse, in der der Mercedes angesichts des Hubraums einen viersitzigen Aufbau tragen mußte, verwendete man das bewährte S-Chassis. Beim Siegerwagen des Grand Prix 1928 auf dem Nürburgring, gefahren von Caracciola/Werner, handelte es sich um ebendieses Modell; man hatte an allen vier Rädern kleine Schutzbleche angebaut und verwendete das

Links: Caracciolas SSKL nach seinem Sieg beim Großen Preis von Deutschland am 19. Juli 1931.

Unten: 1932 bekam Hans Stuck einen im Werk vorbereiteten SSKL zur Verfügung. Er siegte damit bei zahlreichen internationalen Bergrennen.

Oben: Rudolf Caracciola gewann 1931 mit dem SSKL die Mille Miglia. 1635 Kilometer bewältigte er in einer Zeit von 16 Stunden und 10 Minuten.

Rechts: Auf dem Werkshof bei Daimler-Benz sind hier einige zur Leichtbau-Version umgebaute SSK zu sehen.

Oben: Für das Avusrennen 1932 versah Freiherr von Koenig-Fachsenfeld Manfred von Brauchitschs Mercedes SSK „L“ mit dieser Stromlinien-Karosserie.

Oben: Der Rennwagen erwies sich als recht problematisch; Brauchitsch konnte trotzdem den Sieg auf der Avus erringen.

Rechts: Mit knappem Vorsprung vor Caracciola – diesmal auf Alfa Romeo – kam der Stromlinienwagen ins Ziel.

Unten: Mit einem verbesserten Wagen sollte Otto Merz 1933 auf der Avus antreten.

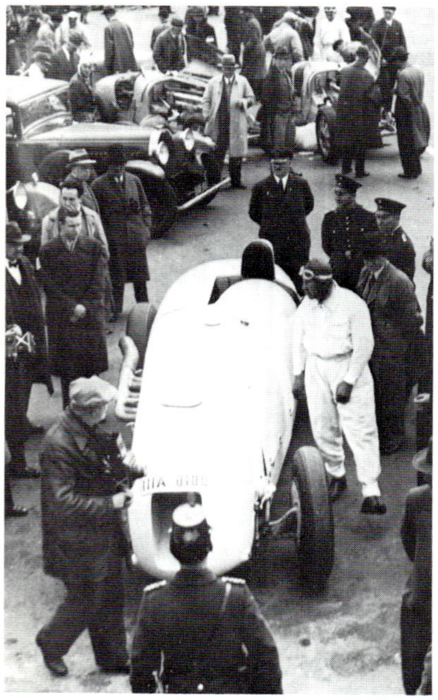

Nach einer Nachtfahrt kam Merz gerade noch rechtzeitig zum Training nach Berlin. Der Wagen war in letzter Minute fertig geworden.

Siebenliter-Aggregat. Aus diesem Grund und natürlich aus verkaufspolitischen Erwägungen wurde der Wagen mit einer neuen Bezeichnung versehen: er hieß Typ SS.
Es wurden eine ganze Anzahl von Wagen des S-Typs als offene Tourenwagen an Privatkunden verkauft. Dieses Fahrzeug sah zwar extrem sportlich aus, bot den Insassen aber sehr wenig Platz. Deshalb wurde beim SS die Karosserielinie wieder etwas höher gelegt, diese Änderung war sehr leicht am Kühler zu erkennen. Anstelle des aus sieben Teilen zusammengesetzten Kühlerkerns gab es beim SS – wie schon vorher beim Typ K – wieder einen achtteiligen Spitzkühler. Das Fahrgestell war fast identisch mit dem des S-Typs, lediglich die Spurbreite wurde mit 1420 mm etwas knapper gehalten. Außerdem verzichtete man auf die Erleichterungsbohrungen in den hinteren Quertraver-

sen. Die wirklichen SS-Typen, und nicht die umgebauten Vormodelle, wurden in erster Linie als schnelle Tourenwagen für eine interessierte und finanzkräftige Kundschaft gebaut und waren nicht für den Sporteinsatz gedacht. Diese Aufgabe erfüllten die mit dem größeren Motor versehenen S-Modelle wesentlich besser. Wagen dieses Typs wurden nun auch verstärkt von Privatfahrern eingesetzt und hefteten Ruhm und Ehren an den stolzen Mercedes-Stern, der übrigens bei den Rennwagen nicht auf dem Kühlerverschluß angebracht war.

Mit einer grandiosen Regenfahrt beendete Caraciola 1929 die Tourist Trophy als Sieger und 1931, als das Werk bereits alle Rennaktivitäten eingestellt hatte, gewannen Privatteams die 24 Stunden von Spa und wurden Le Mans Zweiter. Die Rennversionen, bestehend aus dem Fahrgestell des Typs S und dem SS-Motor, brachten 50 kg weniger auf die Waage und hatten frisierte Motoren. Für die Leistungssteigerung hatte man zwei neue Kompressoren mit wesentlich größeren Drehflügeln geschaffen, womit sich der Ladedruck auf 0,70 bzw. 0,83 at erhöhte. Allein die neue Renn-Nockenwelle brachte eine Normalleistung von 170 PS bei 3200 Umdrehungen und eine Kompressor-Leistung von 225 PS bei 3300 U/min. Mit dem Einsatz des ersten neuen Laders kam man auf 275 PS. Der größte Kompressor war nur für die Verwendung in Werkswagen geplant, der mit dem Kosenamen „Elefant" versehene Lader verhalf jedoch später einem noch schnelleren Rennwagen zu entsprechender Leistung: dem SSK.

In Deutschland waren damals Bergrennen außerordentlich beliebt. So ging man Mitte 1928 bei Daimler-Benz daran, einen speziell dafür geeigneten Wagen vorzubereiten. Man verwendete dazu ein Fahrgestell des S-Typs und verkürzte dies vor der Hinterachskröpfung, womit man auf einen Radstand von 2950 mm kam. Technisch gesehen, handelte es sich dabei um die kurze Ausführung des S, so daß die Bezeichnung SK zutreffender gewesen wäre. In Anbetracht des verwendeten Siebenliter-Motors nannte man den Wagen jedoch SSK. Für die Zuschauer am 29. Juli 1928 am Gabelbach war es indessen lediglich ein fuchterregender, schneller Mercedes ohne Kotflügel, den der nette Junge aus Remagen in neuer Rekordzeit den Berg hinaufjagte. In Freiburg dann war dieselbe Kombination um fünf Prozent schneller als im Jahr davor, und am Semmering fuhr Caracciola sogar sensationelle 6:40,3 min.

Über den Winter wurde eine kleine Serie von SSK-Versionen gebaut, insgesamt 31 Exemplare. Der 1928 eingestellte S war auf 149 Stück gekommen, vom SS fertigte man bis Herbst 1929 114 Stück. Der SSK war als „Serienwagen" auch primär für den Wettbewerbseinsatz gedacht. Er erhielt an der Vorderachse hydraulische Houdaille-Stoßdämpfer mit stark verrippten Gehäusen und wurde mit einem noch enger gestuften Getriebe ausgestattet. Die Gangabstufungen sahen nun folgendermaßen aus: 1. Gang 2,75:1, 2. Gang 1,50:1, 3. Gang 1,20:1, 4. Gang 1,0:1. Wie der SS fuhr auch der SSK auf 20-Zoll-Drahtspeichenrädern mit 6,50er oder 7,00er Reifen.

Für den Einsatz bei Kurzstreckenrennen hauchte man dem bewährten M 06-Sechszylinder im 1700 kg schweren SSK noch mehr Leistung ein. Die Motoren-Abteilung unter Albert Heeß hatte 1929 bei Verwendung des großen Laders („Elefant") mehr als 300 PS bei 3300 U/min erzielt. Das Verhältnis zwischen Saugrohrdruck und dem gesamten Füllungsdruck bei Laderbetrieb von 1:1,83 ließ rechnerisch auf eine Spitzenleistung von 309 PS schließen, was schließlich durch Prüfstandsmessungen mit 310 PS mehr als bestätigt wurde. Die Verdichtung des Motors richtete sich nach der verwendeten Kraftstoffart und variierte zwischen 5,75 und etwa 6,0:1. Die firmeninterne Typenbezeichnung 27/300 ließ darauf schließen, daß die Wagen, zumindest bei Bergrennen, mit fest angekuppeltem Lader liefen. Am Kurbeltrieb hatte man ebenfalls Änderungen durchgeführt, man verwendete nun Pleuelschäfte mit einem Doppel-T-Profil und verstärkten Lagern. In seiner besten Ausführung konnte man den großvolumigen Sechszylinder mit auf 3500 Umdrehungen fahren, wobei kurzzeitig in der Hitze des Gefechts auch 4000 U/min möglich waren, wobei die Nadel des Drehzahlmessers schon anstieß. Bei einigen Wagen wurden die Kupplungen mit Stahl-Reibscheiben verstärkt. Die in Monza und auf der Avus eingesetzten Motoren wiesen sechs kurze Auspuff-Stummel auf, die schräg nach hinten ins Freie führten.

Caracciola durfte 1929 seine Auslandsstarts frei wählen. Er entschloß sich, zum ersten Rennen in den Straßen Monte-Carlos einen SSK mitzunehmen. Wie viele andere Grand-Prix-Rennen jener Jahre zwischen 1928 und 1933 wurde auch dieser Lauf nicht nach dem immer noch gültigen, wenn auch als überholt angesehenen Reglement der AIACR durchgeführt. Noch vor der Hälfte der Distanz hatte der respektlose junge Mann aus Deutschland die Führung an sich reißen können, er war jedoch zum Nachtanken gezwungen und verlor dadurch seine Position. Immerhin wurde er aber noch Dritter. Beim Großen Preis von Deutschland lag er wieder an der Spitze, mußte aber mit Pleuelschaden aufgeben. In Argentinien hatte ein ausgewanderter Osteuropäer namens Carlos Zatuszek ein erfolgreiches Jahr mit seinem SSK, den er als Nachfolger zu seinem vorhergehenden Sechszylinder gekauft hatte. Und 1930 errang Caracciola die Berg-Europameisterschaft, wie übrigens auch im Jahr darauf. Er fuhr aus diesem Grund auch auf den britischen Inseln, wo er den irischen Grand Prix und das traditionsreiche Shelsley-Walsh-Bergrennen mit dem SSK bestritt. In Irland fiel ihm durch die Handicap-Wertung der Gesamtsieg zu und in Wales gewann er die Sportwagenklasse. In derselben Kategorie siegte er auch am Semmering. Es war wieder einmal ein erfolgreiches Jahr für den jungen Fahrer und für das beste Pferd im Mercedes-Stall, den SSK gewesen.

Von den Auswirkungen des Börsenkrachs 1929 in der New Yorker Wall Street war kein Land und kein Unternehmen verschont geblieben. Von Direktor Wilhelm Kissel erhielt Caracciola die Mitteilung, daß man nicht mehr in der Lage sei, seinen Fahrervertrag zu verlängern. Alfred Neubauer schaltete sich ein und erreichte die Genehmigung zur Errichtung eines kleinen Privatteams für seinen Schützling Caracciola, das aus dem Beifahrer Wilhelm Sebastian und dem Mechaniker Willy Zimmer bestehen sollte. Das Werk würde dem Team Erfolgs-Prämien zahlen und räumte ihm einen großzügigen Preisnachlaß auf den anzukaufenden SSK ein – einem indessen sehr speziellen SSK.

Ferdinand Porsche hatte inzwischen mit den von ihm geschaffenen Wagen nichts mehr zu tun. In seiner eigenwilligen Art hatte er im Verlauf einer hektischen Vorstandssitzung im Oktober 1928 seinen Posten bei der Daimler-Benz AG niedergelegt. Er verließ Stuttgart und vermietete seine dortige Villa an seinen Nachfolger. Hans Nibel kam aus Mannheim, wo er im Benz-Werk hauptsächlich mit den Entwicklungen auf dem Diesel- und Lkw-Sektor beschäftigt gewesen war. Hans Nibel setzte natürlich auch einige weitere Mitglieder der ehemaligen Benz-Mannschaft für verantwortungsvolle Tätigkeiten in seinem neuen Arbeitsbereich ein, davon seien in der Hauptsache Max Wagner und Fritz Nallinger genannt. Diese beiden wurden nun damit betraut, für Caracciolas einsamen Feldzug das bestmögliche Material bereitzustellen. Wagner behandelte zunächst einmal das vorhandene Chassis mit der gleichen Methode, die er schon beim Benz-Tropfenwagen angewandt hatte. Er brachte, wo nur eben möglich, Bohrungen zur Gewichtsverminderung an. Die Seitenholme des Rahmens waren mit verschieden großen Bohrungen übersät, lediglich zwischen Motorraumrückwand und Kühler blieben sie unberührt. Zusätzlich waren die Profilkanten der Holme verschmälert worden. Die hinteren Quertraversen, die Knotenbleche und die Tankhalterung waren ebenfalls durchbohrt worden. Auch die Hebel und Pedale, sogar die Versteifungsrippen an den Bremstrommeln wurden solchen Erleichterungsmaßnahmen unterzogen. Insgesamt konnte man 125 kg des Gesamtgewichts einsparen und hatte damit eine Leichtbau-Version des SSK geschaffen, die man folgerichtig mit der Bezeichnung SSKL versah.

Caracciola wußte gut mit dem Wagen umzugehen. Er eröffnete die Saison mit einem Sieg bei der Mille Miglia, das Avusrennen vermochte er ebenso für sich zu entscheiden wie die beiden Rennen auf dem Nürburgring. Das Eifelrennen und den verregneten Großen Preis gewann er gegen eine starke Bugatti-Konkurrenz. Bei diesem Rennen kam übrigens zum erstenmal der von Wilhelm Sebastian und Willy Walb erdachte Renn-Wagenheber zum Einsatz.

Die „SSKL-Behandlung" verlängerte bei einigen SSK die aktive Rennlaufbahn, als sie 1931 umgebaut wurden. Am Ende der Saison löste man allerdings das Einmann-Werksteam auf, woraufhin Caracciola ein Angebot von Alfa Romeo annahm. Der erfahrene und begeisterte Privatfahrer Hans Stuck sprang hier in die Bresche, indem er einen im Werk vorbereiteten „privaten" SSKL an den Start brachte. Anfang 1932 fuhr er damit sehr erfolgreich bei Rennen in Argentinien und Brasilien, wo er mit 206,5 km/h sogar einen nationalen Geschwindigkeitsrekord fuhr. Beim Großen Preis der Tschechoslowakei in Brünn belegte er den zweiten Rang und gewann darüberhinaus alle wichtigen Bergrennen.

In den Jahren 1932 und 1933 fand die Renn-Karriere des SSKL ihren Höhepunkt und zugleich ihren Abschluß. Und ein neuer Mann wurde mit den Mercedes-Rennwagen in Verbindung gebracht – der aus einer angesehenen Offiziersfamilie stammende Manfred von Brauchitsch. Seine eigene Offizierslaufbahn hatte er nach einem schweren Motorradunfall beendet, wonach er sich entschloß, Rennfahrer zu werden. Ein Onkel hatte ihm 1929 einen Mercedes SS gekauft, 1930 tauschte er den Wagen gegen einen SSK ein, den er schließlich 1931 zum SSKL modifizieren ließ. Als die Saison 1932 begann, war er gerade 26 Jahre alt. Es schien unwahrscheinlich, daß am 22. Mai beim Avusrennen ein deutscher Fahrer mit einem einheimischen Wagen Caracciolas Vorjahreserfolg wiederholen könnte. In Berlin wurde in diesem Jahr eine neuerstarkte Streitmacht ausländischer Teams erwartet. Stuck hielt sich noch in Südamerika auf und wurde erst unmittelbar vor Rennbeginn zurückerwartet. Der einzige aussichtsreiche Teilnehmer aus deutscher Sicht war somit Manfred von Brauchitsch. Und so war er es, dem der Freiherr Reinhard von Koenig-Fachsenfeld sein Vorhaben, den SSKL mit einer kompromißlosen Stromlinienkarosserie zu versehen antrug.

„Um ehrlich zu sein", erzählte der Vorkämpfer aerodynamischer Karosserien, „zögerte er ein wenig, als ich ihn in meine Pläne einweihte. Vielleicht schwirrte ihm der Kopf von all den Berechnungen, Formeln und Darstellungen, die ich zur Untermauerung meines Anliegens vor ihm ausgebreitet hatte. Aber seine Entscheidung kam dann ziemlich schnell – Neubauer hatte noch einmal mit ihm gesprochen."

Koenig-Fachsenfeld hatte bereits mehrere Automobile mit strömungsgünstigen Aufbauten versehen, doch hier handelte es sich um sein erstes großes Rennwagen-Projekt. In Berlin wurde der Wagen unter dem Namen „Zeppelin auf Rädern" bekannt. An sich war Koenig-Fachsenfelds Aufbau recht einfach gehalten: ein vollkommen rundes Frontteil mit dem Kühllufteinlaß, ein vollverkleideter, runder Karosseriekörper mit einbezogener Bodenwanne, ein spitz auslaufendes Heck mit verkleideten Hinterradfedern und Kopfstütze sowie Abdeckungen über den Einfüllstutzen für Wasser und Öl. Die Räder ließ er freistehend. Neubauer zeigte sich besorgt über die zu erwartende mangelhafte Kühlung des Hinterachsgetriebes. Doch Koenig-Fachsenfeld beruhigte ihn, indem er ihm eine eingelassene Luftzuführung zeigte, die schließlich noch die Öltemperatur im Differential-Gehäuse um zehn Grad gegenüber dem bisherigen Wert senkte.

Die Karosserie stellte in großer Eile Vetter in Cannstatt her. Der Wagen wurde gerade rechtzeitig fertig, um zum Trainingsbeginn nach Berlin gefahren zu werden – auf eigener Achse! Dort hatte man noch mit einer ganzen Reihe von Schwierigkeiten zu kämpfen. „Von anfänglicher Motorüberhitzung bis zu einer schlechten Straßenlage war die Karosserie die Ursache von nicht enden wollenden Problemen," gab der Konstrukteur zu. Die Trainingszeiten waren demzufolge kaum erwähnenswert. V. Brauchitsch hätte am liebsten den ganzen Kram hingeschmissen. Er nahm indessen das Rennen auf und war natürlich am Anfang der 15 Runden nicht im Vorderfeld zu finden. Das Tempo wurde in den ersten Runden von René Dreyfus in einem von zwei Achtzylindermotoren getriebenen Maserati bestimmt, er schraubte dabei den Rundenrekord auf 210 km/h. Bis zur sechsten Runde mußten jedoch bereits einige der anfangs so überlegenen Ausländer ausscheiden. Das Rennen entwickelte sich nun zu einem Zweikampf zwischen dem Starfahrer Rudolf Caracciola auf einem Alfa Romeo und dem Neuling von Brauchitsch auf jenem ungewöhnlichen neuen Mercedes-Benz. In den Kehren an beiden Enden des Kurses lagen ihre Geschwindigkeiten zwischen 100 und 125 km/h gleich – aber nur so lange, bis Manfred von Brauchitsch auf der Zielgeraden das Gaspedal durchdrückte und dem Alfa davoneilte. Sein Gesamtdurchschnitt hatte 194,2 km/h betragen, das war genau um 8,6 Stundenkilometer schneller als Caracciolas Schnitt im Vorjahr auf einem unverkleideten SSKL.

Laut Koenig-Fachsenfeld war Manfred von Brauchitschs privater SSKL 270 PS stark. Sein Wagen wies den für ein hartes Rennen über lange Distanzen besser geeigneten 0,7 at-Kompressor auf. Es hieß, daß Caracciolas Standard-SSKL 1931 auf der Avus 209,1 km/h erreicht habe und diese Geschwindigkeit mit der Stromlinienkarosserie auf 230 Stundenkilometer angestiegen war. Der Luftwiderstand an Brauchitsch Wagen war gegenüber der Normal-Ausführung demnach um 25 Prozent gesenkt worden.

Diese Ereignisse blieben auch in Untertürkheim nicht ohne Folgen. Bei ihrer Rückkehr zum Renngeschehen wollte die Daimler-Benz AG nun auch auf strömungsgünstig karossierte Fahrzeuge zurückgreifen. Für das Avusrennen 1933 beabsichtigte man selbst einen solchen Wagen zu bauen. Es entstand ein Versuchsmodell im Maßstab 1:10 mit verschiedenen Formen der Verkleidung; man beschäftigte sich auch mit verkleideten Rädern, ließ diese Idee aber am Einsatzfahrzeug wieder fallen. Auch diesmal befand man sich wieder unter Zeitdruck. Nachdem sich Caracciola bei seinem Unfall in Monaco ernsthafte Verletzungen zugezogen hatte, verpflichtete man den verläßlichen alten Kämpen Otto Merz. Dieser hatte zwar seine Laufbahn schon beinahe beendet, war jedoch in Untertürkheim nach wie vor sehr gerne gesehen. So konnte man ihm auch seine Bitte, mit einem letzten Einsatz bei einem großen Rennen auf deutschem Boden seiner Karriere einen würdigen Abschluß zu geben, nicht verwehren.

Von Brauchitschs Wagen wurde ebenfalls noch einmal aufgemöbelt und mit verstärkten Rädern sowie Abdeckscheiben in den Hinterrädern versehen. Für Manfred von Brauchitsch verlief das Rennen nicht so erfolgreich wie im Vorjahr. Bereits nach zwei Runden mußte er an die Box, nachdem sich am rechten Hinterreifen der Protektor gelöst hatte. Dies wiederholte sich noch weitere vier Mal, weshalb er über einen sechsten Rang nicht hinauskam. Zwei Bugatti vom Typ 54 fuhren hier in Berlin einen Doppelerfolg heraus, es handelte sich dabei um den einzigen größeren Erfolg dieses etwas unglücklichen Modells. Der Schnitt des Siegers betrug 208,4 km/h.

Otto Merz war nicht am Start erschienen. Sein Wagen war so spät fertiggeworden, daß Merz ihn noch in der Nacht nach Berlin steuern mußte, damit er rechtzeitig zum Training an der Avus war.Der Wagen hatte natürlich keine Beleuchtungsanlage, aber angesichts einer Vollmondnacht wagte Merz die riskante Fahrt. Er kam ohne Zwischenfälle in Berlin an. Am Nachmittag des ersten Trainingstages probierte er eine neue Ideallinie auf einem holprigen Streckenabschnitt, der seine kräftigen Arme zu ganzem Zupacken zwang. Trotz eines drohenden Wolkenbruchs wollte er nicht auf die heranzuschaffenden Regenreifen mit feinerem Profil warten. Der Kompressormotor entwikkelte seinen berühmten Auspuffdonner, als Merz die Gerade entlangschoß – plötzlich klang er leiser, war gleich darauf ganz still. Es wurde ein Sturz gemeldet. Ein Mechaniker fuhr die Strecke ab, kam kurz darauf zurück und berichtete Neubauer: „Er liegt ganz ruhig da, der Otto, als ob er schläft... Wollen Sie ihn noch einmal sehen?" Nein – Neubauer mochte ihn nicht mehr sehen.

„Es liegt nun an jenen, denen das Ansehen Deutschlands etwas bedeutet, die Regierung bei diesem Vorhaben zu unterstützen, dem deutschen Motorsport, deutschen Konstruktionen und deutscher Handwerksarbeit zu neuen Ehren zu verhelfen."
Wilhelm Kissel

Die 750-kg-Rennformel

Im Jahre 1932 befand sich Deutschland in einer akuten Krisensituation. Die Belegschaft bei Daimler-Benz wurde auf die Hälfte des Standes von 1928 reduziert, Millionen in ganz Deutschland waren arbeitslos. Vier krisengeschüttelte Automobil-Hersteller schlossen sich um die Mitte des Jahres zu einem starken Konzern zusammen, der Auto Union. Mit leerem Geldbeutel und angeschlagenem Selbstvertrauen waren die Deutschen empfänglich für die Ankündigungen der Nationalsozialisten. Die NSDAP kam am 30. Januar 1933 an die Macht, Adolf Hitler wurde Reichskanzler.

Die AIACR hatte während dieser unsicheren Zeiten ein neues Reglement für die Grand-Prix-Formel ausgearbeitet, das von 1934 bis Ende 1936 Gültigkeit haben sollte. Es wurde am 12. Oktober 1932 praktisch als Fortsetzung der bisherigen „Freien Formel" angekündigt, man hatte lediglich das Trockengewicht (hier: ohne Kraftstoff, Öl und Kühlmittel sowie ohne Reifen) auf maximal 750 kg festgelegt. Damit waren bereits eingesetzte Wagen wie der Alfa P3 oder der Bugatti 51 klar im Vorteil; man wollte „Monster" wie die zweimotorigen Alfa und Maserati, deren Geschwindigkeiten in nicht mehr beherrschbare Bereiche vorgedrungen waren, ausschließen. Man legte außerdem die Karosseriebreite auf mindestens 85 cm und die Mindestdistanz der Rennen auf 500 km fest. Für die deutschen Firmen war dieses neue Grand Prix-Reglement lediglich von theoretischer Bedeutung. Es hieß lediglich für Mercedes-Benz, daß der SSKL nun nicht mehr auf die Jagd nach den kleinen schnellen Wagen gehen konnte, er wog schließlich mehr als das Doppelte des geforderten Maximums. Wenn man je wieder ins Renngeschehen zurückkehren würde, müßte man einen völlig neuen Wagen auf die Räder stellen. An ein solches Vorhaben hatte man so nebenher schon mehrere Male gedacht. Während der Annäherung der beiden Firmen Daimler und Benz hatte Max Wagner beispielsweise bereits einmal einen Wagen mit dem Fahrgestell nach Benz-RH-Vorbild, jedoch mit Frontmotor, gebaut. Bei diesem Aggregat handelte es sich um einen aufgeladenen Zweiliter-Sechszylinder. Man hatte auch einmal am Ende der Laufbahn Porsches bei Mercedes eine ähnliche Konzeption ausgearbeitet, die indessen nicht verwirklicht wurde. Man dachte dabei ebenfalls an eine hintere Schwingachse und einen Heckmotor; der 3,2 Liter-dohc-Achtzylinder sollte direkt an die Hinterachse angeblockt werden. Der Konstrukteur Otto Schilling hatte an der Planung für diesen Motor mitgewirkt. 1930 bekam er den Auftrag, einen V-16-Zylinder zu entwerfen, der mit den Abmessungen 70 × 82 mm auf 5060 ccm kommen und dabei eine Leistung von 350 PS abgeben sollte. Doch auch hier blieb es bei einer Konstruktionsidee, es gab keinerlei Möglichkeiten zur Verwirklichung des Konzepts.

Alfred Neubauer, einem der größten Rennsport-Enthusiasten im Werk, gelang es während dieser ganzen Zeit, das Interesse beim Vorstand aufrechtzuerhalten. Zumindest beim wichtigsten Mann der Firma, dem Vorstandsvorsitzenden Wilhelm Kissel, hatte er immer Erfolg gehabt. Dieser hatte dem Aufsichtsrat der Daimler-Benz AG zwar versichert, daß alle Rennsport-Programme eingestellt würden, zugleich aber hatte er Neubauer die stillschweigende Unterstützung von Caracciola und Stuck in den Jahren 1931 und 1932 ermöglicht.

Die traditionellen Geldgeber im Motorsport, die Mineralöl- und Zubehörfirmen, waren jetzt auch nicht mehr in der Lage, neue Vorhaben zu unterstützen. Wilhelm Kissel berichtete dem Aufsichtsratsvorsitzenden Emil Georg von Stauss, daß die Automobilclubs in Deutschland daran dächten, mit einer Spendenaktion den Bau eines neuen Rennwagens zu finanzieren. Er befürchtete eine ungute Rivalität zwischen den beiden großen Vereinigungen, dem AvD und dem ADAC, und er informierte aus diesem Grunde den ADAC-Präsidenten Ewald Kroth über die zu erwartenden Kosten. Er sagte, daß ein erfolgversprechender Einsatz den Aufwand von mindestens einer Million Reichsmark erforderte.

Noch im März 1933 kündigte die Daimler-Benz AG ihre Rückkehr zum Rennsport an; als Grund gab man die wichtige Werbewirksamkeit an. Der mit der Machtübernahme Hitlers entstandene Optimismus in Kreisen der deutschen Wirtschaft mag dazu den Ausschlag gegeben haben. Die Angst vor einer eventuellen Verstaatlichung der Industrien war gewichen, und man zeigte sich allgemein erfreut über weitere Unterstützungszusagen der neuen Machthaber. Die Gewerkschaften wurden aufgelöst, die Produktion für Aufrüstungspläne angekurbelt und die Kreditpolitik wesentlich großzügiger gestaltet. Erst später sollten die Automobilfirmen von der Bedrohung durch einen Staatsbetrieb, nämlich dem Volkswagenwerk, erfahren. Hindernisse wie Produktionsbeschränkungen und Planwirtschaft waren noch weit entfernt. 1933 sah man einer vielversprechenden Zukunft entgegen.

Als Kontaktmann für Daimler-Benz zur neuen Regierung fungierte Jakob Werlin, Leiter der Münchner Mercedes-Niederlassung. Werlins persönlicher Kontakt zum Reichskanzler war bei der Erlangung staatlicher Finanzhilfen ausschlaggebend. Es wurde vereinbart, daß das Verkehrsministerium für den Bau und Einsatz eines deutschen Rennwagens jährlich 450 000 Reichsmark beisteuern sollte, zusätzlich winkten für Plazierungen unter den ersten Drei pro Rennen Preisgelder von 20 000, 10 000 oder 5000 Reichsmark, je nach Erfolg. Hier wollte jedoch ein Neuling mit guten Verbindungen ebenfalls teilhaben. Unterstützt wurde diese Forderung durch eine wichtige Persönlichkeit: Ferdinand Porsche. Er war es auch, der auf die Verkaufszahlen der neu geschaffenen Auto Union hinwies. Daran erinnerte sich Neubauer: „Jeder wollte alles für sich alleine haben. Doch schließlich entschied der Ministerialdirektor Brandenburg wie weiland König Salomon: Jede Firma bekommt die

Im Februar 1934 konnte die Rennabteilung mit sichtlichem Stolz der Direktion der Daimler-Benz AG den neuen Grand-Prix-Wagen präsentieren. Bei dem W 25 genannten Fahrzeug handelte es sich um eine Neukonstruktion; man hatte einen 3,4 Liter großen Achtzylinder-Kompressormotor und ein Vollschwingachs-Fahrgestell entworfen.

Rechts: Der Technische Direktor der Daimler-Benz AG, Dr. Ing. h. c. Hans Nibel, erklärt den neuen deutschen Rennwagen dem Reichskanzler. Rechts daneben ist Alfred Neubauer, der alte und neue Mercedes-Rennleiter, zu sehen.

Links: Manfred von Brauchitsch führte im Mai 1934 ausgiebige Probefahrten auf der Avus durch. Für die Teilnahme im Rennen war man jedoch noch nicht ganz gerüstet.

Rechts: So präsentierte sich der Mercedes W 25 beim Eifelrennen 1934. Um auf das Abnahmegewicht von 750 kg zu kommen, hatte man die weiße Lackierung entfernen müssen. Die blanke Alu-Karosserie regte zu der zukünftigen Namensgebung „Silberpfeil" an.

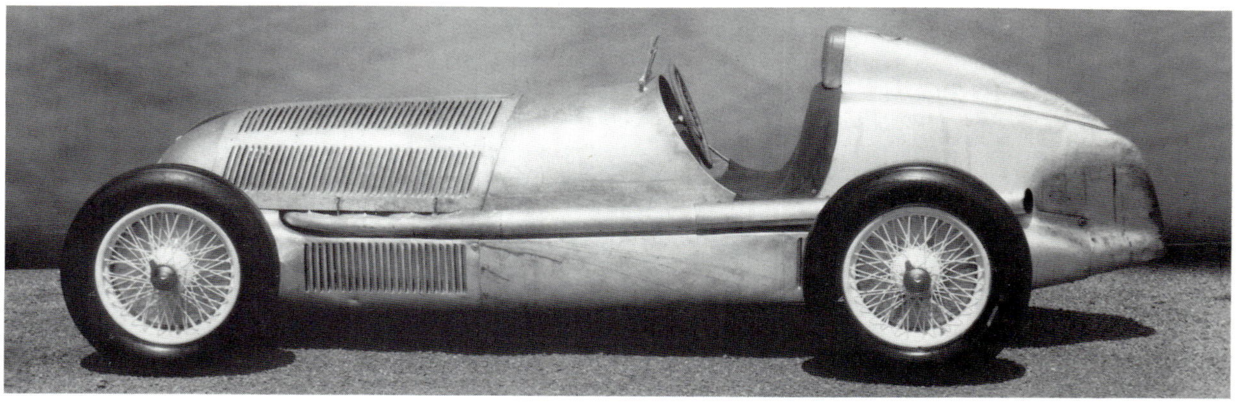

Hälfte.“ Dies war nun nicht einmal ein Viertel dessen, was Kissel als erforderlichen Mindestbetrag veranschlagt hatte.
In der Realität sollte es lediglich ein Zehntel des jährlichen Gesamtaufwands von Mercedes-Benz ausmachen. Es war jedoch so etwas wie ein Anstoß, und den hatte man ja schließlich gebraucht. Die Entscheidung kam gerade noch zur rechten Zeit, denn es war in Anbetracht der herannahenden Saison 1934 bereits höchste Eile geboten. Daimler-Benz war sich darüber im Klaren, daß man wahrscheinlich bei den ersten Rennen in Monaco und Tripolis noch nicht fertig sein würde. Als Probeläufe für den am 1. Juli in Montlhéry stattfindenden Französischen Grand Prix betrachtete man deshalb die Rennen auf Avus und Nürburgring. In Frankreich gedachte die Mercedes-Mannschaft 1934 ihren Sieg im Jahre 1914 zu wiederholen – ein neuerlicher Erfolg wäre dabei mehr als erwünscht gewesen.
Auf den Konstrukteuren in Untertürkheim lastete in mehrfacher Hinsicht eine schwere Bürde. Sie waren wie schon so viele Male vorher in Zeitdruck und mußten die inzwischen sehr hochgesteckten Erwartungen erfüllen. Aber die Zeiten hatten sich stark gewandelt. Es hatte sich das Verhältnis zur Konkurrenz geändert, Mercedes war in den vorangegangenen Jahren nicht mehr so absolut überlegen gewesen. Als Direktor des Hauptkonstruktionsbüros zeichnete sich Hans Nibel für diesen vorrangigen Auftrag verantwortlich. Unter seiner Leitung kümmerte sich Max Wagner um die Fahrgestell-Entwicklung. Albert Heeß war für das Antriebsaggregat zuständig, wobei ihm der versierte Motorenfachmann Otto Schilling zur Seite stand. Als weitere erfahrene Konstrukteure waren diesem Stab noch die Herren Köhler und Stahl zugeteilt. Die Versuchsabteilung hatte die Aufgabe, die Konstruktionspläne in die Realität umzusetzen. Hier wurden die Teilefertigung organisiert, die Montage durchgeführt und die Probefahrten sowie die einzelnen Versuche bewerkstelligt. Die Leitung dieser Abteilung oblag Fritz Nallinger, der schon bei Benz zwar eine gewisse Förderung durch Hans Nibel erfahren, jedoch vergebens auf einen Rennfahrer-Einsatz, wie zum Beispiel mit dem 200-PS-Benz am Semmering, gehofft hatte. Georg Scheerer kümmerte sich in diesem Team um den Motoren-Versuch; er war schon bei den ersten Kompressor-Versuchen der D.M.G. beteiligt gewesen. Für die Montage der Motoren war Otto Weber zuständig, für das Chassis Jakob Krauss; beide waren schon beim Indianapolis-Einsatz im Jahre 1923 dabei gewesen. Als Technischer Direktor hatte Max Sailer an den Vorbereitungen und Einsätzen des Rennteams, das unter der Leitung von Alfred Neubauer stand, großes persönliches Interesse.
Die deutsche Automobiltechnik schritt zu jener Zeit gewaltig voran. Daimler-Benz leistete hierzu einen wertvollen Beitrag mit dem neuen Typ 380, der im Februar 1933 vorgestellt wurde. Es handelte sich dabei um einen Personenwagen mit aufgeladenem Reihen-Achtzylindermotor und Einzelradaufhängung an allen vier Rädern. Vorne verwendete man dazu doppelte Dreieckslenker, hinten eine Schwingachs-Konstruktion. Die Auslegung des 380 wurde als Grundlage auch bei der Entwicklung des W 25 berücksichtigt. Die Bezeichnung ‚W‘ rührt übrigens aus der Projektnummer des Konstruktionsbüros her: ‚W‘ für komplette Fahrzeuge, ‚M‘ für Motoren.
„Wenn es schon erlaubt ist, mit Einsitzern an den Start zu gehen, dann baut doch auch einen einsitzigen Rennwagen.“ Dieser Ausspruch Max Sailers von 1923 wurde diesmal beherzigt. Man ordnete bei dem Rennwagen den Fahrersitz genau in der Mitte an und baute ihn auch so tief wie möglich in das Chassis ein. Dies führte zu einem völlig neuartigen Detail am W 25, nämlich dem von der Motorrückseite direkt an die Hinterachse versetzten Getriebe. Im Prinzip ähnelte diese Bauweise den ersten Mercedes-Automobilen und den Benz-Rennwagen mit 150 und 200 PS, wobei man hier natürlich keine Ketten zum Antrieb der Räder verwendete, sondern in Schwingachsrohren laufende Antriebswellen. In dem vertikal geteilten Getriebegehäuse lag die Eingangswelle unter der Schaltwelle, die wiederum direkt in das Differential mündete. Die nunmehr mit Motordrehzahl laufende Kardanwelle lag dabei um 9 cm tiefer als bisher. Damit man die Abmessungen des Getriebes so kompakt wie möglich halten konnte, verwendete man wieder eine reine Schubrad-Schaltung. Schaltklauen zum Wechsel der Gänge waren damals in einem Renngetriebe noch höchst ungewöhnlich. Die Fahrer berichten, daß man zwar recht schnell hinaufschalten konnte, beim Herunterschalten jedoch konzentriertes Doppelkuppeln unerläßlich war. Gerade bei ungestümen Piloten mußten die Zahnräder im Getriebe von hoher Qualität sein, denn es war nicht selten der Fall, daß schon nach einem Rennen die Getrieberäder ausgewechselt werden mußten. Es waren natürlich vielerlei Übersetzungsmöglichkeiten vorgesehen. Eine typische Abstufung lautete: 2,00 für den ersten Gang, 1,37 für den Zweiten, 1,14 für den Dritten, und 0,80 für den Vierten. Die Gesamt-Übersetzung belief sich dabei auf 4,44:1. Für enge, kurvige Strecken, wie beispielsweise in Monaco, änderte man die Abstufung von drittem und viertem Gang auf 1,25 und 1,14.
Der Getriebe-Differential-Block war an zwei Quertraversen befestigt. Die beiden Rohre (Durchmesser 50 bzw. 75 mm) verliefen unterhalb der Halbachsen. Die Achsrohre waren am Differentialgehäuse auf massiven Flanschen gelagert, die alle Achsbewegungen und Drehmoment-Kräfte aufnahmen. Unterhalb der Halbachsen waren an beiden Seiten 38 cm lange Querblattfedern am Rahmen befestigt, die mit Schäkeln direkt an den Radnaben angebracht waren. Unten an der Feder befand sich ein Stab, der auf einen Gummipuffer am Rahmen führte und auf diese Weise den Gesamt-Federweg auf 60 mm begrenzte.
Eine weitere Rohr-Traverse an der Chassis-Front nahm die gesamte Vorderradaufhängung sowie die Lenkung auf. Dieses Bauteil war aus einem Rundstahl abgedreht worden, sowohl die Lenkhebel als auch die Befestigung am Rahmen waren angeschnellt. Die Wandungsstärke variierte je nach der an den bestimmten Stellen zu erwartenden Belastung. An den Enden dieses Rohr-Profils war jeweils ein kleineres Rohr eingeschoben, an welchem die geschmiedeten Querlenker befestigt waren. Diese verliefen parallel, waren aber verschieden lang, der obere maß 130 mm, der untere 140 mm. Sie waren mit dem 110 mm langen und 11 mm dicken Achsschenkelbolzen verbunden. Dieser war genügend tief in der Bremsankerplatte eingesetzt, um die Lenkungsdrehachse nur 45 mm von der Mitte der Reifenaufstandsfläche entfernt anzuordnen. Der untere Querlenker wies zwei Verlängerungen zur Fahrzeugmitte hin auf. Ein Arm reichte zu dem innen am Rahmen angebrachten Stoßdämpfer, die Hebelübersetzung machte hierbei ein Verhältnis von 2:3 aus. Der andere Ausleger reichte schräg nach oben und wirkte auf die im inneren Rohr untergebrachte Schraubenfeder, das Hebelverhältnis betrug hier 2:1. Zwischen der Feder und dem Hebelarm befand sich ein Gummipuffer, der mit Stahlplättchen festgehalten wurde; er begrenzte die Federwege in beiden Richtungen, sowohl beim Ein- als auch bei Ausfedern. Für beide Bewegungsrichtungen standen nur etwa je 25 mm zur Verfügung, wobei sich die Wege bei ganz zusammengedrücktem Gummi noch um 10 mm nach oben und 5 mm nach unten vergrößerten. Die Druckstange zur horizontalen Feder war in einer Gleitbuchse festgehalten und die Feder selbst wurde am anderen Ende mit einem Bolzen im Rohrgehäuse befestigt. Der Bolzen lag in Gummibuchsen, wodurch dem ganzen Federsystem ein zusätzliches Spiel ermöglicht wurde. Bereits am SSK-Modell hatte man die Federn an der Vorderachse in den Schäkeln auf Gummibuchsen gelagert, damit das Aufschaukeln des Chassis gemildert werden konnte und vor allem keine Schläge der Federung mehr direkt an die Lenkung weitergegeben wurden. Durch die gefürchteten Lenkradstöße wurde schon viel Unheil angerichtet, so kugelte Christian Werner hierdurch einmal sein Schultergelenk aus. Eine dreigeteilte Spurstange wurde von einem langen, an der rechten Chassis-Seite verlaufenden Lenkhebel bewegt. Das Lenkgetriebe befand sich an einer Halterung an der Kupplungsglocke. Um die Räder von Anschlag zu Anschlag zu bringen, benötigte man 2 ¼ Lenkrad-Umdrehungen. Dieses war zuerst fest auf der Lenksäule montiert, wurde aber noch im Verlauf der ersten Saison mit einem

Schnellverschluß abnehmbar (zum leichteren Ein- und Aussteigen) gestaltet. Am Rahmen selbst war alles beim alten geblieben. Er bestand aus zwei Längsträgern im aufgestellten U-Profil. Diese waren 50 mm breit und vorne 75 mm hoch, hinten 150 mm. Die Seitenteile hatte man durchweg mit Erleichterungsbohrungen versehen, am Heckteil auch die Ober- und Unterseite. Zusätzliche Querversteifungen fanden sich wie immer in Gestalt einer Traverse auf Höhe der Motorraum-Rückwand und der hinteren Motorhalterungen. Großzügig durchbohrte Winkelprofile aus Aluminiumblech hielten das Armaturenbrett und natürlich alle Karosseriebleche.
Zum ersten Mal wurden hier bei einem Daimler-Benz-Rennwagen hydraulische Bremsen verwendet. Die Trommeln maßen 400 mm im Durchmesser und waren 50 mm breit. Die Bremsbacken wurden von einem Bremszylinder pro Trommel angedrückt und besaßen eine automatische Nachstellvorrichtung mit einem durch ein Langloch geführten Zapfen. Die Bremsbacken waren aus Aluguß gefertigt, ebenso wie die Trommeln, bei welchen jedoch das Material noch gehärtet war. In die Trommeln wurden 5 mm starke Schleifringe eingesetzt, die um 1,6 mm überstanden. Die Trommel wurde dabei auf 280 Grad erwärmt und der eisgekühlte Bremsring eingepaßt. Eine mechanische, auf die Hinterräder wirkende Handbremse gab es ebenfalls. Der Hebel dafür befand sich am ersten Wagen noch rechts an der Cockpit-Außenseite; diese sehr altmodisch anmutende Befestigung wurde jedoch noch vor dem ersten Rennen abgeändert.

Rechts: Blick ins Cockpit des W 25. An Instrumenten sind vorhanden (von links): Öl-Thermometer, Wasser-Thermometer, Benzin-Anzeige, Drehzahlmesser.

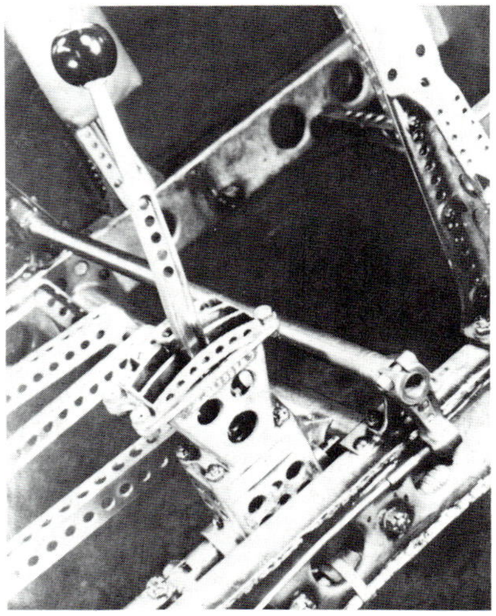

Links: Durch die Vorgabe der 750-kg-Formel war beim Bau der neuen Grand-Prix-Wagen Gewichtssparen das oberste Gebot. Jedes kleine Profil wurde mit Bohrungen versehen.

Links: Der Ausdruck Ergonomie war zwar noch unbekannt, bei den Werks-Rennwagen wurde jedes Cockpit jedoch genau nach den Erfordernissen des jeweiligen Fahrers angemessen. Hier im Bild ist der junge Hermann Lang zu sehen, der 1934 als Rennmechaniker arbeitete und später selbst zum Steuer greifen durfte, und zwar nicht nur zur Probe...

Als Stoßdämpfer fanden wieder Reibscheibendämpfer Verwendung, diesmal aus Daimler-Benz-eigener Fertigung. Ein Mechaniker konnte hier die Vorspannung genau einstellen. Dazu wurde an einem Hebelarm eine Stange befestigt, an welcher sich im Abstand von einem halben Meter ein Gegengewicht befand. Der Dämpfer wurde soweit angezogen, daß das Gewicht gehalten wurde. Für den Nürburgring stellte man beispielsweise die Dämpfer an der Vorderachse auf 10 kg hinten auf 15 kg ein.
Die Motorenkonstrukteure um Albert Heeß wußten ziemlich genau, welche Motorleistung ein konkurrenzfähiges Fahrzeug in der Saison 1934 besitzen mußte, denn man war im Besitz eines interessanten Studienobjekts. Rudi Caracciola hatte sich bekanntlich 1932 dem Alfa Romeo-Team angeschlossen, die roten Renner aus Italien hatten sich in jenen Jahren als absolut überlegen erwiesen. Man sah in ihnen folglich auch für die zukünftigen Rennen die stärksten Widersacher. Caracciola hatte 1932 den Typ P3 gefahren, einen 215 PS-Achtzylinder, für die Saison 1933 kaufte er einen dieser Wagen für sein neues Privatteam. Er verunglückte in Monaco und fiel daraufhin für den Rest des Jahres wegen einer schweren Beinverletzung aus. Daimler-Benz kaufte den Unfallwagen auf, setzte ihn wieder instand und verwendete den Alfa als Übungsfahrzeug für zukünftige Fahrer. Er diente darüber hinaus auch als Maßstab zu eigenen Entwicklungsfortschritten.
Für den neuen Mercedes-Achtzylindermotor, den Typ M 25 A setzte man sich 280 PS als Ziel. Zur Bestimmung der dafür notwendigen Motor-Dimensionen

Links oben: Die Radaufhängung an der Vorderachse. Die Feder liegt dabei längs im Achsrohr verborgen.
Rechts oben: Montage des Motors in den Rahmen; das Aggregat hängt tief zwischen den Längsholmen.

Links: Mittels einer einfachen Apparatur und zahlreicher Meßuhren wurde das Schwingungsverhalten der W 25-Hinterachse untersucht. Die unter der Achse verlaufende Querblattfeder war hier nicht montiert.

Rechts: Caracciola beim Großen Preis von Deutschland am 15. Juli 1934 auf dem Nürburgring.

Oben: Rudi Caracciola führte in Pescara bis zur 9. Runde, als ihn ein Defekt an der Benzinzufuhr zur Aufgabe zwang.

Rechts: Mit vollem Schwung geht Fagioli beim Training in Pescara die enge Kurve an, gleich wird das Heck des W 25 ausbrechen...

Boxenhalt am Nürburgring. Man pflegte alle vier Räder auszuwechseln. Bei den damaligen Rennen über mehr als 500 Kilometer fiel die Entscheidung oftmals an den Boxen. Reifenwechsel und Nachtanken war unumgänglich. Man konnte nur durch eine gute Taktik und eine schnelle Abfertigung die Position im Rennen halten.

Oben: Im Training ging es an den Boxen meist nicht so hektisch zu; hier wird der Ölvorrat kontrolliert und Kühiwasser aufgefüllt.

Rechts: Monza 1934. Caracciola liegt vor Varzi (Alfa Romeo) und Nuvolari (Maserati). Nachdem er den führenden Stuck auf Auto Union überholt hatte, fuhr er, der Erschöpfung nahe, zur Box und übergab den Wagen an Luigi Fagioli, der dann als Sieger abgewunken wurde.

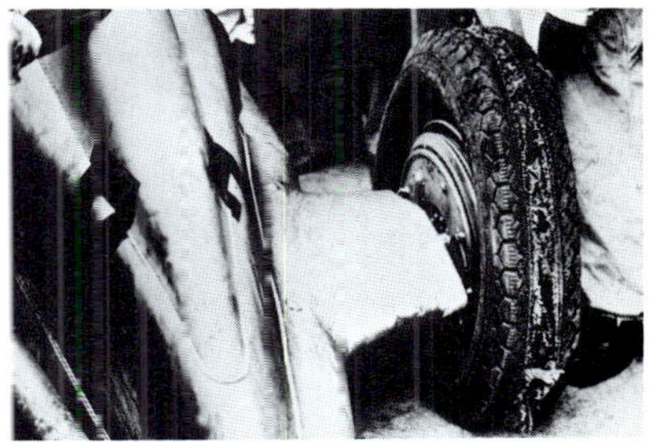

Oben. Die Reifen waren den durch die neuen leistungsfähigen Grand-Prix-Wagen entstandenen Belastungen oftmals nicht gewachsen.

ging man vom alten Zweiliter-Achtzylinder aus. Bei gleichbleibender Literleistung von 85 PS/l, ermittelte man damit für den M 25 A einen Hubraum von 3,3 Litern. Mit den Maßen 78 × 88 mm für Bohrung und Hub kam man schließlich exakt auf 3360 ccm. Während die Konstruktionsarbeiten vorangingen, bereitete Otto Schilling mit seinen Leuten einen Einzylinder-Testmotor vor. Man verwendete hierfür einen Roots-Kompressor aus einem Mercedes-Serienwagen von 1922, der die verdichtete Luft an einen aus dem SSK stammenden Steigstrom-Vergaser abgab. Die Bauweise des Aggregats hielt sich an bewährte Muster. Die aus Stahl geschmiedeten Zylinder wurden tief in das Kurbelhaus eingeführt, die Einlaß- und Auslaßkanäle, die Angüsse für die Ventilführungen sowie alle Wassermäntel hatte man an den einzelnen Sackzylindern angeschweißt. Die gesamte Anordnung war in zwei Viererblocks geteilt; beim Zweilitermotor hatten alle acht Zylinder einen gemeinsamen Wassermantel aufgewiesen. Pro Zylinder fanden wieder vier Ventile Verwendung, sie hingen in einem Winkel von 60 Grad zueinander, wobei der Durchmesser der Ventilteller jeweils 34 mm betrug. Die gegabelten Kipphebel wurden ebenfalls vom M 218 übernommen, sie waren jeweils rechts von der Nockenwelle gelagert. Die Nocken an den beiden Nockenwellen waren am Grundkreis wieder schmäler gehalten. Die Steuerzeiten ergaben Öffnungszeiten von jeweils 250 Grad sowohl für den Einlaß als auch für den Auslaß, die Überschneidung im OT betrug dabei 45 Grad. Die Auslaßventile wiesen hohle Schäfte auf, welche oben mit einer Schraubkappe verschlossen waren. Die Schäfte waren mit Sodasalz gefüllt, dieses schmolz bei Erwärmung und führte auf diese Weise die Wärme gleichmäßig an die Ventilführungen ab. Die Führungen aus Bronze wurden von oben in den Zylinderkopf eingepaßt, sie hielten die Ventile in den angegossenen Köpfen fest. Für jedes Ventil verwendete man eine doppelte Schraubenfeder.

Der Antrieb der beiden obenliegenden Nockenwellen erfolgte wiederum durch einen Stirnradsatz an der Motorrückseite. Ein Zwischenrad an der rechten Seite trieb den Zündmagneten an, der bis ins Cockpit ragte. Der Zündstrom wurde auf die jeweils zentral im Brennraum angeordnete 18-mm-Kerze geleitet. Am Armaturenbrett konnte man mit einem Drehknopf den Zündzeitpunkt verstellen, um den Anlaßvorgang, der auch im Jahre 1934 noch mit einer Handkurbel vorgenommen wurde, zu erleichtern. Am selben Antrieb griffen auch die Zahnräder für die Druck- und Saugpumpen des Schmiersystems ein. Eine Querwelle an der Motorstirnseite besorgte den Antrieb der an der linken Seite untergebrachten Wasserpumpe, die das Kühlmittel unterhalb der Auslaßpassagen in den Block pumpte. Auf der rechten Seite befand sich die Kraftstoffpumpe. Es handelte sich hierbei um eine Dreikolben-Pumpe von Junkers, die ursprünglich für die Verwendung an Flugzeugtriebwerken vorgesehen war. Die Förderleistung wurde dabei durch eine Zusatzleitung vom Kompressor verstärkt. Auch der Lader selbst wurde über einen Kegelradsatz am vorderen Kurbelwellenende angetrieben; er drehte sich mit zweifacher Kurbelwellen-Drehzahl und kam damit auf die in Untertürkheim stets für sinnvoll gehaltenen 10 000 bis 11 000 U/min. Der Roots-Kompressor am M 25 A wies einen Drehflügel-Durchmesser von 106 mm auf, ihre Länge betrug 210 mm. Er sog über ein ovales, nach vorne durch den Kühlerblock ragendes Rohr die Frischluft an. Die verdichtete Luft wurde über eine stark verrippte Druckleitung zu den beiden Steigstrom-Vergasern geleitet. Der Lader lief stets mit, war jedoch nicht starr mit dem

Oben: Mit dieser offenen Version des Rekordwagens begab sich Caracciola Dezember 1934 auf der Avus noch einmal auf Rekordjagd.

Rechts: Für verschiedene Rekordversuche auf der neuen Betonpiste von Gyon (Ungarn) hatte man bei Mercedes 1934 diesen speziell karossierten W 25 geschaffen, den Rudi Caracciola „Renn-Limousine“ taufte.

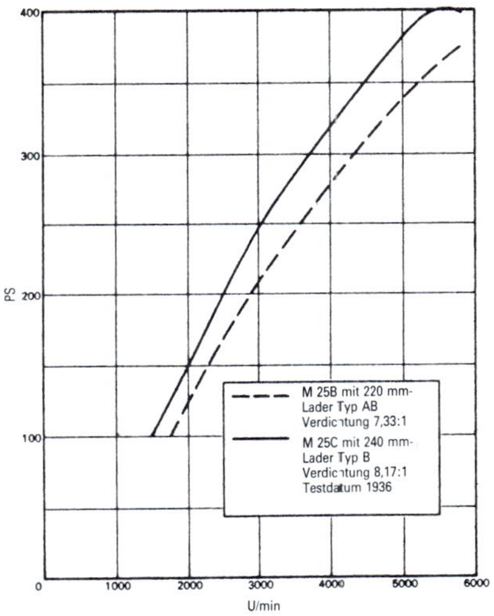

Rechts: Das 3990-ccm-Aggregat des Typs M 25B mit vergrößertem Lader, wie es für die Saison 1935 zur Verfügung stand. Hier die Auspuffseite mit dem dreifachen Kurbelgehäuse-Entlüfter.

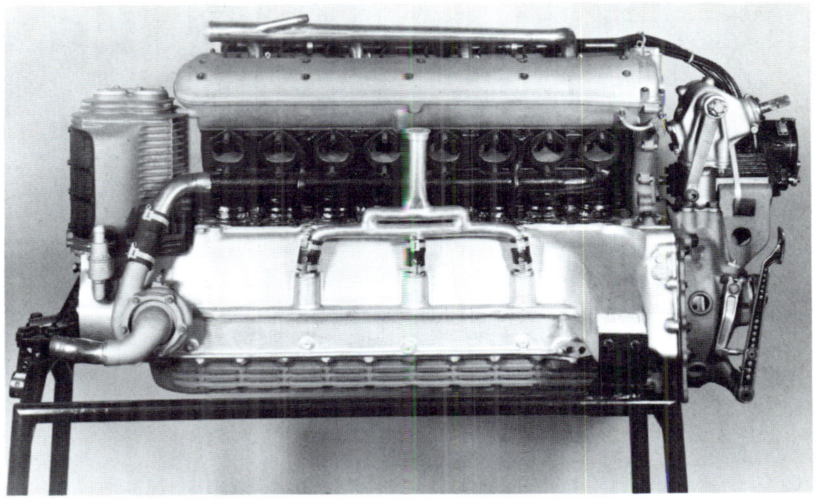

Kurbeltrieb verbunden, denn es war eine mit Druckfedern versehene Kupplung dazwischengeschaltet. Um das Ansprechen des Laders besser beeinflussen zu können, hatte man an das Gasgestänge ein Ventil in der Druckleitung angekoppelt, wo beim Gaswegnehmen der Druck entweichen konnte. Die beiden Vergaser wiesen je zwei Mischrohre auf, in denen sich jeweils eine unterdruckgesteuerte Luftdüse befand. Auf die Größe dieser Düsen wurde bei den Abstimmungsarbeiten viel Gewicht gelegt. Man konnte dadurch die Übergänge beim Beschleunigen und Gaswegnehmen beeinflussen und etwaige Drehzahllöcher ausgleichen. Für diese Aufgaben standen auch verschiedene Kupfer-Einlaßrohre zur Verfügung. Die Auswahl der Durchmesser reichte dabei von 26 bis 34 mm, in Abstufungen von jeweils 2 mm. Die weiten Rohre brachten eine bessere Höchstgeschwindigkeit, die engeren eine bessere Beschleunigung durch einen verbesserten Drehmoment-Verlauf. Rennmechaniker wie zum Beispiel Karl Bunz können sich lebhaft an die oft schmerzvollen Arbeiten an den heißen Motoren erinnern, wenn es galt, die Krümmer bei Probe- und Trainingsfahrten wieder und immer wieder auszuwechseln.

Das Hauptstück des Motorblocks stellte das massive Kurbelhaus dar. Das Alu-Gehäuse deckte ein Drittel der Zylinderlänge ab und reichte bis weit über die Kurbelwellenlagerung hinunter. Die fünf Hauptlagerböcke waren im Gehäuse eingegossen und wurden unten mit geschmiedeten Leichtmetall-Kappen verschraubt. Sowohl die Kurbelwellen- als auch die Pleuellager waren als teilbare Rollenlager ausgeführt. Die Rollen liefen dabei auf gehärteten Gleitflächen auf der einteiligen Kurbelwelle und ihre Lagerkäfige bestanden aus zwei Hälften. Die Durchmesser von Kurbel- und Hubzapfen betrugen 63 und 53 mm, nur das vorderste Kurbelwellenlager hatte einen Innendurchmesser von 52 mm. Das Schmiersystem hatte man fast unverändert vom M 06 übernommen. Mit relativ niedrigem Druck gelangte das Öl an die Hauptlager, von wo aus es über Schleuderringe an der Kurbelwelle zu den Pleuellagern befördert wurde. Der teilbare Pleuelfuß war mit vier Bolzen verschraubt, zusätzlich wurden bei späteren Motoren an der Trennfläche Verzahnungen eingefräst. Hier waren doppelreihige Rollenlager angeordnet, wobei je 17 Rollen der Abmessungen 8 × 8 mm Verwendung fanden. Wie alle anderen eingebauten Lager wurden diese bei SKF für Daimler-Benz angefertigt. Der Pleuelschaft war nun wieder im Doppel-T-Profil gehalten und die Länge (Mittenabstand) betrug 161 mm. Der Kolbenbolzen war schwimmend in einer Buchse im Pleuelauge gelagert, wurde durch beidseitig eingeschobene Alu-Pilze gesichert und mit Schleuderöl von der Kurbelwelle versorgt. Die Kolben (es handelte sich diesmal um Aluminium-Vollschaftkolben) wurden nach den Anforderungen von Hans Nibel bei Mahle gefertigt. Diese Firma hatte inzwischen den Betrieb von Hellmuth Hirth übernommen.

Der 114 kg schwere Motor war nun endlich wieder ein reinrassiges Rennaggregat. Mit einer Einscheiben-Trockenkupplung wurde die Kraft auf die Antriebswelle übertragen. Über den Beinen des Fahrers, genauer gesagt unter der Cockpitabdeckung, befand sich der Öltank. Die Einfüllstutzen für Motorenöl und Kühlwasser befanden sich beide unter dem Motorraumdekkel. Dieser war genau wie die Seitenteile mit zahlreichen Lüftungsschlitzen versehen. Die Radaufhängungen waren sowohl vorne als auch hinten verkleidet, und ein kleiner, mit senkrechten Stäben versehener Grill bildete den vorderen Abschluß der Karosserie. Das Heckteil lief harmonisch spitz zu. Die Karosserielinie des sehr schlank gehaltenen Aufbaus sah damit sehr elegant aus und nahm eigentlich das typische Aussehen der Rennwagen späterer Generationen vorweg.

In den nächsten Jahren versuchten viele Konkurrenten den Mercedes nachzuahmen. Es gelang kaum einem, denn Daimler-Benz war bis 1939 den übrigen Firmen weit voraus. Mitte Februar 1934 wurde der erste M 25 A-Motor in das erste W 25-Chassis eingebaut. Der Wagen hatte einen Radstand von 2720 mm, die Spurbreite betrug vorne 1470 mm, hinten 1420 mm. An diesem Wagen war noch keine Kopfstütze für den Fahrer angebracht, und das Heck war mit dem integrierten Kraftstofftank insgesamt länger. Am Ende des Monats wurde der weiß lackierte Wagen nach Monza gebracht. Dort sollten von nun an alle Frühjahrs-Testfahrten der Daimler-Benz-Rennmannschaft stattfinden; bot doch die dortige Szenerie eine willkommene Abwechslung zum winterlichen Stuttgart. Manfred von Brauchitsch fuhr den Wagen für ein paar Runden, bis er wegen eines Defekts am Lader anhalten mußte. Nach der Reparatur setzte er die Probefahrten fort, wurde dann aber erneut zu einem unfreiwilligen Halt gezwungen. Er war vermutlich auf Grund eines Reifenschadens von der Strecke abgekommen. Der Wagen mußte in Stuttgart wieder instandgesetzt werden und kam im März erneut nach Monza. Diesmal wurde er auch auf einem Autobahnabschnitt zwischen Mailand und Varese gefahren.

Etwa zur gleichen Zeit, genauer gesagt am 10. März, begann man mit dem zweiten fertiggestellten M 25 A-Aggregat eine umfangreiche Serie von Prüfstandsmessungen, dabei sollte auch die Standfestigkeit getestet werden. Wie bei all diesen Versuchen bis zum Jahr 1937 ließ man dabei die Auspuffanlage weg, denn dadurch konnte man den Motor wesentlich schneller vom Prüfstand weg in einen Wagen einbauen. Außerdem hatte man auf diese Weise einen direkten Einblick auf die Auslaßventile, wobei man Verfärbungen durch Überhitzung sofort erkennen konnte.

Schon zu Beginn hatte der Motor das erwartete Leistungsniveau überschritten. Bei Verwendung von Benzol-Treibstoff gab dieses zweite montierte Aggregat 325 PS bei 5500 U/min ab. Die Laderwirkung und die Kraftabgabe geschah mit einer derartigen Vehemenz, daß beispielsweise der erfahrene Motorradrennfahrer Ernst Henne bei Versuchsfahrten auf dem Nürburgring die Kontrolle über das Fahrzeug verlor und nach einem Dreher mit beschädigtem Heckteil an die Box zurückkehrte. Am dritten fertiggestellten Motor nahm man die Leistung etwas zurück und begnügte sich mit 302 PS bei 5500 U/min. Man führte mit diesem Aggregat drei Tage lang Prüfstandsversuche durch, die Drehzahlen erreichten dabei stets Spitzenwerte zwischen 5000 und 6000 Umdrehungen, auch ein Dauertest mit 15 Minuten Vollast wurde unternommen. Nach diesen Torturen war schließlich die Leistung auf 240 PS abgesunken. Als zuverlässigen Mittelwert gab man für den M 25 A 314 PS bei 5800 U/min an. Dabei wurde ein Kraftstoffgemisch aus Benzin und Benzol verwendet (Bi-Bo 50:50), das man bei Daimler-Benz als 2B-Gemisch bezeichnete. Mit einer neuen Mischung von Esso, die mit der Bezeichnung W. W., versehen war, stieg die Leistung bei gleicher Drehzahl sprunghaft auf 354 PS an. Die Zusammensetzung bestand hier aus 86,0% Methyl-Alkohol, 4,4% Nitro-Benzol, 8,8% Azeton und 0,8% Äther.

Nach Abschluß der Versuchsarbeiten wurden im April und Anfang Mai die Einsatzwagen für 1934 vorbereitet. Diese Fahrzeuge wiesen jetzt auch das abgeänderte Heckteil mit vollumschlossenem Kraftstofftank und einbezogener Kopfstütze auf. Es stand nun die Frage nach dem ersten Rennauftritt zur Diskussion. Auf Grund der staatlichen Finanzbeteiligung war dies nicht allein Sache der Daimler-Benz AG. Alfred Neubauer nahm deshalb am 19. April in Berlin zusammen mit einem Vertreter der Auto Union an einer Besprechung mit NSKK-Chef Hühnlein über die Rennaktivitäten in der beginnenden Saison teil. Es wurde ein detaillierter Einsatzplan für beide Teams ausgearbeitet. Darin erschien eine Teilnahme der Daimler-Benz AG auf der Avus sowie beim Belgischen Grand Prix als „fraglich“. Das Mercedes-Team erschien bei beiden Rennen auch wirklich nicht am Start. Wie geplant, beteiligte man sich an acht Rennen; Mercedes beendete die Hälfte davon mit einem Sieg und verzeichnete außerdem einen Erfolg bei einem Bergrennen.

Die verantwortlichen Stellen der Reichsregierung hatten ein gewichtiges Interesse an den Grand-Prix-Aktivitäten der beiden deutschen Rennmannschaften. Wie für die meisten anderen Lebensbereiche hatten die Nationalsozialisten auch für den Motorsport eine eigene Organisation aufgebaut. Diese nannte sich „National sozialistisches Kraftfahr-Korps“ (NSKK) und wurde von einem alten Mitkämpfer Adolf Hitlers aus den Anfangsjahren der Partei in München geführt. Dieser Obergruppenführer und Major Adolf Hühnlein wurde zum wichtigsten Mann bei allen Motorsport-Aktivitäten in Deutschland und war auch für Auslandsstarts zuständig. Doch auch seine unangreifbare Machtstellung verhinderte nicht so manche spöttische Bemerkung über seine Organisation: „NSKK – Nur Säufer, keine Kämpfer“.

Daimler-Benz hatte bis zuletzt gehofft, für das Ende Mai stattfindende Avusrennen gerüstet zu sein. Man hatte auf der Avus auch schon einige Probefahrten unternommen. Am Donnerstag vor dem Rennen saß Rudi Caracciola um 6.10 Uhr zum erstenmal in einem W 25. Seit seinem Unfall in Monaco hatte er voller Ungeduld auf diesen Augenblick gewartet. Und er war trotz der nach wie vor quälenden Schmerzen in seinem rechten Bein schneller als v. Brauchitsch und Luigi Fagioli. Der 36jährige Fagioli hatte bisher Grand-Prix-Rennen für Alfa Romeo und Maserati bestritten und war als erfahrener Mann im neuen Mercedes-Team höchst willkommen. Jedoch entschied man sich am Morgen des Renntages anders. Mercedes war noch nicht einsatzbereit.

Auf der Avus war man nach der „Freien Formel“ gefahren, doch beim Eifelrennen am 3. Juni galten schon die neuen Grand-Prix-Regeln. Dazu mußten die Wagen zum ersten Mal bei der Abnahme auf die Waage gestellt werden. Es hatte Max Wagner einige Mühe gekostet, den Mercedes auf das vorgeschriebene Gewichtslimit zu bekommen, er ging mit seinen „Abspeck“-Methoden noch weiter als beim Benz RH. Sogar die Radnaben an der Vorderachse waren zwischen den Radlager-Aufnahmen mit Bohrungen versehen worden. Über alle Einzelteile und Komponenten hatte man Buch geführt, was die angewandten Gewichtssparmaßnahmen betraf. Die Aufstellung über die Lenkung ergab nach einer Bearbeitung aller 14 Einzelteile eine Gewichtserpsarnis von insgesamt 1,4 kg. Dies alles sollte indessen noch nicht ausreichen: Die Wagen am Nürburgring ließen unmißverständlich ein Übergewicht von einem Kilogramm erkennen. Einige noch in letzter Minute durchgeführte Änderungen, wie etwa ein zusätzliches Leitblech auf der rechten Seite der Cockpitabdeckung, das Kühlluft auf die Kupplung leiten sollte, hatte zusätzliches Gewicht gebracht. Die Techniker waren nun nicht mehr in der Lage, irgendwelche Bohrungen anzubringen, womit die Lösung des Problems einzig und allein in den Händen Alfred Neubauers lag. Und dieser hatte tatsächlich eine Idee: er befahl den Mechanikern, mit Sandpapier die Karosserie vollständig abzuschleifen um damit jeden Rest der weißen Lackierung zu entfernen. Die beiden Wagen von Fagioli und v. Brauchitsch machten daraufhin einen noch finstereren und bedrohlicheren Eindruck, als sie die Abnahme durchliefen und schließlich in matt scheinendem rohem Aluminium zur Startaufstellung erschienen. Jedoch sollte dies nun für die Zukunft das gewohnte Erscheinungsbild der Mercedes-Benz-Rennwagen bleiben; sie wurden später auch Silber lackiert. Dies führte zu der legendären Bezeichnung „Silberpfeile“, die nicht von der Werbeabteilung in Untertürkheim erfunden wurde, sondern von der deutschen Presse in den dreißiger Jahren geboren wurde. Dieses erste Rennen konnte Manfred von Brauchitsch siegreich beenden.

Bei ihrem ersten Auslandsstart versagten die Wagen noch, aber Fagioli steuerte in der Folgezeit drei neuerliche Siege bei. Er gewann die Coppa Acerbo in Pescara und die Großen Preise von Italien und Spanien. Dazu hatte es jedoch einiger Nachhilfe seitens der Hauptkonstruktionsabteilung bedurft.

Bei seinem ersten Auftreten in der internationalen Renn-Szene hatte der Mercedes W 25 einen überwältigenden Eindruck hinterlassen. Der Berichterstatter der englischen Zeitschrift *Motor* meinte: „Die Stromlinienkarosserie, der fürchterliche Auspufflärm und das Geheul des Kompressors, sowie die beeindruckende Beschleunigung, stellten eine große Überraschung für alle Welt dar.“ Der Auspuffklang erinnerte an den früheren Zweilitermotor; der Reporter von *Autocar* bezeichnete den „brüllenden Mercedes als das lauteste Automobil der Welt.“ Für die meisten Schlagzeilen jedoch sorgte der kühne Neuling im Grand-Prix-Geschehen, die Auto Union. Entgegen allen Gesetzmäßigkeiten und bisherigen Gewohnheiten brachte die einzigartige Neukonstruktion aus Sachsen von Anfang an Erfolge, und es gelang jenen Autos, Mercedes 1934 mehrmals zu schlagen. Konstruiert hatte den Wagen Ferdinand Porsches neueröffnetes Konstruktionsbüro, dort war inzwischen auch Alfred Rosenberger gelandet. Gebaut wurde der Wagen bei der Auto Union, für den Einsatz von Wilhelm Sebastian vorbereitet. Das Team leitete Willy Walb. Gefahren wurde der Auto-Union-Rennwagen von Hans Stuck. Alle diese Männer hatten vorher mit Daimler-Benz zu tun gehabt. Zu einem Teil war die zeitweilige Überlegenheit wohl dem um 1000 ccm größeren Hubraum zuzuschreiben. Während der ganzen Gültigkeitsdauer der 750-kg-Formel wiesen die Wagen der Auto Union einen Hubraum-Vorteil auf, manchmal bis zu 1,5 Liter. Dennoch erreichte Daimler-Benz, wo man größere Erfahrung mit aufgeladenen Motoren hatte, indessen oft höhere PS-Zahlen.

Während der laufenden Saison 1934 entwarfen und bauten Heeß und Schilling mit großer Eile das M 25 B-Aggregat. Die Abmessungen betrugen 82 × 94,5 mm für Bohrung und Hub, womit man auf nunmehr 3990 ccm kam. Der Lader wurde ebenfalls vergrößert, die Drehflügel waren auf eine Länge von 240 mm angewachsen. Mit diesen Maßnahmen erhöhte sich das Motorgewicht auf 207 kg. Die neuen Zylinderblöcke mit den größeren Kolben kamen noch zum Ende der Saison zum Einsatz, wodurch sich durch die vergrößerte Bohrung der Zwischentyp M 25 AB ergab, der einen Hubraum von 3710 ccm (82 × 88 mm) aufwies und einen 220-mm-Lader bekam. Dieser Motor wurde

Rechts: Vorbereitungen zum Rennen in Monaco 1935. Luigi Fagioli eröffnete hier mit einem Mercedes-Sieg die Grand-Prix-Saison. Rechts unten: Ein W 25 mit verkleinertem Kühlergrill beim Avusrennen 1935.

Unten: Monteure wechseln die Warmlaufkerzen gegen Rennkerzen aus. Am feinen Reifenprofil ist zu erkennen, daß die Szene von der Avus stammt, denn dort wurden solche speziellen Hochgeschwindigkeits-Reifen verwendet.

indessen nur vereinzelt eingesetzt. Er leistete bei den gleichen 5800 Umdrehungen 348 PS, bei Verwendung des hochalkoholischen WW-Gemischs steigerte sich dies auf 398 PS.

Nach dem Ende der Rennsaison 1934 wurde wieder über Rekordversuche gesprochen. Seit den Zeiten des 200-PS-Benz, mit dem sich Victor Héméry nach Brooklands begeben hatte, hatte man bei Daimler-Benz kein Interesse an solchen Unternehmungen mehr gezeigt. Die Situation hatte sich zu diesem Zeitpunkt jedoch gewandelt. Von staatlicher Seite bekundete man großes Interesse an derart spektakulärem Unterfangen, und da auch die Auto Union mitmachte, schickten sich nun die Wagen mit dem Mercedes-Stern wieder zu Rekordfahrten an.

Auf den Vorschlag von Ernst Henne hin verfrachtete man zwei Fahrzeuge nach Ungarn, wo sich in Gyon bei Budapest eine neugebaute Betonbahn befand. Als Antriebsaggregat hatte man die neueste M 25 B-Maschine mit 35,5 mm großen Ventilen vorgesehen, sie leistete 430 PS (mit 2 B-Gemisch kam man nur auf 370 PS, bei Rekordfahrten wurde jedoch ausschließlich

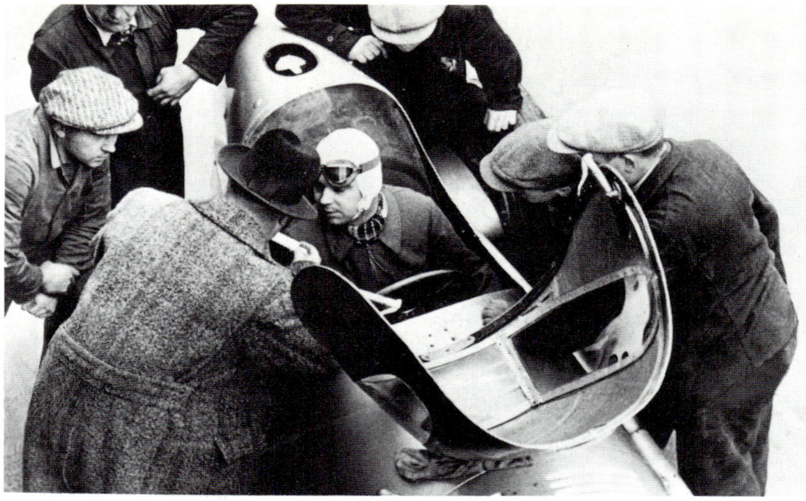

Links: Avusrennen 1935. Caracciola fuhr im Training eine der „Renn-Limousinen", deren Cockpithaube hier gut zu sehen ist. Er überließ diesen Wagen jedoch dann im Rennen dem erstmals zum Zuge kommenden Hermann Lang und fuhr selbst einen offenen W 25.

Unten: Die „Renn-Limousine" in der Avus-Ausführung mit Vorderradbremsen und Lüftungsschlitzen in der Motorhaube.

WW-Kraftstoff verwendet). Der normale W 25 mußte nach kurzer Zeit jedoch mit beschädigtem Lader beiseite gestellt werden, der speziell vorbereitete, geschlossene Wagen zeigte jedoch gute Resultate. Das Fahrzeug hatte eine aufklappbare Kabinenabdeckung für das Cockpit bekommen, außerdem wies die Motorhaube keine Luftschlitze auf, und der Kühlerausschnitt an der Wagenfront war verkleinert worden. Die Vorderradbremsen hatte man auch entfernt. Caracciola fuhr mit der „Rennlimousine" 314,54 km/h und 316,62 km/h – das waren neue Bestleistungen in der Klasse C (3000 bis 5000 ccm) über einen Kilometer und eine Meile mit fliegendem Start. Auf der Meile mit stehendem Start kam er auf 188,66 km/h, womit er den von der Auto Union erreichten Wert übertraf und einen neuen Weltrekord erringen konnte. Noch im Dezember fuhr Caracciola auf der Avus mit einem offenen Wagen, dem man eine größere Cockpitverkleidung angebaut hatte, einen neuen Rekord über 5 Kilometer mit fliegendem Start, er erreichte dabei 311,38 km/h.

In Berlin hatte man auch den neuen M 25 B-Motor in seiner Grand-Prix-Ausführung getestet, die den Techniker noch einiges Kopfzerbrechen bereitete. Das WW-Kraftstoffgemisch brachte bei den aufgeladenen Motoren einen enormen Leistungszuwachs, denn der hohe Alkoholanteil sorgte für zusätzliche Innenkühlung. Aber der Verbrauch stieg damit auf das Doppelte des Benzin-Benzol-Gemischs an; man kam auf über 100 l/100 km. Im Winter führte man Versuche mit den beiden Kraftstoffsorten und auch weiteren Mischungen durch, dabei ermittelte man ein günstigeres Rezept, das man mit der Bezeichnung XM versah: 40% Methyl-Alkohol, 24% Äthyl-Alkohol, 32% Benzol und 4% Super-Benzin.

Um mit der ansteigenden Motorleistung Schritt zu halten, führte man auch am Getriebe einige Änderungen durch. Für die 1935er Wagen fertigte man verstärkte Getrieberäder und Differential-Radsätze an. Das Gehäuse bekam einen stabileren Stirndeckel. Eine schwerere Kupplungsscheibe befand sich ebenfalls in Erprobung. Die Fahrgestelle der Vorjahreswagen wurden überarbeitet, zusätzlich baute man vier neue Chassis. Dadurch war es nun möglich, drei Einsatzfahrzeuge und einen Ersatzwagen im Werk vorzubereiten, während gleichzeitig die gleiche Zahl von Wagen auf den Rennstrecken unterwegs war.

Ende Februar 1935 führte man wieder Versuchsfahrten in Monza durch. Man wollte dabei zwei der Hauptprobleme am W 25 genau untersuchen. Es handelte sich um die harten Schläge, wie sie von Fahrbahnunebenheiten an die Lenkung weitergegeben wurden, sowie um das unterschiedliche Ansprechen der Bremsen. Man einigte sich darauf, an den Hinterrädern eine etwas stärkere Bremswirkung vorzusehen und verbreiterte aus diesem Grunde Trommeln und Bremsbacken auf 65 mm. Diese Modifikation führte man

indessen vorerst nur an einem Wagen aus, Caracciola fuhr dieses Fahrzeug im Mai in Monaco. Alle diese Änderungen an den Rennwagen wurden inzwischen nicht mehr unter der Leitung von Hans Nibel durchgeführt – dieser fortschrittlich denkende und überall anerkannte Ingenieur war am 25. November 1934 im Alter von 54 Jahren nach einem Schlaganfall gestorben. Anfang 1935 übernahm Max Sailer Nibels Position und wurde auch zum stellvertretenden Vorstandsmitglied der Daimler-Benz AG ernannt.
Bei den ersten beiden Einsätzen in der Saison 1935 hatte man nur die für die Rennen vorgesehenen drei Wagen mit dem M 25 B-Aggregat versehen, die Trainingswagen wiesen noch den M 25 A-Motor auf. In Monaco war Mercedes siegreich, und man hatte mit der neuen Kraftstoffmischung einen Verbrauchswert von 75 l/100 km ermitteln können. Mit dem 240 mm großen Lader, der sich schon in Gyon nicht bewährt hatte, gab es noch immer Probleme, denn die Drehflügel waren nicht sehr stabil. Man griff daher wieder auf das 220 mm Instrument zurück. Ein weiteres Problem zeigte sich im Ansaugweg des Kompressors, denn durch den Lufteinlaß gelangten auch Sand und Schmutz in den Lader. Um dem abzuhelfen, konstruierte man einen besonderen Luftfilter. Die beiden konischen Einlaßöffnungen versah man mit einem Trichter, der die anfliegenden Partikel in einen Auffangbehälter leitete, von wo aus sie an der Wagenunterseite ins Freie fielen. Diese hinter dem Grill sichtbare Konstruktion gab es ab Sommer 1935.
Bei den ersten Rennen des Jahres 1935 wurde der M 25 A zusätzlich einge-

Oben: Start zum Eifelrennen 1935. Manfred von Brauchitsch kam als erster weg, gefolgt von Stuck und Varzi (Auto Union) sowie Caracciola und Fagioli (Mercedes).

Links: Deutscher Bergpreis 1934 am Schauinsland; Caracciola am Start der 12 km langen Bergstrecke.

setzt. Er stand den Nachwuchsfahrern Hermann Lang und Hanns Geier zur Verfügung, die von der Stammmannschaft als „Rekruten“ bezeichnet wurden. Auf der Avus fuhr Geier den geschlossenen Wagen, der nun inzwischen mit Vorderbremsen, einer normalen Motorhaube und einer etwas niedrigeren Kanzel ausgestattet war. Den verkleinerten Kühlergrill wiesen beim Avusrennen auch die beiden offenen Wagen von Caracciola und Fagioli – dem Sieger des Rennens – auf.
Während man bei den Rennen die A- und B-Aggregate verwendete, wurde in der Konstruktionsabteilung aber schon an einem M 25 C gearbeitet. Man verwendete hier den gleichen Zylinderblock wie am Vorgänger, baute jedoch eine andere Kurbelwelle mit vergrößertem Kolbenhub ein. Mit den Abmessungen 82 × 102 mm für Bohrung und Hub hatte der Motor nun einen Hubraum von 4310 ccm. Die Pleuellänge war auf 168 mm angewachsen und der Durchmesser der Hubzapfen betrug 59 mm. Mit dieser langhubigen Auslegung waren einer Vergrößerung der Ventile Grenzen gesetzt, jedoch verbesserte sich dadurch der Drehmomentverlauf ganz erheblich und dies war in den Gefechten mit der Auto Union-Konkurrenz von enormer Bedeutung. Die Rotorlänge des Laders wurde auf 255 mm vergrößert, womit die Leistung erneut anstieg. Gebaut wurden von diesem Aggregat allerdings nur vier Exemplare, womit sich die Gesamtzahl der M 25-Motoren auf 22 erhöhte. Im Verlauf der Saison 1935 spielte der M 25 C nur eine untergeordnete Rolle, die Rennwagen verbuchten jedoch eine stattliche Zahl von Erfolgen. Mercedes gewann fünf Große Preise, und Caracciola konnte den Europameistertitel erringen. Neun Rennen wurden insgesamt gewonnen, dabei gab es fünfmal einen Doppelsieg und in San Sebastian sogar einen dreifachen Erfolg zu verzeichnen.
1935 wurde erstmalig ein ZF-Sperrdifferential verwendet, das ein Durchdrehen der Hinterräder verhinderte. In der Motorenabteilung stattete man versuchsweise einen M 25 B-Motor auch mit einer zerlegbaren Hirth-Kurbelwelle aus. Diese Konstruktion stammte von der Firma Hirth in Stuttgart-Zuffenhausen, einer Nachfolgefirma von Hellmuth Hirths früherem Unternehmen. Eine patentierte Anordnung von Verzahnungen gestattete die Demontage der Welle an den Lagerzapfen. Dadurch wurden teilbare Lager und Pleuelfüße überflüssig, die für die Wälzlager nicht als ideal angesehen wurden. Zu einem dieser komplett umgebauten Motoren schuf man noch zwei Ersatzwellen. Bis zum Ende der Saison standen dann schließlich sechs M 25 B zur Verfügung. Während man weiter an der Hirth-Welle arbeitete, war die einteilige Kurbelwelle mit den teilbaren Rollenlagern dazu weiterhin parallel im Einsatz. Auch mit dem M 25 C-Aggregat beschäftigte man sich noch; man sah es zunächst als Antrieb für Versuchs- und Trainingsfahrzeuge vor. Anstelle des 255-mm-Laders war man aber zu dem ausreichenden 240-mm-Instrument zurückgekehrt.
Nach eingehenden Versuchen im Winter 1935/36 änderte man bei Daimler-Benz die bisher sowohl für Prüfstandsläufe als auch für den Renneinsatz vorgesehene Kraftstoffmischung ein weiteres Mal. Es entstand nun eine Kombination aus WW und XW unter Hinzugabe von 5% Nitro-Benzol und 10% Azeton. Damit erbrachte der M 25 C bei einer Verdichtung von 8,17:1 eine Leistung von 402 PS bei 5500 U/min. Das maximale Drehmoment belief sich auf 59,9 kpm bei 3000 U/min. Der Kompressor erzeugte einen Ladedruck von 1,1 atü, und das Kraftstoff-Luft-Gemisch wurde durch 34 mm große Einlaßkrümmer in die Brennräume gedrückt. Ein zweiter M 25 C kam bei einer auf 8,52:1 erhöhten Verdichtung über den Leistungs-Bestwert nicht hinaus, erzeugte mit 60,8 kpm jedoch ein höheres Drehmoment. Bei diesem Wert wurde ein mittlerer Nutzdruck von 17,8 at gemessen, dies entsprach ungefähr dem M 25 A, war aber schlechter als beim M 25 B mit den im Verhältnis größeren Ventilen.
Im Jahre 1935 wurden die Rennaktivitäten in Untertürkheim wieder mit dem gewohnten Aufwand betrieben. Diesmal war der Einsatz sogar noch um einiges größer als bei früheren derartigen Unternehmungen. Seit 1914 hatte man bei Daimler diesbezügliche Anstrengungen nicht mehr so zielstrebig und überaus erfolgreich angepackt. Es waren alle erdenklichen Voraussetzungen für optimale Einsätze geschaffen worden, und die Beteiligten wußten sie zu nutzen. Doch einige Konkurrenten hatten den Untertürkheimern Sorgen bereitet. Das war das Auto Union-Team und auch Alfa Romeo, wo man nicht nur einen neuen Wagen mit Einzelradaufhängung vorweisen konnte, sondern auch einen Fahrer wie Tazio Nuvolari und die hervorragende Einsatzleitung der Scuderia Ferrari. Dieser Kombination war es nämlich 1935 gelungen, die Deutschen in ihrem eigenen Grand Prix zu besiegen. Schon seit 1934 hatte die Daimler-Benz AG einen neuen Motor auf dem Zeichenbrett gehabt, den V-12-Zylinder mit der Typenbezeichnung ‚D‘. Die Kurbelwelle dieses Aggregats wies einen Hub von 88 mm auf, es konnten Zylinderblöcke der A- und B-Typen verwendet werden. Man beabsichtigte um diesen Motor auch ein neues Chassis zu erstellen, es sollte niedriger, kürzer und leichter werden. Dies alles sollte 1936 zu neuerlichen Erfolgen führen. Aber die neue Konzeption sollte sich als Fehlschlag erweisen...

Caracciola beim Eifelrennen 1935, sein zweiter von insgesamt sechs Siegen in diesem Jahr. Auf diesem Bild sieht man deutlich, daß der W 25 keineswegs kleiner als seine Nachfolger war, ein Eindruck, der auf manchen anderen Fotos entstehen könnte.

„Die Firmenleitung entschloß sich 1936, die Rennabteilung zu modernisieren. Zu dieser Zeit lag die Arbeit noch in den Händen altgedienter Männer, doch es wurde nun entschieden, die Aufgaben einem Ingenieur zu übertragen und die Wahl fiel dabei auf mich. So nahm ich zwei Rennwagen mit zum Nürburgring, um den Umgang mit einem Rennwagen kennenzulernen und auch gleich herauszufinden, was an ihnen falsch sein könnte.“
Rudolf Uhlenhaut

Es bleibt beim Achtzylinder

Die Grundlagen für die Erfolge in der Saison 1937 waren wohl in den Erkenntnissen aus den Mißerfolgen des Vorjahres zu suchen. 1936 konnte man bei Mercedes in der Tat von einer Niederlage sprechen, die Rennen wurden zur Angelegenheit von Auto Union und Alfa Romeo. Die Wagen aus Stuttgart vermochten lediglich zwei Erfolge zu verbuchen. Bei vier Rennen blieben sie dem Start fern, da man bei Daimler-Benz erkannt hatte, daß man nicht mehr ganz mithalten konnte. Der damit erreichte Tiefpunkt knüpfte an die Saison 1924 an, als der erste Achtzylinder nicht den erwarteten Erfolg bringen konnte. Doch das Jahr 1937 zeitigte wieder eine ermutigende Serie von Erfolgen, als Mercedes von fünf Großen Preisen vier gewann und fünf Rennen insgesamt als Sieger beendete. Dabei kam es wieder zu zwei Dreifach-Siegen, womit man die neuerliche Überlegenheit eindrucksvoll demonstrieren konnte. Rudi Caracciola gelang es auch, die Europameisterschaft zurückzugewinnen. Der überlegene Fahrer war jedoch wiederum Bernd Rosemeyer, der auf Auto Union nicht weniger als fünf Rennen für sich entscheiden konnte. Er und Tazio Nuvolari hatten im Vorjahr hauptsächlich zu den Niederlagen der Untertürkheimer Mannschaft beigetragen, beide verhinderten auch 1937 die uneingeschränkte Vorherrschaft von Mercedes. In diesem Jahr lief die 750-kg-Formel aus und Mercedes lieferte mit seinen letzten Motoren, die bis zu 600 PS zu leisten im Stande waren, den Höhepunkt dieser Epoche – bis heute hatte kein Grand-Prix-Fahrer mehr PS zur Verfügung.

Das Jahr 1935 hatte zweifellos überragende Erfolge gebracht, gegen eine starke und vielfältige Konkurrenz war dies vielleicht die beste Saison für Mercedes-Benz gewesen. Die eingesetzten Wagen erschienen, gemessen an den Vorgängern bei Daimler und Benz, noch immer relativ konventionell, aber sie waren nun in ihrer zweiten Saison wirklich als ausgereift zu bezeichnen. Mit Rudi Caracciola und Luigi Fagioli hatte man zwei Spitzen-Fahrer im Team. Aber Alfa Romeo und Maserati, die von den deutschen Teams überrascht worden waren, als diese die Möglichkeiten des neuen Reglements schon zu Beginn besser auszuschöpfen wußten, hatten 1935 neue und schnellere Wagen vorgestellt. Und dann gab es ein kometenhaft aufsteigendes, junges Fahrertalent, nämlich Bernd Rosemeyer. Aus diesen Gründen sah man sich bei Daimler-Benz gezwungen, für 1936 einige tiefgreifende Verbesserungen am Material durchzuführen.

Ursprünglich beabsichtigte man eine „SSK-Version“ des W 25 zu bauen, einen Wagen, der niedriger, kürzer und vor allem leichter sein sollte. Man wollte einen wesentlich größeren und stärkeren Motor in dieses Fahrzeug einbauen können, ohne mit dem Gewichtslimit in Konflikt zu kommen. Die Konstrukteure um Albert Heeß dachten dabei an einen V-12-Zylinder-Motor mit einem Zylinderwinkel von 60 Grad, bei dem man sich nahe an die Konzeption des M 25-Achtzylinders halten wollte. Den ersten Motor aus der Typenreihe ‚D‘ versah man mit der Bezeichnung DAB, da man für Bohrung und Hub die Abmessungen des M 25 AB verwendete: 82 × 88 mm. Man erwartete für das 5577 ccm-Aggregat eine Leistungsabgabe zwischen 516 PS bei 5800 U/min und 598 PS (mit 2B bzw. WW-Gemisch).

Im Spätsommer 1935 hatte man bei Daimler den ersten DAB-Zwölfzylinder fertiggestellt und war mit dem Ergebnis zunächst gar nicht zufrieden. Dies bezog sich weniger auf das Leistungspotential als vielmehr auf das Gewicht, denn das Aggregat wog nicht weniger als 300 kg, das waren fast zwei Zentner mehr als die schwerste Ausführung der Achtzylinder-Reihe. Man baute den Zwölfzylinder in ein W 25-Fahrgestell ein und mußte dabei feststellen, daß sich die beim Achtzylinder ausgezeichnet bewährte Stahl-Zylinderkonstruktion beim V-Motor als unpraktisch erwies, denn gerade sie trug den Hauptanteil an dem hohen Gesamtgewicht. Daraufhin wurde die Weiterentwicklung des DAB V-12 etwas verlangsamt. 1936 führte man Prüfstandsversuche durch, wobei man auf 570 PS bei 5500 U/min kam und damit die Erwartungen der Konstrukteure in etwa erreichte. Innerhalb der nächsten zwei Jahre sollte dieser Motor ein außergewöhnliches Fahrzeug auf eine nie wieder erreichte Spitzengeschwindigkeit auf einer normalen Autobahn bringen. Doch dies brachte die Techniker bei ihrem Bemühen, den Rennwagen für 1936 zu einer größeren Motorleistung zu verhelfen, auch nicht weiter.

Man ging nun zum nächsten Buchstaben im Alphabet über und entschloß sich im September 1935, einen Typ ‚E‘ zu bauen. Die vollständige Bezeichnung dieses Aggregats lautete indessen nicht folgerichtig M 25 E, sondern man entschied sich für ‚ME 25‘.

Schon Ende November hatte der Stab um Albert Hees die Planungsarbeiten abgeschlossen. Man hatte den Achtzylinder innerhalb seiner Grenzen, das heißt, mit einem Zylinder-Mittenabstand von 95 mm, auf das Höchstmögliche vergrößert. Die untere Hälfte des Motors blieb unverändert, man hatte hier mit einer Verlängerung des Hubs bereits vorher alle Möglichkeiten ausgeschöpft. Die Zylinderbohrung wurde jedoch noch einmal um 4 mm erweitert, somit kam man mit den Dimensionen 86 × 102 mm auf 4740 ccm. Die Zylinder wurden in ihrer Gesamtheit, also mit dem aufgeschweißten Kopf völlig neu angefertigt, dabei vergrößerte man den Durchmesser der Ventilteller auf 37 mm. Wie schon vorher gab man auch hier wieder den Einlaßventilen einen um 15% vergrößerten Hub, um dadurch den nicht vorhandenen Größenunterschied zu den Auslaßventilen auszugleichen. Die Steuerzeiten wurden überarbeitet, man blieb jedoch bei relativ „zahmen“ Werten, um einen günstigen Drehmomentverlauf beizubehalten. Auf der Einlaßseite wurden die Zeiten gegenüber dem mit zu kleinen Ventilen bestückten M 25 C zurückgenommen:

	ME 25	M 25C
Einlaß öffnet	20° vor OT	40° vor OT
Einlaß schließt	35° nach UT	20° nach UT
Auslaß öffnet	27° vor UT	28° vor UT
Auslaß schließt	10° nach OT	6° nach UT

(Angaben bei kaltem Motor mit normalem Betriebs-Ventilspiel)
Für den neuen Motor wurde auch ein neuer Kompressor gebaut, wobei man zum erstenmal in der Entwicklungsreihe des M 25 den Durchmesser der Drehflügel vergrößerte, und zwar auf 125 mm. Es standen beide Rotorlängen, 240 und 255 mm, zur Verfügung, den kleineren zog man schließlich als Standardausrüstung vor. Das verwendete Material war nach wie vor Stahl, wenngleich auch schon laufend Versuche mit Leichtmetall-Drehflügeln angestellt wurden. Die Einlaßkrümmer vom Vergaser zum Zylinderkopf waren auf 36 mm erweitert worden.
Es sollten vorerst sechs neue Motoren und sechs zusätzliche Reserve-Kurbelwellen bereitgestellt werden. Die Teilefertigung war am 20. Januar 1936 abgeschlossen, am 15. Februar konnte man den ersten Motor auf den Prüfstand montieren. Die Zeit war schon weit vorangeschritten, und man ging damit ein großes Wagnis ein, denn falls sich noch irgendwelche Probleme ergeben sollten, würde man den Saisonbeginn unweigerlich verpassen. Doch

Oben: Mercedes hatte während der Gültigkeitsdauer der 750-kg-Grand-Prix-Formel zwei Rennwagen vorgestellt. Im Bild ist die letzte Ausführung des W 125 von 1937 zu sehen.

Oben: Der W 125 in seiner Version von 1936. Der Unterschied ist deutlich zu erkennen: kleinere Seitengrills an der Frontmaske und vollkommen verkleidete Schwingarme an der Hinterachse.

Rechts: Training am Nürburgring. Manfred von Brauchitsch berichtet Neubauer über die aufgetretenen Probleme. In seinem Wagen ist das ME 25-Aggregat eingebaut (Krümmeranlage für Druck-Vergaser).

es blieb der Rennmannschaft der Daimler-Benz AG nichts anderes übrig, wollte man wieder konkurrenzfähig sein. Auf jeden Fall überholte man alle verfügbaren M 25 B- und M 25 C-Aggregate, um im Notfall darauf zurückgreifen zu können, außerdem wurde die Stückzahl der neuen ME 25 noch auf zehn Exemplare erhöht. Motoren vom Typ 25 C verwendete man auch für die Testfahrten des ersten der vier neuen Rennwagen, die unter der Bezeichnung „Modell 1936" oder besser gesagt „Kurzer Wagen" entstanden waren. Im Oktober 1935 hatte man bereits zwei Chassis fertiggestellt und die beiden anderen in Arbeit. Max Wagner, der mit seiner Statur und seinem breiten Gesicht eigentlich mehr an einen Ringer erinnerte, hatte wiederum die Verantwortung über den Fahrgestellbau. Sein Vorgesetzter war nach wie vor Max Sailer, dem nun mit Fritz Nallinger ein vergleichsweise jugendlicher Stellvertreter zur Seite stand. Als Verbindungsmann und technischer Assistent wurde Alfred Neubauers Sportabteilung ein altbewährter Untertürkheimer Mitarbeiter zugeteilt: der frühere Rennbeifahrer Jakob Krauss.

Der 1936er Wagen wies eine ganze Reihe von Änderungen auf. Der Radstand war um 26 cm auf 2460 mm verkürzt worden, wobei die Spur mit 1470 mm vorne und 1420 mm hinten beibehalten wurde. Die bisherige Antriebskonzeption war dabei einer vollständigen Neukonstruktion gewichen, an der man bereits seit dem Winter 1934/35 gearbeitet hatte. Die Antriebswelle konnte dabei noch wesentlich niedriger untergebracht werden, da man die Getriebewellen quer unter dem Differential angeordnet hatte. Die beiden Wellen lagen wieder übereinander, jedoch unterhalb vom Radsatz des Ausgleichsgetriebes, damit hatte man vor der Hinterachse mehr Platz für den nunmehr näher herangerückten Fahrersitz schaffen können. Die Antriebswelle traf dabei in der Mitte der Eingangswelle (unten) auf das Getriebegehäuse, die Bewegung wurde mittels eines Kegelradsatzes umgelenkt. An dieser Stelle konnte durch eine Variation in den Verzahnungen eine Abweichung von der normalerweise 1:1 lautenden Übertragung erreicht werden. Die Gänge (4 Vorwärts, 1 Rückwärts) wurden nach wie vor durch ein Verschieben der Zahnräder auf der Schaltwelle eingelegt. Und von der Mitte der oberen Welle aus übertrug ein Stirnradsatz die Antriebsbewegung auf das Differential. Diese Zahnräder ermöglichten die Änderung der Gesamtübersetzung, die sich normalerweise auf 3,69:1 belief. Das Ausgleichsgetriebe selbst stand in mehreren Varianten zur Verfügung, dabei gab es eine Totalsperrung, bei der die Ausgleichswirkung ganz aufgehoben war und natürlich auch das selbstsperrende ZF-Differential.

Man wollte natürlich auch Genaueres über den zu erwartenden Kraftverlust durch das zusätzlich eingeführte Zahnradpaar und die Umlenkung in Erfahrung bringen. Im November 1935 führte man zu diesem Zweck einige Vergleichsuntersuchungen durch. Dabei ermittelte man, daß der Übertragungsbereich je nach Übersetzung bei beiden Hinterachsen zwischen 92 und 96 Prozent schwankte. Die neue Konstruktion lag hier nur um 1 bis 1,5 Prozent ungünstiger als die bisherige Anordnung. Bei den ersten Probefahrten zeigte sich an der neuen Getriebe-Differential-Kombination außerdem eine leichte Überhitzungsneigung. Daraufhin ordnete man Luftleitbleche an und vergrößerte auch den Ölinhalt in den Gehäusen, dieser hatte ursprünglich nur die Hälfte der vorher verwendeten Menge ausgemacht. In Monza erwies sich außerdem das Getriebegehäuse als zu schwach, um die erhöhten Drehmomentkräfte aufnehmen zu können.

Die massiven Anlenkpunkte für die Schwingachsen wurden nun nicht mehr an dem ohnehin schon arg strapazierten Hinterachsgehäuse untergebracht. Der „kurze" Wagen bekam eine völlig neue Hinterradaufhängung. Zum Ende der Saison 1935 hin hatte es sich nämlich als zunehmend schwieriger erwiesen, den laufenden PS-Zuwachs auch auf den Boden zu bringen. Hier wirkte sich der verkürzte Radstand positiv aus, da nun mehr Gewicht auf den Hinterrädern lastete. Doch der Leistungszuwachs brachte ein weiteres Problem mit sich. Wenn einmal das Wagenheck in einer Kurve ausbrach, war es kaum mehr möglich, das Fahrzeug abzufangen. Von den zum Teil dafür verantwortlichen Schwingachsen ließ man deshalb wieder ab. Und man setzte hier das bestens bewährte Prinzip einer starren Achse erneut ein. Doch diese „Starrachse" wies einen Unterschied zu den bisherigen Konstruktionen auf. Ältere Daimler- und Benz-Mitarbeiter erkannten hier eine Ähnlichkeit zu den an den frühen Grand-Prix-Wagen von 1908, dem Mercedes von 1913 und auch am Blitzen-Benz verwendeten Achskonstruktionen. Die durch einen starren Achskörper miteinander verbundenen Räder wurden diesmal natürlich nicht von Ketten angetrieben, sondern über Halbwellen vom Differential, die an beiden Enden mit Kreuzgelenken versehen waren. Die starre Verbindung zweier einzeln aufgehängter Räder wurde hier praktisch neu erfunden und die Konstruktion eine Generation später mit der Bezeichnung De Dion-Achse belegt. Der Achskörper bestand aus einem starken Stahlrohr, dessen Enden nach innen gebogen und an den Radnaben befestigt waren, während das gerade Mittelstück an einer kugelförmigen Aufnahme am hinteren Rahmenausläufer gelagert war. An dieser Stelle wurden die Bremskräfte und der Anfahrschub abgefangen; für die Zugkräfte bei der Vorwärtsbewegung des Fahrzeugs benötigte man jedoch noch einen weiteren Anlenkpunkt. Man brachte deshalb an der Rückseite des Differentialgehäuses einen zentralen Steg an, wo an beiden Seiten gummibelegte Rollen, die am Achsrohr befestigt waren, entlangglitten.

Unter der Anleitung von Dr. Maruhn, einem erstklassigen Theoretiker, der einer eigenen Forschungsabteilung in Untertürkheim vorstand, wurde eine Prüfvorrichtung für diese Rollen zusammengebaut. Unter mittlerer Belastung hielt die erste Version der Rolle nicht mehr als zwölf Minuten. Und auch bei den Testfahrten im Dezember in Monza waren sie ein wunder Punkt geblieben. Man schlug vor, den Gummibelag zu armieren, die Rollen zu vergrößern und den Steg von der Wärmeentwicklung des Differentialgehäuses abzuschirmen. Während der laufenden Saison 1936 kam man von dieser Anordnung wieder ab und brachte am Gehäuse eine schlitzförmige Gleitbahn an. In der Vertiefung befand sich ein Bronze-Klotz, der über eine Kugel mit dem Achsrohr verbunden war. Die viertelelliptischen Blattfedern wurden zusammen mit den Reibungsstoßdämpfern beibehalten, die an einem sehr leichtgewichtigen Rahmen aus Kastenprofilen befestigt waren, wie er auch schon beim Vorgängermodell Verwendung gefunden hatte. Die Vorderachskonstruktion mit ihrem rohrförmigen Achskörper wurde nahezu unverändert übernommen. Und auch die großen Trommelbremsen, an denen man 1935 Belüftungsöffnungen angebracht hatte, wurden weiterverwendet. An den hinteren Bremsen brachte man zur besseren Kühlung grobmaschige Schutzgitter über den Öffnungen an, außerdem wurden die Kühlrippen an den Trommeln enger gestellt. An jeder Bremse wurden zwei verschiedene Bremsbelagarten, je nach der auftretenden Belastung der beiden Backen verwendet (Jurid B1/2A und Spezial).

Den um einiges tiefergelegten Wagen versah man mit einer komplett neuen Karosserie, die nun einen annähernd kreisförmigen Querschnitt aufwies. Das Heck war schmaler und sowohl die vorderen Radaufhängungen als auch die neue Hinterachskonstruktion hatte man vollständig verkleidet. In den Vorderachs-Verkleidungen wurden zwei kleine Öffnungen angebracht, wobei der linke Grill 1936 vergrößert wurde und einen Ölkühler beherbergte. Dieses Instrument bewährte sich hervorragend, und so baute man in diesem Jahr auch die vorhandenen 1935er Wagen dahingehend um. Die Auspuffanordnung wurde ebenfalls geändert, das Rohr war nun ganz unten an der Karosserie angebracht und verlief unter der Hinterachse hindurch nach hinten. Die Vorjahreswagen standen wie stets als Trainings- und Reservefahrzeuge zur Verfügung, doch diesmal gab es noch einen weiteren Grund zu ihrer Weiterverwendung. Das Cockpit der neuen Wagen war so eng geworden, daß Manfred von Brauchitsch nur noch mit Mühe hineinpaßte. Alfred Neubauer bemerkte: „In einem Wagen, der bis aufs Gramm dem Gewichtslimit entsprechend kalkuliert ist, sind Reserven für einen Umbau wegen eines überlangen Fahrers natürlich nicht mehr gegeben." Man bot v. Brauchitsch deshalb einen überarbeiteten 1935er Wagen an, er zwängte sich jedoch in das neue Modell. Nur beim Eifelrennen zog dieser Fahrer den „bequemeren“ Rennwagen vor. Nach den ersten Probefahrten wollte man noch einige Modifikationen durchführen, um den Fahrern besseren Schutz vor dem Fahrtwind zu bieten. Aus diesem Grund brachte man eines der Fahrzeuge zur Ermittlung von Luftwiderstands-Verhältnissen nach Friedrichshafen, wo man im Windkanal der Zeppelin-Werft entsprechende Versuche durchführen konnte. In Monza hatten sich außerdem Kühlungsprobleme gezeigt, weshalb sowohl der Ausschnitt des Kühlergrills als auch der Wasserkühler selbst vergrößert werden mußten. In das Vorratsgefäß wurde ein Überdruck-Ventil eingesetzt, das verhindern sollte, daß vom Motor zurückfließendes kochendes Wasser den Deckel des Kurs und bestätigte mit dem Sieg seinen Ruf als Regenmeister. Die meisten seiner Teamkollegen wurden in eine Massenkarambolage an der berüchtigten Hafenschikane verwickelt.

Erst beim Rennen im Mai auf der schnellen, heißen Piste von Tripolis hatten die Mercedes-Piloten die nächste Gelegenheit, den „kurzen“ Wagen mit dem ME 25-Motor eingehend kennenzulernen. Im Vergleich zu einem mit gleichem Motor bestückten Vorjahreswagen ließ sich feststellen, daß beide eine Spitze von 280 km/h liefen. Caracciola beklagte sich über ein Wegschmieren über die Vorderräder (Untersteuerungstendenz), was man aber durch ein Auswechseln des Sperrdifferentials gegen ein solches von ZF beheben konnte. Die Modifikation führte man aber nur an diesem einen Wagen durch.

Links: Das Mercedes-Team beim Großen Preis der Schweiz in Bern 1936. Der linke Seitengrill ist an allen Wagen vergrößert, da man dort einen Ölkühler eingebaut hatte.

Unten: Zum Vergleich die Ausführung 1937. Der Ölkühler sitzt nun auf der rechten Seite, links wird dem Saugvergaser die nötige Luft zugeführt.

Einfüllstutzen aufdrückte. Der Stutzen selbst wurde nach hinten versetzt, um auch beim Beschleunigungsvorgang des Wagens eine Wasseransammlung an dieser Stelle zu vermeiden.

Bei all diesen Erprobungsvorgängen hatte man noch den M 25C verwendet. Erst Ende Februar begann man mit den ersten Prüfstandsläufen des ME 25-Aggregats. Auf einer der beiden Leistungsbremsen in Georg Scheerers Abteilung absolvierte man einen ersten Dauerversuch. Die erste Leistungsangabe belief sich auf 430 PS, mit korrigierten Einstellwerten wurden schließlich 449 PS bei 5000 U/min erreicht. Bei einer Verdichtung von 8,65:1 und der Verwendung des 255 mm-Laders kam man im Sommer 1936 auf den absoluten Bestwert des ME 25, nämlich 473 PS bei 5800 U/min. Im Renneinsatz verwendete man indessen den kleineren Lader und eine mit 8,17:1 etwas zurückgenommene Verdichtung, die Standard-Daten lauteten deshalb 433 PS bei 5800 U/min und ein maximales Drehmoment von 64,2 mkp bei 3000 Umdrehungen. Der Ladedruck war dabei jedoch schon auf ganze 2 Atmosphären angestiegen. Damit hatte man nun ein ausgezeichnetes Antriebsaggregat zur Verfügung, dessen Gewicht sogar unter dem des 211 kg schweren M 25 C gehalten werden konnte.

Wie in jedem Jahr wurde auch die Grand-Prix-Saison 1936 mit dem Großen Preis von Monaco eröffnet. Den Zuschauern bot sich das gewohnte Bild, es schien keine aufregenden Neuigkeiten gegenüber dem Vorjahr zu geben. Lediglich die Spitzenpositionen in der Startaufstellung hatten sich geändert: die Mercedes-Rennwagen standen in den vorderen Reihen. Die Auto Union hatte ihre Favoritenrolle eingebüßt. Auf der regennassen Strecke spielte Caracciola sein ganzes Können aus, er „trug“ den Wagen förmlich um den

Oben: Großer Preis von Deutschland 1936. Von Brauchitsch nimmt das Rennen nach einem Boxenstopp wieder auf, doch mußte sich Mercedes hier den Wagen der Auto Union eindeutig geschlagen geben.

Oben: Cockpit des W 125. Das Lenkrad ist mittels Schnellverschluß befestigt.

Rechts: W 125/37 mit abgenommener Frontmaske. Man sieht die neukonstruierte Vorderachse sowie den Sauggaser versetzt hinter dem Kühler.

Unten: Heck des W 125, das gegenüber dem des W 25 wesentlich kürzer geworden ist.

Links: Ein zu Ausstellungszwecken vorbereitetes W 125-Chassis. Der Radstand ist gegenüber dem W 25 um 34 cm verkürzt worden, Vorder- und Hinterachse wurden neu konstruiert. Der M 125 stellt erstmals ein Kompressor-Aggregat mit Saugvergaser-Anordnung dar.

Rechts: Die Kolben des neuen 5660-ccm-Motors wiesen eine starke Überhöhung auf (Verdichtung 8,9:1) und trugen vier Ringe über dem Kolbenbolzen.

Oben: Die neue Vorderachse, nun mit wesentlich längeren Dreiecks-Querlenkern und senkrecht stehender Schraubenfeder. Vor dem Achsträgerrohr ist ein Öldruck-Stoßdämpfer zu sehen. Die Bremstrommeln hatte man zur besseren Kühlung etwas weiter vom Rad entfernt.

Rechts: Die De Dion-Hinterachse des W 125. Das Achsrohr ist in der Mitte durch Manschetten beweglich gehalten, wobei das Mittelteil mit einem Gleitschuh am Differentialgehäuse befestigt ist. Auffallend ist die leichtgewichtige Auslegung der Längsschwingen, die vorne am Rahmen mit einem Kugelgelenk montiert sind. Längs am Rahmen befinden sich die Torsions-Federstäbe.

Mit der Straßenlage ihrer Wagen waren die Fahrer generell nicht sehr zufrieden; ein wunder Punkt blieb nach wie vor die Lenkung. Sämtliche Fahrbahnstöße wurden mit unverminderter Härte auf das Lenkrad übertragen.

Das Rennen in Nordafrika erbrachte wie jenes in Monaco keine definitiven Aufschlüsse. Im Training war einer der 255-mm-Lader ausgefallen, weshalb man an allen Wagen den kleineren 240-mm-Typ verwendete. Im Rennen hatte der Franzose Louis Chiron – ein guter Freund von Caratsch und neuer Mann im Team – Probleme mit dem Gasgestänge und fiel weit zurück. Und der bedauernswerte Manfred von Brauchitsch mußte seinen Wagen neben der Strecke abstellen, weil die Benzinzufuhr streikte. Dieses Übel war während der Versuchsfahrten in Monza zwar schon einmal aufgetreten, aber anscheinend hatte man sich nicht weiter darum gekümmert. Fagioli und Caracciola hatten mit nahezu wirkungslos gewordenen Vorderradbremsen zu kämpfen (die Bremsleitungen hatten wegen der Verlegung des Hauptbremszylinders auf die rechte hintere Motorhalterung völlig neu installiert werden müssen), konnten aber dennoch die Ränge Drei und Vier belegen.

Die Mercedes-Fahrer hatten während des Rennens eine gewisse Seitenwindempfindlichkeit ihrer Wagen feststellen können. Jakob Krauss, der das Fahrverhalten der Wagen an verschiedenen Abschnitten der Strecke studiert hatte, kam zu dem Schluß, daß die Auto Union-Wagen in den Kurven noch immer überlegen seien. Neubauer meinte dazu im Nachhinein: „Vielleicht wäre das lange Chassis für schnelle Strecken doch besser gewesen." Bei dem zweiten Rennen in Nordafrika gab es dennoch einen Sieg zu verzeichnen, als der führende Bernd Rosemeyer von der Strecke abkam und sein Auto Union ausbrannte. Dies sollte indessen der letzte Sieg für Caracciola und den 1936er Mercedes gewesen sein.

In Barcelona erwies sich Nuvolari auf Alfa Romeo nach spannenden Zweikämpfen als der Schnellere. Auf diesem Stadtkurs machte sich besonders unangenehm bemerkbar, daß die Mercedes-Wagen zum Aufschaukeln neigten; auch beim nachfolgenden Eifelrennen zeigte sich dieses Phänomen. Bis auf zwei Wagen fielen alle Mercedes aus und diese lagen weit hinten im Feld. Es hatte Motorschäden gegeben, wie auch beim nächsten Rennen in Budapest, wo alle Mercedes liegenblieben. Durch die harten Beanspruchungen

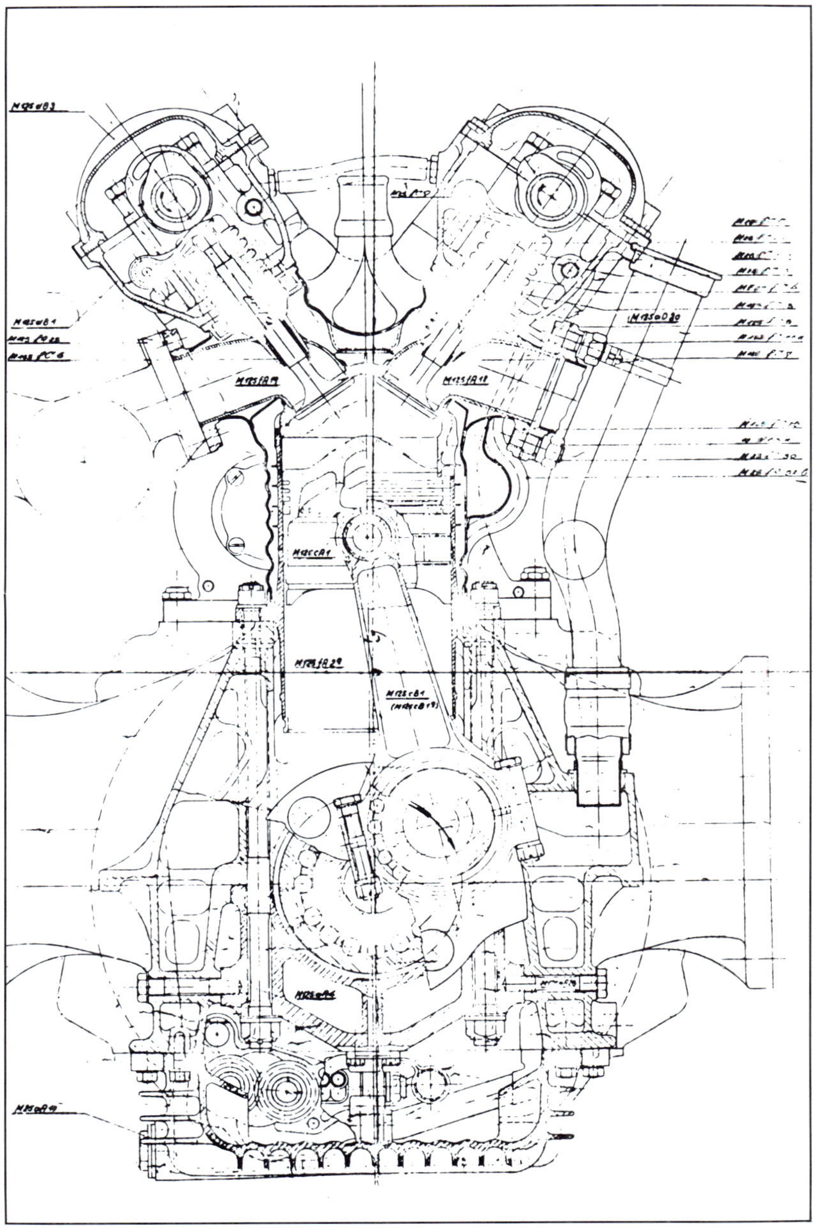

Oben: Ein W 125 auf der Leistungsbremse, dem damals neuentwickelten Trommel-Prüfstand.

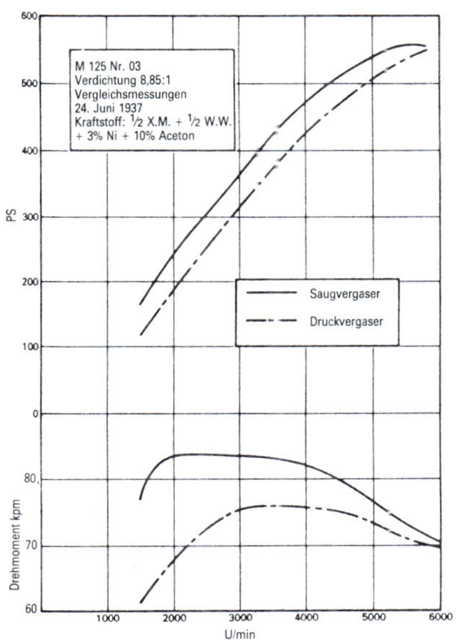

Links außen: Schnittbild des M 125-Aggregats mit voll rollengelagertem Kurbeltrieb. Daneben das zugehörige Leistungsdiagramm.

hatte der neue Motor seine Schwachstellen gezeigt: die Zylinder des vorderen Blocks hatten den Leistungszuwachs nicht verkraften können und neigten zur Rißbildung. Hier wurde nun das Material verstärkt und für das wichtigste Rennen des Jahres, den Ende Juli stattfindenden Großen Preis von Deutschland, fertigte man neue Zylinder an.

Kurz vor den Rennen versah man einige Motoren mit den 255-mm-Ladern anstelle der kleineren Typen, von denen zwei nicht lange hielten. Pech auf der ganzen Linie: Chiron stürzte und nur ein einziger Mercedes lahmte durchs Ziel – als Sechstplazierter.

Nach einer derartigen Serie von Mißerfolgen hätte wohl jede Sportmannschaft eine Denkpause eingelegt und über notwendige Konsequenzen diskutiert. Genau dies geschah auch bei Daimler-Benz. Seit Anbeginn der Rennaktivitäten hatte sich die Art der Organisation bei Mercedes zwar glänzend bewährt, die Anforderungen und Dimensionen des Grand-Prix-Sports der dreißiger Jahre indessen erforderten neue Strategien.

Zwischen der Teamleitung Alfred Neubauers und den Ingenieuren der Konstruktionsabteilung wurde daher 1936 eine neue, eigenständige Abteilung errichtet: Daimler-Benz etablierte eine dem Versuch angegliederte Rennabteilung.

Mit der Leitung der Rennabteilung betraute man einen freundlichen jungen Mann, der dreißig Jahre zählte und erst seit fünf Jahren dem Hause angehörte. Er entstammte der Ehe einer Engländerin und eines Deutschen und war als Vergaserspezialist direkt von der Ingenieurschule zur Daimler-Benz-Versuchsabteilung gekommen. Mit dem Motorsport hatte er bisher wenig zu tun gehabt. 1933 war er im Siegerteam bei der Mannschaftswertung der 2000-Kilometer-Fahrt; gefahren wurde damals mit Wagen des Typs 200. Ein Jahr später errang er mit einem 500 K bei der gleichen Veranstaltung eine Goldmedaille; damals war auch Hermann Lang mit einem Heckmotorwagen vom Typ 150 H am Start. Der junge Mann, dessen Erscheinen zweifellos einen Wendepunkt in der Mercedes-Renngeschichte bedeutete, hieß Rudolf Uhlenhaut.

„Bis zu diesem Zeitpunkt hatte ich an einem neuen Auto gearbeitet, der zum ersten Großserienwagen von Mercedes-Benz werden sollte. Dies war der 170. Da dieses Auto ein großer Erfolg wurde, hielt man mich wohl für fähig, auch Aufgaben des Rennsports lösen zu können", sagte Uhlenhaut über seine Berufung. Er unterstand direkt dem Leiter der Versuchsabteilung, Fritz Nallinger, und es wurden ihm für die Konstruktion Jakob Krauss sowie für Tests und Prüfvorgänge Georg Scheerer zur Seite gestellt. Uhlenhauts neue Mannschaft war verantwortlich für den Bau, für die Vorbereitung und Versuchsfahrten der Rennwagen, die anschließend Alfred Neubauers Sportabteilung für den Einsatz übergeben wurden. Die Konstruktion der Fahrzeuge war nach wie vor Angelegenheit des Hauptkonstruktionsbüros unter der Leitung von Max Wagner und Albert Heeß. Die Teilefertigung blieb auch weiterhin den zuständigen Abteilungen der Produktion überlassen – Anweisungen und Vorschriften jedoch kamen ab Mitte 1936 in zunehmendem Umfang von der Rennabteilung.

Ihre Feuertaufe hatte die gerade erst entstandene Rennabteilung schon im August 1936 auf dem Nürburgring zu bestehen. Vom 10. bis zum 15. August wurden auf dem herausfordernden Eifelkurs Testfahrten abgehalten. Daimler-Benz hatte hierfür eigens die Rennen in Montenero und Pescara abgesagt; man wollte sich in aller Ruhe auf den Großen Preis der Schweiz am 23. August vorbereiten. Darüber hinaus wollten die Untertürkheimer, wie Nallinger sagte, „eine klare Entscheidung fällen, ob ein weiterer Einsatz unserer Wagen in dieser Saison nach erfolgversprechend sein könnte".

Für die Tests hatte man drei Fahrzeuge vorbereitet. Eines war ein überarbeiteter Vorjahreswagen, die beiden anderen neue 1936er Modelle. Die zur Verfügung stehenden Fahrer von Brauchitsch und Caracciola wählten auf dem langen Kurs des Nürburgrings einen Streckenabschnitt aus, von dem sie glaubten, er würde die Fehler des Rennwagens am schnellsten zutage treten lassen. Uhlenhaut notierte: „Die Fahrer beanstandeten hauptsächlich folgende Punkte: 1. Vibrieren und Stöße in der Lenkung; 2. starkes Ruckeln und Holpern des Wagens bei weitgehend entleertem Tank; 3. schweres Nachlassen der Fahrwerksstabilität während des Rennverlaufs."

„Die Beobachtungen in der unebenen, weil ansteigenden Kurve an der Hedwigshöhe ergaben, daß an allen Wagen die Vorderräder deutlich von der Fahrbahn abhoben und alle vier Räder heftig vibrierten, wobei dies mehr für die neuen als für den alten Wagen zutraf. Mit der Schwingachse war das Heck deutlich unruhiger. Am neuen Wagen haftete die Hinterachse hingegen gut auf dem Boden."

Die Versuche wurden am ersten Tag in der Anwesenheit von Max Sailer durchgeführt, der auch seinen neuen Personenwagen-Konstrukteur, Hans Gustav Röhr, mitgebracht hatte. Dieser begabte Ingenieur sollte noch einige Bewegung in die Suche nach dem neuen Rennwagenkonzept bringen, bevor er innerhalb eines knappen Jahres an den Folgen einer Lungenentzündung verstarb. Er und Sailer waren aber schon wieder abgereist, als die Testmannschaft begann, das erste der zahlreichen mit der vorderen Aufhängung des W 25 verbundenen Probleme in Angriff zu nehmen.

Wie bereits erwähnt, war die gesamte Vorderachsanordnung mit ihren Schraubenfedern und Schwingarmen am Rahmenquerträger montiert, wo sie nach allen Richtungen den erforderlichen Spielraum hatte, lediglich durch eine Gummilagerung auf der inneren Seite begrenzt. Wenn man nun über längere Zeit hinweg immer wieder scharf bremste, so ergaben die Untersuchungen, wurden die Gummiblöcke durch die starken Bremskräfte gedehnt, woraus schließlich die zermürbenden Vibrationen resultierten. Die Gummiblöcke konnte man zwar beim Einbau stärker zusammenpressen oder auch eine härtere Stufe des Materials wählen, um den Kräften entgegenzuwirken, jedoch verstärkten sich dadurch die Schläge, die von Fahrbahnunebenheiten an das Lenkrad übertragen wurden. Und dies war ebenfalls einer der Hauptkritikpunkte der Fahrer gewesen.

Zu Anfang der Versuchsfahrten hatte man folgende Federhärten (gemessen am Rad) gewählt: 66 kp/cm / 102 kp/cm vorne und hinten am Typ 1935 sowie 30 kp/cm / 62 kp/cm beziehungsweise 32 kp/cm / 121 kp/cm für die neuen Wagen. Am zweiten Tag begann man die Abstimmung zu variieren, vorne bewegte man sich dabei zwischen den Werten 25 und 45 kp/cm. Auch die hinteren Federn wurden öfters ausgetauscht. Außerdem probierte man die verschiedensten Kombinationen von Reifen aus, montierte verschiedene Stoßdämpfer, modifizierte deren Einstellung, verwendete andere Vorspannungen bei den Gummilagern und änderte sogar die Gewichtsverteilung im Wagen ab, indem man vorne am Rahmen ein 60 kg schweres Bleigewicht befestigte.

Während der Versuche am zweiten Tag wurden auch einige Runden um den gesamten Kurs gefahren. Als am Morgen des dritten Tages schließlich der Kompressor an Caracciolas Wagen ausfiel, erklärte dieser, daß er nach der nunmehr 25. Änderung an seinem Wagen ihn für das Rennen in Bern als tauglich ansehe. Er und v. Brauchitsch durften daraufhin abreisen. Sie legten eine wohlverdiente Ruhepause ein und ließen zwei einsatzfähige Rennwagen, die Mechanikertruppe, Rudolf Uhlenhaut und den Nürburgring zurück. Dies sollte nicht ohne Folgen bleiben. Der junge Ingenieur, der jede Gelegenheit wahrnahm, die unterschiedlichsten Autos zu testen, entschloß sich nämlich, die verwaist dastehenden Grand-Prix-Wagen selbst einmal auszuprobieren. „Nachdem ich einige Kilometer gefahren hatte, stellte ich fest, daß ein Rennwagen einem normalen Personenwagen sehr ähnlich ist. Es gibt eigentlich keine großen Unterschiede, jedenfalls nichts Sensationelles."

Er strapazierte die Autos nicht lange. Dann aber machte er sich an die Arbeit und veranlaßte, daß noch einmal 23 Detailänderungen am Fahrwerk in Angriff genommen wurden. Selbstzufrieden konnte er schließlich feststellen: „Ich kannte mich jetzt mit Rennwagen aus und wußte auch, welche Fehler die beiden Fahrzeuge noch aufwiesen." Seine besondere Aufmerksamkeit hatte der Flatterdämpfung durch die Gummielemente gegolten, wobei er darauf

hinwies, daß die Aufhängung dem Bremsmoment in gleichem Maße gewachsen sein muß wie beim Typ 500 aus der Serienproduktion. Seinen Verdacht sah er bestätigt, daß die Sturzveränderung der Vorderräder, hervorgerufen durch das Lenkungssystem, größer war als der zu Verfügung stehende Federweg. Dadurch waren auch alle Änderungen an Federn und Dämpfern sowie Achsschenkelbolzen nur von untergeordneter Bedeutung gewesen.
Uhlenhaut hatte auch erkannt, daß bei Verwendung einer Feder, die weicher als 66 kp/cm war – und das galt für alle ursprünglich zur Verfügung stehenden Varianten – die Vorderräder sehr schnell anschlugen, wenn man die Dämpfer nicht ganz anzog. Das ständige Durchschlagen der Federung, so fand er heraus, war auch der Hauptgrund für das Hüpfen des Vorderwagens gewesen. „In Zukunft müssen wir uns um wesentlich größere Federwege kümmern", schrieb Uhlenhaut in seinem Bericht.
Die neue Hinterachskonstruktion hatte sich gegenüber der vorher verwendeten Einzelradaufhängung sowohl in der Straßenlage als auch in den Anfahrreaktionen als weit überlegen erwiesen. Doch am Grenzbereich in den Kurven traten „fürchterliche Vibrationen" auf, deren Ursachen in der Eigenverwindung des starren Achsrohres lagen. Man schweißte daraufhin Verstärkungsstreben ein und versteifte das Rahmenheck. Man befaßte sich auch mit den Drehschwingungen um die Fahrzeug-Hochachse (Giermoment). Gerade diesem technischen Aspekt schenkte man zu jener Zeit bei Daimler-Benz große Aufmerksamkeit, wobei man auch herausfand, daß hier eine hohe Schwerpunktlage am Fahrzeug nicht allein verantwortlich ist. Hans Röhr äußerte sich dabei über die Verkürzung des Radstands des 1936er Rennwagens: „Die gewonnenen Erfahrungen haben uns gezeigt, daß es sich hierbei um eine unkluge Entscheidung handelte. Die Schleuderneigung hatte der Wagen bereits vorher und dabei hatte es schon Schwierigkeiten bereitet, die Kurven sauber zu durchfahren. Zweifellos nahm die Kurvenwilligkeit des Fahrzeugs mit einem vergrößerten Giermoment noch weiter ab." Nallinger erklärte: „Durch das Anbringen des Ballastgewichts an der Vorderachse hat man die Fahrzeugmassen dezentralisiert und dadurch die Drehneigung nur noch verstärkt." Man wurde sich schnell einig über die einzuschlagende Richtung bei den nötigen Verbesserungen. Es mußte das richtige Verhältnis einer vernünftigen Radstandslänge zum Giermoment in der Massenverteilung des Fahrzeugs gefunden werden.
Doch auch diese weitreichenden Erkenntnisse über die Problematik der Wagen trugen nicht zu entscheidenden Verbesserungen bei, die beispielsweise zu einem Erfolg im Großen Preis der Schweiz hätte führen können. An

Oben: Zündkerzenwechsel am M 125 nach dem Warmlaufen.
Darunter: Lagebesprechung mit Neubauer, Uhlenhaut, von Brauchitsch und Caracciola.

Links: Großer Preis von Deutschland 1937. Lang macht mit diesem zu spät ausgeführten Reifenwechsel die Chancen auf einen Dreifach-Sieg für Mercedes (1. Caracciola 2. v. Brauchitsch) zunichte.

Rechts: Kurz nach dem Start auf dem Nürburgring lag Lang an der Spitze, es sollte sich ein packendes Duell mit dem hier noch an dritter Stelle liegenden Rosemeyer entwickeln.

Unten: Zwei Wochen später fuhr man in Monaco. Das Ergebnis war diesmal umgekehrt – endlich einmal konnte Manfred von Brauchitsch einen Sieg vor Caracciola landen.

Unten: Coppa Acerbo in Pescara, weitere acht Tage später. Von Brauchitsch jagt Rosemeyer auf der winkeligen Strecke.

Fagiolis Wagen riß ein Pleuel ab, bei Caracciola brach die rechte Hälfte des Hinterachsrohrs und v. Brauchitschs Wagen wurde überhitzt, als ein herumfliegendes Zeitungsblatt den Kühllufteintritt abdeckte (gegen solche Gefahren war man bei Daimler-Benz erst 19 Jahre später gewappnet). Lediglich Hermann Lang überstand die Distanz und beendete das Rennen an vierter Stelle. Dabei hatte Caracciola vom Start weg in Führung gelegen und konnte diese Position lange halten – bis Rosemeyer an ihm vorbeischoß. „Die Fahrer erklärten sich im großen und ganzen zufrieden mit dem Fahrverhalten der Wagen, das galt sowohl bei leeren als auch bei vollen Tanks", notierte Uhlenhaut. Er sah sich darüber hinaus veranlaßt, folgendes Resümee zu ziehen: „In diesem Rennen war es klar ersichtlich, daß die Leistung des Auto Union-Wagens im mittleren und oberen Geschwindigkeitsbereich unseren Fahrzeugen weit überlegen ist. Um nur annähernd mithalten zu können, sind unsere Fahrer gezwungen, die Motoren einer konstanten Überbelastung auszusetzen. Sie versuchen dabei in den Kurven in etwa das gut zu machen, was sie auf den Geraden verlieren. Ein weiterer Renneinsatz des E-Motors erscheint aus diesen Gründen sinnlos." Die Firmenleitung stimmte darin mit dem jungen Ingenieur überein und so wurden die Nennungen für den Großen Preis von Italien, dem letzten großen Rennen zum Abschluß der europäischen Saison zurückgezogen.

Schon seit man den DAB V12-Zylinder wegen seines Übergewichts beiseite gestellt hatte, war es die dringlichste Aufgabe für Albert Heeß' Büro gewesen, die Suche nach einer möglichen Leistungsverbesserung voranzutreiben. Man hatte sich dabei den V16 Zylinder Auto Union zum Vorbild genommen und war gerade mit der Konzeption des M 151 beschäftigt, der ebenfalls 16 Zylinder aufweisen sollte. Nicht nur in der Dimensionierung orientierte man sich an der Konkurrenz (75 × 87 mm, 6010 ccm) sondern auch in der Konstruktion besann man sich auf die Prinzipien Ferdinand Porsches, indem man Guß-Laufbüchsen in einem Leichtmetallgehäuse vorsah. Dieser neue Motor existierte nur auf den Zeichenbrettern, als Fritz Nallinger am 14. August 1936 seine Forderungen und Vorschläge für die nächstjährigen Rennwagen formulierte: „Wir benötigen so bald wie möglich einen konkurrenzfähigen Wagen für die Saison 1937. Hierfür gilt es folgende Hauptpunkte zu beachten: Der Rahmen muß verwindungssteifer werden, dies läßt sich am besten durch die Verwendung von Ovalrohren erreichen. Die Vorderradaufhängung muß größere Federwege aufweisen, man sollte dabei auch eventuell progressiv wirkende Federn einsetzen. Für die Hinterachsaufhängung sollte man zwar die bisherige Konstruktion beibehalten, jedoch sollte die Führung der Achse dabei nach vorne versetzt werden. Der Radstand muß wieder länger werden. Als neue Antriebsquelle wird uns der gerade im Entwurfsstadium befindliche Motor nicht rechtzeitig zur Verfügung stehen. Aus diesem Grunde sollte man überlegen, ob es nicht möglich wäre, das vorhandene Aggregat durch eine Steigerung der Drehzahlen leistungsfähiger zu machen. Außerdem würde man durch eine Anpassung der Getriebeübersetzungen eine bessere Beschleunigung erreichen."
Nallinger sollte recht behalten. Noch bis Dezember gab man die Hoffnung nicht auf, aber die Rennabteilung bekam den M 151 nicht mehr. Statt dessen kümmerte man sich dort um eine Überarbeitung des vorhandenen Motors, wobei der Leistungszuwachs nicht durch eine Erhöhung der Drehzahlen, sondern vielmehr durch eine nochmalige Hubraumvergrößerung und eine Verbesserung der Laderwirkung erzielt wurde.
Die Konstruktion des neuen Fahrgestells, versehen mit der Typenbezeichnung W 125, ging zügig voran. Max Wagner hielt sich dabei genau an Nallingers Vorschläge, dessen Idee des Ovalrohrrahmens von der erfolgreichen Anwendung bei der 170 V-Serienlimousine herrührte. Für die parallel verlaufenden Seitenholme verwendete man 14 cm hohe Rohre, die durch vier runde, 10 cm dicke Querträger verbunden wurden. Diese Traversen fanden sich ganz vorne, unter den Knien des Fahrers, und zwei im Heck; die fünfte Querversteifung wurde wie immer von der hinteren Motoraufnahme gebildet. Als Material für diese Rahmenrohre verwendete man Chrom-Nickel-Molybdän-Stahl mit einer Wandstärke von 1,5 mm. Der komplette Rahmen mit allen Halterungen wog 52 kg. Die Verwindungssteifigkeit konnte dabei gegenüber der früheren Konstruktion wesentlich erhöht werden. Unter der Einwirkung einer Kraft von 300 mkp verwand sich der Rahmen nur um 15 mm von der Längsachse, beim W 25 waren es 24 mm gewesen.
Im Oktober wurden am neugestalteten Hinterachsrohr Materialversuche durchgeführt, um die mögliche Beanspruchung feststellen zu können. Die Räder wurden nun durch lange Schwingarme geführt, die vorne am Rahmen, auf der Höhe der mittleren Traverse, gelagert waren. Diese Schwingarme konnten mit dem Achsträger keine starre Einheit bilden, da sich sonst die Federbewegung eines Rades auf das andere übertragen hätte. Aus diesem Grunde wurde der rohrförmige Achskörper in drei Teile unterteilt. Am Mittelteil befanden sich zwei Manschetten, in die die Außenteile eingesteckt wurden und sich auf Bronzebuchsen frei drehen konnten. Parallele Längslenker als Schwingen hätten diese bewegliche Lagerung überflüssig gemacht, was man auch in Max Wagners Abteilung wußte. Patente wurden auf beide Ausführungen erteilt. Im Rennbetrieb blieb man jedoch bei den einzelnen Schwingen, denn sie zeigten sich robuster und natürlich auch leichter im Gewicht. Ursprünglich waren sie aus Stahlprofilen gefertigt. An Caracciolas Wagen für das Eifelrennen 1937 verwendete man erstmals Dural der Dürener Metallwerke, womit man 1,5 kg einsparen konnte. Das Material hielt die Beanspruchung über eine Distanz von 750 Kilometern auf dem Nürburgring durch und so entschloß man sich, es auch in Zukunft zu verwenden. Völlig neu war die Verwendung eines von Ferdinand Porsche beim Erzrivalen Auto Union erstmals mit Erfolg eingesetzten Federungssystems. Man verwendete nun auch bei Mercedes Torsions-Federstäbe, sie waren 18 mm breit, wurden längs liegend in den Rahmenholmen untergebracht und über eine Hebelumlenkung mit den Rädern verbunden. Sie reichten nach vorne bis zur Anlenkung der Schwingarme. Der Federweg wurde bei den Hinterrädern auf jeweils 90 mm nach oben und unten erweitert. Als Stoßdämpfer waren sowohl Reibscheiben als auch hydraulische Kolbendämpfer vorgesehen, letztere hatte man bereits versuchsweise an den 1936er Wagen eingesetzt. Auch die Dämpfer wurden mit Hebeln am Rad angelenkt.
An der Vorderachse blieb es bei den doppelten Querlenkern in Dreiecksform, lediglich die Länge war auf das Doppelte angewachsen, der obere Arm maß nun 25 cm, der untere 30 cm. Hier wurde ebenfalls der Federweg vergrößert, es standen 75 mm positiver Federweg beim Einfedern und 70 mm negativer Weg beim Ausfedern zur Verfügung. Eine kurze Schraubenfeder war zwischen dem unteren Querlenker und einer Verlängerung an der Rahmentraverse angebracht. Innen waren die Querlenker an einem senkrechten Zapfen befestigt, der durch das Chassisrohr führte und in Bronze-Buchsen gelagert war. Unterhalb dieses Zapfens verlief ein Ausleger vom unteren Lenker nach innen und war an der Quertraverse in Gummibuchsen befestigt. Diese Anordnung erlaubte ein gewisses Spiel der Vorderräder in horizontaler Richtung, welches durch die Buchsen abgefangen wurde. Jedoch war durch die wesentlich stärker ausgeführten Querlenker die Vorderachse auch den auftretenden Bremsmomenten besser gewachsen. Der für die Rennabteilung typische Einfallsreichtum dokumentierte sich bei der Anbringung der Stoßdämpfer, man verwendete nach wie vor sowohl Reibscheibendämpfer als auch hydraulische Ein Arm des Dämpfers war direkt am inneren Anlenkpunkt an den oberen Querlenker angeschlossen, der andere Hebelarm befand sich an der unteren Befestigung des senkrechten Zapfens. Der Dämpfer wirkte somit unmittelbar auf den als Schwinghebel dienenden Querlenker ein, womit die größtmögliche Nutzung der Dämpferwirkung gegeben war. Das Lenkgetriebe hatte man auch hier wieder wie beim W 25 hinter dem Motor untergebracht und die ganze Lenkanordnung war nahezu unverändert geblieben. Man verwendete anstelle der oft ausgeschlagenen Winkelhebel nunmehr eine dreiteilige Spurstange, um die Räder zu verbinden. Dabei paßte man die Anordnung der äußeren Gelenke der Länge der Querlenker an, wodurch man den Sturzwechsel der Vorderräder beim Lenkeinschlag verringerte. Ein wichtiger Punkt in der Arbeit der Rennabteilung war auch die Verbesserung der Bremsanlage. Die vorhandenen Bremsen hatten sich wiederholt als zu schwach und unzuverlässig erwiesen, die Lebensdauer der Beläge konnte man ebenfalls nicht in den Griff bekommen. Die Frankfurter Alfred Teves GmbH (Ate) als Lizenznehmer von Britisch Lockheed führte eine wichtige Verbesserung in Gestalt einer Duplex-Betätigung für Vorder- und Hinterbremsen durch. Die Bremsbacken wurden wieder aus Alu-Guß gefertigt, und man baute auch wieder eine automatische Nachstellvorrichtung ein. Durch die Verwendung von zwei Hauptbremszylindern, getrennt für Vorder- und Hinterachse, konnte man die gewünschte unterschiedliche Bremskraft leichter einstellen. Der Durchmesser der Bremstrommeln blieb erhalten, sie wurden jedoch auf 72 mm verbreitert. Die Verrippung wurde feiner und an den Vorderrädern vergrößerte man den Abstand zwischen Rad und Bremse, wodurch die Belüftung verbessert werden konnte.
Ende 1936 bekam die Rennabteilung einen Bremsenprüfstand, den man sogleich zur Ermittlung einer neuen Konstruktion der Bremstrommeln heranzog. Man sah die Verwendung einer Trommel aus Silumin mit einem eingegossenen Stahl-Laufring als besonders vielversprechend an und verzichtete

auf eine aufgespritzte Stahlfläche oder eine vernickelte Bremsfläche. So waren die Trommeln, die 1937 zum Einsatz gelangten, nicht ungewöhnlich. Man hatte jedoch bei mehreren Gelegenheiten Probleme mit blockierenden Vorderradbremsen. Dies trat bei Duplex-Bremsen wegen ihrer selbsttätigen Andruck-Verstärkung des öfteren auf. Besonders verärgert war man über diese Schwächen beim Vanderbilt Cup. Rudolf Uhlenhaut sandte daraufhin eine Probe der Jurid-BA-Bremsbeläge zu Lockheed nach England. Nach verschiedenen Versuchen meldete man aus England große Unterschiede zu den dort verwendeten Mintex-NMT-Belägen. Die Jurid-Beläge besaßen einen niedrigeren Reibungswert und wiesen oft ein sehr unterschiedliches Verhalten auf. Man nahm sich das in der Rennabteilung zu Herzen und untersuchte ganze Serien von Belägen, damit man sich einen Überblick über die Schwankungen in der Verzögerungsleistung bilden konnte.

Am 1. Februar 1937 stand das erste Fahrgestell vom Typ W 125 bereit, für erste Fahrversuche baute man indessen noch ein ME 25-Aggregat ein. Innerhalb der nächsten vierzehn Tage begab man sich zu diesem Zweck nach Monza, wo Caracciola, Uhlenhaut und Hermann Lang sich am Steuer abwechselten. Lang, der erfolgreiche 27jährige Motorradrennfahrer aus Cannstatt, war erst zwei Jahre zuvor als Monteur an Fagiolis Wagen verpflichtet worden. Man begann die Testreihen mit hydraulischen Stoßdämpfern, denn Uhlenhaut war der Meinung, daß diese im Verlauf eines Rennens wesentlich besser den Belastungen standhalten könnten, als die einer Ver-

Links: Am 26. September 1937 gab es für Mercedes einen weiteren Doppelsieg zu verzeichnen. Hinter Caracciola und von Brauchitsch belegte der englische Mercedes-Fahrer Seaman den vierten Rang.

Unten: Rudi Caracciola in Bern, wo er auf regennasser Fahrbahn sehr vorsichtig mit den 500 Pferdestärken umzugehen wußte.

schmutzung durch Öl oder Straßenstaub ausgesetzten Reibscheiben. Die Verbesserungen an der Straßenlage waren sofort zu erkennen und mit der endgültigen Abstimmung kam man gut voran. Jedoch traten an der Hinterachse beunruhigende Nickschwingungen auf, die sich beim Beschleunigen, sogar in höheren Geschwindigkeitsbereichen bemerkbar machten. Zuerst schien es, als ob es hier keine Verbesserungsmöglichkeit gäbe. Die Berichte von Neubauer aus Monza klangen nicht gerade optimistisch, und so fuhr Max Sailer zusammen mit Max Wagner selbst nach Italien, um nach dem Rechten zu sehen. Schließlich glaubten Uhlenhaut und Krauss eine Lösung gefunden zu haben. Sie bauten zusätzlich zu den hydraulischen Stoßdämpfern an der Hinterachse Reibscheiben an. Sie waren der Ansicht, daß durch diese Dämpfer das vermeintlich verzögerte Ansprechen der hydraulischen Instrumente ausgeglichen sein würde. Damit hatte man das Nachschwingen beim Beschleunigen aus schnellen Kurven zwar unterbinden können, nach langsamen Kurven und beim Anfahren aus der Boxengasse jedoch blieb das Wagenheck nach wie vor unruhig. Der zusätzliche Einbau von Reibungsstoßdämpfern am W 125 schlug sich in einem Auftrag an die Konstruktionsabteilung über die Konzeption wesentlich größerer Ausführungen dieser Bauteile nieder. Man wies dabei auf die Tatsache hin, daß die Torsionsstab-Federung keine Eigendämpfung wie etwa die vorher verwendeten Blattfedern aufweisen konnte. Aus ähnlichen Gründen fügte man auch an der Vorderachse zusätzliche Reibscheiben an. Die Federhärten wurden endgültig auf 31 kp/cm an der Vorderachse und auf 37 kp/cm an der Hinterachse festgelegt. Diese Werte machten nunmehr weniger als die Hälfte der Federraten am 1935er Auto aus, und selbstverständlich wurde in der Konstruktionsauslegung darauf geachtet, daß kein Durchschlagen der Federung mehr möglich sein würde. Doch ein anderes Problem des W 25 ließ sich auch am neuen Wagen noch nicht vollständig ausmerzen: die Schläge auf die Lenkung. Man konnte sie zwar verringern, aber nach wie vor kamen harte Fahrbahnstöße bis ins Lenkrad durch. Wenn man die Gummibuchsen am inneren Ausleger des unteren Querträgers stärker anzog, verstärkte sich der Effekt sogar noch, und wenn man dort zuviel Spiel vorsah, wurde die Lenkung „teigig". Man experimentierte mit der Form, der Härte und der Vorspannung der Gummis, um auf eine Kompromißlösung zu kommen.

In Monza wurde auch eine andere Neuerung ausprobiert. Es handelte sich dabei um ein neues Getriebe, bei dem alle Zahnräder im ständigen Eingriff waren und der Kraftschluß über eine Klauenkupplung hergestellt wurde. Die Konstruktionsabteilung beharrte jedoch auf der Verwendung der Schubrad-Anordnung, denn es gab dabei geringere Antriebsverluste und außerdem blieben die Abmessungen kompakter. Uhlenhaut war da anderer Meinung; er sagte, daß es unerheblich sei, welche Antriebsverluste entstünden, wenn ein Fahrer durch einen Schaltfehler einen Getrieberadsatz zerstörte. Und das konnte ja bei einem Schubradgetriebe des öfteren geschehen. Das neue System war ebenfalls wieder mit querlaufenden Wellen im gemeinsamen Differential-Getriebe-Gehäuse an der Hinterachse untergebracht worden. In Monza gab es dabei kaum etwas zu beanstanden, doch als man im April mit einem neuen Getriebe verschiedene Testfahrten unternahm, sprangen oftmals die Gänge heraus. Die Schaltklauen wurden daraufhin untersucht, und es stellte sich heraus, daß die Abschrägung an der Verzahnung nicht das geforderte Verhältnis von 1:20 aufwies. Diese Nachlässigkeit führte zu einer ernsthaften Rüge in Gestalt eines Mängelberichts. Es handelte sich dabei weder um die erste noch um die letzte kritische Äußerung der Rennabteilung gegenüber der Produktion.

Das erste Antriebsgehäuse für den W 125 bestand noch aus Silumin, womit man auf ein Gewicht von 72 kg kam; durch die Verwendung von Magnesium konnte man später jedoch 5 kg einsparen. Die Räder wurden über Halbwellen angetrieben, die außen mit einem Kreuzgelenk montiert waren. Innen waren sie auf verzahnte Differentialwellen aufgeschoben, wo sie auf der gut geschmierten Gleitfläche seitlichen Spielraum hatten. Die Kardanwellen für den neuen Wagen mußten überarbeitet werden, wobei man auch auf die Materialstärke einging.

Die nötigen Testfahrten, bei denen auch eine verstärkte Kupplung erprobt wurde, hatten nicht mehr in Monza stattgefunden, sondern auf einer gut geeigneten neuen Piste in Deutschland. Man benützte dazu auf der im Bau befindlichen Reichs-Autobahn Frankfurt – Basel die nach Süden führende Spur auf der Höhe von Bruchsal. Dieses Streckenstück, das nur etwa 65 km von Stuttgart entfernt war, diente nun als Versuchsbahn für viele Tests. Uhlenhaut und Lang führten im November 1936 hier die ersten Versuche mit der verstärkten Kupplung durch. Sie fuhren dabei nicht weniger als 20 rennmäßige Starts und kuppelten jeweils bei 5000 U/min ein. Die Hinterachse schlug dauernd durch, die Kupplungswirkung ließ jedoch nicht nach, nur der Reibbelag fing bald an zu stinken. Diese Autobahnfahrten benutzte man darüber hinaus auch für Strömungsversuche an der Karosserie der Rennwagen. Der Luftwiderstands-Beiwert der vom W 25 abgeleiteten Karosserie des W 125 belief sich auf 0,599. Uhlenhaut versuchte das Cockpit besser zu verkleiden, um die Fahrer besser schützen zu können. In dem großen Cockpit-Ausschnitt sah er die Ursache für die „verkrampfte Haltung unserer Fahrer im Gegensatz zur Sitzposition im Auto Union". Die Karosserie für den W 125 wurde im Sindelfinger Werk aus 0,7 bis 0,8 mm starkem Dural-K-Alublech getrieben. Die für Beschädigungen leichter anfällige Kühlermaske wurde aus Aluminium-Blech mit einer Materialstärke von 1,0 mm gefertigt. Die vollständige Karosserie-Hülle wog nur 30,5 kg

Das Trockengewicht des ersten W 125 betrug 803,6 kg, dabei war jedoch noch das ME 25-Aggregat eingebaut. Das Abnahme-Gewicht ohne Reifen konnte man mit 728 kg bequem unterschreiten. Jedoch war ein Einsatz dieser Ausführung nicht vorgesehen, und Ende Februar stand mit dem Motortyp F auch das neue Antriebsaggregat zur Verfügung. Äußerlich glich dieses wieder seinen Vorläufern, es war jedoch länger geraten. Um die erweiterte Zylinderbohrung unterbringen zu können, hatte man den Zylinder-Mittenabstand auf 104 mm vergrößern müssen. Mit den neuen Abmessungen von 94 × 102 mm für Bohrung und Hub näherte man sich wieder den Motordimensionen aus der Zeit des 24/100/140-PS-Typs, wenngleich man mit dem Hubraum von 5660 ccm noch nicht an den SSK heranreichte.

Die auf 39 mm vergrößerten Ventile wiesen einen weiteren Sitzwinkel auf, sie hingen nun in einem Winkel von 70 Grad zueinander im Zylinderkopf. Die Ventilschäfte waren nach wie vor hohl ausgeführt, denn man füllte sie auch hier aus Kühlungsgründen wieder mit Soda oder Quecksilber. Im Unterschied zu früheren Ausführungen waren die Schäfte mit festen Kappen ausgestattet, die Füllung wurde am Ventilteller eingegeben und versiegelt. Diese Konzeption stammte aus der parallel verlaufenden und größtenteils unter der Leitung von Fritz Nallinger stehenden Flugmotoren-Entwicklung bei Daimler-Benz. Die Steuerzeiten waren vor allem einlaßseitig länger geworden: Einlaß öffnete bei 15° vor OT. Auslaß öffnete bei 30° vor UT, Einlaß schloß bei 42° nach UT, Auslaß schloß bei 3° nach OT. Die Konstruktion der Zylinder beließ man unverändert, man zog jedoch die beim ME 25 aufgetretenen Schwächen in Betracht. Die Verdichtung wurde auf 8,9:1 erhöht, zum Ende der Saison ging man sogar auf 9,4:1. In der oberen Hälfte des Motors hielt man sich im großen und ganzen an das Vorbild der M 25-Reihe. Jedoch wurden einige Verbesserungen im Detail vorgenommen. Man hielt sich dabei an die am 4. September 1936 von Georg Scheerer aufgestellte „Wunschliste". So hatte man zum Beispiel die Befestigungsschrauben für die Deckel der Nockengehäuse von der Mitte an den Rand versetzt, nachdem gerade hier wiederholt Ölnebel registriert worden war. Dies war in Tripolis 1936 sogar die Ursache für eine Sichtbehinderung der Fahrer gewesen.

Scheerer hatte auch stärkere Pleuel gefordert, die nun Teil eines überarbeiteten Kurbeltriebs wurden. Man dachte dabei auch wieder an die Verwendung einer zusammengesetzten Hirth-Welle. Eine derartige Welle ließ man im November 1936 zwölf Stunden lang in einem ME 25 auf dem Prüfstand

laufen. Erst nach weiteren 450 km Autobahn-Testfahrten konnte man den Bruch einer einzelnen Verbindungsschraube feststellen. Die Firma Hirth wurde daraufhin mit der Lieferung von sechs Kurbelwellen komplett mit Pleueln für die mit neuen Hauptlagern ausgestatteten Motoren beauftragt. Dennoch sollten die Hirth-Wellen nicht zu einem Renneinsatz gelangen. Ein Grund hierfür war die geringere Verdrehfestigkeit gegenüber der einteiligen Welle, der Unterschied belief sich immerhin auf 13 Prozent.
Die Abmessungen im Kurbelbetrieb glichen wiederum denen des ME 25, natürlich mit Ausnahme des Hubzapfen-Abstands. Man sah sowohl eine Ausführung mit fünf Hauptlagern als auch eine mit neun Lagerstellen vor. Mit Erstaunen stellte man fest, daß der Gewichtsunterschied lediglich 500 g erbracht. Er hatte seine Vergleiche mit einem Motor vom Typ M 25B durchgeführt, der mit einem 220-mm-Lader aus dem AB-Typ ausgestattet worden war. Eineinhalb Stunden nach den Prüfstandsläufen mit Saugvergasern („nasse" Kompressoraufladung) führte er Vergleichsmessungen mit dem nunmehr in den Ursprungszustand („trockener" Lader) zurückversetzten Motor durch. Der Ladedruck an der Druckvergaser-Version betrug 0,38 at, bei der Saugvergaser-Anordnung erreichte man 0,65 at. Der Leistungszuwachs betrug schon bei 2000 U/min stolze 17 Prozent. Scheerer führte die Ursache für die bessere Leistungsausbeute auf das durch den Treibstoffdurchfluß möglich gewordene geringere Laufspiel des Laders zurück.
Der unermüdliche Motorenspezialist ging in seinen Versuchen noch einen

Oben: Der überstarke W 125 erforderte einiges Fahrkönnen. Zu dem in der Saison 1937 perfekt abgestimmten Fahrwerk kam ein Motor, der auf dem Prüfstand bereits weit über 600 PS leistete.

Rechts: Start in Donington zum letzten Rennen nach der 750-kg-Formel.

ausmachte. Das Kurbelgehäuse war nämlich schwerer, die Welle aber leichter als bei der Fünflager-Version. Selbstverständlich entschied man sich daraufhin am M 125 neun Kurbelwellenlager zu verwenden. Im April 1937 sah man sich während der abschließenden Testfahrten in Monza zu einer letzten Änderung an der Kurbelwelle gezwungen, als am Lagersitz eines Pleuellagers Risse auftraten. Man vergrößerte den Durchmesser der Hubzapfen auf nunmehr 66 mm und verstärkte auch die Kurbelwangen. Doch diese Kurbelwellen standen der Rennabteilung nicht vor Anfang Juli zur Verfügung. Schon vorher hatte man die Lagerung des Pleuelfußes verbreitert und mit einem doppelreihigen Rollenlager versehen, wobei die Rollen 8 mm im Durchmesser maßen und 10 mm breit waren. An der Kurbelwelle verwendete man einreihige Hauptlager mit 10 mm starken Rollen, die je nach Lagerbreite bis zu 18 mm maßen. Den anfangs 24 mm starken Kolbenbolzen vergrößerte man im Verlauf der Saison um 1 mm. Die großen geschmiedeten Mahle-Leichtmetallkolben wogen exakt 500 g. Und das Gesamtgewicht dieses mächtigen Motors, komplett mit Druckvergasern und dem 250-mm-Lader, betrug 223 kg.
Bezüglich einer hohen Leistungsausbeute hatte man schon seit den im September 1936 von Georg Scheerer durchgeführten Kompressor-Versuchen keine Bedenken mehr. Scheerer hatte eine neuartige Saugvergaser-Anordnung ausprobiert. Dieses System, bei dem der Lader von dem vor ihm sitzenden Vergaser mit dem Kraftstoff-Luft-Gemisch versorgt wird und dieses direkt in die Einlaßkanäle drückt, war bei Alfa Romeo und Auto Union von vorneherein angewendet worden. In Untertürkheim indessen war man stets beim Druckvergaser-Prinzip geblieben, denn man konnte sich noch gut an die schlechten Beschleunigungseigenschaften des Zweiliter-Achtzylinders erinnern, bei dem Ferdinand Porsche das Saugprinzip vorgesehen hatte. Und man hatte natürlich eine weitreichende Erfahrungszeit mit diesem Konzept vorzuweisen. Scheerers Versuche hatten nun jedoch unbestreitbare Vorteile Schritt weiter, indem er einen Motor der letzten ME 25-Ausführung ebenfalls umbaute. Er ordnete dabei zwei 54 mm-Solex-Vergaser vor dem Kompressor an. In dieser Konzeption stellte der Versuchsmotor das Vorbild für den M 125 dar. Im Teillastbereich war der Zuwachs drastisch: er belief sich auf 32 Prozent bei einer Drehzahl von 2000 U/min. Doch auch bei 5800 Umdrehungen stiegen die Angaben noch um 11 Prozent, die Spitzenleistung betrug 488 PS bei 5500 U/min. Große Beachtung wurde dabei der Abstimmung geschenkt, denn die größere PS-Leistung sollte nicht zulasten eines verschlechterten Ansprechens auf Drehzahländerungen gehen. Ausgehend von den erreichten Ergebnissen versprach sich Georg Scheerer für den hubraumstärkeren M 125 eine zu erwartende Leistungsabgabe von 585 PS, mit Alkoholtreibstoff sollten es sogar 597 PS werden. Die Vermutungen sollten sich auch tatsächlich bestätigen, jedoch war der Weg dahin nicht so einfach, wie man zunächst glaubte.
Eine Leistungsmessung des ersten auf den Prüfstand gebrachten M 125 hatte Mitte Februar in der Tat 580 PS bei 5800 U/min ergeben. Außerdem lagen die Werte im mittleren Drehzahlbereich sogar noch günstiger als vermutet. Zur selben Zeit jedoch trafen beunruhigende Neuigkeiten von den Fahrversuchen in Monza ein. Der auf Saugvergaser umgestellte ME 25 im neuen Fahrgestell reagierte sehr unwillig auf die Gaspedalbewegungen. Besonders bemerkbar machte sich dieses Verhalten bei den Schaltvorgängen, wozu Max Sailer folgendes bemerkte: „Wenn man nach dem Hinaufschalten wieder aufs Gas geht, dauert es eine ganze Weile, bis der Motor die vergrößerte Menge des Druckgemisches annimmt. Er zieht dann jedoch gewaltig an."
Im März hatte man endlich den ersten M 125 im W 125-Fahrgestell zur Verfügung, wobei hier schon die Gemischaufbereitung einigen Verbesserungen unterzogen worden war. Auf dem Prüfstand war man mit dem Verhalten des Aggregats sehr zufrieden gewesen, auf der Strecke jedoch lagen die Dinge anders, ja es wurde sogar eine Verschlechterung festgestellt. Der anwesende

Vergaser-Techniker von der Firma Solex, Ingenieur Wandschneider, mußte dies mit großem Bedauern zur Kenntnis nehmen. Erst bei drastisch verringertem Querschnitt der Vergaser-Mischrohre sprach der Motor einigermaßen sauber auf die Vollgas-Stellung an. Ein kurzer Zwischengasstoß beim Herunterschalten ließ sich jedoch damit auch nicht ermöglichen. Es blieb nach diesen enttäuschend verlaufenen Tests nichts anderes übrig, als zu Beginn der Saison wieder auf das bewährte Druckvergaser-Prinzip zurückzugreifen. Mit der anderen Lader-Anordnung mußte man erst Erfahrungen sammeln, um einen zuverlässigen Einsatz gewährleisten zu können.

Dieser Rückschritt brachte in bezug auf die Höchstleistung nur einen geringschätzigen Verlust von 5 bis 10 PS, dafür fehlte es aber bei niedrigeren Drehzahlen um einiges am Drehmoment. Im Juni 1937 führte man an einem Rennaggregat erneut Vergleichsmessungen zwischen beiden Aufladungssystemen durch und kam dabei auf die folgenden Werte:

	Motor-drehzahl	Ladedruck (im Einlaß-kanal)	Leistung	Dreh-moment
Druckvergaser	3000 U/min	0,44 at	316 PS	76 mkp
	5800 U/min	0,94 at	550 PS	69 mkp
Saugvergaser	3000 U/min	0,72 at	361 PS	87 mkp
	5800 U/min	0,79 at	556 PS	70 mkp

Bei der Druckvergaser-Anordnung kamen Einlaßkrümmer mit einem Durchmesser von 39 mm zum Einsatz.

Auf der Suche nach einem besser funktionierenden Saugvergaser griff die Konstruktionsabteilung nun auf die Konstruktion M 218 zurück. Man erinnerte sich an den Vergaser des Zweiliter-Achtzylinders, der den unterdruckgesteuerten Luftschieber eingebaut hatte. Bei der Konstruktion des neuen Vergasers hielt man sich an dessen Vorbild und schuf ein Instrument mit zwei 62-mm-Mischkammern und 48-mm-Luftschiebern. Vom Lader zu den Einlaßkanälen führte ein zweiteiliges Sammlerrohr, das für die hinteren Zylinder einen engeren Durchlaß als für die vorderen aufwieß – 57 mm bzw. 70 mm. Doch ein Problem an der Versorgung der einzelnen Zylinder bereitete den Technikern am M 125 noch Sorgen. Die beiden letzten Zylinder wiesen nämlich stets nasse Zündkerzen auf. Man verwendete aus diesem Grund dort auch solche mit einem niedrigeren Wärmewert (420) als an den anderen Zylindern, wo normalerweise Bosch 450er eingesetzt wurden. Scheerer erkannte, daß das Gemisch, bis es zu den letzten beiden Zylindern gelangte, sich bereits wieder zu verflüssigen begann. Er baute deshalb an dieser Stelle eine Rücklaufleitung an, die den übrigbleibenden Kraftstoff zurück in den Kompressor fließen ließ. Das Laufspiel des Laders konnte auf diese Weise auch weiter verringert werden.

Das Eifelrennen hatte für Mercedes schon öfters als erster Einsatztest neuer Konstruktionen gedient. So war am 13. Juni 1937 das Premierenrennen für den W 125 mit einem Saugvergaser-Kompressormotor. Nur ein einziger Wagen war mit diesem System ausgerüstet, und dieser wurde von dem Neuling in der Mercedes Mannschaft, Christian Kautz, gefahren. Er belegte am Ende damit den neunten Rang. Die Beobachter erwarteten von diesem jungen Mann keine Wunderdinge, und so war es ihnen auch entgangen, daß nur Überhitzungsprobleme des Motors ihn von einer wesentlich besseren Plazierung abgehalten hatten. Die an diesen Aggregaten schon im Versuch vereinzelt aufgetretenen Schwierigkeiten wurden bei Testfahren auf der Autobahn und auf dem Nürburgring später durch eine Vergrößerung des Kühlergrills behoben.

Für den am 5. Juli in New York stattfindenden Vanderbilt-Cup bekam ein weiterer neuer Mann im Mercedes-Team einen Saugvergaser-Typ anvertraut. Der talentierte Engländer Dick Seaman hatte für Mercedes in Tripolis bei seinem ersten Einsatz einen siebten Rang herausgefahren und wurde dann in New York Zweiter. Durch die neue Vergaseranordnung war das Überdruckventil am Einlaßkrümmer weggefallen und damit auch der charakteristische Heulton beim Gaswegnehmen. Seaman war darüber gar nicht unglücklich: „Ich empfand dies sowieso als äußerst lästig."

Die andere Gruppe der zweigeteilten Rennmannschaft hatte zum gleichzeitig stattfindenden Großen Preis von Belgien ebenfalls alle nötigen Umrüstteile der Saugvergaser-Version mitgenommen, ohne sie jedoch beim Rennen einzusetzen. Seamans Erfolg in den USA hatte die Untertürkheimer dazu bewogen, für den Großen Preis am 25. Juli auf dem Nürburgring alle Wagen mit Saugvergasern auszustatten. Bei diesem wichtigsten Rennen des Jahres sahen alle Beteiligten nun die wohlverdienten Früchte ihrer Arbeit. Über ein Jahr hatte man nun an der Neuentwicklung eines der Konkurrenz wieder überlegenen Wagens gearbeitet, dabei hatte es diesesmal eines großen Aufwandes an langen und komplizierten Entwicklungs- und Testreihen bedurft. Man hatte buchstäblich Tausende von Versuchs-Kilometern auf dem Weg zu einem neuen Erfolgskonzept zurückgelegt. Am Nürburgring kamen von fünf gestarteten Mercedes vier ins Ziel, zwei davon an der Spitze des Feldes.

Zu Saisonbeginn in Tripolis, wo der Sieger zum erstenmal Hermann Lang geheißen hatte, wogen die Wagen bei der Abnahme 744 kg. Im Juni jedoch hatten sie 8 kg Übergewicht. Aus diesem Grund wurden die beabsichtigten Verstärkungen am vorderen Ende des Rahmens nicht angebracht, darüber hinaus Gewichtseinsparungen an den Bremsen, Stoßdämpfern und Fahrersitzen durchgeführt. Die Lenkhebel an den Vorderrädern fertigte man nunmehr ebenfalls aus Dural. Bei Gewichtsproblemen wandte man sich stets zuerst den Bremstrommeln und den Stoßdämpfern zu. Zu dem geforderten Abnahmegewicht kamen noch 14 Liter Öl, 240 Liter Kraftstoff sowie die Kühlflüssigkeit und Reifen der Dimensionen 5,25 × 19 vorne und 7,00 × 19 hinten. Für extrem schnelle Kurse standen auch Hinterräder mit 22 Zoll Durchmesser zur Verfügung. Das Startgewicht des Wagens belief sich damit auf 1020 kg. In den Chassis-Abmessungen glich der W 125 seinem Vorgänger: er hatte einen Radstand von 2800 mm und die Spur war vorne mit 1470 mm breiter als hinten (1410 mm).

Wie üblich standen für den Renneinsatz verschiedene Übersetzungen am Differential und auch in der Getriebeabstufung zur Verfügung. So wurden zum Beispiel bei den Testfahrten in Monza folgende Übersetzungen eingebaut: die Gesamtübersetzung an der Hinterachse betrug 3,43:1, die Getriebeabstufungen lautete 2,13/1,37/1,18 und 0,94:1. Damit ergaben sich für die einzelnen Gänge bei 5500 U/min Geschwindigkeiten von 141/219/254 und 318 km/h. Die längste Übersetzung für die Grand-Prix-Wagen wurde auf der Avus verwendet, wo man bei 5500 U/min im vierten Gang 338 km/h erreichen konnte.

Der Doppelsieg auf dem Nürburgring stellte den Auftakt zu einer triumphalen Erfolgsserie für Mercedes dar. Schon beim nächsten Grand Prix in Monte Carlo gab es einen Dreifach-Sieg, gefolgt von einem zweiten Platz in Pescara. In Bern belegte das Mercedes-Team erneut die ersten drei Plätze, in Livorno die ersten zwei sowie den ersten, zweiten und vierten Rang auf dem Masaryk-Ring bei Brünn. Wie in jedem Jahr, gehörte der letzte Sieg in der Saison der Auto Union, aber Mercedes stand mit einem zweiten und einem dritten Platz nicht nach. In diesem letzten Jahr der 750-kg-Formel hatte sich von der zweiten Hälfte an der Mercedes W 125 mit aller Deutlichkeit als bester Rennwagen der Welt über die Konkurrenz hinausheben können. Man hatte mit der PS-Ausbeute neue Maßstäbe gesetzt, die Auto Union und Alfa Romeo konnten hier mit 520 und 432 PS nicht mehr mithalten. Die letzten M 125-Aggregate aus Scheerers Motorenabteilung hatten auf den Prüfständen zwischen 550 und 575 PS geleistet, mit Alkohol-Gemisch waren es sogar 580 bis 610 PS gewesen. Diese Kraft konnte nur im zweiten Gang – vorausgesetzt, es wurde ein langer erster verwendet – bei Vollgas ganz auf den Boden gebracht werden. Mit dem in der Tat beeindruckenden Leistungsvermögen der Achtzylinder hatte Mercedes-Benz wieder einmal unter Beweis gestellt, daß man auf dem Gebiet des Automobilsports zu hohen Leistungen fähig war, wenn auch die Firma schon ein gewisses Alter vorzuweisen hatte...

„Und wieder zog sich die Straße zu einem schmalen weißen Band zusammen, die Unterführungen schienen nur kleine schwarze Löcher zu sein. Bei der Geschwindigkeit, mit der ich sie durchfuhr, mußte ich sehr exakt lenken. Doch noch bevor das Gehirn überhaupt die notwendige Handlung erkannt hatte, war der Wagen bereits vorbeigerast."
Rudolf Caracciola

Mercedes Rekordwagen

Die Auto Union hatte mit der Rekordfahrerei begonnen. Diese Sparte des Motorsports war bisher eigentlich Briten, Franzosen, Italienern und auch Amerikanern vorbehalten. In den ersten vier Jahrzehnten organisierter automobilistischer Wettkämpfe erschienen überraschend wenig deutsche Namen, weder Wagen noch Fahrer, in den Rekordlisten. Zwar hatten Mercedes und Benz jeweils ihre Höhepunkte in diesem Geschehen zu verzeichnen gehabt, das war jedoch lange her und schon weitgehend in Vergessenheit geraten. Und nun war da im Jahre 1934 ein vollkommener Neuling, nicht nur im Sportgeschehen, sondern auch in der Automobilbranche allgemein, ins Blickfeld getreten. Die Auto Union hatte in diesem Jahr einen der höchstangesehenen Bestwerte, nämlich den Stunden-Weltrekord, verbessern können. Man hatte dafür den neuen Grand Prix-Wagen eingesetzt und konnte noch vor der öffentlichen Vorstellung des künftigen Konkurrenten aus Untertürkheim einen aufsehenerregenden Erfolg vorweisen. Damit hatte die Auto Union den Zweikampf eröffnet.
Ende 1934 verschob Rudolf Caracciola jedoch das Gleichgewicht wieder zugunsten des etablierten Mercedes-Teams, als er in Gyon in Ungarn und auf der Avus einige Rekorde fuhr. Bei den Machthabern des Dritten Reiches betrachtete man den Wettstreit mit großem Wohlwollen, denn man war daran interessiert, auf allen Gebieten der Welt zu zeigen, daß mit dem neuerstarkten Deutschen Reich eine Großmacht auf den Plan getreten war, mit der von nun an zu rechnen war. In diese Zeit fielen auch die umstrittenen Olympischen Spiele von Berlin (1936) und die Erringung des Höchstgeschwindigkeitsweltrekords für Flugzeuge. Dieser wurde am 11. November 1937 von einer Messerschmitt Bf 109 errungen, die von einem Daimler-Benz-Motor angetrieben wurde.
Wie auch alle anderen Bereiche des Motorsports, waren die Rekordfahrten Angelegenheit des NSKK unter der Leitung von Korpsführer Hühnlein. In Hitlers totalitärem Staat war an die Stelle der traditionellen Renn-Veranstalter, der Automobilclubs, eine neue, ebenfalls Hühnlein unterstellte Organisation getreten. Diese Oberste Nationale Sportbehörde (ONS) wurde 1936 vom internationalen Verband A.I.A.C.R. als Veranstalter und Aufsicht von Rekordversuchen anerkannt. Am Anfang konnte die ONS lediglich Verwaltungsaufgaben erfüllen, denn es gab innerhalb Deutschlands keine Möglichkeit, Geschwindigkeitsweltrekorde zu fahren. 1937 fand zwar auf der Avus das schnellste Rennen der Welt statt, aber auf dieser Strecke konnte man keine Rekordversuche abhalten, da sie ein Gefälle von drei Prozent aufwies und die erlaubte Toleranz von einem Prozent überschritt. Doch dann kam man auf die gerade entstehenden Autobahnen; diese vierspurigen Schnellstraßen galten als neue europäische Meisterwerke in ihrer Anlage und Linienführung. Hühnlein hieß den Gedanken an Geschwindigkeitsweltrekorde als würdige Eröffnung auf diesen Betonbahnen willkommen: Man würde wieder einmal die Nachbarn in Europa in Erstaunen versetzen und ein wenig einschüchtern können...
Die Herausforderung, auf den Autobahnen Geschwindigkeitsweltrekorde zu fahren, wurde von den Technikern angenommen. Diese Leute, die sich zumeist noch gut an den Blitzen-Benz erinnern konnten oder an diesem Unternehmen sogar beteiligt gewesen waren, sahen hierin eine neue große Aufgabe. Wie auch damals wurden die hohen Geschwindigkeiten mit einem auf den Grand-Prix-Sport zurückgehenden Motor erreicht. Der DAB V12 sollte jenen Mercedes-Benz antreiben, der die höchste jemals in Europa gefahrene Geschwindigkeit erreichte. Der Zwölfzylinder war mit 300 kg für einen Grand-Prix-Wagen der 750 kg-Formel zu schwer geraten, für Rekordfahrten schien er jedoch das nötige Potential zu besitzen. Im Hubraum kam ihm 1937 der M 125-Achtzylinder nahe, doch die Leistung von zum Schluß über 700 PS blieb unterreicht. Der DAB war damit der stärkste jemals von Daimler-Benz gebaute Automobilmotor. In den Abmessungen blieb man bei 82 × 88 mm für Bohrung und Hub und damit bei 5577 ccm. Es gab keine Gelegenheit, wo man in der Klasse C hätte starten müssen, und deshalb unterblieb auch eine 4980-ccm-Version, bei der man heruntergebüchste Zylinder des A-Typs verwendet hätte (77,5 × 88 mm).
Für den DAB hatte man die geschmiedeten Stahlzylinder aus dem M 25 B verwendet. Im aufgeschweißten Kopf hingen vier Ventile mit je 35,5 mm Durchmesser in einem Winkel von 60 Grad. Derselbe Winkel wurde auch beim Abstand der beiden Zylinderreihen verwendet, welche aus je zwei Dreierblöcken bestanden. Am Ventiltrieb wurde nichts geändert. Die Alu-Nockengehäuse trugen wieder je vier Nockenwellenlager und mit den durchgehenden Stehbolzen wurden die Zylinderblöcke auf dem Kurbelgehäuse befestigt. An der Motorrückseite mußte natürlich der Stirnradantrieb entsprechend geändert werden, denn nun waren ja vier Nockenwellen anzutreiben. Die Antriebe für Zündmagnet und Drehzahlmesser wurden ebenfalls hier abgenommen. Das geradseitige Kurbelgehäuse aus Aluminium nahm die Zylinderblöcke auf und reichte nach unten 89 mm über die Kurbelwellenmitte hinaus. Die unteren Kappen an den sieben Hauptlager-Sitzen waren sowohl querverschraubt als auch mit zwei senkrechten Bolzen versehen. Der Hauptlager-Durchmesser wurde mit 63 mm von den A- und B-Versionen des M 25 übernommen, lediglich das vordere Lager war etwas kleiner. Die Hubzapfen waren gegenüber den Achtzylindern um 2 mm auf nunmehr 55 mm vergrößert worden. Sie waren 59 mm breit und trugen eine für Rennmotoren mit V-Zylinderabstand ungewöhnliche Pleuelanordnung. Wie bei den gleichzeitig entstandenen Daimler-Benz-Flugmotoren hatte man beim DAB Doppelpleuel vorgesehen. Die Zylinder waren einander gegenüber angebracht, ohne

Im Jahre 1936 präsentierte Mercedes einen extra für Rekordfahrten gebauten Stromlinienwagen. Das Chassis basierte auf dem des Grand-Prix-Wagens. Bei dem Antriebsaggregat handelte es sich um den ursprünglich als Ablösung des Achtzylinders gedachten DAB V12 mit 5577 ccm Hubraum.

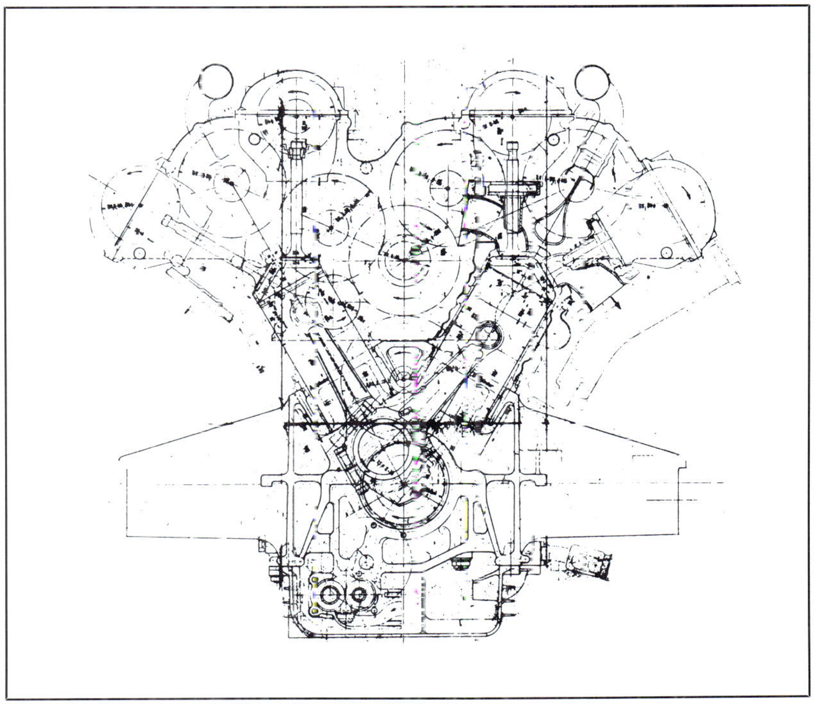

Unten: Schnittzeichnung des V12, dessen Zylinderreihen von den M 25-Achtzylindern übernommen worden waren.

wie allgemein üblich seitlich versetzt zu sein. Für die linke Zylinderreihe wurden herkömmliche Pleuel mit einem doppelreihigen Rollenlager (8-mm-Rollen) verwendet. Die Kolben in der rechten Zylinderreihe wurden mit speziellen Pleueln bewegt. Diese hatten einen gegabelten Fuß, der über den Fuß des anderen Pleuels gesteckt wurde und beidseitig davon auf jeweils einem Rollenlager lief. Beide Pleuel wiesen einen Augen-Mittenabstand von 171 mm auf; die Pleuelfüße waren an den Teilflächen fein verzahnt und mit jeweils vier Bolzen verschraubt.

Die Ölpumpen befanden sich im rechten hinteren Eck der tiefverrippten Wanne und wurden über einen Zahnradsatz angetrieben. Ein Kegelrad-Paar an der Motorstirnseite trieb die Graetzin-Benzinpumpe mit ihrem Daimler-Benz-Druckregler an und auch die links davon sitzende Wasserpumpe. Über ein gegabeltes Verteilerrohr wurde das Kühlwasser von oben in die Zylinderblöcke geleitet. Eine hohle Welle als Verlängerung der Kurbelwelle trieb die beiden Kompressoren an, die über Kegelräder im Eingriff standen und in einem Drehzahlverhältnis von 2:1 zueinander liefen. An der Antriebswelle liefen mehrere starke Schraubenfedern auf, die als Ruckdämpfer bei Drehzahlwechseln fungierten. Die beiden Roots-Gebläse standen ebenfalls im V zueinander, das rechte war entsprechend der Zylinderreihe um 30 Grad geneigt, das linke jedoch um 32,5 Grad, um mehr Platz für die Anbringung zu haben. Durch die gemeinsam angetriebenen Kegelräder drehten sich die Lader gegeneinander. Dieser Effekt war jedoch erwünscht, da sie die eingesaugte und verdichtete Luft in eine in der Mitte liegende gemeinsame Druckleitung abgaben. Pro Zylinderreihe wurde ein Daimler-Benz-Doppel-

Rechts: *Der DAB V12 mit den charakteristischen vier Druckrohren auf den beiden Doppelvergasern.*

Unten: Stirnseite des DAB-Aggregats mit den V-förmig zueinander stehenden Kompressoren.

Unten: Die Montage der Rohkarosse in ihrer zweiten Ausführung mit integrierten hinteren Radabdeckungen (1937). Die große Kühleröffnung läßt auf einen Avus-Wagen schließen.

Unten: Hinterachsanordnung des Rekordwagens. Die De Dion-Achse wurde hier mit einem nach hinten reichenden Gestänge verankert, außerdem hatte man zwei querliegende Auslegerfedern angeordnet.

vergaser verwendet. Die Drehflügel-Auslegung wurde von den Achtzylindertypen beibehalten, für den geplanten Fünfliter-DA-Typ hätte man eine Rotorlänge von 160 mm vorgesehen gehabt, am DAB verwendete man 180 mm lange Drehflügel.

Für die ersten Versuchsfahrten hatte man den Zwölfzylinder in ein normales W 25-Chassis eingebaut; dies bereitete keine großen Schwierigkeiten, zumal man auch an diesem Aggregat wieder die hinteren Motorhalterungen als Ausleger am Kurbelhaus angegossen hatte. Während einer Probefahrt auf einem neuen Autobahnteilstück bei Echterdingen, südlich von Stuttgart, wurde der neue Motor durch Überdrehen schwer beschädigt. Da man ursprünglich an den Bau von zehn Aggregaten gedacht hatte, waren glücklicherweise genügend Ersatzteile vorhanden, so daß man lediglich Zeit benötigte, um einen neuen Motor zusammenzustellen. Man wollte unbedingt noch im Jahre 1936 einige Rekorde in der Klasse B – das heißt in der Hubraumklasse von 5000 bis 8000 ccm – brechen, denn damit hätte man den nachteili-

gen Eindruck in der Öffentlichkeit über eine verunglückte Rennsaison wenigstens etwas korrigieren können.
Im September hatte Willy Zimmers Monteursmannschaft einen weiteren DAB V12 fertiggestellt. Mitte Oktober konnte Georg Scheerer seine Prüfstandsversuche als abgeschlossen melden und folgende Daten übermitteln: Das Verdichtungsverhältnis betrug 9:1. Die Höchstleistung hatte er mit 616 PS bei 5800 U/min ermittelt. Der Ladedruck belief sich am Kompressorausgang auf 1,28 at und 1,05 at an den am weitesten entfernten Einlaßventilen. Erstaunliche Werte hatte man für den Drehmomentverlauf erreicht: In einem Bereich von 3000 bis 5000 U/min kam man auf 87 mkp und mehr. Bei all diesen Messungen wurde Alkohol-Treibstoff verwendet, denn bei den Rekordfahrten zählte nur die Höchstleistung und nicht der exzessive Kraftstoffverbrauch.
Für den Rekordwagen wählte man ein normales Grand-Prix-Wagen-Chassis aus der abgelaufenen Saison und versah es mit einer vollständig geschlossenen Stromlinien-Karosserie. Ohne Treibstoff kam das Fahrzeug damit auf ein Gewicht von 1026 kg, wobei die Gewichtsverteilung mit 51 Prozent auf den Hinterräder und 49 Prozent auf den vorderen gut gelungen war. Man beabsichtigte, Weltrekorde in der Klasse B über Distanzen von zehn Kilometern bis zu einer Stunde zu erringen. Der Antrieb wurde so übersetzt, daß man in den einzelnen Gängen bei 5500 Touren auf Geschwindigkeiten von 155/242/298 und 368 km/h kam. Dabei waren Hinterräder der Dimension 7,00 × 22 vorgesehen. Mit 19-Zoll-Rädern und einem zusätzlichen Zahn an der Übersetzung des vierten Ganges konnte man über die kürzeren Distanzen 387 km/h erreichen, das jedoch nur bei einer riskanteren Drehzahl von 6000 U/min.
Die größte Neuerung am ganzen Wagen war zweifellos die Karosserie. Bis zu jener Zeit hatte es noch kaum einen Wagen gegeben, bei dem die Räder voll in eine flache Stromlinienkarosserie mit einbezogen waren. Bei keinem der vorausgegangenen Versuche war das Fahrzeug indessen fertiggestellt, geschweige denn mit hohen Geschwindigkeiten gefahren worden. Der absolute Geschwindigkeitsweltrekord befand sich damals in den Händen von Malcolm Campbell, der in seinem Wagen mit verkleideten, aber freistehenden Rädern 484,6 km/h gefahren war. Erst Ende 1937 begannen George Eyston und John Cobb ihre Weltrekord-Zweikämpfe auf dem Salzsee in Bonneville mit Vollstromlinien-Karosserien. Bei diesen Entwicklungen stellte der Mercedes-Rekordwagen von 1936 in der Tat einen gewaltigen Fortschritt dar.
Im Windkanal der Zeppelin-Werft in Friedrichshafen, wo auch vorher schon einige Versuche in der Aerodynamik an Automobilen durchgeführt worden waren, untersuchte man am 1. und 2. Oktober die neue Karosserie. Das Fahrzeug wurde unter der Aufsicht von Ing. Schirmer an vier 2 mm starken Stahldrähten aufgehängt und mit einer Windgeschwindigkeit von 155 km/h angeblasen. Zu diesem Zeitpunkt wies die Karosserie indessen noch nicht die völlig geschlossene Form auf, denn die Oberseiten der Hinterräder ragten noch aus der hinten abfallenden Karosserie heraus. In dieser Ausführung wies der Wagen eine Stirnfläche von 1,43 m^2 und einen Luftwiderstands-Beiwert c_w 0,235 auf. Dazu hatte man auch eine gewölbte Windschutzscheibe verwendet, denn die vorher bei den Probefahrten aufgebaute gerade, nach hinten geneigte Scheibe hatte den c_w-Wert auf 0,252 verschlechtert. Erstaunlich geringe Auswirkungen hingegen erbrachte die alternative Verwendung von Abdeckungen für die Vorderräder. Die gesamte Wagenunterseite war ebenfalls verkleidet; die Abwärme vom Kühler sollte nach hinten oben austreten, genau vor dem Cockpit. Bei den Versuchen ergab sich, daß man die Kopfstütze mit der Mittelflosse um etwa eine Handbreit erhöhen und die Hinterräder doch einschließen sollte. Ebenfalls errechnete man den zu erwartenden Auftrieb an den Vorderrädern und kam dabei auf einen Wert von 217 kg bei einer Geschwindigkeit von 360 km/h, dies machte bereits die Hälfte der ganzen Vorderachs-Belastung aus.
„Falls es bei 360 km/h Probleme mit der Lenkung gibt, werden wir ein Bleigewicht einsetzen müssen," bemerkte Uhlenhaut dazu. Trotz des erhöhten Luftwiderstandes wurde das Cockpit bei den ersten Versuchen am 26. Oktober mit der geraden Scheibe bestückt. Diesmal war das ausersehene Autobahn-Teilstück offiziell von der ONS abgesperrt worden. Man benützte die Fahrbahn in Richtung Darmstadt, die von Frankfurt aus direkt am Flughafen vorbeiführte. Am Ende der Strecke hatte man eine Wendemöglichkeit geschaffen um – nach internationaler Vorschrift – die Zeit für Hin- und Rückfahrt stoppen zu können. Caracciola benötigte jeweils drei Kilometer Anfahrweg, und so richtete man die Meßabschnitte entsprechend danach ein.
Für die ersten drei Fahrten hatte man sowohl die seitlichen Verkleidungen für die Vorderräder als auch die Abdeckungen über den Hinterrädern weggelassen. Es traten hierbei Getriebe-Probleme auf, denn der vierte Gang sprang mehrere Male heraus. Für den vierten Versuch befestigte man schließlich Alu-Scheiben in den Rädern und brachte die Verkleidungen an. Damit erzielte Caracciola 357,2 km/h auf einem Kilometer und 362,0 km/h auf eine Meile, jeweils mit fliegendem Start. Schließlich montierte man noch die Abdeckungen für die Hinterräder und startete um 9.00 Uhr einen fünften Versuch. Das Ergebnis waren neue Rekorde in der Klasse B mit 364,3 km/h für den Kilometer und 366,8 km/h für die Meile. Damit war Caracciola auf einer normalen Verkehrsstraße fast genauso schnell gefahren wie der Weltrekordhalter des Jahres 1929 (Henry Segrave auf Napier: 372,5 km/h) auf der Sandpiste von Daytona. Man führte noch einen weiteren Rekordversuch durch und konnte dabei mit 340,5 km/h einen neuen Bestwert auch über 5 Kilometer aufstellen. Bei der Rückkunft des Wagens wurde er einigen Ausbesserungen unterzogen, da plötzlich auftretende Windböen beim vierten Start die Karosserie am Bug teilweise eingedrückt hatten. Das Getriebe wurde zerlegt und am Motor führte man Wartungsarbeiten durch. Doch an eine Fortsetzung der Rekordversuche war an diesem wie auch am folgenden Tag wegen auftretender Seitenwinde nicht mehr zu denken
Am 11. November zog der Tross aus Untertürkheim erneut zur Autobahn Frankfurt-Darmstadt. Man hatte inzwischen das DAB-Aggregat zerlegt gehabt und Ventilschäden aufgrund des Überdrehens beim Herausspringen des vierten Ganges behoben. Außerdem hatte man die Motorleistung etwas zurückgenommen – auf 570 PS bei 5800 U/min –, um die Maschine für Rekordversuche über längere Distanzen standfester zu machen. Der erste Versuch wurde mit einem geschlossenen Cockpit unternommen, das sehr große Ähnlichkeit zu einer Flugzeugkanzel aufwies. Caracciola empfand diese jedoch als „unangenehm", und so wurde sie wieder entfernt. Man führte drei weitere Fahrten durch, damit sich Caracciola mit der Strecke vertraut machen konnte und auch, um zu Kontrollzwecken einige Luftaufnahmen anfertigen zu können. Auf der fünften Fahrt konnte Caracciola indessen gleich drei neue Rekorde auf einmal erringen: 334 km/h über 5 Meilen, 331,8 km/h über 10 Kilometer und 333,4 km/h über 10 Meilen. Letztere Bestleistung stellte über den Klassenrekord hinaus auch einen neuen Weltrekord dar.
Das Wetter verschlechterte sich, deshalb war an eine Fortsetzung des Unternehmens nicht zu denken. Am nächsten Tag hatte man die Übersetzung gewechselt und auch die 22-Zoll-Räder gegen 19zöllige getauscht, denn Caracciola beabsichtigte, seine zwei Jahre alte Bestmarke über die Meile mit stehendem Start zu verbessern. Es fiel ihm trotz der etwas zu kurz geratenen Endübersetzung leicht, auf eine Spitzengeschwindigkeit von 307,5 km/h zu kommen. Die, für die Anerkennung als neuer Weltrekord notwendige Fahrt in der Gegenrichtung konnte er jedoch wegen eines beim Ausrollen beschädigten Kompressors nicht mehr antreten. Damit war die Jagd nach Rekorden für das Daimler-Benz-Team in diesem Jahr zu Ende gegangen.
Auf der Rückfahrt während des 10-Meilen-Versuchs war erneut der vierte Gang herausgesprungen, wodurch die Drehzahl hochschnellte und wieder einige Ventile „auf den Warzen aufsaßen" – wie dies im Jargon der Monteure genannt wurde. Man hatte nämlich in die Kolbenböden kleine Kuppen

eingearbeitet, die bei einem eventuellen Kontakt mit dem Ventilteller größere Beschädigungen verhindern sollten. Es wurde dabei zwar das Ventil verbogen, was natürlich einen Leistungsabfall zur Folge hatte, aber nicht der Kolben, womit der Motor nach wie vor gut funktionsfähig blieb. Diesen oft vermeidbaren Beschädigungen des kostbaren Materials wollte Uhlenhaut auf andere Weise für immer entgehen. Er machte im Oktober 1936 den Vorschlag, einen Drehzahlbegrenzer anzubringen, der in der Primärwicklung des Magnets den Zündstrom unterbricht.

Einige neue Erfahrungen mit den hochdrehenden Mercedes-Motoren konnte man zu Beginn der Saison 1937 auch auf der Avus in Berlin sammeln. Aufgrund von Umbau-Maßnahmen hatte dort im Jahr zuvor kein Rennen stattgefunden. Man hatte eine Zufahrtsstraße zum nahegelegenen Ausstellungszentrum errichtet und als Ausgleich den Rennkurs mit einer Steilkurve versehen. Diese überhöhte Kurve war zu einer gewaltigen Attraktion geworden. Man hatte sie an einem 20 Meter hohen Erdwall entlanggeführt. Sie ersetzte damit die alte, flache Nordkurve; ihr Radius betrug an der Basis 100 Meter. Die Gesamtbreite der Fahrbahn betrug 22 Meter, wovon allein 12 Meter in einem Winkel von 43 Grad überhöht waren. Die Schräge verlief kontinuierlich, so daß die Wagen unten und oben fahren konnten. Die Fahrbahn war aus Klinkersteinen zusammengefügt worden, von denen es hieß, daß sie rutschsicher seien. Ende März 1937 war das Bauwerk fertig geworden, und die Fahrbahnoberfläche sowie die Trennfugen erwiesen sich als mustergültig ausgeführt. Am 28. April konnten die Mercedes-Fahrer zum ersten mal „Maß nehmen". Für die zweitägigen Probefahrten standen ein Vorjahres-Grand-Prix-Wagen und ein neuer Stromlinienwagen in der Art des Rekordfahrzeuges, ebenfalls mit dem DAB V 12, zur Verfügung. Dieser Wagen sollte beim Avusrennen als „Hauptwaffe" zum Einsatz kommen, was auch durch die Ausschreibung nach der „Freien Formel", nach der das Gewichtslimit keine Gültigkeit hatte, möglich war. Zusätzlich beabsichtigte man, am 30. Mai noch zwei herkömmliche W 125 einzusetzen.

Die Karosserie des Avus-Wagens war vom Rekordwagen abgeleitet, wies aber doch einige Modifikationen auf. Die Linie der Motorhaube und Seitenteile war niedriger geworden, wodurch auch die Räder mit deutlicher gewölbten Abdeckungen versehen werden mußten. Die hinteren Radkastendeckel

Ende April 1937 führte man die ersten Versuchsfahrten mit dem überarbeiteten Wagen durch. Er sollte einen Monat später beim Avusrennen eingesetzt werden und dann im Oktober seiner eigentlichen Aufgabe bei der Frankfurter Rekordwoche nachkommen.

waren nun nicht mehr aufgesetzt, sondern vielmehr Teil der Karosserie geworden. Die deutlicher ausgeprägte Frontpartie wurde mit einem kleinen Kühlergrill versehen und die seitlichen Radabdeckungen hatte man oben mit Scharnieren versehen, damit man sie beim Radwechsel nur hochzuklappen brauchte. Mit den Lüftungsschlitzen auf der Motorhaube und in den Seitenteilen sah der Wagen in der Tat sehr ungewöhnlich aus. George Monkhouse, der als Berichterstatter am Ort des Geschehens war, beschrieb den Stromlinien-Mercedes als „fantastisches Zukunftsautomobil".
In jenen späten Apriltagen gab es jedoch noch einiges zu tun. Caracciola und v. Brauchitsch beschwerten sich über die schwergängige Lenkung in der Steilkurve, doch sie gewöhnten sich bald an den geringen Nachlauf-Winkel von 9 Grad. Man benötigte auch eine Kühlluft-Zuführung auf die Auspuffrohre, um die auf das Cockpit einwirkende Hitze so gering wie möglich zu halten. Die Fahrer verlangten außerdem noch einen von innen zu betätigenden Mechanismus zum Öffnen der Cockpitabdeckung.
Wie stets bei den ersten Versuchsfahrten mit einem neuen Rennwagen, legte man großen Wert auf Caracciolas Urteil. Er bescheinigte dem Stromlinienwagen eine gute Straßenlage, beklagte sich aber über die Hitze im Cockpit. Doch es gab noch einige andere Probleme bei diesen Testfahrten zu verzeichnen. Im Besonderen ging es dabei um den hohen Reifenverschleiß, wovon vor allem der linke Hinterreifen, also der kurveninnere Pneu betroffen war. Am zweiten Tag beeinträchtigten Seitenwinde das Fahrverhalten des Wagens, woraufhin Caracciola sich besorgt erkundigte: „Was habt ihr denn mit dem Wagen gemacht? Er liegt nicht mehr richtig." Doch das größte Problem schien die Auto Union zu sein. Das Team aus Sachsen hatte einen seiner Sechzehnzylinder-Rennwagen ebenfalls mit einer aerodynamisch gestalteten Karosserie versehen und war damit auf Anhieb schneller als die Untertürkheimer. Darüber hinaus schien der Reifenverschleiß bei diesem Fahrzeug geringer zu sein. Mit den neuesten Reifen von Continental und einer Tankfül-

Oben: Aufgrund der auf der Avus zu erwartenden hohen Reifenbeanspruchung hatte man bei den Stromlinienwagen Sichtfenster zu den Hinterrädern eingebaut, eines unten an der Cockpit-Seitenwand und das andere oben an der Radabdeckung.
Links: Der ‚Silberpfeil' beim Training in der Avus-Steilkurve.

Unten: Noch einmal der Versuchswagen mit der seitlichen Auspuff-Öffnung und Abdeckscheiben an den Hinterrädern.

lung mit Alkohol-Treibstoff begab sich v. Brauchitsch zu einem abschließenden Höchstgeschwindigkeitstest auf den Kurs. Er erreichte einen Rundenschnitt von 278 km/h, aber nach vier Runden waren die Reifen nicht mehr brauchbar.
Jakob Krauss überwachte die Testfahrten, wobei ihn der um einiges schwerer gewordene Stromlinienwagen – er wog mit dem eingebauten Wagenheber-System nun schon 1127 kg – zu neuen Überlegungen anregte. Man wollte alle Möglichkeiten ausschöpfen und änderte deshalb die vorgesehene Fahrzeugauswahl noch einmal ab. Da für das Avusrennen die 750-kg-Formel keine Gültigkeit hatte, konnte man hier auch verschiedene andere Wagen, wie eben die Stromlinientypen, an den Start bringen. Den erprobten vollverkleideten Wagen mit dem DAB V12-Zylinder sollte Manfred Brauchitsch fahren, für Dick Seaman bereitete man einen Grand-Prix-Wagen vom Typ W 125 vor. Die anderen Mitglieder der Streitmacht wurden indessen mit ganz speziellen Fahrzeugen ausgestattet. Für Carracciola baute man ein neues Fahrgestell nach dem Vorbild des W 125, jedoch mit verlängerten Front- und Heckpartien, um die Stromlinienkarosse aufnehmen zu können. Der mit einem Achtzylindermotor versehene Wagen war allerdings um 150 kg schwerer als der normale Grand-prix-Typ. Die ungewöhnlichste Kombination wurde für den Schweizer Geoffredo Zehender vorbereitet; man hatte in ein vorhandenes 1936er Chassis einen Zwölfzylinder eingebaut und die Rennwagen-Karosserie beibehalten. Leider schied dieses interessante Fahrzeug schon im Training mit Motorschaden aus. Hermann Lang schließlich bekam ebenfalls einen vollverkleideten Wagen, der jedoch auf einem umgebauten Fahrgestell aus dem Vorjahr basierte und ebenfalls von einem M 125-Achtzylinder angetrieben wurde.
Lang saß bei den offiziellen Trainingsläufen zum erstenmal in einem derartigen Wagen. Er befuhr auch zum erstenmal den umgebauten Avus-Kurs. Bei einem kleinen Zwischenfall kam er mit dem Schrecken davon: „An einer Bodenwelle stieg der Wagen plötzlich vorne hoch – er bekam Auftrieb. Als ich keine Straße mehr sah, durchfuhr es mich wie ein Blitz: nur jetzt nicht am Lenkrad drehen, sonst setzen beim Niedergehen des Vordergestells die Vorderräder falsch auf und ich fliege unweigerlich hinaus! In diesem Augenblick fuhr ich auf vollen Touren mit etwa 380 km/h. Es ging jedoch alles gut

Oben: Avusrennen 1937. Von Brauchitsch (Mercedes V12), Fagioli (Auto Union-Stromlinienwagen), Lang (Mercedes Achtzylinder) und Hasse (Auto-Union-GP) fahren zum Start des zweiten Vorlaufs.

Links: Caracciola im vollverkleideten W 125 in der Avus-Steilkurve.

ab, aber ich gebe dennoch zu, daß mir die Sache etwas in die Knochen fuhr.“
Langs Wagen war so übersetzt, daß er bei 5500 Umdrehungen des Motors auf folgende Geschwindigkeiten in den einzelnen Gängen kam: 155/241/297/368 km/h. Seamans offener Grand-Prix-Wagen war auf etwa 340 km/h übersetzt; er berichtete von seinen ersten Eindrücken: „Vom fahrerischen Standpunkt aus betrachtet, ist das hier eine ziemlich langweilige Angelegenheit. Man rast mit Vollgas die beiden zehn Kilometer langen Geraden entlang; obwohl die erzielten Geschwindigkeiten zwar furchterregend erscheinen mögen, gewöhnt man sich sehr schnell daran. Und in den beiden Kurven wird dann geschlichen, als ob man Stiefel aus Papier angezogen hätte.“ Dies geschah, um die Reifen zu schonen. Man hatte ausgerechnet, daß es möglich sein müßte, die Vorläufe mit sieben Runden und das Hauptrennen mit acht Umläufen ohne Reifenwechsel zu überstehen. Dazu mußten die Fahrer jedoch äußerst sachte zu Werke gehen. Dafür lockten aber auch ansehnliche Geldbeträge als Erfolgsprämien.
Die Auto Union-Wagen fuhren sowohl im Training als auch im Rennen die schnellsten Rundenzeiten, wobei jedoch offensichtlich Motoren und Reifen überbeansprucht wurden. Rosemeyer jedenfalls mußte nach einem haarsträubenden Zweikampf ausscheiden, und Caracciola konnte den ersten Vorlauf mit „genügsamen“ 250,4 km/h siegreich beenden. Seaman wurde Vierter. Den zweiten Vorlauf gewann v. Brauchitsch, Lang war nach einem Reifenwechsel auf den dritten Rang zurückgefallen.
Für das Entscheidungsrennen hatte man sich innerhalb der Mercedes-Mannschaft eine spezielle Taktik erdacht. Rudi und Richard sollten voll fahren, ein Reifenstop wurde eingerechnet. Manfred und Hermann jedoch sollten verhalten fahren und damit ohne Boxenhalt ans Ziel kommen. Dieser Plan zerschlug sich indessen, denn Caracciola und auch v. Brauchitsch schieden vorzeitig mit Schäden an der Kraftübertragung aus. Hermann Lang, der die Steilkurve mit 180 Sachen durchfahren hatte, gewann dieses Rennen mit einem Gesamt-Durchschnitt von 261,7 km/h. Dies sollte bis ins Jahr 1958 die schnellste jemals bei einem Rundstreckenrennen erzielte Durchschnittsgeschwindigkeit bleiben. Der hochdotierte Siegespreis wurde im Fahrer-Team von Mercedes brüderlich aufgeteilt.
Das Rennen war zugleich auch ein wichtiger Einsatztest für das neue M 125-

Nach einigen Feinarbeiten an der Karosserie präsentierte sich so der Rekordwagen für Frankfurt 1937. Der DAB-Motor leistete inzwischen 736 PS, doch bei den ersten Versuchsfahrten gab es Probleme mit der Aerodynamik. Nach eilig ausgeführten Modifikationen erreichte Caracciola schließlich eine Spitzengeschwindigkeit von 397 km/h, doch Rosemeyer auf Auto Union war bereits über 400 km/h gefahren.

Aggregat, nunmehr Typ F, gewesen. Eine Maschine hatte, bevor sie in den Trainingswagen eingebaut wurde, 93 simulierte Avus-Runden auf dem Prüfstand absolviert. Caracciola sagte, er habe den Motor auf 6500 U/min gedreht; man konnte allerdings keinerlei Spuren an Kolben oder Ventile entdecken. Am Motor an Langs Wagen fanden sich indessen Kratzer auf den Kolben, die von aufstehenden Ventilen herrührten, also mußte dieser Motor mit mehr als 6500 U/min überdreht worden sein. An beiden Aggregaten fielen beschädigte Kegelräder des Kompressor-Antriebs auf, man fand dafür bald eine einleuchtende Erklärung. Bei einer Drehzahl von 5500 schluckte der Kompressor-Antrieb am M 125 ungefähr 130 PS. Bei zusätzlichen 1000 Umdrehungen hingegen stieg der Leistungsbedarf auf 170 bis fast 200 PS an, womit natürlich die Wellen und Kegelräder überbeansprucht wurden. Aufgrund dieser Feststellung gab Georg Scheerer folgende Empfehlung an die Fahrer: „Es ist ratsam, den Motor nicht höher als 5800 U/min drehen zu lassen. Höhere Drehzahlen können nur für kurze Zeit gestattet werden, sei es beim Überholen eines Konkurrenten oder in der letzten Runde des Rennens."

Auf der Avus waren die beiden Zwölfzylinder-Motoren noch mit der altbewährten Druckvergaser-Anordnung gelaufen, jedoch beabsichtigte man, die ermutigenden Erkenntnisse mit dem Saugprinzip auch am DAB anzuwenden. Die ersten Versuche Anfang 1937 hatten zwar den erwarteten Drehmoment-Zuwachs im unteren und mittleren Drehzahlbereich gebracht, jedoch fiel die Leistung über 4000 U/min rapide ab. Man kam nur auf knapp 500 PS bei 5500 U/min. Untersuchungen ergaben schließlich einen zu geringen Vergaser-Querschnitt. Es lag nahe, größere Instrumente zu verwenden, aber bei anschließenden Tests in Monza zeigte sich ein ungünstiger Einfluß auf die Drehmomentkurve. Bei Vollgasstellung der Gasschieber war der Einlaßquerschnitt so groß geworden, daß sich der Unterdruck an den Düsen verringerte und deshalb die Benzinzufuhr nachließ. Mit einem derart abgemagerten Gemisch begann der Motor zu stottern und im schlimmsten Fall riskierte man damit durchgebrannte Kolbenböden.

Georg Scheerer sah sich nun gezwungen, einen ungewöhnlichen Weg zu einer besseren Gemischaufbereitung einzuschlagen. An jeden der beiden Roots-Lader brachte er einen horizontalen 58 mm-Solex-Vergaser und zusätzlich jeweils einen weiteren Lufteinlaß an, dessen Öffnung durch einen Kolbenschieber verschlossen wurde. An diesem Einlaß fanden sich noch zwei weitere Kraftstoffdüsen, die aus der Vergaser-Schwimmerkammer versorgt und gemeinsam mit der Öffnung des Gasschiebers freigegeben wurden. Diese Konstruktion stellte nichts anderes als einen zusätzlichen Vergaser dar, wenn auch ein sehr einfaches Instrument, wie man es sonst hauptsächlich an Motorrädern sowie an den ersten Daimler-Flugmotoren finden konnte. Es handelte sich um eine Art Schiebervergaser. Dieses Instrument hätte jedoch wieder die gleichen Probleme wie vorher aufgeworfen, wenn Scheerer hier nicht einen gänzlich anderen Steuermechanismus erdacht hätte. Der Zusatzvergaser wurde vom Ladedruck gesteuert. Wenn der durch den Kompressor aufgebaute Ladedruck in den Einlaßkrümmer einen bestimmten Wert hatte, wurde der Schieber stufenweise geöffnet, so daß der 38 mm weite Einlaß bei maximalem Ladedruck vollständig offen war. Am Einlaßkrümmer war eine kleine Kammer angebracht, in der ein Steuerkolben für die beiden Zusatzvergaser durch den herrschenden Druck bewegt wurde. Ein wichtiges Detail in der Anordnung dieses Steuermechanismus ist in der Art und Weise seiner Unterbringung zu erkennen. Der kleine Zylinder saß mit seiner Rückseite an der Zwischenkammer zwischen einem Vergaser und dessen Lader, so konnte der Steuerkolben auf den Druckunterschied zwischen Ein- und Auslaß des Laders reagieren. Damit funktionierte die Zusatzluftdosierung auch bei plötzlichem Vollgas im Teillastbereich. Es blieb nun noch die Frage nach ausreichender Versorgung der beiden Kraftstoffdüsen durch die Schwimmerkammer zu klären. Der „Zusatzschiebervergaser" ließ natürlich den Unterdruck in den beiden Vergasern geringer werden. Scheerer ließ deshalb in geringem Maße den vom Kompressor erzeugten Druck auch auf die Schwimmerkammer wirken, so konnte auch bei niedrigem Unterdruck in den Mischrohren der Vergaser ein gleichmäßiger Kraftstofffluß gewährleistet werden. Vom M 125 übernahm man auch hier am Zwölfzylinder das System der Rückleitung verflüssigten Kraftstoffs aus den Einlaßkrümmern, den man in Rohrstücke zwischen Vergaser und Lader einspritzte. Alle diese Konstruktionen stellten revolutionäre, neue Ideen im Konzept der aufgeladenen Otto-Motoren dar, sie wurden auch für die nachfolgenden Entwicklungen von ausschlaggebender Bedeutung. An den völlig neu konstruierten Aggregate der Jahre 1938 und 1939 konnte man diese Details wiederfinden und sie brachten erhebliche Gewinne, sowohl in der Leistung als auch an Drehmoment.

Korpsführer Hühnlein und die ONS beschlossen, 1937 eine internationale Rekordwoche zu veranstalten. Auf einem 25 Kilometer langen Teilstück der Autobahn Frankfurt-Darmstadt sollten zwischen dem 25. und 31. Oktober Rekordversuche über Distanzen bis 10 Meilen stattfinden. Mercedes bereitete für dieses Ereignis neue Fahrzeuge vor, um damit Caracciola eine Verteidigung sowie ein Verbessern seiner Rekordmarken zu ermöglichen. Für diesen Zweck war der DAB-V12 mit der Motornummer 3 präpariert worden, und am 14. Oktober hatte man die Prüfstandstests abgeschlossen. Die Steuerzeiten für das 9,17:1 verdichtete Aggregat lauteten:

Einlaß öffnet 14 Grad vor OT, Auslaß öffnet 33 Grad vor UT,
Einlaß schließt 44 Grad nach UT, Auslaß schließt 3 Grad nach OT.

Mit den zwei Solex-Vergasern und der Verwendung von Alkohol-Treibstoff betrug die Höchstleistung 679 PS bei 5800 U/min. Durch die Anwendung des Saugvergaser-Prinzips hatte man also eine mehr als zehnprozentige Leistungssteigerung erreicht. Bei niedrigeren Drehzahlen gestaltete sich der Leistungszuwachs noch wesentlich drastischer: Bei 1500 U/min konnte man eine Verbesserung um ganz 40,5 Prozent verzeichnen. Mit den Zusatzvergasern ließen sich die Werte ab einer Drehzahl von 4000 U/min verbessern. Der Ladedruck stieg von 1,10 auf 1,28 at und die Motorleistung wuchs auf 736 PS an. Das maximale Drehmoment von 100 mkp blieb im Bereich von 3000 bis 4000 U/min erhalten. Bei diesen Angaben handelte es sich um die höchsten jemals auf den Prüfständen der Daimler-Benz-Rennabteilung ermittelten Leistungen. Der Versuch, die entsprechenden Daten auch bei einer Drehzahl von 6000 U/min zu ermitteln, schlug fehl. Man vermochte lediglich „Erschütterungen an der Leistungsbremse" zu notieren...

Die Prüfstände wurden am 19. Oktober noch einmal bis an die Grenze ihrer Belastbarkeit beansprucht, als man einen speziell vorbereiteten M 125-Achtzylinder erprobte. Auf Grund der großen Bedeutung, die man seitens der Daimler-Benz-Firmenleitung der Rekordwoche beimaß, entschied man sich für die Bereitstellung eines Achtzylinders als Ersatzmotor für die Rekordversuche. Es handelte sich bei diesem Aggregat um die Fabriknummer 9, den letzten gebauten M 125, der in Donington in Langs Wagen eingebaut war. Zusätzlich zu dem normalerweise verwendeten Daimler-Benz-Vergaser brachte man am 225-mm-Lader noch ein Solex-Instrument mit 58 mm Durchlaß an. Dieser Vergaser wurde wie beim DAB über den Ladedruck gesteuert. Mit Alkohol-Treibstoff und einem Verdichtungsverhältnis von 8,9:1 leistete der Achtzylinder ohne Zusatzvergaser 592 PS bei 5800 U/min, der Ladedruck betrug dabei 0,92 at und der Antrieb des Laders schluckte 136 PS. Durch den Zusatzvergaser stieg der Ladedruck auf 0,96 at und die Motorleistung auf 646 PS. Damit hatte man 17 Tage nach Beendigung der Rennlaufbahn des M 125 dessen absolute Höchstleistung erreicht.

Während der ganzen Entwicklungszeit konnte Scheerer nur Vermutungen über das Einsatzverhalten seiner Zusatzvergaser-Anordnung anstellen, doch er war sich seiner Sache in Bezug auf die Erfordernisse bei den Rekordversuchen einigermaßen sicher. Auch die gesamte Konstruktion des neuen Rekordwagens für 1937, die unter der Leitung des Ingenieurs Stahl stand, bedeutete streckenweise reine Experimentierarbeit. Das Chassis war an sich bekannt, es handelte sich um die Grand-Prix-Ausführung von 1937, doch die immens wichtige Hülle, die Stromlinien-Karosserie, war neu gestaltet wor-

den. Nach einer Besprechung am 31. August faßte Max Sailer das Konzept wie folgt zusammen: „Die Form des 1936er Wagens bleibt erhalten, jedoch wird er um 220 mm schmaler und um 100 bis 120 mm niedriger werden. Wir hoffen, den hervorragenden Luftwiderstands-Beiwert von $0{,}175 c_w$ mit einer wesentlich verkleinerten Stirnfläche wieder zu erreichen. Damit ließen sich dann wesentlich höhere Geschwindigkeiten als im Vorjahr erzielen."

Dieses schwierige Ziel, die Idealvorstellung eines jeden Automobil-Aerodynamikers, die Stirnfläche zu verringern ohne den c_w-Wert zu verschlechtern, wurde indessen nicht erreicht. Die Gestaltung der neuen Karosserie wurde im Windkanal des Forschungsinstituts für Kraftfahrwesen und Fahrzeugmotoren Stuttgart (FKFS) an einem Modell im Maßstab 1:4 untersucht. Das Institut stand unter der Leitung von Wunibald Kamm, der früher bei der D.M.G. beschäftigt gewesen war und auch am Zweiliter-Grand-Prix-Wagen mitgearbeitet hatte. Das Institut war nur einige Schritte vom Westtor der Daimler-

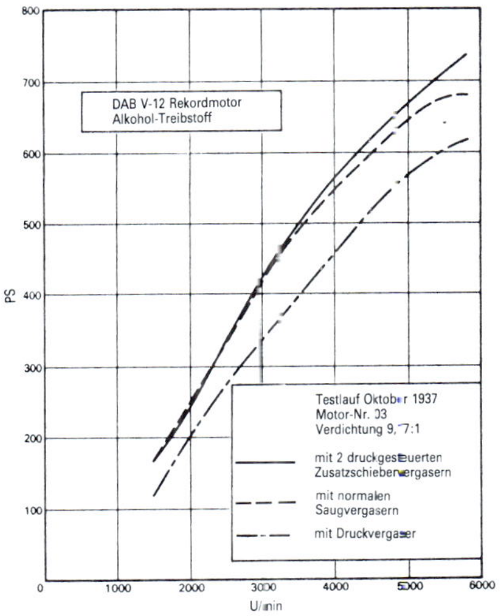

Links außen: Caracciola auf einer Probefahrt mit dem Stromlinienwagen.

Leistungsdiagramm des DAB V12-Rekordmotors.

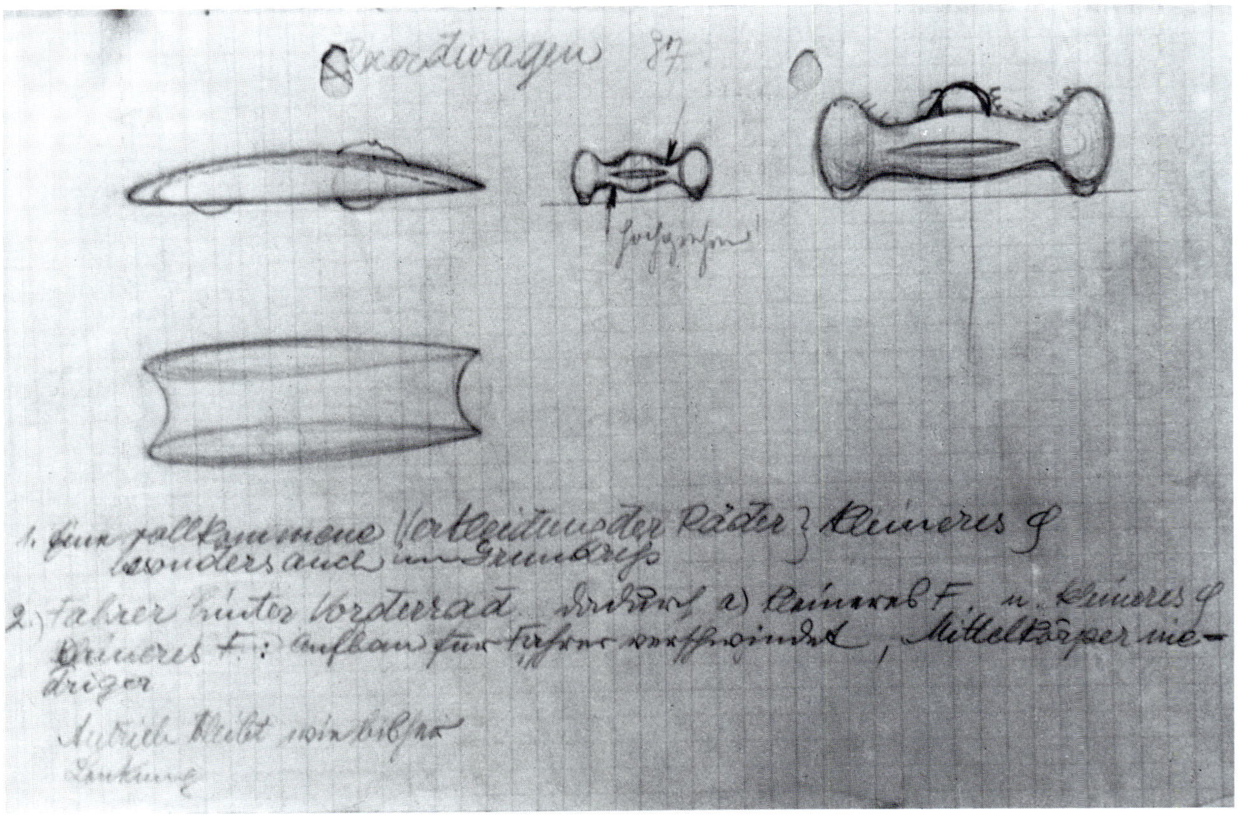

Dies sind Rudolf Uhlenhauts Skizzen für die Karosserie der 1937er Rekordwagen. Der Fahrer sollte vorne sitzen und insgesamt eine kleinere Stirnfläche geschaffen werden.

Rechts: Der neue Rekordwagen für 1938. Mit diesem Wagen wollte die Mercedes-Mannschaft im Januar 1938 nun endlich die 400 km/h-Marke überschreiten. Auffällig ist das erneut verlängerte Heckteil mit der Abreißkante.

Links: Durch die Umstellung auf Verdampfungs-Kühlung konnte man den Lufteinlaß an der Frontseite erheblich verkleinern, durch die nur noch die Ansaugluft für den Vergaser einströmen mußte.

Unten: Rudolf Caracciola fuhr am 28. Januar 1938 auf dem fliegenden Kilometer 432,3 km/h, was bis heute die höchste jemals auf einer öffentlichen Straße (Autobahn Frankfurt – Darmstadt) erreichte Geschwindigkeit blieb.

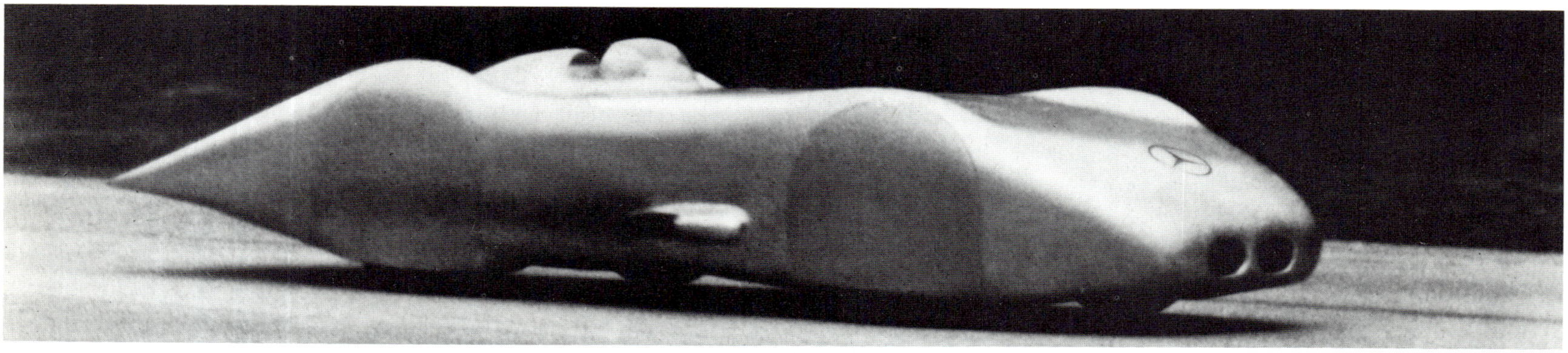

Rechts: Vor dem Motor befand sich der Eiskasten und über den Ladern das Vorratsgefäß der Kühlanlage.

Links: Der Zwölfzylinder war beim Rekordwagen genau in der Mitte eingebaut und nicht schräg versetzt.

Benz-Werksanlage entfernt. Die Gesamt-Stirnfläche sollte am neuen Wagen 1,38 m^2 ausmachen; am Modell 1936 hatte sie mit den vollkommen verkeideten Hinterrädern 1,94 m^2 betragen. Mit einer Länge von 5380 mm war die Karosserie um 2 cm verlängert worden, damit hatte sich der c_w-Wert aber auf 0,185 verschlechtert. Als man die Länge der Karosserie endgültig auf 5800 mm festgelegt hatte, kam man auf einen etwas besseren c_w-Wert von 0,181. Die Räder wurden auch seitlich vollkommen abgedeckt und die Karosserieschale auf Hochglanz poliert; mit diesem glatten und perfekt gestalteten Wagen trat Mercedes gut vorbereitet zur Rekordwoche an. Mit der eingebauten Gesamtübersetzung sollten im vierten Gang bei 5500 U/min 387 km/h und bei 6000 U/min 422 km/h erreichbar sein.

Fünf Lastwagen aus Untertürkheim hatten sich auf den Weg nach Frankfurt gemacht, wo sie auf dem als Fahrerlager ausgewiesenen Parkplatz eintrafen. Man hatte den neuerlich erstarkten W 125 für die Sprint-Rekorde mit stehendem Start mitgebracht und natürliche den Stromlinienwagen. Doch die Woche sollte Bernd Rosemeyer gehören, dessen vollverkleideter Auto Union sich als absolut überlegen erwies. Am Montag unternahmen Caracciola und Lang die ersten Probefahrten mit dem neuen Mercedes-Rekordwagen. Wie der Motorrad-Rekordfahrer Eric Fernihough berichtete, hatte dabei mehrmals die Frontpartie des Wagens vom Boden abgehoben. Man lud das Fahrzeug daraufhin wieder auf und die Lastwagen fuhren zurück nach Stuttgart, wo man sich im Werk sofort an eine Abänderung der Karosserie-Nase machte. Außerdem befestigte man am Vorderwagen einen Bleiballast von 90 kg. Am Donnerstag, den 28. Oktober stand der in großer Eile überarbeitete Wagen wieder am Start auf der Frankfurter Autobahn. Caracciola erzielte damit eine Höchstgeschwindigkeit von 397 km/h, Rosemeyer war jedoch schon auf 406 km/h gekommen. Man baute nun den speziell präparierten Achtzylinder in die Stromlinien-Karosserie ein, um damit die Sprintrekorde zu fahren, doch auch hier konnte man keine Erfolge erringen.

Neben der Karosserie hatte auch der DAB-Zwölfzylinder einigen Ärger bereitet. Nach sieben Hin- und Rückfahrten am Montag war ein Kolben durchgebrannt, ein weiterer „schmolz" nach zwei Versuchen am Donnerstag. Im Dezember unterzog man daraufhin den DAB in der Rennabteilung erneut einer genauen Betrachtung. Man versuchte vor allem die Kraftstoffzufuhr zu verbessern. Dazu änderte man an den Zusatzvergasern die Position der Kraftstoffdüsen und vergrößerte ihren Querschnitt. Die Druckversorgung der Schwimmerkammer wurde ebenfalls überarbeitet. Bei einem anschließenden Prüfstandslauf mit 36 Sekunden Vollgas brachen einige Kolbenbolzen, so daß man diese ebenfalls verstärken mußte (+ 0,5 mm am Außendurchmesser/ + 1 mm innen). Die Kolbenböden versah man zur Absicherung gegen weiteres Durchbrennen auf der Oberfläche mit einer Nickelschicht. Eine Verstärkung erfuhren auch die Antriebsräder am Kompressortrieb. Mit einer anderen Testreihe ermittelte man das günstigste Kolbenspiel und die beste Form der Einlaßkrümmer. Als eine der wichtigsten Neuerungen wurde ein vollkommen anderes Kühlsystem eingebaut.

Diese ganze Betriebsamkeit um die Weihnachtszeit hatte natürlich einen besonderen Grund. Die ONS hatte zwar beschlossen, außerhalb der Rekordwoche im Oktober keine Rekordversuche mehr zuzulassen. Doch durch die guten Beziehungen Jakob Werlins zur Reichskanzlei wurde schließlich Mercedes an einem Termin im Januar die Gelegenheit zur Rehabilitation gegeben. Diesmal mußte der Wagen schnell und zuverlässig laufen. Einen Vorteil in der aerodynamischen Gestaltung erwartete man durch den Verzicht auf den herkömmlichen Kühllufteinlaß, womit auch der Luftwiderstand verringert werden konnte. Die Versuche in der FKFS zeigten eine Verbesserung des c_w-Werts auf 0,157. Diese erfreulichen Ergebnisse führten zu dem bereits am Prüfstand erprobten Umbau auf Eis-Kühlung. Man montierte einen normalen W 125-Kühler an einem Kasten, in dem sich Eisbrocken und etwas Wasser befanden. Durch ein Gitter am Boden des Kastens wurde eine ungestörte Zirkulation des Wassers ermöglicht, womit man eine mehr als ausreichende Kühlung für einen Rekordversuch zur Verfügung hatte. Der Kasten wog gefüllt 100 kg und wurde auf zwei Auslegern vor dem Hauptrahmen im Karosseriebug untergebracht. An der Vorderfront der Karosserie hatte man außerdem zwei kleine Öffnungen für die notwendige Vergaserluft angebracht.

Die endgültige Gestaltung der Karosserie hatte man in einer ungewöhnlich-langwierigen Versuchsreihe im Windkanal der Deutschen Versuchsanstalt für Luftfahrt (DVL) in Berlin-Adlershof ermittelt. Diesmal hatte man dazu kein Modell verwendet, sondern den Wagen selbst insgesamt 52 Einzelmessungen unterzogen. Daraufhin wurde die Vorderpartie zwischen den Radabdeckungen flacher gestaltet, eine abgerundete Glaskanzel eingebaut und das Heck erneut verlängert. Der Wagen war nunmehr 6250 mm lang und 1850 mm breit, wobei die Verkleidungen für die seitlichen Auspuff-Austritte noch nicht einbezogen waren. Der Mercedes-Rekordwagen für 1938 sah nicht nur gut aus, er war es auch. An der Vorderachse verwendete man 6,25 × 22 Zoll große Reifen, hinten griff man die Dimension 7,00 × 24 auf. Das Trockengewicht des Fahrzeugs belief sich auf 1185 kg.

Am Morgen des 28. Januar 1938 war der Himmel zwar wolkenverhangen, aber es lag kein Schnee, die Wetterstation auf dem nahen Flughafen sagte keine Beeinträchtigung des Hochgeschwindigkeits-Versuchs voraus. Erst am Vorabend war das Fahrzeug fertiggestellt und in großer Eile nach Frankfurt transportiert worden. Alfred Neubauer und Rudolf Caracciola waren schon um fünf Uhr früh an der Strecke, Caracciola beschloß jedoch, erst einmal das Abtauen des morgendlichen Reifs abzuwarten. Vier Stunden später saßen die Beteiligten wieder im Frankfurter Park-Hotel und nahmen ein feierliches Frühstück ein. Es gab in der Tat einen Grund zum Feiern. Kurz nach acht Uhr hatte Caracciola eine erste Probefahrt unternommen, sofort nach seiner Rückkehr zum Startpunkt hatte man die letzten Vorbereitungen zur umgehenden Durchführung des eigentlichen Rekordversuches getroffen. Nur wenig später ging Caracciola erneut auf die Strecke. „Der Wagen lag wunderbar auf der Straße – das konnte ich schon auf der Probefahrt erfreut feststellen. Er fuhr sich ganz anders als der Wagen vom letzten Jahr." Die Zuschauer erschraken über den gewaltigen Auspuffdonner aus den seitlichen Sammlerrohren, als der silberne Wagen vorbeijagte. Der Durchschnitt für die Läufe in beiden Richtungen betrug 432,3 km/h auf dem fliegenden Kilometer und 432,0 km/h auf der fliegenden Meile, damit hatte Daimler-Benz eine wahrhaft sensationelle Geschwindigkeit erreicht und einen grandiosen Erfolg errungen.

Die Auto Union hatte sich auf eine Erwiderung ebenfalls sehr gut vorbereitet, ihre Mannschaft begab sich unmittelbar nach der Konkurrenz an den Start. Wie erwartet, hatte der Wind aufgefrischt. Die Luftbewegungen an der Strecke waren stark unterschiedlich, da am Rand der Autobahn Baumbestand und freie Flächen wechselten. An einer solchen Lichtung wurde Bernd Rosemeyers Wagen von einem Seitenwind erfaßt, worauf jener die Kontrolle über das Fahrzeug verlor. Der Wagen kam ins Schleudern und flog auf die seitliche Böschung. Rosemeyer fand dabei den Tod. Mit ihm hatte Deutschland einen seiner beliebtesten Sportler verloren, und aus diesem Grund wich auch die anfängliche allgemeine Begeisterung über die Rekordjagden.

Der große Mercedes-Rekordwagen wurde nur noch ein einziges Mal eingesetzt. Zwischen Dessau und Bitterfeld südwestlich von Berlin war ein Teilstück der im Bau befindlichen Autobahn extra nach den Erfordernissen der Weltrekord-Versuche gestaltet worden. Hier war auf einer Strecke von zehn Kilometer auch der Mittelstreifen betoniert, so daß man nach Entfernen der Begrenzungszäune eine fast 100 Meter breite Bahn zur Verfügung hatte. Diese Maßnahmen waren für ein besonders ehrgeiziges Projekt unternommen worden, das jedoch noch im Planungsstadium steckte. Im Februar 1939 war das Mercedes-Team für einige neuerliche Rekordversuche an diese Strecke gekommen. Dazu hatte man in den Wagen von 1938 einen Dreiliter-V12-Motor aus dem 1938er Grand-Prix-Wagen eingebaut, gestartet wurde

diesmal in der Klasse D. Am 9. Februar kam Caracciola mit diesem Fahrzeug auf 398,06 km/h und 399,5 km/h für Kilometer und Meile mit fliegendem Start.
Für die Rekorde mit stehendem Start hatte man ein besonderes Fahrzeug vorbereitet, das auf dem Grand-Prix-Wagen von 1938 basierte, der einen dem W 125 sehr ähnlichen Rahmen aufwies. Es handelte sich dabei um das Chassis Nummer 11, das man noch leichter gemacht und mit einer im Heck untergebrachten Eiskühlanlage versehen hatte. Die Karosserung sah sehr elegant aus. Der Rumpf ähnelte dem des Rennwagens, die Räder waren mit Vollverkleidungen versehen worden, die mit flachen Übergängen eine Einheit mit dem Mittelteil bildeten. Ein kleiner, runder Lufteinlaß im Bug ließ die notwendige Luft zu den Vergasern einströmen. Am 8. Februar stand dieser Wagen mit Rudi Caracciola am Steuer ziemlich verlassen auf dem riesigen Beton-Areal, mit 175,05 km/h und 204,5 km/h erzielte er jedoch neue Weltrekorde für Kilometer und Meile in der Dreiliter-Kategorie. Sechs Tage später verbesserte Caracciola den Wert für den Kilometer mit stehendem Start noch auf 177,3 km/h, doch damit war die Rekordjagd zu Ende. Die Strecke Dessau-Bitterfeld sollte nun einem großen Ereignis vorbehalten bleiben, das jedoch nie stattfinden sollte.
Bis auf seinen begrenzten Lenkeinschlag war dieser letzte Rekordwagen dem Ideal eines stromlinienförmigen Grand-Prix-Wagens sehr nahe gekommen. Seit man in der Rennabteilung bei Daimler-Benz mit den Arbeiten an Rekordwagen begonnen hatte, suchte man immer wieder nach Möglichkeiten, die gewonnenen Erkenntnisse über aerodynamische Verhältnisse auch auf die Rennwagen übertragen zu können. 1937 hatte man ein Modell des W 125 im Maßstab 1:5,3 im Windkanal des FKFS mit verschiedenen Radabdeckungen untersucht. Mit geschlossenen Verkleidungen wie am Dessau-Wagen ließ sich dabei der c_w-Wert von ursprünglich 0,599 auf 0,293 verringern. Versuchsweise brachte man solche Verschalungen an einem Rennwagen aus der Saison 1939 an, sie wurden an den Bremsankerplatten befestigt und wurden dadurch mit den Rädern bewegt. Es wurde ein Einsatz dieser Konstruktion für die Saison 1940 in Erwägung gezogen, doch diese Saison fand nie statt. Mit vollverkleideten Karosserien für Grand-Prix-Wagen hatte man sich inzwischen schon öfter ernsthaft befaßt. Schon auf dem schnellen Kurs von Tripolis hätte man 1937 gerne diesen Wagentyp eingesetzt, er ließ sich aber nicht unter das Gewichtslimit von 750 kg bringen. Im weiteren Verlauf dieses Jahres fertigte man verschiedene Modell-Studien eines vollverkleideten Fahrzeugs für 1938 an, die man im Windkanal vom FKFS unter-

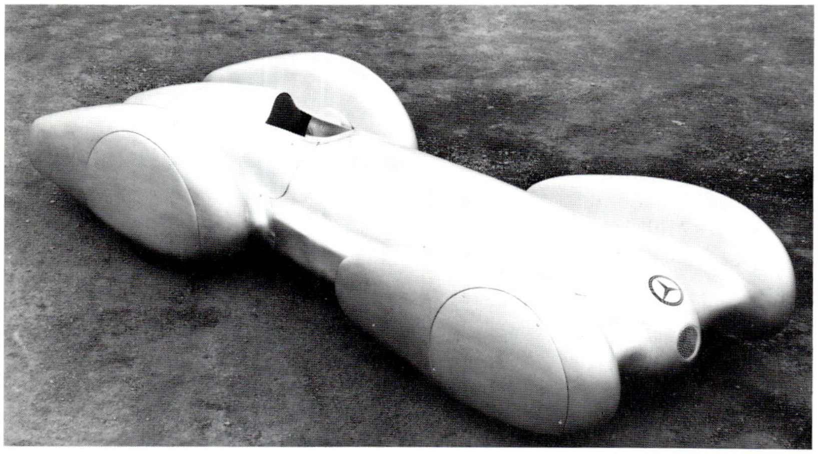

Mit einem nach neuen Erkenntnissen stromlinienförmig verkleideten W 154 begab sich Daimler-Benz im Februar 1939 bei Dessau noch einmal auf Rekordjagd.

Rechts: Ein Blick in die Werkstatt, wo in langwieriger Handarbeit die Karosseriebleche für den Rekordwagen aus Alu-Blech getrieben werden.

suchte. Am vielversprechendsten erschien dabei eine Konstruktion mit hohen Kotflügeln über den Hinterrädern und einer sehr flach auslaufenden Karosseriefront. Der Luftwiderstandsbeiwert war mit 0,184 sehr günstig und auch die Stirnfläche konnte mit 1,67 m² (umgerechnet auf die Originalgröße) gering gehalten werden.
Im Herbst 1937 wurde das Konzept für die neuen Wagen ausgearbeitet, wobei man sechs der geplanten 15 Chassis des Typs W 154 mit einem vollverkleideten Aufbau versehen wollte. Man ging sogar noch einen Schritt weiter und zog die Verwendung einer Luftstrom-Bremse in Betracht, die bei einer Formgebung der Karosserie streng nach aerodynamischen Gesichtspunkten sicherlich Vorteile gebracht hätte. An einem maßstäblich verkleinerten Modell baute man eine derartige Vorrichtung an und ließ die Wirkungsweise an der Universität Göttingen untersuchen. Dort gab es eine Forschungsgesellschaft für Aerodynamik unter der Leitung des Ingenieurs Schlör. Man fand heraus, daß sich bei Betätigung des Bremsflügels der Luftwiderstand des Fahrzeugs verdoppelte und dabei die Stabilität in der Straßenlage nicht beeinflußt wurde. Im Jahre 1938 wurden diese Erkenntnisse jedoch noch nicht in die Praxis umgesetzt, denn man hatte ganz andere Probleme. Erst 16 Jahre später griff man die Ideen erneut auf.

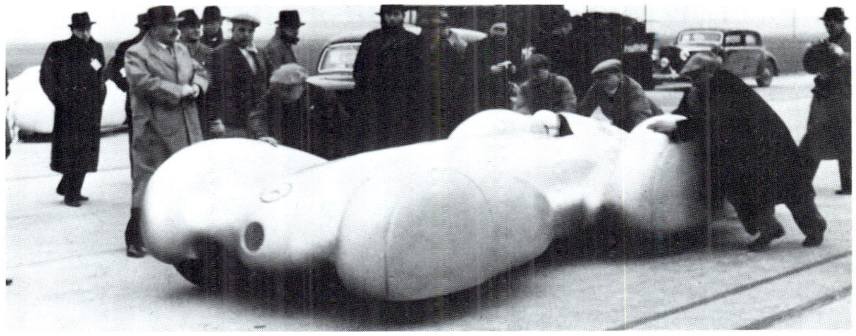

Caracciola fuhr mit dem Dreiliter-Rekordwagen zwei neue Weltrekorde in der entsprechenden Klasse. Mit stehendem Start erreichte er auf einem Kilometer 177,3 km/h und auf einer Meile 204,5 km/h. Auch bei diesem Wagen hatte man wieder eine Verdampfungs-Kühlanlage eingebaut und konnte deshalb den Lufteinlaß sehr klein halten.

Einige Komponenten aus den Rekord-Unternehmungen wurden 1939 für Kurzstrecken-Einsätze weiterverwendet, nämlich bei Bergrennen. Bis 1937 schrieb man diesen Rennen keine allzu große Bedeutung zu, es wurden hier stets mehr oder weniger unveränderte Grand-Prix-Wagen eingesetzt. Am Schauinsland bei Freiburg belegten Caracciola und Lang im Jahre 1937 mit einem normalen W 125 die Plätze Drei und Vier hinter Stuck und Rosemeyer auf den Auto Union-16-Zylinder, der mit doppelten Hinterrädern ausgestattet war. Im Jahr darauf wurde der Deutsche Bergpreis auf der Großglockner-Hochalpenstraße ausgetragen, und auch hier hieß der Sieger wieder Hans Stuck. Lang wurde Zweiter und v. Brauchitsch Dritter. Für die kurvenreiche Steilstrecke hatte Mercedes genauso wie die Konkurrenz anstelle der Dreiliter-Grand-Prix-Wagen auf die alten Rennwagen zurückgegriffen. Man verwendete den annähernd 600 PS starken W 125 aus dem Vorjahr und baute eine äußerst kurze Übersetzung ein, die in den einzelnen Gängen nur noch Geschwindigkeiten von 82/ 102/ 141/ 175 km/h ermöglichte. Als Folge davon hatten die Fahrer einige Mühe, das ungeheure Drehmoment auf den Boden zu bringen. Im Training hatte man an Langs Wagen den ladedruckgesteuerten Zusatzvergaser montiert, doch dies erwies sich als viel zu problematisch.

Im Mai 1938, vor dem Großglockner-Bergrennen, dachte man daran, einen Spezial-Bergrennwagen mit dem DAB-Zwölfzylinder zu bauen. Doch man gab dieses Vorhaben nach einigen Tagen wieder auf, als sich herausstellte, daß man um die Neuanfertigung einer Karosserie nicht herumkommen würde. Außerdem hätte die Gemischaufbereitung erneut Sorgen bereitet und man erkannte, daß mit diesem Aggregat zu viel Leistung für einen solchen Einsatz zustande gekommen wäre. Man entschied sich statt dessen die Fortschritte des Dreiliter-Zwölfzylinders abzuwarten.
1939 gab es zwei wichtige Bergrennen. Das eine fand im Juni auf der Wiener Höhenstraße statt, das andere im August am Großglockner. Uhlenhaut nahm zu den diesbezüglichen Projekten im März Stellung: „Da die Bergrennen in dieser Saison mehr in den Vordergrund gerückt sind, sollten wir dafür spezielle Wagen konstruieren, mit denen sich entsprechende Erfolge erzielen

Für das Bergrennen im August 1939 am Großglockner hatte man zwei der alten W 125 auf Verdampfungskühlung umgebaut. Die hier sichtbaren Zwillingräder an der Hinterachse verwendete man nur im Training.

Unten: Manfred von Brauchitsch im Drift am Großglockner. Sowohl er als auch Lang zogen für diesen Einsatz die 5,7-Liter-Achtzylinder vor; man hatte jedoch auch Dreiliter-Zwölfzylinder-Wagen vorbereitet.

lassen. Als Ziel gilt es, das Gewicht so gering wie möglich zu halten, wobei die Hauptlast auf der Hinterachse angeordnet sein muß.“ Nach diesen Forderungen baute man drei spezielle Fahrzeuge. Ein Wagen entstand aus dem Chassis des Dessau-Wagens und einem neuen Dreiliter-Motor, zwei andere wurden aus den vorhandenen W 125 zu speziellen Bergwagen umgebaut. Bei allen drei Fahrzeugen hatte man die vorderen Bremstrommeln verschmälert, die Auspuffrohre verkürzt und kleinere Kühlergrills angebracht. Vorne wurde nämlich keine einströmende Kühlluft mehr benötigt, da man aus Gewichtsgründen den Kühler im Heck eingebaut hatte. Zu Anfang dachte man an die Verwendung einer Eis-Kühlung, aber damit hätte sich am Großglockner ein zusätzliches Gewicht von 240 kg ergeben; allein das mitzuführende Eis wog 180 kg. Am 3. März jedoch fällte man die Entscheidung zugunsten einer speziellen Glykol-Kühlung, bei der das Kühlmittel nach und nach verdampfen sollte. Innerhalb von 25 Tagen hatte man eine solche Verdampfungs-Anlage entworfen, gebaut und auch schon auf dem Prüfstand erprobt. Man hatte dabei die Bedingungen am Großglockner simuliert und konnte eine zufriedenstellende Funktionsweise dieser so unkomplizierten Kühlanlage erkennen.

Das Kühlsystem trug zwar mit zusätzlichen 80 kg zum höheren Gesamtgewicht der Bergwagen bei, dennoch konnte man gegenüber der Grand-Prix-Version noch immer runde 75 kg einsparen, wobei 65,8 Prozent des Gewichts auf der Hinterachse lasteten. Mit diesem Dreiliter-Typ, ausgestattet mit zwillingsbereiften Hinterrädern, gewann Hermann Lang das Wiener Höhenstraßen-Rennen. Manfred v. Brauchitsch wurde mit dem umgebauten W 125 Dritter; an seinem Wagen trat eine starke Trampelneigung an der Hinterachse auf, die höher war als bei früheren Rennwagen. Diese Erscheinung schrieb man der erhöhten Belastung der Hinterachse zu, weshalb man auch an eine Verstärkung der hinteren Rahmenträger dachte. Die daraufhin angeschweißte Hilfsrahmen-Kosntruktion aus Rohrprofilen brachte dann nicht nur eine Verbesserung der Stabilität, es wurden damit auch sämtliche Schwingungen und Verwindungen vollkommen abgestellt. Man versah den Dreiliter-Typ ebenfalls mit diesem Hilfsrahmen und erreichte damit eine derart gelungene Verbesserung des Fahrverhaltens, daß auch der Trainingswagen zum Großen Preis von Deutschland des Jahres 1939 mit diesen Verstärkungen ausgestattet wurde. So hatte sich eine wertvolle Weiterentwicklung der Grand-Prix-Wagen aus den oft nicht ganz ernstgenommenen Bergrennen ergeben.

Die Wagen für das Großglockner-Rennen waren für eine Höchstgeschwindigkeit von lediglich 210 km/h ausgelegt. Die verdoppelten Hinterräder benutzte man nur im Training, denn auf der welligen Schotter-Fahrbahn brachten sie mit ihrer zusätzlichen Breite einige Schwierigkeiten für die Fahrer. Das Ausgleichsgetriebe bekam eine hunderprozentige Sperre, womit die Räder auf starren Durchtrieb ausgelegt waren. Sowohl Lang als auch v. Brauchitsch entschieden sich für den 5,6-Liter-Achtzylinder, mit dem sie auf dieser Strecke leichter zurechtkommen würden.

Am Renntag war die Strecke regennaß, und bis zur hochgelegenen Zielankunft mußten auch einige Nebelbänke durchfahren werden. Auf den zwölfeinhalb zu bewältigenden Kilometern war ein Höhenunterschied von 2400 m zu überwinden. Mit einem neuen Rekord im esten Lauf und einer sauberen Fahrt bei verschlechterten Bedingungen hieß der Sieger Hermann Lang, der damit die Deutsche Bergmeisterschaft gewinnen konnte und seiner erstaunlichen Kariere zusätzlichen Glanz verlieh. Der drängende Ehrgeiz von Manfred v. Brauchitsch wurde vom meisterlichen Können des jungen Lang in den Schatten gestellt; er wurde schließlich noch Vierter. Und die Daimler-Benz-Techniker hatten einmal mehr den Beweis erbracht, daß sie den Herausforderungen in allen Bereichen des Automobilsports gerecht zu werden vermochten und viele Erfolge verzeichnen konnten.

„Der absolute Weltrekord auf dem Wasser wie auf dem Land – das paßt in unsere Propaganda."
Adolf Hitler

T 80 – Fahrzeug der Superlative

Im Renngeschehen der zwanziger und dreißiger Jahre galt Hans Stuck als großartiger Außenseiter. Er stellte den Typ des Einzelkämpfers dar. Alle großen Teams zollten ihm wegen seines Könnens und eines makellosen Rufes großen Respekt. Seine Erscheinung im weißen Rennanzug war stets elegant, und viele liebten sein jungenhaftes Lachen, das zu seinem Markenzeichen wurde. Er nahm das Leben von der leichten Seite und die Züge der naiven, aber eigentlich nur unbefangenen Wesensart trugen zu seiner Beliebtheit nur bei. Im Alter von 35 Jahren – er saß nun schon seit elf Jahren am Steuer von Rennwagen – beschloß Stuck den Versuch zu wagen, schnellster Mann der Welt zu werden. Das war im Jahre 1936. Er war nach wie vor der Top-Fahrer der Auto Union, doch seine Position wurde durch den aufstrebenden Bernd Rosemeyer allmählich in Frage gestellt. Stuck hielt zu jener Zeit sieben verschiedene Welt-Bestleistungen, von denen er einige vor kurzem auf der Autobahn bei Frankfurt errungen hatte. Diese Rekordfahrten begannen ihn jetzt verstärkt zu interessieren, und er bewunderte die Aufmerksamkeit, die beispielsweise Malcolm Campbell bei seinem Weltrekord von über 480 km/h weltweit zuteil wurde. Hans Stuck war fest entschlossen, diesen Rekord nach Deutschland zu holen.

Alfred Neubauer veranschlagte den Aufwand für ein derartiges Unternehmen auf eine Million Reichsmark. Er sagte: „Nun, Stuck hatte natürlich keine Million, er hatte nicht einmal die Hälfte. Aber was er hatte, das waren seine ausgezeichneten Verbindungen." Da war zum Beispiel Ferdinand Porsche. Stuck hatte dessen Rennwagen schon bei Austro-Daimler und Daimler-Benz gefahren, auch der Auto Union-Grand-Prix-Wagen stammte von Porsche. Stuck hatte auch einen Beitrag zum Gründungskapital von Porsches Konstruktionsbüro in Stuttgart geleistet und als Fahrer bei der Auto Union demonstrierte er mit seinen guten Resultaten mit dem Sechzehnzylinder Porsches überlegenes Konzept.

Porsche selbst war über Stucks Vorschlag so begeistert, daß er für die Konstruktionsarbeiten an einem Weltrekordwagen keine Bezahlung verlangen wollte. Er sagte jedoch, daß die fehlende Motorleistung wohl das größte Problem darstellen würde. Campbells neue Ausführung des „Bluebird", mit der er auf 384,6 km/h gekommen war, wurde von einem 2500 PS starken Rolls-Royce-Flugmotor angetrieben. Porsche sagte, er würde mindestens die gleiche Leistung, besser noch 3000 PS für ein erfolgversprechendes Projekt benötigen. Zu jener Zeit gab es jedoch in Deutschland keine entsprechenden Aggregate; vorhandene Flugmotoren leisteten nicht einmal 1000 PS – das glaubte man jedenfalls

Schon 1936 hatte es in Fachkreisen einige Hinweise gegeben, wonach in Untertürkheim ein bemerkenswerter neuer Motor im Entstehen begriffen sei. Mit Arbeiten in einem flüssigkeitsgekühlten V12-Zylinder-Flugmotor hatte man bei Daimler-Benz bereits 1932 begonnen, hiermit war die alte Benz-Mannschaft von Arthur Berger und Hans Nibel beauftragt. Schon bald erreichten die ersten von ihnen entwickelten Prototypen mit Kompressoraufladung 800 PS, und Ende 1933 begannen die ehemaligen Diesel-Fachleute mit Versuchen für eine Benzin-Einspritzanlage an Flugmotoren.

Im Jahre 1934 legte das Reichs-Luftfahrtministerium ein neues Kennzeichnungssystem für Flugzeugmotoren fest. Demnach wurden die Aggregate von Daimler-Benz mit dem Kürzel DB versehen und die Typ-Nummern sollten von 600 bis 699 reichen. Der neu konstruierte Motor erhielt die Bezeichnung DB 600 und die Einspritzversion wurde DB 601 genannt. Erst 1937 sollte ein in ein Flugzeug eingebauter DB 600 am Start erscheinen, doch schon 1936 hatten Firmen wie Heinkel solche Aggregate zu Versuchszwecken bekommen. Der Typ 600 leistete zu diesem Zeitpunkt schon 1000 PS, während es der DB 601 auf 1200 PS brachte.

Hans Stuck benötigte für sein Vorhaben zwei solcher Motoren. Der Preis von 90 000 Reichsmark pro Stück spielte dabei keine große Rolle, denn die in ihrer Konstruktion geheimgehaltenen Antriebsaggregate waren schließlich im Auftrage des Reichs-Luftfahrtministeriums gebaut worden, und dort bestimmte man auch über ihre Verwendung. Campbells Rolls-Royce-Flugmotor war übrigens ebenfalls Eigentum der britischen Regierung. So gesehen, wäre ein ähnliches Vorhaben von anderen Interessenten in Deutschland bereits in der Empfangshalle des Ministeriums zum Scheitern verurteilt gewesen. Der Leiter des Beschaffungsamtes im Ministerium war Ernst Udet, der Fliegerheld aus dem ersten Weltkrieg. Und dieser Udet war ein alter Freund Hans Stucks. Beide waren in den zwanziger Jahren mit einer gemeinsamen Show durchs Land gereist, bei der sie sich Rennen zwischen Flugzeug und Automobil lieferten. Aus Stucks mit 100 km/h dahinrasendem Austro-Daimler pflegte dabei ein Akrobat auf eine aus Udets Klemm hängende Strickleiter zu klettern. Als sie sich jetzt in Berlin wieder trafen und Stucks Vorhaben besprachen, sagte Udet bereitwillig zu, Stuck zwei Motoren zur Verfügung zu stellen.

Es blieb noch ein kleines Problem zu lösen: Wo sollte das Projekt in die Tat umgesetzt werden? Als erstes wandte sich Stuck an seinen Arbeitgeber, die Auto Union. Dort war man jedoch schon mit dem unerwartet hohen Aufwand der Renneinsätze an die finanziellen Grenzen vorgestoßen und lehnte deshalb jede weitere Betätigung auf gar noch ungewöhnlicheren Gebieten ab. Daraufhin trug Hans Stuck seine Pläne zusammen mit den von Porsche und Udet erhaltenen Zusagen Generaldirektor Kissel bei Daimler-Benz vor. Und obwohl er auf den Rennstrecken inzwischen ein Konkurrent geworden war, brachte man Stuck in Untertürkheim immer noch die gleiche Sympathie wie früher entgegen. So hatte man auch 1935 schon einmal vergeblich versucht, ihn für die eigene Mannschaft zurückzugewinnen. Jetzt, ein Jahr später, kam Stuck mit dem Ansinnen, für ihn das teuerste Automobil, das jemals erdacht wurde, zu bauen.

Wilhelm Kissel zog nach der ersten Besprechung alle möglichen Faktoren dieses Projektes in Betracht. Die Flugmotoren-Idee an sich war nicht neu. Einer der Schöpfer des Blitzen Benz-Rekordwagens, Hans Nibel, hatte vor seinem Tod noch von der Möglichkeit gesprochen, einen der starken Flugmotoren in einem Rekordwagen zu verwenden. Stuck war indessen der erste, der diesen Gedanken aufgriff und dazu die Planung von Porsche vorweisen konnte. Doch K. B. Hopfinger schrieb: „Kissel hegte Porsche gegenüber keine besonderen Sympathien; als dieser Chef-Konstrukteur war, hatte es wiederholt Meinungsverschiedenheiten zwischen den beiden gegeben.“ Max Wagner war der Meinung, daß man einen solchen Wagen bei Mercedes selbst bauen sollte. Er sagte: „Das wäre ja gelacht, wenn wir keinen Weltrekordwagen auf die Räder stellen könnten.“

In der Person Alfred Neubauers fand Stuck vollste Unterstützung, denn dieser war der Ansicht, daß ein „Sprinter“ wie Stuck, der bei Bergrennen und auf kurzen Strecken unschlagbar war, am besten für eine solche Aufgabe geeignet sei. Eine mögliche Alternative mochte Kissel gar nicht schmecken: „Wenn wir nein sagen, nimmt Stuck unsere beiden Motoren und geht zu einer anderen Firma...“ Für die Motoren waren zwar Udet und das RLM verantwortlich, aber man konnte dem Hersteller ein gewisses Interesse an ihrem Schicksal nicht verdenken. Porsche war zu einer guten Zusammenarbeit bereit, er hielt noch immer große Stücke auf Daimler-Benz und betrachtete sein Wirken als Mercedes-Chefkonstrukteur und Technischer Direktor als eine der interessantesten Aufgaben in seiner Laufbahn. Kissel entschied sich schließlich doch, dem Vorstand der Daimler-Benz AG die Verwirklichung des Projekts vorzuschlagen. Man erklärte sich einverstanden und akzeptierte auch Ferdinand Porsche als Konstrukteur. Neubauer meinte dazu: „Auf diese Weise schlugen wir zwei Fliegen mit einer Klappe. Wir behielten die Motoren in unserer Obhut – und konnten uns, wenn nötig, doch von dem phantastischen Unternehmen ein wenig distanzieren.“ Kissel setzte sich mit Porsche in Verbindung, um über den Einsatzplan des fertiggestellten Wagens unterrichtet zu werden. Am 21. Oktober berichtete er Stuck über ihre Beschlüsse: „Wie ich Ihnen bereits in unserem ersten Gespräch mitteilte, habe ich

Oben: Ein Modell der von Wunibald Kamms Forschungsinstitut vorgeschlagenen Karosserie des Weltrekordwagens. Man hatte hier Front- und Heckteil leicht modifiziert.

So weit war das ehrgeizige Projekt T 80 bis zum Kriegsausbruch 1939 gediehen – roll-, aber noch nicht fahrfähig. Der unvollendete Weltrekordwagen steht heute im Werksmuseum.

(respektive meine Firma) in einer Unterredung mit der Dr. Porsche GmbH festgehalten, daß Sie den Einsatz des Weltrekordwagens selbst finanzieren werden. Wir werden die Finanzierung beim Bau des Wagens bis hin zur Übergabe übernehmen. Wie Ihnen weiterhin bereits mitgeteilt wurde, wird das Unternehmen mit der gebotenen Sorgfalt ausgeführt. Wir sind zu dem Entschluß gekommen, zwar die anfallenden Kosten bis zur Fertigstellung des Wagens zu übernehmen, trotzdem sind wir gezwungen, uns nach möglichen Unterstützungen umzusehen. Die diesbezüglichen Bemühungen wurden bereits eingeleitet."

Kissel teilte Stuck ebenfalls mit, daß man Porsche bereits damit beauftragt habe, eine Vorstudie zu erstellen. Damit wollte man sich einen genaueren Überblick über den zu erwartenden Aufwand verschaffen, den ja nun die Firma Daimler-Benz zu tragen hatte. Die Techniker hatten schon mit einem regen Gedankenaustausch begonnen. Am 8. Oktober fragte das Porsche-Büro in der Stuttgarter Kronenstraße nach den wichtigsten Daten des geheimgehaltenen Motors bei Daimler-Benz an. Man teilte aus Untertürkheim mit, daß es sich um einen Motor mit Trockensumpfschmierung handelte, der ohne Starter 580 kg wog. Am 2. November übersandte man an Porsche eine Übersichtszeichnung des DB 601, wobei man die von ihm angeregten Änderungen an der Antriebswelle bereits berücksichtigt und die Wellen-Drehzahl auf 2700 U/min festgelegt hatte.

Auf eine Anfrage von Stuck über den möglichen Fertigstellungstermin antwortete Kissel, daß vor Oktober 1937 nicht mit fertigen Komponenten zu rechnen sein würde und daß er auf jeden Fall seinen Vertrag mit der Auto Union für die Saison 1937 verlängern sollte. Am 13. Januar bekam Stuck von Kissel eine förmliche Vereinbarung zugesandt, in dem er als einziger Fahrer bestätigt wurde und außerdem die Zusage Udets über die Freigabe von zwei Motoren noch einmal schriftlich festgehalten war. Auch Porsche hatte einen umfassenden Vertrag bekommen, damit war nun das Räderwerk für die jetzt zum nationalen Anliegen erklärte Höchstgeschwindigkeitsmaschinerie in Bewegung gesetzt worden.

Bei Daimler-Benz wie auch bei Porsche gab es während der nächsten Monate einige Fortschritte zu verzeichnen. Bei verschiedenen Versuchen mit höheren Ladedrücken und unterschiedlichen Kraftstoff-Zusammensetzungen kam man zu dem Ergebnis, daß es durchaus möglich war, die Leistung auf über 2000 PS zu steigern. Nach dieser Information nahm man bei Porsche eine Änderung im Konzept vor. Der Chefkonstrukteur Karl Rabe und der Spezialist für aerodynamische Berechnungen, Josef Mickl, sprachen sich für ein einmotoriges Fahrzeug aus, das – gemessen an den bisherigen Wagen – außergewöhnlich leicht und kompakt gehalten werden sollte. Am 22. März 1937 begann um viertel vor Zwölf eine Besprechung in Untertürkheim, bei der Porsche und seine Mitarbeiter ihr endgültiges Konzept ihren Kollegen bei Daimler-Benz Max Sailer und Max Wagner vorlegten. In allen Hauptabmessungen und in der Linienführung entsprachen die Entwürfe bereits dem tatsächlich gebauten Wagen. In der Reihenfolge der Porsche-Konstruktionen wurde das Rekordfahrzeug mit der Bezeichnung Typ 80 versehen. Porsche fügte bei dieser Gelegenheit hinzu, daß er bereits mit den Firmen Dunlop und Continental über die äußerst wichtige Frage der Reifen in Verhandlungen stünde. Er zeigte den Daimler-Benz Leuten ein Schaubild, das besagte, daß der Wagen die verlangte Geschwindigkeit von 550 km/h nach einem Anlauf von fünf Kilometern erreichen würde. Dazu wäre eine Leistung von 2200 PS bei 3500 U/min nötig gewesen. Um jedoch eine gewisse Reserve zu haben, wäre es besser, wenn 2500 PS zur Verfügung stünden. Er war der Meinung, daß der Motor dies gut bringen könnte. Porsche fragte nach weiteren Einbau-Details des Aggregates und hoffte, bald mit den ersten Prüfstandsläufen rechnen zu können. Zusammen mit seinen wichtigsten Mitarbeitern würde er dann die Erlaubnis des Reichsluftfahrt-Ministeriums bekommen, den Motor zu sehen und damit zu arbeiten.

Die Ingenieure bei Daimler-Benz befürworteten Porsches Konzept, sie wollten so bald wie möglich ein maßstabgetreues Modell für erste Windkanal-Versuche zur Verfügung haben. Porsche versicherte, daß die Karosserie keine Auftriebstendenzen aufweisen würde, ihre Form vielmehr sogar den Anpreßdruck auf die Antriebsachse und auf die Steuerung verstärken würde. Ein Mittel dazu, in jener Zeit sogar durch Patent geschützt, war ein verstellbarer Flügel über den hinteren Radkästen. In seiner letzten Ausführung wurde der nötige Anpreßdruck beim T 80 ähnlich wie an Fritz von Opels Raketenwagen aus dem Jahre 1928 aufgebaut, nämlich mit umgedrehten Tragflächen. Diese ragten jeweils 730 mm weit aus den Seitenteilen der Karosserie und waren in einem Anstellwinkel von 6 Grad nach unten geneigt. Sie waren so plaziert, daß der erhöhte Anpreßdruck genau auf den Fahrzeugschwerpunkt wirken konnte. Eine andere Vorrichtung, die man bei Porsche untersucht hatte, war die automatische Ausrichtung der Wagenfront. Dazu wurden an den Ecken des Karosseriebugs kleine Flossen montiert, die über ein Gestänge mit einem zentral sitzenden Leitwerk verbunden waren. Dieses reagierte auf Seitenwinde und auf Schlingern des Wagens und steuerte die Flossen, womit der Geradeauslauf des Fahrzeugs wieder stabilisiert wurde. Man ließ sich dieses System patentieren, wenngleich es am T 80 später nicht verwendet wurde.

Auch Wunibald Kamm hatte sich Gedanken über eine mögliche Gestaltung des Weltrekordwagens gemacht. Am 29. Juni 1939 schickte er zwei Fotos von einem Modell im Maßstab 1:5 an Daimler-Benz. Das Mittelteil ohne Flügel glich dem des T 80, am Bug hatte man einen tief herabgezogenen Windabweiser und am Heck ein verstellbares Höhenruder angebracht. Er hatte es im Windkanal untersucht. Kamm schrieb, daß man einen sehr niedrigen Luftwiderstand, eine „günstige Beziehung zwischen Auftriebs- und Seitenkräften," ermittelt habe. Max Sailer schrieb einen Vermerk auf Kamms Brief, daß er sich nicht ganz sicher sei, wie der Ausdruck „günstig" gemeint sei.

Nach dem Krieg sprach Max Wagner mit dem englischen Untersuchungsbeauftragten Cameron Earl über die Daten des T 80, dessen Luftwiderstandsbeiwert $c_w = 0{,}18$ betrug und die Stirnfläche zwischen 1,6 und 1,8 m^2 maß. Daraus ließ sich sehr gut erkennen, welche Anstrengungen Porsche unternommen hatte, den Wagen schmal und niedrig zu halten und die Karosserie so eng wie möglich über Motor und Räder zu führen. Die Unterseite war wieder vollkommen geschlossen, die zusammengelegten Öl- und Wasserkühler waren im Bug untergebracht und sollten beim fahrenden Wagen von der unter das Fahrzeug gedrückten Luft bestrichen werden. Von der Rückseite der Kühler strömte die Luft dann wieder ins Freie, genau wie bei den 1937er Avus-Wagen der Auto Union.

Als nächsten Schritt nahm sich die energische Porsche-Mannschaft der Fahrgestell-Konstruktion an. Am 21. Juni 1937 konnte Karl Rabe Sailer mitteilen, daß die ersten Pläne für die Anfertigung von verschiedenen Gußteilen bis zum 1. Juli fertiggestellt sein würden. Sailer antwortete, daß man, sofern möglich, alle Teile im Werk anfertigen wollte. Nur im Falle zu großer zusätzlicher Belastungen des normalen Produktionsablaufes würde man auch Aufträge außer Haus vergeben. Beide Firmen hatten gerade zu jener Zeit ein volles Programm; Porsche war unter anderem mit der Erprobung und Verbesserung der Volkswagen-Prototypen, die von Daimler-Benz gebaut worden waren, beschäftigt. Die inzwischen vielfältig gewordene Zusammenarbeit führte schließlich zu einem allgemeinen Beratungsvertrag zwischen der Daimler-Benz AG und der Porsche GmbH. Im Werk Untertürkheim wurden dem Porsche-Stab daraufhin die nötigen Räumlichkeiten zur Verfügung gestellt, um ihn näher am Geschehen und natürlich auch direkt am Objekt zu haben.

Die Leistungsfähigkeit des T 80-Motors wurde am 11. November 1937 recht eindrucksvoll unter Beweis gestellt. Eine mit dem DB 601 versehene Messerschmitt Bf 109 V13 flog einen neuen Geschwindigkeits-Weltrekord und erreichte dabei 610,4 km/h. Das speziell präparierte Aggregat mit erhöhtem Ladedruck gab dabei eine Leistung von 1650 PS ab. Inzwischen waren die Engländer am Boden nicht untätig geblieben, denn nur acht Tage später fuhr

George Eyston in Bonneville einen neuen absoluten Weltrekord für Landfahrzeuge. Sein „Thunderbolt“ wurde von zwei Flugmotoren mit insgesamt 4600 PS auf eine Geschwindigkeit von 502,1 km/h beschleunigt, und die Möglichkeit einer weiteren Steigerung war dabei durchaus noch gegeben.
Anfang 1938 mußten die Arbeiten am T 80 etwas hinter dem Bau der völlig neuen Grand-Prix-Wagen zurückstehen. Doch im Spätsommer, gerade als die Einzelteile für den Rekordwagen aus der Fertigung kamen und zur Montage bereitgestellt wurden, erreichten Porsche sensationelle Meldungen aus Bonneville. Dort hatte sich nämlich ein gewaltiger Zweikampf um den absoluten Geschwindigkeitsweltrekord abgespielt. Den Anfang hatte George Eyston gemacht, indem er seinen eigenen Rekord auf 556,0 km/h verbesserte. Am 15. September kam John Cobb mit seinem neuen zweimotorigen Railton Mobil Special auf 563,6 km/h, was aber bereits am nächsten Tag von George Eyston mit 575,3 km/h übertroffen werden konnte. Damit war das ursprünglich für den T 80 vorgesehene Ziel von 550 Stundenkilometern bereits erheblich überschritten und Porsche war gezwungen, sich erneut ans Zeichenbrett zu setzen. Er überarbeitete seine Pläne und setzte das Ziel nun auf 600 km/h fest. Dazu würde der T 80 eine Beschleunigungsstrecke von sechs Kilometer und einen Brems- und Auslaufweg von 2250 Meter benötigen. Beide Werte erschienen, gemessen an den Verhältnissen in Bonneville, als äußerst knapp.
Porsche sprach von einem Leistungsbedarf von 3000 PS. Konnte Daimler-Benz dies gewährleisten? Die Antwort fiel positiv aus, man war in der Lage und auch willens, diese Anforderung zu erfüllen. Mit dem erst im Erprobungsstadium befindlichen DB 603 glaubte man das passende Aggregat parat zu haben. Man baute den dritten Prototypen, den DB 603-V3, Anfang 1939 in das T 80-Chassis ein. Es sollte dies der einzige jemals in dieses Fahrzeug eingebaute Motor bleiben.
Der 33 900 ccm (150 × 160 mm) große DB 601 war inzwischen zu einem ausgezeichneten Motor herangereift. Er räumte mit dem schlechten Ruf seines nicht sehr zuverlässigen Vorgängers, dem Vergaser-Typ DB 600, auf. Fritz Nallinger, der den betriebsamen Flugmotorenbau in Werk 60 leitete, beabsichtigte die Entwicklung mit dem DB 603 da noch einen Schritt voranzubringen. Sein Hubraum war auf 44 500 ccm vergrößert worden (Bohrung 162 mm, Hub 180 mm), im Konzept entsprach er jedoch seinem Vorgänger. Die zwölf Zylinder hingen in einem V-Winkel von 60 Grad zueinander nach unten, um den Einbau in ein Flugzeug zu erleichtern. Das Aggregat wurde auch so in den T 80 eingesetzt. Die beiden Zylinderbänke waren zusammen mit dem Kopf aus Silumin-Gamma-Legierung gegossen, in den Zylinderköpfen hingen je vier Ventile. Sehr dünnwandige trockene Stahl-Laufbüchsen wurden von unten (oder in diesem Falle von oben) in die Leichtmetall-Zylinder eingeschraubt. Dazu befand sich am oberen Ende der Laufbüchsen und der Zylinderwand ein feines Gewinde. Unten wurden die Büchsen mit einem Ring im Kurbelgehäuse (ebenfalls aus Silumin-Guß) verschraubt. Die geschmiedeten Alu-Kolben hatten einen vertieften Kolbenboden, womit die Verdichtung in der linken Zylinderreihe 7,5:1 und rechts 7,3:1 betrug. Am Kurbeltrieb ließ sich eine gewisse Ähnlichkeit zum Rennmotor M 25 erkennen. Die einteilige Kurbelwelle war geschmiedet und mit Gegengewichten versehen, sie lief in sieben Gleitlagern. Die mit einem Stahlring versehenen, teilbaren Blei-Bronze-Lager wurden in kreuzverschraubten Lagerböcken gehalten. Wie beim DAB V12-Zylinder verwendete man auch an den DB 600-Typen kombinierte Gabel- und Schwert-Pleuel. Die Rollenlager am Pleuelfuß ersetzte man am DB 603 durch Gleitlagerbüchsen. Die meisten Nebenantriebe waren an der Rückseite des Motors angeordnet, um den DB 603 so schmal wie möglich zu halten. Ein Stirnradsatz trieb die darüber angeordneten Königswellen zur Nockensteuerung an. Die Ventile wurden über gegabelte Schlepphebel je paarweise von einem Nocken bewegt. Ein weiterer Zahnradsatz trieb die Zwölfstempel-Einspritzpumpe von Bosch an, die zwischen den Zylinderbänken Platz gefunden hatte. Die Anordnung der anderen Nebenantriebe wurde aus Platzgründen beim T 80 verändert, so hatte man auch den Zündmagnet der Doppelzündungsanlage an anderer Stelle untergebracht.
Das Untersetzungsgetriebe, das am Flugmotor die Propeller-Drehzahl gegenüber der Kurbelwellen-Drehzahl um die Hälfte verringerte, wurde beim Rekordwagen nicht verwendet. Das Aggregat wurde in den T 80 mit dem Wellenstumpf nach hinten eingesetzt. Zusammen mit einer 73 kg schweren Schwungscheibe wog der eingebaute Motor 807 kg und lag damit um 225 kg über dem Gewicht des ursprünglich vorgesehenen DB 601. Das heiße Kühlmittel wurde an der Rückseite der Zylinderbänke abgeleitet und floß in den Rückführleitungen nach vorne zu den, über dem Motor angebrachten Dampf-Abscheidern. Der abgeblasene Dampf wurde dort in einem 20-Liter-Vorratsgefäß aufgefangen, das zwischen den Kühler und die Wasserpumpe geschaltet war.
Der Öltank mit einem Fassungsvermögen von 30 Litern war unter dem Fahrersitz, genau vor dem Motor, eingebaut. Diese Unterbringung geschah auf Veranlassung Nallingers, wobei man dabei die unlackierte, lediglich polierte Unterseite in den freien Luftstrom ragen ließ. Für die ersten Probefahrten ordnete er auch die Verwendung eines Dampf-Abscheiders im Ölkreislauf anstelle eines Ölkühlers an. Zum Anlassen des Motors war ein Preßluft-Starter vorgesehen. Vom Bug des Wagens aus wurde in einem Luftkanal die nötige Ansaugluft rechts am Cockpit vorbei dem Kompressor zugeleitet. In diese Luftführung hatte man eine Regulierungsklappe eingesetzt, die mit dem Benzinzufuhrsystem der Einspritzanlage gekoppelt war. Nallinger war mit der Kanalführung indessen nicht zufrieden, denn vor dem Eintritt am Lader machte die Leitung einen scharfen Knick. Er veranlaßte schließlich Mitte 1939 die Verbringung des Fahrzeugs ins Werk 60, wo man sich um eine bessere Führung der Luftzuleitung bemühen und, wenn nötig, weitere Klappen einbauen wollte. Die einzeln stehenden Auspuffkrümmer sollten leicht nach hinten geneigt montiert werden, damit man durch die ausgestoßenen Gase eventuell an Geschwindigkeit gewinnen könnte.
An den Längsseiten war der Motor an den üblichen Befestigungspunkten, die man auf den Rahmen abgestützt hatte, montiert. Am hinteren Ende ruhte er auf einer großen Leichtmetallplatte, die zugleich das Vorderteil der Kupplungsglocke bildete. Die Basis des T 80-Chassis bildete ein stabiler Leiterrahmen, dessen Längsträger aus breiten Ovalrohren bestanden. Über die Länge des Motors hatte man keine Traversen angeordnet, dafür war der Rahmen aber an Bug und Heck mit zahlreichen Querrohren verstrebt. Das Gewicht des nackten Rahmens belief sich auf 224 kg, komplett mit den seitlichen Auslegern zur Aufnahme der Karosserie wog er 240 kg. Im Heck waren die Längsträger nach unten abgekröpft und vorne nach oben, somit konnten die Aufhängungen auf der Höhe der Naben gehalten werden. Porsche und Rabe blieben den Schwinghebeln und querliegenden Torsionsstäben an der Vorderachse treu. Am Rahmen waren die Schwinghebel sehr breit gelagert, an den Rädern hatte man sie mit Kugelgelenken befestigt. An den rahmeninneren Enden der kurzen Hebel waren die Federstäbe befestigt, für jeden Hebel einer, also insgesamt vier Stäbe. Diese waren in der Mitte miteinander verbunden, dort konnte man auch Einstellungen der Anlenkhöhe und der Federhärte vornehmen. Eine Verlängerung nach vorn an den oberen Kurbellenkern war über ein Gestänge mit einem großen Reibungsstoßdämpfer verbunden, der im rechten Winkel zur Lagerung der Radaufhängung, aber am selben Gußstück, angeordnet war. Die Lenkarme an den Naben wurden über eine geteilte Spurstange mit dem in der Mitte angeordneten Lenkgetriebe verbunden. Man verwendete hier eine Segment-Lenkung. Der maximale Lenkausschlag betrug 9 Grad zu jeder Seite, womit sich ein Wendekreisdurchmesser von 64 Meter ergab. Das wäre beim Einparken schon sehr hinderlich gewesen. Die Lenkübersetzung betrug 30:1, und man benötigte von Anschlag zu Anschlag anderthalb Umdrehungen mit dem wirklich riesigen Lenkrad.
Porsches Mitarbeiter wollten möglichst viel Kraft auf den Boden bringen,

ohne daß dadurch die Reifen einer zu starken Belastung ausgesetzt würden. Aus diesem Grund entschied man sich für die Verwendung von vier angetriebenen Rädern im Heck des T 80. Diese wurden von einer abgeänderten Schwingachs-Konstruktion gefedert, wobei man über den ohnehin stark begrenzten Federweg nur eine sehr minimale Sturzänderung zuließ. An jedem Rad war ein Längslenker zur Abstützung der Brems- und Beschleunigungskräfte angebracht, beide waren in der Mitte am Rahmen abgestützt. Sie zeigten also von den Rädern aus gesehen in unterschiedliche Richtungen. Die Seitenführung der Räder übernahmen die Achsrohre, in denen die Antriebswellen untergebracht waren. Die Wellen wiesen an beiden Enden Kreuzgelenke auf, und die Hüllrohre waren an beweglichen Segmenten am Gehäuse des Ausgleichsgetriebes montiert. Eine zusätzliche Führung für die Hinterräder wurde durch die Hebelarme zu den Torsions-Federn erreicht, welche parallel zu den Achsrohren an den Radnaben befestigt waren. Sie waren mit den in separaten Rohren innerhalb der Längsholme untergebrachten Federstäben verbunden. Am hinteren Ende der Federgehäuse waren Reibscheiben-Stoßdämpfer angebracht, und an der vorderen Befestigung befand sich auch der Zentralpunkt der beiden Längslenker.

Links: Der Fahrerplatz des T 80 zwischen den riesigen 31-Zoll-Vorderrädern. Wie man sieht, war der Wagen bereits fertig zusammengebaut und mit allen Installationen versehen.

Unten: Als Antrieb des T 80 sollte ein Daimler-Benz-Flugmotor dienen. Die benötigten 3000 PS standen jedoch 1939 noch nicht zur Verfügung.

Das Antriebsgehäuse, das schräg nach unten zu den Achsen verlief, ähnelte dem Rücken eines prähistorischen Untiers. In den beiden Ausgleichsgetrieben befanden sich Sperr-Differentiale, die von 2,08:1 untersetzten Kegelrädern angetrieben wurden. Untereinander waren die beiden Antriebe mit einer starren Welle ohne jedes Zwischengetriebe verbunden. Der Ausgleich zwischen der höher liegenden Linie von Kupplung und Kurbelwelle wurde durch zwei Stirnräder hergestellt. Man ging an dieser Stelle von einer Übersetzung von 0,586:1 aus, sah aber einen Wechsel der Zahnräder je nach den günstigsten Bedingungen vor. Zusammen mit dem Kupplungsgehäuse wog die gesamte Antriebseinheit 273 kg. Es gab am Typ 80 kein Wechselgetriebe, denn Porsche war der Meinung, daß das gewaltige Drehmoment des DB 603 ausreichen würde, um das Fahrzeug zu beschleunigen. Zur Überbrückung der nötigen Strecke bis zum vollständigen Einrücken der Kupplung, das heißt, bis zum Erreichen der notwendigen Mindest-Drehzahl von 800 U/min– entsprechend 130 bis 150 km/h, je nach Übersetzung – sah man eine zusätzliche Kupplung vor. Diese „Wärmespeicher" genannte Kupplung wies einen sehr großen Durchmesser auf, was man am großzügig dimensionierten Gehäuse erkennen konnte. Die drei angetriebenen Kupplungsscheiben waren auf beiden Seiten mit Asbest-Gewebe belegt. Sie arbeiteten in dem geschlossenen Gehäuse im Ölnebel, wodurch die auftretende Wärmeentwicklung teilweise abgeführt werden konnte. An dieser „Schleifkupplung" ermöglichte die Anordnung von Fliehgewichten ein sanftes Einrücken. Verbunden damit war die hydraulische Betätigung der Haupt-Kupplung, deren Druckzylinder sich im selben Gehäuse befand. Wenn das gewünschte Verhältnis von Kurbelwellendrehzahl und Fahrzeuggeschwindigkeit erreicht war, stellte die 96 kg schwere Kupplung eine starre Antriebsverbindung her. Anfänglich hatte man eine Flüssigkeitskupplung vorgesehen, eine frühe Form einer Hydra-Matic, doch entschloß man sich dann für die Rutschkupplung.

Bei dieser Kupplungsanordnung hätte Hans Stuck das Gaspedal durchtreten können, ohne sich um eventuell durchdrehende Hinterräder kümmern zu müssen. Wenn die Hinterräder begonnen hätten, sich schneller zu drehen als die vorderen, hätte ein Regelmechanismus sofort die Kraftstoffzufuhr der Einspritzanlage gedrosselt. Zu diesem Zweck hatte man an Vorder- und Hinterrädern Kontrollvorrichtungen angebracht. Von der rechten vorderen Radnabe führte eine Antriebsspirale nach hinten zum Steuermechnismus, der rechts am Antriebsgehäuse montiert war. Dieser bestand, ähnlich wie die Achsantriebe, aus einem Differential-Radsatz. Eine Welle wurde von den Reibscheiben der Kupplung angetrieben und drehte sich so mit der Drehzahl der Hinterräder. Die andere Welle war mit der Antriebsspirale von den Vorderrädern verbunden. Die Abstimmung der Radsätze war so gewählt, daß bei gleicher Drehzahl der beiden angetriebenen Wellen die äußeren Zahnräder in Ruhestellung blieben. Unter diesem Steuer-Radsatz war nun ein Fliehkraftregler angebracht, der bei einem Unterschied von mehr als fünf Umdrehungen zwischen Vorder- und Hinterachse sofort in Bewegung gesetzt wurde. Über ein Gestänge wurde daraufhin die Kraftstoffdosierung gedrosselt und damit die Drehzahl und Leistung des Motors verringert, womit auch ein Durchrutschen der Hinterräder eingestellt worden wäre. Dieses System hätte wahrscheinlich auf einen groben Fahrfehler nicht schnell genug reagieren können und es scheint fraglich, ob es in der Praxis überhaupt wirkungsvoll gewesen wäre. In seiner Konzeption jedoch stellte dieser Mechanismus eine wertvolle Hilfe für den Fahrer dar.

Da man dem T 80 nur etwa einen Kilometer Bremsweg zugestanden hatte, mußten Porsche und Daimler-Benz den Wagen mit wirkungsvollen Bremsen versehen. Der Durchmesser des Bremsrings in den feinverrippten Leichtmetall-Trommeln betrug 500 mm. In einer späteren Ausführung hatte man die Turbo-Belüftung von 1939er Rennwagen übernommen. Diese Bremstrommeln waren bereits gegossen worden, aber zur Bearbeitung kam es nicht mehr. In jeder Bremse waren vier Backen gesteuert, jede mit einem eigenen Hydraulikzylinder. Mit dieser Anordnung folgte man den Praktiken bei der Auto Union, denn eine derartige Unterteilung der Bremsbacken erlaubte eine bessere Anpassung an durch Hitze verformte Bremstrommeln. Natürlich ergaben sich an einem Fahrzeug mit sechs Rädern damit gewisse Probleme, denn man hatte es hier mit nicht weniger als 24 Radbremszylindern zu tun. Gesteuert wurden diese von drei Hauptbremszylindern, einem pro Achse. Im März 1939 bat Porsche um eine Erprobung der Bremsanlage auf dem Prüfstand. Er rechnete damit, das Fahrzeug aus einer Geschwindigkeit von 600 km/h nach 25 Sekunden zum Stehen zu bringen. „Das wird schwierig werden," lautete Max Sailers Bemerkung zu diesem Vorhaben.

Die Drahtspeichenräder mit der Rudge-Zentralverschlußnabe maßen 32 Zoll im Durchmesser, die Felgen des Typs 4,00 F trugen 7-Zoll-Continental-Reifen. Diese Pneus waren aus den für die Autobahnrekorde verwendeten Spezialreifen weiterentwickelt worden. Die Karkasse bestand aus 10 Gewebelagen aus ägyptischem Mako, die in einem Winkel von 32 Grad versetzt übereinandergelegt wurden und jeweils von einer 1,0 bis 1,2 mm dicken

Oben: Das Chassis mit den massiven Längsholmen; der Motor ist wie im Flugzeug mit hängenden Zylindern eingebaut.

Links: Auf das Chassis ist ein Rohrskelett aufgesetzt, das der Karosserie die wichtige Stabilität verleihen sollte.

Natur-Kautschuk-Schicht versehen waren. Auf die vorgeschriebenen 5,5 at aufgepumpt, hatte man Belastungstests bis 430 km/h und Schnellaufversuche bis 670 km/h durchgeführt.
Man hatte bei der Konzeption des T 80 vorgesehen, bei der Gewichtsverteilung 56 Prozent der Belastung auf den Hinterachsen anzuordnen, im fahrfertigen Zustand wollte man dies noch auf 60 Prozent erhöhen. Dieses Vorhaben konnte indessen nicht verwirklicht werden. Betriebsbereit, jedoch ohne Kraftstoff und bei abgenommener Karosserie, wog das Fahrzeug 2683 kg, wovon auf den beiden Hinterachsen nur 53,4 Prozent lasteten. Der Benzintank war am äußersten Ende des Rahmens untergebracht, aber auch das beeinflußte die Gewichtsverteilung nicht in dem gewünschten Maße. Das Gewicht der Karosserie wurde ebenfalls so gut wie möglich im Heck konzentriert, man verwendete für das gesamte Oberteil des Aufbaus ein Stahlrohrgerüst (124 kg), das mit Duralblechen der Dicke 0,3 bis 1,0 mm beplankt wurde. An vier Haupt-Befestigungspunkten lag diese Karosseriehälfte am Rahmen auf, zwei davon befanden sich im Bug und zwei an den Längsseiten hinter den Hinterrädern. Die Bodenwanne war seitlich an sechs Stellen verankert. Die

Der Rohrverlauf des Aufbaus ist exakt nach der Karosseriegestaltung gehalten. Seitlich, auf der Höhe des Motors, ist die stabile Halterung für die Seitenflosse zu erkennen.

komplette Karosserie wog 344 kg, so daß der T 80 insgesamt – ohne Fahrer und Benzin – 3024 kg auf die Waage brachte.
Als der T 80 nun im Jahre 1939 seiner Fertigstellung entgegenging, war die Frage nach der gewünschten PS-Leistung noch immer offen. Mit einer Spezialversion des DB 601 hatte man einige aufsehenerregende Leistungen auf dem Flugzeugsektor vollbringen können und schloß daraus, daß die erhoffte Leistungssteigerung für die Erringung des absoluten Weltrekords für Landfahrzeuge durchaus im Bereich des Möglichen lag. Man hatte an den Flugzeughersteller Heinkel ein Aggregat mit einer zusätzlichen Methyl-Alkohol-Einspritzanlage geliefert, das laut Flug-Historiker William Green „so empfindlich war, daß es stets durch ein Technikerteam von Daimler-Benz betreut werden mußte." Dieser DB 601 ARJ ermöglichte der Heinkel He 100 am 30. März 1939 mit 746,4 km/h einen neuen Geschwindigkeitsweltrekord zu fliegen. Kaum einen Monat später konnte Flugkapitän Fritz Wendel mit einer Messerschmitt Me 209, die mit einem ähnlichen DB 601 V12-Zylinder ausgestattet war, den Rekord auf 755 km/h verbessern. Diese Leistung wurde als Weltrekord für Flugzeuge mit kolbengetriebenen Motoren erst nach Jahrzehnten übertroffen. Das Triebwerk hatte dabei 1550 PS bei Benzinbetrieb geleistet, und eine Minute lang konnte man mit der Methanol-Zusatzeinspritzung auf 2300 PS kommen. Bei gleicher spezifischer Leistungsausbeute mußte man demzufolge beim DB 603 knapp über 3000 PS erreichen können. Genau diese Leistung hätten die Erbauer des T 80 benötigt, um bei einer Drehzahl von 3200 U/min auf 600 km/h zu kommen. Jedoch war der DB 603 zu diesem Zeitpunkt noch nicht auf jenem Entwicklungsstand angelangt. Während des Krieges gaben die Einsatz-Versionen, versehen mit einem Zweistufen-Lader, eine Startleistung von 2830 PS bei 3000 U/min ab. 1939 war man aber erst bei 2800 PS und 2500 Umdrehungen angelangt – was nicht ausgereicht haben dürfte, um John Cobbs Weltrekord sicher zu übertreffen. Dieser war am 22. August mittlerweile auf 595 km/h hochgeschraubt worden.
Neben etlichen technischen Problemen galt bislang auch die Frage nach dem geeigneten Schauplatz für einen Weltrekordversuch noch als ungeklärt. Anfangs waren sich die Konstrukteure und Erbauer des Wagens einig, den Salzsee bei Bonneville im US-Bundesstaat Utah als erprobte Stätte für derartige Unternehmungen vorzuziehen. Doch 1938, als sich erste Gerüchte über das geheimgehaltene Vorhaben in Regierungskreisen Berlins verbreiteten und die internationalen Spannungen sich zu vermehrer begannen, rückte der Gedanke einer Amerika-Expedition immer weiter in die Ferne. Stuck, dem es gelungen war, die Realisierung des Projekts zu organisieren, wollte sich nun auf keinen Fall daran hindern lassen, den T 80 auch einzusetzen. Aus diesem Grund sprach er in der Reichskanzlei in Berlin vor. Er wußte dabei sehr genau, an wen er sich in dieser Angelegenheit zu wenden hatte.
Adolf Hitler fuhr selbst keinen Wagen. Aber er liebte die Fahrten in seinen chauffeur-gesteuerten großen Mercedes-Modellen. Albert Speer erinnerte sich an Hitlers Bemerkung über einen seiner langjährigen Chauffeure: „Schreck war der beste Fahrer, den man sich vorstellen konnte, und mit dem Kompressor kamen wir auf Hunderfünfzig. Wir fuhren stets sehr schnell. Was hatten wir oft für einen Spaß, wenn wir die großen amerikanischen Wagen ärgern konnten. Wir blieben immer dicht hinter ihnen bis sie versuchten, uns davonzufahren. Diese Amerikaner sind alter Kram, verglichen mit einem Mercedes."
Durch den Chauffeur Schreck war Stuck 1931 zum erstenmal mit Hitler zusammengetroffen. Zwei Jahre später suchte er ihn wieder auf, um ihn um die Unterstützung bei Porsches P-Wagen-Projekt, dem späteren Auto Union-Sechszehnzylinder, zu bitten. Er sprach jetzt ein weiteres Mal beim Führer vor und erzählte ihm von seinem kürzlich errungenen Stundenweltrekord für Motorboote. Und er sprach über seinen Plan, den absoluten Geschwindigkeitsweltrekord, sowohl auf dem Wasser als auch zu Lande mit Daimler-

Benz-Motoren zu erringen. Hitler klopfte dem blonden Hünen auf die Schulter und sagte ihm „jede Unterstützung" zu.
Der NSKK-Chef Hühnlein wurde ausschließend mit der Suche nach geeigneten Örtlichkeiten für den Einsatz des T 80 beauftragt. In seiner überheblichen Art verkündete er: „Es dürfte wohl selbstverständlich sein, daß ein deutscher Rekord auch auf deutschem Boden herausgefahren werden muß." Gemeinsam mit Fritz Todt, dem Leiter des Reichs-Arbeitsdienstes und Erbauer der Autobahnen besichtigte Hühnlein das immer weiter gedeihende Netz dieser Schnellverkehrslinien. Sei entdeckten dabei einen Streckenabschnitt nördlich von Leipzig, der über völlig ebenes, offenes Land führte und für das große Vorhaben sehr geeignet erschien. Auf diese Weise entstand der bereits erwähnte, über die gesamte Breite betonierte Teilabschnitt auf der Höhe von Dessau. Hier wurden Anfang 1939 die Rekorde mit dem Dreiliter-Wagen gefahren; gebaut war diese Bahn jedoch für den T 80. Aber auch diese Piste, die ohnehin bei den veranschlagten Geschwindigkeiten ein größeres Risiko als die weite Fläche des Salzsees darstellte, entsprach nicht ganz den Erwartungen. Erst nach Beginn der Bauarbeiten stellten die Planer nämlich fest, daß die Strecke den nordöstlichen Ausläufer einer der beiden größten Braunkohle-Gruben in Deutschland durchkreuzen würde. Da die Braunkohle den wichtigsten Rohstoff in Deutschlands Energieversorgung darstellte, nahm sie einen größeren Stellenwert als der Autobahnbau ein. So mußte man mit der Strecke ausweichen und die lange Gerade lief nun an beiden Enden in Kurven aus. Die Abmessungen waren zwar noch innerhalb der berechneten Beschleunigungs- und Bremswege geblieben, aber es war nun keine Reserve mehr vorhanden. Die Vorzeichen standen also nicht gerade günstig, jedoch ein fest entschlossener Herausforderer wie Hans Stuck ließ sich dadurch von seinem Vorhaben nicht mehr abbringen.
Die Vorbereitungen am Fahrzeug liefen weiter. Am 12. Oktober 1939 – der Krieg hatte schon begonnen – stellte man das fertige Chassis erstmals auf den Rollenprüfstand der Rennabteilung. Der DB 603-V3 wurde angeschleppt. Bei diesem Aggregat handelte es sich nicht um die speziell vorbereitete „Rennversion", sondern lediglich um einen Prototyp für die ersten Tests. Jakob Krauss, Leiter dieser Versuche erkannte, daß die Verbindung der Drosselklappe mit der Einspritzpumpe falsch angeordnet war, und er koppelte deshalb für die Versuchsdauer die Luftmengen-Regulierung direkt an das Gaspedal. Der Prüfstandslauf ergab, daß die Fliehgewichte in der Rutschkupplung sich nicht richtig bewegten: der Einkuppelvorgang erfolgte nicht so ruckfrei wie vorgesehen. Man baute die Kupplung aus und montierte die Anordnung auf einen Elektromotor, wo sie dann einwandfrei funktionierte.
Die kurzen Versuchsläufe hatte man mit den endgültig zum Einsatz kommenden Rad- und Reifenarten durchgeführt, eine Freigabe für den Rekordversuch war jedoch von Seiten der Hersteller noch nicht erfolgt. Auch am Aufbau war noch einiges zu tun. Die einzelnen Bleche waren noch nicht vollständig vernietet, und die Befestigungspunkte am Fahrgestell mußten noch angepaßt werden. Man hätte noch etwa einen Monat Zeit gebraucht, um den T 80 endgültig fertigzustellen. Bis dahin mußte man sich auch noch mit den ersten Probefahrten gedulden. Hans Stuck war inzwischen eine Benachrichtigung zugegangen, nach der er sich für die erste Fahrt bereithalten sollte.
Zu dieser Zeit, im Herbst 1939, herrschte allgemein Unklarheit über die Zukunft des Automobilsports in Europa. Die Rennsaison nahm in Italien ihren Fortgang, es gab ein weiteres Rennen in Tripolis und eine verkürzte Mille Miglia. Für 1940 hatte die ONS eine Rekordwoche in Dessau angesetzt, bei der der T 80 die Hauptattraktion bilden sollte. Doch gegen Ende des Jahres zeichnete es sich bereits deutlich ab, daß daraus nichts werden würde. Als Stuck in Untertürkheim eintraf, sagte man ihm, was zu diesem Zeitpunkt noch viele in Deutschland glaubten: „Der Krieg wird bis in drei Monaten vorbei sein. Dann können wir sofort weitermachen!" Doch aus den Monaten sollten Jahre werden...

Am 29. Februar 1940 wurde der DB 603-V3 in das Werk 60 zurückgebracht, wo man ihn wieder zu seiner eigentlichen Bestimmung als Versuchs-Flugmotor zurückführte. Das Chassis wurde wieder zusammengebaut, damit der T 80 auf eigenen Rädern bewegt werden konnte und im Juni 1940 wurde er in die Box E der Fahrzeughalle in Untertürkheim gebracht.
Der T 80 konnte seine wirkliche Leistungsfähigkeit nie unter Beweis stellen. Deshalb wird es wohl für immer offenbleiben, ob Stuck damit den Rekord von John Cobb hätte überbieten können. Nachdem der englische Pelzgroßhändler im Jahre 1947 mit seinem Railton das zu erreichende Limit auf nunmehr 634,4 km/h gesetzt hatte, entschloß man sich bei Daimler-Benz, den T 80 nicht mehr wiederzubeleben. Man hatte eingesehen, daß die Bemühungen sinnlos geworden waren. Das „phantastische Unternehmen" war sowohl bei der Belegschaft als auch bei der Direktion nie auf die gleiche Gegenliebe gestoßen wie etwa die eigenen Renn-Projekte.
Die einzige Möglichkeit, das Potential der Konstruktion T 80 in Beziehung zu setzen, ergibt sich aus einem Vergleich der Daten mit seinem direkten Konkurrenten. Dies war ohne Zweifel der von Red Railton konstruierte Railton Mobil Special, der 1939 von zwei 12-Zylinder-Napier-Motoren angetrieben wurde:

	Mercedes-Benz T 80	Railton Mobil Special
Länge	8230 mm	8740 mm
Breite	1740 mm (3200 mm m. Flügel)	2440 mm
Höhe	1270 mm	1295 mm
Stirnfläche	1,7 m^2	2,8 m^2
Radstand	3550/4830 mm	4115 mm
Spur vorne	1300 mm	1675 mm
Spur hinten	1320/1180 mm	1070 mm
Reifengröße	7,00 × 31	7,00 × 32
Hubraum	44 500 ccm	2 × 23 995 ccm
Leistung	3000 PS (geplant) bei 3200 U/min	2860 PS bei 3300 U/min
Motor-Gewicht	870 kg	1425 kg
Fahrzeug-Gewicht (trocken)	2896 kg	2860 kg

Es ist erstaunlich, wie ähnlich beide Fahrzeuge in Bezug auf Größe, Leistung und Gewicht waren. Der T 80 wies eine deutlich kleinere Stirnfläche auf, und sein c_w-Wert dürfte ebenfalls günstiger ausgefallen sein. Hierzu trugen das geschlossene Kühlsystem und die ovale Grundform bei. Ein Wettstreit der beiden Fahrzeuge hätte ein gewaltiges Spektakel darstellen können. Die beiden Nationen zogen jedoch die Konfrontation auf den Schlachtfeldern einem Vergleich in Bonneville vor...
Das letzte Wort über den T 80 sprach ein Mann, der an seiner Entstehung nicht ganz unbeteiligt gewesen war: Alfred Neubauer. „Schade drum. Denn ich bin überzeugt: Hans Stuck und der T 80 hätten es bestimmt geschafft."

„Immer wenn ich Uhlenhaut nach einem Mercedes-Sieg beglückwünschte, entgegnete er, daß die Erklärung, warum ein Wagen ausgefallen ist, wichtiger sei.“
George Monkhouse

Die Dreiliter-Formel

In den letzten Vorkriegsjahren sollte die Mercedes-Rennabteilung zum Mittelpunkt der stürmischen Entwicklung im Automobil-Rennsport werden. Ihre wichtige Rolle als Verbindungsglied zwischen der Entwicklungsabteilung und Alfred Neubauers Sportabteilung zeigte sich in der Wende von den Startverzichten zu Ende der Saison 1936 bis zur totalen Überlegenheit ein Jahr danach. Hier stand eine der größten Streitmachten aller Zeiten bereit, um jede Herausforderung auf sportlichem Sektor anzunehmen.
In den Jahren 1937 und 1938 war die Daimler-Benz AG mit einer Vielzahl verschiedener Rennaktivitäten beschäftigt. Für die Zuverlässigkeitsfahrten des NSKK bereitete man werksseitig verschiedene Serienwagen vor, und man baute neben den Grand-Prix-Wagen auch Bergrenn- und Rekord-Spezialfahrzeuge. Auch arbeitete man in Stuttgart an einem Wagen für die Erlangung des absoluten Geschwindigkeits-Weltrekords. Den Bau eines Fahrzeuges für ein Langstreckenrennen von Berlin nach Rom lehnte man mit der Begründung, dies würde eine „ungeheure“ zusätzliche Belastung bedeuten, ab. Einige Zeit später baute man jedoch mit dem 1,5-Liter-Tripolis-Wagen gleich einen ganz neuen Rennwagen, der bestimmt einen größeren Aufwand erforderte als die Vorbereitung einiger spezieller Sportwagen für dieses Langstrekkenrennen. Doch im Jahre 1937 galt nun das ganze Interesse und die ganze Tatkraft den durch die neue Grand-Prix-Formel veränderten Anforderungen.
Die internationale Automobilsport-Kommission AIACR hatte im September 1936 die Bestimmungen für die Rennwagen der Saisons 1938–40 bekanntgegeben. Zum erstenmal hatte man den Konstrukteuren die Wahl zwischen kleineren Kompressor-Motoren und großen Saugmotoren freigestellt. Entsprechend zu dem Hubraum der Motoren hatte man variable Mindestgewichte beschlossen, die Grenzen lagen zwischen 400 und 850 kg. Die Saugmotoren durften einen Hubraum zwischen 1000 und 4500 ccm besitzen und die Lader-Aggregate waren auf 666 bis 3000 ccm beschränkt. Die Regelung sah die Zulassung von verschieden großen Fahrzeugen auf der Basis einheitlicher Leistungs-Gewichtsverhältnisse vor, doch es sollte sich bald zeigen, daß sich fast alle Konstrukteure den hubraumstärksten Aggregaten beider Kategorien zuwenden würden. Die reiche Erfahrung auf dem Gebiet der aufgeladenen Motoren gebot Daimler-Benz, sich auf einen Dreiliter-Wagen zu konzentrieren. Schon Anfang 1937 entschied man sich für die Konstruktion eines V12-Zylinders mit einem Zylinderwinkel von 60 Grad. Die ersten Entwürfe des Teams um Albert Hess zeigten die gleichen stehenden, doppeltwirkenden Lader wie beim DAB V12.
Am 18. März wurden zwei vorläufige Entwürfe für den neuen Rennwagen des Jahres 1938 abgeschlossen, um sie auf der zwei Tage später stattfindenden Sitzung zur Diskussion stellen zu können. Auf beiden war ein auf einen Radstand von 2700 mm verkürztes W 125-Chassis zu erkennen, bei dem der Kraftstoffvorrat in zwei längs am Rahmen angebauten Tanks mitgeführt werden sollte. Ein Wagen hatte eine geradlinige Anordnung des Antriebs, beim anderen jedoch hatte man den Motor samt Antriebswelle schräg angeordnet, um 6,5 Grad versetzt. Die Antriebswelle war nicht mehr auf die Mitte des an der Hinterachse befindlichen Getriebes gerichtet, sie war weiter nach links gerückt. Durch diese Anordnung konnte man die Sitzposition des Fahrers wesentlich tiefer anordnen. Die Gewichtsverteilung bei beiden Konzepten ergab einen gewissen Unterschied; am konventionellen Entwurf war sie mit einem Verhältnis von 50:50 für Vorder- und Hinterachse genau ausgeglichen. Bei neuer Anordnung ergab sich indessen eine willkommene Mehrbelastung für die Hinterachse, das angenommene Verhältnis betrug 48,5:51,5.
Auf jener Sitzung im März wurde auch über den T 80 gesprochen, weshalb Ferdinand Porsche ebenfalls anwesend war. Bei dieser Gelegenheit erkundigte man sich nach der Meinung des Porsche-Teams über eine neue Rennwagen-Konstruktion. Auf dem Konferenztisch wurden daraufhin die Zeichnungen von zwei Porsche-Vorschlägen ausgebreitet. Auch bei diesen Entwürfen hatte man den V12-Motor einbezogen, jedoch war hier ein Einbau in das Heck des Fahrzeugs vorgesehen. Den Radstand hatte Porsche dabei auf 2800 mm festgelegt, die Hinterachse als Schwingachse ausgeführt und die Kraftstofftanks ebenfalls an der Seite angeordnet. Bei einem Entwurf hatte man nach Auto Union-Vorbild das Getriebe hinter das Differential gesetzt, wodurch sich eine Gewichtsverteilung von 42:58 ergab. Porsche selbst bevorzugte den zweiten Vorschlag, bei dem sich dieses Verhältnis auf den zivileren Wert von 44,5:55,5 belief, was sich durch eine kompaktere Lader-Anordnung und durch die Plazierung des Getriebes zwischen Motor und Hinterachse ergab. Von den beiden Mercedes-Entwürfen bevorzugte Porsche die Lösung mit dem versetzt eingebauten Antriebs-Komplex.
Voller Ungeduld erwarteten die Konstrukteure das Auslaufen der straffen 750-kg-Limitierung. Mit der neugewonnenen Freiheit in der Gewichtsauslegung der Wagen lag der Gedanke an die seit dem Avusrennen hoch eingeschätzten Vollstromlinien-Karosserien allen Beteiligten am Herzen. Man fertigte umgehend von beiden Entwürfen zwei Windkanalmodelle im Maßstab 1:4 an. am 21. Juni lagen die ersten Testergebnisse vor. Die noch mehrfach verbesserte Porsche-Form hatte sich zwar als strömungsgünstiger erwiesen, aber es mangelte ihr an der nötigen Stabilität. Es wurde deshalb beschlossen, den hauseigenen Entwurf noch einmal zu überarbeiten, um dem guten c_w-Wert der Porsche-Version näherzukommen.
Die Entwicklung des neuen Zwölfzylinder-Aggregates dauerte über den Sommer 1937 hinaus an. Im August machte Max Wagner den Vorschlag, aus

dem großen Achtzylinder eine Dreiliter-Variante abzuleiten, um mit diesem Reservemotor „gegen Überraschungen in den ersten Rennen der Saison 1938 gewappnet zu sein."
Man mußte jedoch bald erkennen, daß die erforderlichen Summen für eine solche „Versicherung" zu hoch gewesen wären. Eine genauere Überlegung war dagegen ein anderer Gedanke wert. Man sah in den unaufgeladenen 4,5-Liter-Saugmotoren eine nicht zu unterschätzende Konkurrenz, denn durch den wesentlich geringeren Benzinverbrauch würde man mit diesen Wagen voraussichtlich einen oder sogar mehrere Boxenaufenthalte einsparen können. Es wurde deshalb der Entschluß gefaßt, an das Konstruktionsbüro Porsche den Auftrag zur Entwicklung eines 4,5-Liter-Saugmotors zu vergeben. Dieses Aggregat sollte wahlweise in den neuen Rennwagen Verwendung finden können.
Am 1. November 1937 präsentierten Porsche und seine Mitarbeiter zwei aufsehenerregende Entwürfe. Die unterschiedlichen Konzepte basierten auf dem Kurbeltrieb des ebenfalls von Porsche stammenden Wanderer W24. Man hatte hier drei Zylinderreihen mit je acht Zylindern auf ein Kurbelgehäuse aufgesetzt, bei Abmessungen von 62 × 62 mm ergaben sich 4490 ccm Hubraum für diese 24-Zylinder-Aggregate. Es sollte eine Benzin-Einspritzung Verwendung finden; Bosch sollte dafür drei Achtstempel-Einspritzpumpen und auch die vier Sechszylinder-Zündmagneten liefern. Die Gaswechsel-Steuerung mit zwei Ventilen pro Zylinder war an dem einen Motor sehr konventionell ausgefallen. Dafür gab es aber am zweiten Entwurf eine sehr ungewöhnliche Lösung, hier hatte Porsche eine Kolbensteuerung entwickelt, bei der es sich um eine fortschrittliche Zweitakt-Konstruktion handelte. Mit einem Einzylinder-Prüfmotor führte man sowohl bei Daimler-Benz als auch bei Porsche verschiedene Testreihen durch. Anfang 1938 waren diese Versuche zwar noch nicht ganz abgeschlossen, man hatte jedoch schon bald erkennen müssen, daß eine Endleistung von etwa 305 PS nicht zu übertreffen sein würde. Man war der Ansicht, daß man mindestens 360 PS benötigen würde, um konkurrenzfähig zu sein. Da sich auch die ersten Prüfstandsläufe des aufgeladenen Dreiliter-Motors schon als sehr vielversprechend erwiesen hatten, beschloß man, das Saugmotor-Projekt einzustellen. Die Vorbereitungen beim Bau der Wagen indessen waren schon so weit gediehen, daß drei der neuen Chassis bereits für den Einbau eines Saugmotors entsprechend modifiziert worden waren.
Die Einspritzanlage zumindest wurde auch für den Dreiliter übernommen. Im Juni 1937 teilte Max Sailer den Porsche-Leuten mit, daß man beabsichtige, den aufgeladenen V12-Zylinder als Einspritzmotor zu bauen, ihn aber zugleich mit der Umbaumöglichkeit auf Vergaserbetrieb versehen werde. Die eindrucksvollen Fortschritte, die man im Werk 60 mit der Einspritzanlage am DB 601 verzeichnen konnte, sollten auch am neuen Rennmotor Anwendung finden. Alle Zwölfzylinderblöcke versah man an der Rückseite mit zwei Antriebswellen sowie oben auf dem Gehäuse mit den nötigen Vertiefungen, um die beiden Bosch-Sechsstempelpumpen anbringen zu können. Im weiteren Verlauf des Jahres führte man an einem Einzylinder-Prüfmotor die notwendigen Versuchsreihen durch, um die Ausführung und die endgültige Anordnung der Einspritzdüsen zu ermitteln. Der Testmotor erwies sich jedoch als derart anfällig, daß man gezwungen war, kurzfristig wieder auf Vergaser-Betrieb umzurüsten. Erst Ende 1938 befaßte man sich erneut mit dem Projekt der Einspritzer-Version, diesmal während der Vorbereitungen für den 1,5-Liter-V8-Motor. Man beabsichtigte, so schnell wie möglich auch wieder Versuche mit dem Zwölfzylinder durchzuführen. Doch man erreichte keine nennenswerten Verbesserungen und stellte die Versuche nun endgültig ein. 15 Jahre später sollte die Einspritzung an einem nicht aufgeladenen Mercedes-Benz-Motor endlich der richtigen Aufgabe zugeführt werden.
Keine wesentlichen Probleme gab es in Max Wagners Bereich, nämlich bei der Entwicklung eines geeigneten Fahrgestells für den mittlerweile mit der Typenbezeichnung W 154 versehenen Dreiliter-Grand-Prix-Wagen. In allen wesentlichen Teilen des Rahmens und der Aufhängungen entsprach das neue Chassis dem W 125. Die erste Skizzen dafür waren genau zu jener Zeit entstanden, als man den ersten W 125 in Monza probefuhr. Die Spurbreiten mit 1470 mm vorn und 1410 mm hinten waren unverändert geblieben, der Radstand maß 2730 mm. Der Rahmen mit seinen parallel laufenden Längsträgern aus Ovalrohren wurde mit höchster Genauigkeit gefertigt; er wurde zweimal genau vermessen, vor und nach dem Verschweißen. Gegen eventuelle Verwindungen wurden auf der Oberseite noch zusätzliche Versteifungsprofile aufgeschweißt, die man später wiederum mit Bohrungen zur Gewichtsverminderung versah. Diese von der hinteren Motorlagerung bis

Links: Rudolf Uhlenhaut am Steuer des W 154 bei den ersten Tests im März 1938 in Monza.

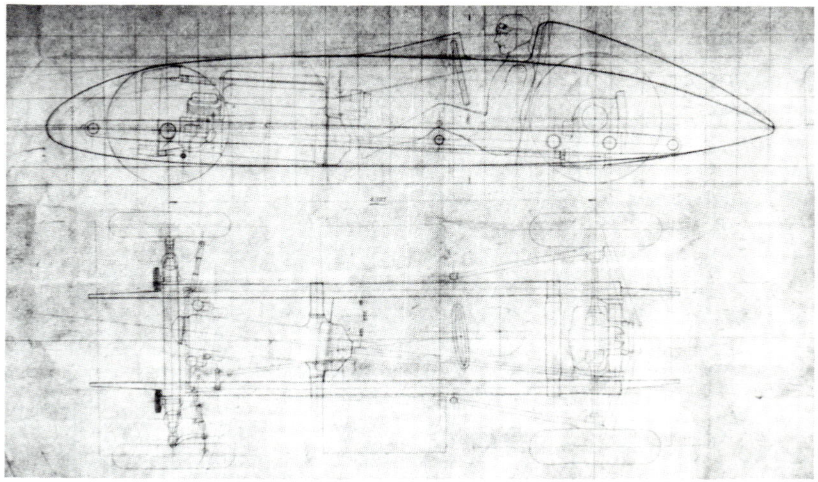

Unten: Die ersten Entwürfe für den Dreiliter-Wagen wurden im März 1937 angefertigt, dabei dachte man an eine Voll-Stromlinienkarosserie mit Seitentanks.

zum Rahmenende reichenden Versteifungen gaben dem Rahmen eine um 30 Prozent höhere Festigkeit. Bei einem Vergleich verwand sich der W 154-Rahmen nur um ein Viertel so stark wie der des W 25 aus dem Jahre 1935.

Bei den ersten Testfahrten im März 1938 in Monza verwendete man an der Vorderachse unterschiedliche Lagerbuchsen, um das bessere Material zu ermitteln. An der linken Radaufhängung verwendete man solche aus Bronze, an der rechten aus gehärtetem Stahl. Die Stahlbuchsen zeigten nach 250 Kilometern auf der Rennstrecke und auf Autobahnen ein merklich geringeres Spiel. Die hydraulischen Stoßdämpfer mit ihren 45 mm großen Arbeitszylindern aus Silumingußwurden beibehalten. Als zusätzliches Instrument baute man links neben dem Fahrersitz einen Verstellhebel für die hinteren Stoßdämpfer ein. Damit ließ sich die Dämpferwirkung härter einstellen, um den nach wie vor auftretenden Nickschwingungen entgegenzuwirken. Bei vollen Benzintanks wählte man die härteste Stufe, bei einer Verringerung des Gewichts wurden die Dämpfer weicher eingestellt. Die Vorderradaufhängung war ebenfalls vom W 125 übernommen worden, man hatte lediglich ganz auf hydraulische Dämpfer umgestellt. Die verwendeten Schraubenfedern wiesen eine Federhärte von 43 kp/cm auf. An der Hinterachse brachte man außen an den Rahmen-Längsholmen Torsionsstäbe an, die Stärke der Federstäbe betrug 18 mm und die Federhärte belief sich auf 37 kp/cm. Die Federhärte nahm mit zunehmendem Einfederweg um insgesamt 30 Prozent zu, da man den Anlenkwinkel des Federhebels verändert hatte. Zur weiteren Auswahl stand noch ein 19-mm-Federstab zur Verfügung, mit dem sich die Federhärte auf 45 kp/cm erhöhte.

Nachdem man sich entschlossen hatte, den Fahrer neben die Antriebswelle zu setzen, konnte man einen spektakulär niedrigen Wagen bauen, dessen Form ungewöhnlich und zugleich aufregend elegant geriet. Die Karosserie-Oberlinie, mit Ausnahme der lang auslaufenden Nackenstütze, lag noch unterhalb der Reifenoberkante – dies war vor und nach dem W 154 nie mehr erreicht worden. Mit dieser niedrigen Bauhöhe kam man dem Trend zur weicheren Federung sehr entgegen. Die Fahrer hatten kaum einen Anlaß zur Kritik. Als sie von den Testfahrten in Monza zurückkamen, waren sie voll des Lobes. Von Brauchitsch fand die Straßenlage außergewöhnlich, und Dick Seaman meinte: „Vom Besten! Er ist so niedrig wie der Delage und hört sich an wie ein halbes Dutzend ERA auf einmal. Die Straßenlage scheint noch besser als im Vorjahr zu sein, der Wagen ist gutmütig und droht in keiner Situation auszubrechen.“ Seamans Beurteilung wurde stets als verbindlich angesehen – Uhlenhaut traute nur ihm und Hermann Lang technische Aussagen zu, die er nicht selbst noch einmal überprüfen mußte.

Das Vorhaben, Viernocken-Bremsen und einen Bremskraftverstärker zu verwenden, wurde vom Vorstand aus Zeitgründen zurückgestellt. Anstelle dessen verbesserte man noch einmal die vorhandene Bremsanlage. Man ging dabei auf Bremsbacken aus Magnesium und zusätzlich erleichterte Bremstrommeln über. Die Bremskraftverteilung erforderte ebenfalls einige Korrekturen, denn durch den niedriger gewordenen Wagenkörper war die Gewichtsverlagerung bei einer Verzögerung des Wagens wesentlich geringer geworden. Dazu verschob man den Ausgleichsbalken der beiden Hauptbremszylinder um 2 mm zugunsten der hinteren Bremsen, doch das führte zu einer Überbeanspruchung und schließlich zur Rißbildung auf den Bremsflächen in den Hinterrad-Bremstrommeln. Darüber hinaus verringerte sich auch die gesamte Bremskraft, denn die Vorderradbremsen bekamen nun zu wenig Bremsdruck. Als Abhilfe fertigte man für die Hinterräder größere Trommeln an. Bei den Rennen in der Schweiz und Italien waren die Wagen von Caracciola und Seaman mit solchen 470 mm großen Trommeln ausgerüstet. In Monza kamen versuchsweise auch stärkere Bremstrommeln in der bisherigen Abmessung von 400 mm zum Einsatz, womit sich nun wieder eine hohe Bremskraft ohne Risiko anwenden ließ. Die Kraftverteilung zwischen Vorder- und Hinterachse konnte man damit je nach Anforderungen des Einsatzes abstimmen, ohne daß man auf die Haltbarkeit der Bremstrommeln achten mußte. Die Jurid-Bremsbeläge waren inzwischen auf eine Stärke von 10 mm angewachsen.

Das Getriebe mußte selbstverständlich umkonstruiert werden, um die versetzte Antriebswelle aufnehmen zu können. Dazu stellte man das Eingangs-Kegelrad ebenfalls schräg, außerdem fügte man bei dieser Gelegenheit eine fünfte Übersetzungsstufe hinzu. Bisher stand einer solchen Änderung stets das Gewichtslimit im Wege. Bei den Monza-Tests hatte es damit zunächst Probleme gegeben. Uhlenhaut sah daraufhin am Segment des Schaltautomaten Sperrklinken vor, damit man beim Herunterschalten nicht mehr versehentlich in den ersten Gang geraten konnte. Die länger gewordene Antriebswelle wies nun auch ein großes Schwungmoment auf und bereitete deshalb den Fahrern einige Schwierigkeiten. Zusammen mit der Kupplungsscheibe drehte sich die Welle noch mit unverminderter Geschwindigkeit nach dem Auskuppeln weiter, das war bei einem sauberen Hinaufschalten hinderlich. So waren die Fahrer gezwungen, wenn sie in Eile waren, die Gänge förmlich hineinzukrachen – und in Eile waren sie eigentlich immer. Man kam deshalb auf den Gedanken, für den zweiten, dritten und vierten Gang eine Synchronisierung einzubauen. Es wurde eine solche Konstruktion ausgeführt und auch eine Testanordnung aufgebaut, aber die Neuerung kam vor dem Kriege nicht mehr zum Einsatz.

Am 7. August fuhr man in Livorno um die Coppa Ciano. Auf dem winkeligen Kurs galt es einige äußerst langsame Kurven zu bewältigen, wo die Mercedes W 154 in der Drehzahl sogar auf unter 3000 U/min abfielen. Dabei war das Ansprechverhalten des Motors nur mehr unbefriedigend; auch eine andere Düsenbestückung in den Vergasern konnte da keine Verbesserung herbeiführen. Man sah sich also auf dem Saison-Kalender nach einer weiteren kurvenreichen Strecke um und fand sie in Gestalt des englischen Donington Park, wo im Oktober ein internationales Rennen stattfinden sollte. Um dafür besser gerüstet zu sein, gab die Rennabteilung die Konstruktion und Anfertigung eines klauengeschalteten ersten Ganges in Auftrag. Damit konnte man auch im Renneinsatz viel leichter in Fahrt auf den ersten Gang zurückschalten. Innerhalb dieser kurzen Zeitspanne hatte man diese neuen Getriebe zuerst für einen Trainingswagen und dann für die Einsatzfahrzeuge von Caracciola und v. Brauchitsch bereitstellen können.

Die Einscheiben-Trockenkupplung wurde nach bewährtem Muster gebaut. Sie war in eine schmale Schwungscheibe eingesetzt, ihre Reibfläche war bei einem Durchmesser der Antriebsscheibe von 50 cm insgesamt 20 cm breit. Das Betätigungsgestänge hatte man ebenfalls etwas geändert, damit am Kupplungspedal mehr Spiel zur Verfügung stand. Uhlenhaut hatte zuvor seinen üblichen Verschleißtest auf der Autobahn bei Echterdingen mit einer ganzen Serie von Vollgas-Starts durchgeführt. So war also das gesamte Chassis samt Antrieb und Getriebe mit viel Sorgfalt zusammengestellt worden. Man hatte sich dabei in der Hauptsache an bewährte Konstruktionen gehalten, irgendwelche sensationellen Details hatte Uhlenhaut vermieden.

Dies galt auch für den Motor, der nur in einigen wenigen Einzelheiten von den am M 125 (Rennmotoren-Serie F) erfolgreich angewandten Praktiken abwich. Einer dieser großen Achtzylinder diente im Dezember 1937 als Versuchsobjekt bei der Weiterentwicklung sowohl des DAB V12-Zylinders als auch des noch in den Anfangsstadien befindlichen Dreiliter-Zwölfzylinders. Letzterer bekam von der Konstruktionsabteilung die offizielle Typenbezeichnung M 154, bei den Monteuren in der Rennabteilung aber wurde er in der Serienreihenfolge als Ausführung H bezeichnet. Man probierte vier verschiedene Auspuffkrümmer durch und wählte dabei die Zusammenführung von jeweils einer Zylinderbank, also sechs Einzelrohre, in einen gemeinsamen Auspuff. Wiederholt traten in der Entwicklung im Jahre 1937 Kolbenschäden auf, man konnte daraus jedoch keine verbindlichen Rückschlüsse auf das geeignete Kolbenspiel ableiten, da man sich eventueller Unzulänglichkeiten im Schmiersystem ebenso bewußt war. In seinem Bemühen, den neuen Motor auf ein gutes Leistungsniveau zu bringen, erkannte Georg Scheerer, daß man künftig nur noch Alkohol-Treibstoff verwenden dürfte. Schwierigkeiten gab es dabei jedoch mit der genauen Zusammensetzung des Verbrennungsgemisches, denn am Kerzengesicht ließ sich nur noch mit großer Mühe nach zu magerer oder zu fetter Einstellung unterscheiden. Um ein Durchbrennen der Kolben so weit wie möglich auszuschließen, übertrug Scheerer einen Großteil seiner am DAB vollzogenen Detailverbesserungen an der Gemischaufbereitung auch auf den M 154.

Eine ungewöhnliche, aber durchaus nutzbringende Informationsquelle stellte für Daimler-Benz ein englischer „Kleinwagen" dar. Die Stuttgarter hatten 1937 einen MG-Renn- und Rekordwagen angekauft. Es handelte sich dabei um den kompressorgeladenen 750-ccm-Vierzylinder, den der deutsche Fahrer Bobby Kohlrausch vom Werk in Abingdon zur Verfügung gestellt bekommen hatte. Während der Frankfurter Rekordwoche des Jahres 1936 hatte er mit dem EX 127 (Werks-Typennummer) in der Hubraumkategorie H mit 225 km/h einen neuen Weltrekord gefahren. Im Januar 1938 stellte man nun diesen Wagen in Untertürkheim auf den Prüfstand und ermittelte stolze 115 PS bei 7000 U/min, das entsprach einer Literleistung von 153,3 PS, umgerechnet auf einen Dreiliter-Motor ergab dies einen Wert von 460 PS. Erreicht wurde dieser gute Wert mit einem niedrigeren Verdichtungsverhältnis, nämlich 6,25:1 und einem höheren Ladedruck (1,75 at), als dies für den M 154 vorgesehen war. Diese Leistungsausbeute des MG stellte für die Mercedes-Techniker einen großen Ansporn dar.

Rechts und unten: Der W 154 in seiner endgültigen Ausführung für die Saison 1938. Das Dreiliter-Triebwerk war als V12-Zylinder ausgelegt. In der Chassis-Konstruktion blieb man bei den bewährten Elementen des Vorgänger-Modells W 125. Zu Anfang der Saison hatte man die Auspuffrohre noch innerhalb der Karosserie verlegt, und die Schwingarme wurden auch erst nach den ersten Rennen im Gewicht verringert.

Blick in das Cockpit des W 154: Der Hebel links neben dem Sitz diente zur Einstellung der Dämpferhärte an der Hinterachse.

Die Entscheidung, den Hubraum von 3000 ccm auf zwölf Zylindereinheiten aufzuteilen, führte wieder auf Einzelhubräume von 250 ccm, wie sie auch Porsches Achtzylinder 1924 aufgewiesen hatte. Damals war die Auslegung mit 61,7 × 82,8 mm ziemlich langhubig geraten, am M 154 näherte man sich mit den Zylinderdimensionen 67 × 70 mm schon einem quadratischen Hubverhältnis. Der Gesamthubraum betrug 2962 ccm.

An dem neuen V-Motor hatte man die Kombi-Pleuel zugunsten einer konventionellen Anordnung aufgegeben, dazu mußte man die linke Zylinderbank um 18 mm versetzen. Wie üblich waren die Zylinder einzeln und in Einheit mit dem dachförmig gestalteten Brennraum gefertigt. Sie waren am unteren Flansch jeweils in Dreiergruppen zusammengeschweißt. Zusammen mit den aufgeschweißten Kanälen und Wassermänteln wurden diese vier Gruppen einzeln in das Kurbelgehäuse eingesetzt und mit kurzen Zugankern verschraubt. Das tiefe Kurbelhaus schloß die Kurbelwelle ganz ein; diese lief in sieben Hauptlagern, deren Lagerböcke vertikal und horizontal verschraubt waren. Den unteren Abschluß bildete die eng verrippte Ölwanne. Die einteilig geschmiedete Kurbelwelle aus Stahl wies wieder die Schleuderringe für die Ölförderung auf, und damit war der notwendige Raum für Gegengewichte schon stark eingeschränkt. Die zwölf verwendeten Gegengewichte an den Kurbelwangen konnten keine vollkommene Auswuchtung mehr bieten. Der Durchmesser der Hauptlagerzapfen betrug 60 mm, mit der Ausnahme des Stirnlagers, welches nur 52 mm groß war. Die Stärke der Rollen in den Hauptlagern war wieder mit 10 mm angegeben. Die Hubzapfen maßen 54 mm und die 12 mm breiten Rollen hatten hier einen Durchmesser von 8 mm. Die aus Chrom-Nickel-Stahl geschmiedeten Pleuel waren am Fuß mit zwei Bolzen verschraubt und wiesen an der Trennfläche wieder eine feine Verzahnung auf. Der Mittenabstand von Pleuelauge zu Pleuelfuß betrug 155 mm. Mit diesen Pleueln im Doppel-T-Profil ließ sich die geplante Steigerung des Drehzahl-Niveaus relativ problemlos bewerkstelligen. Sie zeigten bis zu einer gewissen Grenze keine Anzeichen von Materialschwäche. 1938 zeigte sich dann, daß es über 8000 U/min kritisch wurde. Auf dem Prüfstand hatte man bisher stets nur 8000 Umdrehungen erlaubt und niemals mehr. Es wirkten dabei zu hohe Kräfte auf die Pleuellager ein, denn die Hubzapfen zeigten in immer stärkerem Maße Rißbildungen. Während der ganzen Saison 1938 mußte man sich mit Problemen dieser Art herumschlagen, eine Lösung hatte man erst später parat.

Am hinteren Ende der Kurbelwelle war ein doppelreihiges Hauptlager angeordnet, denn hier saßen das Schwungrad und die Nebenantriebe. Eine Verzahnung an der Schwungscheiben-Nabe bildete den Antrieb für den Stirnradsatz zu den vier Nockenwellen und auch nach unten zu den Öl-Förder- und Rücklaufpumpen. In der laufenden Saison wurde die Förderpumpe geändert, da man für die Versorgung der Hauptlager und der Nockenwellenlager getrennte Schmierkreisläufe einführte. Im gleichen Jahr fügte man dem System auch eine zusätzliche Rücklaufpumpe an, die von der außen am Kurbelgehäuse laufenden, ursprünglich für die Einspritzpumpen vorgesehene Welle angetrieben wurde. Die rechtsseitig angeordnete Pumpe saugte das ablaufende Öl von den hinteren Kompressorlagern und von den diesseitigen Nockenwellengehäusen ab. Die andere Pumpe war für die linken Nokkengehäuse, das Sammelreservoir der Motor- und Lader-Entlüftungen und für das Abtropfbecken an der Kurbelgehäuse-Rückwand zuständig. In den Aluminiumgehäusen liefen die Nockenwellen in vier Lagern, sie bewegten die Ventile über gegabelte Schlepphebel und pro Ventil gab es zwei Schraubenfedern. Die Ventile hingen paarweise in einem Winkel von 60 Grad zueinander; der Durchmesser der Ventilteller betrug 30 mm, die Schäfte waren 11 mm stark. Eine 18 mm-Zündkerze saß zentral zwischen den Ventilpaaren.

Vom Zeitpunkt der ersten Probeläufe im Januar 1938 bis in den ersten Saisonabschnitt im Mai hatte man mit mangelnder Ausdrehfähigkeit zu kämpfen. Die Ventile neigten bei den erreichten höheren Drehzahlen zum Steckenbleiben, weshalb sie auch sehr leicht mit den Kolben in Berührung kamen. Den wesentlich größeren Kolben hatte man stärker aufgewölbte Böden gegeben, damit man auf ein Verdichtungsverhältnis von 7,8:1 gehen konnte. Man lag damit indessen noch unter dem Wert des M 125.

Am 7. Februar war es so weit, daß man mit den Leistungsmessungen auf dem Motorenprüfstand beginnen konnte. Mit einem Alkoholgemisch – das von nun an ausschließlich verwendet wurde – erreichte man ein maximales Drehmoment von 44,8 mkp bei 5000 U/min, die Höchstleistung stellte sich mit 427 PS bei 8000 U/min ein. Der Ladedruck belief sich bei 5000 Umdrehungen auf 1,3 at, dieser Wert blieb bis 8000 Touren erhalten. Nach diesem Versuchslauf wurde der Motor zerlegt, wobei man feststellen mußte, daß eine ganze Reihe von Ventilen auf den Kolben aufgeschlagen hatten, wobei sich an Nocken und Schlepphebeln erhebliche Verschleißspuren abzeichneten. Dabei hatte man den Motor nur für einen kurzen Augenblick um 300 U/min überdreht gehabt. Man dachte nun an die Verwendung zahmerer Nocken, anstelle des Typs M 154 dA-1 sollte in die Rennmotoren die Version M 154 dA-1a eingebaut werden. Die unterschiedlichen Steuerzeiten (Ventilspiel bei kaltem Motor 0,30 mm für den Einlaß und 0,60 mm für den Auslaß) lauteten folgendermaßen:

	M 154 dA-1		M 154 dA-1a	
	kalt	warm	kalt	warm
Einlaß öffnet	23°	28°	15°	20° vor OT
Einlaß schließt	53°	58°	45°	50° nach UT
Auslaß öffnet	28°	53°	20°	45° vor UT
Auslaß schließt	11,5°	33°	3,5°	25° nach OT

Zugleich hatte man auch breitere Nocken und Schlepphebel bereit, um den Verschleiß geringer zu halten. Das Aufschlagen der Ventile konnte zwar mit der neuen Nockenwelle unterbunden werden, doch war damit auch ein merklicher Leistungsschwund verbunden. Man hatte am 15. März schon einen Spitzenwert von 466 PS bei 8000 U/min verzeichnen können, kam aber erst im Juni wieder auf ein ähnliches Niveau, als man zur ersten Nockenform zurückgekehrt war. Es hatte sich als unvermeidlich erwiesen, ziemlich radikale Nockenformen zu wählen, also mußte man den Ventiltrieb entsprechend erleichtern, um die Drehzahlgrenze auszuweiten zu können. Es wurden härtere Ventilfedern (Federhärte 13 kp/cm statt vorher 36 kp/cm) eingebaut, die Schmierung an den Nocken und Schlepphebeln wurde verbessert. Die Schlepphebel selbst waren jetzt wesentlich leichter, sie wurden aus Aluminium gefertigt und bekamen an der Kontaktfläche einen Gußeisen-Einsatz. Die Ventilfeder-Teller bestanden ebenfalls aus Aluminium. Widerwillig verringerte man auch die Überhöhung am Kolbenboden, doch damit wurde der Abstand zu den Ventilen und auch zur Zündkerze vergrößert und die Lebensdauer der Kolben verlängert. Uhlenhaut berichtete von einer Feststellung, die man während der ersten Probeläufe machen konnte: „Trotz eines sehr fetten Gemischs mußte nach einer ganz kurzen Vollgas-Belastung – weniger als 20 Sekunden – mit 7800 U/min wieder ein durchgebrannter Kolben hingenommen werden.“ Nach verschiedenen Zündkerzen-Tests im Mai 1938 gab Georg Scheerer einen abschließenden Bericht: „Kolben, die schon etwas angegriffen sind, werden trotz einer fetten Vergaser-Regulierung und hoher Kerzen-Wärmewerte unweigerlich ganz durchbrennen. Damit läßt sich nun sagen, daß die Kolben der schwächste Punkt an diesem Motor sind.“

Durch die Reduzierung der Kompressionshöhe der Kolben wurde natürlich auch die Verdichtung verringert, sie schwankte nun zwischen 5,9 und 6,2:1. Das Material der Kolben wurde verbessert, der Boden von 5 auf 6 mm verstärkt und am Kolbenhemd Versteifungsrippen eingegossen, die auch einer besseren Wärmeverteilung dienen sollten. Mit geringen Abstrichen an der Leistungsausbeute war der Motor damit für die Saison 1938 rennbereit.

An einer anderen Erscheinung hatten die Kolben ebenfalls großen Anteil. Der Ölverbrauch war bei den Testfahrten in Monza erstaunlich niedrig gewesen, unter 23 Liter auf 1000 Kilometer. Im ersten Rennen in Pau verbrauchten die Wagen dann schon mehr, nämlich umgerechnet 42 Liter auf 1000 Kilometer. Am 15. Mai in Tripolis notierte man einen unerklärlichen Unterschied bei den Verbrauchsmessungen von Caracciola, der im Rennen auf 23,8 Liter gekommen war und bei v. Brauchitsch, dessen Wert im Training bei 118 Liter lag. Bei Renndistanzen von 400 bis 500 Kilometer verbrauchten die Wagen im Durchschnitt 28 Liter Schmierstoff, weshalb man sich gezwungen sah, bei den Tankstops auch Öl nachzufüllen. Man baute aus diesem Grund an der rechten Karosserieseite auf der Höhe des Motors einen nach außen ragenden Einfüllstutzen mit einem Schnellverschluß an.

Von Anfang an hatte man die Kolben mit zwei Kompressionsringen und einem Ölabstreifer versehen gehabt. Den großen Ölverbrauch führte man auf hohe Verluste über die Entlüfter zurück, dafür hatte man auch Auffangbehälter und Rückführungspumpen angeordnet. Beim Großen Preis von Deutschland verwendete man einen dritten Kompressionsring, was sich aber auf den Ölverbrauch kaum auswirkte. Doch dies war bereits ein Schritt in die richtige Richtung. Bis zum Ende der Saison hatte man die Ölversorgung im Griff, zugleich jedoch auch eine neue Kolbenring-Anordnung parat, die dem hohen Verbrauch wieder ein Ende setzen sollte: zwei Kompressionsringe und ein Ölabstreifring über dem Kolbenbolzen und einen zusätzlichen Ölabstreifer unterhalb des Bolzenauges.

In der endgültigen Ausführung des M 154 war man von dem bisher bei allen aufgeladenen Rennmotoren aus Untertürkheim – außer dem 28/95 PS und dem M 218 – verwendeten Königswellenantrieb für den Kompressor abgewichen. Man hatte zwei getrennte Roots-Gebläse vorgesehen, deren Rotoren aus Stahl mit einer Breite von 106 mm und einer Länge von 150 mm in Magnesiumgehäusen liefen. Diese lagen vor dem Motor und wurden über Stirnräder mit 1,5-facher Geschwindigkeit von der Kurbelwelle angetrieben.

Wie an den frühen Kompressormotoren war zwischen den Antriebsrädern und dem Kurbelwellenstumpf ein Ruckdämpfer in Form von aufgesteckten Schraubenfedern vorhanden. Ein Schwingungsdämpfer für die Lader selbst wurde ebenfalls eingebaut. Es handelte sich dabei um einen Satz von 13 Reibscheiben, die auch auf den Antrieb wirkten. Damit ergaben sich jedoch in der laufenden Saison Schwierigkeiten, so daß man später wieder darauf verzichtete. Zur Ermittlung des für den Laderantrieb benötigten Leistungsanteils wurde der Kompressor-Prüfstand in der Rennabteilung herangezogen. Von der bei 8000 U/min anfallenden Höchstleistung beanspruchte der Antrieb der beiden Lader 160 PS. Man hatte versuchsweise auch einen Ladertyp mit 180 mm langen Drehflügeln angebaut, der jedoch nur im unteren Drehzahl-

Links ein W 154 aus der Vogelperspektive, am Verhältnis des Cockpitausschnitts zur Gesamtlänge der Karosserie läßt die Größe des Wagens erkennen.

Rechts: Der Motorraum im W 154 ist gut gefüllt, der relativ kompakte Zwölfzylinder wurde wegen der versetzten Antriebswelle schräg eingesetzt. Unten: Die Schnittzeichnung des M 154 läßt die enge Verwandschaft zum 5,7 Liter-DAB-Aggregat erkennen.

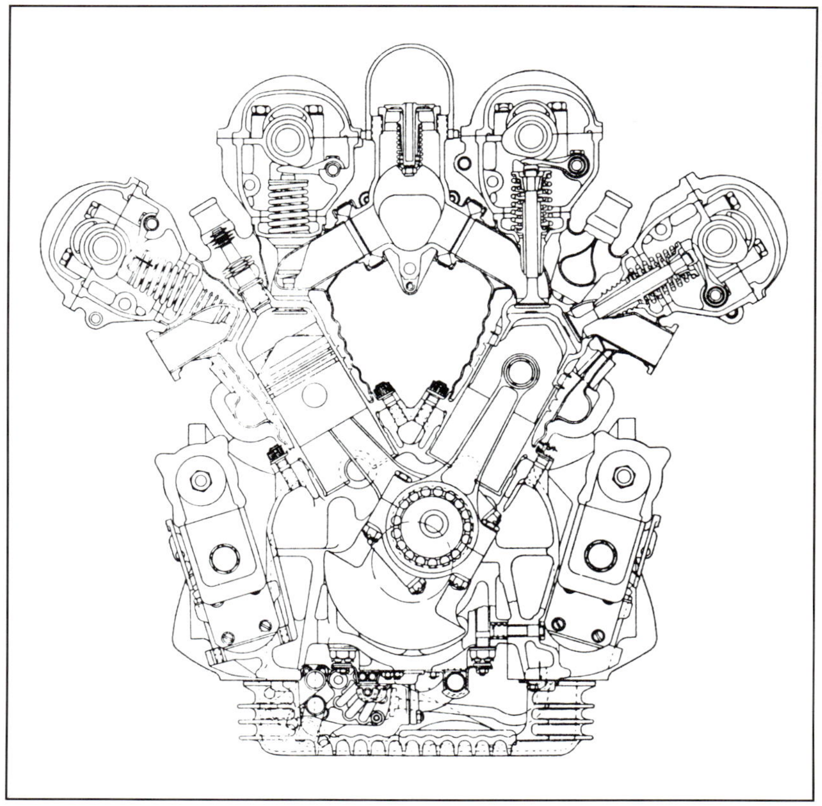

bereich einen Leistungszuwachs brachte, dafür aber erheblich mehr Leistung schluckte: 200 PS bereits bei 7300 Touren. Wie auch beim DAB V12-Zylinder bliesen beide Lader das Gemisch in eine gemeinsame Verteilerleitung, von wo aus die ovalen Einlaßkanäle über einzelne Rohre versorgt wurden. Die mit Erfolg bei den Motoren der Serie F angewendete Kraftstoffrückleitung wurde mit diesem Einlaßsystem kombiniert, womit man die Verwendung unterschiedlicher Zündkerzen überflüssig machen konnte. In der Gemischaufbereitung griff man ebenfalls auf erprobte Systeme zurück. Der Zusatzvergaser tauchte wieder auf, sollte aber einige Schwierigkeiten heraufbeschwören. Bei den ersten Versuchen hatte man noch zwei 58-mm-Solex-Horizontalvergaser, wie am DAB, verwendet; ein neuer Daimler-Benz-Doppelvergaser

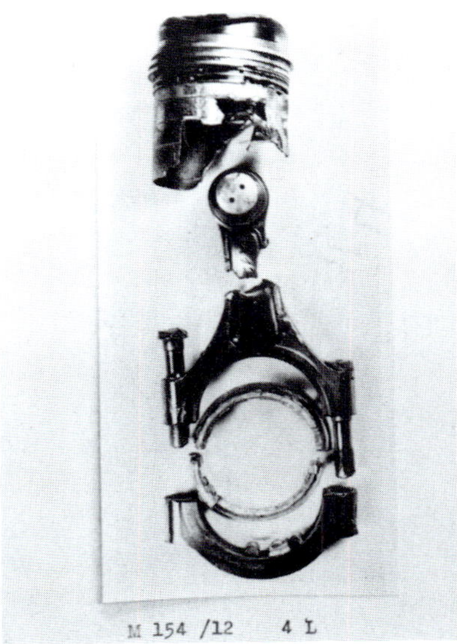

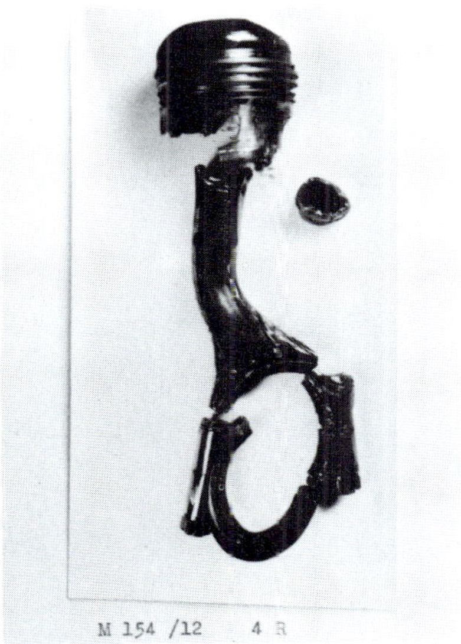

Oben: Im Verlauf der Saison erwies sich der neue Zwölfzylinder als sehr drehzahlempfindlich, die Pleuel hielten kaum Drehzahlen über 8000 U/min aus. Im Bild die beiden Pleuel aus den gegenüberliegenden Zylindern von Brauchitschs Pescara-Wagen.

Rechts: An den Kolben gab es ebenfalls Probleme. Zum einen schlugen des öfteren die Ventile auf dem Kolbenboden auf und zum anderen führten die beiden über dem Bolzen angeordneten Ölabstreifringe zu verhältnismäßig hohem Ölverbrauch.

befand sich jedoch in Vorbereitung. Dieser stand bei den Testfahrten in Monza, wo man zwar nur ein Chassis, aber zwei Motoren mitgenommen hatte, zur Verfügung.

In dem neuen Aluminiumgehäuse hatte die Entwicklungsabteilung alle Versuche aus dem DAB-Programm verwertet. Je eines der beiden Mischrohre versorgte einen Lader, dabei waren auch getrennte Schwimmerkammern angeordnet. Das alte Prinzip der Luftregulierung (Daimler-Automat) hatte man wieder angewendet, jedoch wurde die Klappe nun von kleinen Federn gesteuert, nicht mehr vom Ansaug-Unterdruck. In jedem Mischrohr waren drei Düsen angeordnet: Leerlaufdüse, Hauptdüse und Zusatzdüse. In der Mitte des Vergaser-Körpers befand sich ein zylindrischer Luftschieber, der auch wieder mit einer weiteren Kraftstoffdüse versehen war. Diesesmal handelte es sich aber nicht um einen Kolbenschieber, sondern um einen Drehschieber. Der „Zusatzschiebervergaser" wurde wieder von der Änderung des Ladedrucks gesteuert. Um trotz der langen Wege in diesem Vergaser einen ausreichenden Kraftstoffdruck an den weiten Düsenöffnungen zu gewährleisten, wurde das Überdruckventil an der Benzinpumpe bei Vollgas gesperrt. Dadurch konnten die Schwimmerkammern mit vollem Förderdruck versorgt werden und der Widerstand des Schwimmers und der Nadeldüse überwunden werden. Auf jeden Fall war die Kraftstoffversorgung gesichert.

Der aufwendige Vergaser zeigte während der ganzen Saison 1938 und auch bis Anfang 1939 ein einwandfreies und so gut wie störungsfreies Verhalten. Georg Scheerer führte 1938 einige Vergleichs-Untersuchungen mit und ohne die Zusatzvergaser-Vorrichtung durch und stellt dabei folgendes fest: „Bei einem fast unveränderten Kraftstoff-Verbrauch ist die Leistung und auch der Ladedruck etwas besser als ohne dieses Instrument."

Am letzten Tag der Testfahrten in Monza, am 29. März 1938, stand die endgültige Ausführung des neuen potentiellen Siegerwagens von Daimler-Benz fest. Die Wagen für das erste Rennen in Pau sollten mit diesem Testfahrzeug identisch sein. Bei den letzten Runden vereiste jedoch der Steuerkolben für den Zusatzvergaser; er blieb im Ansaugkrümmer hängen. Man betrachtete dies als Ausnahmeerscheinung, denn diese Panne trat kein weiteresmal auf. 16 Monate später war man jedoch klüger, denn dieser Vorfall sollte sich nachträglich als böses Omen erweisen.

Am Anfang der Saison des Jahres 1938 lag die Motorleistung des M 154 mit der „zahmen" Nockenwelle bei 425 bis 435 PS, die Verdichtung belief sich auf 6,0:1 und der Ladedruck auf 1,38 at. In Tripolis hatte Caracciola 438 PS bei 7800 U/min zur Verfügung. Mit der Rückkehr zu den fülligeren Nockenkurven erreichte man einen spürbaren Anstieg der Motorleistung, noch dazu, wenn man gleichzeitig die Verdichtung erhöhte. Schon bei 6,0:1 waren es 453 PS bei 8000 PS, bei 6,6:1 und einem Ladedruck von 1,45 at erreichte man den Saisonbestwert von 474 PS bei 8000 U/min. Dies waren die Daten für den Motor in Hermann Langs Wagen in Reims. Kein Wunder, daß Lang dort die schnellste Trainingszeit gefahren hatte und das Feld auch anführte. Er hatte jedoch nach einem Boxenhalt Schwierigkeiten mit dem Anspringen des Wagens – einem in dieser Saison immer wiederkehrenden Problem – und fiel schließlich später wegen eines Motorschadens ganz aus. In Reims verwendete man auch die längste Gesamtübersetzung der ganzen Saison, es ließen sich damit bei 7500 U/min folgende Geschwindigkeiten in den fünf Vorwärtsgängen erzielen: 99/150/216/240/281 km/h.

Da man inzwischen zugunsten einer ausreichenden Zuverlässigkeit der Motoren die Verdichtung auf höchstens 5,95:1 beschränkt hatte, lagen die Leistungsangaben am Ende der Saison nur knapp unter den Anfangswerten. Im Oktober in Donington standen den Mercedes-Fahrern 433 bis 444 PS zur Verfügung. Schon bevor man sich in diesem Rennen von Tazio Nuvolari geschlagen geben mußte, hatte man die Erkenntnis gewonnen, daß der noch einmal überarbeitete Dreiliter-Rennwagen der Auto Union in der Höchstgeschwindigkeit an den Mercedes herangekommen und ihm in der Beschleunigung sogar überlegen war.

Auch der Beginn der Rennsaison hatte für Daimler-Benz eine Niederlage gebracht. Man fühlte sich an Max Wagners Besorgnis um „Überraschungen" erinnert. Auf der kurvenreichen Strecke in Pau in Frankreich hatte René Dreyfus mit seinem unaufgeladenen V12-Zylinder Delahaye die neuen W 154 geschlagen und die gesamte Distanz von 509 Kilometer ohne einen einzigen Tankstopp zurückgelegt. Der Mercedes mußte zum Nachtanken einmal an die Box, Caracciola übergab seinen Wagen dabei an Lang. Beide Fahrer hatten Probleme mit dem dritten Gang und man war der Ansicht, daß die Schaltklauen gebrochen waren. Als der Wagen in der Rennabteilung im Werk überpüft wurde, schien alles in Ordnung – eine Erklärung wurde nie gefunden.

Rechts: In Pau fand am 10. März 1938 die Generalprobe für den neuen Dreiliter-Mercedes statt.

Unten: Das erste große Rennen der Saison 1938 fand in Tripolis statt. Dazu wurden die Rennwagen in Genua auf einen Dampfer verladen.

Oben: In der gleichen Reihenfolge wie hier beim Start siegten die Mercedes W 154 in Tripolis: Lang, von Brauchitsch, Caracciola.

Links: Fahrer und Maschine in höchster Anspannung – Hermann Lang versucht in Reims den Rundenrückstand aufzuholen.

Zwischen dem Mißerfolg in Pau und den Nuvolari-Siegen in Monza und Donington lagen nicht weniger als sechs Siege des W 154. Lang, v. Brauchitsch, Caracciola und Seaman wechselten sich beim Gewinnen ab. Der Engländer Seaman konnte in dieser Saison seinen ersten Grand-Prix-Sieg verbuchen, nämlich beim Großen Preis von Deutschland auf dem Nürburgring. Die Hitze bei den im August stattfindenden Rennen in Italien stellte die Mannschaft von Daimler-Benz nicht vor allzu große Probleme, denn man hatte sich schon in der kalten Jahreszeit auf diese Einsätze vorbereitet. Der erste fertiggestellte W 154 wies eine runde Kühlergrill-Öffnung auf, dahinter lag ein 9,5 cm tiefer Kühler mit einer Anströmfläche von 1550 cm^2. Dies reichte bei mäßigen Temperaturen völlig aus, nicht jedoch an heißen Tagen. Man zog deshalb den Grill weiter in die Breite, vor allem in der unteren Hälfte, und stellte einen auf 2380 cm^2 vergrößerten Kühler dahinter. Im weiteren Verlauf der Saison wurde ein weiteresmal ein neuer Kühler, diesmal mit einer auf 14 cm vergrößerte Tiefe, eingebaut. Dieser war um 10 kg schwerer geraten, jedoch nur wenig wirkungsvoller. Unter dem Wasserkühler war stets ein separater Ölkühler angebracht. Während der Saison wurden dessen Abmessungen verdoppelt, und in Livorno montierte man einen zusätzlichen Kühler, damit man die Öltemperatur von 130 auf verträglichere 110 Grad senken konnte. Mit dieser Kühler-Auslegung gab sich die Rennabteilung jedoch noch nicht zufrieden. Im März hatte man in Monza ausgiebige Versuche mit Äthylen-Glykol als Kühlmittel unternommen, man verwendete es allein oder aber gemischt mit Wasser. Bei einem Siedepunkt von 197 Grad Celsius wurde der Bereich der Betriebstemperatur wesentlich erweitert, ohne daß man viel Kühlflüssigkeit durch Verdampfung verlor. In verschiedenen Mischungsverhältnissen, jeweils der Außentemperatur angepaßt, kam dieses Kühlmittel in der ganzen Saison 1939 zur Verwendung. In Bern mußte man 1938 den umgekehrten Weg gehen, denn beim Großen Preis der Schweiz am 21. August war es ziemlich kühl geworden, so daß man die großen Kühlerflächen teilweise sogar abdecken mußte.

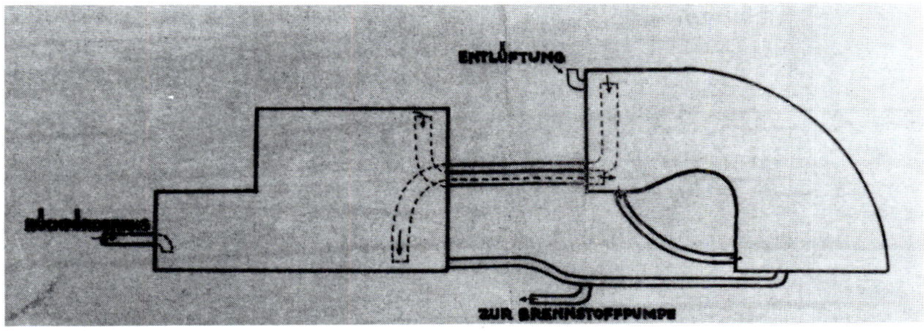

Oben: Schema der zweiteiligen Tankanlage am W 154, mit der man bis zu 400 Liter Kraftstoff mitführen konnte.

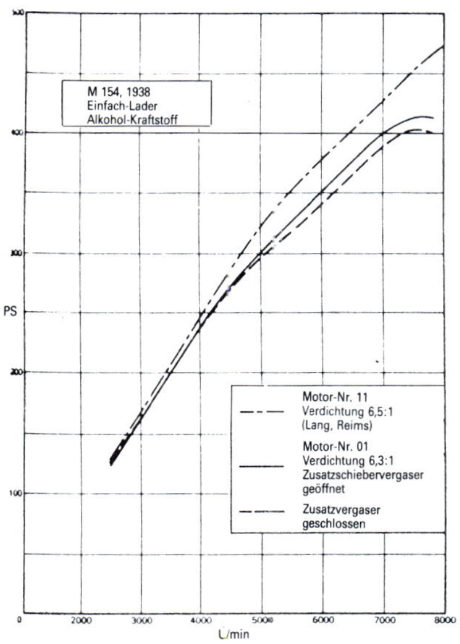

Rechts: Leistungsdiagramm des M 154 in verschiedener Auslegung.

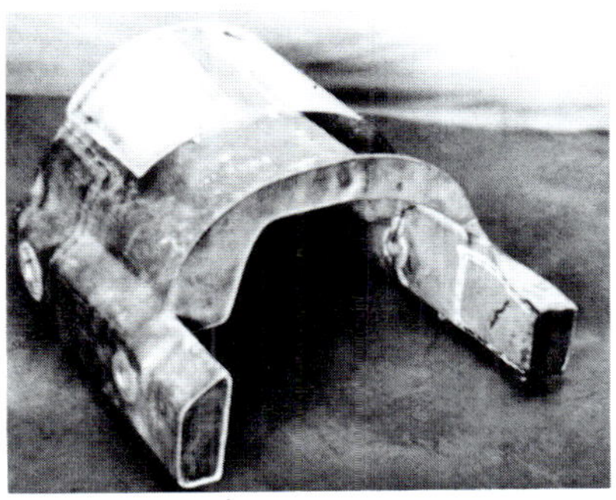

Rechts: Der Satteltank, der vor dem Armaturenbrett über den Fahrerfüßen untergebracht war. Hier die erste Ausführung mit einem Fassungsvermögen von 150 Litern.

Nach den Schäden am DAB-Rekordmotor hatte Uhlenhaut den Einbau eines Drehzahlbegrenzers vorgeschlagen. Diesen wollte man nun auch beim M 154 verwenden. Die ersten Einsatzversuche führte man damit im Training zum Großen Preis von Deutschland auf dem Nürburgring durch. Auf dem Rollenprüfstand in Untertürkheim, den man seit einiger Zeit zur Abstimmung der Rennwagen benutzen konnte, hatte man den Begrenzer so eingestellt, daß er die Zündung ab 7800 U/min unterbrach. Auf dem Nürburgring funktionierte er jedoch erst ab 7900 Umdrehungen und wich dann immer mehr ab, bis er schon bei 7000 U/min ausschaltete. Nach der Rückkehr ins Werk schaltete er bei einem erneuten Prüfstandslauf (ohne vorherige Eingriffe) plötzlich erst bei 7700 U/min ab. Man hatte sich von diesem Drehzahlbegrenzer noch nicht allzu viel versprochen, aber für den Renneinsatz schien er jedenfalls nicht tauglich.

Der Hauptgrund für die ausgiebigen Versuchsfahrten auf dem Nürburgring war die Suche nach der richtigen Form des Kraftstofftanks am W 154. Die Wagen hatten einen außerordentlich hohen Verbrauch. Man kam nur höchst selten unter 120 Liter pro 100 Kilometer, meistens liefen 125 bis 145 Liter Alkohol-Gemisch auf 100 Kilometer durch die Vergaser, wobei Caracciola stets der Sparsamste war. Wenn man nun von einem Maximalbedarf von 150 Liter ausging, benötigte ein Wagen in einem Rennen über 500 Kilometer annähernd 750 Liter Kraftstoff. Man konnte es sich nicht leisten, mehr als einen Tankstopp einzuplanen und deshalb mußte man eine Tankkapazität von 380 Liter vorsehen. Der gefüllte Tank stellte 22 Prozent des gesamten Startgewichts dar, und schon aus diesem Grund war es mehr als einleuchtend, daß man der Anordnung der Behälter einige Aufmerksamkeit schenken mußte.

Bei ihren Entwürfen für einen Stromlinienwagen hatte Max Wagners Planungsgruppe zwei längs in der Wagenmitte an den Rahmenrohren angebrachte Behälter vorgesehen. Im ersten Auftrag zum Bau der neuen Rennwagen, der am 31. August 1937 erteilt wurde, war von einem Fahzeug mit konventionellem Hecktank und einem zweiten mit Seitentanks die Rede. Beide sollten jedoch entgegen den ursprünglichen Entwürfen freistehende Räder aufweisen. Es war geplant, die Einsatzfahrzeuge mit den Seriennummern Drei bis Neun als offene Wagen und weitere fünf Wagen mit geschlossenen Stromlinienkarosserien zu bauen. Die Auto Union verwendete bei ihren neuen Wagen für 1938 Seitentanks, doch bei der Rennabteilung der DBAG war man vorerst noch nicht dafür. Es hieß, sie würden die Rundumsicht des Fahrers beeinträchtigen, ein Sicherheitsrisiko bei Aufprall-Unfällen darstellen und auch nicht vorteilhaft aussehen. Doch man mußte indessen den Kraftstoffvorrat irgendwie unterbringen. Schließlich fand wenigstens ein Teil der Gesamtmenge in der Wagenmitte Platz, jedoch nicht an den Seiten, sondern in einem sattelförmigen Behälter zwischen der Motorraum-Rückwand und dem Instrumentenbrett, also über den Beinen des Fahrers. Zwei starke Schlauchleitungen stellten die Verbindung zum Haupttank im Heck her. Das Fassungsvermögen variierte von Wagen zu Wagen um wenige Liter, es belief sich zumeist auf 150 Liter im vorderen Behälter und 250 Liter im Heck, womit

Links: Eindrucksvolle Demonstration des Aufwandes in der Rennabteilung. Es kamen sieben W 154 zum Nürburgring. Man führte hier vor dem Großen Preis von Deutschland umfangreiche Testreihen mit Vergasern und Tankanlagen durch.

Unten die Mercedes-Mannschaft 1938: Manfred von Brauchitsch, Richard Seaman, Hermann Lang und Rudolf Caracciola.

Oben: Drama an der Box. Von Brauchitsch mußte seine Siegeshoffnungen beim Großen Preis von Deutschland begraben, als sein Wagen Feuer fing.

Links: In Livorno ließ man wegen der großen Hitze die seitlichen Bleche am Motorraum weg und fügte rechts am Kühler noch einen zusätzlichen Ölkühler an.

Links: Start in Bern zum Großen Preis der Schweiz. Hier gab es erneut einen Dreifach-Sieg für Mercedes: Caracciola – Seaman – von Brauchitsch.

Unten: In Bern konnte Caracciola wieder einmal sein Können als „Regenmeister“ ausspielen.

Oben: Caracciola umrundet eine gefährliche Hausecke in Pescara. Die lässige Routine, mit der dieser Meisterfahrer zu Werke ging, ist hier deutlich zu erkennen.

Links: Hermann Lang schießt in voller Fahrt dahin (Coppa Acerbo, Pescara). Diese Aufnahme vermittelt sehr gut den Eindruck von jenem bärenstarken Rennwagen, wie ihn der W 154 darstellte.

die Wagen insgesamt 390 Liter Kraftstoff mitführen konnten. Man achtete bei der Betankung darauf, daß der vordere Tank stets zuerst gefüllt wurde. Bei den ersten 1938er Wagen hatte man am Hecktank kleine Sichtfenster angebracht, damit die Mechaniker den Füllvorgang mit den Schnelltankanlagen besser unter Kontrolle hatten.

Diese Tankanordnung, die in Pau, Tripolis, Reims und auf dem Nürburgring bei allen Wagen Verwendung fand, brachte eine spürbare Änderung der Gewichtsverteilung am Wagen mit sich, wenn sich der Inhalt der Behälter verringerte. Die Fahrer schrieben dieser Tatsache auch das erneute Auftauchen der Nickschwingungen an der Hinterachse und das Durchdrehen des kurveninneren Rades beim Herausbeschleunigen zu. In der Rennabteilung wurden daraufhin versuchsweise neue Tanks eingebaut. Der vordere Behälter faßte dabei 225 Liter und der hintere, nun zwischen Fahrersitz und Hinterachse eingebaute Behälter, nahm 115 Liter Kraftstoff auf. Auf dem Nürburgring führte man nun Vergleichstests mit unterschiedlich bestückten Wagen durch, Uhlenhaut und die einheimischen Mitglieder der Fahrermannschaft wechselten sich am Steuer ab. Die Verwendung eines Hecktanks allein war schon vorher wegen der starken Ausbrechneigung des Hecks ausgeschlossen worden, obwohl sich dadurch eine gute Gewichtsverteilung ergeben hätte. Wenn man nur den Satteltank füllte, hatte man ein sehr neutrales Fahrverhalten, doch die weitgehend entlasteten Hinterräder neigten damit vermehrt zum Durchdrehen. Man füllte nun insgesamt 200 Liter ein, womit sich beim Standardmodell eine Verteilung von 75/125 und beim Versuchs-Modell 140/60 Liter ergab. Lang und v. Brauchitsch zogen dabei das Fahrverhalten des Wagens mit dem größeren Hecktank vor. Sie sagten, daß der Versuchswagen ziemlich unvermittelt mit dem Heck ausbrach. Caracciola störte dies nicht, er war der Meinung, man könne den Wagen leicht abfangen und wieder unter Kontrolle bringen.

Nach diesen Ergebnissen ging man daran, zwei Fahrzeuge – Seriennummern 1 und 14 – mit dem großen 225-Liter-Satteltank auszustatten, wobei man den großen Hecktank anfänglich beibehielt. An die Kraftstoff-Förderleitung wurde ein Zweiwege-Hahn montiert, damit man den vorderen Behälter zuerst leeren und damit die Gewichtsanordnung auf der Hinterachse möglichst lange beibehalten konnte. Die beiden Wagen wurden beim offiziellen Training auf dem Nürburgring eingesetzt. Der Wagen mit der Nummer 14 wurde anschließend als Reservefahrzeug zur Coppa Ciano in Livorno mitgenommen, man hatte jedoch inzwischen den Heckbehälter auf 170 Liter verkleinert. Den W 154 konnte man durch diese Änderungen auch äußerlich von den anderen Wagen unterscheiden, er war im Mittelteil breiter und hatte ein kürzeres Heck. Nachdem Caracciola an seinem Einsatzwagen im Training Probleme mit dem Motor gehabt hatte, übernahm er Nr. 14 für das Rennen. Er war von der Straßenlage des Wagens trotz seines Ausfalls so begeistert, daß er ihn nach dem Wechselturnus mit frischen Wagen aus der Rennabteilung gerne wieder fahren wollte. Dies war beim Großen Preis der Schweiz in Bern, wo Rudi das verregnete und höchst dramatische Rennen mit dem speziellen W 154 in überlegener Manier gewann. Hermann Lang hatte in diesem Rennen ebenfalls einen solchermaßen umgebauten Wagen gefahren, ließ sich aber von seinem früheren Urteil nicht abbringen und wollte für die nächsten Rennen wieder einen „normalen" Wagen haben.

In Monza war Lang der einzige im Team mit der alten Tank-Anordnung in seinem W 154. Er fiel mit einem unerklärlichen Lader-Defekt aus; man konnte nachher nur ein falsches Gewinde an der Gehäusehalterung entdekken. Caracciola vermochte sich noch mit Mühe auf den dritten Platz zu retten, nachdem ihm eine Auspuffdichtung durchgebrannt war. Auch die anderen beiden Teamkameraden mußten aufgeben. An v. Brauchitschs Wagen fiel zuerst eine Zündkerze aus, und im weiteren Verlauf hatte er einen Motorschaden größeren Ausmaßes zu verzeichnen. Eine Lagerschale war gebrochen, und die kleinen Partikel verstopften einen Filter in der Öl-Förderleitung zu den Nockenwellen, worauf eine Nockenwelle in den Lagern fraß. Seaman zwang ein gerissenes Pleuel zur Aufgabe. In der Coppa Acerbo, ausgetragen eine Woche später in Pescara, hatte man zwei Pleuelschäden zu verzeichnen. Die Schuld konnte man diesmal den Drehzahlmessern zuschreiben, in deren Antriebswellen Öl eingedrungen war, wodurch die Anzeige abgebremst wurde.

Zum Saisonausklang fuhren Seaman und v. Brauchitsch in Donington erneut Wagen mit den großen Satteltanks, doch in diesem Rennen konnte keiner von ihnen dem führenden Nuvolari auf Auto Union gefährlich werden. Hermann Lang kam noch vor seinen Kollegen ins Ziel, er hatte wieder einen Wagen mit der ursprünglichen Tank-Anordnung gefahren. Das andere System wurde von der Rennabteilung und von Caracciola bevorzugt; Lang, der schlaue und enorm talentierte Neuling im Team, blieb bei der gewohnten Ausführung. Man versuchte bei den Wagen für die nächste Rennsaison beide Standpunkte unter einen Hut zu bringen und entschied sich für eine Verteilung von 185 Liter vorn und 235 Liter hinten. Diese Unterbringungsart von 420 Liter Kraftstoff wurde einheitlich für alle Wagen gewählt, wobei man nun die gleichzeitige Entleerung beider Tanks vorzog.

Ein Vergleich beider Anordnungen erscheint trotz der unterschiedlichen Gesamtkapazität interessant:

Belastung der Hinterräder am W 154 bei verschiedenen Tankinhalten:

Ausführung 1938 225 l/170 l			Ausführung 1939 185 l/235 l		
Inhalt:	leer	50,3 %	Inhalt:	leer	49,5 %
	140 l	55,7 %		100 l	52,2 %
	320 l	55,6 %		200 l	55,0 %
	375 l	55,8 %		300 l	56,8 %
				400 l	58,8 %

Somit hatte man bei der Verteilung der Kraftstoffmenge für die 1939er Wagen einen Kompromiß geschlossen, der sich jedoch mehr am Standpunkt Hermann Langs orientierte.

Neben den Tanks war das Gesamtgewicht des Fahrzeugs ein weiterer wichtiger Punkt für die Konstrukteure des Rennwagens nach der Dreiliter-Formel. Der Wagen war nämlich zu schwer geraten. In Reims wog der W 154 bei der Abnahme – die bei der die Einhaltung des vorgeschriebenen Mindestgewichts überprüft wurde – genauso viel wie der 4,5 Liter-Saugmotor-Talbot. Mit 975 kg waren diese beiden Boliden die schwergewichtigsten Vertreter im gesamten Teilnehmerfeld. Nur mit dem eingefüllten Getriebeöl, sonst aber trocken (nach den Vorschriften) wog der Konkurrent von der Auto Union, der Typ D, nur 893 kg. Damit lag er nur um 43 kg über dem geforderten Mindestgewicht. Im direkten Vergleich mit dem W 125 von 1937 ergab sich für den W 154 ein Mehrgewicht von 118 kg. Wie erklärte sich dieser Anstieg? Mit seinen 253 kg stellte der Motor den größten Brocken dar. Die verschweißte Stahl-Zylinderkonstruktion, die schon am DAB einiges an zusätzlichem Gewicht gebracht hatte, schlug auch am kleineren Zwölfzylinder mit Übergewicht zu Buche, der dadurch um 33 kg schwerer geriet als sein Vorgänger. Die Kraftstofftanks waren um 22 kg und die Karosserie um 18,5 kg schwerer. Das Getriebe hatte einen Vorwärtsgang mehr bekommen und das Gehäuse war nun aus Silumin anstatt Magnesium gefertigt, was ebenfalls wieder zusätzliche 17,5 kg einbrachte. Der Rahmen war steifer und damit auch um 15 kg schwerer geworden.

Im Mai begann man mit einem großangelegten Programm an Gewichtseinsparungen. Jedes Teil, jede Schraube und Mutter wurden dazu herangezogen. So wurden die neuen Kraftstofftanks nicht mehr unter das Karosserieblech gebaut, sondern ihre Oberfläche mit einbezogen. Die Auspuffrohre wurden aus der Vertiefung in der Bodenwanne herausgenommen (in Pau in Tripolis

Auf der Rennstrecke im englischen Donington-Park klang am 22. Oktober die Saison 1938 aus. Hermann Lang ist hier beim Training zu sehen, sein Wagen droht nach der Mc-Lean-Kurve auszubrechen.

hatte man solche vollverkleideten Wagen eingesetzt), womit man die Karosseriegestaltung noch weiter vereinfachen konnte. Die Motorabdeckung, das Karosserie-Mittelteil und die Bodenwanne wurden versuchsweise aus 1 mm starkem AM 503-Magnesiumblech gefertigt. Auch beim Getriebegehäuse griff man wieder auf Magnesium zurück, das Gewicht konnte man dadurch von 89 auf 82,5 kg verringern. Im Inneren des Getriebes legte man Hand an fünfzig verschiedene Einzelteile und vermochte damit weitere 2 kg einzusparen – ein Anzeichen für die aufgewandte Sorgfalt.

Am Ventiltrieb sollten wieder die früheren Nocken-Ausführungen mit dem schmäler gehaltenen Grundkreis verwendet werden. Zusätzlich wollte man noch Erleichterungsbohrungen anbringen. Am Chassis sollten Stoßdämpfer-Gehäuse und Kolben aus Magnesium gefertigt werden, aber dies bewährte sich in der Praxis nicht. Versuchsweise setzte man in der Saisonmitte im Training und auch im Rennen einen Rahmen ohne Versteifungs-Armierungen ein. Dieser war mit 58 kg um 12 kg gegenüber der Standardversion leichter geraten – dieser Rahmen hielt 1685 Rennkilometer. Die Bemühungen, das Gewicht des W 154 zu verringern, konnten jedoch kaum mit anderen Verbesserungen und Ergänzungen am Wagen schritthalten. Vergrößerte Bremsen an den Hinterrädern und ein Öltank mit zusätzlichem Fassungsvermögen glichen soeben eingespartes Gewicht wieder aus. Vor dem letzten Rennen der Saison wog der W 154 trocken sogar 980 kg und lag damit 230 kg über dem erlaubten Mindestgewicht. Öl und Kühlflüssigkeit schlugen mit 42 kg zu Buche, der Fahrer wog im Durchschnitt 90 kg (in voller Montur), und vollgetankt mit 375 Liter Alkohol-Treibstoff brachte es der Mercedes W 154 auf ein Startgewicht von 1325 kg.

Die Saison 1938 war für Daimler-Benz sehr erfolgreich verlaufen. Caracciola war es erneut gelungen, die Fahrer-Europameisterschaft zu erringen. In der zweiten Hälfte der Saison waren allerdings auch die Wagen der Auto Union wieder konkurrenzfähig geworden. Kein Geringerer als Tazio Nuvolari hatte den verwaisten Platz von Bernd Rosemeyer am Steuer der Auto Union-Rennwagen eingenommen. Daß der erneute Mercedes-Erfolg sich nur mit ungeheurem Aufwand hatte bewerkstelligen lassen, konnte man außerhalb der Daimler-Benz AG nicht ahnen. Und nur die unmittelbar Beteiligten wußten auch, daß man das anfangs erhoffte Leistungsniveau und den angestrebten technischen Standard, der zur sicheren Überlegenheit nötig war, bisher nicht vollständig erreicht hatte.

„Die Deutschen waren in der Konstruktion der Rennwagen absolut überlegen und auch in der Forschungs- und Entwicklungsarbeit, die damit verbunden war.“
Maurice Olley

Hart erkämpfte Siege

Die nach dem Zweiten Weltkrieg nach Deutschland gekommenen Untersuchungskommissionen der Alliierten stellten mit Erstaunen fest, daß die deutsche Automobil-Industrie nur in geringem Umfang auf den bevorstehenden Konflikt vorbereitet worden war. In den Jahren 1938 und 1939 befaßten sich die Firmen noch mit ganz anderen Dingen als der allgemeinen Mobilisierung. Der englische Ingenieur Maurice Olley schrieb: „Im Gegenteil, es ist überraschend zu sehen, wie wenig dieser Industriezweig noch unmittelbar vor dem Krieg in die Vorbereitung einbezogen war.“ Die Automobil-Produktion war 1938 auf einen Höchststand emporgeschnellt, den man erst 1954 wieder erreichen konnte.
In Untertürkheim gab es keine Einschränkungen im Entwicklungsprogramm des W 154. Die Rennwagen sollten 1939 auf den Rennstrecken Europas Rundenzeiten herausfahren, die bis 1951 absolut unerreichbar bleiben sollten und erst 1955 übertroffen werden konnten – von einer neuen Daimler-Benz-Konstruktion.
Für die neue Saison wurden am Dreiliter-Mercedes wieder Maßnahmen zur Gewichtsverminderung durchgeführt, man blieb dabei jedoch im Rahmen des im Vorjahr als vernünftig angesehenen Ausmaßes. Die bisherigen Fahrgestelle fanden weiterhin Verwendung, man versah sie lediglich mit leichteren Verstärkungsarmierungen. Die Silumingehäuse wurden an den hinteren Stoßdämpfern beibehalten, der Durchmesser der Pumpzylinder wurde allerdings auf 50 mm erweitert. Die Kraftstofftanks wurden leichter und zugleich stabiler, indem man Leichtmetallbleche aus dem Flugzeugbau verwendete. Auch an der Karosserie machte man sich Erkenntnisse und Technologien aus dem Flugzeugbau zu eigen. Das Trockengewicht des W 154 bewegte sich in der Saison 1939 zwischen 898 und 918 kg, je nach verwendeten Reifen und Motorversionen. Der leichteste W 154, den man je gebaut hatte, stand am 7. März 1939 für die ersten Probefahrten in Monza zur Verfügung. Er wies die Chassis Nummer 10 auf, versehen mit dem Motor Nummer 15. Es war eine Hirth-Kurbelwelle mit ungeteilten Pleueln eingebaut und viele weitere, speziell erleichterte Motoren- und Chassisteile, womit man schließlich ein Gewicht von nur 855 kg erreicht hatte. Das Startgewicht mit Fahrer betrug (mit den größeren Tanks) 1313 kg. Man war damit bis auf 5 kg an das vorgeschriebene Limit herangekommen, wahrlich ein vielversprechender Auftakt für die Saison, wenngleich sich auch dieses „Idealgewicht“ nicht über den ganzen Saisonverlauf hinweg halten ließ.
Ende 1938 hatte man noch einige spezielle Probleme in Angriff genommen. Eines davon blieb jedoch unlösbar. Die ätzenden Dämpfe des Treibstoffgemischs ließen allen auf der Startlinie oder in den Boxen Anwesenden die Augen tränen, besonders unangenehm trat dies beim Warmlaufen und beim Start selbst in Erscheinung. Man glaubte, daß das im Kraftstoff enthaltene Azeton dafür verantwortlich sei und versuchte, ohne es auszukommen. Dies führte aber zu keiner Besserung. Die anderen Rennteilnehmer glaubten, daß es sich bei diesen Dämpfen um eine Geheimwaffe handelte, über die die Wagen aus Stuttgart verfügten...
Die Sitzposition im W 154 war nicht nach dem Geschmack Rudi Caracciolas, dem die weite Entfernung zum Lenkrad mißfiel. Er bevorzugte es, mit stark angewinkelten Armen zu fahren. Ihm konnte geholfen werden. Im September 1938 in Monza war er zufrieden: den Boden seines Wagens hatte man um 25 mm tiefergelegt, der Windabweiser vor dem Cockpit und die Sitzpolsterung waren vergrößert worden. Er schlug darüberhinaus noch eine wirksamere Hitze-Abschirmung der Motorraumrückwand und ein leichter demontierbares Lenkrad vor. Caracciola und mit ihm auch allen anderen Fahrern lag gerade an letzterer Verbesserung sehr viel, denn im Falle eines Brandes wollte man das Cockpit möglichst schnell verlassen können. Uhlenhauts Anliegen einer möglichst umfassenden Cockpitabdeckung zum Schutz des Fahrers wurde schließlich am 1939er Modell des W 154 in annähernd idealer Weise erreicht. Durch den neuen Satteltank, der wieder ein integrales Karosserieteil darstellte, war die elegant schmale Linie um einige Zentimeter höher geworden, die Seitenteile am Cockpit ebenfalls, sie schlossen nun die Längslenker der Hinterachse fast ganz ein. In dieser Ausführung war der W 154 mit seinen fließenden Formen und den engstehenden Lüftungsschlitzen eigentlich der elegantere der beiden Wagen von 1938 und 1939, jedoch es fehlte ihm sowohl die ungewöhnlich flache Linie als auch die ausgefeilte Technik seines Vorgängers.
Optisch wie technisch aufsehenerregend war die drastisch verringerte Kühlluft-Eintrittsöffnung am neuen Modell. Man konnte den Luftwiderstand und zugleich das Gewicht vermindern, indem man kleinere Kühler verwendete. Ermöglicht wurde diese Neuerung durch umfangreiche Versuche in Zusammenarbeit mit der Stuttgarter Kühlerfirma Behr. Man hatte zu diesem Zweck vom 12. bis zum 20. Dezember 1938 auf dem Versuchsstand von Behr in Feuerbach ein Testfahrzeug montiert. Programmziel war die Beibehaltung der Wasserkühlungs-Kapazität bei gleichzeitiger Verdoppelung der wirksamen Ölkühlung. Bei Behr besaß man einen Rollenprüfstand, der mit einem großen Gebläse kombiniert war, dort wurden normalerweise die Kühlanlagen für neue Personenwagen-Modelle erprobt. Da diese Vorrichtung natürlich nicht für die Leistung eines W 154 ausgelegt war, heizte man die Flüssigkeiten für diese Versuche elektrisch vor. Man untersuchte neben allen während der Saison verwendeten Kühler-Varianten auch eine ganze Reihe neuer Anordnungen. Leitbleche hinter dem Kühler reduzierten dabei die Kühlwirkung um 15 Prozent, da ihnen nur sehr wenig Platz zur Unterbringung zur Verfügung stand. Auf diese Weise behinderten sie mehr den Abzug der erwärmten Luft,

Rechts: Im Dezember 1938 führte man bei der Kühlerfirma Behr in Stuttgart verschiedene Versuche zur Umgestaltung der Kühler und somit der Wagenfront am W 154 durch.

Oben: Der W 154 wurde für die Saison 1939 mit einer einfacheren und leichteren Karosserie versehen. Die neue Kühlermaske wurde durch die Verwendung anderer Kühler möglich.

Oben: Durch die endgültig festgelegte Verteilung der Kraftstoffmenge auf die beiden Tanks war durch deren Größe auch die Karosserieform noch einmal beinflußt worden.

Links: W 154 Ausführung 1939. An dieser Linienführung orientierten sich die Rennwagenbauer der nächsten zwanzig Jahre.

als daß sie die Strömung beschleunigt hätten. Der größte und schmalste Kühler aus den 1938er Wagen wurde schließlich als der effektivste ermittelt. Man verwendete diesen Typ auch an den neuen Wagen, wobei man das rechte Drittel als Ölkühler abteilte. Dabei rückte man den Kühler weiter nach vorn, um der Abluft bessere Austrittsmöglichkeiten zu schaffen. Eine ovale Öffnung im Zentrum ließ frische Luft auf den Vergaser strömen, und während der Saison fügte man noch einen kleinen Kühler hinzu, der den Kraftstoff vor dem Eintritt in die Schwimmerkammern leicht abkühlte.

An einem anderen Prüfstand wurde im Winter 1938/39 ebenfalls fleißig gearbeitet, es handelte sich dabei um den Bremsen-Prüfstand in Untertürkheim. Das Überhitzen verschiedener Stellen an den Bremstrommeln, das zu Beschädigungen geführt hatte, war noch immer nicht in einer befriedigenden – und gewichtsbewußten – Art und Weise gelöst worden. Die Solingener Firma Kronprinz, Lieferant der mit Dural-Felgen versehenen Drahtspeichenräder, hatte im April 1938 auf die im Flugzeugbau seit neuestem verwendeten flüssigkeitsgekühlten Trommelbremsen aufmerksam gemacht. Man interessierte sich zwar bei Daimler-Benz dafür, mußte aber bald erkennen, daß man dazu einen größeren Abstand zwischen Trommel und Rad – als beim W 154 möglich – benötigt hätte. Die schließlich von der Entwicklungsabteilung erdachte Lösung stellte eine der größten Neuerungen am W 154 für 1939 dar. Die Außenfläche der Bremstrommel war dabei so gestaltet, daß sie als Gebläse wirken konnte, mit axialer und radialer Luftführung. Dazu hatte man die Außenseite des eingesetzten stählernen Bremsringes mit dichtstehenden, senkrechten Leitblechen versehen, die gekrümmt waren und nach außen schräg abfielen. Auf diese Weise wurde die anströmende Luft an die Innenseite der Trommel geschaufelt. Diese Schaufelrad-Anordnung wurde später als Turbo-Kühlung bezeichnet.

Die neuen Bremstrommeln bewährten sich hervorragend. Da man jedoch bei Daimler-Benz sehr genau wußte, daß man nichts geschenkt bekommt, versuchte man die durch diese Kühlung absorbierte Leistung zu ermitteln. Es stellte sich heraus, daß sich bei einer Rad-Drehzahl von 1600 U/min, was einer Geschwindigkeit von etwa 250 km/h entsprach, pro Bremstrommel ein Leistungsverlust von einer halben Pferdestärke ergab. Doch dies war die erreichte Verbesserung der Bremsanlage allemal wert. Auf den Magnesium-Bremsbacken verwendete man 1939 neue Beläge von Jurid mit der Bezeichnung P 1678. Sie waren besser im Verhalten, aber noch nicht völlig ohne Fading, wie man es sich in der Rennabteilung gewünscht hätte. Wäre die Rennerei noch über 1939 hinaus fortzusetzen gewesen, hätte man sich mit neuen Belägen mit metallischen Einlagen, genannt Emero 3 RT 7, beschäftigt, da hierüber gute Ergebnisse aus dem Flugzeugbau vorlagen.

Die Gesamtplanung für 1939 wurde am 1. September 1938 von Rudolf Uhlenhaut in einem Bericht zusammengefaßt. Er zog ein Resümee aus den Rennen der zu Ende gehenden Saison: „In der Beschleunigung und in der Höchstgeschwindigkeit ist unser Wagen den Konkurrenten von der Auto Union und Maserati – Alfa spielt zur Zeit keine Rolle – knapp überlegen. Unsere daraus resultierende Führungsposition verdanken wir jedoch mehr der größeren Zuverlässigkeit von Motor und Fahrgestell. Wir können mit Sicherheit annehmen, daß auch die Auto Union bald die nötige Zuverlässigkeit erreicht haben wird. Folglich müsen wir uns nun um weitere Möglichkeiten zur Leistungssteigerung an unseren Wagen kümmern.“ Die Auto Union sollte noch in diesem Monat in Monza eindrucksvoll beweisen, daß Uhlenhauts Thesen zutrafen.

Bei Daimler-Benz begann man umgehend mit Verbesserungen am Chassis, auch der Motor sollte überarbeitet werden. Die für 1938 konzipierte Höchstdrehzahl von 8200 U/min war in der Praxis nie erreicht worden, Uhlenhaut war jedoch der Meinung, daß ein Bereich von 8500 bis 8800 Touren wesentlich vorteilhafter wäre. Dabei würde es auch kaum eine Rolle spielen, wenn die Leistung von 8000 bis 8500 U/min nicht mehr ansteigen und vielleicht sogar leicht abfallen würde. Er mußte jedoch eingestehen, daß bei diesem Vorhaben bekannte Probleme im Wege standen: das betraf den Ventiltrieb und die Pleuel.

Von der Motorenserie H, dem M 154, hatte man insgesamt 19 Exemplare fertiggestellt. Für die Saison 1939 standen davon noch zehn zur Verfügung, ein Aggregat blieb der Rennabteilung zu Versuchszwecken vorbehalten. Man brauchte also einige zusätzliche Aggregate, zumal man ja auch schon an die Saison 1940 dachte. Es wurde demzufolge von der Firmenleitung der Daimler-Benz AG der Auftrag zu einer umfassenden Überarbeitung der Zwölfzylinder-Konstruktion erteilt, dabei sollten alle Unzulänglichkeiten und Nachteile, die sich 1938 ergeben hatten, behoben werden. Das neue Projekt lief bei Albert Heeß' Technikern unter der offiziellen Bezeichnung M 163, in der Motorenabteilung nannte man den neuen Typ Serie K.

Das neue Antriebsaggregat sollte alternativ zum M 154 in das Chassis eingebaut werden können; man verwendete in der Saison tatsächlich beide Versionen. An beiden Blöcken fanden sich dieselben Aufnahmen für die Lader, die gleichen Ventile, Ventiltriebe und Nebenaggregate. Die Abmessungen für Bohrung und Hub blieben ebenfalls unverändert. Der M 163 sah indessen zerklüfteter aus und war mit 275 kg auch schwerer geraten. Am 5. September 1938 erhielt Albert Hess von der Rennabteilung eine umfangreiche „Wunschliste“. Bis auf wenige Ausnahmen, zum Beispiel bei der Befestigung der Auspuffkrümmer mit vier Bolzen anstatt der vorgeschlagenen drei, wurden alle Verbesserungsvorschläge ausgeführt. Durch eine vergrößerte Anzahl und stärkere Ausführung der Verschraubungen an Ventildeckeln, Steuergehäusen und Ölwanne sowie durch bessere Dichtungen wurde der vorher häufig beklagte Ölverlust eingedämmt. Den Motorblock hatte man dergestalt abgeändert, daß man die Ölwanne zu Inspektionszwecken abnehmen konnte, ohne die Kupplungs- und Laderantriebs-Gehäuse lockern zu müssen. Außerdem wurden die nicht benötigten Vorrichtungen zum Anbau der Einspritzpumpen weggelassen. Das Kurbelgehäuse war breiter geworden und nun auf beiden Seiten mit Entlüftern ausgestattet. Die Hauptlager-Dimensionierung blieb unverändert, nur die Querverschraubungen an den Lagerdeckeln hatte man verringert, die Schleuderringe auf den Kurbelwangen hingegen leicht vergrößert, um die Schmierung der Pleuellager zu verbessern. Die Pleuel selbst wurden um 3 mm verlängert, sie maßen nun 158 mm (Mittenabstand). Am vorderen Kurbelwellenende fanden sich neben den Laderantrieben rechts die Wasserpumpe und links die Kraftstoffpumpe (Graetzin ZE 500). Zwischen den Pumpen und den Antriebsgehäusen waren die beiden Ölrückförderpumpen angeordnet, die nach Wegfall der nicht benötigten Einspritzpumpen-Antriebe vom hinteren Motorende hierher versetzt worden waren. An allen Motoren für diese Saison wurden nun auch zwei Druckpumpen für die Schmierung von je zwei Nockenwellen verwendet.

Es wurden lediglich vier dieser Motoren aus der K-Reihe für den Einsatz fertig, ein fünfter wurde noch zusammengebaut und für einen sechsten hatte man die Mehrzahl der benötigten Teile parat. Die Pleuel erwiesen sich als besonders langwierig in der Beschaffung, man benötigte sechs Wochen zur Herstellung. Die Rennabteilung sah sich daher gezwungen, vorerst auf verschiedene Ausführungen der M 154-Pleuel zurückzugreifen. Da gab es Unterschiede in der Materialstärke, in der Verzahnung an den Trennflächen oder im Abstand der Bolzen am Pleuelfuß, alle waren jedoch aus dem gleichen Chrom-Nickel-Stahl der Legierung ECN 25f gefertigt. Als die neuen Pleuel Anfang Februar vom Werk 60 geliefert wurden, nahm man sie in der Rennabteilung kritisch unter die Lupe. Es wurden dabei „Unregelmäßigkeiten in der Fertigung“ festgestellt, und ein ausführlicher Bericht landete daraufhin auf Max Sailers Schreibtisch. Dies hatte einen heftigen Widerspruch von Werk 60 zur Folge, wo man einige der „Unregelmäßigkeiten“ als von der Konstruktionsabteilung im Sinne einer Zeitersparnis genehmigt erklärte. Andere Dinge schob man der Behandlung in der Rennabteilung zu und wies damit die Schuld von sich. Dieses Hin und Her schärfte bei allen Beteiligten das Bewußtsein, daß ein hohes Maß an Präzision bei allen Motorteilen und ganz besonders bei den stets kritischen Pleueln unerläßlich ist. Es wurden außerdem mehrere Pleuel-Sätze für die teilbaren Hirth-Kurbelwellen angefertigt, da man in der Saison 1939 erstmals ernsthafte Erprobungen damit in einem umgebauten M 154 durchführte. Als besonders vorteilhaft galt dabei der stabile und ungeteilte Sitz für die Hauptlager, mit dem auch eine weitere Drehzahlerhöhung möglich wurde. Die Pleuel waren sowohl leichter als auch stabiler. Bei Versuchen mit Druck- und Zug-Belastung verformte sich das Hirth-Pleuel am wenigsten, gefolgt von der Ausführung für den M 163 und an dritter Stelle das bisherige M 154-Pleuel.

Ziemlich unterschiedliche Resultate bei der Anwendung der Hirth-Kurbelwellen ließen auch 1939 keinen allgemeinen Einsatz zu. Die Welle Nummer 3 im Motor H-18 wurde beim Training am Großglockner und anschließend auf 580 Test-Kilometern auf dem Nürburgring verwendet, ohne daß sich irgendwelche Fehler bemerkbar gemacht hätten. Im Motor H-15 befand sich die Welle Nummer 1, damit wurde der 1939er Wagen bei seinen ersten Probefahrten in Monza angetrieben. Im weiteren Verlauf der Saison spulte man noch weitere 1625 km störungsfrei im Renneinsatz ab, dabei kam auch ein Sieg für Hermann Lang im belgischen Grand Prix heraus. Einen Monat später hatte man den Motor in den Reservewagen für den Großen Preis der Schweiz eingebaut, wo schließlich im Training ein Pleuel brach. Die Hirth-Welle Nummer 2 befand sich im Motor H-10 und wurde schon beim ersten Einsatz, dem Training zum Wiener Höhenstraßenrennen, beschädigt. Einige der Ausfälle der Hirth-Kurbelwellen führte man später auf die geringe Stabilität der Haltekanten am Lagersitz zurück. Die Käfige der Pleuellager bestanden an beiden Kurbelwellen aus Bondur oder Tordal (geschützte Markenbezeichnungen für verschiedene Leichtmetall-Legierungen). Deren Lebensdauer wurde zum einen vom Auftreten von Rissen im Material bestimmt, zum anderen jedoch vom Verschleiß zwischen dem Halteschild und dem daran stoßenden Lagerkäfig. „Die Haltbarkeit der Pleuellagerkäfige ist für die Laufzeit der Motoren zwischen zwei Generalüberholungen von ausschlagge-

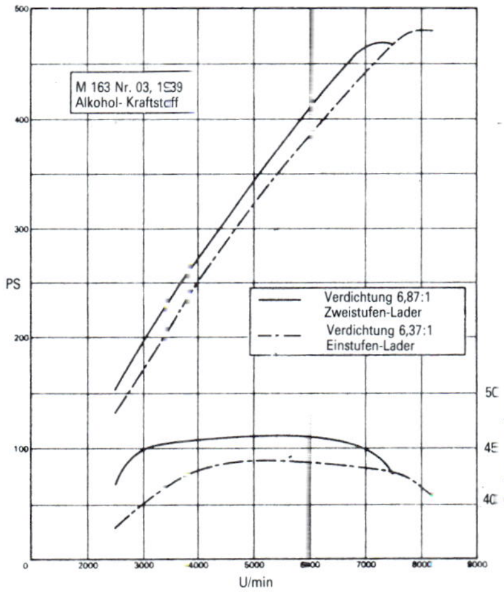

Links: Leistungsdiagramm des verbesserten Dreilitermotors M 163.

Unten: Beim M 163 hatte man an Auslegung und Dimension nichts geändert, jedoch wurde eine Menge Feinarbeit, wie zum Beispiel eine Vergrößerung und Verstärkung des Kurbelgehäuses, geleistet.

Oben: Der M 154 bekam 1939 ein neu angeordnetes Überdruckventil, das nunmehr direkt am Rohrverteiler über dem Lader saß.
Rechts: In der Saison gab es vermehrt Kolbenschäden zu beklagen; erst vernickelte Kolbenböden und eloxierte Hemden sorgten für Abhilfe.

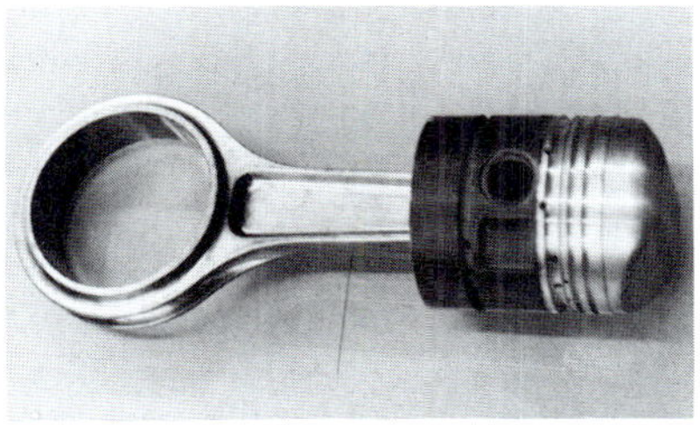

Rechts: Testvorrichtung zur Überprüfung der Pleuel-Belastbarkeit. Hier ist ein teilbares Pleuel montiert im Gegensatz zu jenem von der Hirth-Kurbelwelle im Bild darüber.

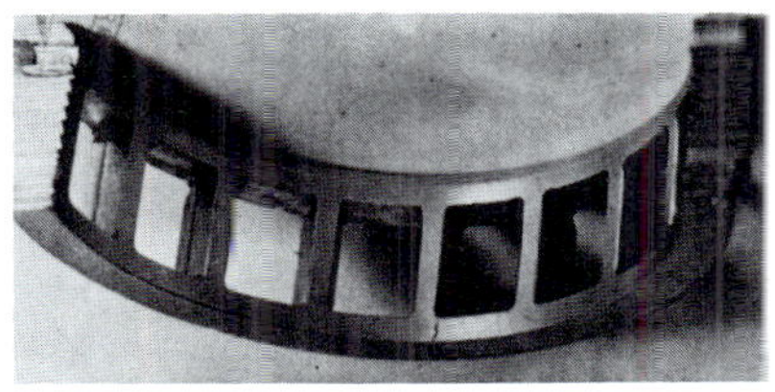

Links: Der Leichtmetall-Lagerkäfig der Pleuel-Rollenlager neigte immer wieder zu Rissen an der Außenseite.

bender Bedeutung," berichtete Uhlenhaut Ende 1939. Die Grenze seiner Verwendbarkeit wurde für jeden V12-Zylinder-Rennmotor bei 1000 km Fahrleistung gezogen.
Man setzte jedoch nach wie vor große Hoffnungen auf die Hirth-Konstruktion, da die Hubzapfen-Oberfläche kaum angegriffen wurde. Doch auch 1939 begrenzte dieses „Zerbröckeln" wieder die Lebensdauer der Hubzapfen und Lager. Ein Reißen der Lagerzapfen, das besonders an den doppelreihigen Rollenlagern (viertes und siebtes Lager) aufgetreten war, konnte durch die Verwendung abgedrehter Rollen, die nun tonnenförmig waren, eingeschränkt werden. Solche Rollen wollte man versuchsweise Ende 1939 in den Pleuellagern verwenden. Doch in der Zwischenzeit hatte man die gewünschte Standfestigkeit der Motoren auf andere Weise erreicht, indem man die Drehzahlgrenze auf 7200 U/min festlegte. Anstelle einer weiteren Erhöhung hatte man nun die Drehzahlen am V12 verringert. Erst als man bei den letzten beiden Rennen der Saison 1939 zu dieser Maßnahme gegriffen hatte, konnte der Dreiliter-V12 als völlig zuverlässig funktionierend bezeichnet werden.
Diese Begrenzung war in der Hauptsache durch den Kurbeltrieb bedingt, denn den Ventiltrieb hatte man im Winter 1938/39 eingehend untersucht. Versuche mit einer Stroboskoplampe hatten gezeigt, daß sogar bei Verwendung der stärksten Ventilfedern (44 kp/cm) der Kraftschluß zwischen Ventilschaft und Nocken bei 8000 U/min nach dem Ablaufen der Schließrampe am Nockenprofil verlorenging. Im Januar 1939 führte man mehrere Versuche mit verschiedenen Nockenformen durch und ging dabei vereinzelt auch auf 8200 U/min. Man begann mit der Nockenwelle des Typs M 154 dA-1 und verwendete auch die für den neuen 1,5-Liter-V8 vorgesehene Nockenform sowie jene des M 163. Man variierte dabei an allen Nockenwellen die Steuerzeiten und änderte die Schlepphebel ab. Interessant ist eine solche Versuchsabfolge mit laufend veränderten Steuerzeiten (kalter Motor):

E.ö.	22	47	47	35	35	28	28	23	35	35	35	35	26	°v.OT
E.s.	52	73	73	62	62	70	70	70	63	63	63	63	51	°n.UT
A.ö.	32	32	53	44	52	52	44	38	38	29	39	25	25	°v.UT
A.s.	13	13	32	35	25	25	35	23	23	17	10	11	11	°n.OT

Unschwer läßt sich allein daraus die ungeheure Arbeit erkennen, die Georg Scheerer und seine Leute bei dieser Versuchsreihe zu leisten hatten. Sie probierten 13 verschiedene Nockenprofile aus und benötigten dafür an einem Motor mit vier Nockenwellen nicht mehr als eine Woche Zeit. Für jede Nockenform wurde ein komplettes Leistungsdiagramm erstellt, der Kraftstoffverbrauch gemessen, der Ladedruck an zwei Stellen ermittelt – und dies alles in neun Intervallen in einem Bereich von 2500 bis 8000 U/min. Noch mit „dröhnenden Ohren" faßte Georg Scheerer sein Ergebnis zusammen und erstellte eine Empfehlung für die günstigste Nockenform. Dabei sollte ein wesentlich besserer Leistungsverlauf im unteren Drehzahlbereich mit stark geminderter Flatterneigung der Ventile kombiniert werden. Diese Vorschläge wurden mit geringfügigen Modifikationen in der 1939er-Serie übernommen:

	Vorschlag	Serie	
	(Motor kalt)	kalt	warm
E.ö.	35	35	40,5 °v.OT
E.s.	62	62	67,5 °n.UT
A.ö.	27	31	47 °v.UT
A.s.	14	18	31 °n.OT

An einem der ersten Motoren der K-Serie wurde versuchsweise eine verwirrende Kombination von Ventilen verwendet, über die man deshalb genau Buch führte. Anstelle der 11 mm starken Ventilschäfte war man nun auf 9 mm übergegangen. Einige Ventile waren vom Teller her mit Soda gefüllt, einige mit Quecksilber und einige mit Quecksilber vom Schaftende her. Die dünneren Schäfte bewährten sich nicht, so daß man auf die 11-mm-Schäfte zurückgreifen mußte, wobei hier nur die Auslaßventile mit Quecksilber gefüllt wurden. Die Ventilfeder-Teller wurden sowohl aus Stahl als auch aus Dural gefertigt.

Eine höchst willkommene Nebenwirkung der neuen Nocken war die Möglichkeit zu einer neuerlichen Anhebung des Verdichtungsverhältnisses, da man nun den Kolben nicht mehr so gefährlich nah an die Ventile rücken mußte. In den überarbeiteten H-Typen (M 154) ging man auf 6,35:1, bei einigen Exemplaren sogar auf 6,7. Noch höher lagen die Werte für die K-Typen (M 163) mit 6,86 und 7,16:1. Die Erhöhung der Verdichtung war eines der Ziele für die Saisonvorbereitungen 1939 gewesen, das man zur vollsten Zufriedenheit erreichte.

Ein weiteres Vorhaben war natürlich die erneute Leistungssteigerung gewesen. Dies wollte man mit einem neuen Kompressor erreichen, der einen geringen Leistungsbedarf aufweisen sollte. In der langen Geschichte aufgeladener Motoren bei Daimler-Benz war man nun durch Zufall auf einen gewissen Widerspruch gestoßen. Georg Scheerer beschrieb dies folgendermaßen: „Es ist eine alte Erfahrung, daß bei höheren Drehzahlen an Motoren mit den gleichen Ladern stets derjenige die höhere Leistungsausbeute zeigt, bei dem der Ladedruck geringer ist." Bei seiner bereits erwähnten Versuchsreihe konnte Scheerer dies zum Teil auf unterschiedliche Nockenwellen zurückführen. Auf jeden Fall gelang es an den 1939er Motoren mit den Ladern und den Nockenwellen zusammen eine Leistungssteigerung von 7 Prozent bei einem gleichzeitig um 10 Prozent verringerten Ladedruck zu erzielen. Man war bei Daimler-Benz bereits bei Werten für den Ladedruck angelangt, die von den meisten Fachleuten als ungeeignet und sogar als unmöglich (mit einem einstufigen Gebläse) erreichbar angesehen wurden. Mit 1,24 bis 1,38 at war man in der Tat an der Grenze des Leistungsvermögens der herkömmlichen Lader angelangt (die beiden Kompressoren am M 154 liefen parallel und hatten deshalb keine größere Wirkung als ein einzelnes Instrument).

Diese Ergebnisse waren nur durch die lange Erfahrung der Firma mit den Roots-Gebläsen möglich geworden; sie unterlagen dabei einer stetigen Weiterentwicklung und liefen mittlerweile mit 12 000 U/min. Dadurch ließen sich die hohen Spitzenwerte und auch vor allem der bereits bei einer Kurbelwellen-Drehzahl von 4000 U/min vorhandene Ladedruck von 1 at erreichen. Weitere Fortschritte in dieser Richtung waren freilich nicht mehr möglich. Die Versuche mit 180 mm langen Rotorflügeln hatten gezeigt, daß bei höheren Drücken kaum mehr ein Leistungszuwachs zu verzeichnen war, da der Leistungsbedarf des Laderantriebs gleichzeitig weiter angestiegen war. „Der Motor wurde dabei ohne großen Nutzen höher belastet, indem das Temperatur-Niveau anstieg," schloß Uhlenhaut aus den Ergebnissen. Man war sich darüber im Klaren, daß sich hier weitere Fortschritte nur mit einem zweistufigen Lader erzielen lassen würden. Bei dieser Anordnung drückt ein großes Gebläse verdichtete Luft (oder das zündfähige Gemisch) in ein kleineres, welches die noch weiter verdichtete Luftmenge an die Einlaßleitungen abgibt. Wenn vielleicht auch die erreichten Werte für den Ladedruck die bisherigen nicht überstiegen, so arbeitete doch jeder Lader bei dieser Doppelanordnung sehr viel wirtschaftlicher, denn der Leistungsaufwand lag unter dem eines Einzel-Laders.

Eine Aufladung durch mehrstufige Gebläse wurde in Deutschland bereits im Ersten Weltkrieg angewandt. Man hatte verschiedenen Flugmotoren mit Schleuder-Ladern (Zentrifugal-Verdichtern) versehen, jedoch waren weder Daimler noch Benz an diesen Versuchen beteiligt gewesen. In den dreißiger Jahren hatte man diese Techniken wieder aufleben lassen und stattete erneut Flugmotoren mit diesen Ladern aus. Diese Flugzeuge sollten in einem weiteren Weltkrieg Verwendung finden. Für die Erprobung eines Zweistufen-Systems am M 154 verpflichtete man die Firma Porsche, eine Versuchsanordnung zu entwickeln. Diese Abmachung hatte man bereits Mitte 1938 getroffen. Porsches Konstruktion – PKB (Porsche Konstruktions-Büro) Nr. R 108 – sah für die Rotoren des größeren Verdichters einen Durchmesser von 136 mm und eine Länge von 160 mm vor. Das zweite Gebläse sollte gleich lange, aber im Durchmesser auf 108 mm verkleinerte Drehflügel bekommen. Man änderte einen der 1938 verwendeten Doppelvergaser so ab, daß beide Mischrohre zum ersten Gebläse führten. Die ersten Versuche wurden bereits im November begonnen. Dazu hatte man die zweistufige Laderanordnung auf den M 154 mit der Nummer H-1 montiert, der vorher 430 PS geleistet hatte. Ausgestattet mit dem R 108-System, kam das Aggregat indessen nur auf 380 PS. Dafür lagen die Werte für den Bereich unterhalb von 5500 U/min wesentlich günstiger. Der erzeugte Ladedruck blieb mit 1,04 at ebenfalls weit unter dem Wert für die Einstufen-Kompressor-Version von 1,42 at. Doch obwohl der Druck an der früheren Version in einem Bereich von 3000 bis 5000 U/min höher war, gab die zweistufige Ausführung dort 12 Prozent mehr Leistung ab. Damit war die „alter Erfahrung" erneut bestätigt worden. Bis auf den Beginn des Drehzahlbandes blieb der Leistungsbedarf des Zweistufen-Gebläses stets geringer als beim Vorgänger:

Motor-Drehzahl	M 154 DBAG-Einstufenlader		M 154 Porsche R 108, zweistufig	
	Leistungs-bedarf	Ladedruck	Leistungs-bedarf	Ladedruck
2500 U/min	61 PS	0,86 at	65,5 PS	0,86 at
5000 U/min	124 PS	1,26 at	78,5 PS	0,96 at
7500 U/min	152 PS	1,39 at	84,0 PS	1,03 at

Bei der Höchstdrehzahl baute der Einfach-Kompressor einen um 34,7 Prozent höheren Ladedruck auf, beanspruchte aber auch 81 Prozent mehr Antriebsleistung. Die gewissenhaften Daimler-Benz-Forscher errechneten jedoch, daß die Porsche-Kompressor-Anordnung mit dem bei niedrigen Drehzahlen erbrachten Leistungszuwachs und dem geringeren Leistungsbedarf den entstehenden Unterschied in der Spitzenleistung des Motors nicht genügend ausgleichen könnte. Dies aber war wiederum einer anderen Ausführung bei den verwendeten Einlaßleitungen zuzuschreiben, denn am R 108 verengte sich der Durchmesser schneller als bei den ursprünglich am M 154 verwendeten Rohren. Dies nahm man bei der Konstruktion eines eigenen Daimler-Benz-Zweistufenladers zur Kenntnis. Trotz der nach wie vor fehlenden Spitzenleistung erschien die abgeänderte Ausführung sehr vielversprechend, weshalb man Albert Heeß' Abteilung grünes Licht für die Durchführung dieses neuen Projektes gab. Zur Vereinfachung der Herstellung hielt man den Durchmesser der Drehflügel mit 125 mm gleich groß und variierte nur die Länge mit 220 und 125 mm. Beide Lader liefen mit 1,25-facher Kurbelwellen-Drehzahl. Die ursprünglich genau übereinander liegenden Drehachsen in den Kompressorgehäusen wurden leicht versetzt angeordnet, um für das neue Leitungssystem mehr Platz zu schaffen. Das größere Gebläse für die erste Ladestufe befand sich dabei links, es wurde auf der Innenseite vom Vergaser mit dem Kraftstoff-Luft-Gemisch versorgt. Oben auf den beiden Magnesium-Gehäusen befand sich die Verbindungsleitung zwischen den beiden Ladern, jeweils zur Hälfte zusammen mit den verrippten Gehäusen gegossen. Der kleine Lader auf der linken Seite lieferte das verdichtete Gemisch in den Einlaßkrümmer, der an der Innenseite angeschlossen war. Dieser verlief hier wesentlich niedriger als bei den vorhergehenden Motoren, weshalb die einzelnen Zuleitungen nach oben gekrümmt werden mußten. Ein neuer Vergaser wurde ebenfalls verwendet. Es waren hier wiederum zwei horizontale Mischrohre vorhanden, die mit unterdruckgesteuerten Luftschiebern, diesmal nebeneinander stehend, ausgestattet waren. Die beiden Schwimmerkammern hatte man rechts und links am Vergaser montiert. Da ja nun beide Mischrohre einen einzelnen Kanal versorgten, konnte man bei der Düsenauswahl einen ganz bestimmten Abstimmungs-Modus anwenden. Zusätzlich zu den Leerlauf- und Hauptdüsen baute man in jedes Mischrohr zwei weitere Düsen ein, diese konnte man in ihrer Wirkung aufeinander abstimmen. So lief die Freigabe der vier Zusatzdüsen beispielsweise in der Einstellung für den belgischen Grand Prix folgendermaßen ab: Bei einer Winkelstellung des Gaspedals von 8 Grad öffnete Düse I rechts, danach I links bei 15 Grad und II rechts bei 18 Grad, die Düse II links kam bei einer Stellung von 20 Grad dazu. Durch diese Anordnung war eine vorübergehende Gemischabmagerung völlig unmöglich geworden.

Oben: Caracciola auf dem Straßenkurs von Reims, wo er einen seiner seltenen Unfälle zu verzeichnen hatte.
Links: Lang in Pau, wo er mit seinem Sieg den Grundstein zum Europameister-Titel des Jahres 1939 legte.

Unten: Heißes Gefecht zwischen zwei Mercedes und zwei Auto Union. Diese Szene wurde allerdings für Filmaufnahmen auf dem Nürburgring gestellt, die Renner fuhren hinter einem Kamerawagen her...

Die Drehschieber-Drosselklappe für den Zuzsatzvergaser war weggefallen, das Funktionsprinzip aber hatte man beibehalten. Ein 32 mm weiter Einlaß auf der Vergaser-Oberseite reichte dabei auf den Ansaugstutzen hinunter. Ein herkömmlicher Drosselklappen-Flügel steuerte die Luftzufuhr und die eingespritzte Kraftstoffmenge aus den beiden Düsen. Wie schon zuvor wurde dieser wieder vom Ladedruck-Unterschied gesteuert. Die Kraftstoffversorgung überließ man nicht mehr den unter Druck gesetzten Schwimmerkammern, sondern schloß eine Abzweigung von der Druckleitung direkt an. Von der Benzinpumpe wurde der Kraftstoff hier mit einem Druck von fast 3,5 at befördert. Die Steuerung des Zusatzvergasers war an dem neuen Zweistufenlader-System etwas komplizierter geworden, da die Verlaufskurve des Ladedrucks wesentlich flacher war. An den Einfach-Kompressor-Aggregaten öffnete der Zusatzvergaser ab einem Ladedruck von 0,70 at und war bei 1,26 at ganz geöffnet, dies entsprach einem Drehzahlbereich von 5000 bis 6000 U/min, wobei der Höchstwert des Ladedrucks noch nicht erreicht war. Bei den Zweistufen-Kompressor-Motoren wurden die 1,26 at bereits bei einer Drehzahl von 4000 U/min erreicht, und bis zur Höchstdrehzahl stieg der Druck nur noch in geringem Umfang an. Aus diesem Grund mußte hier der Zusatzvergaser schon im ersten Drehzahlabschnitt bis 4000 Umdrehungen ganz geöffnet werden.

Die besten Werte bei einem Zweistufen-Lader am Dreiliter-V12 wurden mit 0,84 at nach dem ersten Gebläse und 1,33 at nach dem zweiten gemessen. Mit den einzelnen Verdichtungsverhältnissen von 1,83:1 für den ersten und 1,26:1 für den zweiten Lader lag man damit schon wesentlich günstiger als bei einem einzelnen Kompressor, der hier nur auf 2,38:1 gekommen war. Die erforderliche Leistung zum Antrieb des Zweistufenladers war geringer und die Ausbeute der Motorleistung höher geworden. Die Höchstleistung von 470 bis 480 PS fiel nun statt bei 8000 U/min schon 500 Umdrehungen früher an. Über ein sehr breites Drehzahlband hinweg konnte man die Leistung Stufe für Stufe um 25 bis 30 PS anheben, wobei der spezifische Verbrauch (g/PS h) nahezu unverändert blieb.

Da man mit der Entwicklung des Zweistufenladers relativ spät begonnen hatte, standen für das erste Rennen in Pau noch keine derart umgerüsteten Motoren zur Verfügung. Trotzdem konnte sich die Mercedes-Mannschaft für die Niederlage im Vorjahr revanchieren: Lang und v. Brauchitsch landeten einen Doppelsieg. Beim Eifelrennen am 21. Mai auf dem Nürburgring sollten diese beiden Fahrer auch die neuen Motoren zur Verfügung haben, die Zeit reichte indessen nicht aus, und so wurde nur das Aggregat für Lang fertig. Den genauen Werdegang dieses Motors – H-17 – konnte man aus dem aufgestellten Zeitplan ersehen. Am 30. April war das Aggregat fertig zusammengebaut, am 4. Mai wurde es auf dem Prüfstand den üblichen Tests unterzogen, um danach wieder zerlegt und überprüft zu werden. Am 8. Mai stand es erneut auf dem Prüfstand und wurde einen Tag später von Willy Zimmer einsatzfertig an Lindenmaiers Montage-Abteilung übergeben. Am 21. Mai ermöglichte dieses Aggregat Hermann Lang, der sich auf dem Höhepunkt seines beträchtlichen Könnens befand, einen weiteren Sieg an seine Fahnen zu heften.

Lang siegte auch am 25. Juni in Belgien, wo außer ihm auch Caracciola und Seaman die neuen Motoren verwenden konnten. Der Jubel um die Plätze Eins und Drei für das Mercedes-Team wurde indessen von einem tragischen Unglücksfall überschattet. Der allseits beliebte Dick Seaman hatte sich mit seinem Wagen zweimal gedreht und war rückwärts an einen Baum geprallt. Der Wagen fing Feuer und es dauerte eine ganze Weile, bis der Fahrer befreit werden konnte. Seaman hatte dabei schwerste Verletzungen davongetragen, denen er am nächsten Tag erlag. Hermann Lang schrieb später über seinen Team-Kollegen: „Ich werde mich immer an ihn erinnern: er war sehr gütig, kühl und fair als Sportsmann, genau wie ich mir einen Engländer immer vorgestellt hatte." Seaman war seit Otto Merz das erste Todesopfer, das man im Team von Daimler-Benz zu beklagen hatte, und es blieb der einzige tragische Unfall in dieser Zeit des schärfsten Wettstreits auf den Rennpisten.

Alfred Neubauer brachte seine Truppe nach Reims zum französischen Grand Prix mit dem natürlichen Selbstvertrauen eines bisher in der Saison noch ungeschlagenen Siegesanwärters. Doch bei diesem Rennen am 9. Juli sah kein einziger Mercedes-Silberpfeil die karierte Flagge. Anstelle des Sieges-Champagners hatte man Schwerwiegenderes zu verdauen. Plötzlich waren die bereits bei den ersten Versuchen mit dem M 154 einmal aufgetretenen mysteriösen Kolbenschäden wieder da. Die Schuld dafür konnte man wohl kaum bei der Rennabteilung suchen, denn schon im Dezember hatte man

Oben: Von Brauchitsch mit Problemen in der Südkehre (Eifelrennen 1939).

Rechts: Mit von Brauchitschs zweitem Platz in Belgrad ging am 3. September 1939 die großartige Ära der Mercedes-Kompressor-Rennwagen zu Ende.

Unten: Für den geplanten Indianapolis-Einsatz 1951 wollte man den W 154 zwecks besserer Kurvenhaftung mit Leitwerken ausstatten.

Unten: Mit leicht abgewandelter Kühlermaske traten W 154 zu ihren letzten Rennen 1951 in Argentinien an.

eigens für die Gestaltung eines stabilen Kolbenbodens eine ausführliche Testreihe durchgeführt. Man hatte den überhöhten Kolbenboden poliert oder mit verschiedenen Beschichtungen wie Kupfer, Nickel oder Silber versehen. Eine 0,8 mm dicke Silberschicht brachte die nötige Standfestigkeit für einen 24minütigen Dauerlauf mit 7500 U/min. Die endgültige Ausführung für die 1939er Motoren bestand aus einem galvanisch aufgetragenen Nickelschicht auf dem Kolbenboden.

In Reims hatte man aber nicht nur durchgebrannte Kolbenböden, sondern auch gebrochene Kolbenringe und Fress-Spuren an den Zylinderwandungen festgestellt. Man war darüber sehr beunruhigt, denn bis zum wichtigsten Rennen des Jahres, dem Großen Preis von Deutschland, blieben nur noch zwei Wochen Zeit. Dem augenscheinlichen Ölmangel an den oberen Kolbenringen begegnete man durch neue Kolben mit verschiedenen anderen Ring-Anordnungen, die einen besseren Transport des Schmiermittels bis in die oberen Zonen der Zylinderwandung gewährleisten sollten. Der Kraftstoffmischung fügte man zusätzlich noch 2 Prozent Motorenöl bei. Trotz dieser Anstrengungen hätte sich am Nürburgring um ein Haar die gleiche Katastrophe wie in Reims abgespielt. Das kühle, regnerische Wetter und das besondere Gefühl für Wagen und Strecke ließen Rudolf Caracciola als einzigen Mercedes-Fahrer problemlos über die Distanz kommen, er brachte den einzigen verbliebenen Wagen des Untertürkheimer Teams ins Ziel und gewann zugleich das Rennen. Aber auch die Auto Union war von technischen Problemen nicht verschont geblieben. Der französische Journalist Charles Faroux meinte dazu: „Von neun deutschen Wagen nur zwei im Ziel – da dürften wohl stichhaltige Erklärungen notwendig werden."

Fieberhaft auf der Suche nach einer Erklärung war auch und gerade Rudolf Uhlenhaut. Im Training und im Rennen waren die Motoren nicht nur schlecht sondern auch nur recht kurz gelaufen. Einen Hinweis auf die mögliche Ursache glaubte man aus verschiedenen kleinen Fehlern an den Motoren der Fahrer Lang und v. Brauchitsch ablesen zu können. An diesen brandneuen Aggregaten des Typs K war wiederholt der Steuerkolben des Zusatzvergasers auf der Vollastposition hängen geblieben. Über die Beobachtungen wurde in der Rennabteilung ein Bericht für Max Sailer verfaßt: „Als Folge davon wird andauernd – da der Gasschieber ganz geöffnet ist, also auch im Schiebebetrieb – eine große Menge Kraftstoff in den Motor eingespritzt. Dabei tritt der Kraftstoff mit dem vollen Druck der Benzinpumpe – 3 bis 4 at – aus den Düsen im Zusatzvergaser. Das Resultat sind verölte Kerzen und Zündaussetzer. Wenn man nun auch weiter hart fährt, wird der Schmierfilm an den Zylinderwandungen von dem unverbrannten Kraftstoff abgewaschen. Dadurch werden die Kolbenringe sehr schnell abgenützt, sie brechen und die Kolben fressen sich fest. Es kann mit Sicherheit angenommen werden, daß der Grund für die Ausfälle in Reims bei dem vorher erwähnten steckengebliebenen Kolben zu suchen ist."

Weitere Untersuchungen ergaben, daß nicht einmal der Steuerkolben festgegangen sein mußte. Der Zusatzvergaser wurde schon bei kurzen Gaspedal-Bewegungen ganz geöffnet und die zusätzliche Kraftstoffmenge konnte einströmen. So wurden beispielsweise beim Herunterschalten vor einer Kurve die Einlaßkanäle und auch die Einlässe der Lader gefüllt. Wenn nun der Fahrer nach dem Kurvenscheitelpunkt wieder beschleunigte – oder es zumindest versuchte –, war der Motor derart mit Kraftstoff überflutet, daß er aussetzte und blauer Rauch aus dem Auspuff kam, bevor er wieder anzog.

Uhlenhaut, Heeß und Scheerer wollten das Zusatzvergaser-Prinzip nicht aufgeben, schließlich hatte man 1937 damit am DAB V12 die Lebensdauer der Kolben verbessern und auch die Leistung steigern können. Sie probierten einen Verzögerungsmechanismus für die Steuerung des Zusatzvergasers, einen neuen Druckrohr-Krümmer, und eine Steuerung der Gemischzusammensetzung vom Armaturenbrett aus. Versuchsfahrten vom 10. bis 12. August auf dem Nürburgring zeigten, daß dies alles nur Halbheiten waren, denn ohne den Zusatzvergaser ließ sich eine makellose Gemischaufbereitung erreichen. Ein Leistungsverlust trat dabei nur über 7000 U/min auf und betrug bei 7500 U/min knapp 10 PS. Man konnte die Luftschieber und Hauptdüsen im Vergaser so abstimmen, daß man genug Kraftstoff für einen einwandfreien Motorlauf bekam. Bei der neu festgelegten Drehzahlgrenze von 7200 U/min war also der Zusatzvergaser eigentlich überflüssig.

Bei den letzten beiden Rennen der Saison 1939 wurden die Düsen im Zusatzvergaser wieder von den Schwimmerkammern anstatt direkt von der Benzinpumpe her versorgt. Die Hauptdüsen waren so gewählt, daß der Motor nicht mehr auf die Versorgung von dem Zusatzvergaser angewiesen war. An einigen Motoren funktionierte das problematische Instrument – oder der „verdammte Zusatzvergaser", wie Hermann Lang ihn nannte – überhaupt nicht mehr. In dieser Ausführung beherrschten die Mercedes W 154 den Großen Preis der Schweiz am 20. August, sie belegten sowohl beim Qualifikationslauf als auch beim Hauptrennen die ersten drei Plätze. Der Team-Neuling Hans Hugo Hartmann wurde mit einem Wagen mit Einfach-Lader Siebter.

Die Saison ging am 3. September mit einem Rennen in Belgrad zu Ende. An genau diesem Tag erklärte England den Krieg, nachdem die Kampfhandlungen mit Polen ihren Anfang genommen hatten. Die Daimler-Benz-Mannschaft trat mit zwei Fahrzeugen an, im Troß befand sich ein Tankwagen mit dem benötigten Alkohol-Gemisch. Das Rennen lief auf eine Demonstrationsfahrt in den Straßen der Stadt hinaus, mit einer Renn-Distanz von 140 Kilometer. Als weitere Teilnehmer waren zwei Auto Union und ein alter Bugatti am Start. Manfred v. Brauchitsch hatte gute Aussichten, das Rennen zu gewinnen, nach einem Dreher aber mußte er Nuvolari mit dem Auto Union passieren lassen. Die Saison war damit vorzeitig abgeschlossen worden und Ende des Jahres ernannte man Hermann Lang zum Europameister 1939.

Im Oktober machte man in der Untertürkheimer Rennabteilung eine Bestandsaufnahme. Es waren acht Motoren der Serie H und vier der Serie K vorhanden, außerdem besaß man noch acht komplette W 154-Chassis. „Die Fahrzeuge wurden in der Umgebung von Dresden und Breslau in Sicherheit gebracht, man stellte sie in kleinen Werkstätten, Bauernhöfen und Scheunen unter," schrieb Günther Molter später. Beim Zusammenbruch des Deutschen Reiches wurde dies sowjetisch besetztes Gebiet und Daimler-Benz konnte vorerst nicht mehr an das Material herankommen. Nach Kriegsende kam der inzwischen etwas abgemagerte Alfred Neubauer auf ein Gesuch des neuen Vorstandsvorsitzenden Wilhelm Haspel wieder ins Werk zurück. Er sollte bei der Organisation neuer Aufgabenbereiche behilflich sein: der Reparatur und Instandsetzung von Personen- und Lastwagen.

Im November 1947 führte Neubauer eine erste Inventur über noch vorhandenes Renn-Material durch. Es waren vier ziemlich vollständige Dreiliter-Motoren im Werk verblieben, zwei von jeder Serie. Weitere zwei Aggregate waren in halbfertigem Zustand vorhanden. Man hatte auch zwei W 154-Chassis zur Verfügung und kurze Zeit später hörte man von zwei Wagen, die auf einem Gebrauchtwagenplatz in Berlin stehen sollten. Die beiden Fahrzeuge wurden sofort gegen einen fabrikneuen Mercedes 170 V eingetauscht. Neubauer brachte sein ganzes Können auf, bettelte und schacherte um wenigstens einen Teil weiterer ausgelagerter Wagen zurückzubekommen.

Anfang September 1950 konnte man von den Hügeln am Nürburgring wieder das bekannte schrille Heulen zweier Mercedes-Rennwagen vernehmen. Es waren dies die abschließenden Trainingsvorbereitungen für die letzten beiden Rennen des W 154. Am 18. und 24 Februar 1951 ging in Buenos Aires in Argentinien nämlich noch einmal ein Werksteam von Daimler-Benz an den Start. Doch Hermann Lang, Juan Manuel Fangio und Karl Kling mußten sich beide Male geschlagen geben, sie vermochten gegen den wie entfesselt fahrenden José Froilan Gonzales nichts auszurichten, und der enge Kurs sowie die Hitze taten ein Übriges. Außerdem war der aufgeladene Zweiliter-Ferrari wesentlich besser für die Strecke geeignet als die Dreiliter-Mercedes.

Die Vorbereitungen seitens Daimler-Benz für diesen werbewirksamen Einsatz waren keineswegs nur mit halbem Herzen durchgeführt worden. Man hatte dafür eigens neue Kompressoren und Vergaser gebaut, die Karosserie-Front war ebenfalls neu gestaltet worden – sie wies nun einen schmaleren Lufteinlaß auf. „Doch aller Anfang ist schwer," erinnerte sich der Mechaniker Karl Bunz. Der Mannschaft gehörten weder Georg Scheerer noch Rudolf Uhlenhaut an, sie hatten andere Aufgabengebiete übertragen bekommen. Uhlenhaut war mit der Entwicklung neuer Personenwagen-Modelle beschäftigt. Die Leute, die die Rennwagen nach Argentinien begleiteten, waren noch nicht so perfekt aufeinander eingespielt, und es fehlte ihnen ein erfahrener Chef-Techniker. Es war einfach noch kein richtiges Team. Die Einsätze der Jahre 1938 und 1939 hatten in aller Deutlichkeit gezeigt, daß ein hochkompliziertes Gerät, wie es der W 154 darstellte, auf ein konzentriertes, intelligentes, erfahrenes und ehrgeiziges Team angewiesen ist. Ohne diese Mannschaft war der W 154 zwar ein attraktives und sehr schnelles Rennauto, aber nicht unbedingt ein potentieller Siegerwagen.

Diese Erfahrung mußte auch der Amerikaner Tommy Lee machen, als er 1947 und 1948 mit einem Mercedes W 154 in Indianapolis an den Start ging. Sein Wagen war in der Tschechoslowakei ausfindig gemacht worden, und Lee hatte ihn nach einem Umweg über England erwerben können. Bei keinem der beiden Rennen sah er jedoch die Zielflagge; 1947 schied er mit Kolbenschaden aus. Dies konnte er bis 1948 wieder reparieren, indem er aus Untertürkheim eine Reserve-Dreizylindereinheit und vier Pleuel bekam, die genau für den aus der Serie H stammenden Motor paßten. In diesem Jahr fiel er dann jedoch mit Problemen am Kühlsystem aus.

Ein Jahr später sah sich ein deutscher Besucher das Rennen in Indianapolis an: Alfred Neubauer. Es war damals nur einigen Insidern bekannt, daß sein Interesse an diesem berühmten Rennen gar nicht so neu war. Schon 1938 stand ein Daimler-Benz-Einsatz in Indianapolis zur Debatte, dies rührte damals aus dem relativ „schwachen" Programm in Europa her. Die Entsendung eines Mercedes-Teams zum ‚Indy 500' wäre nur eine logische Weiterführung des Engagements beim Vanderbilt Cup 1937 in New York gewesen, außerdem war man ja 15 Jahre zuvor ja schon einmal an den Start gegangen.

Die Planungsgrundlagen für die Unternehmung im Jahr 1938 bildeten die Eindrücke sowie das Zahlenmaterial und der Bericht Max Sailers aus dem Jahr 1923. Jakob Krauss beteiligte sich ebenfalls bei der Vorauskalkulation der nötigen Geschwindigkeiten auf den Geraden und in den beiden Kurven. Diese sollten mit etwa 180 km/h durchfahren werden, während man auf den langen Geraden auf 255 km/h bei 7500 U/min kommen wollte. Die Bedingungen des Rennens hätten bei einer Simulation auf dem Rollenprüfstand folgendermaßen ausgesehen: 18 sek Beschleunigung von 5300 U/min auf 7500 U/min, dann 6 sek Pause (Gas wegnehmen), erneutes Beschleunigen (10 sek) von 5300 auf 7500 U/min, nach der nächsten Pause wieder von neuem; und das vier Stunden lang.

Am 22. April 1938 wurden Reisevorbereitungen getroffen. Caracciola, v. Brauchitsch und Lang hatten bereits ihre Wagen und Motoren zugewiesen bekommen, ein weiteres komplettes Fahrzeug sollte als Reserve mitgenommen werden. Außerdem waren ein Ersatzmotor und ein Ersatzgetriebe, eine Hinterachse und je vier vordere und hintere Bremsen verpackt worden. Dem Reglement entsprechend, hatte man kleinere Öltanks angefertigt, auch die entsprechenden Continental-Reifen waren bestellt worden. Die Überfahrt von Bremerhaven aus war für den 11. Mai fest gebucht.

Doch noch vor Ende des Monats wurde alles abgeblasen. Man war sich wohl im Klaren über den gewaltigen Öldurst des M 154, der stets stark schwankte und sich auch nicht kurieren ließ. In Indianapolis aber durfte man nur eine begrenzte Menge an Öl mitführen, und ein Nachfüllen während des Rennens war nicht gestattet. Man rechnete daraufhin in der Rennabteilung verschiedene Möglichkeiten durch, kam aber zu dem Schluß, daß man mit dem Ölvorrat wahrscheinlich nicht auskommen würde. Erst später erhob sich der Verdacht, daß sich bei diesem Problem 1938 ein Mißverständnis eingeschlichen hatte, denn der mitgeführte Ölvorrat war 1938 – im Gegensatz zu 1937 – keineswegs beschränkt, nur Nachfüllen war nicht erlaubt. Die Durchschnittsgeschwindigkeit des Siegers betrug in diesem Jahr 188,6 km/h; in der Rennabteilung von Daimler-Benz hatte man den für einen Sieg notwendigen Schnitt auf 190 km/h kalkuliert gehabt.

Als Alfred Neubauer der Firmenleitung den Einsatzplan für die Saison 1939 vorlegte, hatte er zwar noch keine Beteiligung in Indianapolis festgelegt, sie aber zumindest „in Erwägung gezogen". Doch diesesmal nahmen diese Pläne keine konkrete Form an. Dafür kam Neubauer zehn Jahre später selbst an den Ort des Geschehens, um, wie er sagte, „einige Freunde zu besuchen". Nach dem Rennen verbrachte er noch weitere vier Stunden an der Strecke und maß zusammen mit Walter von Schönfeld alle wichtigen Entfernungen ab. Er schoß über 200 Fotos und nahm sogar eine Probe des Fahrbahnbelags mit, um ihn zuhause auf seine Zusammensetzung untersuchen zu lassen und die Reifen darauf abstimmen zu können. Die Rennaktivitäten von Daimler-Benz im Jahre 1951 sahen also nicht nur die beiden Läufe in Argentinien, sondern auch einen Einsatz in Indianapolis vor.

Gut versorgt mit dem von Neubauer zusammengetragenen Informationen wandten sich die Fahrgestell-Konstrukteure mit besonderem Interesse den vier Ecken des Kurses zu. „Wir wollten in den Kurven schneller als die Konkurrenz sein," erinnerte sich Karl Kling. Dies war der ausschlaggebende Punkt für eine deutliche Verbesserung der Rundenzeiten. Man entschloß sich, zu diesem Zweck die Aerodynamik zu Hilfe zu nehmen. Dabei wurde ein recht eigenwilliger Weg beschritten, denn man sah beiderseits neben dem Cockpit vertikale Leitwerke vor. Sie sollten knapp über die Kopfhöhe des Fahrers hinausragen und den Wagen dadurch bei höheren Geschwindigkeiten in der Bahn halten. Ein maßstäblich verkleinertes Modell dieser Konstruktion wurde im Windkanal erprobt, woraufhin man einen der Wagen mit den Flossen versah. Sie wurden so nah wie möglich an den Fahrzeugschwerpunkt herangerückt und waren auf Längsschienen montiert, damit eine nachträgliche Feinabstimmung möglich wurde. Außerdem waren sie um die Hochachse drehbar gelagert, damit sie beim Einfahren in die Kurven entsprechend angestellt und auf den Geraden wieder ausgerichtet werden konnten. Dieser Vorgang wurde hydraulisch gesteuert, der entsprechende Hebel befand sich auf der Höhe der Knie des Fahrers. Karl Kling führte einige Probefahrten durch und bezeichnete die Vorrichtung als erstaunlich wirksam.

Die Rückschläge in Buenos Aires zeigten jedoch in aller Deutlichkeit das für einen Rennwagen doch schon beträchtliche Alter und die Anfälligkeit des W 154. Am 12. April 1951 wurden schließlich die Indianapolis-Pläne von Fritz Nallinger, seit dem Krieg Technischer Direktor bei Daimler-Benz, formell ad acta gelegt. Bei dieser Entscheidung wurde indessen keineswegs von einer Niederlage gesprochen. Im Gegenteil, als Nallinger sich die Gründe des Mißerfolgs in Argentinien erklären ließ, meinte er, ob man sich in der Zukunft nicht vielleicht bei diesen Rennen mit einem Vierrad-Antrieb befassen sollte und ob es nicht denkbar wäre, daß der drehmomentstärkere W 125 ebenfalls besser geeignet sei. Mercedes sollte auch wirklich wieder nach Südamerika zurückkehren: vier Jahre später gewann ein neuer Rennwagen den Großen Preis von Argentinien. Und das letzte Wort über eine eventuelle Beteiligung in Indianapolis war auch nocht nicht gesprochen.

Der Einsatz im Jahre 1951 wäre deshalb so willkommen gewesen, weil man zu diesem Zeitpunkt noch die Teilnahme von Wagen aus der Vorkriegs-Grand-Prix-Formel gestattete. In Europa hatte man inzwischen andere Vorschriften, die aufgeladenen Motoren waren dabei auf einen Hubraum von 1500 ccm beschränkt. In den dreißiger Jahren fuhren solche Wagen in der Voiturette-Klasse, einer weiteren Kategorie für einsitzige Rennwagen, in der vor allem die Konstruktionen aus Italien und England große Erfolge feiern konnten. Auch Daimler-Benz hatte 1939 einen solchen Wagen gebaut, der in eindrucksvoller Art und Weise „kam, sah und siegte".

„Angesichts unseres zu schnell entwickelten und konstruierten Wagens und der geringen Zeit für Testfahrten konnten wir wirklich keine Hoffnungen auf einen Sieg hegen. Es hätte vollkommen genügt, mit ihm an den Start zu gehen, um damit unter Beweis zu stellen, daß Deutschland auch auf diesem Gebiet mithalten kann.“
Hermann Lang

Die 1,5 Liter-Sensation

Die glanzvollsten Grand-Prix-Rennen der dreißiger Jahre fanden nicht in Monaco, in Monza oder am Nürburgring statt, sondern in Nordafrika, in der italienischen Kolonie Libyen auf dem Mellaha-Kurs bei Tripolis. Für die Renn-Mannschaften, besonders aus dem regnerischen Frankreich und dem nebligen Deutschland, stellte die Überfahrt auf dem Mittelmeer eine willkommene Abwechslung dar, sozusagen eine Vergnügungsreise aus dem winterlichen Europa in ein Paradies mit Sonne und Palmen. Nur wenn der Ghibli, der heiße salzige Wüstenwind blies und rote Sandkörnchen sowie winzige Stechmücken mitbrachte, wurde dieses exotische Land etwas ungemütlicher für die vornehmen Gäste. Zu Anfang des Jahrzehnts hatten die Italiener den direkt gegenüber auf der anderen Seite des Mittelmeers gelegenen Küstenstaat in Besitz genommen. Am 1. Januar 1934 wurde Libyen zur italienischen Kolonie erklärt und der bärtige Marschall Balbo zum Gouverneur ernannt. Er beaufsichtigte ein großangelegtes Arbeitsbeschaffungs-Programm und da eine seiner persönlichen Leidenschaften der Automobil-Rennsport war, lag es ihm daran, auch dafür etwas zu tun. Es existierte bereits eine alte Bahn vor der Hauptstadt Tripoli, in Richtung zur Oase Mellaha. Diese ließ Balbo völlig neu gestalten, und so entstand die 13 Kilometer lange Hochgeschwindigkeitspiste, die man 1934 einweihte. Die gesamte Anlage war hervorragend gelungen; die mit Natursteinen verkleideten Boxen wiesen eine Überdachung auf, die bis über den Vorplatz reichte. Man konnte also bequem im Schatten arbeiten. Ein besonderes Beispiel moderner Architektur boten die Tribünen, wo man die weiträumigen Anlagen mit einer freitragenden Dachkonstruktion aus Spannbeton versehen hatte. Die Fahrbahn war sehr breit und mit einer feinen Asphaltdecke überzogen, sie wurde jedoch etwas problematisch bei angewehtem Flugsand.
Die Fahrer kamen gemeinsam mit ihren Frauen stets ein paar Tage früher an, um sich an das Klima zu gewöhnen. Sie wurden zu Exkursionen an die Küste oder ins Landesinnere eingeladen und es wurde ihnen ein großartiges Programm geboten, wobei sich die offiziellen Vertretungen von Deutschland und Italien stets mächtig anstrengten. Besonders eindrucksvoll gestalteten sich die Siegesfeiern nach den Rennen. Sie fanden in einem Palast inmitten einer paradiesischen Parklandschaft statt, das Festmahl und der anschließende Ball schienen wie aus einem Märchen. Einige hundert Ashkaris, die einheimischen Garde-Soldaten, bewachten regungslos das Gelände mit beleuchteten Springbrunnen und angestrahlten Palmen. Die Gäste pflegten allesamt in eleganter Abendrobe zu erscheinen und auf weißen Marmorterrassen zu tanzen. Die Grand Prix-Piloten waren als Europas Sport-Idole an rauschende Feste gewöhnt, doch ein Empfang bei Marschall Balbo stellte jedes Jahr von neuem alles andere in den Schatten.

In Italien hatte die Person des Siegers von Tripoli eine besondere Bedeutung. Es wurde nämlich dort eine landesweite Grand-Prix-Lotterie veranstaltet. In den ersten Jahren war es hierbei mehrmals zu Bestechungs-Affären gekommen, bei denen man die Fahrer an den nicht unbeträchtlichen Einnahmen beteiligt hatte. Man ging dann aber dazu über, den Annahmeschluß bis unmittelbar vor den Start zu legen, wenn die Fahrer bereits alle in ihren Wagen saßen. Dadurch konnte man den Rennverlauf nicht mehr je nach den endgültigen Wettquoten beeinflussen. Im Jahre 1939 sollte das Rennen noch attraktiver werden, denn mittlerweile war Libyen voll in das aufstrebende Mussolini-Italien integriert worden und zahlreiche Regionen und Städte der stolzen Nation setzten Sonderpreise für diese Prestige-Veranstaltung aus.
Das Festival zu Ehren der Nation Italien schien zu einem grandiosen Ereignis zu werden. Es gab dabei nur ein einziges Problem: Den Sieger würden mit an Sicherheit grenzender Wahrscheinlichkeit die Deutschen stellen. Der letzte italienische Erfolg lag bereits fünf Jahre zurück und die Siegerwagen stammten in der Zwischenzeit dreimal von Mercedes und einmal von der Auto Union. Die Silberpfeile aus dem befreundeten Deutschen Reich holten nicht nur die Siege, sondern sie beherrschten auch die Rennen und belegten stets die ersten drei Plätze. Man wollte den italienischen Teams ebenfalls wieder eine Chance geben und nahm dafür 1938 die 1,5-Liter-Voituretten mit getrennter Wertung in das Programm mit auf. So war das Feld auf insgesamt 30 Teilnehmer angewachsen (15 Dreiliter-Wagen, 15 1,5 Liter). Den Sieg holte sich in der kleinen Kategorie Piero Taruffi auf einem Maserati. Diese neue Aussicht auf Erfolg veranlaßte die Alfa Romeo-Sportabteilung, gemeinsam mit der werksgesponsorten Scuderia Ferrari einen neuen Wagen zu bauen, den Reihenachtzylinder vom Typ 158, genannt Alfetta.
Schon 1938 war man in verschiedenen Kreisen der Ansicht, daß ein Hubraum von 1500 ccm gut für die nächste Grand Prix-Formel geeignet wäre. Es wurde vermutet, daß diese Regelung schon 1940, und nicht erst 1941 in Kraft treten würde. Man war jedoch höchst erstaunt, als der italienische Motorsportverband im September 1938 verkündete, daß alle Monoposto-Rennen der kommenden Saison nur noch mit Wagen der Voiturette-Kategorie ausgetragen werden sollten. Das erste Rennen nach dieser Regelung war der Grand Prix in Tripolis. Alfa Romeo besaß bereits ein aussichtsreiches Fahrzeug, und Maserati stellte für dieses Rennen einen neuen Wagen vor, den sechzehnventiligen, aufgeladenen Vierzylinder des Typs 4 CL. Und ein Wagen des Maserati-Teams trat mit jener „Geheimwaffe“ an, die Daimler-Benz schon immer gern in Tripolis eingesetzt hätte: mit einem vollverkleideten Stromlinienaufbau.
Alfred Neubauer hatte beim Großen Preis von Italien am 11. September 1938 von dem Vorhaben der Italiener bereits gehört. Daimler-Benz hatte an jenem

Tag eine Niederlage hinnehmen müssen und Neubauers Stimmung wurde durch die von Italiens Verbands-Präsidenten „mit einem honigsüßen Lächeln“ überbrachte Neuigkeit nicht gerade aufgemuntert. Es war allgemein bekannt, daß die deutschen Teams keine solchen Wagen hatten, wenngleich deren Bau schon mehrmals vorgeschlagen worden war. Erst vor kurzem hatte Max Sailer auf eine erneute Anfrage Neubauers geantwortet: „Kein Interesse.“

Auf einer am 15. September eilends einberufenen Sitzung in Untertürkheim war Sailer nun doch sehr stark an einem 1500-ccm-Rennwagen interessiert. Er befragte die verantwortlichen Ingenieure, welcher Art ein solches Fahrzeug sein sollte und wie man mit der Entwicklung vorankommen könnte: „Wären wir in der Lage, bis Mai nächsten Jahres einen 1,5 Liter zu bauen?“ und erntete damit heftigen Protest. Sailer, ein Man mit 25 Jahren Renn-Erfahrung, stimmte die Techniker schließlich um und veranlaßte sie, sofort mit der Arbeit zu beginnen. Am 18. November folgte der offizielle Konstruktionsauftrag vom Vorstand der Daimler-Benz AG, darin war die Fertigstellung von drei Chassis des Typs W 165 und drei Motoren des Typs M 165 vorgesehen.

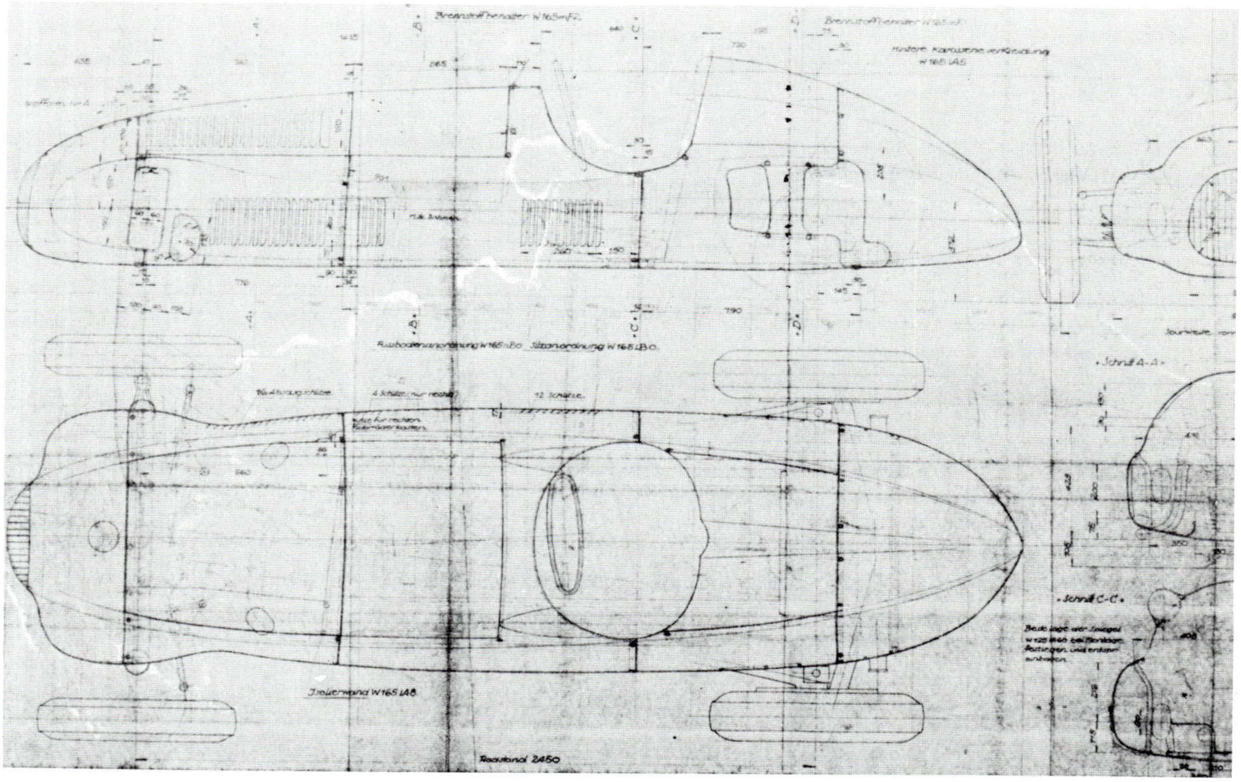

In einem beispiellosen Tempo erstellte man Daimler-Benz von September 1938 bis Mai 1939 einen völlig neuen Rennwagen, den 1,5 Liter W 165. Hier eine frühe Karosserie-Zeichnung, bei der die Erkenntnis aus den Kühlerversuchen am Dreiliter-Wagen noch nicht berücksichtigt waren, deshalb auch die höhere Frontmaske.

Fünf Monate später, Mitte Februar 1939 waren die Konstruktionszeichnungen für das neue Projekt fertiggestellt. In den Abteilungen von Heeß und Wagner hatten daran stets acht bis zehn Leute gearbeitet. Die wichtigen Zeichnungen für Gußteile oder Schmiedestücke hatte man schon vorher erstellt, damit hier genügend Zeit blieb, die geforderte Qualität bei der Fertigung einzuhalten. Die einzelnen Teile wurden zwar nach wie vor in der Rennabteilung bearbeitet, danach aber wurden sie in ein „Separee“ innerhalb der Abteilung geliefert, wo der erste W 165 allmählich Gestalt annahm. Für Tripolis baute man nur zwei Wagen, da es ja durchaus der Fall sein konnte, daß sich nach den Testfahrten und dem Rennen die Notwendigkeit zu größeren Änderungen ergeben würde. Gefahren werden sollten die Wagen vom Teamchef und vom derzeit erfolgreichsten Mann, also von Rudolf Caracciola und Hermann Lang.

Es stand von Anfang an außer Zweifel, daß man sich bei diesem ersten 1,5-Liter-Rennwagen seit dem Targa Florio-Wagen von 1922 mehr oder weniger an den bewährten Konstruktionen des Hauses orientieren würde. Man ging sogar soweit zu sagen, daß der neue Wagen nur dann eine Chance haben würde, wenn man soviel wie möglich auf erprobte Details zurückgriff. Aus diesem Zusammenhang erscheint es doch etwas überraschend, daß man die acht Zylinder in einem V-Winkel anordnete, anstatt zu dem bewährten Reihenmotor zurückzukehren, der von 1934 bis 1937 so glanzvolle Erfolge nach Stuttgart gebracht hatte. Die sehr gut gelungene Alfetta war jedoch auch ein Reihenachtzylinder und bei Daimler-Benz wollte man sich auf keinen Fall dem Vorwurf eines Plagiats aussetzen. Die kompakten Abmessungen der gewählten Motorbauart ließen sich indessen am besten mit den übrigen Komponenten des Wagens in Einklang bringen, außerdem ließen sich hier die am M 154 gesammelten Erfahrungen anwenden. Die Entscheidung fiel zugunsten eines V8-Blocks mit 90-Grad-Zylinderabstand, dem ersten Daimler-Benz V8.

Im Gegensatz zum Zwölfzylinder war hier die rechte Zylinderreihe um 18 mm weiter vorversetzt. Jede Kröpfung an der Kurbelwelle war um 90 Grad versetzt und mit zwei Gegengewichten versehen. Die Zapfendurchmesser betrugen 48 mm für die Hubzapfen und 55 mm für die fünf Hauptlagerzapfen, lediglich das vordere Hauptlager war wieder kleiner. Die Rollengröße an den Lagern betrug 10 × 14 mm (Breite × Durchmesser), das mittlere und hinterste Hauptlager waren doppelreihig ausgeführt, wobei die Rollen lediglich 10 mm breit waren. Die Pleuellager hatten Rollen der Größe 8 × 12 mm. An beiden Enden der aus Chrom-Nickel-Stahl geschmiedeten Kurbelwelle befanden sich Anschlüsse mit Hirth-Verzahnungen. Vorn war der Kompressor-Antrieb angekoppelt, der auch hier wieder mit einem Ruckdämpfer (Schraubenfedern) versehen war. Am hinteren Ende wurde auf diese Weise die Schwungscheibe befestigt. Bei Daimler-Benz war diese Bauart noch ungewöhnlich, doch die Auto Union hatte bisher keine schlechte Erfahrungen damit gemacht. Ein weiteres neuartiges Detail war das in die Kurbelwelle integrierte Antriebsrad für den Stirnradsatz zu den Nockenwellen. Der

Antrieb war gegenüber dem Zwölfzylinder etwas vereinfacht worden, man verwendete an den Nockenwellen größere Stirnräder. Durch die geringe Bauhöhe des Motors gab es keine Schwierigkeiten in der Karosseriegestaltung.
In Anbetracht des gedrängten Zeitplans sah man sich gezwungen, die Auslegung des Ventiltriebs unverändert vom M 154 zu übernehmen. Der Ventilwinkel war mit 56 Grad etwas enger gewählt, und die Ventile verkleinerte man um 2 auf nunmehr 28 mm. Die Auslaßventile waren wieder Quecksilbergekühlt. Auch die Bauweise der Zylinder blieb unverändert. Man setzte die vier Zylinder mit ihren aufgeschweißten Köpfen und Kanälen pro Zylinderbank auf einer gemeinsamen Grundplatte zusammen und schweißte den Wasser- (oder besser Glykol-) Mantel auf. Nachdem man auch die Hauptabmessungen der 250 ccm fassenden M 154-Zylinder beibehalten hatte, geriet die Zylinderbohrung am M 165 bei einem Einzelhubraum von 187 ccm relativ groß. Bei dem Maß von 64 mm für die Bohrung mußte man den Hub auf 58 mm festlegen, damit erhielt man ein überquadratisches Hubverhältnis und hatte einen für diese Zeit ungewöhnlichen Kurzhubmotor geschaffen. Wie bei

Oben: *Ein auffälliges Unterscheidungsmerkmal am 1,5 Liter ist die versetzte Anordnung der Sitzposition und damit auch der Windschutzscheibe mit den Spiegeln.*

Rechts: Ein Vergleich zwischen W 154 und W 165, der 1,5 Liter (rechts) stellt praktisch die verkleinerte Ausgabe des W 154 dar.

allen anderen Daimler-Benz-Rennmotoren (eigentlich schon seit 1914) war auch hier wieder der Durchmesser des Verbrennungsraumes (über der Gleitzone des obersten Kolbenrings) etwas größer als die eigentliche Bohrung. Dadurch gab man der Gasströmung mehr Raum, hatte aber zugleich auch Schwierigkeiten, ein höheres Verdichtungsverhältnis zu erreichen. Man kam jedoch bei den 1495-ccm-Aggregaten auf den an sich recht guten Wert von 6,99:1. Durch die Platznot im Zylinderkopf mit seinen vier Ventilen mußte die 18-mm-Zündkerze etwas außerhalb der zentralen Position angeordnet werden. Der Zündmagnet wanderte von seiner angestammten Position hinter dem Motor nach oben in das Zylinder-V, denn hier war er dem Kraftstofftank nicht mehr im Wege. Ebenfalls dort, jedoch unterhalb der Druckrohre zu den einzelnen Zylindern, befanden sich zwei Kurbelgehäuse-Entlüfter. Platzprobleme verhinderte deren Unterbringung an den Außenseiten des Gehäuses, wie dies beim M 163 geschah, der parallel zum 1,5 Liter entstand. In den zylindrischen Auffangbehältern befand sich eine Abscheiderplatte, um so viel Öl wie möglich wieder aufzufangen. Die Entlüftungsröhren beider Behälter wurden zusammengeführt und traten rechts an der Unterseite des Wagens ins Freie.
Die geschmiedeten Mahle-Leichtmetallkolben hatte man mit zwei Kompressionsringen und einem Ölabstreifring oberhalb des 19 mm starken Kolbenbolzens und einem zusätzlichen Ölabstreifer darunter versehen. Die Pleuel waren in ihrer Formgebung an die bisherigen Ergebnisse der Konstruktionen von Albert Heeß angelehnt und wiesen einen Mittenabstand von 143 mm auf. Aufgrund der Erfahrungen mit dem M 154 wurde das Kurbelgehäuse in seinen Dimensionen recht großzügig bemessen, und es reichte an den Seiten weit hinunter, bis über den maximalen Drehkreis der Kurbelwelle und die querverschraubten Lagerdeckel. In der eng verrippten Ölwanne befanden sich am hinteren Ende die über Stirnräder angetriebenen Ölpumpen. Zwei Druckpumpen versorgten die Nockenwellen mit Schmierstoff, eine weitere die Kurbelwellenlager. Zwei Förderpumpen saugten das abtropfende Öl aus dem Kurbelgehäuse, den Entlüftern, dem Ventiltrieb, dem Gehäuse des Laderantriebs und von dem Wellendichtring an der Gehäuserückwand ab und führten es zurück zum Ölreservoir. Dieses befand sich zusammen mit einem Platten-Ölfilter an der rechten Seite des Rahmens und faßte 12 Liter.
Die Zeiteinteilung beim Bau des W 165 erlaubte eine Anwendung der bei den Versuchen mit der Firma Behr gewonnenen Erkenntnisse über die Kühleranordnung. Anfangs sollte der ovale Grill des W 154 Versuchswagens übernommen werden, man baute dann jedoch die längere Frontpartie mit dem flachen Kühlergrill ein, wie sie die 1939er Ausführung des W 154 bekommen hatte. Der Kühler wurde dabei sehr tief und ziemlich weit vorne eingebaut. Man versetzte den Einfüllstutzen mit dem Vorratsgefäß nach links, damit man die Luftzufuhr für den Vergaser über den Kühler hinweg leiten konnte. Wie auch am großen Wagen wurde der Ölkühler mit dem Motorkühler kombiniert.
Eine Besonderheit am W 165 war die leicht nach rechts versetzte Fahrerposition, der auch die Windschutzscheibe und die Rückspiegel angepaßt werden mußten. Dies war aufgrund der schlechteren Platzverhältnisse in diesem kleineren Wagen notwendig geworden. Die Antriebseinheit war zwar hier auch um 6 Grad versetzt eingebaut, aber zwischen den Rahmenholmen war nurmehr 60 cm Zwischenraum, so daß man den Fahrersitz nicht mehr dazwischenklemmen konnte. Er wurde ebenfalls weiter nach vorne gerückt, womit ein Tiefersetzen zusätzlich erschwert wurde, denn Max Wagners Fahrwerks-Spezialisten waren bestrebt, den größten Teil des mitgeführten Kraftstoffs zwischen den Achsen unterzubringen. Man verteilte die Gesamtmenge von 245 Liter auf einen großen vorderen Satteltank und einen sehr schmal gehaltenen Heckbehälter. Auf diese Weise befand sich jenseits einer Linie von etwa 7 cm hinter den Bremstrommeln kein zusätzliches Gewicht mehr, das Heckteil des Wagens blieb vollkommen leer.
Man dachte auch an die in Tripolis zu erwartenden hohen Temperaturen und führte die Kraftstoffleitung über einen vor dem Hauptkühler montierten kleinen Röhrenkühler. Benzin- und Wasserpumpe befanden sich an der

Stirnseite des Motors, wo sie von Nebenwellen am Kompressorantrieb betätigt wurden, die dort in einem Winkel von jeweils 30 Grad rechts und links eingriffen. Die Wasserpumpe lief mit 0,7facher, die Benzinpumpe mit 0,33-facher Kurbelwellengeschwindigkeit.

An der Gemischversorgung des kleinen V8 ging man kein Risiko ein. Es blieb bei der einstufigen Aufladung, bei der man auch wie am ersten M 154-Zwölfzylinder zwei Roots-Gebläse parallel geschaltet hatte. Diese wurden von zwei einzelnen Solex-Horizontalvergasern versorgt und erzeugten einen Ladedruck von 1,4 at. Am Einlaßkrümmer, der sich in die acht einzelnen Rohre aufteilte, befand sich auch wieder ein Überdruckventil. Mit diesem Instrument wurde man in der Rennabteilung nie so recht glücklich, denn oftmals öffnete es viel zu früh und ließ den Ladedruck entweichen. Natürlich zog man dieses Risiko einem zu späten Reagieren bei einem etwaigen Zurückpatschen des Motors oder einer Fehlzündung vor. Die unter Druck austretenden Gase wurden durch die Lüftungsschlitze auf der rechten Seite der Motorhaube abgeleitet. Wenn die Mechaniker die Motoren warmlaufen ließen, achteten sie genau auf diese Stelle; war dort eine kurze Stichflamme zu sehen, wußten sie, daß sie zu schnell Gas gegeben hatten und der Motor noch nicht warm genug war.

Die Drehzahlen bewegten sich beim ersten Auftreten des Wagens noch in gemäßigten Bereichen. Es war jedoch vorgesehen, den M 165 (intern Serie L genannt) bis auf 10000 U/min drehen zu lassen. Für die ersten Tests begnügte man sich jedenfalls noch mit 8000 U/min, wobei der 190 kg schwere V8 schon 256 PS entwickelte. Man setzte schließlich die Höchstdrehzahl erst einmal auf 7500 U/min fest, denn auch da leistete der Motor beachtenswerte 246 PS. Das maximale Drehmoment fiel indessen erst bei wesentlich höheren Drehzahlen als bei den bisherigen Daimler-Benz-Rennmotoren an, es belief sich bei 6000 U/min auf 24,5 mkg. Dies war den relativ großen Kanal-Querschnitten für Einlaß und Auslaß am 1,5 Liter zuzuschreiben. Zur gleichen Zeit kam der Alfa Romeo 158 nur auf knapp über 200 PS bei 7500 U/min.

Der Kraftschluß zwischen Motor und Antrieb wurde beim „kleinen Merce-

Oben: Hermann Lang auf der ersten Probefahrt mit dem 1,5-Liter-Rennwagen Anfang April in Hockenheim.

Links: Lang lag vom Start weg ungefährdet in Führung, keine der roten Voituretten aus Italien konnte den Anschluß halten.

Unten: Start in Tripolis. Die Alfa- und Maserati-Meute jagt die beiden Debütanten aus Deutschland.

Unten: Alfred Neubauer zeigt Lang spaßeshalber die schwarze Flagge, das Rennen ist für ihn zu Ende. Aber gewonnen hat er es auch...

des" durch eine in der Schwungscheibe untergebrachte Einscheiben-Trockenkupplung hergestellt. Die mit englischen Halo-Mintex-Belägen versehene Scheibe wies eine 90 mm breite Reibfläche auf. Die Druckplatte der Kupplung war aus Grauguß und der Federteller aus DM 31-Dural gefertigt, dieser Werkstoff wurde in größtmöglichem Ausmaß an allen Wagen für die Saison 1939 verwendet. Die Federstärken der 12 Kupplungs-Andruckfedern betrugen 18 bis 26 kp/cm. Die Antriebswelle zum hinten eingebauten Getriebe verlief auch am W 165 wieder schräg und war links an der unteren Getriebewelle angeflanscht, die als Schaltwelle diente. Es wurden nunmehr alle fünf Vorwärtsgänge mittels Schaltklauen eingelegt. Am anderen Ende der Schaltwelle befand sich zusätzlich eine Ölpumpe zur Versorgung des gesamten Getriebe-Hinterachs-Komplexes. Das Differential wurde von einem Zahnrad in der Mitte der oberen Getriebewelle angetrieben, die Räder für den fünften und vierten Gang befanden sich links davon und jene für die Gänge Drei bis Eins – in dieser Reihenfolge – auf der rechten Seite. Die beiden Wagen für Tripolis wurden mit unterschiedlichen Endübersetzungen versehen. Langs Wagen war mehr auf Höchstgeschwindigkeit ausgelegt, Caracciolas auf Beschleunigungsvermögen. Eine Abstimmung ergab folgende Geschwindigkeiten in den Gängen: 90/155/184/234/272 km/h. Wie bei den anderen Mercedes-Rennwagen kam auch hier wieder ein Sperrdifferential von ZF zum Einsatz. Außerdem verwendete man tonnenförmige Kreuzgelenke für den Anschluß der Halbwellen, um dadurch einen Längenausgleich zu ermöglichen.

Bei der Konstruktion des Rahmens folgte man ebenfalls den bewährten Vorbildern. Für die als Oval-Rohre ausgeführten Längsholme verwendete man Chrom-Nickel-Molybdän-Stahl in einer Stärke von 1,7 mm; die Rohre waren 68 mm breit und 130 mm hoch. Der Motor diente mit seinen hinteren Halterungen wieder als Querversteifung, zusätzlich zu den fünf rohrförmigen Traversen mit Durchmessern von 68 bis 90 mm. Diese Rohre wurden voll in die Längsholme eingesteckt und zweifach verschweißt, dadurch erreichte man zusätzliche Stabilität. Der Rahmen des W 165 wurde zum verwindungssteifsten aller Mercedes-Vorkriegs-Rennwagen.

An der Hinterachs-Konstruktion wich man nicht vom Vorbild des W 154 ab, es blieb bei der Starrachse mit einem zentralen Schwingendrehpunkt und den als Schwingarmen ausgeführten Längslenkern, also dem De Dion-Prinzip. Die 100 cm langen Torsionsstäbe hatte man nun verkupfert, um sie dadurch besser gegen Korrosion schützen zu können. An den Tripolis-Wagen verwendete man mit 16,0 mm (Lang) und 15,5 mm (Caracciola) verschieden starke Federstäbe. An der Vorderachse führte man einige Änderungen gegenüber der Konstruktion am W 154 durch. Man behielt zwar die grundsätzliche Anordnung mit parallelen Dreieckslenkern bei, jedoch wurde der obere Schwinghebel neu gestaltet. Er war nun mit 215 mm kürzer geworden – der untere Hebel war mit 270 mm unverändert geblieben – und bestand aus zwei zusammengschraubten Doppel-T-Profilen. Am inneren Ende war ein hydraulischer Stoßdämpfer montiert, dessen Steuerkolben (35 mm) direkt über eine Druckstange vom oberen Schwinghebel bewegt wurde. Diese Konstruktion wurde möglich, indem man von einer weiteren Verwendung der Reibscheiben-Dämpfer absah; den Öldruck-Dämpfern vertraute man nun in bezug auf die Zuverlässigkeit voll und ganz. Die Dämpfer saßen innerhalb der Schraubenfedern, welche für Tripolis die Federhärte von 30 kp/cm aufwiesen.

Das in einem Leichtmetallgehäuse untergebrachte Schnecken-Lenkgetriebe war wieder am Kupplungsgehäuse montiert. Von dort führte eine Schubstange nach vorne zum linken Zwischenhebel an der dreiteiligen Spurstange. Für den Einsatz in Tripolis hatte man zwei verschieden lange Zwischenhebel bereitgestellt, womit eine unterschiedliche Lenkübersetzung möglich wurde. An Caracciolas Wagen war die Lenkung etwas direkter als an Langs Fahrzeug, doch berichtete man später aus der Rennabteilung, daß die Fahrer bei ihren Wagen in Nordafrika keinen Unterschied festgestellt hätten.

Die Räder waren gegenüber denen des W 154 verkleinert worden. Ihr Durchmesser betrug 17 Zoll, die Felgen waren vorn 82,5 mm und hinten 92 mm breit. Man verwendete Continental-Reifen der Dimensionen 5,00 × 17 und 6,00 × 17. Die ebenfalls turbogekühlten Bremstrommeln maßen 360 mm, es wurden 63,5 mm breite und 7 mm dicke Bremsbeläge auf die Backen gelegt. Sowohl zur Entlüftung als auch zur Gewichtseinsparung hatte man an jeder Trommel neun große Bohrungen angebracht.

Als Caracciola und Lang Anfang April 1939 den W 165 in Hockenheim das erstemal zu Gesicht bekamen, stand tatsächlich ein verkleinerter Grand Prix-Wagen vor ihnen. Der Radstand betrug 2450 mm die Spur 1340 mm vorn und 1280 mm hinten. Am leeren Fahrzeug war das Gewicht von 718 kg gleichmäßig auf beide Achsen verteilt, nachdem es aber vollgetankt war und der Fahrer Platz genommen hatte, stieg das Gewicht auf 905 kg, wovon 53,3 Prozent auf der Hinterachse lasteten. Die gesamte Renn-Mannschaft bis hinauf zu Max Sailer war anwesend, als der neue Wagen in Hockenheim zu seinen ersten Proberunden bereitstand. Wie gewöhnlich saß Caraccola als erster am Steuer. Lang übernahm den Wagen nach einigen völlig problemlos absolvierten Runden. Beide waren überrascht und hoch erfreut über die eindrucksvolle Leistung der kleinen „Feuerwehr" Man hatte bereits morgens um 7 Uhr mit den Probefahrten begonnen, und so konnten die Fahrer 500 Kilometer mit dem neuen Wagen abspulen. Man war dabei schon unter rennmäßigen Bedingungen gefahren – es gab kaum Probleme. Nachdem die Tests beendet waren, trat plötzlich Wilhelm Sebastian aus dem Gebüsch: der Auto Union-Einsatzleiter hatte eine Stoppuhr in der Hand. Der überraschte Neubauer schrie ihn an: „He, was hast Du hier verloren?" Sein alter Freund antwortete: „Ich fürchte, ein ganzes Rennen, nämlich den Grand Prix in Tripolis."

Sailer hatte der Nominierung des W 165 auf der Stelle zugestimmt, und sofort benachrichtigte man die ungeduldig wartenden Veranstalter. Am 11. April wurde die Starliste geschlossen, in der nun zwei Mercedes-Benz, sechs Alfa Romeo Alfetta, vier Werks-Maserati und 18 Maserati von Privat-Fahrern enthalten waren.

Als das Training am 4. Mai begann, wurde es sofort augenscheinlich, daß die schnellste Qualifikationszeit des Vorjahres mit 4:12,2 min bei weitem nicht mehr ausreichen würde. Trainingsschnellster war Lang mit 3:45,7 min, vor zwei Alfas innerhalb derselben zehn Sekunden und Caracciola mit 3:52,7 min. Am zweiten Trainingstag hatte der Wind nachgelassen, und so konnte Luigi Villoresi seinen Stromlinien-Maserati richtig ausfahren. Er kam auf eine Rundenzeit von 3:41,8 min, was einen Schnitt von 211,7 km/h bedeutete; damit durfte er das Rennen vom besten Startplatz aus in Angriff nehmen. Am folgenden Tag wurden noch Reifentests durchgeführt, wobei Lang mit 3:42,3 min recht nahe an Villoresis Bestwert herankam.

Caracciola war mit seinem zu kurz übersetzten Wagen natürlich gar nicht zufrieden, und er mußte auch die offensichtliche Bevorzugung Langs hinnehmen. Die für das Rennen ausgetüftelte Strategie sah vor, daß Lang schneller fahren und dadurch einen respektablen Vorsprung erarbeiten sollte. Er ging dabei das Risiko ein, den Motor überzubeanspruchen; außerdem zog man eingefahrene Reifen auf, die von vornherein eine bessere Bodenhaftung bringen sollten, jedoch einen Reifenwechsel während des Rennens erforderten. Caracciola hingegen sollte in einer etwas gemäßigteren Gangart den Kurs umrunden und nur einmal zum Nachtanken an die Boxen kommen. Erfolgsaussichten verband man mit beiden Fahr-Programmen. Die Stimmung im Team war aufs äußerste gespannt. Auf der einen Seite stand der neue Star, der vom Mechaniker zum Erfolgspiloten aufgestiegen war, ihm gegenüber der bisherige Fahrer Nummer Eins, dessen Name so italienisch klang und der sein Domizil inzwischen in der Schweiz aufgeschlagen hatte. Bei einer Besprechung vor dem Rennen kam klar zum Ausdruck, daß jeder von beiden hoffte, das Rennen auf seine Weise zu gewinnen. Max Sailer rückte die Dinge jedoch ins rechte Licht: „Sehen Sie, meine Herren, ich kann sehr gut verstehen, daß Sie beide gewinnen wollen, insbesondere in Anbetracht unserer hervorragenden Aussichten. Bitte, lassen Sie mich jedoch an ihren Verstand appellieren. Es geht hier um mehr als Ihren persönlichen Ruhm, nämlich um den Lohn für die monatelangen Anstrengungen unserer Konstrukteure und Monteure. Dies betrifft den Mercedes-Stern! Bitte verschleißen Sie die Wagen nicht in einem persönlichen Wettstreit." Darin willigten sie schließlich ein.

Am Renntag war es sehr heiß und der Ghibli strich durch die Palmen am Pistenrand. Wie immer schickte Marschall Balbo mit der Startflagge in der Hand das Feld ins Rennen, doch diesmal schien er, wie Neubauer sagte, auf „Spätzündung" gewesen zu sein. Lang hatte anstelle der Flagge die Start-Ampel beobachtet und konnte so dem Feld enteilen, er ließ auch seinen Team-Kameraden weit hinter sich. Nur zwei Alfettas waren ihm dicht auf den Fersen. Von seinem besten Startplatz aus war auch der vollverkleidete Maserati knapp hinter Lang, aber Villoresi brachte den dritten Gang nicht hinein und so fielen dieser und noch zwei weitere Wagen des neuen Typs 4 CL bereits in der ersten Runde aus. Nur ein einziger Maserati-Werkswagen beendete das Rennen; Piero Taruffi steuerte ihn auf Platz Vier. Giuseppe Farina hielt sich mit seiner Alfetta eine ganze Weile auf Platz Zwei und fuhr, was das Zeug hielt, aber der Abstand zu Lang vergrößerte sich zusehends. Der Plan der Untertürkheimer ging auf. Aber würde es auch weiter gutgehen?

Als Lang zum Nachtanken und Reifenwechsel an die Boxen kam, sah er zwar hoffnungsvolle, aber noch keineswegs übermütige Mienen bei der Mannschaft. Die Männer hatten schon zu viele Rennen vorübergehen sehen, als daß sie zu diesem Zeitpunkt bereits fest mit einem Sieg gerechnet hätten. Am Ziel änderte sich dies jedoch: „Die Mechaniker zogen mich aus dem Wagen, um mich im Triumphzug auf ihren Schultern zu tragen. Dabei hätten sie mir beinahe die Beine gebrochen," sagte Lang. Er hatte in der zweiten Hälfte des Rennens seinen Vorsprung halten können und war mit einem Schnitt von 197,8 km/h fast eine Runde vor Caracciola ins Ziel gekommen. Als Ergebnis einer meisterhaften Mannschaftsleistung hatte der Mercedes W 165 einen der überraschendsten Siege in der Geschichte des Rennsports errungen. Das Rennen in Tripolis wurde zur Legende.

Veranstalter und Funktionäre waren der Meinung, daß die kleinen silbernen Wagen bald bei den anderen Rennen der 1500-ccm-Klasse auftauchen würden. In Italien gab es da einen ganze Reihe von geeigneten Veranstaltungen, ebenso wäre auch das Rennen um die Nuffield-Trophy am 10. Juni in Donington in Frage gekommen. Die dortigen Veranstalter bemühten sich, einen W 165 für Dick Seaman an den Start zu bekommen, und Max Sailer dachte eigentlich daran, zwei Wagen zu entsenden. Aber Uhlenhaut sagte, daß die Zeit nicht ausreichen würde, um den Einsatz ordentlich vorzubereiten und mit einem einzelnen Wagen hätte man nicht genügend Aussichten auf einen Sieg. Außerdem wäre es auch zu einer Termin-Überschneidung mit dem aus politischen Gründen höher einzuschätzenden Wiener Höhenstraßenrennen gekommen. Alle weiteren Einsätze des W 165 für 1939 wurden vom Daimler-Benz-Vorstand abgelehnt, denn die Dreiliter-Wagen und ihre Weiterentwicklung schlugen mit ungeheuren Summen zu Buche. Der kleine V8 sollte deshalb als Versuchswagen für 1940 angesehen werden. Durch sein Entstehen hatte ja auch Daimler-Benz das bestehende Interesse an einer zukünftigen 1,5-Liter-Grand-Prix-Formel weiter verstärkt.

Zwei Wochen nach dem Erfolg in Tripolis führten Lang und Caracciola den kleinen Rennwagen dem Publikum auf dem Nürburgring vor, als sie vor dem Eifelrennen auf der Zielgeraden Aufstellung nahmen. Caracciolas Wagen wurde nach dem Rennen der Dreiliter-Wagen weiteren Tests unterzogen. Man legte dabei 340 Kilometer auf dem Ring zurück, ohne daß man nach Tripolis irgendwelche Änderungen an dem Fahrzeug durchgeführt hätte. Somit erwies sich der W 165 nicht nur als enorm leistungsfähig, sondern auch als sehr robust. Nach insgesamt 900 Kilometer Renn- und Testeinsatz konnte man an den Bremsbelägen einen Verschleiß von nur 2 mm feststellen, am zweiten Wagen war es gar nur 1 mm nach 700 Kilometern. Das Chassis wurde in der Tripolis-Ausführung als zuverlässig und einsatztauglich betrachtet, und nach Angaben der Rennabteilung waren „keine dringlichen Änderungen vonnöten".

Den nächsten ernsthaften Renneinsatz stellte man für 1940 in Tripolis in Aussicht. Als Vorbereitung dafür wurde am 29. Januar 1940 vom Vorstand der Auftrag zum Bau eines vierten Chassis sowie eines vierten und eines fünften Motors erteilt. Für zwei Wagen sollten vollverkleidete Karosserien angefertigt werden. Doch als das Ausmaß des bislang auf Europa beschränkten Krieges weiter zunahm, begannen sich ernsthafte Zweifel an der Zukunft des Motorsports breitzumachen. Am 26. März zog dann der Daimler-Benz-Vorstand die Genehmigung zum Bau weiterer Rennwagen zurück. Dazu ließ man verlauten: „Aufgrund der bekannten Verhandlungen über die Frage, ob überhaupt noch Rennen stattfinden werden, haben wir uns entschieden, vorerst das notwendige Material zur Durchführung dieses Auftrags nicht mehr zu beschaffen." Hingegen stimmte man dem Umbau eines der vorhandenen Fahrzeuge zu einem Stromlinienwagen zu.

Während der Jahre 1939 und 1940 hatten die Konstrukteure und Erbauer die Möglichkeiten zur Überarbeitung und Verbesserung des W 165 weidlich genutzt. Wie beim großen Wagen, war man auch hier mit der Bodenhaftung und dem Fahrverhalten nicht ganz zufrieden. Das bezog sich vor allem auf enge Kurven, wo sich der weit vorne untergebrachte Kraftstoffvorrat ungünstig auswirkte. Mit den sich entleerenden Tanks trat hier kaum eine Verbesserung ein; nützlicher erwiesen sich Ballastgewichte an den Antriebsrädern und ein höhergelegter Fahrzeugschwerpunkt. Die neuen Kraftstofftanks im Heck wurden vergrößert und einige Zentimeter weiter nach hinten gerückt. Dadurch konnte das Cockpit etwas vergrößert werden. Das Heckteil war nun wieder – bis auf einen kleinen Hohlraum in der End-Spitze – ganz mit Kraftstoff beladen. Den bisherigen Satteltank vor dem Cockpit ließ man jedoch unverändert, denn zum einen hatte man damit ausreichende Kapazitäten, zum anderen wollte man die Möglichkeit zu weiteren Experimenten aufrechterhalten. Mit dem vergrößerten Tank wurde nun auch am kleinen Wagen der Verstellmechanismus für die hinteren Stoßdämpfer im Cockpit eingebaut. Die Dämpfer selbst erhielten verrippte Gehäuse zur besseren Kühlung des Dämpferöls. Diese Stoßdämpfer wurden gleichzeitig auch an den Dreiliter-Wagen eingeführt. Die Auspuffrohre hatte man auf der Höhe dieser Dämpfer mit Asbest umwickelt, damit nicht zusätzliche Hitze auf sie abstrahlte.

Unter der Motorhaube hatte man ebenfalls einige Änderungen vorgesehen. Diese betrafen in der Hauptsache die bruchanfälligen Hubzapfen. „Trotz der niedrigen Drehzahlen von nicht mehr als 7500 U/min zeigen sich an den Hubzapfen an verschiedenen Stellen Risse, und sie reißen auch vereinzelt über die ganze Breite," meldete die Rennabteilung Ende 1939. Die Versuche auf der Pleuel-Testvorrichtung hatten gezeigt, daß man mit den vorhandenen Pleuellagern nicht weiterkommen konnte. Die Beschädigungen an der Gleitfläche ließen eine weitere Verwendung der tonnenförmigen Rollen im Lager nicht mehr ratsam erscheinen. Abhilfe hätte hier wahrscheinlich eine Hirth-Kurbelwelle und/oder kleinere Rollen in der Lagerung gebracht.

Als die beiden W 165 in Tripolis zum Einsatz kamen, hatte man im Werk die Entwicklungsarbeiten an einem Zweistufenlader für den V8-Motor so gut wie abgeschlossen. Er glich im Prinzip der Anordnung am V12-Zylinder, jedoch war der längere Primär-Lader diesmal auf der linken Seite untergebracht. Die Rotoren drehten sich mit 1,25facher Kurbelwellengeschwindigkeit; sie maßen 105 mm im Durchmesser und waren 165 und 95 mm lang. Am Verbindungsrohr zwischen den beiden Roots-Gebläsen hatte man ein zusätzliches Überdruckventil eingebaut, es ragte links vorne durch die Motorhaube. Ein neuer Daimler-Benz-Vergaser wurde für die neue Laderanordnung ebenfalls angefertigt, man verwendete dazu zwar das Gehäuse des Vergasers der Zwölfzylinder, aber es wurden alle Einzelteile dem neuen Verwendungszweck angepaßt. Der Anguß für den Zusatzvergaser war nach wie vor zu sehen, dieser

aber wurde am V8 nicht benötigt, weshalb man dieses Teil auch nicht bearbeitet hatte.
Das Frontteil der Karosserie direkt vor der Motorhaube hatte man etwas verändert, um einen besseren Zugang zum Vergaser zu ermöglichen. Wie schon bei den großen Motoren, wurde auch hier mit dem Zweistufenlader hauptsächlich die Leistung im unteren und mittleren Drehzahlbereich entscheidend verbessert. Am 1,5-Liter erreichte man eine zusätzliche Erhöhung des Ladedrucks. Bei 3300 U/min stieg dieser um 35 und bei 8000 U/min um 16 Prozent an, der höchste Druck in den Einlaßrohren belief sich auf 1,62 at. Die Leistung bei 7500 U/min erhöhte sich auf 263 PS, wobei man einen Spitzenwert von 278 PS bei 8250 U/min erreichen konnte. Die Drehmomentkurve zeigte bereits bei untersten Drehzahlen sehr gute Werte; maximal wurden 25,6 mkg bei 6000 U/min ermittelt. Die Steuerzeiten am M 165 mit Zweistufenlader übernahm man von den 1939er Zwölfzylindern, wodurch sich eine etwas kürzere Auslaß-Öffnungszeit als ursprünglich für den V8 geplant ergab.
Die stärkere Version erforderte auch ein verbessertes Kühlsystem. Man baute zu diesem Zweck einen tieferen und breiteren Kühler ein, dessen untere Enden Wölbungen an der Bodenwanne der Karosserie erforderten. Alle Modifikationen und Versuche wurden 1940 nur an einem der beiden vorhandenen Wagen ausgeführt, der andere wurde nur schrittweise überarbeitet und war zunächst nicht fahrbereit.
Ein Jahr später machte sich Rudolf Caracciola in Sorge um seine Zukunft als Rennfahrer von seinem Wohnsitz in Lugano auf den Weg nach Untertürkheim, um sich darüber mit Dr. Wilhelm Kissel, dem Vorstandsvorsitzenden der Daimler-Benz AG, zu unterhalten. Der höfliche Kissel mit seinem gepflegten Schnurrbart stellte für Caracciola einen „geliebten und respektierten väterlichen Freund dar, der seit 1927 zwar stets sehr streng, aber eben der Chef gewesen war". Caracciola war nun gekommen, um den Freund um einen Gefallen zu bitten. Rudi hatte sich bereits einige Gedanken über die Chancen gemacht, die Erlaubnis zur Übernahme eines der 1,5-Liter zu erhalten. Dadurch wollte er für einen Neubeginn gerüstet sein. Kissel überlegte sich Caracciolas Ansinnen und teilte ihm am folgenden Tag mit, daß er es für einen guten Gedanken hielt. Er könne beide Wagen bekommen, einen als

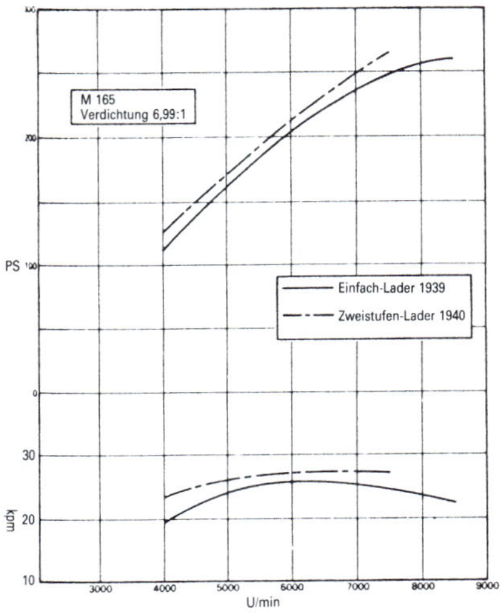

Oben: Leistungsvergleich des M 165 zu der für 1940 geplanten Version.

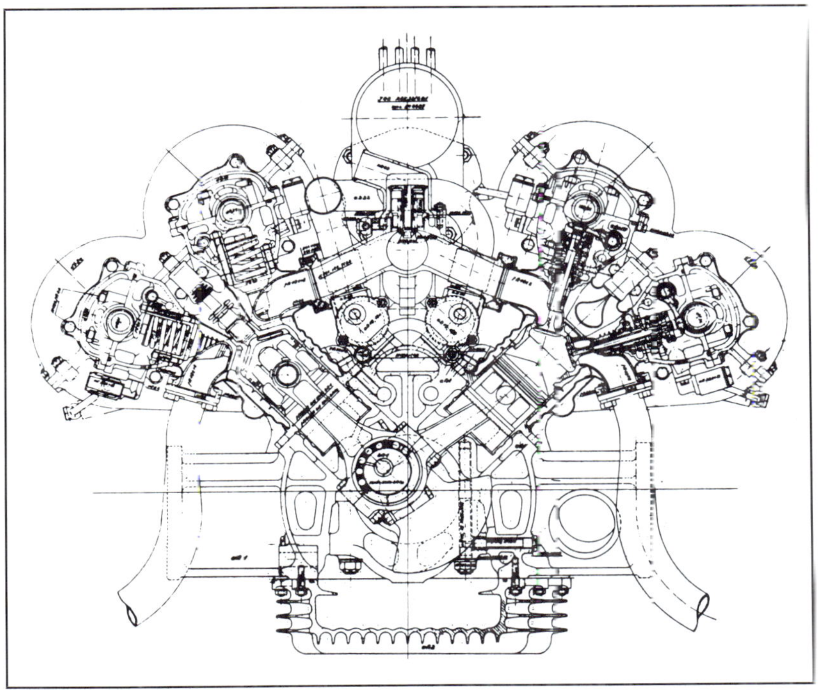

Links: Schnittzeichnung des 1495-ccm-V8-Aggregats. Im Verhältnis zum übrigen Motor nehmen die Zylinderköpfe gewaltige Ausmaße an. Der M 165 war der erste V8-Fahrzeugmotor von Daimler-Benz.

Unten: Motorraum von der linken Seite. Unter der Zylinderbank erkennt man das ovale Rahmenrohr.

Unten: Das komplizierte Gebilde des kleinen Achtzylinders. Der Größenunterschied der beiden in Reihe geschalteten Kompressoren ist gegenüber den Dreilitermotoren noch verstärkt worden. Die zwischen den Zylinderbänken herausragenden Rohre stammen von der Kurbelgehäuse-Entlüftung und vom Überdruckventil an den Druckrohren.

Einsatzwagen und den anderen als Ersatzreserve. Kissel fügte jedoch hinzu, daß er aufgrund der besonderen Umstände des Krieges weder die Wagen sofort auf den Weg bringen noch eine schriftliche Bestätigung der Vereinbarung geben könne.

Im Juli 1942 starb Kissel; sein Versprechen hatte er bis dahin noch nicht einlösen können. Seine Stellung als Vorstandsvorsitzender übernahm sein bisheriger Mitarbeiter, der damals 44jährige Wilhelm Haspel. Caracciola traf sich 1943 mit ihm in Zürich und erfuhr dabei, daß Haspel über Kissels Versprechen informiert war. Die Wagen standen zusammen mit einigen anderen an einem sicheren Ort bei Dresden, aber es gab noch immer keinen legalen Weg, sie in die Schweiz zu verfrachten. Caracciola schilderte den weiteren Verlauf der Dinge wie folgt: „Im Chaos und Durcheinander des zusammenbrechenden Deutschen Reiches Anfang 1945 war es ein paar treuen Mercedes-Leuten gelungen, einen Lastwagen zu organisieren. Sie holten die Wagen aus ihrem Versteck und transportierten sie, einer Anzahl von Hindernissen zum Trotz, quer durch Deutschland zur Schweizer Grenze. Da es keine Papiere gab, händigte man die Fahrzeuge der in schweizer Besitz befindlichen Mercedes-Benz-Importgesellschaft aus. Doch dort wurden sie von den Behörden umgehend als deutscher Besitz beschlagnahmt."

Ein Jahr später setzten Rudi und seine Frau Alice alle Hebel in Bewegung, um die Fahrzeuge freizubekommen und für sich sowie den Mechaniker Walz Ausreisegenehmigungen zu erhalten. Caracciola hatte eine Einladung zur Teilnahme am Indianapolis-Rennen für 1946 übersandt bekommen. Im März gelang es ihm endlich, nach Stuttgart zu reisen: „Ich fand dort nur einen großen Schutthaufen vor. Man hatte mit den Aufräumungsarbeiten begonnen, und alle Leute hatten Schaufeln in den Händen. Sie versuchten, die Trümmer beiseitezuschaffen." In der Tat: Viele Belegschaftsmitglieder halfen am Wiederaufbau ihres Werkes mit.

Gezielte Bombenangriffe der Alliierten hatten im September 1944 die Werksanlagen in Sindelfingen und Untertürkheim zu 85 Prozent in Schutt und Asche gelegt. Caracciolas früherer Leibmechaniker Walz und ein zweiter Rennmonteur kamen im April nach Zürich, und es gelang ihnen, unter Zuhilfenahme einiger ehemaliger Flugzeug-Materialien, den W 165 wieder zum Laufen zu bringen. Er funktionierte zufriedenstellend, gab aber bei weitem nicht seine volle Leistung ab. Man führte an einem Tag morgens um fünf Uhr auf einem von der Polizei abgesperrten Straßenstück in der Zürcher Innenstadt erstmals einen Fahrversuch durch. Doch in allerletzter Minute gab es ein behördliches Veto und so durfte der Wagen die Schweiz nicht verlassen.

Ein paar Jahre später kämpfte Caracciola vor einem Zürcher Gericht um seine Ansprüche an den Wagen, doch er verlor den Prozeß. 1950 wurden die Rennwagen schließlich gegen das höchste eingehende Gebot zum Verkauf ausgeschrieben. Die meisten Interessenten wandten sich erst einmal an Daimler-Benz, um nach einer eventuellen Untersützung bei der Wiederinstandsetzung anzufragen. Doch, wie nicht anders zu erwarten, lautete die Antwort, daß dies wertlose Überbleibsel aus vergangenen Tagen seien und daß das Werk keinerlei Interesse an einer Wiederinbetriebnahme habe. Am 15. Dezember wurden die eingelangten Gebote begutachtet, die höchste Summe hatte der Schweizer Mercedes-Benz-Importeur geboten. So gehörten die beiden Wagen zwar nicht mehr dem Werk, aber sie waren wenigstens in dessen Umgebung geblieben.

Der Gedanke an die nach wie vor verfügbaren 1,5-Liter-Renner ließ den ideenreichen Geist des größten Rennsport-Enthusiasten bei Daimler-Benz, Alfred Neubauer, nicht ruhen. Die Automobilclubs und Motorsport-Verbände waren 1948 in Deutschland wieder zugelassen worden. Neubauer hatte während dieser Zeit unablässig mit Freunden in aller Herren Länder korrespondiert, um stets auf dem neuesten Stand der Dinge im Sportgeschehen zu sein. Er hatte versucht, die Formel 3 mit 500-ccm-Wagen in Deutschland populär zu machen, um damit einen Neuanfang des Automobilrennsports zu ermöglichen. Doch nun stand der prominente Rennleiter vor einer wesentlich reizvolleren Aufgabe.

Die 1,5-Liter-Formel hatte als neue Grand-Prix-Formel tatsächlich Gültigkeit erlangt, jedoch war sie gegenüber früheren Vorstellungen und damit auch den damaligen Erwartungen von Daimler-Benz in einigen Punkten geändert worden. Der nach dem Krieg neugegründete Automobil-Weltverband FIA (Fédération Internationale de l'Automobile) wählte den Franzosen Augustin Perouse zu seinem Präsidenten. Außerdem wurde eine eigene Motorsport-Kommission, die CSI (Commission Sportive Internationale) ins Leben gerufen, die in ihrer ersten Sitzung am 28. Februar 1946 über die neue Grand-Prix-Formel beriet. Um eine sofortige Wiederaufnahme der sportlichen Aktivitäten zu ermöglichen, dachte man sich eine Kombination aus zwei Klassen der Vorkriegszeit aus. Dabei sollten Wagen mit unaufgeladenen 4,5-Liter-Moto-

Im Juni 1951 wurde bei Daimler-Benz der Entschluß gefaßt, mit dem W 165 zur Formel 1 zurückzukehren. Es sollten deshalb fünf neue Wagen gebaut werden. Der abgebildete Auftrag wurde jedoch im Herbst hinfällig, da die FIA der 1,5-Liter-Formel auslaufen ließ.

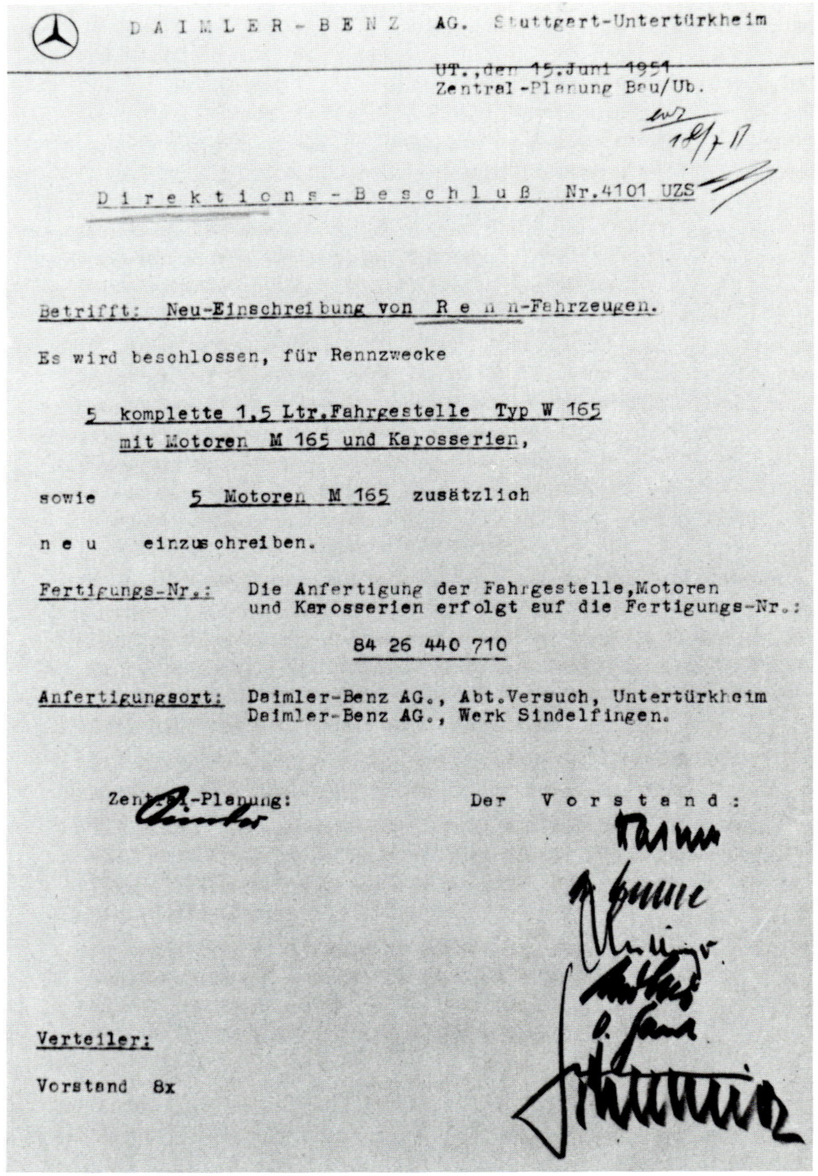
DAIMLER-BENZ AG. Stuttgart-Untertürkheim

UT., den 15. Juni 1951
Zentral-Planung Bau/Ub.

Direktions-Beschluß Nr. 4101 UZS

Betrifft: Neu-Einschreibung von Renn-Fahrzeugen.

Es wird beschlossen, für Rennzwecke

5 komplette 1,5 Ltr. Fahrgestelle Typ W 165
mit Motoren M 165 und Karosserien,

sowie 5 Motoren M 165 zusätzlich

n e u einzuschreiben.

Fertigungs-Nr.: Die Anfertigung der Fahrgestelle, Motoren und Karosserien erfolgt auf die Fertigungs-Nr.:

84 26 440 710

Anfertigungsort: Daimler-Benz AG., Abt. Versuch, Untertürkheim
Daimler-Benz AG., Werk Sindelfingen.

Zentral-Planung: Der Vorstand:

Verteiler:

Vorstand 8x

ren gegen 1,5-Liter-Kompressorwagen antreten. Diese Formel trat 1947 in Kraft und sollte bis 1951 Gültigkeit behalten.
Anfang 1951 war man intensiv mit den Vorbereitungen für die Rennen in Argentinien und der Planung für Indianapolis beschäftigt, so daß Neubauer kaum Zeit blieb, sich Gedanken über die weitere Verwendung der in der Schweiz befindlichen W 165 zu machen. Nachdem aber das Unternehmen Indianapolis abgeblasen wurde, reiste Neubauer am 27. Mai zum Großen Preis der Schweiz nach Bern und besuchte bei dieser Gelegenheit auch die Mercedes-Niederlassung in Zürich. Das Rennen hatte Juan Manuel Fangio mit einer überarbeiteten Alfetta für sich entscheiden können. Neubauer nahm von diesem Rennen den Eindruck mit nachhause, daß jede zukünftige Rennbeteiligung ohne die Dienste dieses hervorragenden Argentiniers aussichtslos sein dürfte. Bei diesen ersten Rennen nach dem Krieg haftete dem Alfa Romeo-Team in etwa der frühere Ruf von Daimler-Benz an; die Italiener galten als nahezu unbesiegbar. Im Juni wies Neubauer die Firmenleitung darauf hin, daß es keinen Sinn mehr habe, die Wagen bei den verbleibenden Rennen dieser Saison an den Start zu bringen. Die Zeit zur Vorbereitung wäre viel zu kurz gewesen und man hätte einen Mann wie Fangio wohl kaum für einen Teil der Saison verpflichten können. Doch galt es zu diesem Zeitpunkt als sicher, daß die Formel noch um einige Jahre weiterlaufen sollte. Neubauer verglich die zu erwartende Konkurrenz, wobei er auch den mit einigen Vorschußlorbeeren bedachten BRM V16 nicht ausschloß. Eine direkte Konfrontation erwartete er indessen zwischen dem W 165 und Alfa Romeos Alfetta, und er schloß seine Betrachtungen mit den Worten: „Ich bin der festen Ansicht, daß unser 1,5-Liter, entsprechend weiterentwickelt und mit Fangio am Steuer, die Alfas schlagen könnte.“
Neubauers Überlegungen kamen am 15. Juni 1951 in einer Vorstandssitzung zur Sprache. Fritz Nallinger als Mitglied des Vorstands besprach die Angelegenheit mit Uhlenhaut und Neubauer, die beide zugegen waren, um ihre Ansichten selbst darzulegen. Als der Vorstands-Beschluß schließlich bekanntgegeben wurde, machte Neubauer in sein Notizbuch eine freudige Anmerkung: „Es werden Renn- und Sportwagen gebaut!“
Der Beschluß sah eine Wiederbelebung des W 165 als offizielles Projekt vor. Das bedeutete nicht nur die Instandsetzung der Wagen aus der Schweiz, sondern vielmehr den Aufbau eines neuen Teams mit brandneuen Wagen. Es sollten fünf W 165 gebaut werden und zusätzlich fünf weitere Motoren als Ersatzaggregate. Die Fertigung sollte in Sindelfingen und in der Untertürkheimer Versuchsabteilung durchgeführt werden. In voller Mannschaftsstärke reisten die Daimler-Benz-Techniker am 29. Juli zum Großen Preis von Deutschland zum Nürburgring, um sich einen Überblick über ihr neues Betätigungsfeld zu verschaffen. Dort wurden sie Zeugen eines mitreißenden Zweikampfs zwischen den Kompressor-Alfa und den Saugmotor-Ferrari; die Dramatik des Rennens erinnerte an die glanzvollen Duelle zwischen Mercedes-Benz und der Auto Union. Alberto Ascari gewann das Rennen mit seinem 4,5 Liter Ferrari V12-Zylinder, mit seiner Trainingsbestzeit war er am Tag zuvor schon nahe an Langs Bestmarke herangekommen, die seit dem Eifelrennen 1939 Bestand hatte. Am darauffolgenden Tag fand Fritz Nallinger bei seinen Mitarbeitern einen gedämpften Optimismus vor. Sie hatten nun selbst die Geschwindigkeit des neuen Ferrari erlebt und auch von der sagenhaften Beschleunigung der zwei BRM in Silverstone gehört. Alfred Neubauer sagte: „Alle anwesenden Herren waren der Ansicht, daß es keinen Sinn hätte, unseren alten W 165 noch einmal aufzulegen. Seine konstruktiven Voraussetzungen wären zwar in etwa mit den Konkurrenten gleichzusetzen gewesen, aber die erhoffte Überlegenheit ließe sich damit nicht erreichen.“ Der Vorstandsbeschluß über den Bau von weiteren W 165 war durch die offensichtliche Notwendigkeit einer Neukonstruktion überholt.
Auf Veranlassung Fritz Nallingers hatte sich eine kleine Gruppe innerhalb des zentralen Entwicklungsbüros schon mit der vorläufigen Konzeption eines aufgeladenen 1,5-Liter-Zwölfzylinders beschäftigt. Die Entscheidung für zwölf Zylinder beruhte auf einer Empfehlung der Rennabteilung aus dem Jahre 1939. Man wollte damals einen Prüfstands-Einzylinder mit 125 ccm bauen, der sowohl die Basis eines 1500-ccm-Zwölfzylinders als auch eines 300-ccm-Motors mit 24 Zylindern in vier Reihen, falls die Formel weitergelaufen wäre, hätte darstellen können. An dem 1951 vorgeschlagenen Wagen sollte auch die Möglichkeit eines Vierradantriebs geprüft werden.
Eine Entscheidung der CSI über die Fortdauer der bestehenden Grand-Prix-Formel wurde für Oktober erwartet. Ein völlig neugebauter Wagen wäre nicht vor Sommer 1952 einsatzfähig gewesen, und konkurrenzfähig hätte man ihn erst für die Saison 1953 gehabt. Aus diesem Grund wäre eine Weiterführung des bisherigen Reglements bis über 1953 hinaus notwendig gewesen, um den Einsatz überhaupt rechtfertigen zu können. Bis zu diesem Zeitpunkt wurde die Entwicklungsarbeit lediglich auf dem Papier fortgesetzt. Außerdem sah man aber auch einige Tests mit anderen Rennwagen vor, wobei nochmals der W 165 eine Rolle spielen sollte, gewissermaßen als Ausgangsbasis der Neukonstruktion. Zu diesem Zweck borgte man sich den Motor aus dem für Indianapolis vorbereiteten Wagen in Zürich aus. Dieser wurde im September auf den Prüfstand in Untertürkheim gestellt, die Tests wurden von einem jungen Ingenieur namens Heinz Lamm geleitet. Er ermittelte, daß das Aggregat mit der 1946 von Walz vorgenommenen Einstellung „zwar lief, aber keine erwähnenswerte Leistung brachte“. Lamm entdeckte die alten Aufzeichnungen von Georg Scheerer und ließ für weitere Tests ein neues Sortiment an verschiedenen Vergaserdüsen bereitstellen. Am 9. Oktober gelang es dann, die Maschine wieder auf ihr früheres Leistungsniveau hochzudrehen. Lamm ermittelte 262 PS bei 7500 U/min, er beließ es bei dieser Höchstdrehzahl und konnte die Werte von 1940 zwischen 3000 und 6000 Umdrehungen sogar um knapp sechs PS übertreffen. Mit dieser Einstellung wurde das Aggregat in das mittlerweile ebenfalls aus Zürich entliehene Fahrgestell montiert und für einige Proberunden vorbereitet
Die Piste am Nürburgring war zwar in all den Jahren etwas holpriger geworden und das Unkraut hatte auch stark gewuchert, aber all dies war an jenem historischen Augenblick vergessen, als Rudi Caracciola 1951 mit dem W 165 an diese Stätte unvergessener Triumphe zurückkehrte. Karl Kling, der neu zur Rennmannschaft gestoßen war, absolvierte ebenfalls einige Runden in dem kleinen Kompressor-Rennwagen. Verglichen mit den beim Großen Preis in diesem Jahr erzielten Rundenzeiten, waren die Schnitte nicht gerade konkurrenzfähig, aber es handelte sich bei diesen Runden auch nur um erste Übungsfahrten.
Man hatte indessen bei diesen Probefahrten bereits gewußt, daß diesen Wagen und auch der beabsichtigten Neukonstruktion durch den neuen CSI-Beschluß die Grundlage endgültig entzogen worden war. Das neue Reglement sah für 1954 die Zulassung von Hubräumen mit 2500 ccm ohne und 750 ccm mit Kompressor vor. Die bestehende Formel sollte bis dahin ihre Gültigkeit behalten. (In der Praxis wurde sie jedoch durch den Rückzug von Alfa Romeo und der Unsicherheit bei BRM hinfällig.) Daimler-Benz entschloß sich deshalb, mehr Gewicht auf einen neuen Sportwagen zu legen, und gleichzeitig begannen die ersten Überlegungen für einen neuen Grand-Prix-Wagen für die Saison 1954.
Einer der beiden W 165 kam schließlich wieder nach Stuttgart zurück. Er befindet sich heute im Werksmuseum und stand einige Male Freunden des Hauses oder Journalisten zu Probefahren zur Verfügung. Jeder, der einmal Gelegenheit hatte, den 1,5-Liter zu lenken, empfand ihn als einen wunderbaren, gut zu fahrenden Wagen. Laurence Pomeroy, der englische Rennsport-Fachmann, schrieb: „Es schien, als ob man ihn nach Belieben ungestraft vorwärts, seitwärts und wahrscheinlich sogar rückwärts bewegen könnte.“ Dies war der ausgewogene Charakter der Voiturette, mit der Daimler-Benz äußerst eindrucksvoll bewiesen hatte, daß man in Stuttgart neben den überlegenen großen Rennwagen genauso gut auch einen erfolgreichen kleinen Rennwagen zu bauen verstand.

„Wir öffnen nur ein kleines Fenster zum Motorsport-Geschehen."
Fritz Nallinger

Die Geburt des Flügeltürers

Die Beobachter des Hauses Daimler-Benz hatten je nach ihren eigenen Vorlieben und Interessen schon mehrere Male berichtet, daß sich die Firma vom Rennsport zurückziehen würde. Hier kam es auf die Definition an. Für die Freunde der Grand Prix-Rennen zählten in der Zeit zwischen 1914 und 1934 nur die einzelnen Versuche seitens Mercedes und Benz in den Jahren 1923/24. Sportwagen-Liebhaber erkannten nur das Auftreten der S- und SSK-Modelle als ernstzunehmenden Einsatz an. In beiden Gruppen meinte man, wenn das Werk sich nicht auf allen Gebieten engagierte, könne man auch nicht von einem generellen Interesse am Sport sprechen. Doch das sah in Wirklichkeit anders aus.

Wann immer die Möglichkeit dazu bestand, waren Fahrzeuge und Motoren von Daimler und Benz auf den Rennstrecken zu sehen. Dies war schon um die Jahrhundertwende der Fall gewesen. Der Umfang der Aktivitäten war allerdings stets unterschiedlich, ebenso die Stellungnahme der Firmenleitung dazu. Doch trotz der Krisenzeiten, Streiks, Firmenzusammenschlüsse und Kriege war aus der anfänglichen Verpflichtung, im Rennsport aktiv zu sein, eine ehrenvolle Tradition geworden. Und wenn die Umstände eine Einschränkung erforderten, war meist gleichzeitig bereits ein neuer Wagen im Entstehen begriffen. Dies zeigte, daß es bei Daimler-Benz nie zur Debatte stand, ob man wieder in den Rennsport einsteigen sollte, die Frage lautete lediglich: „Wann kehren wir zurück?"

So war es auch nach dem Zweiten Weltkrieg. Rudolf Uhlenhaut erzählte darüber: „Wir arbeiteten stets sehr hart und waren gar nicht so an den politischen Vorgängen interessiert. Wir waren vom Ausbruch des Krieges alle ziemlich überrascht worden."

Die ersten Gedanken an eine Rennsportbeteiligung kamen erst 1950/51 wieder auf, und dabei ging es in erster Linie um eine mögliche Weiterverwendung der Vorkriegswagen vom Typ W 154 und W 165. Ende 1951 stand fest, daß man erneute Grand-Prix-Ambitionen bis zum Inkrafttreten der neuen Formel im Jahre 1954 aufschieben mußte. Aber der entscheidende Vorstandsbeschluß vom 15. Juni 1951 betraf nicht nur die Rennwagen, es hieß darin vielmehr, daß auch neue Sportwagen gebaut werden sollten. Ein guter Sportwagen würde sofort nach seiner erfolgreichen Erprobung werksseitig zum Einsatz gelangen, wobei man sich wenig um Formel-Reglements zu kümmern brauchte. Aber welcher Art sollte das neue Fahrzeug sein?

Die Möglichkeiten bei Daimler-Benz waren noch begrenzt. Fritz Nallinger mußte Vorschläge einer Sportwagen-Version auf Basis des W 154-Zwölfzylinder von der Hand weisen. Dafür richtete man das Augenmerk auf einen Wagen, der mit seinem Le Mans-Sieg 1951 ein beachtenswertes Beispiel gegeben hatte. Dieses Fahrzeug wies annähernd serienmäßige Fahrwerks- und Antriebskomponenten auf, man hatte es lediglich mit einem erleichterten Rahmen und einer neuen Karosserie versehen. Gemeint war der Jaguar XK 120 in seiner „C-Type" genannten Rennausführung. „Könnten wir es mit unserer Dreiliter-Limousine, dem 300er, nicht genauso machen?" überlegte Nallinger. Rudolf Uhlenhaut, der an der Entstehung dieses im April 1951 auf den Markt gebrachten neuen Mercedes maßgeblichen Anteil hatte, war von der Idee begeistert und stimmte sofort zu.

Noch vor Ende Juni rief man im Personenwagenbereich der Zentralen Konstruktionsabteilung eine Gruppe von Rennfahrern zusammen. Der Konstrukteur Franz Roller schrieb alle Wünsche und Anregungen der Herren Neubauer, Lang und Kling bezüglich eines konkurrenzfähigen Sportwagens nieder. Sie waren gerade von Le Mans zurückgekommen, wo sie bei der Wagenabnahme zugegen gewesen waren und sich damit einen guten Eindruck vom aktuellen Stand der Entwicklung verschaffen konnten. Auch Uhlenhaut teilte den Konstrukteuren Roller, Ludwig Kraus und Manfred Lorscheidt seine Gedanken zu dem Vorhaben mit.

Bei der Konstruktion des neuen Sportwagens herrschte kein Mangel in der Material-Auswahl mehr. Man war sich bewußt, daß man einen historischen Abschnitt in der Firmengeschichte zur Wiederholung brachte, denn schon einmal hatten die Daimler-Benz-Konstrukteure aus einem behäbigen Sechszylinder-ohc-Tourenwagen einen hervorragenden Sportwagen abgeleitet. Damals brachten die Modelle S bis SSK frischen Wind in die neugeformte Daimler-Benz AG, ohne daß dazu der hohe Aufwand wie bei einem Grand-Prix-Einsatz notwendig gewesen wäre. Diesmal entstand unter der Bezeichnung W 194 ein leichter, kürzerer und niedrigerer Zweisitzer aus der Limousine W 186, dem „Dreihunderter". Dieser Wagen sollte gewissermaßen als Pfadfinder die wiederaufgebaute Firma auf den ehemals angestammten Märkten neu einführen. Man leitete aus den Prädikaten „sportlich" und „leicht" die Modellbezeichnung 300 SL ab, und selten bekam eine Buchstaben- und Zahlenkombination einen ähnlich charismatischen Glanz wie bei diesem Automobil.

Den Konstrukteuren und Technikern fiel nun als erstes die Aufgabe zu, aus einem Motor, der nur mit 115 PS bei 4600 U/min zu Buche schlug, ein erfolgversprechendes Renn-Aggregat zu machen. Mit der Größe des Motors war man einen Kompromiß zwischen der benötigten Leistung und dem damit verbundenen Prestige sowei den harten Realitäten der schlechten Versorgung mit Kraftstoffen im Europa der Nachkriegsjahre eingegangen. Bohrung und Hub waren mit 85 × 88 mm fast quadratisch geraten, der Hubraum belief sich somit auf 2996 ccm. Mit einer relativ niedrigen Verdichtung von 6,4:1 wollte man der Verwendung verschiedener Kraftstoffe Rechnung tragen. Der Zylinderblock bestand aus Gußeisen und reichte nach unten bis zur Kurbelwellen-Mitte. Die Kühlmäntel waren auf den beiden Längsseiten im Guß ausgespart,

So präsentierte sich am 13. März 1952 der neue Wagen der Daimler-Benz-Rennabteilung, der Mercedes 300 SL.

Links: Um Schwierigkeiten bei der Fahrzeug-Abnahme auszuschließen, vergrößerte man vor dem Einsatz in Le Mans die Ausschnitte der Flügeltüren weiter nach unten.

Rechts: Phantom-Zeichnung des 300 SL. Die Sportwagen der Saison 1952 wiesen noch einen Vergasermotor anstelle der später verwendeten Einspritzer-Ausführung auf.

womit man die Gußqualität im Inneren des Blocks gut kontrollieren konnte und darüberhinaus auch an Gewicht sparte. Verschlossen wurden die Seitenteile mit großen Blechdeckeln. Beim Entwurf hatte man Stabilität und Einfachheit, das niedrige Geräuschniveau und die begrenzten Verschleißwerte eines Gußblocks dem geringeren Gewicht von Aluminium vorgezogen. Der komplette Mercedes-300-Motor wog nicht weniger als 265 kg. Die geschmiedete Stahl-Kurbelwelle lief in sieben Hauptlagern, deren Lagerböcke von unten jeweils mit zwei Dehnschrauben befestigt waren. Die Kurbelzapfen maßen 60 mm und die Hubzapfen 52 mm im Durchmesser. Der Pleuelfuß war zwar ziemlich breit ausgeführt, und der Schaft wies wieder das charakteristische H-Profil auf; er war in seiner ganzen Länge durchbohrt, um den Kolbenbolzen mit Öl zu versorgen. Die Leichtmetall-Kolben wurden von Mahle geliefert, es handelte sich dabei um Autothermik-Vollschaftkolben. Sie waren mit drei Kompressions- und einem Ölabstreifring versehen und trugen auf dem Boden einen Dom zur Anpassung an die ungewöhnliche Brennraumform.
Eine lange Duplex-Kette trieb vom vorderen Kurbelwellenende aus die

Oben: Mercedes beteiligte sich 1952 wieder an der klassischen Langstreckenprüfung in Italien, der Mille Miglia. Dies war zugleich der erste Einsatz der neuen Sportcoupés.

Oben: Die 300 SL rollen durch die Straßen von Brescia zum Start des 1000-Meilen-Rennens.

Links: Karl Kling war nach 12 Stunden, 14 Minuten und 17 Sekunden wieder zurück in Brescia. Er hatte bis zum Wendepunkt in Rom geführt, mußte sich jedoch dann einem wesentlich stärkeren Ferrari geschlagen geben.

obenliegende Nockenwelle, auf der rechten Seite wurde damit zusätzlich ein Zwischenritzel angetrieben. Dieses saß auf einer kurzen Welle, welche wiederum über Spiralverzahnungen Zündverteiler und Ölpumpe bewegte. Schräg gegenüber saß ein Spannritzel, das von außen mittels einer Stellschraube angedrückt werden konnte. Außerdem hatte man an den drei Hauptlängen der Steuerkette kunststoffbeschichtete Führungsschienen zur weiteren Spannung angeordnet. Am Kurbelwellen- und Nockenwellenende waren Schwingungsdämpfer befestigt, der eine außerhalb des Motorgehäuses, der an der Nockenwelle jedoch innerhalb des Alu-Nockengehäuses. Die Nockenwelle war direkt auf der Aluminium-Gleitfläche der vier Lagerböcke gelagert, die mit den Lagerkappen am Zylinderkopf verschraubt waren. Mit den langen, an der linken Seite des Zylinderkopfs gelagerten Schlepphebeln griff man die von Porsche an den großen Mercedes-Sechszylindern verwendete Konstruktion wieder auf. Die zwei Ventile pro Zylinder hingen parallel nebeneinander (in Querrichtung) und senkrecht zur Unterkante des Zylinderkopfs. Dieser war jedoch schräg auf den Zylinderblock aufgesetzt, um 20 Grad nach rechts geneigt. Die Ventile bestanden aus gehärtetem Stahl, die Schäfte der Auslaßventile waren 12 mm statt 9 mm dick, so daß sie hohlgebohrt und mit Sodasalz zur besseren Wärmeableitung gefüllt werden konnten. Die Ventil-Sitzringe aus Chromstahl waren verschieden tief eingesetzt, wodurch das Einlaßventil im Gegensatz zum Auslaß mit der Zylinderkante nicht eben abschloß. Die langen Ventilführungen waren aus Bronze, sie trugen als oberen Abschluß jeweils einen Gummidichtring. Doppelte Schraubenfedern hielten die Ventile.

Die Ein- und Auslaßkanäle befanden sich allesamt auf der rechten Kopfseite. Durch die Schrägstellung des Zylinderkopfs hingen die Ventile nun in einem Winkel von 20 Grad zur Senkrechten, wodurch sich in der Kombination mit einem steil nach unten führenden Ansaugkanal zwischen Ventilschaft und Kanalmitte ein sehr günstiger Winkel von 45 Grad ergab. Die Teller der Einlaßventile maßen 46,7 mm, jene am Auslaß 39,8 mm. Zwei Solex-Fallstromvergaser versorgten über einen gemeinsamen Ansaugkrümmer die sechs Zylinder. Der Hauptteil des Brennraums befand sich „bergauf“ auf der linken Seite des Zylinders, wo gegenüber dem ebenfalls schrägen Dom auf dem Kolben eine Aussparung zu finden war. Die senkrecht eingeschraubten Zündkerzen ragten genau in diese Kammern. Der Kolben ließ nur eine sehr begrenzte Quetschkante am Zylinderkopf zu und leitete den Gasstrom zu dem eigentlichen Brennraum auf der linken Seite. Während sich das Einlaßventil genau über dem Kolben befand, war das Auslaßventil oberhalb dieser Ausbuchtung angebracht. Mit dem abgeschrägten Zylinderkopf und der ungewöhnlichen Brennraumgestaltung stellte der Motor des Mercedes 300 den Anfang einer neuen Reihe von Oberklasse-Modellen bei Daimler-Benz dar.

Wie die meisten Vorkriegs-Mercedes wies auch der neue Wagen eine Vorderachse mit doppelten Dreieckslenkern und Schraubenfedern auf. Hinten fand eine Schwingachse, in diesem Fall ebenfalls mit Schraubenfedern ausgerüstet, Verwendung. Abweichend von den früheren Konstruktionen waren rundum hydraulische Teleskop-Stoßdämpfer eingebaut. Im Detail verbessert und im Gewicht verringert, war die Vorderachse nach wie vor mit einem Querträger am Rahmen befestigt, wobei die Längsbewegung auch wieder mit innen eingebauten Gummibuchsen unter Kontrolle gehalten wurde. In gewisser Weise entsprach diese Anordnung jener am W 165, nur daß man nun innerhalb der Schraubenfedern die Stoßdämpfer montiert hatte. Ebenfalls neu war die Anbringung eines Drehstab-Querstabilisators, der ein Schlingern der Vorderachse verhinderte und damit wesentlich zur Verbesserung des Fahrverhaltens beitrug. Entwickelt hatte diese Vorrichtung Dr. Maruhn bei Daimler-Benz unmittelbar vor dem Krieg. Im Wagenheck war das Hinterachsgehäuse am Rahmen mit Gummi aufgehängt; zwei stabile Zapfen stellten jeweils 12 cm von der Mittellinie entfernt die Verbindung mit den Schwingachsgehäusen her. Die Aufhängung ähnelte stark der am Grand-Prix-Wagen W 25 verwendeten Konstruktion. Der zur Verfügung stehende Federweg war mit 85 mm beim Einfedern und 133 mm beim Ausfedern jedoch wesentlich großzügiger bemessen. Die großen Schraubenfedern auf den Achsen wurden durch längs am Rahmen montierte Torsionsstäbe ergänzt. Diese ließen sich mittels einer elektrisch gesteuerten Verdreheinrichtung den jeweiligen Belastungsverhältnissen am Wagenheck anpassen.

Der Mercedes 300 hatte einen Radstand von 3050 mm und wies einen sehr stabilen Rahmen aus Ovalrohr-Längsträgern auf. Diese liefen in der Mitte etwas enger zusammen (X-Rahmen) und waren mehrfach querversteift. Auf einem verkürzten Fahrgestell mit nur 2950 mm Radstand wurden auch etwas sportlicher wirkende Coupés und Cabriolets mit der Typenbezeichnung 300 S angeboten. Das Trockengewicht betrug bei allen Versionen 1725 kg.

An vielen Details konnte man die Herkunft der Dreihunderter aus der Rennwagen-Entwicklung erkennen, doch die Leistungsfähigkeit und vor allem auch das äußere Erscheinungsbild dieser Wagen regten kaum einen Gedanken an die rennsportliche Zukunft dieser Konstruktion. Es gab jedoch gar keine andere Wahl. Der Dreihunderter stellte 1951 die einzig mögliche Ausgangsbasis für ein neues Mercedes-Benz-Wettbewerbsfahrzeug dar. Entweder man nahm ihn, oder man ließ es ganz sein. Und so fanden bis auf

Hermann Lang, dessen steile Rennfahrer-Karriere durch den Ausbruch des Krieges jäh unterbrochen worden war, saß bei der Mille Miglia 1952 wieder am Steuer eines Mercedes-Werkswagens.

Mit der Rückkehr von Daimler-Benz ins europäische Motorsport-Geschehen wurde auch Rudolf Caracciola wieder reaktiviert. Er hatte sich, nachdem sein Indianapolis-Projekt 1946 fehlgeschlagen war, in der Zwischenzeit nicht mehr um einen Rennwagen gekümmert.

Oben: Start zum Sportwagen-Rennen am 18. Mai 1952 auf dem Bremgarten-Kurs bei Bern.

Links: Das Publikum in Bern jubelte, als Caracciola wie in alten Zeiten sofort die Führung übernahm, hinter ihm Karl Kling. Doch leider war der Bruderkampf der Mercedes-Fahrer nur von kurzer Dauer. An Caracciolas dunkelrotem 300 SL blockierten die Hinterradbremsen, er konnte den Wagen nicht mehr abfangen und prallte frontal an einen Baum. Nach diesem Unfall, seinem ersten folgenschweren in einem Mercedes, sagte Rudi dem Rennsport nach dreißig Jahren Lebewohl.

Rahmen und Karosserie alle Elemente aus dem Dreihunderter auch beim 300 SL Verwendung. Die Vorderachse wurde ohne einschneidende Änderung übernommen, man durchbohrte aus Gewichtsgründen lediglich die obere Feder- und Dämpferhalterung. Ebenso verfuhr man mit der Hinterachse; hier entfielen die Torsionsstäbe, und die Stoßdämpfer wurden hinter den Halbachsen anstatt auf ihnen befestigt.
Einen vorsichtigen Kompromiß mußte man bei der Konzeption der Spurbreite eingehen. Eine schmale Spur hielt die Stirnfläche klein, aber breitere Abmessungen halfen die großen und unerwünschten Sturzänderungen an den Hinterrädern zu verringern und wirkten dem Aufstellmoment der Schwingachse entgegen. So wurde also hinten zwischen beiden Rädern ein Abstand von 1445 mm eingehalten, vorne gab man dem Wagen jedoch eine schmalere Spurweite von 1340 mm, womit man das Verhältnis der früheren Rennwagen genau umkehrte, da man die Vorderräder hier ganz in die Karosserie mit

einbeziehen wollte. Den Radstand verkürzte man auf 2400 mm. Auch bei der Auswahl der Radgrößen war man zu einem Kompromiß gezwungen. Ein Durchmesser über 15 Zoll hätte niedrigere Reifentemperaturen und damit eine höhere Lebensdauer gebracht, darüber hinaus wäre auch die Verwendung großer Bremsen möglich gewesen. Wenn man jedoch die Größe beibehielt, konnte man an Rädern und Reifen Gewicht einsparen und auch die unerwünschten Effekte der Schwingachse keiner unnötigen Verstärkung aussetzen. Die Entscheidung fiel letztlich zugunsten der 15-Zoll-Räder.

Am ersten Wagen fanden noch Scheibenräder mit Radmuttern Verwendung, sie wurden jedoch schon bald gegen Räder mit Zentralverschlüssen ausgetauscht. Die Felgen aus Leichtmetall trugen Reifen der Dimension 6,70 × 15. Kein Teil am 300 SL war ausgefeilter und so speziell auf den Renneinsatz zugeschnitten wie die Bremsen. Der Durchmesser der Trommeln blieb mit 260 mm gegenüber dem Dreihunderter unverändert, nur die Belagbreite war auf 90 mm angewachsen. Vorn wurden die beiden Bremsbacken mit zwei Nocken angedrückt, hinten war es bei der Simplex-Anordnung geblieben. Auf die Aluguß-Bremsbacken waren englische Ferodo VG 95-Beläge aufgeklebt. Während des Krieges hatten Entwicklungen in England und Amerika zu neuen Produktions-Methoden geführt, die alle bisherigen Probleme mit Bremstrommeln ausschalteten. Beim Alfin-Prozeß wurde eine dünne Gußeisen-Schicht als Bremsfläche auf die Aluminiumtrommel aufgebracht, wobei die beiden Metalle eine molekulare Bindung eingingen. Nach einem amerikanischen Verfahren wurden diese Bremstrommeln für den 300 SL bei der Karl Schmidt GmbH in Lizenz gefertigt. Mit kleinen Bohrungen an der Trommelrückwand versuchte man eine Abführmöglichkeit für den Abrieb des Belages zu schaffen. Wie schon bei den Grand-Prix-Wagen, wurde auch hier die Peripherie der Trommel wieder mit engstehenden Rippen versehen, die zusammen mit den entsprechenden Schlitzen in den Rädern für die nötige Kühlung sorgten.

Zusammen mit dem Motor und den Antriebsteilen waren diese Komponenten für den Renneinsatz ziemlich gewichtig. Zum Ausgleich dazu mußte man, um die Erfolgsaussichten zu wahren, einen Rahmen und eine Karosserie von unübertroffener Leichtheit und Stabilität entwickeln. Und dies gelang perfekt. Die Lösung der Rahmenfrage lag in der Verwendung einer großen Anzahl von dünnen Stahlrohren, die man zu einem Gerüst verschweißte, das genauestens nach der benötigten Festigkeit und Verdreh-Steifigkeit berechnet war. Die Konstrukteure um Franz Roller schufen damit eines der besten Beispiele des Rohrrahmen-Konzepts, das zu dieser Zeit in den Köpfen vieler europäischer Ingenieure herumspukte. Nach vorangegangenen Experimenten vor dem Krieg hatte Aston Martin im Jahre 1948 einen Wagen mit einem Dreiecksrahmen aus Vierkant-Rohren vorgestellt. Zwei Jahre später folgte dann mit dem DB 2 ein Fahrzeug, das neue Maßstäbe in Design und Leistungsvermögen von Sport-Coupés setzte und den Gedanken über geschlossene Rennsportwagen neuen Auftrieb verlieh. Ähnlich eindrucksvoll traten auch die kleinen Cisitalia und der Jaguar C in Erscheinung; beide wiesen ebenfalls Gitterrohrrahmen auf. Weitere Einflüsse bei der Entscheidung zugunsten dieser Rahmenbauart stammten von kleinen Firmen in Deutschland wie etwa Veritas, die sich bereits erfolgreich damit befaßt hatten.

Nach dem Krieg hatte Rudolf Uhlenhaut zwei Jahre bei einer Techniker-Einheit der englischen Armee verbracht. In seiner freien Zeit hatte er dort einen kleinen Rennwagen mit Heckmotor entworfen, wobei er einen breiten Rohrrahmen verwendete, dessen Zentrum in einer stabilen Dreieckskonstruktion vor dem Cockpit zusammenlief. Genau dieses Zentrum in der Gitterkonstruktion tauchte auch am 300 SL wieder auf. In der gesamten Anordnung waren nur zwei stärkere Rohre enthalten. Eines davon befand sich vorne zwischen den Radaufhängungen, das andere verlief ebenfalls quer im Wagenheck, Federn und Stoßdämpfer waren an den beiden Enden montiert. Diese beiden Trägerrohre waren durch das komplizierte Gitterwerk des Rahmens miteinander verbunden, dessen einzelne Rohre so plaziert und bemessen waren, daß sie sich – zumindest theoretisch – nur auf Druck und Zug beanspruchen ließen. Die auf den Rahmen einwirkenden Kräfte wurden an der Wagenfront mit sternförmig zusammenlaufenden Rohren zur Motorraum-Rückwand hin abgefangen, wo sie eine Pyramide bildeten. Um den Fußraum war hinter dem Armaturenbrett ein doppelter und mehrfach verstrebter Ring aus dünnen Rohren angeordnet. Von dort führte wieder eine Anzahl von Rohrstreben nach hinten zum nächstwichtigen Versteifungsteil hinter den Sitzen. Hier führten weitere Rohre auf den Querträger der Hinterachse und weiter um den Tank herum (170 Liter Fassungsvermögen). Auf diesem Ausleger lagen auch die beiden Reserveräder. Einen Anhaltspunkt für die hervorragende Steifheit dieses Gitterrohrrahmens lieferte der Vergleich mit dem LeiterRohrrahmen des W 154. Beide Rahmen wiesen die gleiche Unempfindlichkeit gegen Verwindungen auf, doch der neue war nur 50 kg schwer gegenüber der Vorkriegskonstruktion, die in ihrer leichtesten Version immerhin noch 70 kg auf die Waage brachte. Mit dem Rahmen am W 194 ließ sich noch zusätzlich Gewicht sparen, denn die Karosserie war hier direkt aufgebaut, und es wurden keine Rahmenausleger benötigt. Um einen solchen Rahmen stabilzuhalten, ist es wichtig, ihn um die Fahrgastzelle sehr breit zu halten, dort, wo sich normalerweise die Türen befinden. Hierbei kam man auf die spektakulärste Neuerung des 300 SL – die Flügeltüren. Als man in Sindelfingen das neue Chassis mit einer möglichst glatten Aluminium-Haut versah, ergab es sich fast von selbst, daß man auf herkömmliche Türen verzichten würde. Statt dessen wählte man einen Einstieg, der buchstäblich durch das Dach führte.

Mit der Entscheidung, den W 194 als Coupé hauptsächlich für Langstreckenrennen zu bauen, folgte man den erfolgreichen Beispielen von Alfa Romeo und BMW, wo man schon 1940 mit Coupés bei der Mille Miglia an den Start gegangen war. Auch fuhr Porsche 1951 bei den 24 Stunden von Le Mans mit einem geschlossenen Wagen. Die Karosseriebauer um Karl Wilfert bemühten sich um glatte, abgerundete Formen an der unteren Hälfte der Karosserie; der Dachaufsatz wurde so schmal wie möglich gehalten. Damit vermochten sie die Stirnfläche mit 1,8 m^2 relativ gering zu halten: der c_w-Wert für den Luftwiderstand betrug 0,25. In dieser Hinsicht handelte es sich beim 300 SL mit Sicherheit um das windschlüpfrigste Fahrzeug unter den großen Sportwagen jener Zeit. Rudolf Uhlenhaut bemerkte dazu: „Die Messungen im Windkanal ergaben, daß die Karosserieform des 300 SL sehr gut gelungen ist und daß man sie kaum mehr verbessern könnte.“ An der Gestaltung ließ sich ein gewisser Einfluß der erfolgreichen Porsche-Coupés erkennen, und der Kühlergrill stammte vom Grand-Prix-Wagen aus dem Jahre 1939. Die beiden Seitenfenster waren jeweils in ein Blechteil, das bis in die Dachmitte reichte, eingebaut; der Türausschnitt war somit groß genug, um den FIA-Regeln zu entsprechen. Diese Reglements-Auslegung stammte von Alfred Neubauer: „Nirgendwo steht geschrieben, daß die Türen nur zur Seite aufgehen dürfen.“ Auf einem Entwurf vom Februar 1952 hatte man noch ein Stufe in der Karosserie zum leichteren Einsteigen vorgesehen, darauf verzichtete man jedoch später.

Für einen Wagen, der eigentlich nur für Renn-Einsätze gebaut wurde, war das Interieur des W 194 hervorragend gestaltet und von hoher Qualität. Man hatte bei Daimler-Benz erkannt, daß es für die Fahrer wesentlich angenehmer war, einige tausend Kilometer in einem gut eingerichteten Cockpit zu verbringen als in einem Gewirr von Rohren, Schläuchen und Schaltern wie in so vielen anderen Rennwagen. Man war auch der Meinung, daß ein aufgeräumt wirkendes Armaturenbrett einem Fahrer Auftrieb geben könnte. So waren die Konstrukteure in Sindelfingen unter keinen Umständen bereit, einen Wagen ohne jene Ausstattungs-Details, die eines Mercedes würdig waren, abzuliefern. Hoch über dem demontierbaren Vierspeichen-Lenkrad saßen Tacho und Drehzahlmesser, beide waren mit Abdeckungen zum Schutz vor Spiegelungen versehen. Etwas niedriger, zu beiden Seiten der Lenksäule,

befanden sich vier Zusatzinstrumente für Wassertemperatur, Benzindruck, Öl-Temperatur und -druck. Eine Kraftstoffanzeige war nicht vorgesehen. Zwischen den Schaltknöpfen in Armaturenbrettmitte befand sich auch eine Stoppuhr. Der lange, abgewinkelte Schalthebel ragte unter dem Armaturenbrett hervor und im linken Fußraum fand sich eine „Krückstock"-Handbremse. Die tiefen, geneigt eingebauten Sitze wiesen eine dünne, aber bequeme Polsterung mit kariertem Wollbezug auf.
Laurence Pomeroy beschrieb den Aufenthalt im Cockpit des 300 SL als „ungewöhnlich laut und heiß". Dies lag in der Hauptsache mit der Ableitung der Motorhitze durch den Kardantunnel, also über der Bodenplatte nach hinten, begründet. Wie bei den letzten Grand-Prix-Wagen war auch hier der Ölkühler am Wasserkühler angeschraubt, er befand sich am Hauptkühler rechts. Mit am eindrucksvollsten an diesem „Übergangs-Rennwagen" war die Art, wie die Konstrukteure den klobigen Motor unter der flachen Motorhaube eingebaut hatten, nämlich um 50 Grad nach links geneigt, wobei die Kurbelwellen-Linie rechts von der Fahrzeug-Mittellinie zu liegen kam. Dadurch brachte man den Schwerpunkt ziemlich genau in die Fahrzeugmitte, außerdem hatte der Fahrer damit mehr Fußraum, allerdings auf Kosten des Beifahrers. Die ersten Prototypen des W 194 wiesen große Aluminium-Ölwannen auf, da man die Naßsumpfschmierung des Dreihunderters beibehalten hatte. Es erwies sich indessen als unumgänglich, eine leichte Gewichtserhöhung und eine Verkomplizierung des Systems in Kauf zu nehmen, als man auf Trockensumpf umstellte. Man konnte dadurch die Öltemperatur in einem vertretbaren Rahmen halten und eine sichere Versorgung des Schmiersystems gewährleisten. Unterhalb der Druckpumpe montierte man an eine Rückförderpumpe, beide befanden sich in einem zylindrischen Gehäuse unterhalb der nunmehr wesentlich flacheren Ölwanne, die mit einem kleinen Auffangreservoir versehen wurde. Der Öltank befand sich im linken Kotflügel, hinter dem Rad.
Der geneigte Einbau des Motors erwies sich als sehr vorteilhaft für die Verlegung der Ansaugwege, gleichzeitig war aber ein Wechsel der Zündkerzen fast unmöglich geworden. In der Saison 1952 wurden deshalb neue Zylinderköpfe gegossen, wodurch die Zündkerzen vom Zylinderblock in den Kopf wanderten; sie ragten jetzt genau zwischen den Ventilen in die Brennräume.
Man fertigte in der Folge auch neue, spezielle M 194-Zylinderblöcke an, bei denen die Kerzenbohrung verschlossen und zugleich die seitliche Kammer des Brennraums verkleinert wurde, um die Verdichtung auf 8,0:1 anheben zu können. Dazu standen selbstverständlich auch neue Kolben zur Verfügung. Die Ventilgrößen blieben unverändert, jedoch wurde eine spezielle Renn-Nockenwelle mit veränderten Steuerzeiten eingebaut. Drei Solex-Fallstromvergaser sorgten für die Gemischaufbereitung, wobei jeder zwei Zylinder über einen kurzen Alu-Krümmer bediente. Zwei elektrische Benzinpumpen förderten den Kraftstoff, die Ansaugluft wurde durch einen Schacht vom Kühlergrill nach hinten geleitet.
Bei den esten eingesetzten Wagen war der Luftkasten nach oben offen und wurde von der geschlossenen Motorhaube abgedeckt, später versah man ihn jedoch mit einem eigenen Deckel, das zusätzliche Gewicht ließ sich noch verkraften. Im Gegensatz zu den Auswirkungen, wenn bei einem Boxenhalt ein Fremdkörper in diesen Kasten gelangt wäre! Mit der Verlegung der Auspuffrohre war man weniger glücklich, die langen Auslaßkanäle mündeten nämlich zwischen den Einlaßöffnungen ins Freie und dort war zu wenig Platz für einen normalen Krümmer, mit dem sich die sechs Kanäle zusammenfassen ließen. So führten jeweils zwei Kanäle in ein gemeinsames Rohr, wobei das vordere und mittlere knapp hinter dem Motor zusammenführten. Die nunmehr zwei Rohre reichten bis fast an den Wagenboden hinunter, wo sie kurz vor dem Schalldämpfertopf zusammenliefen. Vom Dämpfer aus führte ein Rohr bis an das hintere Ende des Wagens.
Die ersten Leistungsangaben für diesen Motor beliefen sich auf 171 PS bei 5200 U/min mit einem maximalen Drehmoment von 25,9 mkg bei 4200 U/min. Es ließen sich jedoch ohne Probleme auch höhere Drehzahlen erzielen. Der rote Bereich auf dem Drehzahlmesser begann erst bei 5800 U/min, aber man drehte manchmal noch einmal 600 Umdrehungen höher. In der Saison 1952 baute man auch einige spezielle Versionen dieses Motors, um damit besonderen Anforderungen gerecht zu werden. Daimler-Benz setzte sich damit nicht unnützen zusätzlichen Belastungen aus, denn die Konkurrenz war diesmal ungewöhnlich groß. Die Rennsportwagen von Jaguar, Ferrari, Talbot und Cunningham konnten allesamt Leistungsangaben von 200 PS und darüber vorweisen, und sie waren in mehreren Fällen zumindest genau so leicht wie man sich den 300 SL gewünscht hätte. Dieser war ursprünglich mit einem Trockengewicht von 800 kg veranschlagt, man kam jedoch bei rennfertigen Fahrzeugen auf 869 kg. Alfred Neubauer war von den Siegeschancen, die dieses Fahrzeug bieten sollte, gar nicht so sehr überzeugt.
Im November 1951 führte man mit einem fertig zusammengebauten W 194 auf dem Werksgelände und auf den Straßen rund um Untertürkheim erste Fahrversuche durch. Nicht lange danach äußerte Neubauer seine Bedenken über die Einsatztauglichkeit dieser Konstruktion. Er wies dabei auf den Leistungsrückstand hin und forderte einen Motor mit mindestens 200 PS. Er fürchtete auch, daß die Bremsen den Anforderungen bei der Mille Miglia und in Le Mans nicht gewachsen sein würden. Auch das Getriebe für den 300 SL war fast unverändert von den Serienwagen übernommen worden. Das Grauguß-Gehäuse hatte man beibehalten, lediglich eine Druckölpumpe hinzugefügt und das Profil der Zahnräder verändert, um sie dem höheren Drehmoment anzupassen. Neubauer bevorzugte hier ein Fünfganggetriebe, mit dem man auf den klassischen Straßenkursen besser zurechtkommen würde. Der Rennleiter ging sogar so weit, die Zuverlässigkeit der 15-Zoll-Reifen in Frage zu stellen. Erneut schlug er die Verwendung der Größe 16 Zoll vor und sagte: „Die Presse und die Öffentlichkeit in Deutschland erwarten Gesamtsiege von den mir unterstellten Mercedes-Sportwagen." Er glaubte, dazu nicht mit den notwendigen Mitteln unterstützt zu werden. Rudolf Uhlenhaut entgegnete, daß der W 194 bei den Langstreckenrennen gute Chancen haben dürfte, denn dort spielen neben der Zuverlässigkeit auch die Wetterverhältnisse und ein klein wenig Glück eine wichtige Rolle. Zu Neubauers Erstaunen hielt Uhlenhaut sogar einen Sieg über die Jaguar C nicht für ausgeschlossen. Uhlenhaut erklärte weiter: „Jeder andere Entwurf, der nicht auf unserem Dreihunderter basiert, hätte keine Chance zur Verwirklichung gehabt. Andere Konstruktionen stehen derzeit außer Frage, denn die Firma ist zu stark mit allen möglichen anderen Dingen belastet, so daß man nicht in der Lage ist, solche Projekte in Angriff zu nehmen."
Falls Neubauer seine Vorbehalte gegenüber der Konstruktion des 300 SL der Firmenleitung vorzutragen gedächte, warnte ihn Uhlenhaut, „wäre wahrscheinlich die einzige Folge davon die sofortige Schließung der Rennabteilung, denn es ist momentan unmöglich, ein anderes Programm durchzuführen". Neubauer wollte die Existenz der Rennabteilung nicht gefährden und entschloß sich, das Projekt, wie es ursprünglich gedacht war, fortzuführen. Er hoffte, daß die in seinen Augen unumgängliche Niederlage zu weiteren Verbesserungen am Fahrzeug und nicht zur Schließung der Rennabteilung führen würde.
Bei dem ersten Einsatz im Jahre 1952 hatten es Neubauer und seine Fahrer nicht mit einem Rennen zu tun, vielmehr nahm eine Werksmannschaft an einer Rallye, der klassischen Sternfahrt nach Monte Carlo, teil. Mit den Mercedes 220-Limousinen wurde dabei der Mannschaftspreis errungen. Im März führte man der Presse den ersten fertiggestellten 300 SL auf der Autobahn bei Heilbronn vor. Unmittelbar danach begann man mit den Trainingsvorbereitungen für die Mille Miglia. Karl Kling, Hermann Lang und Rudolf Caracciola fuhren die Strecke in Italien zuerst mit normalen Limousinen und dann mit den vorgesehenen Einsatzwagen mehrmals ab, um sie sich gut einzuprägen. Zwei Wochen vor dem Rennen mußte Klings Wagen noch

schnell ins Werk zurück, weil nach einer kurzen Auseinandersetzung mit den landschaftlichen Gegebenheiten Italiens das Fahrzeug Beschädigungen am Heck aufwies. Im Rennen selbst, am 3. und 4. Mai, duellierte sich Kling mit Giovanni Bracco; der harte Zweikampf zwischen dem Mercedes 300 SL und dem Dreiliter-Ferrari dauerte die ganze Fahrt von Brescia nach Rom und zurück, an. Bei regnerischem Wetter führte Kling bis Rom, nachdem Bracco Reifenprobleme zu vermelden hatte. Doch dann büßte der Schwabe mehr als sechs Minuten ein, als sich eine festsitzende Zentralverschluß-Mutter nicht lösen ließ, während der auftrumpfende Italiener sein Ferrari-Coupé nach Norden jagte, einem sicheren Sieg entgegen. Mit einer „teuflischen, hysterischen und verrückten" Fahrt war Bracco in die Rolle eines Bernd Rosemeyer geschlüpft, denn auch er hatte als Einzelkämpfer das Mercedes-Team besiegt. Seine Gesamtzeit betrug 12 Stunden, 9 Minuten und 45 Sekunden, Kling kam mit einem Abstand von 4:32 Minuten als Zweiter ins Ziel. Lang war schon auf dem ersten Streckenabschnitt ausgeschieden, er hatte einen Begrenzungsstein gestreift und dabei die Hinterachse angeschlagen. Caracciola fuhr einen Wagen mit etwas geringerer Motorleistung und belegte Rang Vier, mit

12:40:5 hatte er für die Strecke dreieinhalb Stunden weniger gebraucht als 1931 bei seiner Siegesfahrt mit dem SSK. Im Ziel lag zwischen Kling und Caracciola, ein Lancia Aurelia, gesteuert von einem früheren Team-Kameraden, Luigi Fagioli.
Zwei Wochen nach der Mille Miglia wurden die vier Autos (drei Einsatz- und ein Reservewagen) bei einem Sportwagenrennen in der Schweiz, das vor dem Grand Prix stattfand, an den Start gebracht. Die Fahrer saßen wieder in den selben Wagen, das Reservefahrzeug vertraute man Fritz Riess an. Dieser Wagen diente auch als Versuchsobjekt, man hatte für Bern die Türen etwas abgeändert. Bei der Mille Miglia hatten die Abnahme-Kommissare fieberhaft die FIA-Regeln durchforstet, aber sie konnten die Flügeltüren nicht ablehnen. Man befürchtete jedoch, daß es in Le Mans hier Schwierigkeiten geben könnte und deshalb hatte man die Tür-Ausschnitte ein Stück weiter herunter, bis in die Seitenteile der Karosserie, gezogen. Diese Anordnung war erstmals in Bern an Riess' Wagen zu sehen. Das Rennen brachte zwar einen Erfolg für Daimler-Benz, nur Rudolf Caracciola hatte indessen Pech. An seinem Wagen hatten vereinzelt die Hinterradbremsen eine Blockierneigung gezeigt, auch Kling hatte sein Problem damit in Italien gehabt. In Bern blockierten sie nun an Caracciolas Wagen und das dunkelrote Coúpê schoß auf einen Baum zu. Dies war Caracciolas dritter Unfall in seiner langen Karriere und sogar sein erster in einem Mercedes. Er konnte sich von seinen Verletzungen zwar wieder erholen, kehrte aber nicht mehr auf die Rennstrecken zurück. Kling, Lang und Riess belegten die ersten drei Ränge, nachdem der 4,1 Liter Ferrari, der sie im Training fast deklassiert hatte, am Start versagte.
Für das Rennen in Le Mans im Juni traf Daimler-Benz alle erdenklichen Vorkehrungen. Man hatte drei neue Wagen gebaut. Karl Kling teilte sich das Steuer mit seinem Freund und Mille-Miglia-Beifahrer Hans Klenk; die beiden sollten sich als eines der harmonischsten Teams in der ganzen Le-Mans-Geschichte erweisen. Hermann Lang und Fritz Riess fuhren den zweiten Wagen, den dritten vertraute man den Neulingen Theo Helfrich und Norbert Niedermayer an. Für das materialfressende 24-Stunden-Rennen hatte man die Motorleistung der 300 SL etwas gedrosselt, sie belief sich nun auf 166 PS bei 5100 U/min, das maximale Drehmoment von 25,3 mkg stellte sich bei 4200 U/min ein. Der Einfüllstutzen des Kraftstofftanks ragte nun durch das Heckfenster, die Scheinwerfer hatte man mit Schutzgittern versehen und an der Motorhaube zwei Lederriemen angebracht, um hier vor Überraschungen geschützt zu sein. Der Versuchswagen war ebenfalls mit nach Le Mans

Im Training zum 24-Stunden-Rennen von Le Mans tauchte Mercedes 1952 erstmals mit aerodynamischen Hilfsmitteln an den Rennwagen auf. Die Idee zu dieser Luft-Bremse stammte von Alfred Neubauer. Die moralische Wirkung auf die Konkurrenz war dabei fast größer als die tatsächliche. Aufgrund von Problemen mit den Haltepylons verzichtete man auf den Renneinsatz der Apparatur.

genommen worden. Ein neuartiges Detail an diesem Fahrzeug alarmierte die Konkurrenz, die ohnehin durch die Rückkehr von Daimler-Benz ins Sportgeschehen schon gehörig aufgeschreckt war: Man hatte diesen 300 SL mit einer Luftbremse auf dem Dach versehen. Deren Entwicklung hatte nichts mit den vor dem Krieg durchgeführten Windkanal-Versuchen zu tun; sie war auf einen Vorschlag Alfred Neubauers entstanden. Er dachte dabei an die kommenden Einsätze von stromlinienförmig karossierten Sport- und Rennsportwagen auf schnellen Strecken wie Reims und Le Mans und empfahl eine Luftbremse als Mittel zur Schonung der Radbremsen und Reifen. Neubauer erinnerte daran, daß man „die Gesetze der Aerodynamik sich bereits bei den Plänen für den Indianapolis-Einsatz 1951 zu Nutze machen wollte". Er wies darauf hin, daß „bei den Sportwagen das 24-Stundenrennen von Le Mans in erster Linie die Vorteile einer solchen Luftbremse deutlich machen würde, denn dort betätigt man alle zwei Minuten die Bremsen, um die Geschwindigkeit von 260 auf 40 km/h zu verringern". Man probierte die Anordnung im Training aus. Die große Luftklappe war dazu auf zwei Stützen auf dem hinteren Teil des Coupédachs befestigt; wenn sie flachlag, bot sie nur geringen Luftwiderstand. Durch ein Gestänge wurde die Klappe vom Fahrer betätigt, sie klappte dabei nach vorn und paßte sich mit der vorderen Kante genau der Dachwölbung an. Durch die auftreffende Luftströmung wurde das

Blech angedrückt, bis es fast senkrecht stand. Wenn die Geschwindigkeit des Wagens stark vermindert war, konnte der Fahrer die Bremsklappe über das Gestänge wieder in die Ruheposition bringen.
Der Anblick der arbeitenden Luftklappe erzeugte überall Unruhe. Bob Dearborn berichtete darüber in *Road & Track:* „Der Wagen kam mit Vollgas die Gerade herunter, als der Fahrer vor aller Augen sich nach einem Hebel streckte. Und schon schnellte der Flügel hoch – der Wagen wurde abgebremst, als ob ihn eine riesige Hand gepackt hätte...zwischen 240 und 120 km/h lagen nur Sekunden-Bruchteile."
Die Anlage war sehr wirkungsvoll, wenngleich nicht in dem beschriebenen Umfang. Bei Geschwindigkeiten über 160 km/h ließ sich eine Bremsverzögerung von 1,9 m/sec^2 erzielen. Dies reichte aus, um den Wagen deutlich abzubremsen; aber auch um die Befestigung auf dem Dach bereits nach wenigen Bremsungen zu lockern. In dieser Ausführung kam die Luftbremse also noch nicht zu einem Wettbewerbs-Einsatz, aber man gedachte zu einem späteren Zeitpunkt damit wieder in Le Mans aufzutauchen.
Aus der ersten Bauserie hatte man einen weiteren Wagen als Ersatzfahrzeug mitgenommen, dieser wurde jedoch bei einem Trainingsunfall beschädigt. Das Ausmaß der Vorbereitungen und auch die Anzahl der aus Stuttgart eingetroffenen Wagen veranlaßten den Reporter Rodney Walkerly zu der Bemerkung: „Wenn Mercedes sich zur Teilnahme an einem Rennen entschieden hat, entschließt das Werk sich auch, die Sache mit der gebotenen Sorgfalt

Rechts: Le Mans, Samstag, 15.00 Uhr. Die Fahrer stehen bereit, um auf das Flaggenzeichen des Starters zu ihren Wagen zu spurten. Die drei Mercedes-Coupés wurden von den Mannschaften Kling/Klenk, Helfrich/Niedermayer und Lang/Rieß gesteuert.

Unten: Nächtlicher Boxenstop. Man putzt die Scheibe und füllt Bremsflüssigkeit nach.

anzugehen." Doch es sprachen zwei Faktoren gegen die vermeintlich perfekte Vorbereitung des Le-Mans-Einsatzes. Einmal erwies sich der Reifenverschleiß als wesentlich höher als vorher angenommen. Dies hatte zwar auf die Anzahl der eingeplanten Boxenstops keinen Einfluß, die Wagen wurden ohnehin nach jeweils 50 bis 53 Runden, also etwa nach 700 Kilometern, hereingewunken, um die Tanks zu füllen (Kraftstoffverbrauch 20 l/100 km). Aber die einzelnen Boxenaufenthalte wurden durch die zusätzlichen Reifenwechsel länger, wodurch auch der Zeitplan durcheinander geriet. So gab es am Continental-Depot bald lange Gesichter.
Auch die Bosch-Leute blieben vor einer Enttäuschung nicht verschont. Kling/Klenk hielten mit ihrem 300 SL bequem die zweite Position; vor ihnen lag ein Gordini, der kaum die gesamte Distanz durchstehen würde. Ein plötzlicher Lichtmaschinen-Defekt zwang sie aus dieser aussichtsreichen Position jedoch zur Aufgabe. Alfred Neubauer war über die Bemerkung, daß 1930 der

Mercedes von Caracciola/Werner aus dem gleichen Grund ausgeschieden war, nicht gerade sehr erfreut.

Nun lag der Talbot von Pierre Levegh an erster Stelle, bis ihn Ölverlust langsamer werden ließ und schließlich ein Pleuel riß. Helfrich und Niedermayer befanden sich knapp dahinter, aber sie mußten mit einer beschädigten Felge langsam um den ganzen Kurs bis zur Box fahren. Die Sieger hießen schließlich Hermann Lang und Fritz Riess. Der gefahrene Gesamtschnitt betrug für den Sieger 155,4 km/h, jedoch hatten fünf Ferrari und Gordini schnellere Rundenzeiten als der schnellste Mercedes erzielt; Kling war über 4:45,6 min nicht hinausgekommen. Leveghs Talbot hatte hier nicht mithalten können, dafür war der Franzose mit den Reifen schonender umgegangen.

Nach der Le Mans-Expedition wurden die Coupés in den „Operations-Saal“ nach Untertürkheim zurückgebracht, wo man sie zunächst einer gründlichen Untersuchung unterzog. Als nächster Einsatz war das Sportwagenrennen auf dem Nürburgring am 2. August vorgesehen. Auf der schwierigen Strecke waren zwar nur 227 Kilometer zu absolvieren, dafür aber wurde harte Konkurrenz von Jaguar und Alfa Romeo erwartet. Für dieses Rennen brauchte man einen Wagen, der so leicht und so stark wie möglich war, wobei man diesmal auf Aerodynamik wenig Wert legte. Das Resultat war der 300 SL Roadster.

Dem allerersten Versuchs-Coupé hatte man zuerst das Dach abgeschnitten. Hierbei wurde die Dachpartie lediglich entlang der Karosserielinie abgetrennt, die unteren Türpartien blieben erhalten. Der Ausschnitt hinter den Sitzen wurde ausgefüllt, das Beifahrer-Abteil mit einem Alublech abgedeckt. Die Frontscheibe wurde ebenfalls entfernt, an ihre Stelle trat eine kleine Windschutzscheibe vor dem Lenkrad. Man entfernte bis auf die Öldruck-, Wassertemperatur- und Drehzahl-Anzeigen alle Instrumente und erhielt dadurch ein wesentlich leichteres und einfacher zu gestaltendes Armaturenbrett. Das Auspuffrohr führte nun nicht mehr am Wagenheck ins Freie, sondern ragte wie am Rekordwagen von 1936 durch das rechte Karosserie-Seitenteil. Diesen Wagen steuerte im Rennen Theo Helfrich. An dessen Le-Mans-Coupé wurden dieselben Änderungen durchgeführt, es war diesmal für Fritz Riess bestimmt. Hermann Lang fuhr wieder seinen Le-Mans-Wagen, aber auch im neuen Kleid. Karl Kling hingegen bekam einen ganz neuen Wagen, den man extra für dieses Rennen aufgebaut hatte. Dieser war mit einem Radstand von 2200 mm kürzer als die Vorgänger und konnte damit leichter und handlicher gehalten werden. Die Kühlergrill-Öffnung hatte zwar noch die gleiche Höhe wie bei den anderen Wagen, war jedoch schmaler geworden, womit man Strömungsverluste am Lufteintritt vermeiden konnte. Klings Wagen und ein weiterer 300 SL waren für die Klasse bis 8 Liter Hubraum gemeldet worden, denn hierfür hatte man einen aufgeladenen Dreiliter-Motor vorbereitet. Seine Bezeichnung lautete M 197, man hatte ihn mit einem einstufigen Roots-Kompressor versehen, der längs über dem Zylinderkopf montiert war, so daß die Rotoren praktisch übereinander lagen. Von der linken Seite wurde das Kraftstoff-Luft-Gemisch von drei Solex-Horizontalvergasern geliefert, rechts vom Lader wurde es in einem Druckrohr-Krümmer aus Alguß in die Zylinder gedrückt. Am hinteren Ende des Krümmers befand sich wie gehabt ein Überdruckventil. Der Antrieb des Laders erfolgte über einen Stirnradsatz und eine kurze Zwischenwelle vom vorderen Ende der Nockenwelle her. Dadurch wurde der Kettenantrieb natürlich erheblichen zusätzlichen Belastungen ausgesetzt, man verstärkte ihn deshalb in den wichtigen Teilen und sorgte für eine zusätzliche Schmierung. Der Kompressor diente hauptsächlich zur Verbesserung des Gasdurchsatzes am Motor bei höheren Drehzahlen, womit man das Leistungsband erweiterte. Das maximale Drehmoment stieg dabei auf 28,8 mkg bei 4200 U/min, die Leistung belief sich nun auf 230 PS bei 6400 U/min.

Doch der offene 300 SL wußte offensichtlich mit diesen zusätzlichen 50 PS nichts anzufangen. Erstaunlicherweise waren weder Uhlenhaut noch Kling mit dem Kompressor-300 SL auf dem Ring schneller als mit dem Saugmotor-

Am Sonntagmorgen muß bei Mercedes alles wie am Schnürchen laufen. Der Wagen wird mit höchster Konzentration behandelt, denn es besteht nun die Aussicht auf einen Sieg, da Leveghs Talbot langsamer geworden ist. Tatsächlich heißen die Sieger nach 24 Stunden Hermann Lang/Fritz Rieß auf Mercedes 300 SL.

Wagen. Kling benötigte 10:24,8 min für eine Runde, und mit dem Kompressorwagen gar 10:25,1 min. Uhlenhaut gab dafür folgende Erklärung: „Es ist bekannt, daß bei einer normalen Schwingachse bei hohen Geschwindigkeiten in engen Kurven das kurveninnere Rad entlastet wird, so daß es zuweilen sogar von der Fahrbahn abhebt; als Grund dafür muß die erhöhte Lage des Schwingen-Drehpunkts angesehen werden." Diese Erscheinung wurde durch die vergrößerte Leistung des Ladermotors nur noch verstärkt, wodurch es schwieriger wurde, enge Kurven schnell und sauber zu durchfahren. Der dadurch entstandene Zeitverlust konnte zwar durch die bessere Beschleunigung nach den Kurven wieder wettgemacht werden, aber nicht über ein gewisses Maß hinaus. „Für die vorhandene Konstruktion reicht die Leistung gängig, doch ein kurzer, heftiger Tritt genügte für eine ausreichende Verzögerung in der Südkurve. Ein Nachlassen der Bremsen war nicht zu erkennen, sie überstanden auch meine schlechteste Behandlung. Die Lenkung war leichtgängig und direkt. Wenn ein Detail charakteristisch für das Auto war, so die Lenkung und die dadurch erzielte Handlichkeit des leichten, aber sehr stabilen Fahrzeugs. Man hatte das Gefühl, daß hier alles aus einem Guß war, selbst auf der holprigen Beton-Fahrbahn, als der Wagen beim Bremsen einige Bocksprünge vollführte."

Alfred Neubauer war von John Fitchs Fahrtalent beeindruckt. Doch die Freude sollte von kurzer Dauer sein. Noch im selben Monat ließ der Vorstand der Daimler-Benz AG verlauten, daß man nun alles erreicht habe, was man

Für das am Nürburgring stattfindende Sportwagenrennen wollte man die Wagen so leicht wie möglich machen. Was lag da näher, als den 300 SL in einen Roadster zu verwandeln. Karl Kling sollte mit einer besonderen Ausführung des Wagens in der 8000-ccm-Klasse an den Start, nämlich mit dem hier zu Versuchsfahrten startenden Kompressor-300 SL (Erkennungszeichen: die Ausbeulung links auf der Motorhaube).

des Saugmotor-300 SL gerade aus, um sie noch sicher auf den Boden zu bringen," schloß Uhlenhaut.

Auf dem Nürburgring traten schließlich alle vier 300 SL mit herkömmlichen Motoren an. Kling führte mit seinem Spezialwagen mit kurzem Chassis, bis er nach einem Leck an der Ölleitung auf seiner eigenen Ölspur ins Schleudern geriet. Er fiel auf den zweiten Platz zurück, direkt hinter ihm lagen Riess und Helfrich. Hermann Lang vervollständigte die Vierergruppe und gewann das Rennen. Das Team blieb noch eine Weile am Nürburgring und führte am Tag darauf verschiedene Testfahrten durch. Dabei bekam auch der Amerikaner John Fitch Gelegenheit zu einigen Proberunden; er hatte sich bereits in Le Mans nach den Chancen, sich dem Team anschließen zu dürfen, erkundigt. Genau an seinem 35. Geburtstag saß er nun am Steuer des Werks-300 SL: „Für einen Rennwagen war der Motor sehr gut vom Chassis isoliert, und der gedämpfte Ton machte den Eindruck, daß er – obwohl sehr deutlich und sauber im Klang – doch von weit her kam. Bemerkenswert war die Geschmeidigkeit des Motors – mehr wie ein Elektromotor als ein Hubkolben-Aggregat. Als ich ihn in den einzelnen Gängen jeweils bis an die Drehzahlgrenze von 5800 U/min ausdrehen ließ, verspürte ich ein deutliches Eintauchen des Hecks. Das Getriebe war die reinste Freude – der Schalthebel schien von selbst in die richtige Position zu fallen, wenn man ihn nur leicht anrührte." Fitch fuhr in seiner enthusiastischen Beschreibung fort: „Ein Schatz! Trotz der ungewohnten Schwingachs-Konstruktion reagierte der Wagen recht gutmütig auf alle Kurskorrekturen. Das Bremspedal war allerdings sehr schwersich mit den Sechszylinder-Sportwagen erhofft hatte und daß ihr Einsatz damit beendet sei. Das Hauptaugenmerk sollte nun den Vorbereitungen für das Grand-Prix-Programm gelten.

Einem letzten Einsatz konnte man jedoch nicht wiederstehen. Der Daimler-Benz-Vertreter von Mexico City hatte sich schon seit einiger Zeit mit allem Nachdruck für eine Beteiligung bei der dritten Auflage der berühmten Carrera Panamericana, die am 19. November gestartet werden sollte, eingesetzt. Mit seiner aktiven Unterstützung waren in relativ kurzer Zeit die nötigen Vorkehrungen getroffen worden. Für die Teilnahme an diesem harten Wettbewerb, der in fünf Ganztages-Etappen über insgesamt 3130 Kilometer führte, wurde eine komplette 300 SL-Streitmacht aufgeboten. In Mexico trafen zwei 3,5-Tonnen-Lkw, 35 Mann Begleitpersonal und vier Rennwagen ein. Später meinte Neubauer, daß er im Falle einer Wiederholung dieses Einsatzes die Truppe am liebsten noch verdoppelt hätte. Karl Kling bekam wieder sein Le Mans-Coupé und seinen bewährten Beifahrer Hans Klenk; dieser Wagen hatte als einziger aus der zweiten Serie sein Dach behalten dürfen. Ein weiteres Coupé stand für Hermann Lang und seinen Mechaniker Erwin Grupp bereit. Man hatte diesen Wagen neu aufgebaut, wobei aber einige Teile aus Caracciolas Unfallwagen von Bern Verwendung fanden. An beiden Fahrzeugen war der Auspuff nun durch die rechte Kotflügelseite verlegt, und die 4 mm starken Plexiglas-Scheiben wurden mit neuen Gummis mit einer Chromleiste eingesetzt.

Die anderen beiden Mannschaften sollten offene Wagen steuern. Man hatte diese mit einer über die Gesamtbreite reichenden Windschutzscheibe versehen sowie mit Haltegriffen für den Copiloten. John Fitch saß in Riess' Nürburgring-Auto und wurde von Eugen Geiger begleitet. Der vierte Wagen schließlich – es handelte sich um Langs Le Mans- und Nürburgring-Sieger – war zum Ersatz-Fahrzeug degradiert worden; der Journalist Günter Molter begleitete damit das Team auf den einzelnen Etappen.

Im Gegensatz zu den vorher bestrittenen Rennen gab es in Mexiko keine eigene Dreiliter-Kategorie. Dies hatte man bei Daimler-Benz genutzt und Zylinderblöcke präpariert, die man auf etwas mehr als 86 mm aufbohrte (das größtmögliche Maß), um einen Hubraum von 3,1 Litern zu erhalten. Mit den drei unveränderten Solex-Vergasern ließ sich dadurch eine spürbare Leistungsanhebung erreichen: 177 PS bei 5200 U/min mit einem maximalen Drehmoment von 26,4 mkg bei 4200 U/min.

Links: Nürburgring, Südkehre. Vier 300 SL-Roadster führen das Feld an (Kling, Lang, Rieß, Helfrich). Hermann Lang war schließlich der überglückliche Sieger des Rennens.

Es war Continental nicht möglich gewesen, in der zur Verfügung stehenden kurzen Zeit spezielle Reifen bereitzustellen. Auch konnte man in diesem Fall nicht auf vorhandene Erfahrungen zurückgreifen. So lieferte man 300 neue Serienreifen mit, einige mit dem dicken „Nürburgring-Profil" für kurvige, reifenmordende Strecken, die man in den Anfangsphasen des Rennens einsetzen wollte. Zur weiteren Auswahl stand das „Avus-Profil", das mit einer dünnen Protektor-Schicht besser für hohe Geschwindigkeiten geeignet war. Mit letzteren lag man genau richtig, die anderen Reifen hingegen sollten sich als verhängnisvoll erweisen...

In Mexiko war eine vielfältige und starke Konkurrenz am Start. Ferrari hatte drei neue 4,1 Liter Coupés entstand, die von den besten Werksfahrern gebändigt wurden. Die flinken Gordini waren ebenfalls angetreten, Giovanni Bracco hatte eine neue Version seines immens erfolgreichen Dreiliter Ferrari-Coupés mitgebracht. Er sollte in Mexiko ähnliche Erfolge wie zuhause in Italien feiern können. Alfred Neubauer entschloß sich, Bracco und die anderen Ferrari-Teams auf den ersten drei Etappen bis Mexico City nicht in Zweikämpfe zu verwickeln, den Mercedes-Hauptangriff wollte er erst in den fünf Schluß-Etappen inszenieren. Doch schon auf dem ersten Streckenabschnitt von Tuxtla Gutierrez nach Oaxaca warteten die ersten Probleme für die Daimler-Benz-Equipe. Hermann Lang lief ein Hund in die Fahrbahn, wobei das Frontblech unterhalb des Kühlergrills arg in Mitleidenschaft gezo-

Unten: Fritz Rieß und Theo Helfrich kämpfen um Platz drei.

Oben: Hermann Lang beim Start zur Etappe Mexico City – Leon bei der Carrera Panamericana 1952, er belegte im Gesamtklassement Platz zwei hinter Karl Kling.

Rechts: Service-Stopp nach der Kollision mit einem Geier; Kling und Klenk (verdeckt) wechseln die Räder.

gen wurde und er gezwungen war, die Lenkung zu überprüfen. Karl Kling hatte 5400 Touren auf dem Drehzahlmesser und raste mit etwa 220 Stundenkilometern dahin, als ein Geier auf den Wagen zuflog, auf die Frontscheibe prallte, sie durchschlug und im Inneren des Wagens zerfetzt liegen blieb. Kling war schon etwas geschockt über diesen Vorfall: „Es tat einen Schlag, als ob eine Granate explodiert wäre." Sowohl Fitch als auch Kling hatten, bevor sie an das nächste Reifendepot kamen, mehrmals an der Strecke mit Schäden an der Bereifung anhalten müssen und Ersatzreifen aufgezogen. Kling war gar dreimal zu einem Stop gezwungen gewesen und lag doch am Ende dieser Etappe noch auf Rang Drei. Die beiden anderen Mercedes liefen, an siebenter und achter Stelle, liegend in das Tagesziel ein.

Von diesem Zeitpunkt an lief es immer besser für Mercedes. In Mexiko City lagen alle drei 300 SL direkt hinter dem großartig auftrumpfenden Bracco. In der dortigen Werkstatt von Prat Motors versah man die beiden Coupés mit der längeren Endübersetzung, wie sie in Fitchs Roadster schon von Beginn an Verwendung gefunden hatte. Das Rennen wurde schließlich auf der siebten Etappe entschieden. Bracco mußte mit einem beschädigten Differential aufgeben und Fitch/Geiger nahmen eine Korrektur an der Vorderachs-Spur unter Inanspruchnahme fremder Hilfe vor, wodurch sie sich die Disqualifikation einhandelten. Kling bewältigte den Rest der Strecke mit derart hohen Durchschnittsgeschwindigkeiten, daß Neubauer sich wünschte, er könnte ihm von einem Flugzeug aus signalisieren, die Geschwindigkeit zurückzunehmen. Doch es war fast aussichtslos, den rasenden silbernen Wagen mit der Nummer Vier auf dem Dach zu fassen zu kriegen. Klings Gesamtschnitt errechnete man im Ziel mit 164,7 km/h, der Zweitplazierte – Hermann Lang – war auf 159,7 km/h gekommen. Luigi Chinetti lief mit seinem Ferrari auf Rang Drei ein, sein Schnitt betrug 158,9 km/h. Das Team aus Deutschland hatte gegen alle Widrigkeiten auf ungewohntem Boden fern der Heimat einen vielbewunderten Erfolg errungen. Es war zugleich der bisher einzige Sieg einer Daimler-Benz-Werksmannschaft in der Neuen Welt.

John Fitch schrieb später darüber: „Die Wagen sahen ziemlich zerschunden aus. Die andauernd einwirkenden Sandkörnchen hatten die Lackierung an den meisten Stellen bis aufs blanke Metall abgeschliffen. Die Karosserie war durch Steinschläge zerbeult, aufgeprallte Vögel hatten ebenfalls deutliche Spuren hinterlassen. Und auch die abgeschleuderten Reifen-Protektoren hatten Schäden an der Aluminiumhaut markiert." Die Wagen hatten in den kommenden Monaten noch weitere Aufgaben zu erfüllen, ihre Einsatztage waren dennoch gezählt.

„Bei einer Vollgas-Beschleunigung aus den unebenen Haarnadelkurven stampfte der Wagen so fürchterlich, daß ich mich fragte, wie die Getrieberäder, die Wellen und Kardangelenke das überstehen würden. Meine anfängliche Verwunderung und das mitleidige Lächeln wichen jedoch bald einem gewissen Stolz über unsere Fahrzeuge, diese Gebilde aus den auf den Einsatzzweck abgestimmten Materialien, die in der Lage waren, uns mit erstaunlichen Geschwindigkeiten durch die wilde Landschaft zu tragen.“
John Fitch

Traumwagen 300 SL

Die berühmte italienische Langstreckenprüfung, die Mille Miglia, war im Jahre 1955 eine reine Mercedes-Benz-Angelegenheit. Der neue Achtzylinder 300 SLR hatte dort gleich bei seinem ersten Auftreten einen Doppelsieg erringen können. Das ganze Interesse galt Stirling Moss, dem Sieger, und seinem Beifahrer Denis Jenkinson, natürlich auch dem Zweitplazierten – Juan Manuel Fangio. In diesem bemerkenswerten Jahr landete ein weiterer Mercedes auf dem fünften Rang, jedoch keiner der speziellen 300 SLR, sondern ein 300 SL Coupé aus der Serienfertigung. Es hatte für die 1585 Kilometer nur drei Minuten mehr als Alberto Ascari auf Lancia, der Sieger aus dem Vorjahr, benötigt. Der Wagen war von John Fitch gesteuert worden und belegte in der Wertung der GT-Klasse den ersten Rang. Zweiter in dieser Klasse wurde Olivier Gendebien, ebenfalls auf einem 300 SL Coupé. Bei beiden Fahrzeugen handelte es sich um reine Serienwagen, wie sie jeder begüterte Enthusiast bei Daimler-Benz kaufen konnte. Fitchs Klassenbestzeit betrug 11:29:21. Karl Kling hatte 1952 mit dem bestplazierten 300 SL unter wesentlich schlechteren Wetterverhältnissen, jedoch auch auf einer kürzeren Streckenführung, 45 Minuten länger gebraucht. Dies ist indessen kein stichhaltiger Beweis dafür, daß der 300 SL aus der Serienfertigung ein besseres Wettbewerbsfahrzeug als sein Vorgänger darstellte, der im Grunde als reines Renn-Instrument konzipiert war. Es läßt sich daraus vielmehr erkennen, daß man bei Daimler-Benz auf gar keinen Fall die Anforderungen an die Leistungsfähigkeit und Zuverlässigkeit bei der Konstruktion der Serienversion zurückschraubte. Der 300 SL stand somit in der besten Tradition des Hauses, er wurde sozusagen zum Nachfahren des SSK.

Bemerkenswert war die Tatsache, daß die Serienversion des 300 SL über die leistungsgesteigerte Maschine des für 1953 vorgesehenen Rennsportwagens verfügte. Diese zweite Ausführung des Wettbewerbs-300 SL war indessen nie realisiert worden. Im August 1952 hatte man beschlossen, die Sportaktivitäten nach der Saison einzustellen, doch im November wurde diese Entscheidung wieder aufgehoben. Man entwarf einen verbesserten 300 SL für die wichtigsten Rennen der Saison 1953. Die Spur des Wagens sollte verringert und damit eine schlankere Karosserie geschaffen werden, womit man die Stirnfläche um 9 Prozent hätte verkleinern können. Die Konstruktion der Hinterachse sollte mit abgesenkten Anlenkpunkten und direkt zu den Radnaben reichenden Schwingarmen abgeändert werden. Es wurde auch an die Verwendung von 16-Zoll-Rädern gedacht, und das gesamte Fahrzeug sollte erneut leichter gemacht werden. Die Verbesserungen an der Hinterachse sollte es dem 300 SL ermöglichen, mehr Leistung sicher auf den Boden zu bringen, man wollte auf diese Weise die diesbezüglichen Probleme am 1952er Auto beheben.

Bereits während der Saison hatte man am Motor eine weitere Leistungssteigerung vollziehen können, die Resultate hatten jedoch bei den Einsatzfahrzeugen noch keine Anwendung gefunden. Mit der Verwendung von Weber-Doppel-Horizontalvergasern war man auf einen spürbaren Leistungszuwachs gekommen: 186 PS bei 5800 U/min und 26,4 mkg bei 4200 U/min. Erneut verbesserte Resultate ließen sich durch die Kombination mit einem neuen Zylinderkopf erzielen, bei dem man Kanäle und Ventile vergrößert hatte. Einlaßseitig hatte man den Durchmesser der Ventilteller auf 49 mm und die Kanäle von 42 auf 44 mm erweitert. Die Auslaßkanäle waren mit 36 mm Durchmesser unverändert geblieben, man hatte jedoch hier größere Ventile mit 42,1 mm vorgesehen. Damit leistete der Sechszylinder nunmehr 201 PS und wies ein maximales Drehmoment von 27,8 mkg auf.

Die italienischen Weber-Vergaser stellten 1952 den neuesten und wirkungsvollsten Weg zur Gemischaufbereitung an einem kompressorlosen Sportmotor dar. Daimler-Benz sollte es jedoch gelingen, noch mehr Pferdestärken aus dem Dreiliter-Sechszylinder herauszuholen. Hierfür wendete man ein neues, von Daimler-Benz entwickeltes Ansaugsystem an: die direkte Benzin-Einspritzung.

Bei der Einführung der Einspritzung an Benzinmotoren spielte Daimler-Benz dieselbe führende Rolle, die man eine Generation zuvor bei der Anwendung der Kompressor-Aufladung innehatte. Wie schon damals, stammte das Prinzip aus dem Flugmotorenbau, und wieder hatte ein Weltkrieg den Anlaß zu einer rasanten Weiterentwicklung auf diesem Gebiet gegeben. Bevor das Konzept im Serienbau Anwendung finden konnte, wurde es ausgiebig im Renneinsatz getestet.

Schon im Herbst 1934 hatte man sich bei Daimler-Benz Gedanken über eine Vorrichtung zur direkten Einspritzung des Verbrennungs-Gemischs gemacht, die Anregung dazu stammte aus dem Reichs-Luftfahrt-Ministerium. Man hatte den Stuttgarter Technikern die vielversprechenden Ergebnisse einiger Versuchsreihen der Deutschen Luftfahrt-Forschungsgesellschaft in Berlin-Adlershof zur Verfügung gestellt. Dort hatten K. Schnauffer und seine Mitarbeiter bereits 1930 zusammen mit Ingenieuren der Robert Bosch GmbH an Prüf-Einzylindern gearbeitet; später war man dann auf einen Sechszylinder-Flugmotor übergegangen. Die Versuche mit umgebauten Diesel-Einspritzpumpen hatten ansehnliche Verbesserungen sowohl in der Leistungsausbeute als auch in der Wirtschaftlichkeit der Motoren erbracht.

In Untertürkheim wurden die Versuche mit dem Prüf-Einzylinder des DB 600 V12 aufgenommen, dieser hatte einen Hubraum von 2820 ccm (der Vollmotor 33 840 ccm). Die gewonnenen Erkenntnisse wandte man beim Bau des DB 601 im Jahre 1935 an. Dort war an jedem Zylinder eine Einspritzdüse angebracht, die den Kraftstoff direkt auf den Kolbenboden spritzte, und zwar in einem bestimmten Winkel zur einströmenden Ansaugluft. Der damalige

Entwicklungs-Ingenieur Hans Scherenberg sagte dazu: „In den nächsten Jahren wurde die Leistungsbaute in verschiedenen Sprüngen erhöht. Man arbeitete dabei mit hohen Ladedrücken und ging dazu über, Methanol von vorne in den Lader einzuspritzen.“ Als 1937 der DB 601 für die Serienfertigung vorbereitet wurde, nahm der Daimler-Benz-Forschungs-Ingenieur Dr. Maruhn seine Versuche mit der Direkteinspritzung an einem anderen Prüf-Einzylinder auf. Dieser 420-ccm-Prüfstandsmotor (78 × 88 mm) war 1933 entstanden, um das Konzept des 1934er Grand-Prix-Achtzylinders zu erproben, er trug deshalb die Bezeichnung Mv 25. Man reaktivierte ihn nun, um verschiedene Einspritzdüsen-Anordnungen für den Dreiliter V12 der Saison 1938 auszuprobieren. Die Anstrengungen Maruhns wurden durch das Alter dieses Testobjekts und demzufolge mangelnden Zuverlässigkeit behindert, außerdem ließ sich der Einzylinder kaum auf die hohen Drehzahlen bringen, die man für den M 154 benötigt hatte. Doch die Forschungsarbeit wurde fortgeführt, Maruhn verwendete Einspritzdüsen sowohl von Bosch als von L'Orange und probierte auch die paarweise Verwendung pro Zylindereinheit. Da kein passender Kompressor für den Prüfmotor zur Verfügung stand, gab man diese Versuche Anfang 1938 auf und Maruhn konzentrierte sich fortan auf die Entwicklung einer Einspritzanlage für unaufgeladene Motoren.
Ein wichtiger Punkt bei der Erprobung des Einspritzsystems war die Verlagerung der Strahlrichtung weg von der Zündkerze. Maruhn fand heraus, daß man bei einem zu geringen Abstand einen niedrigeren Kerzen-Wärmewert

Alle Versionen des 300 SL-Coupés auf einen Blick: Ganz rechts die Ursprungsausführung 1952 als Sportwagen, daneben der Prototyp für die Saison 1953, dann der Serienwagen des Jahres 1954 und ganz links der 300 SLR 1955, eine Sonderausführung des Achtzylinder-Sportroadsters.

Links: Dies ist das erste 300 SL-Coupé mit Einspritzmotor; es sollte in der Saison 1953 zum Renneinsatz gelangen, bildete aber stattdessen die Basis für den nachfolgenden 300 SL-Serienwagen.

Unten: 300 SL in Serienausführung. Der Wagen wurde bei seiner Vorstellung als Sensation betrachtet, denn gegenüber der Rennausführung hatte man kaum Kompromisse geschlossen. Die Kombination von Flügeltüren, Gitterrohrrahmen und Benzineinspritzung war ohne Beispiel.

Unten: Der Traumwagen 1954 bis heute – 215 PS stark und 250 Stundenkilometer schnell!

Oben: Cockpit im Serien-300 SL. Zur Erleichterung des ohnehin nicht ganz einfachen Einstiegs konnte das Lenkrad nach unten geklappt werden.

Rechts: Ein 300 SL ohne Karosserie. Hier ist die Konstruktion des aus dünnen Stahlrohren zusammengeschweißten Gitterrohrrahmens sehr gut zu sehen.

wählen mußte, um einen sauberen Motorlaut zu erhalten. Diese Kerzen waren jedoch nicht für höhere Drehzahlbereiche zu verwenden. Eine Düse auf der Auslaßseite des Zylinders erwies sich als völlig ausreichend, die zweite auf der gegenüberliegenden Seite konnte weggelassen werden. Im Laufe der Versuchsreihen wurde auch die Länge des Saugrohres variiert, denn man wollte ein möglichst günstiges Drehmoment im mittleren Drehzahlbereich erzielen. Maruhn arbeitete mit jeweils drei verschiedenen Verdichtungsstufen, wobei sich mit verhältnismäßig hohen Werten kein großer Leistungszuwachs mehr erreichen ließ:

Verdichtungs-verhältnis	mittlerer Kolbendruck	Literleistung
6,7:1	8,8 at bei 4100 U/min	49 PS bei 5550 U/min
8,3:1	11,3 at bei 4100 U/min	66 PS bei 5800 U/min
12,1:1	12,0 at bei 4150 U/min	68 PS bei 5800 U/min

Für die Prüfstandsläufe hatte man eine 50:50-Mixtur aus Benzol- und Alkohol-Gemisch verwendet (XM + WW).
Da Maruhns Tests bis Mitte 1938 noch keine konkurrenzfähigen Leistungsdaten erbracht hatten, lehnte man die Verwendung einer Einspritzanlage am M 154 ab, ebenso wurde das Projekt eines unaufgeladenen Rennmotors ad acta gelegt. Das Thema Benzineinspritzung sollte jedoch im Verlauf des Jahres 1938 noch einige Male zur Sprache kommen. Im April wies Ing. Heinrich von der Firma Bosch eindringlich darauf hin, daß Fahrversuche mit einem in einen Rennwagen eingebauten Einspritzmotor unerläßlich seien und diese auf jeden Fall noch in diesem Sommer durchgeführt werden sollten. Man wollte sich Klarheit darüber verschaffen, ob es in der Pumpe zur Bildung von Dampfblasen kommen würde, die dann wahrscheinlich von den wesentlich höheren Motortemperaturen hervorgerufen werden wären. Daß es sich dabei um ein sehr dringliches Anliegen gehandelt hatte, ließ sich erkennen, als die beiden Bosch-Techniker Heinrich und Lippart verlauten ließen, daß sie nun in der Lage seien, eine Pumpe mit einem Drehzahlbereich bis 10 000 U/min für den M 165 bereitzustellen, falls man sich zur Verwendung einer Einspritzanlage an diesem 1,5-Liter-Motor entschließen sollte.
Die einzige Gelegenheit, bei der Daimler-Benz bereits vor dem Krieg der Verwendung einer Benzineinspritzung an einem Wettbewerbsfahrzeug zugestimmt hatte, war das Weltrekordwagen-Projekt T 80. Nach 1945 vollzog sich die weitere Entwicklung auf diesem Gebiet erst einmal in Bereichen von wesentlich geringeren Geschwindigkeiten. An dem seitengesteuerten Vierzylinder des 170 V wurden 1946 die Versuche mit der Benzineinspritzung wieder aufgenommen. Der vormalige Daimler-Benz Entwicklungsingenieur Hans Scherenberg wurde kurze Zeit später Chefingenieur bei der kleinen Firma Gutbrod in Plochingen. Dort brachte er in Zusammenarbeit mit Bosch die Benzineinspritzung im kleinen Gutbrod-Zweitaktmotor zur Serienreife. Sche-

renberg kehrte 1952 nach Untertürkheim zurück, wo er nun zum Direktor der zentralen Konstruktionsabteilung ernannt wurde.
Vor der endgültigen Anwendung einer Einspritzanlage am 300 SL unter der Leitung Fritz Nallingers hatte man bei Daimler-Benz also bereits breite Erkenntnisse auf diesem Gebiet gewonnen, man war bis zu diesem Zeitpunkt sogar ohne jede Konkurrenz geblieben. Heinz Lamm, der Ende 1951 den M 165 wieder zum Laufen gebracht hatte, leitete die Weiterentwicklung des 300 SL-Motors und seiner fortschrittlichen Variante, dem M 198 mit Benzineinspritzung. Die Unterbringung der Einspritzdüsen erwies sich als nicht allzu schwierig, denn durch die unterschiedlichen Zündkerzen-Positionen an den 300er-Motoren standen beim geneigt eingebauten 300 SL die früheren Kerzengewinde am Zylinderblock auf der unteren (linken) Seite zur Verfügung. Von dort aus wurde der Kraftstoff von der heißeren Seite der Brennkammer zur kühleren gespritzt, er kreuzte bei geöffnetem Ventil genau den Einlaßkanal und somit den Strom der Ansaugluft. Mit dieser Direkteinspritzung leistete der erste Versuchsmotor 1952 208 PS bei 5700 U/min und gab ein maximales Drehmoment von 28,4 mkg bei 4500 U/min ab, dieser Wert entsprach dabei ziemlich genau den Resultaten bei Kompressor-Betrieb. Bei Verwendung des zweiten Zylinderkopfs mit größeren Ventilen erzielte man dann 214 PS, womit in der Tat beträchtliche Verbesserungen für den Einsatz in den Renn-Coupés der Saison 1953 erzielt wurden.
An den Wagen für die neue Saison hatte man noch einige weitere Modifikationen vorgenommen. Im Windkanal konnte ermittelt werden, daß die Umleitung der Kühler-Abluft an das Wagenheck den Luftwiderstands-Beiwert um 20 Prozent verschlechterte. Man brachte deshalb an den Kotflügelseiten neue Luftschlitze an, durch die die warme Luft in eine Zone geringeren Drucks strömen konnte und der c_w-Wert nur um 5 Prozent beeinflußt wurde. Diese Änderung wurde zuerst an Karl Klings Le Mans/Mexiko-Wagen erprobt. Man befaßte sich außerdem erneut mit Maßnahmen zur Gewichtseinsparung. Die 300 SL-Rennwagen für die Saison 1953 wurden mit einer Karosserie aus Magnesium-Blech, mit einfacheren und dadurch leichteren Benzintanks sowie mit einem Getriebegehäuse und einem Zylinderblock aus Leichtmetall versehen. Zur Verbesserung der Bodenhaftung der Antriebsräder sollte noch mehr Gewicht auf die Hinterachse verlegt werden. Uhlenhauts erster Vorschlag hierzu war die Verkürzung des Radstands auf 2300 mm, er wollte Batterie und Öltank ins Heck verlegen und auch das Getriebe an die Hinterachse montieren. Dieses wurde mit einer Halteplatte aus Magnesium am Eingang des Differentials angeflanscht. Die Aufhängungspunkte der Schwingachskonstruktion wurden niedriger angeordnet und die Schwingarme direkt auf die Radnaben geführt. Die Anordnung ähnelte jener in der 180er Limousine, sie war jedoch schon erfolgreich an einem Renn-300 SL ausprobiert worden. Darüber hinaus dachte Uhlenhaut an eine Verwendung von 16-Zoll-Rädern, Verbesserung der Stoßdämpfer und an die Aufnahme von Versuchen mit Lockheed-Scheibenbremsen aus England. Er sagte: „Ich bin fest davon überzeugt, daß ein Sportwagen in dieser Ausführung 1953 gute Erfolgsaussichten haben dürfte." Man schrieb den 1. Dezember 1952, als es immer noch so aussah, als ob diese Wagen im kommenden Jahr zum Einsatz gelangen würden. Doch diese Pläne sollten nie Realität werden; das Programm wurde abgesagt. Die Entwicklung am 300 SL sollte zwar weiterlaufen, wurde jedoch verlangsamt und in eine andere Richtung gelenkt.
Im Jahre 1952 war Max Hoffman in New York zum ofiziellen US-Importeur für die Automobile der Marke Mercedes ernannt worden. Hoffmann interessierte sich für die Modelle 300, 180 und den in Vorbereitung befindlichen 220er, doch sein Hauptaugenmerk galt dem 300 SL. Für das Werk stellte dieses Auto nichts weiter als eine Art „Notbehelf" dar. Es hatte die Möglichkeit zur Rückkehr ins Sportgeschehen aufgezeigt und war damit der Wegbereiter für zukünftige größere Aktivitäten in Gestalt des Grand-Prix-Wagens für die Saison 1954. Doch Hoffman sah das ganz anders. Er war der Meinung, daß Daimler-Benz mit viel Erfolg eine Straßenausführung des 300 SL verkaufen könnte und außerdem einen kleineren Sportwagen – den späteren 190 SL – auf den Markt bringen sollte. Er bekräftigte seine Ansichten mit einem Lieferauftrag über 1000 Exemplare des 300 SL, der sofort nach der Fertigstellung der Serienversion ausgeführt werden sollte. Bei Daimler-Benz war man – wie gewöhnlich – mit den verschiedensten Konstruktions- und Entwicklungsvorhaben völlig eingedeckt, doch man wollte die Herausforderung des neuen Konsul Jellinek annehmen. Im Januar 1954 stand der erste Prototyp des Serien-300 SL bereit.
Im Verlauf des Jahres 1953 hatte man Langs Mexiko-Coupé weitgehend umgestaltet und modifiziert, es diente als Versuchswagen für die Serien-Version. Man dachte dabei auch wieder an einen Wettberwerbswagen, falls diesbezüglich für 1954 eine Entscheidung fallen würde. Hinter den Radkästen wurden senkrechte Lüftungsschlitze angebracht, um die heiße Luft aus dem Motorraum abzuführen. Das Auspuff-Endstück ragte unter diesen Öffnungen an der rechten Seite ins Freie. Auch in den hinteren Kotflügeln fanden sich Lüftungsschlitze. Vor der Windschutzscheibe wurde ein Lufteinlaß für die Heizung und Belüftung des Innenraumes angebracht, die Ventilationsöffnungen im Dach über dem Heckfenster blieben nun im Gegensatz zu den früheren Klappenmechanismen stets geöffnet. Die Radkästen wurden vergrößert und die hinteren Kotflügel etwas mehr nach oben gewölbt, um damit Platz für die 16-Zoll-Räder und -Reifen zu schaffen. Die Bereifung stammte nun von Englebert, die 15-Zoll-Pneus hatte Continental geliefert. Die Rückleuchten wurden mit ihrem Gehäuse an die Rundungen des Wagenhecks angepaßt und an der neugestalteten Frontpartie fanden kleinere Scheinwerfer Platz. Eine flachere Motorhaube senkte sich nurmehr leicht nach vorne ab, das Frontblech zierte ein wesentlich größerer und eckig gewordener Grill. Dieser entsprach jedoch nur ungefähr der späteren, endgültigen Ausführung. Auf der Haube tauchten die charakteristischen länglichen Ausbuchtungen auf, unter denen sich der Ventildeckel sowie die Luftkammer der Einspritzanlage befanden. An diesem Wagen wurde auch erstmals ein neues Armaturenbrett verwendet, bei dem die beiden Hauptinstrumente von einer gemeinsamen Blende abgedeckt wurden und die Zeituhr eleganter in die Oberflächenform integriert war.
Die abschließenden Arbeiten an der Benzineinspritzung verliefen parallel zur Fertigstellung des Wagens. An dem Prototypen von 1953 wurde ein zusammengeschweißtes Aluminium-Ansaugrohrsystem verwendet, bei dem jeder Zylinder von einem einzelnen Ansaugrohr aus der gemeinsamen Luftkammer versorgt wurde. Die Luft trat auf der Vorderseite dieser Kammer durch ein Schieberventil ein, sie gelangte von einer Öffnung am Kühler hierher. Ein poliertes Trennblech aus Aluminium schirmte die Einlaßkrümmer von den Auspuffrohren ab, damit sie nicht zu heiß werden konnten; dadurch hätte die Dichte der Ansaugluft abgenommen, was einen Leistungsabfall des Motors zur Folge gehabt hätte.
Im Herbst 1953 wurde der umgebaute Wagen auf verschiedenen Strecken probegefahren. Bei Fahrversuchen für den bevorstehenden Grand-Prix-Einsatz verbesserte der 25jährige Team-Neuling Hans Herrmann mit einem 300 SL den bestehenden Rundenrekord für Motorräder auf der Solitude bei Stuttgart. In Monza lud man Juan Manuel Fangio, den Neubauer schon seit geraumer Zeit für sein 1954er Grand-Prix-Team zu gewinnen versuchte, zu einigen Proberunden im Coupé ein. Er erreichte dabei einen Rundenschnitt von 177,9 km/h, womit er zwar sehr schnell, aber nicht besser als die neuesten Dreiliter-Ferrari und Lancia war.
Ende November begannen die Überlegungen zu den Einsätzen bei der Mille Miglia, in Le Mans und der Carrera 1954, dabei sollten zuerst die Einspritzer-300 SL und später die Sportwagen-Versionen des Grand-Prix-Wagens an den Start gebracht werden. Doch Ende März 1954 wurden all diese Pläne zugunsten einer vollen Grand-Prix-Beteiligung fallengelassen. Zu jener Zeit waren die Sportwagen-Liebhaber rund um die Erde damit beschäftigt, Geldbeutel und Bankkonto einer genaueren Prüfung zu unterziehen, ob sie sich den

Mercedes Grand-Prix-Rennwagen 1914. Mit diesen Fahrzeugen landeten Christian Lautenschlager, Louis Wagner und Otto Salzer einen grandiosen Dreifachsieg bei einem der spektakulärsten Rennen der Geschichte, dem Großen Preis von Frankreich, ausgetragen am 4. Juli 1914 bei Lyon. Der 4,5 Liter-Vierzylindermotor wies eine obenliegende Nockenwelle und vier Ventile pro Zylinder auf, er leistete 105 PS.

Mercedes SSK Sportwagen. Es ist dies der Typ 27/170/225 PS von 1928 mit dem 7069 ccm-Sechszylindermotor M 06 III. Das Kompressoraggregat gab bei eingeschaltetem Lader eine Höchstleistung von 225 PS bei 3300 U/min ab. Der SSK (K = kurzes Fahrgestell) war zunächst als reiner Renn-Sportwagen gedacht, wurde aber dann auch bis 1933 im Verkaufsprogramm von Daimler-Benz geführt. Hier in der typischen zweisitzigen Roadster-Ausführung.

Der „Blitzen-Benz" von 1910. Dieses 200 PS-Monster war mit 228,1 km/h (Daytona 1911) für lange Jahre das schnellste Fahrzeug der Welt. Der Rekordwagen und die davon abgeleiteten Versionen des 21500 ccm-Vierzylinder-Benz durchlebten – vor allem in den USA – ein wechselvolles Schicksal. Das abgebildete Fahrzeug wurde aus vorhandenen Originalteilen im Jahre 1935 rekonstruiert.

Linke Seite: Die Baureihe der sportlichen Mercedes der Typen S, SS und SSK lief von 1927 bis 1933. Für die Konstruktion des großvolumigen Sechszylinder-ohc-Motors zeichnete Ferdinand Porsche verantwortlich. Den „Serienwagen" gingen stets spezielle Rennsportwagen voraus, die zu jener Zeit bei unzähligen Rennen siegten. Abgebildet ist ein SS aus dem Jahre 1928, ausgerüstet mit dem gleichen Aggregat.

Unten: Ein Mercedes 680 K (Werksbezeichnung W 9856), auch Typ 26/130/180 PS genannt. Dies war die „Zivil"-Ausführung des Typ S (eigentlich 680 S). Der Wagen hatte einen 6,8 Liter großen Kompressor-Sechszylinder und wurde vorwiegend als großes Viersitzer-Cabriolet gebaut. Der abgebildete extravagante Zweisitzer wurde mit einer Sonderkarosserie bestückt. (Foto: Automobile Quarterly)

Mercedes Grand-Prix-Wagen W 25. In ler ab 1934 gültigen 750 kg-Formel für Grand-Prix-Wagen sahen auch die Kon- trukteure in Deutschland wieder eine Herausforderung. Nach langjähriger Unterbrechung entstand auch in Unter- ürkheim wieder ein reinrassiger Rennwa- gen. Man verwendete dazu ein neuartiges Schwingachs-Chassis und einen Reihen- chtzylinder-Kompressormotor. In seiner rsten Ausführung leistete das 3360 ccm große Aggregat 314 PS. In der Folge vurde es auf über 4 Liter aufgebohrt und die Leistung stieg auf über 400 PS an. Schon im Premierenjahr war der W 25 ehr erfolgreich.

Der Typ W 125 löste 1937 den W 25 ab. Nach einigen Problemen mit der Weiterentwicklung des Vorgängertyps und angesichts der bedrohlich starken Konkurrenz des Auto Union-Sechzehnzylinders entschloß man sich bei Daimler-Benz zu einer Neukonstruktion. Man wich dabei nicht vom Achtzylinder-Konzept ab, doch der Motor wies nun einen Hubraum von 5660 ccm auf und nach langwierigen Entwicklungsprogrammen mit der Kompressor-Aufladung erreichte man Leistungen von 600 PS und darüber.

Links: Für die ab 1938 gültige Dreiliter-Formel entschied sich Daimler-Benz zur Verwendung eines V 12-Zylindermotors. Das aufwendige Aggregat – 4 obenliegende Nockenwellen, 48 Ventile, 19 Rollenlager an der Kurbelwelle – brachte den gewünschten Erfolg. Doch die hohen Drehzahlen bis zu 8000 U/min erwiesen sich allerdings als problematisch. Für die zweite Saison mußte sich der M 154 (Werksbezeichnung für den 2962 ccm V 12) einige Änderungen gefallen lassen.

Unten: Ein Mercedes W 154, der Dreiliter-Grand-Prix-Wagen von 1939, auf Probefahrt im Jahre 1980. Dieser Wagen war 1951 beim Großen Preis von Argentinien noch einmal im Einsatz gewesen (andere Frontpartie).

Mercedes 300 SL Rennsport-Coupé von 1952. Mit diesem Wagen kehrte Daimler-Benz 1952 wieder ins Renngeschehen zurück, man beteiligte sich bei Sportwagenrennen und prestigeträchtigen Ereignissen wie der Mille Miglia und den 24 Stunden von Le Mans. Einen großen Sieg errang Karl Kling mit seinem Beifahrer Hans Klenk bei der Carrera Panamericana in Mexiko. Hier ist der zweite Wagen des Teams abgebildet, den Hermann Lang und Erwin Grupp auf Rang Zwei steuerten.

Mercedes W 196. Mit diesen stromlinienförmig verkleideten Formel 1-Wagen waren Juan Manuel Fangio, Karl Kling und Hans Herrmann zum großen Mercedes-Comeback am 4. Juli 1954 in Reims angetreten. Die 2,5 Liter-Reihenachtzylinder wiesen eine desmodromische Ventilsteuerung und Benzineinspritzung auf, sie leisteten 257 PS bei 8250 U/min. Mit dieser Karosserie waren die Wagen fast 260 km/h schnell.

Nach den ersten beiden Rennen der Saison tauchten die neuen Mercedes Formel 1-Wagen auch in einer konventionellen Karosserie mit freistehenden Rädern auf. Die Unterschiede zwischen den Wagen waren sehr gering.

Mercedes W 196, 1955. In der neuen Saison traten die Mercedes-Rennwagen mit leistungsgesteigerten Motoren an, sie brachten es nun auf 290 PS. Ein neuer Mann im Team war der junge Engländer Stirling Moss, der hier beim Training zum Grand Prix von Monaco zu sehen ist. Die Weltmeisterschaft fiel in diesem Jahr erneut an Fangio, Moss war ihm knapp auf den Fersen.

Unten: Der Mercedes 300 SLR wies den Achtzylinder-Einspritzmotor aus dem Formel 1-Wagen auf, jedoch war dieser hier mit einem Hubraum von 2982 ccm am Start. Stirling Moos war der erfolgreichste Fahrer dieses Wagens, mit dem Daimler-Benz 1955 auch die Sportwagen-Weltmeisterschaft gewinnen konnte. Dazu trugen nicht zuletzt die überlegenen Siege Moss' in der Mille Miglia und der Targa Florio, den beiden italienischen Traditionsveranstaltungen, bei.

Gegenüberliegende Seite: Der W 196, der Mercedes-Silberpfeil 1954/55 im wohlverdienten Ruhestand im Werksmuseum in Untertürkheim. Mit diesen Wagen siegte das Mercedes-Team bei 11 von 14 Grand-Prix-Rennen – eine wahrhaft eindrucksvolle Bilanz.

8

Mercedes-Benz 300 SL Roadster. Dieser von 1957 bis Anfang 1963 gebaute Zweisitzer (den man ab 1958 auch mit einem abnehmbaren Hardtop haben konnte) wurde in 1858 Exemplaren gebaut. Sein Reihensechszylindermotor hatte einen Hubraum von 2996 ccm (85 × 88 mm), war mit Benzineinspritzung versehen und leistete 215 PS bei 5800 Touren. Der Roadster lief – je nach Hinterachsübersetzung – bis zu 250 km/h. (Foto: Nick Wright).

Links: Heckansicht des Flügeltürer-Mercedes 300 SL. Die saubere Linienführung des Wagens – den man auch mit Zentralverschlußrädern erhalten konnte – begeisterte Mercedes-Liebhaber auf Anhieb. (Foto: Automobile Quarterly)

Die Tradition der großen Mercedes-Sportwagen wurde ab 1954 durch den 300 SL fortgesetzt. Auch dieser Wagen wurde zuerst für den Wettbewerbs-Einsatz geschaffen und später auch als Straßen-Sportwagen zum Verkauf angeboten. Der „Flügeltürer" steht heute in der Gunst des Publikums in einer Reihe mit den Klassikern der zwanziger und dreißiger Jahre.

Mercedes Benz C 111. Bei seinem Erscheinen im Jahre 1969 meinten viele Mercedes-Enthusiasten, hier sei die neue Konzeption eines zukünftigen Wettbewerbswagens geschaffen worden. Indessen war der C 111 zu nichts anderem ausersehen als Versuchsträger zu sein – für alternative Antriebsarten (Wankelmotor), Bremsvorrichtungen (Anti-Blokkier-System) et cetera.

begehrtesten Sportwagen des Jahrzehnts leisten konnten: den soeben angekündigten Serien-300 SL. Die Vorstellung geriet zu einer großen Überraschung. Die Weltpremiere des 300 SL und auch zugleich des 190 SL erfolgte auf der International Motor Sports Show, die vom 6. bis 14. Februar 1954 in New York stattfand. Die Bedeutung des Exportmarktes USA – gerade für diese Fahrzeuge – konnte nicht deutlich genug hervorgehoben werden, und so bot dieser Anlaß die beste Gelegenheit, die neuen Modelle vorzustellen. Es handelte sich indessen hierbei noch nicht um die endgültige Ausführung der Wagen, besonders an dem silbernen Flügeltüren-Coupé blieb noch einiges zu tun, bevor im Sommer 1954 die Produktion aufgenommen werden konnte.

Der in New York gezeigte 300 SL war auch auf den ersten Daimler-Benz-Pressefotos und Prospekten abgebildet. Er war gegenüber den Wettbewerbswagen einigen drastischen Änderungen unterzogen worden, ein Verdienst Karl Wilferts und seiner Karosserie-Spezialisten im Sindelfinger Werk. Es waren nur das Dach, die Fenster-Umrisse und die Grundgestalt des Heckteils unverändert geblieben. Der untere Türausschnitt war weiter nach vorne gezogen worden, das sah besser aus und ermöglichte auch einen leichteren Einstieg. Am ersten Wagen fand man einen Türöffner mit einer Vertiefung für den Fingerhebel, in der zweiten Version gab es einen Druckknopf und im Produktionsstadium verwendete man einen Ausklapphebel. Ein klappbarer Einsatz in den Seitenscheiben ermöglichte beim ersten Wagen einen Frischluftdurchsatz, bei den Serienmodellen gab es statt dessen vorne in den Türen kleine Ausstellfenster, außerdem waren die Seitenscheiben leicht herausnehmbar gestaltet. Am Ausstellungsfahrzeug wurden die Türen mit einer Strebe offengehalten, in der Serie verwendete man federbelastete Scharniere.

Die Innenausstattung war noch nicht bis ins Detail festgelegt. Es gab ein Dreispeichen-Lenkrad wie beim Porsche, und die Anzeigeinstrumente befanden sich in einer ovalen Konsole in der Mitte des Armaturenbretts. Die Schalter waren nebeneinander aufgereiht. Man führte schließlich ein verstellbares Zweispeichen-Lenkrad ein, das den Einstieg in den Wagen erleichtern sollte.

Der Prototyp und auch die ersten 55 Serienwagen besaßen noch den langen abgewinkelten Schalthebel, der unter dem Armaturenbrett herausragte. Anfang 1955 wurde dieser durch ein nach hinten verlegtes Gestänge ersetzt, das die Verwendung eines kurzen, geraden Schaltknüppels auf dem Kardantunnel erlaubte.

Der Gepäckraum war arg begrenzt, es stand hier nur das schmale Abteil hinter den Sitzen zu Verfügung, denn das Wagenheck war fast vollständig vom Reserverad, den Gehäusen der Benzinpumpe und des Einfüllstutzens sowie vom Kraftstofftank in Beschlag genommen. Dieser Behälter war mit einem Fassungsvermögen von 130 Liter sicherlich einer der größten jemals in einem Serienwagen verwendeten Benzintanks.

Die meisten Änderungen, vor allem formaler Art, wurden an der Wagenfront durchgeführt. Die Kotflügel wurden stärker betont, der Kühlergrill harmonischer in das Frontblech mit einbezogen. Das Markenzeichen des dreigezackten Mercedes-Sterns fand sich in der Mitte einer Querleiste; diese Form hatte man für den 1953er Wagen entwickelt, und es sollte das charakteristische Gesicht aller folgenden Mercedes-Sportwagen werden. Spritzschutzkanten wurden über die Radkästen gesetzt und harmonisch mit den seitlichen Lüftungsschlitzen in Einklang gebracht. Die meisten Karosserieteile wurden aus Stahlblech gefertigt, die Motor- und „Kofferraum"-Hauben sowie die Türen bestanden jedoch zumeist aus Aluminium. Und von den insgesamt 1400 produzierten 300 SL Coupés hatte man 29 sogar mit einer vollständigen Alu-Karosserie versehen. Diese Wagen stellten Sonderanfertigungen für wohlhabende Enthusiasten und am Sporteinsatz interessierte Kunden dar. Damit ließen sich 80 kg einsparen. Das Trockengewicht der Standard-Version belief sich auf 1260 kg, mit vollem Tank waren es etwa 1310 kg. Dabei lasteten auf den Hinterrädern 51 bis 52 Prozent des Gewichts.

Am Serien-300 SL wurde die Fahrgestell-Konstruktion des Rennwagens beibehalten, auch der Radstand blieb mit 2400 mm unverändert. Die Spurbreiten wurden gegenüber der Ausführung 1952 geringfügig verändert und auf 1240 mm vorne sowie 1435 mm hinten festgelegt. Der Rohrrahmen nahm etwas im Gewicht zu, denn einmal wurde er für die Serienfertigung etwas anders gestaltet und zum anderen fügte man insbesondere am Heck noch einige zusätzliche Rohre und Verstärkungen zur Aufnahme weiterer Ausrüstungsteile an. Das Rohrgerüst wog schließlich 82 kg. Die äußerst präzise Kugelumlauf-Lenkung der 300er-Limousine wurde auch weiterhin beibehalten; sie wirkte auf eine dreigeteilte Spurstangen-Anordnung und benötigte von Anschlag zu Anschlag nur zwei Lenkradumdrehungen. Die ersten 151 Wagen wiesen noch eine ZF-Schneckenlenkung auf. Ein Schlagen der Lenkung wurde durch einen hydraulischen Stoßdämpfer auf dem Mittelteil der Spurstangen-Konstruktion unterbunden.

Über das Fahrverhalten äußerte sich der Daimler-Benz-Ingenieur K. Müller folgendermaßen: „Wie es sich bei den Erfahrungen aus den Renneinsätzen schon oft gezeigt hat, läßt sich ein leicht übersteuerndes Fahrzeug leichter unter Kontrolle bringen als eines, das zum Untersteuern neigt. Bei letzterem werden die Vorderräder aus der Spur getragen, was in schnell gefahrenen Kurven zu wesentlich größeren Problemen führt. Durch die Verwendung einer Schwingachse und durch die Abstimmung der Federung zwischen Vorder- und Hinterachse sowie die Verwendung eines Querstabilisators an der Vorderachse kann man die Unter- oder Übersteuerneigung sehr deutlich beeinflussen. Beim 300 SL wurde hier in derselben Weise wie bei den Rennwagen vorgegangen, das heißt, man legte ihn als leichten Übersteuerer aus."

Für den Wettbewerbseinsatz konnte man den Wagen mit härteren Federn an allen vier Rädern und mit straffer abgestimmten Stoßdämpfern bestellen. Eine dritte Variante in der Fahrwerksabstimmung gehörte zur Spezialausführung mit Alu-Karosse.

Bei seiner Vorstellung in New York war der 300 SL mit Dunlop-Racing-Pneus bereift, doch im Jahre 1954 machte sich Continental gemeinsam mit Daimler-Benz an die Entwicklung passender Reifen für diesen äußerst schnellen Straßensportwagen. Sowohl bei feuchter als auch bei trockener Witterung wurden auf der Autobahn Testfahrten durchgeführt, das Profil der Reifen war dabei von Rudolf Uhlenhauts Technikern in Handarbeit eingeschnitten worden, um das gewünschte Haftverhalten zu bekommen. Ausgeliefert wurden die Wagen schließlich mit Continental-Reifen der Größe 6,70 × 15, montiert auf 5½ Zoll breiten Felgen.

Mit der Bremsanlage hielt man sich sowohl in der Größe als auch in der Ausführung an die bewährte Konstruktion der Rennwagen. Auf den Alfin-Bremstrommeln wurde – aus produktionstechnischen Gründen – eine etwas gröbere Verrippung verwendet. An den für den Wettbewerbseinsatz vorgesehenen Wagen brachte man an der Rückwand der vorderen Bremstrommeln sechs vergößerte Entlüftungsbohrungen an, die von nach außen gerichteten Hutzen abgedeckt waren und damit weiter zur verbesserten Bremsluft-Abfuhr beitragen konnten. Kombiniert mit diesen Bremsen waren Stahlscheibenräder (mit großen Durchbrüchen) mit einer Rudge-Zentralverschlußnabe, die sonst nur gegen Aufpreis erhältlich waren. Zwei Radbremszylinder mit einem Durchmesser von 29 mm bewegten in jeder Vorderrad-Bremstrommel zwei Bremsbacken. Bei den ersten 40 Fahrgestellen wurden hinten die gleichen Radbremszylinder verwendet, jedoch nur in Simplex-Anordnung; später wurde der Druckkolben-Durchmesser auf 27 mm verringert. Damit reduzierte man die Bremskraft an der Hinterachse. Damit einhergehend versuchte man auch den notwendigen Pedaldruck für die Bremsanlage zu vermindern. Aus diesem Grund gab man dem Wagen in der Serie einen sanft und progressiv wirkenden Unterdruck-Bremskraftverstärker. Anfangs handelte es sich hierbei um ein Gerät aus den USA mit der Bezeichnung „Treadle-Vac", es wurde jedoch 1955 ab der Fahrgestell-Nummer 354 durch ein Ate T50 Unterdruck-Servo-Gerät ersetzt. Diese Bremskraftverstärker setzten zwar stets mit einer gewissen Verzögerung ein, doch jeder, der schon einmal gezwungen war, ohne diese Unterstützung den Wagen abzubremsen, begrüßte diese zusätzliche Hilfe.

Das Aggregat mit der Bezeichnung M 198, das den W 198 antrieb (wie der 300 SL nach dem Daimler-Benz-Typenverzeichnis genannt wurde), war im selben Winkel wie im 1952er Rennwagen nach links geneigt. In seiner endgültigen Form wies es einen aus Aluguß gefertigten Saugrohr-Krümmer mit sechs einzelnen 43 mm starken Rohren zu den Einlaßkanälen auf. Vor der rechten Vorderradaufhängung befand sich ein Luftfilter. Der Wasserkühler mit dem angebauten Ölkühler entsprach ebenfalls dem Vorbild aus den Rennwagen. Neu hinzugekommen war lediglich ein Kühlwasser-Vorratsgefäß im rechten hinteren Eck des Motorraums. Für die Einspritzpumpe wurde am 300er Block ein zusätzlicher Antrieb angebaut. Dazu fügte man am vorderen Kurbelwellenende, genau vor dem Antriebsritzel der Steuerkette, einen Satz von drei Stirnrädern ein, auf der linken Motorseite verlief vom letzten Zahnrad aus eine Zwischenwelle nach hinten und trieb die Bosch-Sechsstempel-Einspritz-

Oben: Der M 198, das 2996-ccm-Aggregat mit Benzineinspritzung. Die Sechsstempel-Bosch-Pumpe sitzt an der linken Motorseite, in eingebautem Zustand also unten, und wird über eine Welle von der Stirnseite aus angetrieben.

In der Motor-Schnittzeichnung wird die schräge Trennfläche zwischen Block und Zylinderkopf deutlich. Die Ventile (2 pro Zylinder) hängen parallel aber gegeneinander versetzt.

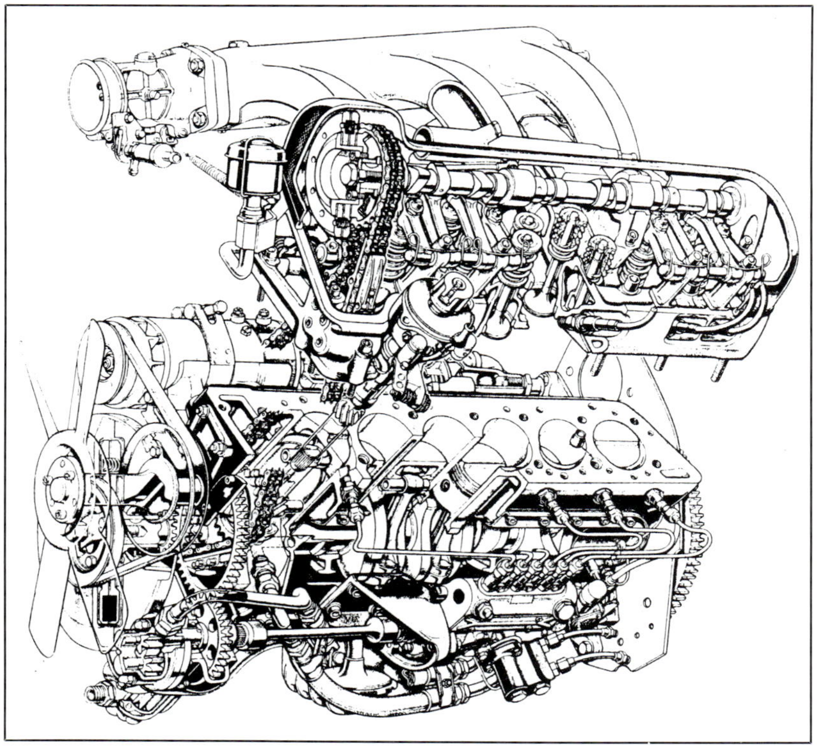

Unten: Der in der Automobilproduktion „Hochzeit“ genannte Vorgang, des Zusammenfügens von Chassis und Aufbau.

pumpe mit der halben Kurbelwellen-Drehzahl. Eine stabile Halterung am Motorblock nahm die Pumpe auf. Durch ein geschlossenes Fördersystem gelangte der Kraftstoff zur Einspritzpumpe, eine kleine Kolbenpumpe, die ebenfalls hier befestigt war, förderte das Benzin aus dem Tank, es durchfloß vor dem Eintritt in die Einspritzpumpe noch einen Kraftstoff-Feinstfilter. Die einzelnen Pumpkolben nahmen die notwendige Kraftstoffmenge auf und spritzten sie mit einem Druck von 40 bis 48 at in die Verbrennungsräume ein. Der nicht eingespritzte Kraftstoffrest floß über eine zweite Leitung zum Benzintank zurück. Eine elektrische Benzimpumpe am Tank konnte vom Fahrer zusätzlich betätigt werden, ihre Förderleitung verließ den Tank unterhalb der Hauptleitung, so daß man sie auch als Reserveschaltung benutzen konnte. Die elektrische Pumpe stellte darüber hinaus eine wertvolle Hilfe beim Anlassen des heißen Motors dar. Wie die Bosch-Techniker bereits 1938 befürchtet hatten, konnte es bei hohen Motortemperaturen zur Bildung von Dampfblasen in der Einspritzpumpe kommen. Wenn man nun vor dem

Anlassen die elektrische Pumpe einschaltete, wurden die Pumpkolben mit kühlem Kraftstoff versorgt und es wurden die Blasen herausgedrückt. Bei hohen Geschwindigkeiten und hohen Außentemperaturen ließ man die Zusatzpumpe dauernd mitlaufen.
Die in einer Reihe hintereinander stehenden Pumpkolben der Einspritzpumpe wurden über Rollenstößel von einer Nockenwelle gesteuert. Der Kraftstoff trat an der Seite des Pumpzylinders ein. An einer Seite waren die Pumpkolben auf der Oberkante abgeschrägt, diese Schräge verlief wie ein Gewindegang am Kolben entlang. Auf diese Weise konnte mit dem sich drehenden Kolben die Einspritzmenge variiert werden, denn sobald die Kolbenkante die Kraftstoffleistung freigab, begann der Fördervorgang. Je höher diese Kante im Verhältnis zur seitlichen Öffnung lag, desto größer wurde die bei diesem Einspritzhub geförderte Kraftstoffmenge. Wenn kein Kraftstoff benötigt wurde, lagen die Kante und die Eintrittsöffnung auf gleichem Niveau, so daß der Kraftstoff zwar einfließen konnte, jedoch schon aus dem Pumpzylinder wieder ablief, ohne von dem Kolbenhub beeinflußt worden zu sein. Der Kraftstoff wurde durch ein federbelastetes Einspritzven-

Von Privatfahrern wurde der leistungsfähige Serien-300 SL bei unzähligen Rennen auf der ganzen Welt zum Einsatz gebracht.
Rechts: Schwedischer Grand Prix 1955; ein Mercedes 300 SL vor einem Jaguar C-Type.

Oben: Willy Mairesse 1956 bei der Fernfahrt Lüttich – Rom – Lüttich, die er als Sieger beenden konnte.

Rechts: Der bekannte Automobil-Designer Paul Bracq 1958 nach einer Langstreckenfahrt mit seinem 300 SL. Bracq war damals in der Styling-Abteilung von Daimler-Benz tätig.

til in den Verbrennungsraum im Zylinderkopf geleitet, welches auch die Leitung nach jedem Hub des Pumpkolbens wieder abriegelte. Dieses Ventil konnte auch je nach der gewünschten Einspritzmenge justiert werden.
Das M 198 Aggregat diente als Versuchsträger für das Bosch-Einspritz-Steuerungssystem für die Verwendung am Viertaktmotor. Im Verlauf der Tests in den Jahren 1952 und 1953 wurden verschiedene Ausführungen des Luftschiebers durchprobiert, durch den die Ansaugluft vorn am Luftkasten eintreten konnte. Das Gaspedal war mit diesem Luftschieber verbunden, nicht mit der Einspritzpumpe. Dem Ventil fiel die Aufgabe zu, die angesaugte Luftmenge zu messen und den entsprechenden Wert an die Pumpensteuerung zu übermitteln, so daß von dort aus der entsprechende Mischungsanteil an Kraftstoff eingespritzt werden konnte. Dieses Ventil bestand aus einem Venturi-Rohr und einer Drosselklappe, wobei am Strömungsrohr noch eine Zusatzbohrung für den Leerlauf angebracht war. An der Drosselklappe wurden der Saugrohr-Unterdruck und die Strömungsgeschwindigkeit im Venturi-Rohr gemessen und als Drucksignal pneumatisch durch einen Schlauch auf eine Membran an der Einspritzpumpe übermittelt. Die Membran befand sich am Ende eines langen Gestells, mit dem an jedem Pumpenzylinder ein Steuerrad zur Regulierung der Stellung der Kolben und damit die Fördermenge bewegt werden konnte. In der Serienproduktion versah man den M 198 mit einer anderen Membran, die die Kraftstoff-Förderung auch in Abhängigkeit der Luftdichte zu steuern vermochte. Dies war vor allem bei Veränderungen der Außentemperatur sowie des Luftdrucks notwendig. Durch einen Hebel konnte man das Gemisch zum Starten auch anreichern.

Die Verbesserungen an der Leistungsausbeute, die man schon am Versuchsmotor des Jahres 1952 deutlich erkennen konnte, ließen sich in der Serienfertigung sogar noch leicht steigern. Ein spezieller Vorteil der Einspritzung war die Erzielung von hohen Verdichtungsverhältnissen auch unter Verwendung normalen Tankstellen-Benzins. Der normale Wert betrug 8,55:1, mit möglichen Abweichungen von zwei Zehnteln nach oben und unten. Am 6. November 1954 ermittelte man am 35. in diesem Jahr gebauten Motor die offizielle Leistungskurve. Bei einem Verdichtungsverhältnis von 8,7:1 leistete dieser 219 PS bei 5800 U/min, das maximale Drehmoment belief sich bei 5000 U/min auf 28,5 mkg. Die Drehzahlgrenze lag bei 6400 U/min, und man führte mit dem Motor einen Dauertest über eine Stunde durch, während der er bei 5750 U/min nicht von 217 PS abwich. Man betrachtete den Motor des 300 SL als drehfest bis 6000 Touren, was bei Mercedes für eine große Zuverlässigkeit stand. Vorausgesetzt, eine Versorgung mit den richtigen und auch sauberen Mengen an Kraftstoff, Luft, Öl sowie einem guten Zündfunken ist gewährleistet, würde das Aggregat praktisch ewig eine gleichbleibende hohe Leistung abgeben. Das heißt, es war für bisher unerreicht hohe Laufzeiten geeignet.

Eine große Rolle bei dieser Drehfestigkeit und der damit verbundenen Zuverlässigkeit spielte die Sorgfalt beim Zusammenbau und bei den Probeläufen der Motoren. Jedes einzelne Aggregat ließ man 24 Stunden lang auf dem Prüfstand einlaufen, sechs Stunden davon mit Vollgas. Anschließend wurde es noch einmal zerlegt, genau überprüft und wieder zusammengebaut, um noch einmal für acht Stunden auf dem Prüfstand in Untertürkheim zu laufen, bevor man die Motoren an die Montagebänder nach Sindelfingen brachte. Die angegebenen Leistungsdaten wurden mit der speziell für den M 198 entwickelten Nockenwelle ermittelt. Im 300 SL Coupé handelte es sich dabei um eine Sonderausstattung, denn normalerweise war hier die Nockenwelle der Mercedes-300-Limousine eingebaut. Der Ventilhub auf der Einlaßseite war mit 9,375 mm bei beiden Nockenwellen gleich, doch auslaßseitig betrug er bei der „Sportnockenwelle" 8,4 statt 7,8 mm. Bei eingestelltem Betriebs-Ventilspiel ergaben sich an den verschiedenen Ausführungen der Mercedes-Sechszylinder folgende Steuerzeiten:

	300 S	300 SL Standard	300 SL Sport	
Einlaß öffnet	70	57	59	°vor OT
Einlaß schließt	112	99	97	°nach UT
Auslaß öffnet	61	55	74	°vor UT
Auslaß schließt	35	29	36	°nach OT

Kupplung und Getriebe wurden ebenfalls vom ursprünglichen Entwurf übernommen, auch das Getriebegehäuse aus Gußeisen behielt man bei. Die vier Vorwärtsgänge wurden mittels Schaltklauen eingelegt und die in Eingriff gebrachten Zahnräder durch bremsende Synchron-Konusse in ihrer Geschwindigkeit einander angeglichen. Die Lager der Getriebehauptwelle, auch die Nadellager des vorderen Lagers und des ersten Gangs, wurden durch die hohlgebohrte Welle mit Schmierstoff versorgt. Dazu verwendete man eine eigene Ölpumpe, die außen an der Schaltwelle saß. Bei den ersten 40 Coupés betrugen die Übersetzungsstufen der einzelnen Gänge 3,14/1,97/1,385/1,0:1. Danach wurde der erste Gang mit 3,34:1 länger ausgelegt.

Im Hinterachsgetriebe war serienmäßig ein Sperrdifferential von ZF eingebaut, die Achsübersetzungen betrugen 3,64 für Europa und 3,89 für die USA. Es waren auf Wunsch aber auch andere Endübersetzungen wie 4,11, 3,42 oder 3,25 erhältlich. Bei letzerwähnter Gesamtübersetzung kam der 300 SL auf folgende Geschwindigkeiten in den einzelnen Gängen: 70/120/173/248 km/h. Zusätzlich zu den verschiedenen Hinterachs-Übersetzungen waren auch verschiedene Getriebe-Abstufungen, je nach Einsatzanforderungen im Wettbewerbsbetrieb, erhältlich.

Den Männern in der Rennabteilung erschien der luxuriös ausgestattete Serien-300 SL als ein „Boudoir auf Rädern" im Vergleich zu dem Rennwagen, aus dem er schließlich hervorgegangen war. Der 300 SL brachte sehr hohe Geschwindigkeiten aus rasanter Beschleunigung, ein ungewöhnliches Äußeres und neue technische Details. Er stellte aus diesem Grund eine echte Sensation in der ganzen Automobilszene dar. Selten hatte ein Wagen so weit über die Konkurrenz gestanden. Aus englischer Sicht stellte dies John Bolster in *Autosport* so dar: „Der Mercedes-Benz 300 SL ist ein Wagen mit einer wunderbaren äußeren Erscheinung, gepaart mit einer fast unglaublichen Leistungsfähigkeit. Seine Konstruktion und seine Fertigungsqualität sind geradezu erstklassig, das ganze Konzept stellt eine kompromißlose Verwirklichung aller neuen Ideen dar." Nach einem ersten Test des 300 SL war in *Road & Track* zu lesen: „Wenn ein komfortabler Innenraum mit einem bemerkenswert guten Fahrverhalten konform geht, mit geradezu unheimlicher Bodenhaftung der Räder, einer leichtgängigen und präzisen Lenkung und einer Leistung, die den besten bisher bekannten Wagen nahekommt und sie sogar noch zu übertreffen vermag, bleibt nur eines zu sagen: Der Sportwagen der Zukunft ist Wirklichkeit geworden!" In Deutschland faßte H. U. Wieselmann seine Eindrücke über das neue Geschoß aus Untertürkheim in *Auto Motor und Sport* folgendermaßen zusammen: „Es ist ein gefährliches Auto – gefährlich in dem Sinne, daß eine Romanze bös enden kann oder eben wie ein wildes Tier, daß man zwar gezähmt hat, aber seinen Willen nicht brechen konnte. Unter den Sportwagen unserer Zeit ist der Mercedes 300 SL der kultivierteste und zugleich der faszinierendste – ein Traum von einem Automobil."

Wieselmann sprach auch einen Punkt an, der zwar nicht zu einem direkten Streit der Meinungen führte, jedoch kurz nach der Vorstellung des Wagens lebhaft diskutiert wurde – sein Fahrverhalten. Unter leichter Belastung und mit der Standard-Fahrwerksabstimmung versehen, konnte ein plötzliches Übersteuern des Hecks den ungeübten Fahrer bös überraschen. Bei einem Fahrversuch auf einer Rennstrecke hieß es: „Der 300 SL hat die Angewohnheit, plötzlich und mit Vehemenz aus der Spur zu drängen." Andere Äußerungen lauteten: „Ein hinterhältiges und bösartig ausbrechendes Monster" und „ein Auto, bei dem der Geschwindigkeitsbereich zwischen einer Kurve und einer Drehung sehr schmal ist." Es stimmte, daß man beim 300 SL zum sauberen Durchfahren einer Kurve in höheren Geschwindigkeiten sehr vorsichtig mit dem Gaspedal umgehen mußte. Doch die lange Erfolgsliste bei Wettbewerbseinsätzen zeigt deutlich genug, daß das Beherrschen dieser Technik keineswegs nur einer Handvoll begnadeter Könner vorbehalten war.

Von 1955 an stand Alfred Neubauers Sportabteilung auch jenen 300 SL-Privatfahrern mit Rat und Tat zur Verfügung, die sich ernsthaft mit Wettbewerbseinsätzen beschäftigten. Sogar noch nachdem Daimler-Benz Ende 1955 seine eigenen Aktivitäten eingestellt hatte, blieb ein Teil der Monteursmannschaft unter der Leitung von Karl Bunz mit Einsatzvorbereitungen und Wartungsarbeiten beschäftigt. Bei wichtigen Rennen wie etwa der Mille Miglia kümmerten sich erst Neubauer und später dann Karl Kling um die Privatfahrer, man versorgte sie mit Tips aus der eigenen Erfahrung und war bei organisatorischen Dingen behilflich. Wenn nötig, wurden für Rennen in Übersee auch „verkappte" Werkswagen vorbereitet. Die herausragenden Resultate von Fitch und Gendebien bei der Mille Miglia 1955 rückten den 300 SL unmittelbar in den Blickpunkt der sportbegeisterten und wohlhabenden Privatfahrer. Olivier Gendebien, der belgische Herrenfahrer, hegte eine Vorliebe für Sportwagen; er gewann im Jahre 1955 auch die Fernfahrt Lüttich–Rom–Lüttich und absolvierte die Alpenfahrt strafpunktfrei. Die Tulpen-Rallye wurde von W. J. J. Tak ebenfalls mit einem 300 SL gewonnen. In der Saison 1955 wurden mit dem 300 SL unter anderem folgende Meisterschaften errungen: Europameisterschaft für Tourenwagen (Werner Engel), Fahrermeisterschaft der Sportwagenklasse in Italien (Armando Zampiero) und die Production Class D des Sports Car Club of America (Paul O'Shea).

Rechts: Die 1957 beim 300 SL-Roadster eingeführte Eingelenk-Pendelachse mit der in der Mitte liegenden Ausgleichsfeder.

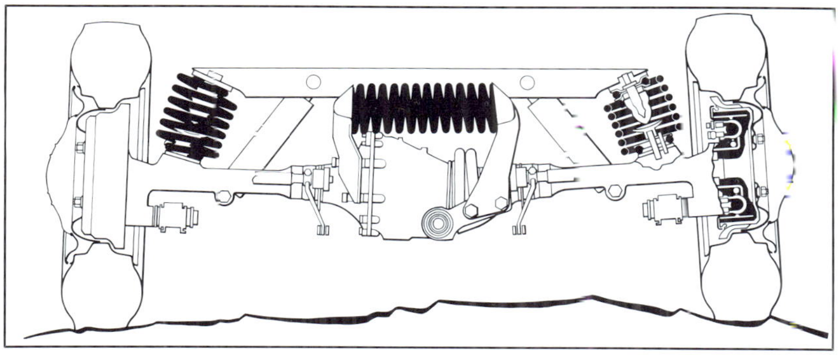

Unten: Die Duplex-Bremsen des 300 SL wurden ebenfalls wieder mit turbogekühlten Leichtmetall-Trommeln ausgestattet.

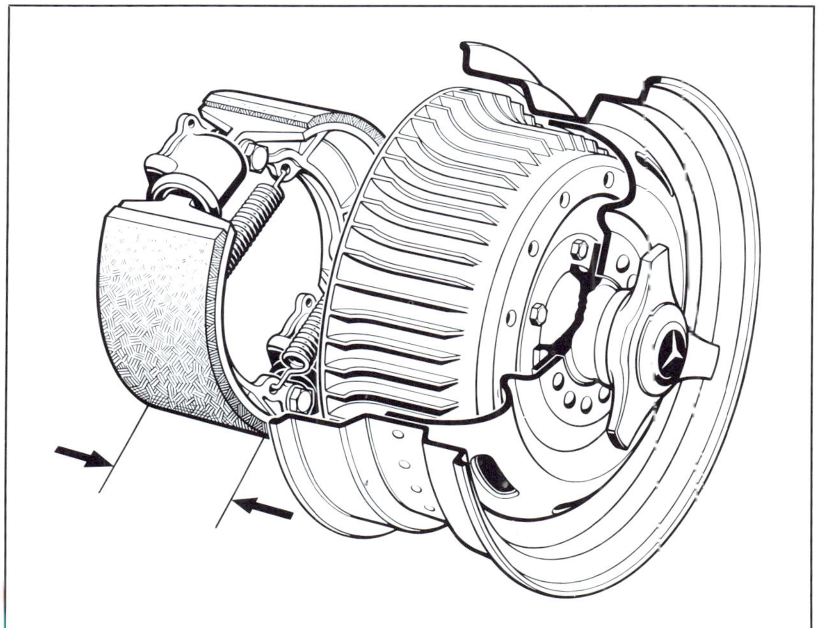

Unten: Phantom-Zeichnung des 300 SL-Roadsters. Der Rahmen wurde abgeändert, um den Einbau konventioneller Türen zu ermöglichen.

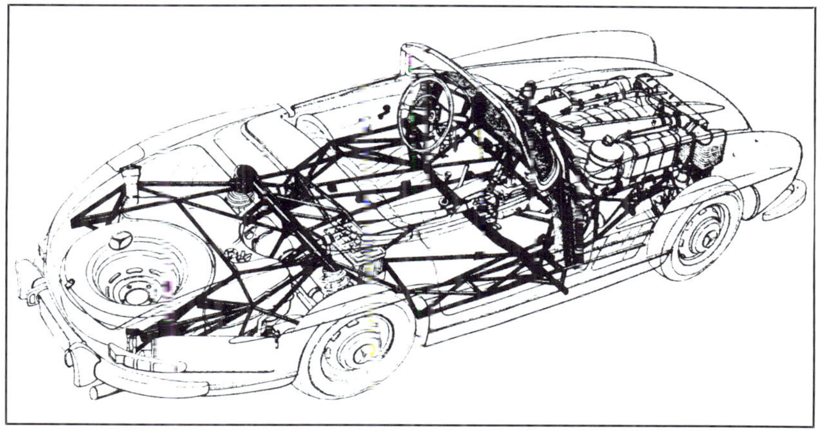

Das gestiegene Interesse in der GT-Kategorie in der Saison 1956 kam dem 300 SL sehr entgegen. Doch es hatte inzwischen keine Weiterentwicklung mehr stattgefunden, der inzwischen weiter verbesserte Ferrari 250 GT gewann Anschluß.

Die entscheidende Saison im Duell der beiden brillanten Fahrzeuge war 1956. Der Auftakt hätte nicht furioser ausfallen können, als der 28jährige Graf Wolfgang Berghe von Trips das gesamte Teilnehmerfeld der Mille Miglia anführte und in Pesaro, auf halbem Weg hinunter zur Ostküste Italiens die Spitzenreiter-Position endgültig inne hatte. Doch fast erwartungsgemäß endete seine Fahrt auf den verregneten Straßen bereits vor dem Wendepunkt in Rom. Die beste Plazierung eines SL war schließlich der sechste Gesamtrang des Fürsten Metternich, der damit genau hinter Gendebien lag – doch dieser war inzwischen zu Ferrari übergewechselt. Das eingespielte Team Walter Schock/Rolf Moll siegte dafür bei der Rallye Akropolis und in Sestrière; Stirling Moss belegte bei der Tour de France Rang Zwei, wobei vor und hinter dem 300 SL jeweils Ferrari-Coupés eingelaufen waren. Willy Mairesse wiederholte den Mercedes-Erfolg des Vorjahres bei der Fernfahrt Lüttich–Rom–Lüttich und in Amerika gewann Paul O'Shea erneut die SCCA Class D. Harry Carter wurde, ebenfalls auf einem 300 SL, Champion bei der SCCA Class C Serienwagenmeisterschaft 1957. In jener Saison gab es kaum weitere hervorragende Resultate bei wichtigen Rennen für den 300 SL. Es wären zwar noch einige Siege in Spanien und Venezuela zu erwähnen, doch so außergewöhnlich er nach wie vor als Straßensportwagen blieb, war der 300 SL im internationalen Sportgeschehen indessen nicht mehr erste Wahl.

Wie schnell war der 300 SL wirklich? Abweichend von den etwas zurückhaltenden Leistungsangaben des Werkes erreichte das Fahrzeug recht beachtliche Geschwindigkeiten, ein Anzeichen dafür, daß man den hohen Stand in der aerodynamischen Gestaltung aus dem Jahre 1952 hatte halten können. Am 6. Mai 1955 hatte Daimler-Benz die Möglichkeit erhalten, ein Teilstück der Autobahn nördlich Münchens für Höchstgeschwindigkeits-Messungen benützen zu können. Bei dem Wagen handelte es sich um John Fitchs Mille Miglia-Klassensieger. Man hatte den Motor zuvor ausgebaut und ihn nach eingehenden Untersuchungen für gut befunden, sogar die Bremsbeläge in den vier Bremstrommeln waren noch nicht einmal zur Hälfte abgenützt. Für die Versuchsfahrten hatte man eine besondere Hinterachse mit dem Übersetzungsverhältnis 3,09:1 vorbereitet, doch diese sollte sich doch als etwas zu kurz übersetzt erweisen, weshalb man besser auf die 3,25er Achse zurückgegriffen hätte. Ein Mitarbeiter Uhlenhauts namens Mischke erreichte den besten Wert über den Kilometer mit fliegendem Start, er erzielte 248,8 km/h. Ein weiteres Beispiel für die universellen Einsatzmöglichkeiten des 300 SL lieferten die beiden englischen Journalisten Gordon Wilkins und Wilson McComb noch am selben Tag. Sie benutzten den Sportwagen als schnelles Reisegefährt und fuhren die 400 km lange Strecke von München nach Frankfurt in 190 Minuten, womit sie eine Durchschnittsgeschwindigkeit von 126,3 km/h erreichten. Wilkins sagte: „Es mag ein oder zwei Wagen geben, mit denen dies ebenfalls möglich gewesen wäre. Aber ich kenne keinen, der diese Bequemlichkeit hätte aufweisen können und mit dem wir von einer Fahrt an der Leistungsgrenze gleichermaßen entspannt an unser Ziel gelangt wären."

Viele 300 SL-Besitzer führten private Geschwindigkeits-Tests durch. Ein für solche Zwecke bestens geeigneter Ort in den USA war der große Salzsee bei Bonneville im Staate Utah. William Peace aus Chicago und Albert Schmidt aus Cincinnati wandelten auf den Spuren eines Teddy Tetzlaff und des Blitzen Benz II, als sie 1955 ihre Coupés dorthin brachten. Sie beteiligten sich an den „Bonneville National Speed Trials", die von der südkalifornischen Zeitnehmer-Vereinigung abgehalten wurden. In diesem Jahr war Scace mit 217,6 km/h der Schnellere, doch 1956 war Schmidt mit einem Mittelwert aus zwei Fahrten in Gegenrichtung von 243,2 km/h besser. In den zwei darauffolgenden Jahren gelang es Schmidt nicht, diesen Wert zu übertreffen, doch 1959 trat er mit einer 6750 ccm großen Chrysler V8-Maschine in seinem Mercedes-Coupé an. In einer Richtung erreichte er damit 268 km/h, er fuhr dabei in der Rennsportwagen-Kategorie. In der GT-Klasse stellte J. A. „Gus" Stallings aus Arizona einen neuen Rekord auf; er war mit seinem serienmäßigen 300 SL auf 231,3 km/h gekommen. 1960 wurde die Marke auf 238,4 km/h verbessert. Gordon Worthington war aus Kalifornien angereist, um sich die Rekordversuche anzusehen, als er sich plötzlich entschloß, mit seinem 300 SL nur so aus Spaß selbst einen Versuch zu wagen. Stalling fuhr 1961 noch einmal, kam aber über 232,8 km/h nicht hinaus.

Nicht ganz so eindrucksvoll verlief das Auftreten einer neuen Version des 300 SL in Bonneville, des 300 SL-Roadsters. Bill Scace hatte 1958 einen solchen Wagen gekauft, und er kam mit der Hinterachsübersetzung von 3,25:1 bei 5900 U/min auf eine Geschwindigkeit von 231 km/h. Im Jahr darauf verwendete er die 3,42er Achse und verschiedene Reifengrößen, doch es ließ sich damit kein besseres Resultat erzielen. 1960 wollte er es dann mit Gewalt versuchen und trat mit einem Kompressor-Motor an, doch ein Kolbenschaden hielt ihn von weiteren Versuchen ab.

Die Produktion des 300 SL-Coupés lief 1956 aus. Es wurde von der Roadster-

Rechts: Mit der Cabriolet-Version, dem sogenannten „Roadster", wurde 1957 die 300 SL-Reihe fortgeführt. Der Wagen hatte eine neue Hinterachse bekommen und war bis 1962 nur noch in offener oder Hardtop-Ausführung zu bekommen.

Unten: Ein inoffizieller Werks-Sportwagen auf Basis des Roadster-Modells. Es handelt sich dabei um den 1957 für Paul O'Shea gebauten Wagen, den man 300 SL „S" nannte. Er gewann damit überlegen die amerikanische Sportwagen-Meisterschaft.

Version abgelöst, die im März 1957 auf dem Genfer Automobilsalon der Öffentlichkeit präsentiert und kurze Zeit später auf Band gelegt wurde. Für die Besitzer der sportlicheren Coupés wirkte der neue Wagen nun wirklich wie ein „rollendes Wohnzimmer“, er brachte bei vollem Tank fast 100 kg mehr auf die Waage, sein Gewicht schlug mit 1360 kg zu Buche. Der Radstand war unverändert geblieben, die Spurbreiten hatte man vorn auf 1400 mm und hinten auf 1450 mm erweitert. Vom Cockpit nach vorne war der Rohrrahmen im wesentlichen gleich geblieben, auch die Höhe des kräftigen Querträgers über der Hinterachs-Aufhängung hatte man nicht verringert. An allen anderen Punkten jedoch war das Gitterwerk niedriger und kompakter gestaltet worden. Die Seitenteile hatte man umgestaltet, um Platz für konventionelle Einstiegstüren zu schaffen. Der Benzintank wurde auf einen Inhalt von 100 Liter verkleinert und um das tiefer eingebaute Reserverad gelegt, damit ein wenig Platz für Gepäck entstand. Die tiefer angelenkte Schwingachskonstruktion, die bereits am nicht verwirklichten Renn-300 SL von 1953 vorgesehen war, fand beim Roadster Verwendung. Versuche mit dieser Hinterachs-Bauart waren schon im Jahre 1951 aufgenommen worden, als man an einen W 154 Grand-Prix-Wagen Vorbereitungen für die Konstruktion eines neuen, aufgeladenen 1,5 Liter traf. Als dieses Projekt eingestellt wurde, gab man zunächst auch die Aufhängungs-Neuentwicklung auf.

Die Ergebnisse der Versuche faßte Rudolf Uhlenhaut zusammen: „Eine Schwingachse mit einem tief angebrachten Anlenkpunkt hat einen niedrigeren liegenden Drehpunkt und auch längere Schwingarme, wobei die Querlenker die Ruckkräfte von den Antriebsrädern abfangen. Damit läßt sich ein sehr gutes Fahrverhalten erreichen, das dem der Doppelgelenkachse (normalerweise am W 154 verwendet) mindestens ebenbürtig, wenn nicht gar überlegen ist. Eine Schwingachse, die diese Anforderungen erfüllt, kann unter Verwendung der vorhandenen Halbachsen ohne tiefgreifende Änderungen produziert werden.“ Die Entwicklung dieser neuen Version der Schwingachse lief später weiter, zum einen für den 1954er Grand-Prix-Wagen und zum anderen für die 220er Limousine, die ebenfalls 1954 erscheinen sollte. Den 300 SL Roadster hatte man mit einer verstärkten Ausführung dieser Hinterachskonstruktion ausgestattet. Für beide Halbachsen verwendete man einen gemeinsamen Drehpunkt, den man etwas nach rechts gerückt hatte, um damit Platz für das Differentialgehäuse zu schaffen, das so gemeinsam mit der linken Achshälfte bewegt wurde. Der Antrieb auf die rechte Halbachse geschah über ein Kreuzgelenk und einen verschiebbaren Flansch, der sich frei auf Nadellagern bewegen konnte. Von jedem Rad führte ein Schräglenker als Abstützung nach vorn an den Rahmen.

Eine weitere Neuerung am 300 SL Roadster war die Verwendung einer dritten „ausgleichenden“ Schraubenfeder, die die steifen Schwingbewegungen der Hinterradfederung reduzieren sollte, ohne die Belastbarkeit zu verändern. Die eigentliche Verbesserung stellte jedoch die Verwendung weicherer Federn an den Rädern dar. Doch diese Änderung allein hätte die Aufhängung wiederum zu weich gemacht, um den beladenen Wagen komfortabel und sicher auf einer unebenen Fahrbahn zu halten, weshalb man jene Zusatzfeder einbaute. Diese wurde nur zusammengedrückt, wenn beide Halbachsen gleichzeitig einfederten, bei einfachen Drehbewegungen dämpfte sie nur nach der Seite hin. Die verschiedenen Kombinationen der drei Federn an der Hinterachse sowie der Vorderachs-Federn – ebenfalls drei, wenn man den Drehstab-Stabilisator einschloß – ließen eine Unmenge unterschiedlicher Fahrwerksabstimmungen zu.

Am 300 SL Roadster wurde serienmäßig bis zur Produktionseinstellung im Jahre 1962 die Sport-Nockenwelle eingebaut. Zuvor hatte man 1961 noch Dunlop-Scheibenbremsen an allen vier Rädern eingeführt. Mit wenigen Ausnahmen waren die 1858 gebauten Wagen nur für den normalen Gebrauch als sportlicher Reisewagen oder als luxuriöses Cabriolet gedacht, nicht für einen eventuellen Renneinsatz. Eine Ausnahme verdient jedoch Erwähnung. Es handelte sich dabei um eines der eindrucksvollsten Beispiele einer Rennvorbereitung seitens der Sportabteilung unter Alfred Neubauer und Karl Kling. Unmittelbar nach der Produktionsaufnahme des neuen Modells war Daimler-Benz sehr viel daran gelegen, durch Einsätze auf amerikanischen Rennstrecken für Publicity zu sorgen. Da die Serienfertigung gerade erst begonnen hatte, war der Sports Car Club of America nicht bereit, den Roadster schon 1957 als Wagen der Standard-Production-Kategorie anzuerkennen. Wenn er an den Start gehen sollte, dann zuerst in der Rennsport-Kategorie D, wo er auf andere Dreiliter-Wagen wie Maserati 300 S, Ferrari Monza oder Aston Martin DB 3S treffen würde. Daimler-Benz blieb nichts anderes übrig, als einen speziell präparierten 300 SL Roadster zu schaffen, um hier mithalten zu können. Man rang sich zu dem Entschluß durch, dem O'Shea/Tilp-Team für die Saison 1957 einen solchen Wagen zur Verfügung zu stellen. Man hielt ihn so leicht wie möglich, wofür man auch wie bei den 1952er Wagen die Aufnahmen der Vorderachsfedern vielfach durchbohrte. Auch unter der Motorhaube wurden einige wichtige Änderungen vorgenommen. Man verwendete zum Beispiel keinen Kühlventilator. An die Stelle des Saugrohrkrümmers aus Aluguß trat eine aus Alublechen zusammengeschweißte Konstruktion, die auch eine vereinfachte Ausführung des Luftmengen-Schiebers trug. Die Ansaugluft wurde über eine große Ausbuchtung hinter dem Kühler zum Krümmer geleitet. Die Auspuffanlage mündete mit zwei Endrohren durch das untere Karosserieblech an der rechten Seite, genau unter den Lüftungsschlitzen, ins Freie.

Der Wagen – verschiedentlich mit der Bezeichnung 300 SLS versehen – bekam eine speziell geformte Cockpitabdeckung mit einem Lüftungsschlitz vor dem Lenkrad. Schalter und Instrumente wurden beibehalten, aber die Sitze und natürlich auch das bekannte Vierspeichen-Rennlenkrad stammten aus dem Fundus der Rennabteilung. Es genügte also ein Blick in das Cockpit, um zu erkennen, daß es sich bei diesem eindrucksvollen Roadster um eine Sepezialanfertigung des Werks handelte. Die Ferrari und Maserati waren zwar schneller als dieser Wagen (wenn der Unterschied auch nicht allzu groß war), aber in bezug auf Standfestigkeit konnten sie oft nicht mithalten. Der 300 SLS tauchte bei allen größeren Rennen in den Vereinigten Staaten auf, und am Saisonende hatte Paul O'Shea damit so viele Punkte angehäuft, daß er die Sportwagenmeisterschaft in der Kategorie D mit der dreifachen Punktezahl seines Verfolgers Caroll Shelby auf Maserati gewinnen konnte. Dies war die letzte bedeutende Meisterschaft, die der 300 SL errang; er beendete seine Karriere genauso, wie er sie fünf Jahre zuvor begonnen hatte, nämlich als Rennsportwagen.

Aus dem Mercedes 300 SL war letzten Endes doch mehr geworden als nur ein Lückenbüßer, um die Zeit bis zur Fertigstellung der „richtigen“ Rennwagen zu überbrücken. Es waren kräftige, elegante, manchmal auch schwierige, jedoch immer großartig souveräne Automobile. Sie wußten bei allen Gelegenheiten zu glänzen.

„Bildlich ausgedrückt, entsprach der BRM einer Schreibmaschine, der Vierzylinder Ferrari einem russischen Dorfzählwerk mit Holzkugeln und die Wagen aus Untertürkheim einem Elektronengehirn.“
Laurence Pomeroy

1954: Von A-Nocken und Z-Steuerung

Das Geschehen 1954 in Reims hätte sich auch schon 1940 so abspielen können. Alfred Neubauer wäre vielleicht noch nicht ganz so schwer gewesen, Rudolf Uhlenhaut hätte ein paar graue Haare weniger gehabt, statt Fritz Nallinger wäre Max Sailer dabei gewesen, Caracciola und Lang an Stelle von Fangio und Kling. Doch sonst wäre kaum etwas anders gewesen, weder die bekannten Gesichter der Monteure, die Renntransporter oder die gepflegten schwarzen Limousinen mit dem Stern auf dem Kühler noch die flachen silbernen Rennwagen mit ihren Stromlinien-Karosserien. Gerade diese hatte Daimler-Benz ja auch für die Saison 1940 vorgesehen gehabt.
Das Grand-Prix-Engagement des Hauses Daimler-Benz hatte in den dreißiger Jahren durch den großen Aufwand so starke Kräfte freigesetzt, daß eine Fortsetzung der Aktivitäten nach dem Krieg unausbleiblich schien. Im Verhältnis zur finanziellen und technischen Kapazität der Firma handelte es sich bei den Grand-Prix-Unternehmen der Jahre 1954/55 um den konzentriertesten und wohl mit dem meisten Ehrgeiz verbundenen Einsatz in der gesamten Firmengeschichte. Vorher hatte man sich am Rennsport beteiligt, um die technische Spitzenposition stets aufs Neue unter Beweis zu stellen oder um dem Verkauf der Serienwagen neue Gebiete zu erschließen. Doch nun galt es, eine Tradition weiterzuführen, jene der absoluten Überlegenheit.
Man hatte bald nach dem zweiten Weltkrieg beschlossen, daß man nur im Falle von reellen Siegeschancen zu den Grand Prix zurückkehren würde. Bevor wieder Rennmotoren in Untertürkheim ertönten, hatte Alfred Neubauer zu David Scott-Moncrieff gesagt: „Ich weiß nicht, wann wir zu den Grands Prix zurückkehren werden. Und wenn, dann würde ich es Ihnen nicht sagen. Aber in einer Sache können Sie absolut sicher sein. Es werden keine halben Sachen gemacht. Wir werden solange nicht fahren, bis wir Wagen haben, die siegen können und auch werden.“
Der schicksalhafte Tag, dem alle Freunde des Hauses voller Ungeduld und alle Konkurrenten mit gemischten Gefühlen entgegen gesehen hatten, war nun endlich gekommen. In der französischen Champagne war der Dreieckskurs von Reims an jenem warmen Sommertag dazu ausersehen, das Comeback der Mercedes-Grand-Prix-Wagen zu erleben. Zwanzig Jahre vorher war die Ehre, den Premierenort für einen neuen deutschen Rennwagen darzustellen, ebenfalls einer französischen Strecke zugefallen: 1934 fuhren die W 25 ihren ersten Grand Prix in Montlhéry. Und vierzig Jahre zuvor wartete man in Lyon auf ein Team der neuen weißen Mercedes, denen man damals angesichts der starken Gegnerschaft aus den eigenen Reihen kaum eine Chance zubilligte. In dieser Hinsicht ließ sich die Ausgangslage von 1954 nicht mit früheren Ereignissen vergleichen, denn von den drei angetretenen Mercedes standen zwei in der ersten Startreihe. „Für mich gab es keinerlei Zweifel über den Ausgang des Rennens,“ erinnerte sich Juan Manuel Fangio, „ein Mercedes würde auf jeden Fall als erster die Ziellinie überfahren“. Fangio hatte die Konkurrenz mit den Vierzylinder Ferrari, den Sechszylinder Gordini und Maserati schon in der ersten Stunde des Trainingstages entmutigt. Er hatte eine sensationelle Rekordrunde gefahren und dabei zum ersten Mal auf einem europäischen Straßenkurs die magische Grenze von 200 km/h erreicht. Sein Schnitt von 200,04 km/h blieb unangetastet.
Daimler-Benz hatte vier Exemplare der neuen Grand-Prix-Renner vom Typ W 196 nach Reims gebracht. Drei wurden eingesetzt, zwei konnten das Rennen beenden. Sie belegten so knapp hintereinander, wie es Fangio und Kling vermochten, die Plätze Eins und Zwei. Dabei hatten sie die Reste der zusammengebrochenen und waidwunden französischen und italienischen Streitmacht weit hinter sich lassen können. Die deutschen Konstruktionen mit ihren Stromlinienkarosserien, den innenliegenden Bremsen und rollengelagerten Einspritzer-Achtzylindern ohne Ventilfedern hatten bei ihrem ersten Auftritt für eine Niederlage der gesamten Konkurrenz gesorgt.
Der Auftritt lag indessen nicht am Anfang der Saison, sondern man war – wie man es 1951 hatte vermeiden wollen – mitten ins Geschehen eingetreten. Außerdem hätte man diesen Einsatz in Reims fast noch abgeblasen, wenn nicht einige in letzter Minute durchgeführte Änderungen an den Wagen einen Erfolg versprochen hätten. Bei ihrem nächsten Auftritt in England mußte die Mercedes-Mannschaft dann auch eine empfindliche Niederlage einstecken, was die Beobachter zu der Annahme verleitete, daß die neuen Silberpfeile nicht unfehlbar seien. Zu solchen Spekulationen bestand jedoch bei weitem kein Anlaß. 1954 und 1955 waren bei 13 Grand-Prix-Rennen insgesamt 42 Mercedes am Start, 27 davon sahen das Ziel. Zehnmal hieß der Sieger Mercedes und sechsmal handelte es sich dabei sogar um einen Doppelsieg. Ein erfolgreicheres Comeback ist schwer vorstellbar.
Erst Mitte 1953 war es möglich geworden, die nötigen Kapazitäten in den Entwicklungs- und Konstruktionsabteilungen für die Arbeiten am W 196 nutzbar zu machen. Mit den erfolgreichen Einsätzen der 300 SL Coupés im Jahre 1952 hatte man diesbezügliche Wünsche Wilhelm Haspels erfüllen können, der den Wiederaufbau von Daimler-Benz nach dem Kriege geleitet hatte. Am 6. Januar 1952 war Haspel gestorben und Fritz Könecke folgte ihm als Vorstandsvorsitzender. In jenem Jahr wurden die Vorstandsbeschlüsse über die Rennbeteiligung mehrmals geändert, weshalb auch die Zukunft des 300 SL ungewiß erschien. Schließlich wurde die Entscheidung zugunsten eines neuen Grand-Prix-Wagens gefällt, wobei parallel dazu ein davon abgeleiteter Sportwagen entstehen sollte. Als Direktor der Hauptkonstruktionsabteilung beaufsichtigte Hans Scherenberg den gesamten Entwicklungsvorgang.
Es wurden kleine Untergruppen errichtet, die sich ausschließlich mit speziellen Komponenten der neuen Rennwagen befassen sollten. Die Chassiskon-

struktion war Aufgabe von Ludwig Kraus, für die Motorenentwicklung war Hans Gassmann zuständig. Rudolf Uhlenhaut brachte seinen reichen Erfahrungsschatz ein und bildete innerhalb seiner Versuchsabteilung eine neue Rennabteilung. Deren Leitung wurde Walter Kostelezky übertragen, der schon 1939 bei den letzten Vorkriegsaktivitäten dabei gewesen war. Unter seinen Mitarbeitern fanden sich Heinz Lamm, der mit den Motorversuchen betraut werden sollte, sowie Hans Werner. In den beiden Einsatzjahren wuchs der Stab an Monteuren, Technikern und Ingenieuren auf 200 Mann an. Zusätzlich standen im Werk noch 300 geschickte Werkzeugmacher aus der Produktion bereit, um für die Teilefertigung des Rennwagens einzuspringen; dies hatte nun Vorrang gegenüber allen anderen Aufgaben.
Es blieb kaum Zeit, um sich mit grundlegenden Neuerungen in der Konstruktion zu beschäftigen. Deshalb griff man beim W 196 auch zum größten Teil auf erprobte Komponenten zurück. So befand sich auch am neuen Wagen der Motor vorn und das Getriebe hinten; es wurden Trommelbremsen verwendet sowie ein Antriebsaggregat mit verschweißten Stahlzylindern und rollengelagertem Kurbeltrieb. Intensiv beschäftigte man sich mit einer verbesserten Bodenhaftung in Kurven, weshalb man auch den Schwerpunkt des Fahrzeugs so tief wie möglich hielt.
Mit den Arbeiten am Motor wurde zuerst begonnen, schließlich handelte es sich hierbei um das wichtigste Teilstück des gesamten Konzepts. In den ersten Monaten des Jahres 1952 hatte man innerhalb der mit der Rennwagenkonstruktion betrauten Abteilung eine spezielle Motorengruppe eingerichtet; der Leiter dieses Teams war Hans Gassmann, ein erfindungsreicher und wißbegieriger Ingenieur von fünfzig Jahren. Sein erster Blick galt den neuen Formel-1-Bestimmungen für die Saison 1954. Bei aufgeladenen Motoren lag das Hubraumlimit nun bei 750 ccm, also der Hälfte der bisherigen Formel, und für Saugmotoren lag die Obergrenze bei 2500 ccm. Die Hubraumreduzierung vollzog sich in der Proportion 5:9, was nicht allzu drastisch war. In bezug auf die Kraftstoff-Auswahl gab es keinerlei Vorschriften. Schnell war man sich einig, daß man mit einer Kompressorausführung nicht mehr weit kommen würde. Ein solches Aggregat hätte, um konkurrenzfähig zu sein, ungefähr 260 PS leisten müssen. Damit wäre man auf die Leistungsebene des M 165 1,5 Liter gekommen, jenes Motors mit der höchsten Literleistung aller

Oben: Am 4. Juli 1954 kehrten die silberfarbenen Mercedes-Rennwagen wieder zu den Grand-Prix-Rennen zurück. Das Comeback wurde auch sofort mit einem Doppelsieg (Fangio/Kling) bekräftigt.

Links: Karl Kling im neuen Grand-Prix-Mercedes, dem W 196.

jemals gebauten Mercedes-Kompressoraggregate. Der Gedanke, aus einem halb so großen Motor eine ebenso hohe, wenn nicht noch höhere Leistung herauszuquetschen, behagte den Konstrukteuren nicht sonderlich. Darüber hinaus hätte der aufgeladene Motor einen wesentlich schlechteren Drehmomentverlauf gezeigt und nach den Berechnungen des Teams wohl den dreifachen spezifischen Kraftstoffverbrauch aufgewiesen.

Die Aussichten für einen nicht aufgeladenen Motor erschienen vertrauenerweckender. In Neckarsulm holte man damals bereits 108 Liter-PS aus einem NSU-Motorradmotor; es handelte sich dabei um den „Rennmax"-Zweizylinder mit 250 ccm Hubraum. Er wies normale Vergaser auf und drehte bis 9000 U/min. Gassmann und seine Mitarbeiter glaubten, dies ebenfalls erreichen zu können. Mit Hilfe einer Einspritzanlage gedachte man diese Leistung sogar zu übertreffen und sprach von etwa 270 PS. Es blieb natürlich noch einiges zu tun, bis man zur Konkurrenz aufschließen konnte, wo man mittlerweile die Saugmotoren mit vier und sechs Zylindern aus der Formel 2 weiterentwikkelte. Denn diese wurde 1952 und 1953 praktisch als Übergangslösung bis zum Beginn der neuen Formel 1 benutzt.

wirkten hohe Verwindungskräfte auf die lange Kurbelwelle, so daß nicht einmal ein Schwingungsdämpfer damit fertig wurde. Der Mittelabtrieb mit Zahnrädern von der Kurbelwellenmitte aus erwies sich da als wesentlich vorteilhafter, weshalb man sich schließlich auch für diese Ausführung des Reihenachtzylinders entschied.

Nach dieser Richtschnur entstand nun ein Prüfstands-Einzylinder mit 310 ccm, der sich in den überwiegenden Details an bisherige Daimler-Benz Praktiken anlehnte. Auf den Stahlzylinder war wiederum der Brennraum aufgeschweißt, er trug vier Ventile, die in einem weiten Winkel zueinander hingen. Der dachförmige Verbrennungsraum war im Durchmesser am Bund etwas kleiner gehalten als die Zylinderbohrung. Wieder fanden Schraubenfedern an den Ventilen Verwendung, und auf die Ventilschäfte waren kleine Stößel aufgeschraubt. Eine neue Vorrichtung, die nicht nur am Prüfmotor, sondern voraussichtlich auch an den Einsatzaggregaten Verwendung finden sollte, war die Verstellmöglichkeit der Ventilsteuerzeiten am laufenden Motor.

Im Frühjahr 1952 wurde der Motor in diesem seinem Vorstadium in Betrieb

Einige der Erbauer des neuen Formel-1-Mercedes: Von links nach rechts: Rudolf Uhlenhaut, Fritz Nallinger, Hans Scherenberg und Ludwig Kraus.

Seit 1923 war es das erstemal, daß man bei Daimler-Benz wieder einen Grand-Prix-Motor ohne Kompressor baute. Den ersten Schritt sollte wieder ein Prüfstands-Einzylinder darstellen – doch mit welchem Zylinderinhalt? Man mußte sich deshalb vorher über die Auslegung des neuen Motors klarwerden. Eine V12-Anordnung erschien verlockend, denn im Verhältnis zum Zylinderinhalt hätte man eine große Ventilfläche erhalten. Jedoch resultierte daraus auch ein hoher Fahrzeugschwerpunkt, falls man nicht mit einem sehr flachen Zylinderwinkel arbeitete. Wie es sich schon vor dem Krieg gezeigt hatte, kann ein solches Aggregat recht schwer und komplex werden. Hans Scherenberg berichtete: „Wir mußten deshalb nach einer Kompromißlösung suchen, und schließlich fiel die Entscheidung zugunsten eines Achtzylindermotors."

Man betraute eine Gruppe von Theoretikern mit der Berechnung der charakteristischen Vibrationsverhältnisse an verschiedenen Motortypen bei einer Drehzahl von 9000 Touren. Dabei wurden die Anordnungen V6, V8 und Reihenachtzylinder untersucht, wobei man bei letzterem den Abtrieb einmal am Kurbelwellenende und einmal in der Mitte vorsah. Der Reihenmotor erwies sich auch hinsichtlich der Unterbringung im Wagen als sehr günstig, er ließ sich nämlich stark geneigt einbauen, womit man den Schwerpunkt tiefersetzen konnte. Bei einem Antrieb vom hinteren Kurbelwellenende aus

gesetzt, womit man den ersten Schritt zum neuen Grand-Prix-Wagen absolviert hatte. Es sollten sich dabei aber schon bald einige der bereits an den vorausgegangenen Grand-Prix-Motoren aufgetretenen Symptome bei Drehzahlen über 8000 U/min bemerkbar machen: ein Abheben der Ventilstößel von der Nockenlaufbahn und bruchanfällige Ventilfedern. Dadurch wurde auch das Verdichtungsverhältnis beeinflußt. Für die Erzielung der notwendigen Leistung mußte der Motor ein sehr hohes Verdichtungsverhältnis aufweisen, das sogar annähernd doppelt so hoch war als beim M 154 von 1938. Es schien keinen Ausweg zu geben, dies in Zusammenhang mit den hohen Drehzahlen, die für die maximale Leistungsausbeute unumgänglich waren, zu erreichen. Außerdem sollte ja eine zusätzliche Drehzahlspanne ermöglicht werden, die Rudolf Uhlenhaut seinen Fahrern stets gerne zugestand.

Besonders Hans Gassmann war über dieses Dilemma beunruhigt. Als er sich am Abend des 20. Mai 1952 auf den Heimweg machte, hatte er keinen anderen Gedanken mehr. Am nächsten Morgen zog er in der Straßenbahn einen Briefumschlag aus seiner Tasche und fertigte darauf einige Skizzen an. Im Büro zeigte er dieses Stück Papier seinen Kollegen und fügte im Brustton der Überzeugung hinzu: „Das ist es, so werden wir es machen." Der berühmt gewordene Briefumschlag Gassmanns zeigte zwei Nocken pro Ventil. Einer öffnete das Ventil wie gewöhnlich, der andere schloß es mittels eines abge-

winkelten Kipphebels wieder. Dies war die Art einer völlig formschlüssig ablaufenden Ventilsteuerung, bei der die Verwendung der problematischen Ventilfedern überflüssig wurde. Um eine dichte Lage im Ventilsitz zu gewährleisten, blieb eine kleine Hilfsfeder erhalten. Die Anordnung wurde Zwangssteuerung oder abgekürzt „Z-Steuerung" genannt.
Gassmanns Geistesblitz wurde umgehend in detailierte Konstruktionszeichnungen umgesetzt. Eine Kopie mit genauer Beschreibung ging an die Daimler-Benz-Patentanwälte. Es sollte dafür gesorgt werden, daß diese bedeutende Entdeckung geschützt wurde. Doch schon bald flatterten den Technikern eine Menge von Abschriften bereits existierender Patente über Zwangs-Ventilsteuerungen auf den Tisch. Mit Überraschung nahmen sie zur Kenntnis, daß solche Konstruktionen nicht nur schon seit langem existierten, sondern daß sogar Rennwagen aus Untertürkheim gegen solchermaßen ausgestattete Fahrzeuge angetreten waren und sie besiegt hatten. Man erfuhr, daß es formschlüssige Ventilantriebe schon zu Anfang der Motorenentwicklung gegeben hatte. Ein besonderes Interesse hierfür herrschte damals in Frankreich, wo man bei Delage und Schneider im Jahre 1914 Fahrzeuge mit

Links: Die Versuchsanordnung zur Funktionskontrolle der Zwangs-Ventilsteuerung, der wiederentdeckten Desmodromik am neuen Grand-Prix-Achtzylinder von Mercedes.

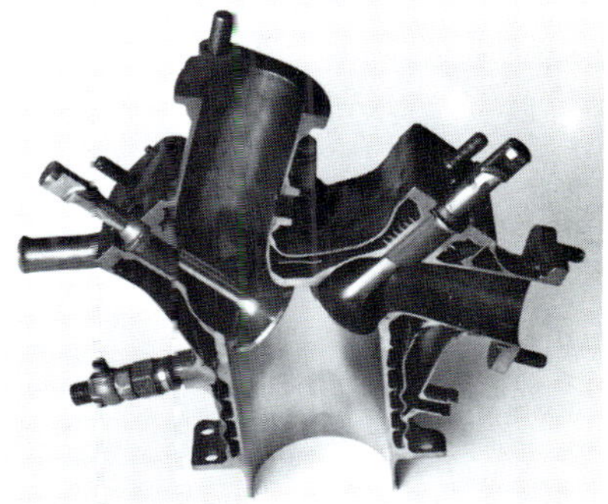

Unten: Schnittmodell des W 196-Zylinderkopfs. Der Einlaßkanal ist senkrecht nach unten gerichtet und macht einen Bogen um den Ventilschaft. Links unter dem Ventil ist die Einspritzdüse angeordnet, sie konnte aber auch, je nach gewählter Einspritzart, am Einlaßkanal eingeschraubt werden.

Links: In der Karosseriegestaltung griff man die Gedanken von 1937 wieder auf und wählte eine geschlossene Stromlinienkarosse. Im Bild ein Versuchsmodell mit Abluft-Schlitzen über den Radkästen.

unterschiedlichen Zwangssteuerungen beim Großen Preis von Frankreich an den Start brachte. Man konnte damit zwar keine großen Erfolge verzeichnen, *The Automobile* vertrat die Ansicht: „Obwohl sich am siegreichen Fahrzeug (Mercedes) keine formschlüssig gesteuerten Ventile fanden, stellten sie bei diesem Rennen wohl den größten technischen Fortschritt dar, und es deutet alles auf eine Verwendung auf breiterer Basis in der Zukunft hin."
Der Artikel fuhr fort: „Die Vorzüge dieser Art der Ventilsteuerung sind die höhere Zahl der Umdrehungen, der wesentlich größere Sicherheitsfaktor und eine höhere Leistung." Dies waren exakt jene Ziele, die Daimler-Benz vier Jahrzehnte später im Auge hatte. Anfang der zwanziger Jahre war bei Bignan in Frankreich eine kleine Serie von Zweiliter-Wagen mit zwangsgesteuerten Ventilen aufgelegt worden; hier wurde erstmals der Begriff „Desmodromik" angewandt, dessen Ursprung aus dem Griechischen stammt.
Die Daimler-Benz-Entwicklung basierte auf keinem der früheren Vorbilder, man konnte deshalb zurecht von einer Wieder-Erfindung sprechen. Außerdem blieb es Daimler-Benz vorbehalten, mit dieser Konstruktion erstmals auch Erfolg im Rennsport zu haben. Bald nachdem er sich die Z-Steuerung ausgedacht hatte, erkannte Gassmann, daß man damit auch problemlos wesentlich größere und schwerere Ventile als im Test-Einzylinder steuern könnte. Man änderte daraufhin die Zylinderkopf-Auslegung von vier auf zwei Ventile ab, wodurch sich nun auch ein günstiger Halbkugel-Brennraum gestalten ließ. Mit diesem harmonischeren und weniger unterteilten Profil erreichte man geringere Wärme-Verluste und ein höheres nutzbares Verdichtungsverhältnis. Man baute eine spezielle Test-Vorrichtung für die Z-Steuerung, ein zylindrisches Gehäuse, in welchem die Nocken und Kipphebel für ein Ventil angeordnet waren. In der Versuchsabteilung hatte man hierfür spezielle Halterungen sowie entsprechende Testprogramme erdacht.
Am 4. November 1952 sollte die erste Testreihe beginnen. Unter den Beteiligten befand sich auch Manfred Lorscheidt, der 31jährige Chefzeichner in Gassmanns Gruppe. Er gab die Stimmung an diesem besonderen Tag wieder: „Wir waren dabei, das Gehäuse zusammenzubauen – wir hatten schon alle Befestigungen vorbereitet –, als Uhlenhaut hereinkam. Er nahm das Ding, schob einen Mechaniker an der Drehbank beiseite, öffnete die Spannbacken, klemmte die Welle fest, hielt das Gehäuse dabei in der Hand und sagte: ‚Gut, schaltet ein!' Das war typisch Uhlenhaut. Er hielt es fest und rief: ‚Gebt Gas!' Und das war er dann, der erste Probelauf der Daimler-Benz-Z-Steuerung. Wir waren fasziniert, daß das Ding tatsächlich lief! Das war unvergeßlich."
Die Testvorrichtung zeigte bald, daß trotz einiger Probleme, die noch zu lösen waren, die Z-Steuerung funktionierte, und zwar gut genug, daß sie Teil des neuen M 196-Motors wurde. Da der Radsatz zum Antrieb der Nocken-

wellen von der Kurbelwellenmitte aus empor führte, wies das Aggregat insgesamt vier Nockenwellen auf. Auf den beiden Vierzylinderblöcken liefen je zwei Nockenwellen, die ihrerseits je vier Ventile bewegten. Die beidseitigen Wellen waren mit den Antriebs-Zahnrädern gekoppelt. Sie liefen jeweils in drei Lagern; außen war dies ein doppelreihiges Kugellager, die beiden anderen doppelreihige Rollenlager. Für die Anordnung der kompletten Z-Steuerung einer Nockenwelle wurde nochmals eine Testvorrichtung gebaut.
Ebenso fertigte man einen neuen Zylinder für den Prüfmotor an, der nun mit der Zwangssteuerung ausgestattet war. Da in dem stählernen Zylinderkopf keine gesonderten Ventilsitzringe eingesetzt zu werden brauchten, konnte man sehr große Ventile verwenden. Das Einlaßventil maß im Durchmesser 50 mm, hatte einen Schaft von 10 mm und hing in einem Winkel von 43 Grad zur vertikalen Achse. Das Auslaßventil wies einen 43 mm großen Teller und einen 12 mm starken Schaft auf, der hohlgebohrt und vom Teller aus zu zwei Drittel mit kühlendem Soda-Salz gefüllt war. Der Sitzwinkel betrug hier 45 Grad. Die Ventile waren im Verhältnis zu den Zylinderdimensionen von 76,0 × 68,8 mm für Bohrung und Hub (2496 ccm) außerordentlich groß ausgefallen.
Eine Besonderheit am Zylinderkopf war der steil abfallende Einlaßkanal, der fast aus der Senkrechten oben in den Kopf eintrat. Dies paßte genau zu dem um 53 Grad nach rechts geneigten Einbau des Motors und der Anbringung der verschiedenen Nebenaggregate. Wie auch verschiedene andere Einzelheiten am Motor, erinnerte der senkrechte Einlaßkanal an die Konstruktion des Zweiliter-Sechszylinder-Veritas von Ernst Loof, mit dem Karl Kling einige Erfolge errungen hatte, bevor er für seinen eigentlichen Arbeitgeber wieder Rennen fahren konnte. Diese Kanalanordnung wurde von Gassmann und Lorscheidt gutgeheißen, denn die einströmende Ansaugluft wurde hier weiter vom Auslaßventil entfernt, weshalb sie sich nicht mehr unnötig aufheizen und an Dichte verlieren konnte.

Die Schnittzeichnungen des M 196-Aggregats zeigen deutlich jedes Detail des 2496-ccm-Reihenachtzylinders. Wie beim 300 SL wurde auch im Formel-1-Wagen der Motor stark geneigt eingebaut (53° von der Senkrechten).

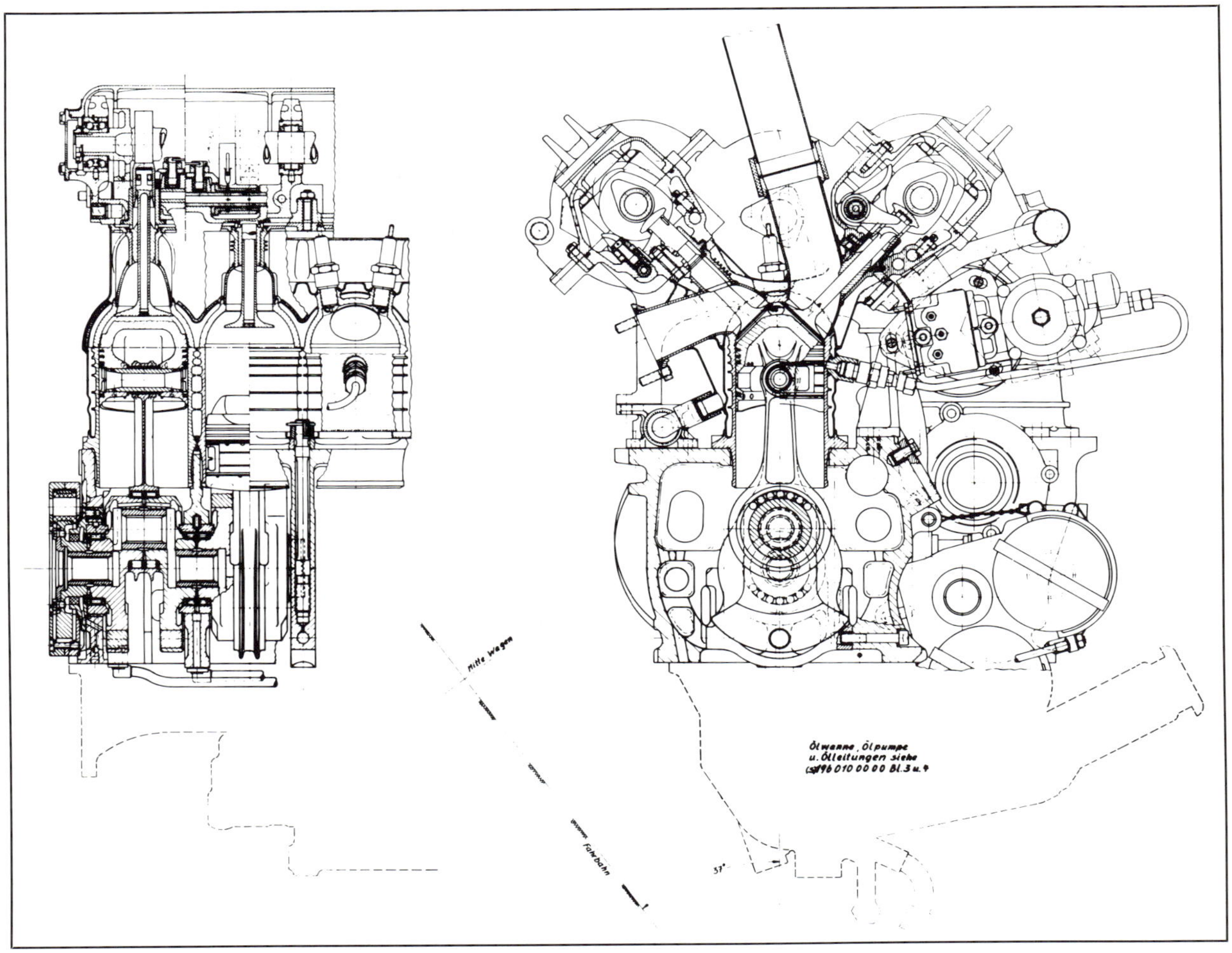

Unten: Die Kipphebelwelle mit den charakteristischen Winkel-Kipphebeln, deren breite Flanken auf den Schließnocken auflaufen, die gegabelten hingegen das Ventil schließen.

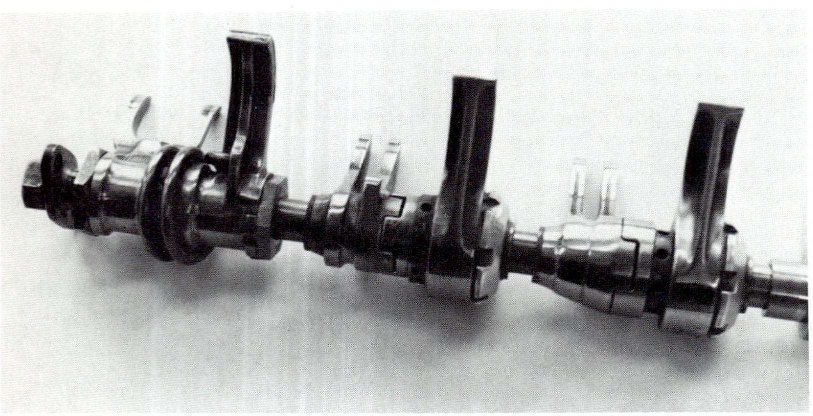

An dem vorhandenen Prüfstands-Einzylinder wurde auch eine ganze Reihe anderer Details erprobt, zum Beispiel die günstigste Anordnung, Montage-Winkel, Ausführung und Strahlrichtung der Kraftstoff-Einspritzdüsen. Man untersuchte sowohl die Möglichkeiten der Unterbringung im Einlaßkanal als auch am Zylinder. Man entschied sich schließlich für eine Position in der Zylinderwand, knapp unter dem Einlaßventil, um 12,5 Grad nach oben gerichtet. Der Kraftstoff-Strahl trat aus einem 30 Grad-Konus unter einem

Druck von 85 at in den Zylinderkopf ein, die Einspritzdauer begann bei einem Kurbelwinkel von 30 Grad nach dem oberen Totpunkt und lief dann über 160 Grad. Als nächste Aufgabe stand die Ermittlung des richtigen Kraftstoffs zur Debatte. Esso hatte hierfür eine „Einkaufsliste" mit 25 verschiedenen Gemischzusammensetzungen vorbereitet. Man wählte sieben Sorten aus und führte Versuche hinsichtlich der zu erzielenden Leistung, der Klopffestigkeit, des Verbrauchs und der möglichen Innenkühlung durch. Die beste Kombination aller geforderten Eigenschaften ergab sich mit dem Gemischtyp R. D. 1, bestehend aus 45 Prozent Benzol, 25 Prozent Methyl-Alkohol, 25 Prozent Hochoktan-Benzin (110/130 Oktan), 3 Prozent Azeton und 2 Prozent Nitro-Benzol. Die Klopffestigkeit bei einer Verdichtung von 12,5:1 wurde durch die Beigabe von zusätzlichen 0,03 Vol. Prozent Tetra-Äthyl-Blei verbessert. Man hatte auch verschiedene Zusammensetzungen mit Nitro-Methan untersucht, doch war die Leistungsausbeute damit geringer, denn aufgrund der höheren Klopfneigung konnte man bei weitem nicht soviel Vorzündung geben. Mit der einzigen Ausnahme der Rennen in Argentinien wurde 1955 in den W 196 stets R. D. 1 verwendet.
Über den Winter 1952/53 nahm der W 196 Schritt für Schritt Form an. Die Konstruktion der doppelten Vierzylinderblöcke war abgeschlossen, die Zylinderkopfpartie wurde mit 1,5 mm starkem Stahlblech verkleidet, bei den Kühlmänteln um die Zylinder beließ man es bei einer Materialstärke von 1 mm. Auf der Auslaßseite vergrößerte man die Wassermenge und ordnete ein dünnes Leitblech an, so daß die kühle Flüssigkeit direkt auf die Ventilsitze und die verrippten Führungsgehäuse leitete. Beim Zusammenbau der Zylinderblöcke ging man nach einem bestimmten Zeitplan vor. Zwischen den letzten beiden Schweißvorgängen erhitzte man das ganze Bauteil kurz auf 550 Grad Celsius um eventuelle Materialspannungen auszugleichen. Nach dem Zusammenbau trug man an der Innenseite der Kühlmäntel ein Anstrich aus Leinöl auf, den man durch Erwärmen fest werden ließ. Vollständig bearbeitet und noch ohne Nockenwellengehäuse wog ein solcher Block mit vier Zylindern 13,5 kg. Oben zwischen den Ventilen waren die Gewinde für je zwei 14-mm-Zündkerzen pro Zylinder vorgesehen. Bosch entwickelte für diese Motoren eine universell taugliche Kerze mit Silber-Mittelelektrode, die sich für alle Einsatzbedingungen gleichermaßen eignete; ihre offizielle Bezeichnung lautete W 290 T 17.
Bei Mahle hatte man eine besondere Fertigungsmethode für Kolben mit hoher Hitzebeständigkeit entwickelt, wobei diese auch einem Sinterprozeß unterzogen wurden. Diese Kolben erwiesen sich indessen als gar nicht einmal notwendig. Man verwendete statt dessen Vollschaftkolben aus der normalen geschmiedeten Mahle-Aluminium-Legierung, die einen hohen Dom auf dem Kolbenboden trugen. Das Gewicht eines Kolbens, komplett mit Ringen, Kolbenbolzen und Sicherungen, belief sich auf 475 g. Der Abstand der beiden

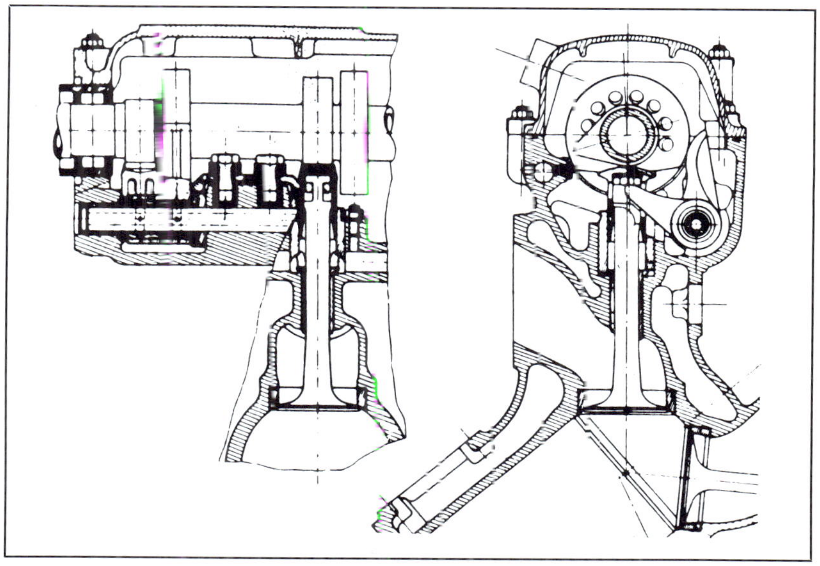

Oben: Hier ist der zwangsweise Schließmechanismus der Ventile im Detail zu sehen. Die Kipphebelachse sitzt rechts neben dem Ventil.

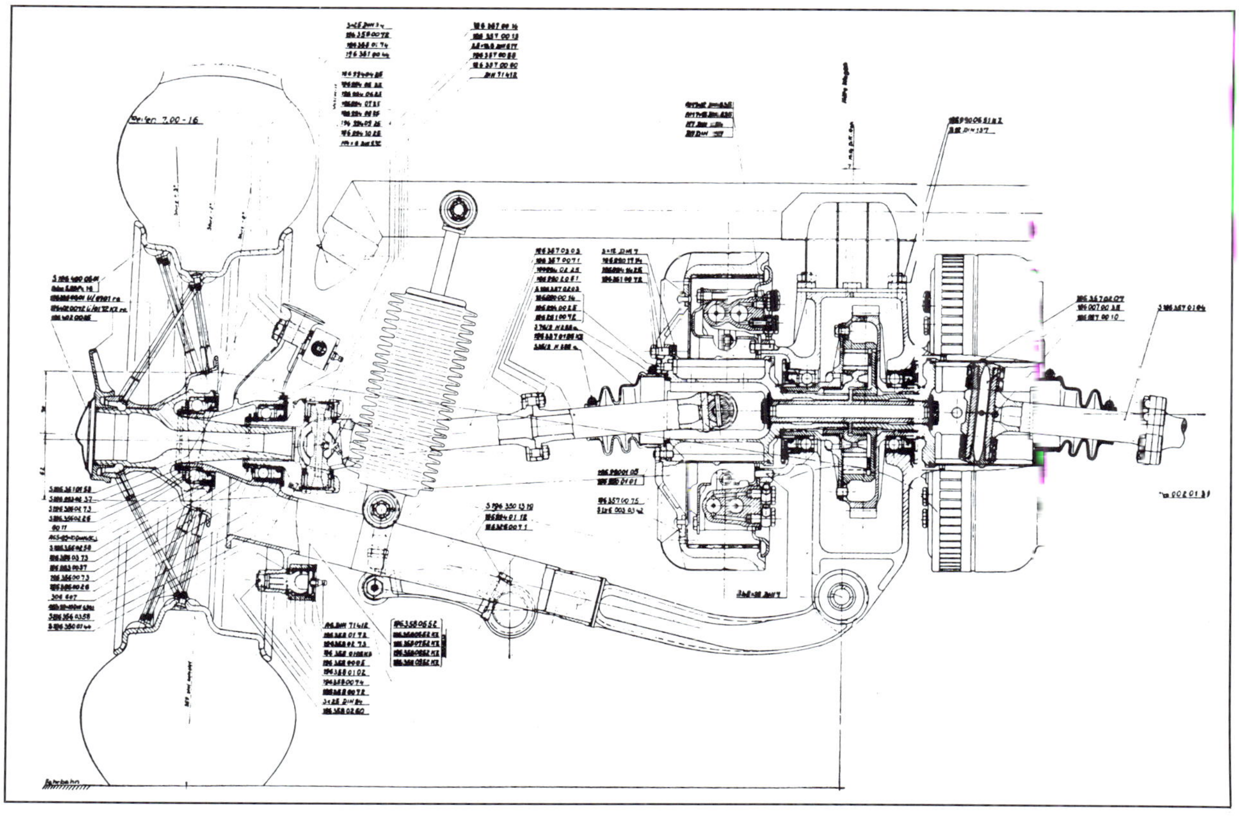

Links. Hinterradaufhängung des W 196 mit innenliegenden Bremstrommeln.

oberen Kompressionsringe wurde bewußt recht groß gehalten, damit auf jeden Fall sichergestellt war, daß keine heißen Gase am Spalt der Einspritzdüse vorbei nach unten gelangen konnten. Dadurch blieb über dem Bolzenauge jedoch nicht mehr genügend Raum für die Anbringung einer sicheren Nut für den Ölabstreifring. Man führte deshalb zwei glatte Ringe über und unter dem Bolzenauge ein, die mit ihrer Unterseite das Öl abschabten und in die darunterliegenden Bohrungen im Kolbenschaft drückten. Es wurde auch versucht, ohne den unteren Ring auszukommen, was jedoch zu einem beträchtlich höheren Ölverbrauch führte. Der durchschnittliche Verbrauch bei den Grand-Prix-Wagen des Jahres 1955 lag bei 21 Liter Castrol Racing SAE 20 auf 1000 Kilometer. In dem 40 Liter fassenden Öltank wurden vier Fünftel des gesamten Schmiermittelvorrats mitgeführt, wodurch man eine ansehnliche Öl-Reserve hatte.

In der unteren Hälfte des Motors hatte man sich nun endgültig voll und ganz für die bekannten Bauteile der Firma Hirth entschieden. Die zahlreichen Versuche mit den Acht- und Zwölfzylindern vor dem Krieg hatten zu diesem Entschluß geführt. Eine weitere Anregung stellten die mittlerweile bei Hirth gemachten Fortschritte dar, wie etwa die auch an Porsche und Veritas gelieferten rollengelagerten Kurbelwellen, die sich großartig bewährt hatten. Die einzelnen Abschnitte der Welle wurden nach wie vor mit Stirnverzahnungen zusammengefügt und durch einen massiven Bolzen mit Gegengewinde in den Lagerzapfen verschraubt. Anstelle von zwei Trennstellen an jeder Kurbelwange gab es jetzt nurmehr eine in der Mitte. Dadurch wurde die Anzahl der Einzelteile verringert und die Stabilität der jeweiligen Verbindungen wie auch der Abstand zwischen den Hubscheiben vergrößert. Es erschien ungewöhnlich, daß der Durchmesser der Hauptlager mit 51 mm kleiner als der der Pleuellager war. An den beiden Enden der Kurbelwelle sowie zu beiden Seiten des Mittelabtriebs waren einreihige Rollenlager vorgesehen. An den verbleibenden sechs Lagerstellen verwendete man doppelreihige Rollenlager mit der Rollengröße 7 × 7 mm, genau in dem Spalt zwischen den Rollenreihen lag die Trennfläche der Hirth-Verzahnung. Alle Kurbelwangen waren als Gegengewichte ausgeführt, wobei man durch das Einbringen von Bleistopfen die Auswuchtung verändern konnte.

Wie schon vor dem Krieg, wurden auch hier die Pleuellager wieder mit Öl von den Schleuderringen der Kurbelwangen versorgt. Um die Auflagefläche auf diesen Ölnuten zu vergrößern, wurde während der Entwicklung der Durchmesser der Hubzapfen von 52 auf 55 mm erweitert. Die Rollen waren 6,5 mm stark und liefen auch hier in zwei Reihen. Sie waren zuerst 9 mm lang, wurden dann aber auf 8,5 mm verkürzt, damit man den Lagerkäfig aus DM31-Dural stärker ausführen konnte. Als eine besondere Vorsichtsmaßnahme wurden diese Lagerkäfige aus Vollmaterial herausgedreht, denn so blieben sie auch bei einem eventuellen Bruch in der Form. Wenn man sie hingegen aus Stangen- oder Rohrmaterial drehte, das noch Restkräfte beinhaltete, welche bei einem Bruch das Material auseinanderfallen ließen, so wurde die Zerstörung nur noch verstärkt.

Die einteiligen geschmiedeten Stahlpleuel wiesen je zwei Versteifungsrippen über Pleuelauge und -fuß auf. Sowohl die Enden als auch der Pleuelschaft im Doppel-T-Profil waren verschliffen und poliert, um sie widerstandsfähiger zu machen. Der 21,5 mm starke Kolbenbolzen lief im Pleuelauge auf zuerst 2,5 mm, später 3,0 mm dicken Nadeln. An der Kurbelwelle waren schließlich noch an beiden Enden robuste Schwingungsdämpfer angebracht, sie bestanden aus jeweils zwölf in Gummi gebetteten Ausgleichsgewichten. Zusammen mit diesen sowie mit Pleuelstangen und allen Lagern wog der Kurbeltrieb 47 kg. Man hatte sich bei Daimler-Benz bewußt für einen schweren Kurbeltrieb entschieden, um eine möglichst große Zuverlässigkeit zu erreichen. Der Erfolg sollte den Ingenieuren recht geben. Ende 1955 war in einem technischen Bericht zu lesen: „Trotz einiger Probleme mit der Dauerzuverlässigkeit konnte kein Motorversagen auf Fehler an der Kurbelwelle zurückgeführt werden." Das komplette Bauteil wurde von Hirth einbaufertig angeliefert und dorthin schickte man die Wellen auch wieder zur Wartung oder Überholung. Nach jedem Rennen wurden neue Lagerrollen eingebaut und jedes Teil mikroskopisch nach Fehlern untersucht, die man sofort durch Nacharbeiten oder Austausch behob.

Die bewegten Teile wurden zur Gänze von einem tiefen Kurbelhaus aus Silumin eingeschlossen. Die Hauptlager an den beiden Enden wurden in verschraubten Deckeln gehalten, die selbst Teil des nach unten offenen Kurbelhauses waren. Bei dieser Konstruktion war die Verwendung der unten verschraubten Endkappen der Lagerböcke wieder aktuell geworden. Die Verschlußkappen für die anderen acht Hauptlager wurden von langen Stehbolzen gehalten, die von den Befestigungspunkten der Zylinderblöcke nach unten ragten. Damit hatte man wieder auf die Anordnung, wie sie schon am M218 von 1924 verwendet wurde, zurückgegriffen.

Als der erste Motor lief, war es mit bloßem Auge erkennbar, daß es an den Seitenwänden des Kurbelgehäuses, besonders zur Mitte hin, Vibrationen gab. Man ging dieser Erscheinung mit einer Stroboskoplampe auf die Spur und maß auch die Schwingungsamplitude, wobei man herausfand, daß es sich um eine Bewegung um 0,39 mm im Rhythmus der Kurbelwellenbewegung handelte. Eine Schwingung mit der halben Geschwindigkeit ließ sich ebenfalls beobachten, diese stammte von den Nockenwellen. Aus diesem Grund wählte man für die Kurbelhauswandung eine größere Materialstärke, und an der rechten Seite brachte man zwei sich kreuzende Verstärkungsrippen an. In der gleichen Art und Weise wurde auch der Ölsumpf verstärkt, der mit neun großen Dübeln am Kurbelhaus befestigt war, um auch damit die Stabilität zu erhöhen.

Man wollte beim Aufbau des Motors weitgehend Magnesium-Teile verwenden; ein Kurbelgehäuse aus diesem Material erwies sich jedoch als erschreckend unbeständig. Es brachte zwar eine Gewichtsersparnis von 35,6 auf 28,2 kg, aber bereits nach einem einzigen Rennen begann das Material an den Lagersitzen so zu fließen, daß umfangreiche Nacharbeiten notwendig wurden. Und dann blieb die Frage offen, ob man das Gehäuse überhaupt noch einmal verwenden konnte. Hier war sogar Daimler-Benz der Preis für eine Ersparnis von 7,4 kg zu hoch.

Am hinteren Kurbelgehäusedeckel befand sich ein Flansch für die Kupplungsglocke sowie ein Stützlager für die 20 mm starke Antriebswelle. Diese lief durch die Ölwanne und wurde von einem Stirnradpaar in der Kurbelwellenmitte angetrieben. Die Welle lief mit 0,89facher Kurbelwellendrehzahl, denn die Zahnräder brachten eine Untersetzung von 1,125:1. Von der Antriebswelle aus wurden die Kupplung sowie die Zwischenwelle zum hinten liegenden Getriebe konventionell mit Drehrichtung im Uhrzeigersinn angetrieben. Daraus folgt, daß sich die Kurbelwelle „rückwärts", also entgegen dem Uhrzeigersinn drehte, die Nockenwelle lief wieder andersherum. Die versetzte Anordnung von Antriebswelle und Kupplung erlaubten eine um 7,5 cm tiefergesetzte Unterbringung der schwereren Teile des Motors gegenüber der konventionellen Unterbringung des Antriebsstranges am Kurbelwellenende. Die Antriebsräder zu den Nockenwellen verliefen nicht im Zentrum des Motorgehäuses, sondern vielmehr an der linken (beim Einbau oberen) Seite, auf diese Weise konnten sie noch weitere Antriebsaufgaben übernehmen. Das erste Zahnrad trieb den Bosch-Doppelmagnet, das zweite die Wasserpumpe, das dritte die Achtstempel-Einspritzpumpe von Bosch und das vierte schließlich die Einlaßnockenwellen. Das einzige unbehelligte Zahnrad blieb das Zwischenrad zwischen den beiden Nockenwellenreihen.

Alle diese Räder liefen in einem gesonderten Leichtmetallgehäuse, das an den Nockenwellengehäusen befestigt war. Bei den ersten Probeläufen des Motors zeigte sich ein Spiel zwischen den Leichtmetallgehäusen und dem stählernen Zylinderblock. Man brachte deshalb lange Verstärkungsstreben von den Rädergehäusen zu den Nockenwellengehäusen an. Mitte 1954 wurden diese Streben in die Nockenwellengehäuse integriert. Zusätzlich hatte man Verstärkungsbleche nach unten geführt.

Ein kleiner, aber wichtiger Punkt in der Entwicklung war die geänderte Befestigung der Nockenwellengehäuse auf den Zylinderblöcken. Anfangs wurden die Gehäuse von einer großen Mutter auf einem Gewinde um die vier Ventilführungen gehalten. Wenn der Motor heiß wurde, dehnte sich jedoch das Magnesium des Gehäuses stärker aus als der Stahlblock, wodurch sich die Ventilführungsgehäuse verzogen, was zum Klemmen der Ventile führen konnte. Man wendete hier nun eine neue Befestigungsart an, die dem Magnesiumgehäuse einen gewissen Spielraum gab.

Das Prinzip der geteilten Schmierungsaufgaben, das bei den Rennmotoren der späten dreißiger Jahre notwendig gewesen war, fand sich auch in der Konstruktion des W 196 wieder. Das Öl wurde hier aus dem Tank mittels Förderpumpe zum Ölfilter im Kurbelgehäuse geleitet. An den Wagen mit freistehenden Rädern war der Ölbehälter ganz hinten im Fahrzeug untergebracht, weshalb man hier eine zusätzliche Druckpumpe, die vom Getriebe angetrieben wurde, einbaute. Vom Filter lief das Öl zu einer großen Druckpumpe für die Versorgung der Kurbelwellenlager und zu zwei kleineren Pumpen für die Lager der Ein- und Auslaßnockenwellen. Die kleinen Pum-

Oben: Auch an der Vorderachse hatte man die Bremsen nach innen versetzt; sie waren über Halbwellen mit den Radnaben verbunden.

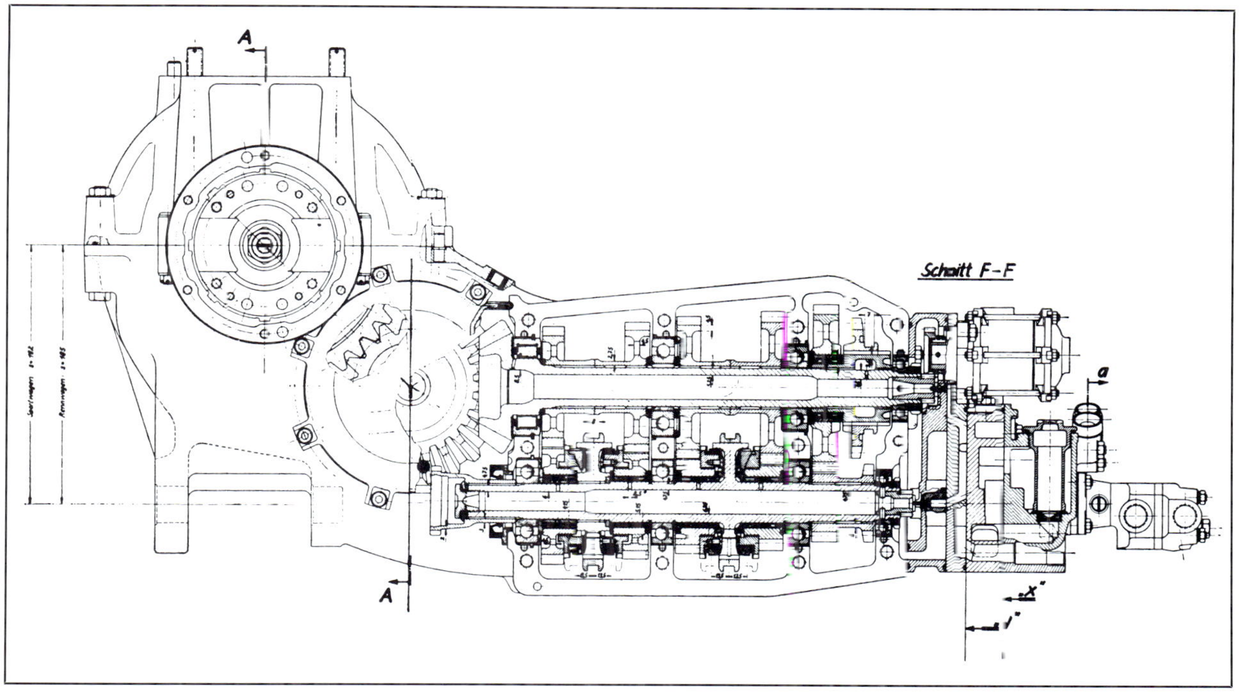

Eine ungewöhnliche Anordnung fand man für Differential und Getriebe. Letzteres wurde von der unter der Hinterachse laufenden Kardanwelle angetrieben und trieb seinerseits über Kegel- und Tellerrad das vorn darüber liegende Differential an.

pen saßen im Ölsumpf, wie auch die größere, die zweigeteilt war und auch die Rückförderung vom Boden des Ölsumpfs aus besorgte. In einer Einbuchtung an der Stirnseite vor dem Sumpfdeckel saß eine Fünfkolben-Rückförderpumpe, die das Öl von den vier einzelnen Nockenwellengehäusen sowie aus dem Antriebsschacht über einige der zahlreichen, außen am Motor verlaufenden Ölleitungen absaugte. Von dort aus wurde das Öl über einen Ölkühler zurück in den Behälter befördert, nur zur ständigen Benetzung der Nockenwellenräder blieb ein kleiner Vorrat im Schacht. Bei einer Motordrehzahl von 8000 U/min wurde der gesamte Vorrat des Motorenschmieröls einmal pro Minute umgewälzt.

Die ersten Prüfstandsversuche, die Heinz Lamm Ende 1953 mit dem fertiggestellten M 196-Aggregat durchführte, sollten Aufschlüsse über einige bisher ungelöste Probleme bringen. Dazu gehörten die Kurbelanordnung und die Zündfolge. Bei den theoretischen Berechnungen war man auf vier verschiedene Zünd-Reihenfolgen gekommen, die alle gleichermaßen vielversprechend erschienen. Letztlich entschied man sich für jene, die eine hohe Leistung auch auf Dauer gewährleisten könnte. In direktem Zusammenhang mit der Zündfolge stand auch die Gestaltung der Nockenwellen und der Ablauf der Steuerzeiten. Für die Versuche mit dem ersten Zündfolge-Muster – das man im übrigen später nicht verwendete – wurden vier verschiedene Einlaßnockenwellen und zwei für den Auslaß bereitgestellt. Auf Drängen Manfred Lorscheidts wurden die Vorteile der Zwangssteuerung mit großen Ventilhüben und hoher Beschleunigung, die einen maximalen Öffnungsquerschnitt bei minimaler Überschneidung brachten, auch genutzt. „So gibt es bei niedrigen Drehzahlen kein Zurückschwappen der Zylinderfüllung wegen zu großer Überschneidungen. Wir haben sehr steile und hohe Nockenformen, die eine gute Leistungsausbeute und dazu ein hohes Drehmoment bringen. Das war der ganze Trick," sagte Lorscheidt. Zuerst arbeitete man mit einem Ventilhub von 10 mm, schließlich ging man auf 12 mm für den Auslaß und 13 mm für den Einlaß über. Die endgültigen Steuerzeiten blieben während der ganzen Einsatzzeit unverändert. Sie lauteten:

Einlaß öffnet	20° vor OT	Auslaß öffnet	50° vor UT
Einlaß schließt	56° nach UT	Auslaß schließt	14° nach OT

Die Einlaßventile neigten anfänglich zu Verformungen, die sie den früheren Tulpenventilen ähnlich erscheinen ließen, dies wurde jedoch durch eine Verstärkung der Ventilteller unterbunden. Bei frühen Prüfstandsläufen hatte sich auch ein deutlicher Leitungsverlust nach 10 bis 15 Sekunden Vollgas bemerkbar gemacht. Mit neuen Einlaßventilen, die eine bessere Wärmeabfuhr gewährleisteten, wollte man hier Abhilfe schaffen, doch es zeigte sich, daß das Problem an ganz anderer Stelle lag. Die kurzen Stößel auf den Ventilschäften neigten dazu, in ihren Führungen festzugehen, hier ließ sich ganz einfach Abhilfe schaffen. Unter die hohlen Pilz-Stößel legte man Abstandsplättchen, die ein Spiel zwischen Nocken und Ventilschaft ermöglichten, die Distanzen betrugen 0,20 mm für den Einlaß und 0,38 mm für den Auslaß. Die direkt auf das Ventil wirkenden Öffnungsnocken nannte man bei Mercedes „A-Nocken". Die anderen Nocken, die über einen abgewinkelten Kipphebel, der an einer Nut am Ventilschaft eingriff, das Ventil wieder schlossen, nannte man „D-Nocken". In seiner ersten Ausführung bestand der Kipphebel an der D-Nocke aus zwei Teilen, die sich gegenseitig über kräftige Klauen in Bewegung setzten. Dazwischen war eine Druckfeder angeordnet, die das Ventil über Milimeter-Bruchteile des vorhandenen Spiels hinweg fest in seinen Sitz drückte. Auf den Testvorrichtungen brachen nun diese Federn immer wieder, ohne daß man eine Ursache dafür hätte finden können. Lorscheidt schlug daraufhin seinem Chef Gassmann vor: „Ich glaube, daß es auch ohne diese Federn funktioniert, denn beim Schließen der Ventile bleibt nur ein kleiner Spalt übrig, der sich durch den Gasdruck bestimmt von selbst schließt." Der einzige Einwand, daß der Motor ohne die Federn nur schwer anspringen würde, ließ sich bei den Versuchen mit dem Voll-Motor entkräften. Bei den ersten Einsätzen in der Saison wiesen die Motoren zwar noch die zweiteiligen Kipphebel auf, jedoch keine Zusatzfedern mehr.

An den Auslaßkanal-Öffnungen wurden Krümmerrohre mit einem Durchmesser von 47 mm montiert, diese liefen in zwei Auspuff-Sammlerrohre mit einer Stärke von 65 mm zusammen. Man vereinigte dazu die inneren vier Zylinder und ebenso die vier äußeren zu einem weiteren Strang. Auf der Einlaßseite gab es gekrümmte, jeweils 235 mm lange Saugrohre, die von einer gemeinsamen Luftkammer, ähnlich wie beim 300 SL, versorgt wurden. Schon im ersten Stadium der Motorenentwicklung wurde diese Luftkammer jedoch erheblich vergrößert. Die Ansaugluft trat durch ein Magnesium-Drosselklappengehäuse mit einer Öffnungsweite von 65 mm ein. Hier gab es wiederholt Schwierigkeiten mit der Lagerung der Drosselklappe und dem Steuermechanismus; diese Einheit funktionierte erst 1955 zufriedenstellend. 257 PS bei 8250 U/min entwickelte der M 196 bei seinem ersten Auftreten in der Saison 1954. Diese Leistung stand im Einklang mit einem hervorragenden Drehmomentverlauf in unteren Drehzahlbereichen. Bei 6300 U/min gab der Motor noch 220 PS ab und zugleich sein höchstes Drehmoment von 25,2 mkg sowie den besten mittleren Kolbendruck von 12,6 at. In der normalen Ausführung wog der komplette Motor 204 kg, bei Verwendung des Magnesium-Kurbelhauses waren es 198 kg.

Mit einer Einscheiben-Trockenkupplung von 240 mm Durchmesser wurde die Kraft auf die Antriebseinheit übertragen. Die Kupplung war mit zehn Druckfedern versehen und in der Konstruktion mit jenen der Vorkriegs-Rennwagen identisch. Von der Kupplung führte unter dem Fahrersitz die Antriebs-Zwischenwelle auf das an der Hinterachse untergebrachte Getriebe. Die Hintereinander-Anordnung der Getriebewellen wie bei den vorherigen Mercedes-Rennwagen wurde hier nicht mehr aufgenommen. Statt dessen lagen diese in dem hinter der Achse links versetzt angebrachten Getriebe nun in Längsrichtung übereinander. Diese Unterbringung wählte man hauptsächlich wegen der riesigen, innen montierten Bremstrommeln. Die Hauptwelle lag unten und war über die Zahnradpaare der fünf Vorwärtsgänge mit der darüberliegenden Schaltwelle verbunden. Am vorderen Ende der Schaltwelle befand sich ein Kegelrad, mit dem die Kraft zur Mitte über ein rechts gegenüber angeordnetes Kegelrad übertragen wurde. Die Übersetzung von 1,643:1 an dieser Stelle wurde nie verändert. Von dieser kurzen Zwischenwelle aus wurde schließlich über einen Stirnradsatz das darüberliegende ZF-Sperrdifferential angetrieben. Hier konnte man durch ein Auswechseln der Stirnräder die Endübersetzung bestimmen; es standen neun Abstufungen von 2,167 bis 3,154:1 zur Verfügung.

Ein wichtiges Detail, ebenfalls von den letzten Vorkriegskonstruktionen übernommen, war der Wechsel der Schaltstufen auf der Hauptwelle anstatt auf der Schaltwelle. Dadurch wurden die rotierenden Massen an der Schaltwelle die bei jedem Schaltvorgang abgebremst und wieder beschleunigt wurde, möglichst gering gehalten. An sämtlichen Gängen – mit Ausnahme des Ersten – wurden die neuen und gut funktionierenden geteilten Synchronringe von Porsche verwendet. Für die einzelnen Gänge waren zahlreiche verschiedene Übersetzungen vorhanden, drei für den ersten, jeweils zwei für den zweiten und dritten, vier für den vierten und sogar sieben für den fünften Gang. Das Getriebe wurde mit einem eigenen System durch Druck- und Rücklaufpumpen aus dem Motorölvorrat geschmiert.

Am Wagenheck überdeckten die Bremstrommeln die inneren verschiebbaren Kreuzgelenke, die an den Halbwellen axiales Bewegungsspiel ermöglichten. Im Wagenbug waren die Bremstrommeln ebenfalls innen angeordnet, sie standen recht nahe beisammen und wurden mit Gelenkwellen von den Rädern aus bewegt. Diese Anordnung zeigte bereits recht deutlich die Möglichkeit eines Vierradantriebs auf, und tatsächlich hatte man so etwas schon bei den ersten Entwürfen des W 196 in Betracht gezogen. Ludwig Kraus dachte dabei an einen unkomplizierten Antrieb auf ein vorderes Differential, den man entweder direkt vom vorderen Kurbelwellenstumpf oder aber von der seitlichen Zwischenwelle abzweigen könnte. Diese Antriebsart wäre allerdings nur in einer einzigen Übersetzungsstufe wirksam gewesen. Man hätte hier beispielsweise eine dem ersten Gang entsprechende Übersetzung gewählt, womit man beim Start wesentliche Vorteile gehabt hätte. Bei den restlichen Getriebegängen hätte dann ein Freilauf den Kraftschluß zu den Vorderrädern unterbinden können. Oder man hätte den zusätzlichen Antrieb dem zweiten Gang entsprechend abgestimmt, wobei der Fahrer durch einen mit dem linken Fuß zu betätigenden Druckknopf den Frontantrieb eingekuppelt und damit aus langsamen Kurven eine wesentlich bessere Bodenhaftung des Wagens gehabt hätte. Doch die Traktion war am W 196 bereits mit dem Hinterradantrieb gut genug, so daß man keine dieser Überlegungen in die Tat umsetzte.

Im Juni 1953 war der Scheibenbremse ein erster Durchbruch gelungen, als sie einen beträchtlichen Beitrag zum zweiten Jaguar-Erfolg in Le Mans geleistet hatte. Doch die Erkenntnisse und Erfahrungen mit diesen Bremsen waren Daimler-Benz zu jenem Zeitpunkt noch nicht im gewünschten Umfang zugänglich. Außerdem war bereits die Entscheidung zugunsten der Verwendung von Trommelbremsen am W 196 gefallen. Die Ausführung dieser

Bremsen war indessen noch nicht festgelegt. Man probierte verschiedene Systeme mit zwei, drei oder vier gesteuerten Bremsbacken aus, sie alle erwiesen sich jedoch als recht anfällig, und die vor dem Krieg gemachten schlechten Erfahrungen mit blockierenden Bremsen gaben ein warnendes Beispiel. Die Chassis-Spezialisten um Ludwig Kraus beschäftigten sich daher mit einer Bremsenbauart, die Ferrari 1951 eingeführt hatte und bei der der Befestigungspunkt für die Bremsbacken genau in der Mitte angeordnet war. Dadurch waren diese kippbar gelagert und an jeder Backe ergab sich sowohl eine Anlauf- als auch eine Ablaufwirkung, wodurch der unkonventionelle Selbstverstärkungseffekt unerheblich wurde. An beiden Enden fanden sich automatische Nachstellvorrichtungen. Ebenfalls an beiden Enden waren die Radbremszylinder angeordnet, diese lagen parallel übereinander und betätigten jeweils eines der gegenüberstehenden Bremsbackenenden. Die Backen waren mit 9 cm so breit, daß man zwei Druckzylinder nebeneinander anbringen konnte. Auf diese Weise befanden sich in jeder Bremstrommel insgesamt acht Druckkolben. Um einen möglichst gleichmäßigen Verschleiß der Bremsbeläge zu erzielen, hatte man jeweils das erste Drittel der Bremsbacken mit einem relativ harten Energit-Belag versehen und auf die restliche Fläche weicheres Material aufgenietet, vorne von Textar, hinten von Ferodo. Der Innendurchmesser (Bremsring) der Trommeln betrug vorn 350 und an der Hinterachse 275 mm. Man verwendete erneut die schon am 300 SL bewährte Alfin-Konstruktion und nahm die turbinenartige Anordnung der Kühlrippen

Als man bei Daimler-Benz 1952 mit der Planung eines neuen Grand-Prix-Wagens begann, beschloß man diesen in zwei Karosserie-Varianten zu bauen. Im März 1954 war als erstes die Stromlinienausführung des W 196 fertig geworden. Die äußerst elegante Linienführung hatte man vorher nur an einem Modell im Windkanal getestet.

von den 1939er Rennwagen wieder auf. Bei der Gestaltung der Trommeln wurde nicht mit Aluminium gespart, denn man wollte die anfallende Hitze möglichst gut ableiten können, die vorderen Trommeln wogen je 9,5 kg.
Diese Bremsen sowie auch alle Antriebskomponenten waren in ein Chassis aus 20 oder 25 mm starken Stahlrohren eingebaut. Dieser Gitterrohrrahmen stellte eine Weiterentwicklung des 300 SL-Chassis dar. Hier brauchte man indessen keine Rücksicht auf die Anordnung von Türen oder die Unterbringung eines Beifahrers zu nehmen, und deshalb war es Ludwig Kraus' Team möglich, eine perfekte Fachwerkkonstruktion an den Seitenteilen auszuführen. Man verwendete natürlich auch starke Querverstrebungen vor dem Cockpit und unten im Motorraum. Die Berechnungen der möglichen Einwirkungen auf den Rahmen begannen mit einer Betrachtung der maximalen Bremskraft an der Vorderachse und einem Belastungswert von 4 g, also dem Vierfachen des vorhandenen Eigengewichts. Weitere Belastungen für die Rohrstruktur stellten der vorgebaute Kühler und der hinten angefügte Benzintank dar, der mittels quer hindurchgeführter Rohre befestigt war. Das Ergebnis der Versuche war die Hälfte der Verwindung des Leiterrohrrahmens am W 154, der in etwa der gleichen Belastung ausgesetzt war. Der Wert war sogar noch um ein Drittel geringer als jener beim 300 SL, obwohl der Gitterrohrrahmen des W 196 noch geworden war: 36 kg.
Für die Aufhängung der Vorderräder griff man wieder zu doppelten Querlenkern, diesmal mit Kugelgelenken an der Radnabe befestigt. Die Arme der Dreiecks-Querlenker waren in dem selben C-Profil wie an den Vorkriegswagen ausgeführt, aber noch graziler geworden. Der obere Querlenker war 230 mm lang, der untere 310 mm. Innerhalb des hohlen Achsschenkels befand sich ein Gleichlaufgelenk, mit welchem die Bewegung des Rades über die Zwischenwelle an die innenliegende Bremstrommel übertragen wurde und umgekehrt natürlich auch die Bremswirkung an das Rad. Die Querlenker-Anordnung wies am inneren Befestigungspunkt kein Seitenspiel mehr auf, die Aufgabe der früheren Anschlaggummis wurde nun von einem hydraulischen Lenkungsdämpfer übernommen. Am unteren Querlenker verlief durch die innenseitige Lagerung eine Drehstabfeder. Diese befand sich in einem Hüllrohr mit einer Wandstärke von 1,75 mm, an welches der Querlenker fest montiert war und somit als Drehachse fungierte. Es bewegte sich auf Nadellagern. Das Rohr erstreckte sich noch etwas weiter nach vorn, wo die Verbindung zum Drehstab saß. Am anderen Ende verlief der Drehstab ein Stück weiter nach hinten, wo er schließlich am Rahmen verankert war. Die Verlängerung nach vorn diente hierbei als zusätzliche Möglichkeit zur Bereitstellung eines ausreichenden Federwegs. Es waren Federhärten von 10,9 bis 12,8 kg/cm vorgesehen. Zusätzlich hatte man auch wieder einen Drehstab-Querstabilisator angebracht, der die Federrate pro Rad auf 19,7 kg/cm für den Einfederweg erhöhte. Der untere Querlenker war darüber hinaus mit einem hydraulischen Teleskop-Stoßdämpfer verbunden, der an einem Grand-Prix-Wagen der Saison 1954 eine ungewohnte Neuerung darstellen sollte. Dieser begrenzte den Federweg des jeweiligen Vorderrades sowohl beim Ein- als auch beim Ausfedern auf 63,5 mm. Die Drehachse der Vorderradaufhängung lag dabei nur 35 mm über dem Boden.
Zum allseitigen Erstaunen der Fachwelt trat der W 196 mit einer Schwingachskonstruktion der Hinterachse zu einer Zeit an, in der alle anderen Konkurrenten zur De Dion-Hinterachse gegriffen hatten, wie sie schon 1936 in Untertürkheim wiederentdeckt worden war. Rudolf Uhlenhaut erläuterte dies dem amerikanischen Journalisten Jesse Alexander: „Als wir im Jahre 1953 die Wagen für die Saison 1954 konstruierten, stand uns nur sehr wenig Zeit zur Verfügung. Deshalb hielten wir uns auch an Konzeptionen, deren Verhaltensweisen uns bereits geläufig waren. Wir verwendeten die De Dion-Achse nicht mehr, denn sie hatte verschiedene Nachteile. Dafür entwarfen

Cockpit des ersten W 196, der ab März 1954 zu Versuchszwecken diente. Zusätzlich zu Drehzahlmesser, Öldruck-Manometer und Wasserthermometer (links) hatte man noch Kontroll-Instrumente für die Öltemperaturen in Motor und Getriebe sowie den Öldruck im Getriebe und die Zylinderkopf-Brennraumtemperatur angebracht. Interessant ist auch die Pedalanordnung im Fußraum, denn zwischen dem Gaspedal und den Hebeln für Bremse und Kupplung lagen sowohl der Kardantunnel als auch die Belüftungsleitung für die Hinterachse – man saß also mit weit gespreitzen Beinen im Wagen.

wir eine neue Schwingachse mit einem niedrigen Drehpunkt, die sich schließlich als sehr erfolgreich erwies." Dieser Drehpunkt war als zentrale Befestigung für beide Achshälften unter dem Differential angeordnet, und dadurch lag er nur 175 mm über dem Boden.

Die gesamte hintere Aufhängung wurde äußerst leichtgewichtig gehalten, hierzu wandte man alle Erkenntnisse eines optimalen Leichtbaus an. Die Schwingachsen waren innen im Doppel-T-Profil gehalten und nach außen mit angeschweißten Rohrstücken verbunden. Zusätzlich waren an den Naben zwei Rohr-Streben mittels Kugelgelenken befestigt, die damit ein Watt-Gestänge bildeten und jedem Rad nur vertikale Bewegungen erlaubten. Damit ließ sich das Eigenlenk-Bestreben an den Hinterrädern reduzieren.

Bisher hatte man an allen drei Hinterachsausführungen noch keine gewichtssparendere Maßnahme zur sicheren Führung der Räder finden können. Den Sturz legte man an den Hinterrädern mit 3 Grad negativ (obere Radkante leicht nach innen geneigt) im Ruhezustand fest. Beim Einfedern konnte sich dieser Wert bis auf 8 Grad vergrößern, beim Ausfedern änderte sich der Sturz auf maximal 4 Grad positiv. Der Federweg war identisch mit dem der Vorderachse, wobei der obere Anschlag durch einen Gummipuffer am Rahmen begrenzt und die Dämpfung ebenfalls von einem Teleskop-Stoßdämpfer übernommen wurde. An der Hinterachse hatte man die Dämpfergehäuse mit engstehenden Kühlrippen versehen, um bei der fehlenden Kühlluftzufuhr auf diese Weise für eine Wärmeableitung zu sorgen. Mittels Anlenkhebeln waren die Schwingarme der Achskonstruktion mit längsliegenden Torsionsstäben verbunden, die Federhärten von 17,8 bis 20,8 kg/cm aufwiesen. Die Hebelanordnung war so gewählt, daß die Federwirkung progressiv anstieg, wenn sich das Rad nach oben bewegte.

An allen vier Enden des Fahrgestells verwendete man 16-Zoll-Drahtspeichenräder mit 5½ Zoll breiten Felgen, auf die man vorne Continental-Rennreifen der Größe 6,00 und hinten 7,00 montierte. Das kompakt gehaltene Lenkgetriebe der Daimler-Benz-Schneckenlenkung wurde auf der linken Vorderseite oben auf dem Rahmen angebracht, der nach unten ragende Pitman-Arm war dort mit dem rechten Zwischenhebel der dreiteiligen Spurstange verbunden. Diese weit nach vorn gerückte Unterbringung machte die Verwendung einer Schubstange überflüssig, aber sie verlangte eine sehr lange Lenkachse, die mit einem Kreuzgelenk hinter der Motorraumrückwand nach links abgeknickt wurde. Das Übersetzungsverhältnis an der Lenkung betrug 12,65:1.

Der Radstand des W 196 betrug 2350 mm, die Spurbreite vorne 1320 mm und hinten 1350 mm. Als Karl Kling Anfang Januar 1954 das erste Exemplar des neuen Wagens auf dem Werksgelände ohne Karosserie probefuhr, sahen die Anwesenden nur ein Gewirr aus Rohren und Leitungen, das man mit Rädern versehen hatte. Karl Kling, ein ebenso guter Techniker wie Fahrer, war mit der Ermittlung der günstigsten Achslastverteilung betraut worden. Man wollte vor allem einen zentralen Drehpunkt aus Gründen der Fahrzeug-Stabilität erzielen. Eine tiefe Schwerpunktlage hatte man bereits erreichen können, der Fahrzeugschwerpunkt lag 31 cm über dem Boden.

Unter den Entwürfen für die Karosseriegestaltung des neuen Rennwagens befand sich eine Version mit freistehenden Rädern, die jedoch weit ausladend gestaltet war, um alle Aufhängungsteile noch mit einzubeziehen. Dann gab es jedoch auch Pläne für einen nach aerodynamischen Gesichtspunkten vollverkleideten Wagen, dabei hatte man an diesbezügliche Versuche aus den Jahren 1937/38 angeschlossen. Alfred Neubauer hatte ausdrücklich empfohlen, mit einer solchen Karosserie in Reims anzutreten, und da diese schnelle Strecke ohnehin die Premiere der neuen Mercedes-Rennwagen erleben sollte, gab man bei den Vorbereitungen der Stromlinien-Ausführung zunächst den Vorrang.

Die Karosserie-Entwürfe setzte man in ein Modell im Maßstab 1:5 um und untersuchte dieses wiederum im Windkanal der Versuchsanstalt F.K.F.S. Der stark geneigte Einbau des Motors erlaubte eine sehr flache Motorhaube und eine insgesamt äußerst niedrige Karosserielinie. Wie bereits bei den Vorkriegs-Konstruktionen, wurden auch hier wieder die Radkästen hoch aufgewölbt; am Heck liefen diese Teile flossenähnlich nach hinten aus, womit sich eine gewisse Stabilisierung erreichen ließ. Die Erfahrungen mit dem 300 SL führten auch hier zu seitlichen Entlüftungsöffnungen hinter den Vorderrädern. Die Luft-Verwirbelungszone vor dem Cockpit wurde für einen Frischlufteinlaß genutzt, von dem aus den hinteren Bremsen über Schächte Kühlluft zugeführt wurde und auch ein kleiner Luftstrom auf den Fahrer gerichtet war. Die Mannschaft um den Vorarbeiter Schüller fertigte schließlich die endgültige Karosserie aus Magnesiumblech an. Dieses Material wurde dazu gewalzt,

Karl Kling mit dem endgültigen Rennwagen bei Probefahrten in Hockenheim. Der Mercedes-Stern im Kühllufteinlaß war verschwunden, in die hinteren Radabdeckungen hatte man Belüftungshutzen eingesetzt, und die Cockpit-Abdeckung wurde mit einer niedrigen Windschutzscheibe versehen.

erwärmt und schließlich zur endgültigen Form mit Hammerschlägen über hölzerne Lehren getrieben.
Mitdem fertiggestellten Fahrzeug führte man keine Windkanal-Tests durch. Anfang März 1954 wurde nordwestlich von Stuttgart der erste Wagen an der Autobahn vom Transporter abgeladen. Man stellte das bei diesen Gelegenheiten stets mitgeführte Zelt auf und bereitete den ersten Straßeneinsatz des Stromlinien W 196 vor. Dann setzte sich Karl Kling ans Steuer und jagte den Wagen die Autobahn entlang in Richtung Leonberg und zurück, wobei sich zeigte, daß es keinerlei Probleme bei höheren Geschwindigkeiten gab.
Einige Tage nach der Pressevorstellung in Untertürkheim wurde der W 196 erneut auf einen Lastwagen verladen, der Rennmonteur Erwin Grupp brachte ihn diesmal nach Hockenheim. Dort sollten nun die ersten ausgedehnten Testfahrten mit Rolf Uhlenhaut, Karl Kling und dem Neuling im Team, Hans Herrmann, stattfinden. Ausgerechnet der junge Hans hatte das Pech, zu jenem Zeitpunkt im Wagen zu sitzen, als ein technischer Defekt den Wagen von der Strecke abkommen ließ – dies war zugleich einer der seltenen Fälle, bei denen ein W 196 beschädigt wurde.
In der letzten Juniwoche begab man sich erneut nach Hockenheim, wo noch einmal eingehende Tests durchgeführt wurden. An den darauffolgenden Tagen sollten die Wagen bereits auf den Weg nach Frankreich gebracht werden. Hier stand nun auch das erste Einspritzer-Aggregat zur Verfügung, und man konnte durch Verbrauchsmessungen im Vergleich zu den Ergebnissen aus Reims jetzt die endgültigen Abmessungen des Benzintanks bestimmen. Außerdem ergaben sich noch wichtige Aufschlüsse über die zu erwartende Abnutzung der Hinterreifen, wo man das „Monza"-Profil von Continental vorgesehen hatte. Schließlich wurde noch die Verteilung der Fahrzeuge bekanntgegeben: der erste W 196, sozusagen der Entwicklungs-Prototyp, sollte als Ersatzwagen dienen, die beiden Wagen mit den durchgetesteten Motoren sollten Fangio und Kling fahren; Hans Herrmann bekam indessen einen Wagen mit einer nicht erprobten Maschine.
Der Einspritzer-W 196 erwies sich als gleichschnell wie die Vergaser-Version, war jedoch überraschend „durstig". Statt des erwarteten Verbrauchs von 35 Liter auf 100 Kilometer kamen die Fahrer mit dem „nervösen Gasfuß" auf über 40 Liter. Bei einem Fassungsvermögen des Benzintanks von 195 Liter

Selbstverständlich hatte man die Rennabteilung auch 1954 wieder mit einem eigenen Fuhrpark ausgestattet. Wie schon in den dreißiger Jahren, gab es neben den Transport-Lkw's auch wieder einen speziellen Werkstatt-Wagen. In diesem L 6000 fand sich eine komplett ausgerüstete Schlosser-Werkstatt mit allem erdenklichen Werkzeug bis zur Schweißanlage.

Die Versuchsfahrten wurden im April und Mai weitergeführt, während sich in der Rennabteilung alles um die Montage der vier für Reims vorgesehenen Wagen drehte. Bei zwanzig Nürburgring-Runden kam es zu folgenden Rundenzeiten: 9:57,8 min für Kling, 9:58,8 für Herrmann und 10:00 für Uhlenhaut. Beim Großen Preis von 1953 hatte Ascari mit seinem Ferrari als einziger die Zehn-Minuten-Grenze unterbieten können, doch die 2,5 Liter-Ferrari von 1954 wurden bedeutend schneller eingeschätzt.
Mitte Juni, drei Wochen vor dem Großen Preis von Frankreich, fand sich die Mercedes-Mannschaft zu ersten Trainingsfahrten in Reims ein. Mit einigen Einschränkungen verliefen diese sehr zufriedenstellend. Da die Einspritzmotoren noch einigen abschließenden Tests unterzogen werden mußten, hatte man alle bisherigen Versuchsfahrten mit vier Weber-Doppelvergasern absolviert. Manfred Lorscheidt sagte dazu: „Wir wollten auf Nummer Sicher gehen, daß wir, falls es Probleme mit der Einspritzanlage geben sollte, sofort auf Vergaser überwechseln konnten. Wir wollten sozusagen auf zwei Beinen stehen." Neubauer jedenfalls sah noch keine zufriedenstellenden Resultate und dachte an eine Absage des Starts in Reims. Man entschloß sich dann doch anzutreten, auch unter dem Risiko einer Enttäuschung.
bedeutete dies einen Tankstopp nach 443 Kilometer, und das bei einem Rennen, das ohnehin nur über 497 Kilometer führte – so hatte sich das Neubauer natürlich nicht vorgestellt. Am Freitagnachmittag klappte Rudolf Uhlenhaut die Einstiegstür seines 300 SL-Coupés herunter und machte sich auf den Weg nach Stuttgart. Noch in der selben Nacht fertigte man dort Zusatztanks an, mit denen man an den Seitenwänden im Cockpit noch weitere 55 Liter Kraftstoff mitführen konnte. Am späten Samstagabend war das Coupé mit seiner wertvollen Fracht aus Stuttgart wieder zurück. Und als am nächsten Morgen die Wagen an den Boxen für das Rennen vorbereitet wurden, legte man letzte Hand an die Zusatztankbefestigung.
Als die beiden Stromlinienwagen von Fangio und Kling von den beiden ersten Startpositionen aus ihre Fahrt aufnahmen, schlugen sie ein neues Kapitel in der Geschichte der Grand-Prix-Rennen auf. Nachdem er mit 195,4 km/h einen neuen Rundenrekord gefahren hatte, mußte Hans Herrmann seinen Silberpfeil mit Kolbenschaden abstellen – dies kam allerdings nicht ganz unerwartet. Bei den folgenden Rennen 1954 und 1955 sollte es noch manch weitere Überraschung geben, aber eines änderte sich nie: Bei jedem Rennen stand ein W 196 in der ersten Startreihe.

„Ich war sehr aufgeregt, als ich endlich am Steuer saß. Der Wagen war wunderbar stromlinienförmig, und von den ersten Probefahrten an war ich sicher, daß ich den perfekten Rennwagen in Händen hatte, jenes sensationelle Gerät, von dem jeder Fahrer sein ganzes Leben lang träumt.“
Juan Manuel Fangio

Grand-Prix-Sieger

Giuseppe Farina war der erste Fahrer, dem man einen Weltmeister-Titel verlieh. Das war im Jahre 1950. In jenem Jahr hatte die FIA beschlossen, ein neues Punktesystem einzuführen, das jenem Fahrer zum Titel verhelfen sollte, der die meisten Großen Preise in der Formel 1 gewinnen konnte. Dieser Titel war sowohl für Farina als auch für seinen Wagen, die Alfetta 158 von Alfa Romeo, ein großer Erfolg. Alfa war auch 1951 am Titelgewinn des ehemaligen Traktor-Mechanikers aus Balcarce in Argentinien beteiligt: Juan Manuel Fangio. Der erste Doppelerfolg gelang Alberto Ascari, der in den beiden Jahren 1952/53 mit der Formel 2 als Interimslösung auf Ferrari zweimal hintereinander Weltmeister werden konnte. Der rundliche Italiener, Sohn eines ebenfalls sehr erfolgreichen Rennfahrers, galt als der einzige Fahrer, den man zu dieser Zeit mit Fangio etwa gleichstellen konnte. Wie dieser mußte auch Ascari sich zu Beginn der Saison 1954 auf seinen neuen Wagen gedulden; in seinem Falle handelte es sich um einen Lancia. Der Argentinier durfte inzwischen mit einem Werks-Maserati vorlieb nehmen und gewann damit die beiden ersten Rennen in Buenos Aires und Spa. Er hatte nun auch in Reims gewonnen, wo Ascari erstmals in den ungewohnten Maserati gestiegen war.
Für Daimler-Benz war das Hauptziel des Grand-Prix-Engagements 1954 die Erringung eines Weltmeistertitels für Juan Manuel Fangio. Es war wichtig, daß ein Mercedes siegte, aber in diesem Fall war es noch wichtiger, daß Fangio am Steuer saß, damit er die nötigen Punkte für das Championat sammeln konnte. Dies war damals die einzige Möglichkeit für Daimler-Benz, in die Annalen aufgenommen zu werden, denn man konnte hier nur als Fahrzeughersteller des Siegerwagens aufscheinen. Die Marken-Weltmeisterschaft für Grand-Prix-Wagen wurde erst 1958 ins Leben gerufen.
Es war 1954 nicht vorgeschrieben, daß ein Fahrer im selben Auto, mit dem er an den Start ging, das Rennen auch beenden mußte. Für die Wertung zählte nichts anderes als die Plazierung des Fahrers beim Zieleinlauf. Aus diesem Grund hatten die anderen Fahrer im Mercedes-Team, Karl Kling und Hans Herrmann, den Auftrag, ihre Wagen gut im Feld zu halten und vor allem vorsichtig mit ihnen umzugehen, so daß sie entweder die Spitze übernehmen konnten, wenn Fangio etwas zustieße oder den eigenen Wagen ihm übergeben konnten, falls er mit einem Defekt an die Boxen kommen würde. Dieser Fall sollte indessen niemals eintreten. Fangio gewann die von ihm bestrittenen Rennen stets mit seinem eigenen W 196 oder er lag vor seinen Team-Kameraden. Wenn er einmal ausfiel, dann eliminierte dieser Schaden mit Sicherheit das ganze Team. Die Dienste, die er dabei für Daimler-Benz leistete, ließen eine Erinnerung an Bernd Rosemeyers Erfolgsreihe im Jahre 1937 für die Auto Union wach werden.
Aber nicht einmal ein Fangio vermochte beim Britischen Grand Prix in Silverstone zwei Wochen nach Reims gegen die Widrigkeiten zu bestehen. Der entstandene Zeitdruck und ein Mangel an Arbeitskräften hatte die Rennabteilung daran gehindert, die Wagen mit den offenen Karosserien mit freistehenden Rädern rechtzeitig fertigzustellen. Das Rennen in Silverstone führte über einen umgebauten Flugplatz mit flachen und schnellen Kurven. „Wir hätten viel lieber die offenen Karosserien mit nach Silverstone genommen, aber wir wurden damit nicht rechtzeitig fertig. Von vornherein hatten wir die Absicht, die Stromlinienkarosse nur für sehr schnelle Strecken wie Reims zu verwenden und die offene Karosserie für normale Kurse wie den Nürburgring,“ sagte Uhlenhaut später. In Reims waren die Stromlinienwagen zum Training mit der Querleiste und dem Mercedes-Stern im Kühlergrill erschienen, so wie sie entworfen worden waren. Im Rennen jedoch hatte man den Chromzierrat weggelassen, um die Kühlluftzufuhr zu verbessern. In Silverstone herrschte der weniger tropische Sommer Englands und so traten die Wagen hier ein einzigesmal mit diesen Verzierungen an. Fangio hatte mit der schnellsten Trainingszeit auf sich aufmerksam gemacht, er war als erster mit einem 2,5 Liter-Wagen über die 100-Meilen-Grenze hinausgekommen. Im Rennen selbst jedoch mußte er sich im verregneten Schlußabschnitt den Ferrari und Maserati geschlagen geben und mit dem vierten Rang begnügen. Kling wurde Siebenter.
Allerorten sah man die Stromlinienkarosserien als Ursache des Mißerfolgs an, noch dazu, da nun Mercedes als ihr eifrigster Verfechter diese Niederlage hinnehmen mußte. In Wahrheit war die Ursache bei den Reifen zu suchen. Dies war die Rückkehr von Continental zum Grand-Prix-Sport nach einer Abwesenheit von immerhin 15 Jahren. Schon Dunlop und Englebert hatten nicht an die außergewöhnlichen Vorzüge von Pirellis Rennreifen heranreichen können, und so konnte man von Continental auch kaum erwarten, daß die Hannoveraner sofort mit Spitzenprodukten auftreten würden. Die Kurvenhaftung hatte in Reims keine so wichtige Rolle gespielt als in Silverstone. Die Conti-Reifen waren schon im Trockenen nicht sehr vorteilhaft gewesen, auf nasser Fahrbahn war dies noch schlimmer geworden. Es schien deshalb fraglich, ob man mit den freistehenden Rädern um soviel hätte besser abschneiden können, zumal es zwischen den beiden Versionen nur einen überraschend geringen Gewichtsunterschied gab. Die freie Sicht auf die Vorderräder hätte Fangio hier überhaupt nicht geholfen. Hans Klenk, der bei der Continental Gummiwerke AG als Renn-Spezialist tätig war, fuhr mit der Absicht nach Hannover zurück, neue Reifen mit einem verbesserten Haftgrad zu entwickeln.
Die Ventil-Zwangssteuerung hatte in England ihren härtesten Test durchlaufen, als Fangio versuchte, sich an die Spitze zu kämpfen und dabei den Motor bis auf 9800 U/min drehte. In Reims hatte er 9350 Touren nicht überschritten.

Oben: Alternativ zur Stromlinienkarosserie hatte man für den W 196 auch eine Ausführung mit freistehenden Rädern vorgesehen. Hier ein Modell einer Übergangsform.

Rechts: Der erste offene W 196, wie er beim Großen Preis von Deutschland 1954 am Nürburgring zum Einsatz kam.

Links: Mercedes W 196, der 2,5-Liter-Formel-1-Rennwagen von 1954/55. Der Gitterrohrrahmen wies noch eine gewisse Ähnlichkeit mit dem des 300 SL auf.

Für Silverstone hatte man die Motoren mit dem neuen Schließkipphebel für die D-Nocken versehen, der den Wegfall der Hilfsfeder ausgleichen sollte. Die Kipphebel waren nun aus einem Stück gefertigt, wodurch sie leichter und stabiler wurden. Ein wichtiges Detail an der Konstruktion der Schließnocken war das nötige Spiel zwischen der D-Nocke und dem Ventilschaft. An den zweiteiligen Kipphebeln funktionierte dies über einen verstellbaren Gabelwinkel zwischen den beiden Hälften. An den neuen Kipphebeln stellte man dies Spiel durch Verschieben der Drehachse her, sie wurde durch eine exzentrische Buchse an der Lagerung näher an Ventil und Nocke herangebracht oder aber weiter entfernt. Am einen Ende der Buchse befand sich eine Sicherungsscheibe, die durch eine Verzahnung die Buchse in Position hielt.

Dies bewährte sich sehr gut, obwohl durch die Einstellung eines einzelnen Exzenters natürlich noch nicht alles getan war. Nach wie vor erforderte die Fertigung und Montage der Teile ein großes Maß an Präzision.

Nach der Rückkehr aus England fuhr Karl Kling den offenen W 196 zum ersten Mal zu Testzwecken auf dem Nürburgring. Die Karosserie war sehr knapp um den Gitterrohrrahmen des Fahrzeugs gebaut. Hinter dem Fahrersitz gab es eine Kopfstütze, deren aerodynamische Verlängerung bis ins Heck auslief. Der Kühlluft-Eintritt im Wagenbug glich mehr dem des 300 SL als dem ovalen Einlaß der W 196-Stromlinienversion. Zwei besonders lange Auspuffrohre ragten an den rechtsseitigen Lüftungsöffnungen nach außen, sie endeten vor dem Hinterrad und wiesen ein Abschirmblech zum Schutz des Reifens auf. Bei den ersten Probefahrten befand sich der Öltank noch links außen am Rahmen, also in diesem Fall außerhalb der Karosserie; bis zum ersten Einsatz wurde er aber in das Wagenheck verlegt.

Die Karosserien sollten nun beim nächsten Rennen, um den Großen Preis von Deutschland auf dem Nürburgring, verwendet werden, doch sie waren bis zum ersten Training am Freitag noch nicht fertig. Fangio und Hermann Lang, der in die Mannschaft zurückgekehrt war, fuhren deshalb vorerst noch die Stromlinienwagen. Am Samstag trafen dann die Fahrzeuge mit freistehenden Rädern ein, in manchen Details war noch ihre hastige Vorbereitung zu erkennen. Fangio fuhr auch hier die schnellste Trainingszeit, wobei er mit 9:50,1 Klings Bestwert von den Testfahrten im Frühjahr um acht Sekunden

unterbot. Dieser relativ geringe Unterschied zeigte erneut, wie wenig die verschiedenen Karossen ausmachten. Hans Herrmann bestätigte dies durch seine Plazierung in der zweiten Startreihe; er war mit seinem vollverkleideten Reims-Wagen auf 10:01,5 gekommen. Für dieses Rennen hielt Continental seine neuen „Nürburgring"-Reifen parat, es handelte sich dabei um dieselbe Profilgestaltung wie am Typ „Monza", jedoch mit einer Tiefe von 9,0 mm anstatt 6,5 mm. Die Vorderreifen wiesen proportional weniger Profiltiefe auf, etwa fünf Sechstel der Antriebsräder.
Bei diesem ereignisreichen und hochdramatischen Rennen sollten sich die Reifen als allen Ansprüchen gerecht erweisen. Der Sieger hieß wiederum Juan Manuel Fangio. Für einige Aufregung sorgte Karl Kling, der sich aus dem Hinterfeld nach vorne kämpfte, um Zeit für einen Tankstopp zu gewinnen, wobei er auch die schnellste Runde fuhr. Da er dabei leicht von der Piste abkam, mußte man an der Box auch einige Reparaturen vornehmen. Es gelang im jedoch noch Vierter zu werden. Bei seinem letzten Auftritt hatte der treue Kämpe Lang auf einem sicheren zweiten Platz gelegen, als er plötzlich einen Dreher fabrizierte und der Wagen daraufhin nicht mehr anspringen wollte. Nach dem Rennen auf dem Nürburgring, bei dem er sowohl im Training als auch im Rennen mit seinem Vierzylinder Ferrari hinter Fangio Zweiter wurde, sagte der blonde Engländer Mike Hawthorne: „Die Wagen aus Maranello sind bis jetzt von den technischen Wunderwerken aus Stuttgart noch nicht völlig deklassiert worden…"
Vor dem nächsten Auftritt in Bern hatte man in die Mercedes-Rennwagen eine weitere komplizierte Vorrichtung eingebaut, eine 1,7 kg schwere elektrische Benzinpumpe. Das gleiche Instrument hatte man auch am 300 SL verwendet, und es war für seine Arbeit eine kleine Batterie zur Stromversorgung notwendig. Eine große rote Kontrollampe am Armaturenbrett zeigte dem Fahrer an, ob die Pumpe in Betrieb war. Sie wirkte entweder zusätzlich zu den beiden mechanischen Benzinpumpen oder ohne diese. Eine der mechanischen Pumpen, ein kleines 8-mm-Instrument, pumpte den Kraftstoff aus dem Hecktank in einen Zwischenbehälter, der etwa 20 Liter faßte. Damit wurde gewährleistet, daß der Haupttank bis zum letzten Liter geleert werden konnte. Ende 1954 existierten verschiedene Versionen der Hecktanks mit einem Fassungsvermögen von 178 bis 245 Liter, die je nach Strecke und Benzinverbrauch eingebaut wurden. Das Gewicht der leeren Behälter schwankte dabei zwischen 17 und 22 kg. Vom Zwischentank aus förderte eine mechanische 14-mm-Benzinpumpe den Kraftstoff zur Bosch-Einspritzpumpe, die selbst ebenfalls eine eingebaute Pumpe aufwies.
Besonders bei alkoholhaltigen Kraftstoffgemischen war es wichtig, daß die Einspritzpumpe stets mit zusätzlichem R. D. 1 durchspült wurde, um sie kühl zu halten und Dampfblasenbildung zu unterbinden. Am Anfang verwendete man eine kleine Schleuderpumpe, die der Fahrer mit einer hölzernen Kurbel im Cockpit in Bewegung setzte und damit die Pumpzylinder freispülte, um den Motor problemlos anlassen zu können. Da dies jedoch eine sehr unzuverlässige Angelegenheit war, nahm man das zusätzliche Gewicht einer elektrischen Pumpe in Kauf. Ein Druckschalter in der Förderleitung schaltete die elektrische Pumpe aus, wenn der Förderdruck der mechanischen Pumpen 1,2 at erreicht hatte. Falls die mechanischen Pumpen aus irgend einem Grund versagt hätten, wäre automatisch die elektrische wieder eingeschaltet worden – doch dies trat in der gesamten Praxis nie auf. Die Pumpkapazität in diesem System belief sich auf das Doppelte der auch bei höchstem Verbrauch benötigten Menge, womit man hoffte in der Lage zu sein, der für den Motor gefährlichen Entwicklung von Dampfblasen in der Einspritzpumpe entgegenzuwirken.
Beim Großen Preis der Schweiz konnte Daimler-Benz einen weiteren Erfolg für Fangio verzeichnen. Drei Jahre vorher hatte sich bei Neubauer während dieses Rennens der Eindruck vertieft, daß es sich Mercedes nicht leisten könnte, ohne den großartigen Argentinier zum Rennsport zurückzukehren. Kling war schon in einem frühen Stadium des Rennens durch einen Dreher von der Strecke abgekommen, konnte jedoch den Wagen wieder starten. Er schied aber bald mit Motorschaden aus. Die Längsverbindung zwischen zwei Nockenwellen auf der einen Motorseite war defekt geworden. Dieses Detail wurde sofort umkonstruiert, und man hatte damit später keine Schwierigkeiten mehr. Hans Herrmann wurde Dritter, eine Runde hinter Fangio zurück. Alle drei hatten in Bern die offene Version des Mercedes W 196 gefahren.
Im September brachte man beide Karosserie-Ausführungen zum Großen Preis von Italien. Es hatte vorher keine Möglichkeiten gegeben, für die eine oder andere Karosserie eine eindeutige Entscheidung zu fällen. Bei den ersten Trainingsrunden in Monza zeigten sich die vollverkleideten Wagen um etwa zwei Sekunden pro Runde schneller, und so vertraute man Fangio und

Rudolf Uhlenhaut war inzwischen zum Leiter der Pkw-Entwicklung bei Daimler-Benz avanciert; seine Liebe galt noch immer den Rennwagen. Hier weilt er zu Testfahrten mit dem W 196 in Hockenheim, wo er sich auch stets wieder selbst ans Steuer setzte. Im Bild ist auch der Mercedes-Eiltransporter zu sehen, mit dem in dringenden Fällen ein Rennwagen zur Reparatur ins Werk zurückgebracht werden konnte.
Angetrieben wurde dieses besonders niedrig gehaltene Fahrzeug von dem Dreiliter-Einspritzmotor aus dem 300 SL. Die Höchstgeschwindigkeit belief sich auf 170 km/h!

Kling diesen Typ an. Hans Herrmann und Hermann Lang fochten ein Privatduell mit offenen Wagen aus, um zu sehen, wer das Rennen bestreiten würde. Der jüngere Fahrer behielt dabei die Oberhand, war jedoch nur um Sekunden-Bruchteile schneller gewesen.
Die Italiener boten all ihre Kräfte auf, um der deutschen „Invasion" zu begegnen. Man hatte erneut Alberto Ascari und den neuesten Ferrari zusammengespannt, und tatsächlich war es in dieser Kombination möglich, Fangio abzufangen und die Führung im Rennen zu übernehmen. Doch auch die Maserati von Luigi Villoresi und Stirling Moss zogen an dem silbernen Stromlinienwagen vorbei. Gegen Ende des Rennens war Moss als einziger Siegesaspirant übriggeblieben. Der hinter ihm liegende Fangio unternahm nun große Anstrengungen, um näher aufzuschließen, kam in einigen Kurven dabei jeweils leicht von der Fahrbahn ab, drehte aber den Motor nie über 9100 U/min. Und tatsächlich brach der Maserati kurz vor dem Ziel noch zusammen, während der Mercedes durchhielt. Fangio war zwar etwas überrascht über den neuerlichen Erfolg, zugleich aber auch ziemlich erleichtert. Er hatte sich damit seinen zweiten Weltmeister-Titel gesichert.
Ein Vergleich der Rundenzeiten der einzelnen Wagen in Monza zeigte in aller Deutlichkeit, daß das Fahrverhalten in den Kurven den wohl schwächsten Punkt des W 196 darstellte. Als die Strecke mit fortlaufender Renndauer zunehmend ölverschmierter wurde, konnte man in manchen Kurven einen Rückstand von bis zu einer Sekunde verzeichnen. Für die darauffolgende Woche hatte Daimler-Benz im Voraus die Strecke gemietet, um im Beisein von Ludwig Kraus und seinen Fahrgestell-Konstrukteuren eine Serie von Tests durchzuführen. Unter anderem plante man auch eine Probefahrt mit dem gerade fertiggestellten Achtzylinder-Sportwagentyp. Am Montag kümmerte man sich um die Reifen und um das allgemeine Fahrverhalten, wobei man auch den verlorenen Sekunden auf die Spur zu kommen versuchte. Und so einfach es klingen mag, schon durch die Verringerung des Reifen-Luftdrucks ließ sich der gesamte Rückstand aus den geringeren Kurvengeschwindigkeiten aufholen. Es lag somit auf der Hand, daß es an den Reifen noch einiges an Entwicklungsarbeit zu leisten galt.
Am Dienstag kümmerte man sich um die aerodynamischen Unterschiede der beiden Karosserie-Versionen, wobei man den Ausrollweg als Messungsgrundlage heranzog. Die Werte wurden jeweils aus Geschwindigkeiten von 120 und 170 km/h ermittelt. Die Stirnfläche beider Wagen wurden ebenfalls verglichen. Die Ergebnisse sahen folgendermaßen aus:

Karosserieversion	Stirnfläche	Luftwiderstand	
	A	c_w	$c_w \times A$
freistehende Räder	1,08 m^2	0,62	0,67
vollverkleidet	1,24 m^2	0,43	0,53

Mit den großen Belüftungsöffnungen für Motor, Reifen und Bremsen ergab sich für die Stromlinien-Karosserie ein höherer Luftwiderstands-Beiwert als man ursprünglich bei den Modellversuchen im Windkanal ermittelt hatte. Sie war damit jedoch immer noch um etwa 20 Prozent strömungsgünstiger als die offene Version. Die rechnerische Höchstgeschwindigkeit der beiden Wagen ließ sich durch die verschiedenen während der Saison 1954 verwendeten Übersetzungen nur in geringem Maße beeinflussen; sie belief sich auf knapp über 240 km/h beim offenen Wagen und 260 km/h für die Stromlinien-Ausführung.
In Monza erhielt man auch nochmals exakte Aufschlüsse über die Gewichtsverhältnisse am W 196 in seiner aktuellen Ausführung gegen Ende der Saison 1954. Der offene Wagen wog trocken 758 kg, der vollverkleidete nur 3 kg mehr. Mit den jeweiligen Füllmengen von 15 Liter Wasser, 28 Liter Öl und im Mittel 145 Liter Kraftstoff kamen noch etwa 155 kg hinzu. Wenn man nun noch 80 kg für den Fahrer addierte, kam man auf ein Einsatzgewicht von durchschnittlich 993 kg.
Beim nächsten Rennen, dem Großen Preis von Berlin Mitte September gab es keine Frage mehr zur Wahl der geeigneten Karosserie-Ausführung. Das Rennen sollte auf der Avus stattfinden, deren markante Nordkurve sich auf West-Berliner Territorium befindet. Die Gesamtlänge des Kurses war indessen durch die politischen Gegebenheiten in Mitleidenschaft gezogen worden, der südlichste Teil dieser ersten je gebauten Autobahn war abgetrennt, wodurch die Rundenlänge nurmehr 8,3 km betrug. Die drei vollverkleideten W 196 fanden keine ernstzunehmende Gegnerschaft vor, das Endresultat lautete deshalb: Kling, Fangio, Herrmann, wobei Kling laut Fangio „an diesem Tag nicht zu schlagen war". Bei dem Einsatz in diesem nicht zur Weltmeisterschaft gewerteten Rennen verwendete man spezielle „Avus"-Reifen von Continental. Diese wiesen an den Vorderrädern eine Profiltiefe von 3,5 mm und an den Hinterrädern 4,5 mm auf, was für die Dauer dieses 498 km langen Rennens genau ausreichte. Im Training hatte man auch versuchsweise Abdeckungen über den Radausschnitten der Hinterräder montiert, doch sah man von ihrer Verwendung im Rennen ab. Der Siegerschnitt betrug 213,5 km/h, und Fangio hatte mit 224,0 km/h die schnellste Runde gefahren. Keiner in der Mercedes-Mannschaft hatte seinen Motor über 8650 U/min gedreht.
Mit dieser eindrucksvollen Vorführung hatte man Erinnerungen an den gewaltigen Zweikampf zwischen den 600 PS starken Stromlinienwagen von Mercedes-Benz und der Auto Union wachgerufen, wenngleich man auch an die Leistungen von damals nicht mehr anschließen konnte. Die erste Saison des W 196 endete in der gleichen Weise wie damals beim W 154, nämlich mit einer enttäuschenden und zugleich überraschenden Niederlage. Die Beobachter sprachen einmütig vom Spanischen Grand Prix in Barcelona als einem „Debakel" für Daimler-Benz. Für die Theoretiker in Untertürkheim stellte der schnelle Kurs mit seinen sich verengenden Kurven eine willkommene Herausforderung dar. Man hatte nicht weniger als sechs Wagen nach Spanien gebracht, drei von jeder Ausführung. Es zeigte sich jedoch keine Version der anderen überlegen, und man entschloß sich daraufhin für die offene Karosserie mit den freistehenden Rädern. In Barcelona trat zum ersten Mal auch der langerwartete Lancia D 50 an; Ascaris kirschroter Wagen erwies sich in aller Deutlichkeit als der schnellste. Er führte das Feld mit einer Sekunde Vorsprung auf Fangio an. Kling und Herrmann lagen etwas weiter zurück und tauchten zu keinem Zeitpunkt des Rennens auf den vorderen Rängen auf. Fangio sagte, daß die silbernen Wagen „mehr als alle anderen beim Bremsen das verloren, was sie auf den Geraden gutmachen konnten". Die hohen Temperaturen, die sich durch herumfliegende Zeitungsfetzen, welche die Lufteinlässe verdeckten, noch erhöhten, trugen einiges zu den vorhandenen Problemen bei.
Das Kühlsystem des W 196 galt für alle Einsatzbedingungen als ausreichend dimensioniert, wenn nicht gar als zu wirksam. Die Größe des Kühlers war je nach Karosserieform etwas unterschiedlich, sie belief sich auf etwa 0,18 m^2 Fläche für den Wasserkühler und 0,07 m^2 für den Ölkühler auf der linken Seite. Behr hatte Daimler-Benz eine Aluminium-Konstruktion angeboten, die jedoch abgelehnt wurde, da sie im Renneinsatz noch unerprobt war. Die herkömmlichen Kühler wogen etwa 15 kg. Das weiter hinten im Motorraum angebrachte Vorratsgefäß diente hauptsächlich als Sammel- und Kondensations-Behälter für den im Kühler und Motor entstandenen Wasserdampf, es entsprach in der Wirkungsweise einem Ausdehnungsgefäß in einem geschlossenen Kühlerkreislauf. Es war sogar ein Thermostat eingebaut, das zur schnelleren Erwärmung des Motors beitrug und die Wassertemperatur bei kühleren Witterungsbedingungen konstant auf 85 Grad Celsius hielt. Am 24. Oktober in Barcelona war dies vermutlich das überflüssigste Teil am W 196. Der behinderte Kühlluftstrom führte an allen Wagen zu Überhitzungserscheinungen, wodurch sich auch die Bildung von Dampfblasen in der Einspritz-

pumpe kaum mehr verhindern ließ. Und genau dies war auch der Grund für Herrmanns Ausfall. Der Motor von Fangios Wagen wurde ebenfalls in Mitleidenschaft gezogen. Auch eine sichere Belüftung der Bremsen war nicht mehr gewährleistet, weshalb sie in ihrer Wirkung immer mehr nachließen. Am Ende lagen Fangio und Kling an dritter und fünfter Stelle.

Neubauer, Nallinger und Uhlenhaut waren nach diesem Rennen erschöpft und über das Resultat bestürzt. Das gesteckte Ziel, die Weltmeisterschaft, war zwar erreicht worden, doch so wie es nun aussah, würde es dabei auch bleiben...

Neubauer trat als erster in Aktion. Da er sich des nötigen Rückhalts bei der Firmenleitung sicher war, die auch 1955 für die Mercedes-Rennwagen eine Spitzenposition sehen wollte, zückte er unmittelbar nach dem Rennen in Barcelona wieder einmal sein berühmtes schwarzes Notizbüchlein. Er hielt Ausschau nach einem Fahrer, den man Fangio nahezu gleichrangig zur Seite stellen konnte. Als erstes dachte er dabei an Jean Behra, den Franzosen, der einigen Mut in seinem Gordini gezeigt hatte. Doch Maserati hatte sich bereits dessen Dienste gesichert. Sodann wurde Stirling Moss in Erwägung gezogen, ein erst 25 Jahre alter Engländer, der mit seinem halb-offiziellen Maserati schon zweimal ein Rennen vor Fangio geführt hatte. Am 4. November telegrafierte Neubauer eine Anfrage an Ken Gregory, Moss' Manager, ob Stirling für die Saison 1955 noch frei sei.

Moss sagte mit einigem Widerwillen zu, denn er wußte genau, daß er neben Fangio nur die Nummer Zwei sein würde, doch die Vertragsbedingungen waren „fantastisch". Bevor er unterschrieb, wollte er den Wagen jedoch erst einmal probefahren. Dies war eine der wenigen Gelegenheiten, bei denen ein Rennfahrer ein Mercedes-Rennwagen testen durfte, normalerweise war es genau umgekehrt, es wurde nämlich meist der Fahrer von Daimler-Benz getestet. Am 3. Dezember erhielt Moss in Hockenheim seine Chance, nachdem er in einem Serien-300 SL einige Aufwärmrunden absolviert hatte. Man hatte zu diesem Zweck einen offenen 1954er Wagen vorbereitet, der einen neuen Kühlergrill aufwies. Gekrümmte, senkrechte Gitterstäbe sollten dabei anfliegende Papierfetzen und ähnliche Fremdkörper abgleiten lassen. Nach der ersten Runde auf der feuchten Strecke sagte Moss zu Ken Gregory: „Der Wagen ist sehr schwer zu fahren. Er bricht leicht aus, neigt zum Übersteuern

Oben: Start zum Großen Preis der Schweiz 1954 in Bern, der spätere Sieger Juan Manuel Fangio liegt knapp in Front, neben ihm Gonzalez auf Ferrari.

Das Ventil der Zwangssteuerung mit der Haltekerbe für den Schließkipphebel, der daneben liegt, sowie die Nockenwelle mit der kleineren Steuernocke, die auf den Pilzstößel drückt, und der Schließnocke.

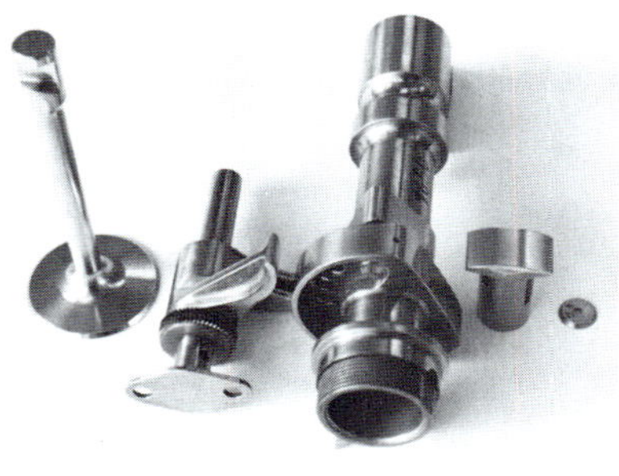

Links: Drei Wochen vorher, am 1. August, hatte Fangio bereits auf dem Nürburgring gesiegt.

Links: Beim Großen Preis von England mußte Mercedes eine Niederlage hinnehmen. Fangio kam aufgrund von Getriebe- und Reifenproblemen nicht über einen vierten Platz hinaus.

Unten: Das Avusrennen 1954 wurde für Daimler-Benz zu einem großen Triumph, denn hier konnten die Stromlinien-Mercedes ihren Geschwindigkeits-Vorteil ausspielen. Kling, Fangio (hier noch vor Kling zu sehen) und Hans Herrmann errangen einen Dreifach-Sieg.

Unten: Am 16. Januar 1955 begann mit dem Argentinischen Grand Prix die neue Rennsaison. In seinem Heimatland galt Fangio mit dem W 196 als sicherer Sieger. Der Mercedes-Motor hatte nun gerade Saugrohr-Krümmer bekommen, die eine geänderte Motorhaube erforderten.

Oben: Als Verstärkung für den Weltmeister Fangio holte Mercedes für 1955 den englischen Spitzenfahrer Stirling Moss ins Team. Am 3. Dezember 1954 fuhr er den W 196 zum erstenmal und zeigte sich begeistert. Der Wagen hat hier einen Versuchs-Grill.

Rechts: Karl Kling beim Großen Preis von Belgien 1955 in Spa, wo er sich mit dem Maserati-Fahrer Musso ein packendes Duell liefert, aber in der 22. Runde mit gebrochener Absaug-Ölleitung vom Zylinderkopf ausscheiden mußte.

Unten: Start zum Britischen Grand Prix in Aintree. Dieses Rennen endete mit dem größten Triumph der Mercedes-Renngeschichte. Vier W 196 waren am Start und vier W 196 liefen auf den ersten vier Plätzen ein: 1. Moss, 2. Fangio, 3. Kling, 4. Taruffi.

und muß sehr viel feinfühliger als der Maserati gefahren werden. Doch die Leistung ist hervorragend!" Karl Kling, ein großer Hockenheim-Spezialist, konnte erst auf der trockenen Strecke an Moss' Rundenzeiten auf nassem Kurs herankommen. Wie vor ihm Dick Seaman und die Grafen Zborowski, war mit Stirling Moss nun erneut ein Engländer in das Daimler-Team aufgenommen worden.

Bevor die Saison 1955 ihren Auftakt nahm, hatte man noch eine elegantere Lösung für einen abgeschirmten Kühlergrill gefunden. Man installierte ein Drahtgitter vor dem Kühllufteinlaß, dessen Rahmen oben mit Scharnieren befestigt war und das mittels einer Feder und dem Druck des Fahrtwindes in Position gehalten wurde. Wenn von der Box ein Signal zum Säubern des Grills gegeben wurde, zog der Fahrer einen Seilzug am Armaturenbrett, worauf die Feder losließ und das Drahtgitter vom Wind nach oben geklappt wurde. Waren die Fremdkörper weggeblasen, ließ der Fahrer das Seil wieder los und die Feder zog die Klappe wieder zu.

Als nach Abschluß der Rennen im Jahre 1954 wieder Ruhe in Untertürkheim eingekehrt war, nahmen sich Rudolf Uhlenhaut und Walter Kostelezky den W 196 noch einmal eingehend in bezug auf sein Kurvenverhalten vor. Sie fuhren den Wagen zu diesem Zweck auf den Schleuderkurs, einer völlig ebenen Betonfläche, auf der eine Anzahl von Radien markiert sind. Auf einem bestimmten Kreis versuchte der Fahrer dabei die höchstmögliche Kurvengeschwindigkeit zu erreichen, dadurch ließen sich die zu erreichenden Grenzen feststellen. Man versuchte auch, schnelle Wechsel von einem größeren Radius zu einem kleineren durchzuführen und umgekehrt. Laurence Pomeroy unterhielt sich über diese Versuche mit Uhlenhaut: „Auf der Schleuderplatte ließ sich eine Querbeschleunigung bis zu 0,7 g erreichen. Ein Wert, der den Fahrer innerhalb einer halben Stunde zur völligen Erschöpfung brachte. Als man im Cockpit Gurte und Stützten angebracht hatte, konnte man bald erkennen, daß die Wagen stark untersteuerten – dies war das genaue Gegenteil der bisherigen Erkenntnisse. Auf trockener Fahrbahn führte dies zu einem heftigen Gegenlenken im letzten Moment, und durch diese Reaktionsweise des Fahrers geriet der Wagen ins Trudeln oder er brach sogar mit dem Heck aus, was schließlich zum Eindruck der Übersteuerneigung geführt hatte." Zwei Problemkreise waren dadurch erhellt worden. Die Querbeschleunigung in den Kurven, wo sie ja nur verhältnismäßig kurz voll wirksam werden konnte, war mit 0,7 g nicht besonders groß. Dies lag in der Hauptsache an der Konstruktion und der Gummimischung der Reifen. Während der Monate November und Dezember beschäftigte sich daraufhin Continental mit der Entwicklung eines neuen Reifentyps, der mit verbesserter Haftung sowohl auf trockener als auch auf nasser Fahrbahn aufwarten sollte. Die Arbeiten gerieten so erfolgreich, daß die Rennabteilung dem Wagen 1955 in engen Kurven eine Querbeschleunigung von 1,0 g zuschrieb. In langgezogenen Kurven, ein für den Fahrer wichtigerer Faktor, betrug sie noch 0,8 g. Die Bremsverzögerung von 1,0 g wurde als normal angesehen.

Das zweite große Problem, das gesamte Fahrverhalten des Wagens und seine mangelnde Handlichkeit betreffend, lag im Verantwortungsbereich Uhlenhauts. Er sah, daß man innerhalb der vorhandenen Einstellbereiche von Feder- und Dämpferhärten und der Wirkungsweise des Querstabilisators eine durchaus zufriedenstellende Abstimmung des Fahrgestells erreichen konnte. Man vermochte mit der richtigen Fahrwerksabstimmung den W 196 leicht bis zur Grenze seiner Kurvenhaftung zu fahren. Hans Scherenberg faßte die Ergebnisse zusammen und sagte: „Wir haben erreicht, daß sich der Wagen bis in hohe Geschwindigkeiten neutral verhält und deshalb kaum eine Korrektur nötig wird; er übersteuert nur ganz zum Schluß, wenn er sich schon am Grenzbereich bewegt."

Größere Änderungen am Wagen waren Angelegenheit der Haupt-Konstruktionsabteilung, die mit ihren Planungen begann, als sie von Neubauer die Liste aller Grand Prix des Jahres 1955 erhalten hatte. Es zählte zu den Besonderheiten in der Karriere des W 196, daß er nie zweimal auf demselben Kurs fahren durfte. Daran hatten natürlich auch seine verspätete Premiere sowie die Absage verschiedener Veranstaltungen nach der Katastrophe von Le Mans Schuld. Er war zwar zweimal in Monza am Start, aber 1955 hatte man dort die Streckenführung durch Einbeziehung des Ovals mit überhöhten Kurven geändert.

In der ersten Ausführung für die Saison 1954 hatte man wie Ludwig Krauss erklärte, sich „für eine höhere Gewichtung zugunsten der schnelleren Strecken entschieden. Dies bildete die Grundlage zur allgemeinen Konzeption der damaligen Fahrzeuge." Man legte gesteigerten Wert auf eine hohe Leistungsausbeute des Motors und maß dem Leichtbau eine geringere Bedeutung zu., „Doch dann überraschte uns der Rennkalender der Saison 1955 mit einigen kurvenreichen Strecken," wie Kraus sich ausdrückte. Bei vier zur Weltmeisterschaft zählenden Grand Prix lag der zu erwartende Schnitt unter 150 km/h, 1954 traf dies nur für zwei der sechs Rennen zu. Den ersten Versuch zu einem leichteren und handlicheren Wagen mußte man unter starkem Zeitdruck realisieren: Der Argentinische Grand Prix sollte bereits am 16. Januar in Buenos Aires stattfinden. Der Hauptunterschied zu den früheren Wagen bestand in einem auf 2200 mm verkürzten Radstand, der auf Kosten der Cockpit-Ausmessungen um 150 mm unter dem bisherigen Wert lag. Das Trockengewicht verringerte sich dadurch auf 730 kg. Der in Südamerika unter Fangio erfolgreiche Wagen hatte ein später „mittellang" genanntes Chassis.

Stirling Moss wurde mit einem solchen Wagen in Spa und auch in Zandvoort Zweiter. „Die Einzelradaufhängung des Mercedes und die weiche Federung ließen ihn zu einem sehr bequemen Wagen werden," schrieb Moss später. „Das lange Chassis fuhr sich wie ein Lastwagen um den Kurs. Die Lenkung war nicht schwergängig, aber man merkte sehr deutlich, daß der Mercedes ein großes Auto war."

Einige Wagen mit dem langen Radstand wurden auch weiterhin eingesetzt. Fangio gewann damit in Spa und Kling fuhr dort wie in Monza gleichfalls ein solches Fahrzeug. Er fiel in beiden Rennen aus, und Neubauer sagte: „Er war wirklich ein Pechvogel." In Argentinien wies der W 196 auch erstmals einen neuen Saugrohr-Krümmer auf, den man schon an der langen Wölbung in der Motorhaube erkennen konnte. Die einzelnen Saugrohre waren nun nicht mehr gekrümmt, sondern sie ragten gerade nach oben und waren auf 226 mm verkürzt worden. Dies war nicht zur Erzielung eines besseren Füllungsgrades geschehen, denn hier wären gebogene Rohre günstiger gewesen. Vielmehr wollte man bei der im Versuch gewählten Anordnung bleiben, um damit die Bedingungen bei der Plazierung der Einspritzdüsen beizubehalten. Bei den Experimenten im Winter 1954/55 hatte man deren Anordnung sowie die Kanalgestaltung einigen Änderungen unterzogen, denn man wollte die Leistung weiterhin zu steigern versuchen. Die Einspritzdüsen selbst waren ebenfalls verbessert worden; sie zerstäubten das Kraftstoff-Luft-Gemisch jetzt noch feiner und gleichmäßiger. Die Kolbenböden hatte man neu gestaltet, um einen möglichst großen Teil des komprimierten Gases in der Mitte des Brennraums zu konzentrieren und dadurch weniger Verluste zwischen den Ventilen und der Kolbenkante zu haben. In einem abschließenden Bericht hieß es dazu: „Der Abstand zwischen den Zündkerzen und den Kolbenböden sollte nicht geringer als 7 mm werden, denn durchgebrannte Kolben können auch von einem auf zu engem Raum konzentrierten Verbrennungsvorgang herrühren."

Schließlich gelang es, die Leistung des M 196 auf 290 PS bei 8500 U/min anzuheben und ein durchhängendes Teilstück der Drehmomentkurve bei 5000 U/min aufzufüllen. Der spezifische Kraftstoffverbrauch wurde ebenfalls reduziert. Den höchsten Verbrauch hatte Fangio in Argentinien zu melden gehabt, er war dort auf 43 Liter pro 100 Kilometer gekommen. Speziell für dieses Rennen hatte man mit R. D. 1A ein Kraftstoffgemisch mit verbesserter Innenkühlwirkung zusammengestellt. Dabei war der Methanol-Anteil von 25 auf 35 Prozent erhöht und die Mengen an Benzin und Benzol um jeweils 5 Prozent verringert worden. Als eine der Vorsichtsmaßnahmen zur Vermei-

dung ähnlicher Vorfälle wie in Barcelona, hielt man dies jedoch später für unnötig und verwendete das R. D. 1A-Gemisch in Europa nicht mehr. Der normale Kraftstoffverbrauch in der Saison 1955 schwankte zwischen 33 (Kling beim Englischen Grand Prix, 3. Platz) und 27 Liter pro 100 Kilometer (Fangio bei seinem Sieg in Monza mit einem Stromlinienwagen).
Obwohl man den M 196 nie einem Dauertest unterzogen hatte, wußte man aus praktischer Erfahrung ziemlich genau über die Lebenserwartung der Motoren Bescheid. Darauf gründete man auch die Übersetzungs-Abstufungen und die jeweiligen Drehzahl-Empfehlungen, die man den Fahrern gab. Eine Dauerbelastung von 8000 U/min war für höchstens fünf Minuten erlaubt, bei der Nenndrehzahl 8500 U/min lag die Grenze bei 40 Sekunden. Der rote Bereich am Drehzahlmesser begann bei 8700 U/min, hier durfte man für etwa 20 Sekunden verweilen, und für kurzzeitige Drehzahlspitzen von nicht mehr als 3 Sekunden konnte man sogar auf 9000 U/min gehen. In keinem der letzten vier Rennen der Saison 1955 überschritt ein Fahrer 9250 Touren.
Zum Rennen in Monaco im Mai hatte man eine weitere Verbesserung an der Desmodromik vorgenommen. Mit nunmehr zwei exzentrischen Lagerbuchsen an der Achse des Schließkipphebels konnte das nötige Spiel an den D-Nocken wesentlich genauer eingestellt werden. Die innenliegende Buchse war um 0,2 mm nach innen abweichend und die äußere um ebenfalls 0,2 mm nach außen exzentrisch gehalten, dadurch ließ sich sowohl am Lagerbock als auch im Kipphebelauge ein Spiel einstellen. Die Achse konnte insgesamt also um 0,4 mm versetzt werden. Die Fixierung wurde mittels einer Stirnverzahnung und eines Abschlußplättchens vorgenommen. Die Feineinstellung bezog sich auf die An- und Ablaufwinkel der D-Nocke, sie lautete zwischen 0,025 und 0,050 mm. Mit zwei Markierungen, einmal ein Punkt, einmal deren zwei, wurde die genaue Position für minimales und maximales Spiel festgehalten. Manfred Lorscheidt sagte: „Bei dieser Einstellung wurde ein bislang unbekannter Grad an Präzision erreicht, über einen Bereich von einem halben Quadratmillimeter gab es 1800 verschiedene Möglichkeiten!"
Bei ihrem europäischen Debut in den winkeligen Straßen und auf der Uferpromenade von Monte Carlo saßen die verbesserten Mercedes-Motoren in neuen Fahrgestellen, in vorbildlicher Leichtbauweise gehalten. Die Bremsen der Vorderräder hatte man nach der „altmodischen" Art wieder nach außen an die Räder verlegt, weshalb eine neuerliche Verkürzung des Radstands möglich wurde – er belief sich nun auf 2150 mm. Die Änderung der Bremsanlage wurde von Stirling Moss sehr begrüßt; er hatte einmal gesagt: „Die innenliegenden Bremsen sind zwar in ihrer Wirkung recht feinfühlig, aber bei einer Vollbremsung werden sie zu einem Ärgernis, denn Rauch und Gestank dringen ins Cockpit." Um überhaupt innerhalb des Felgenkranzes Platz zu finden, mußten die Trommeln in der Breite und im Durchmesser etwas verkleinert werden, die Maße betrugen nunmehr 75 und 330 mm. Das Gewicht verringerte sich dabei auf 6,8 kg, somit hatte man bei jeder Alfin-Trommel, komplett mit Kühlrippen und Leitblechen, eine Ersparnis von 27 Prozent erreicht.
Die Vermutung lag nahe, daß durch diese Maßnahme die Hitzebelastung für die Bremsen größer werden würde, doch zur Überraschung der Konstrukteure erwies sich die kleinere Trommel als stabiler, und sie führte auch zu einem geringeren Belagverschleiß. Dabei spielte es keine Rolle, ob sie innen oder außen montiert wurde.
Eine weitere Änderung an der Bremsanlage führte man auf Anregung des Team-Neulings Stirling Moss durch. Im Januar in Buenos-Aires war er mit der aufzuwendenden Pedalkraft für die Bremsen des W 196 nicht einverstanden gewesen und hatte dies auch Uhlenhaut mitgeteilt. Der tatendurstige Chefingenieur machte sich sofort an die Arbeit und baute in Moss' Wagen einen Unterdruck-Bremskraftverstärker aus einem argentinischen Chevy ein. Zurück in Deutschland, kümmerte er sich bei der Zulieferfirma Alfred Teves um eine leichtere und bessere Lösung. Bei Ate hatte man sich bereits seit einigen Monaten mit einem hydraulischen Bremskraftverstärker für leichte Nutzfahrzeuge beschäftigt. Man verwendete hier eine Zentrifugalpumpe, die die Bremsflüssigkeit im Kreislauf hielt und sie durch einen Vorratsbehälter und einen Kolben mit Ventil am Radbremszylinder pumpte. Wenn nun der Fahrer auf das Bremspedal trat, schloß sich das Ventil, es baute sich am Kolben ein Druck auf, der progressiv anstieg und schließlich die vom Pedal ausgehende Kraft 2,6fach verstärkte. Dieses Servosystem paßte man der Verwendung in allen Mercedes-Rennwagen der Saison 1955 an. Das Pumpengehäuse wurde aus Duraluminium gefertigt, womit sich das Gewicht von 1130 g auf 900 g mindern ließ. Die Pumpe wurde vom Getriebe angetrieben

Die strahlenden Sieger von Aintree: der Leiter der Pkw-Entwicklung Rudolf Uhlenhaut, Jean Manuel Fangio, Piero Taruffi, Stirling Moss, Karl Kling und Rennleiter Alfred Neubauer.

und schluckte etwa 0,5 PS. In den Druck-Kreislauf wurde ein federbelastetes Überdruckventil eingebaut, das die Entwicklung eines zu hohen Bremsdrucks, der zum Blockieren der Bremse führen würde, verhindern sollte. Wie gewöhnlich, hatte man auch bei diesem System wieder einmal an alles gedacht.

Trotz dieser zusätzlichen Komponente erreichten die Wagen mit dem kurzen Radstand in Monaco einen Bestwert in bezug auf das Trockengewicht, die leichtesten jemals gebauten W 196 wogen nur 640 kg. Durch die nach außen gerückten Bremsen hatte man auch die vordere Aufhängung wesentlich einfacher gestalten können. Am Prinzip wurde zwar nichts geändert, aber die Querlenker wurden auf 190 mm und 290 mm verkürzt, sie wurden mit 610 g und 1360 g auch spürbar leichter. Der senkrecht stehende und hohle Achsschenkel wog 1700 g; komplett mit dem Lenkhebel, der Bremsankerplatte mit Bremsbacken und Radbremszylinder kam man lediglich auf 5,1 kg.

Bei dem Rennen in Monaco saßen sowohl Fangio als auch Moss in den neuen kurzen Fahrzeugen. In Fangios Wagen hatte man den Motor etwas weiter nach vorn gerückt und damit auch den Fahrzeugschwerpunkt verändert, bei Moss' Fahrzeug entsprachen die Dimensionen den Wagen mit mittellangem Radstand. Beide funktionierten sehr gut, Fangios Auto vielleicht noch etwas besser. Im Rennen selbst war die Überlegenheit der beiden neuen Mercedes derartig augenfällig, daß sie bei der Hälfte der Distanz bereits eine halbe Runde vor der Konkurrenz lagen. Dabei war dieses Feld laut Mike Hawthorne „historisch ... eine schillernde Ansammlung von erstklassigen Wagen und einer Gruppe großartiger Fahrer, wie sie in dieser Art nie wieder zusammentreffen sollte."

Doch dann vermißte man plötzlich die silbernen Wagen. Als erster war André Simon, der anstelle des im Training verunglückten Hans Herrmann im Ersatzwagen saß, ausgeschieden. Danach hielt Fangio an, gefolgt von Moss. Manfred Lorscheidt meinte später dazu: „Es war fast wie bei Apollo 13. Eine Katastrophe! Ich konnte es einfach nicht glauben. Ein kleines Schräubchen im Ventiltrieb war abgerissen, ein Teil, das keinerlei Belastungen zu tragen hatte. Bei der Mille Miglia hatten wir mit genau dieser Konstruktion gewonnen. Doch an diesen drei Motoren fanden wir den Fall gleich achtmal vor. Es war immer wieder dieselbe Stelle, rechts vorne am ersten Auslaßventil." Die

Links: Der Große Preis von Italien am 11. September 1955 in Monza war das letzte Rennen der Mercedes-Formel-1-Wagen. Auf der Hochgeschwindigkeitspiste trat man noch einmal mit den vollverkleideten W 196 an. Wegen der geänderten Saugrohre mußte auch hier die Motorhaube mit einer zweiten Ausbuchtung und mit einem äußeren Lufteinlaß versehen werden.

In Monza hatte man Versuche mit neugestalteten Frontpartien an den Stromlinienwagen durchgeführt; hier Rudolf Uhlenhaut am Steuer eines dieser Wagen. Insgesamt gab es drei neue Versionen, von denen jedoch keine im Rennen Verwendung fand.

Schraube hielt das Abschlußplättchen auf dem stirnverzahnten Einstellmechanismus des Schließnocken-Spiels. Wenn diese Schraube löste, lief das Verschlußplättchen „Amok“, es schlug an die rotierenden Nocken und richtete überall Unheil an. Mit einem daraufhin überarbeiteten Plättchen und ebenso überdachter Verschraubung verschwand die Erscheinung ebenso plötzlich wie sie aufgetreten war.
Nach Monte Carlo führte man auch eine Änderung an den Einspritzleitungen von der Pumpe zu den Düsen durch. Sie waren alle mit 60 cm gleich lang gehalten und bestanden aus Phosphor-Bronze, womit sie normalerweise gegen Vibrationsschäden unempfindlich sein sollten, aber nichtsdestoweniger hatte man wiederholt Brüche zu verzeichnen gehabt. Auf dem Vibrations-Teststand der Rennabteilung wurde eine ganze Reihe verschiedener Materialien und Konstruktionen untersucht; man entschloß sich schließlich für Rohrleitungen aus Stahl. Diese wurden in Gummiauflagen befestigt und so spannungsfrei wie möglich montiert.
Walter Kostelezky hatte ein Schema für die Vorbereitungsarbeiten der Rennabteilung entwickelt, das eine eingehende Konzentration auf die jeweiligen Bedingungen der einzelnen Rennstrecken erlaubte. Den Anfang machte eine detaillierte Karte des Streckenverlaufs, wenn nötig durch spezielle Prüfungen vor Ort noch verbessert. Die Kurvengeschwindigkeiten und Bremswege wurden kalkuliert. Aus verschiedenen Faktoren errechnete man die erreichbare Höchstgeschwindigkeit, dazu zählten der Luft- und Rollwiderstand sowie die zur Verfügung stehende Beschleunigungsstrecke bei Schaltpunkten im Bereich von 8300 U/min bei einer Dauer des Schaltvorganges von 0,3 sec. Die auf diese Weise vorausberechneten Rundenzeiten wichen nicht selten nur um ein Prozent von den tatsächlich erreichten Werten ab.
Für den Großen Preis von Belgien, der am 5. Juni in Spa stattfand, hatte man die Berechnungen für einen W 196 in der Argentinien-Ausführung, wie ihn Moss dann auch auf Rang Zwei bringen sollte, ermittelt. Der zweite Gang sollte dabei nur an einer Stelle der Strecke, nämlich an der „La Source“-Haarnadelkurve kurz vor den Boxen, benutzt werden. Damit kam der Wagen mit 60 km/h aus der Kurve heraus und wurde anschließend von 4200 auf 8300 U/min hochgedreht, wo er schon fast 120 km/h erreichte. Im dritten Gang kam er dann auf 162 km/h, im vierten auf 210 km/h und im fünften Gang bei 8700 U/min, knapp über der Nenndrehzahl, schließlich auf eine Höchstgeschwindigkeit von 265 km/h. Ursprünglich dienten diese Berechnungen nur zur Bestimmung geeigneter Übersetzungsstufen in Getriebe und Hinterachse, doch die Fahrer maßen ihnen eine große Bedeutung zu, zumindest jene, die sich an die vorgegebenen Drehzahlwerte zu erinnern vermochten. Denn damit konnten sie von Uhlenhaut oder Kostelezky genau erfahren, ob sie schnell genug waren.
Nach den Erfahrungen in Monaco wandte die Rennabteilung eine neue Taktik an. Man ließ im Training mindestens einen Wagen die gesamte Renndistanz absolvieren, um zu sehen, ob es versteckte Fehler gab. In Spa verwendete man dazu einen neuen Wagen, der speziell für diesen schnellen Kurs gebaut war, im Rennen selbst aber nicht eingesetzt werden sollte. Es handelte sich dabei um ein Fahrzeug mit dem mittellangen Chassis, bei dem man jedoch die Vorderpartie etwas erleichtert hatte, indem man die Bremsen nach außen verlegte. Alle Fahrer des Teams und auch Rudolf Uhlenhaut sowie der Ersatzfahrer John Fitch spulten ihre Kilometer mit diesem Wagen ab. Fangio hatte sich indessen für einen „langen“ Wagen entschieden und fuhr damit einen unangefochtenen Sieg heraus.
Der holländische Grand Prix in Zandvoort wurde im Jahre 1955 von dem schrecklichen Unglück in Le Mans überschattet. Es war der erste dortige Weltmeisterschaftslauf, und wieder hießen die überlegenen Sieger Fangio und Moss. Der Argentinier hatte das kurze Chassis, der Brite das mittellange verwendet. Kling war in der Startaufstellung ebenfalls ganz vorn plaziert gewesen, er kam jedoch im Verlauf des Rennens von der Strecke ab und war zur Weiterfahrt nicht mehr in der Lage.
Zum britischen Grand Prix war Daimler-Benz mit fünf Wagen nach Aintree gekommen, vier davon sollten auch eingesetzt werden. Alle im Rennen gefahrenen Wagen wiesen außenliegende Bremstrommeln auf; Fangio und Moss verwendeten das kurze Chassis, Kling und der zum Team gestoßene bekannte italienische Rennfahrer Piero Taruffi fuhren die Typen mit mittellangem Fahrgestell. Der W 196 von Stirling Moss hatte eine einteilige, vorn angeschlagene Karosserie-Frontpartie. Moss siegte bei diesem Rennen ganz knapp vor Fangio; Kling und Taruffi folgten auf den Plätzen drei und vier – der erste und einzige Vierfach-Erfolg in der Grand-Prix-Renngeschichte von Daimler-Benz!
Piero Taruffi als ausgebildeter Kfz-Ingenieur interessierte sich stark für die Technik von Rennfahrzeugen. Er beschrieb seine Eindrücke im W 196, bei dem ihm als erstes die Sitzposition aufgefallen war: „Die Polsterung, die es in verschiedenen Ausführungen und Größen gab, ließ sich mit wenigen Handgriffen auswechseln, womit man sie genau der Statur des Fahrers anpassen konnte.“ Das Schaltschema empfand er, wie alle anderen Fahrer des W 196, als sehr gewöhnungsbedürftig. Zum Hinaufschalten schob man den Schaltstock nach vorn anstatt ihn zurückzuschieben. Die Kulisse und der Schalthebel entsprachen noch denen der letzten Vorkriegswagen und wiesen einen Druckknopf am Knauf zum Einlegen des ersten Ganges auf. „Ich versuchte mich daran zu gewöhnen,“ sagte Taruffi, „aber in der ersten Trainingsrunde geriet ich in den zweiten statt in den vierten Gang. Die Drehzahl schoß in die Höhe, und nur durch den desmodromischen Ventiltrieb wurde verhindert, daß die Ventile auf den Kolbenböden aufschlugen, so ließ sich ein Motorschaden gerade noch verhindern. Ich hielt an und berichtete Neubauer von meinem Fehler. Er sagte mir, ich solle mir darüber keine Sorgen machen, und als ich wieder in den Wagen kletterte, sagte er, ich könne den Wagen so hart hernehmen wie ich wollte – je härter ich führe, desto besser. Er fügte hinzu, wenn der Motor dabei kaputt gehen sollte, ein Ersatz schon bereitstünde.“
Wie auch die anderen Fahrer erfuhr Taruffi erst in Aintree von einer weiteren Neuerung am Wagen: „Sie erklärten uns, daß wir nach der Hälfte des Rennens, wenn der Kraftstoffvorrat zum Teil aufgebraucht sein würde, einen bestimmten Hebel umlegen sollten, der den negativen Sturz der Hinterräder wieder auf den ursprünglichen Wert bei voller Belatung einrichten würde.“ Die Idee einer solchen Vorrichtung war erstmals in Monaco aufgekeimt, wo man erkannt hatte, daß die Wagen mit halb gefüllten Tanks die beste Straßenlage besaßen. Denn dann erwies sich die Sturzeinstellung als optimal. Man wollte nun diese günstige Einstellung über einen längeren Zeitraum hinweg aufrechterhalten können und dachte sich zu diesem Zweck eine relativ einfache Verstellmöglichkeit für zwei verschiedene Federhärten aus. Die beiden hinteren Drehstabfedern verliefen am Rahmen entlang zu ihren vorderen Befestigungspunkten, wo sie mit einem kurzen Hebelarm in einem Abstand zum Rahmen gehalten wurden. In der Konstruktionsabteilung hatte man an dieser Stelle einen Regelmechanismus vorgesehen. Der kurze Abstandsarm wurde nun an eine kurze Schraubenfeder angelenkt, die man am Beginn des Rennens mit einem konischen Stift festdrückte. Diesen Druck übte ein kleiner Kolben am Ende eines Druckschlauches aus. Ludwig Kraus erklärte die Funktionsweise: „Der durch Öldruck in Position gehaltene Kolben ähnelte sehr stark dem eines Radbremszylinders, er wurde im Testlabor einen Tag lang erfolgreich einem Druck von 100 atü ausgesetzt. Der Druck konnte durch ein kleines Ventil abgebaut werden, das der Fahrer mit einem T-förmigen Griff betätigte. Das entsprechende Boxensignal war ein großes T auf einer Signaltafel.“ Die Schraubenfeder war nun nicht mehr blockiert und bewirkte eine Verringerung der Federrate der Drehstabfeder. Kraus fügte hinzu: „Die weiteren Änderungen der Radlast, die bei fortschreitender Entleerung der Tanks bis zum Schluß auftraten, waren so gering, daß sie nur noch geringen Einfluß auf das Fahrverhalten ausübten.“
Andere Firmen wie Lancia und Ferrari versuchten dem veränderten Fahrverhalten durch eine zentrale Anordnung der Tanks entgegenzuwirken. Genau

dies hatte man bei Daimler-Benz schon bei den W 154 und W 165 ebenfalls versucht. Uhlenhaut meinte: „Die zentrale Anordnung der Tanks bei den damaligen Frontmotor-Rennwagen wies einen Nachteil auf, denn durch die geringere Belastung der Hinterräder neigten diese verstärkt zum Durchdrehen. Vom Start weg waren unsere Wagen stets schneller als die Ferrari, die eine Gewichtsverteilung von etwa 50:50 auf Vorder- und Hinterachse aufwiesen. Bei uns lagen am vollgetankten Wagen bis zu 60 Prozent des Gewichts auf der Hinterachse."

Ludwig Kraus führte zu diesem Thema ergänzend aus: „Der Unterschied im Fahrverhalten zwischen vollen und entleerten Tanks ließ sich nicht so einfach feststellen. Die Gewichtsverteilung schwankte zwar von 40:60 bis 47:53 recht erheblich, doch die Raktion des Fahrwerks war nicht so deutlich. Durch das Entlasten der Hinterräder verstärkte sich die Untersteuerungstendenz der Wagenfront, zugleich verringerte sich aber auch die Masse an der Drehachse; das heißt, die Zentrifugalkraft, die bei beladenem Heck wirksam werden konnte, nahm ab." Kraus und Uhlenhaut hatten bei den Entwürfen für den W 196 eine ausgewogene Gewichtsverteilung vorgesehen. Der Motor war weit vorne eingebaut, der Fahrer, das Getriebe und der Kraftstoffvorrat waren mehr dem Heck zugeordnet. Es wurde jedoch auch ein Versuchsfahrzeug gebaut, bei dem man die Vorzüge eines zentral angeordneten Schwerpunkts in der Fahrzeugmitte für bestimmte Kurse ermitteln wollte. „Wir fanden heraus, daß sich diese Ausführung wesentlich besser für Strecken mit vielen engen Kurven eignete, wie zum Beispiel Monte Carlo," erzählte Uhlenhaut und fügte hinzu: „der Wagen mit dem zentralen Schwerpunkt schien in schnellen Kurven ziemlich heikel zu reagieren; wenn er ausbrach, war er für den Fahrer wesentlich schwerer abzufangen."

All diese Gedanken führten zu weiteren Fahrversuchen anderthalb Wochen nach Aintree. Diese Testfahrten auf dem Nürburgring sollten ursprünglich als Vorbereitung für den Großen Preis von Deutschland dienen. Dieser war allerdings inzwischen abgesagt worden. Jedoch nahm man die Gelegenheit zu einigen praktischen Erprobungen wahr. Daimler-Benz brachte zwei offene Wagen mit außenliegenden Bremsen zum Ring, einen mit dem mittleren Fahrgestell einen mit kurzem Radstand. Von den vier Fahrern sollte jeder mit beiden Wagen die bestmögliche Zeit fahren. Das führte zu folgenden interessanten Resultaten:

	Radstand 2200 mm	Radstand 2150 mm
Fangio	9:38,8 min	5,5 sec schneller
Moss	9:41,2 min	5,5 sec schneller
Kling	9:47,0 min	2,0 sec langsamer
Uhlenhaut	9:51,8 min	3,8 sec langsamer

Es zeigten sich erstens die genaue Reihenfolge im Fahrkönnen, zweitens die Vorteile des kürzeren Wagens in den Händen der erfahrenen Leute, aber auch die Probleme der nicht ganz so guten Fahrer im Wagen mit zentralerem Schwerpunkt. Moss und Fangio unterstrichen jedoch, daß sie im kürzeren Wagen die ungleich höhere Kraftanstrengung für schnelle Zeiten nicht lange durchstehen könnten. Falls das Rennen stattgefunden hätte, wären folglich die Wagen mit mittellangem Radstand eingesetzt worden.

Eine ebenso große Herausforderung und nicht weniger verwirrend war der neue Kurs in Monza, das Hochgeschwindigkeits-Oval, das das alte, seit langem nicht mehr befahrene Oval ablöste. Beim Großen Preis von Italien, der am 11. September stattfand, sollte erstmals die neue Steilkurve in Zusammenhang mit dem bisherigen Straßenstück befahren werden. Zwei Wochen vor dem Rennen war die Rennabteilung zu Testfahrten anwesend; man hatte verschiedene Fahrzeuge mitgenommen. Darunter befand sich auch ein W 196 mit Stromlinienkarosserie, den man mit einer Luftbremse am Heck versehen hatte, eine ähnliche Vorrichtung, wie man sie in diesem Jahr an den Sportwagen ausprobiert hatte. Man gelangte zu dem Ergebnis, daß für den neuen Kurs von Monza Stromlinienwagen mit mittellangem Chassis und außenliegenden Bremsen am besten geeignet seien. Die Daimler-Benz-Mannschaft kehrte nach Stuttgart zurück und machte sich an den Bau zweier solcher Wagen. Als man am Donnerstag vor dem Rennen zum ersten offiziellen Training mit diesen Rennwagen antrat, mußte man feststellen, daß die Kurvenüberhöhung inzwischen mit einem neuen, ebenen Fahrbahnbelag überzogen worden war. Damit waren noch wesentlich höhere Geschwindigkeiten möglich, bei denen aber der leichte, mittellange Wagen ziemlich unruhig lag. Er schlingerte mit dem Heck, was man als „Korkenzieher"-Bewegung bezeichnete.

Der einzige mitgebrachte Stromlinien W 196 mit langem Radstand war nicht nur schneller, sondern lag auch viel besser. Man vertraute den Wagen Fangio an. Unterdessen machte man sich in Untertürkheim noch einmal an die Arbeit und versah ein zweites langes Chassis mit der Stromlinienkarosse eines 1954er Wagens. So unglaublich es klingen mag, aber noch am Samstagmittag traf dieser zweite Wagen in Monza ein. Man hatte ihn mit dem Spezial-Renntransporter mit 300 SL-Motor noch rechtzeitig heranschaffen können. Moss absolvierte damit ein letztes Zeittraining und belegte sofort einen Platz in der ersten Startreihe.

Juan Manuel Fangio gewann das Rennen in Monza zum drittenmal, während Stirling Moss zum zweitenmal auf der italienischen Strecke einen Ausfall zu verzeichnen hatte. Ein Kolbenschaden zwang ihn, genau wie vorher Hans Herrmann in Reims, zur Aufgabe. Dies war der einzige Fall, daß ein technischer Schaden an einem W 196 ein zweitesmal auftrat. Karl Kling mußte mit einem Defekt an der Kraftübertragung aufgeben, Pierro Taruffi jedoch erreichte den zweiten Platz und trug damit beim letzten Renneinsatz des W 196 zu einem Mercedes-Doppelsieg bei.

Seit dem 16. Juni 1955 waren diese Siege Resultate einer weitgehend flügellahm gewordenen Abteilung. Wenige Tage nach den tragischen Ereignissen von Le Mans hatte man bei Daimler-Benz eine Vorstandssitzung abgehalten, um über die zukünftigen Aktivitäten des Hauses auf dem Sport-Sektor zu beraten. Es wurde beschlossen, das Grand-Prix-Programm noch bis zum Saisonende weiterzuführen, danach die Weiterentwicklung der Monoposti jedoch einzustellen. Diese Entscheidung wurde kurz danach auch in der Öffentlichkeit bekannt. Die bereits laufenden Versuche mit technischen Neuerungen für die Saison 1956 wurden abgebrochen.

Am Ende des Jahres, als die Rennwagen in einer feierlichen Zeremonie mit Tüchern zugedeckt und in Pension geschickt wurden, entstand bei einigen Anwesenden der Eindruck, daß Mercedes bald wieder auf die Rennstrecken zurückkehren würde. Naheliegend war der Termin 1958. Nicht ganz so eindeutig war es jedoch ersichtlich, daß man im Hause Daimler-Benz noch immer Interesse für das große klassische Rennen hatte, an dem man sich nur einmal beteiligte, weitere Starts immer wieder in Erwägung gezogen aber niemals realisiert hatte: Indianapolis.

Mitte 1956 stellte man bei Daimler-Benz eine eingehende Betrachtung der möglichen Chancen in Indianapolis an. Die Formel sah zu dieser Zeit die Teilnahme von Wagen mit 4,5-Liter-Saugmotoren und 3,0-Liter-Kompressoraggregaten vor, es waren also noch die gleichen Vorschriften wie bei der letzten Grand-Prix-Formel vor dem Krieg. Der einzige moderne Monoposto im Daimler-Benz-Fundus, der mit einem entsprechenden Motor aufwarten konnte, war der Wagen, der Anfang 1955 für ein Rennen nach der freien Formel gebaut wurde. Er war am 30. Januar, zwei Wochen nach dem Grand Prix in Buenos Aires, zum Einsatz gelangt. Die Rennabteilung hatte für diesen einzigen Einsatz einen schnellen und einfachen Umbau vorgenommen. Man verwendete dazu die drei Reservewagen mit langem Chassis, die – nachdem Kling und Herrmann zwei davon im argentinischen Grand Prix gefahren hatten – allesamt mit einem Dreilitermotor, der für den 300 SLR entwickelt worden war, versehen wurden. An diesen Motoren war die Ein-

Links: Mit diesem Wagen trat man am 30. Januar in Buenos Aires zu einem formelfreien Rennen an. Es fand dabei der Dreiliter-Achtzylinder aus dem 300 SLR Verwendung, deshalb auch die zusätzliche Ausbuchtung in der Motorhaube.

spritzpumpe anders untergebracht, weshalb auch eine andere Auswölbung in der Motorhaube notwendig wurde. Die Hauben hatte man jedoch schon vorher angefertigt und hielt sie nun zum Tausch bereit. Die Dreiliter-Achtzylinder liefen mit R. D. 1-Gemisch und leisteten 309 PS bei 7400 U/min, sie ließen sich jedoch gefahrlos auf mehr als 8000 Touren überdrehen. Nur das Fahrwerk war diesem Leistungszuwachs nicht mehr ganz gewachsen. Wie dies schon einmal bei dem kompressorgeladenen 300 SL-Roadster auf dem Nürburgring der Fall gewesen war, so erwiesen sich auch die Dreiliter W 196 auf dem Buenos Aires Autodromo langsamer als die normalen Grand-Prix-Wagen. Im ersten der beiden Durchgänge schlug Farina, der für seinen Ferrari ebenfalls einen Dreilitermotor mitgebracht hatte, die beiden Mercedes-Fahrer Fangio und Moss. Zwischen den beiden Läufen wurden die Reifen gewechselt. Man tauschte das „Nürburgring"-Profil, das man wegen des befürchteten höheren Reifenverschleißes mit dem stärkeren Wagen zuerst gewählt hatte, gegen die Profilart „Monza" aus. Die blockierende Bremse an Moss' Wagen behandelte man mit einem Spritzer Öl in die Trommel. Dies funktionierte so gut, daß Stirling Moss den zweiten Durchgang gewann. Der in beiden Läufen als Zweiter ins Ziel gekommene Fangio trug indessen den Gesamtsieg davon, Moss wurde Zweiter und Kling Vierter. Die Wagen bei diesem ungewöhnlichen Rennen in Südamerika waren die wohl häßlichsten aller jemals an den Start gebrachten W 196. Die Karosserie sah mit all den Belüftungsöffnungen, Leitblechen und Schächten sehr zerklüftet aus. Doch dies war nötig, um der hochsommerlichen Hitze in Argentinien Herr zu werden.

Die Ingenieure Eberhard und Braun benützten die Leistungskurve eines dieser Motoren als Berechnungsgrundlage für die erzielbaren Geschwindigkeiten eines Dreiliter-Saugmotor-Mercedes in Indianapolis. Man ging dabei von der Verwendung einer Stromlinienkarosserie aus, mit der man auf ein Trockengewicht von 740 kg gekommen wäre. Durch den Gewichtsunterschied der beiden Motoren wären jedoch noch einmal 33 kg hinzugefügt worden. Für die Geraden in Indianapolis berechneten die Ingenieure eine Spitzengeschwindigkeit von 260 km/h, die Querbeschleunigung in den Kurven, so meinten sie, würde sich auf einen Wert von 1 g belaufen und die zugehörige Geschwindigkeit auf 218 km/h. Die Berechnungen basierten auf der Streckenskizze von 1935. Sie vertraten die Anschauung, daß man einen Rundenschnitt von 227,8 km/h erzielen könnte.

Der Bericht vom 18. Juni 1956 führte die neue Rekordrunde von Paul Russos Novi V8 auf, der (nach Daimler-Benz-Informationen) 234,5 km/h erreicht hatte. Aus dieser Geschwindigkeit leiteten Eberhard und Braun Vermutungen über das Leistungspotential des Novi ab. Sie gestanden ihm eine Höchst-

Unten: Eine weitere Variante der Versuchsschnauzen am W 196, die man in Monza testete. Jedoch wurden noch im selben Monat (Oktober) alle Renn-Aktivitäten bei Daimler-Benz eingestellt, womit diese Versuche nicht mehr zur Auswertung gelangten.

geschwindigkeit von 290 km/h auf den Indy-Geraden zu, die Beschleunigung veranschlagten sie doppelt so hoch wie jene des geplanten Mercedes-Indianapolis-Wagens. Ausgehend von einem möglichen Gewichtsvorteil kam man zu folgenden Ergebnissen: Der W 196 würde entweder mit 20 Prozent an zusätzlicher Leistung und 31 Prozent weniger Gewicht oder mit einem um 11 Prozent geringeren Gewicht und einem vierzigprozentigen Leistungsplus das Leistungsniveau des Novi erreichen.

Das zweite Rezept lag bei Daimler-Benz im Bereich des Möglichen, und man hätte damit sicherlich einen Wagen geschaffen, der noch schneller als der Novi gewesen wäre. Man hätte dafür ja auch das ursprünglich geplante Vierradantriebskonzept wieder aufgreifen können. Doch gerade zu jener Zeit war man bei Daimler-Benz nicht mehr bereit, die zweifellos sehr umfangreichen Entwicklungsarbeiten auf sich zu nehmen. Einige Jahre später wurde einer der Stromlinien-Rennwagen an das Indianapolis Motor Speedway Museum übergeben. Die Besucher des 500-Meilen-Rennens fragen sich, was dieses Fahrzeug dort zu suchen habe, doch in Untertürkheim weiß man, warum er da steht. Auf seine Weise hat auch dieser Wagen zur Geschichte von Indianapolis beigetragen.

„Ich glaube, die wohl eindrucksvollste Erinnerung, die ich mir von den Mercedes-Rennwagen bewahrt habe, ist die Tatsache, daß sie wunderbar anpassungsfähig waren."
Stirling Moss

Mercedes-Benz 300 SLR

Es war ein Automobil der krassen Gegensätze. Es war bis ins kleinste Detail erstklassig durchkonstruiert und zusammengebaut, und es war der erfolgreichste Rennsportwagen der Saison 1955. Sein Äußeres wirkte kraftstrotzend, doch eigentlich stellte er ein Musterbeispiel dafür dar, wie man durch immense Kleinarbeit aus begrenzt vorhandenem Material sehr viel machen kann. Obwohl einige Komponenten tatsächlich sehr feingliedrig wirkten, besaß der Wagen dennoch die Stabilität eines Panzerfahrzeugs. Der Mercedes-Benz 300 SLR war Hauptdarsteller in einigen der dramatischsten Rennen, die jemals stattgefunden haben, leider auch bei dem schwersten Unglück in der Geschichte des Motorsports.

Der unglücksselige Tag war der 11. Juni 1955. Abends kurz vor halb sieben kamen die Wagen zum ersten Tankstop an die Boxen. Um Punkt 16.00 Uhr waren sie zum 24-Stunden-Rennen von Le Mans gestartet. In der Boxengasse herrschte zu diesem Zeitpunkt ein heilloses Durcheinander zwischen den schnellen und langsamen Fahrzeugen. Als einer der 300 SL wie üblich mit 240 km/h vorbeischoß, streifte er einen Austin Healey, der gerade einem anderen Fahrzeug Platz gemacht hatte. Der Mercedes stieg steil in die Luft und wurde in die Zuschauerränge links gegenüber den Boxen katapultiert. Am Steuer des bis zur Unkenntlichkeit zerstörten silbernen Renners hatte Pierre Bouillon gesessen, ein 50jähriger Franzose, der unter dem Namen „Levegh" Rennen fuhr. Daimler-Benz hatte Levegh als Anerkennung seiner großartigen Leistung bei den 24 Stunden von Le Mans im Jahre 1952 ins Team für 1955 aufgenommen. Damals hatte er mit seinem Talbot bis kurz vor Schluß geführt, bis er mit Motorschaden aufgeben mußte und so der Weg für einen Mercedes-Sieg frei war.

In den ungewissen Stunden nach dieser Tragödie versuchte man die bestmöglichen Entscheidungen zu treffen. Der Präsident der Veranstaltung, Charles Faroux, ließ das Rennen weiterlaufen, um ein Chaos beim Aufbruch der Zuschauer zu vermeiden. Als das Ausmaß der Katastrophe bekannt wurde, setzte sich die Mercedes-Teamleitung mit dem Daimler-Benz-Vorstand in Stuttgart in Verbindung und fragte an, ob man weiterfahren sollte oder nicht. In Le Mans war Artur Keser am Telefon, der sich in seinem zweiten Dienstjahr als Leiter der Daimler-Benz-Presseabteilung befand, aber schon ganz in das Rennteam aufgenommen war. Nun stand er einer Situation gegenüber, die dazu angetan war, die frühere Feindschaft zwischen der französischen und der deutschen Nation wieder aufleben zu lassen. Um 01.20 Uhr, als der 300 SLR von Fangio und Moss mit zwei Runden Vorsprung das Feld anführte, kam die Entscheidung, die Wagen aus dem Rennen zu nehmen. „Der Stolz von Konstrukteuren und Fahrern beugt sich dem zahlreichen französischen Familien in diesem tragischen Geschehen zugefügten großen Schmerz," sagte Fritz Nallinger. Noch vor zwei Uhr morgens waren der in Führung liegende Wagen sowie jener von Kling und Simon, der sich an dritter Stelle befand, an die Boxen beordert worden. Die röhrenden Auspuffklänge verstummten. Mercedes hatten sich aus dem Rennen zurückgezogen.

Die Katastrophe war genau nach dem Ende eines der aufregendsten Zweikämpfe in der Geschichte von Le Mans eingetreten. Bei diesem klassischen Rennen hatte es schon viele schnelle Jagden gegeben, aber das Duell zwischen Fangio auf dem 300 SLR und Mike Hawthorne auf dem Jaguar D-Type war ohne Beispiel. Hin und wieder vermochte auch der feurige Italiener Eugenio Castellotti mit einem neuen 4,4 Liter Ferrari einzugreifen. Nach einer Stunde des Schlagabtauschs bei höchsten Geschwindigkeiten hatten Fangio und Hawthorne den Ferrari abgeschüttelt, sie überholten sich gegenseitig ohne Unterlaß und kämpften unter Aufbietung ihres ganzen Könnens. Der packende Zweikampf erinnerte an ähnliche Szenen zwischen den beiden 1953 in Reims. Hawthorne schrieb später darüber: „Wir hatten beide absolut nichts mehr in Reserve. Wenn wir um eine langsame Ecke, wie etwa in Mulsanne, bogen, konnte der Jaguar im ersten und zweiten Gang mit der Beschleunigung des Mercedes mithalten. Wenn Fangio bei seinem Fünfganggetriebe in den Dritten schaltete, konnte er vorbeiziehen, aber sobald ich im Vierten war, konnte ich aufschließen. Castellotti schlug uns jedoch im Abzug alle beide, der Ferrari hinterließ dabei lange schwarze Spuren verbrannten Gummis auf der Fahrbahn. In schnellen Kurven war der Mercedes mit seiner Einzelradaufhängung an der Hinterachse deutlich schneller als mein Jaguar. In langsamen Kurven war der Unterschied nicht sehr groß, aber in einer mittelschnellen Biegung, wie etwa am Maison Blanche, wo man über 160 km/h schnell ist, konnte Fangio einiges gewinnen." Über die Luftbremse berichtete Hawthorne: „Er konnte in etwa genauso spät bremsen wie ich mit den Scheibenbremsen am Jaguar."

Die gestoppten Zeiten sagten jedoch das Gegenteil aus. Auf der Mulsanne-Geraden war der 3,5 Liter Jaguar um einiges schneller als der Mercedes. Hawthorne kam auf 290 bis 300 km/h, Fangio war stets um mindestens 10 km/h langsamer. Der 300 SLR durfte in Le Mans höchstens auf 7500 U/min gedreht werden, wobei er in den einzelnen Gängen folgende Geschwindigkeit erreichte: 99/122/166/221/286 km/h. Er war damit zwar sehr schnell, aber 1955 nicht mehr der schnellste Rennsportwagen, und er gewann die Sportwagen-Weltmeisterschaft mit einem bemerkenswert geringen Punktevorsprung.

Fangio konnte mit dem 300 SLR zwei Rennen gewinnen; beide waren kürzere Prüfungen mit hohem firmenpolitischem Wert für Daimler-Benz: das Eifelrennen am 29. Mai auf dem Nürburgring und den schwedischen Grand Prix am 8. August. Bei beiden gab es indessen keine Punkte für die Sportwagen-Weltmeisterschaft. Knapp hinter Fangio war jeweils ein Brite ins Ziel gekommen, dessen legendäre Karriere sehr stark mit der des 300 SLR verknüpft

Links: Mercedes-Testtage in Hockenheim im März 1955. Anschließend wurden die drei 300 SLR nach Italien verfrachtet, wo sie auf der Mille-Miglia-Strecke im Training eingesetzt wurden.

Links: Der Dreiliter-Sportwagen 300 SLR in der gewohnten Ausführung mit abgedecktem Beifahrersitz.

Unten: Der erste 300 SLR, wie er im September 1954 in Monza probegefahren wurde.

Zur Mille Miglia wurden besondere, zweisitzige 300 SLR vorbereitet; bei den übrigen Sportwagenrennen mußte dem Reglement entsprechend ein zweiter Sitz lediglich vorhanden sein.

Im „Kofferraum" der Mille-Miglia-Wagen wurden zwei Ersatzräder untergebracht. Die beiden Kopfstützen hatte man auf dem Deckel festgenietet, dieser wurde mit den hinter den Sitzen befestigten Alu-Hauben nach oben geklappt. Den Handgriff zum Öffnen des Deckels bildete übrigens das verchromte „D" auf dem Heck.

war. Am Steuer des Grand-Prix-Wagen war Fangio der anerkannte Meister, aber der 300 SLR war die Angelegenheit von Stirling Crawford Moss.

Zur Erringung der Weltmeisterschaft trugen aber auch die guten Plazierungen anderer Fahrer bei. Fangios zweite Plätze bei der Mille Miglia und zusammen mit Kling bei der Tourist Trophy und der Targa Florio hielt die schärfsten Rivalen von den wertvollen Punkterängen fern. Man muß natürlich auch die Beifahrer des jungen Engländers lobend erwähnen. Denis Jenkinson bei der Mille Miglia, John Fitch bei der TT und Peter Collins in Sizilien. Aber es war Moss, der diese drei klassischen Rennen von Beginn an beherrschte und sie alle drei mit einem Sieg beendete. Die Robustheit des 300 SLR war dabei der wichtigste Faktor, seine für einen Rennwagen ungewöhnliche Ausdauer stieß überall auf ungläubiges Staunen.

Die Mille Miglia wurde am 1. Mai gestartet. Schon seit Februar hatte Daimler-Benz eine Reihe von Testwagen über die wichtigsten Streckenabschnitte gehetzt. Ende März, Anfang April hatte man dazu drei 300 SLR nach Italien gebracht, dabei handelte es sich um reine Trainingsfahrzeuge. Für das Rennen selbst wurden vier nagelneue Wagen bereitgestellt. Der 300 SLR überstand alle Torturen, sowohl die seines Fahrers als auch jene der Mille Miglia. Das reichte vom Überfahren der Randsteine bis zu harten Landungen nach mit Vollgas genommenen Kuppen und Unebenheiten. Am Start hatten die Bremsen eine Belagstärke von 7 mm, nach den Resultaten der vorangegangenen Tests war dies mehr als genug für die gesamte Distanz. Nach dem Ende des Rennens von Brescia nach Rom und zurück fühlten sich die Bremsen zwar merklich anders an, aber sie funktionierten noch recht gut. Nachher stellte sich heraus, daß sich absolut kein Belagmaterial mehr auf den Bremsbacken befunden hatte und das Aluminium schon weit abgeschliffen war. Die selbsttätig wirkenden Nachsteller hatten die Bremsbacken auch weiterhin genau auf die Reibfläche angedrückt.

Moss führte in seinem Wagen einen Kraftstoffvorrat von 265 Liter mit, damit mußte er bei einem Verbrauch von 28 Liter pro 100 Kilometer einmal noch nachfassen. Sein Mille-Miglia-Sieg war der erste Erfolg für einen britischen Fahrer und der dritte für einen deutschen Wagen bei diesem Rennen; zwei davon fielen auf Mercedes-Benz. Moss hatte 10 Stunden und 17 Minuten für die Bewältigung der 1585 Kilometer benötigt, er war dabei auf einen Gesamtschnitt von 156,3 km/h gekommen. Er hatte die bestehende Bestzeit, die auf einer etwas kürzeren Strecke gefahren worden war, um eine halbe Stunde unterbieten können. „Ich glaube, wir haben da einen ganz schönen Rekord aufgestellt," sagte Moss danach zu Jenkinson, „es sieht so aus, als ob da sobald niemand heranreichen wird. Es kann sein, daß es in den nächsten zwanzig Jahren keine so völlig regenfreie Mille Miglia mehr geben wird".

Zwei Jahre später gab es doch noch einmal ein Rennen ohne Regen, doch bei dieser zugleich letzten Mille Miglia blieb Moss' Rekord unberührt, und er steht nun für alle Zeit.

Die Tourist Trophy 1955 war ein Hochgeschwindigkeits-Balanceakt auf dem schmalen und sehr kurvenreichen Dundrod-Kurs in Nordirland. Noch in der Nacht vor dem Rennen bat Moss um eine geänderte Getriebeabstufung, denn er wollte den ersten Gang, den man normalerweise nur am Start brauchte, auch in der sehr engen Haarnadelkurve verwenden können. Sein Wagen war damit auf eine Höchstgeschwindigkeit von nur 253 km/h übersetzt, doch er gewann das Rennen und erzielte auf der Distanz von 1017 Kilometer einen Schnitt von 142,1 km/h. Zur Mitte des Rennens überließ Moss kurz John Fitch das Steuer, er gewann schließlich trotz eines beschädigten rechten Hinterreifens, dessen Fetzen an die Magnesium-Karosserie anschlugen und einen weniger robusten Wagen wahrscheinlich zur Aufgabe gezwungen hätten.

Doch dies alles war ein Kinderspiel gegen die Art und Weise wie Moss und Co. ihre 300 SLR auf der Targa Florio zerpflückten. In der vierten Runde auf der 72 km langen Bergstraße in Sizilien geriet Stirling vom vorgeschriebenen Weg ab – und fuhr eine Böschung hinunter, um erst auf einem Felsbrocken zum Halten zu kommen. Die Antriebsräder drehten sich frei in der Luft. Ein Dutzend Zuschauer hoben den Wagen herunter und schoben ihn auf die Strecke zurück. Das Chassis war verbogen, und die Maschine brauchte auf dem Weg zu den Boxen fast zehn Liter Wasser. Collins löste Moss ab und fuhr was das Zeug hielt, auch er hatte eine Begegnung mit der Streckenbegrenzung. Er und Moss, der im letzten Abschnitt noch einmal das Steuer übernahm, brachten den arg mitgenommen aussehenden Mercedes schließlich wieder auf Platz Eins.

„Trotz der Bemühungen von Stirling und mir, den Wagen zu Schrott zu fahren," sagte Collins danach, „indem wir über Abgründe und Mauern fuhren und nur so dahinflogen, gelang es dem 300 SLR, das gesamte Rennen zu überstehen." John Fitch hatte mit seinem Wagen einen ähnlichen Test durchgeführt: „Die Ausdauer des 300 SLR war schier unglaublich. Wie es hier auf der Targa vorgeführt wurde, widersteht er den schlimmsten Mißhandlungen und funktioniert danach noch immer einwandfrei. Dieses hochentwickelte Sportgerät ist wie ein Panzer gebaut, dabei reaktionsschnell wie eine Dschungelkatze – in der Tat eine fabelhafte Leistung auf dem Gebiet der Automobilkonstruktion."

Der 300 SLR stellte die gelungenste Kombination dar, die man sich als Rennsport-Wagen vorstellen konnte. In ihm zeigten sich die Erfahrung aus der Zeit des 300 SL und die fortschrittlichen Konstruktionsideen aus dem W 196. Intern in Untertürkheim hieß das Fahrzeug W 196-S, und der Wagen war genau das, was sich Alfred Neubauer für die Sportwagenrennen in der Saison 1951 vorgestellt hatte: wesentlich mehr Leistung als beim 300 SL, ein Fünfganggetriebe, bessere Bremsen, 16-Zoll-Räder und eine höhere Spitzengeschwindigkeit. Der 300 SLR unterschied sich in allen Einzelheiten vom 300 SL, doch in der Gestaltung und im Konzept kam er diesem sehr nah. Es schien schon sehr mutig, wenn nicht gar riskant, einen Dreiliter-Wagen gegen den 3,5 Liter Jaguar, der in Le Mans immer schwer zu schlagen war, und gegen die gar bis 4,9 Liter reichenden Ferrari antreten zu lassen. Der Unterschied war im Jahr 1954 jedoch kaum spürbar, noch weniger sogar in der Saison 1955. Ausgehend von den Erfolgen des 300 SL in der Saison 1952 stellte der SLR die logische Weiterentwicklung dar. In ihm wurde das konzentrierte Bemühen, das Dreiliteraggregat leistungsmäßig voll auszuschöpfen, deutlich. In dieser Hinsicht gelang es schließlich, mit dem Entwicklungsstand am W 196 gleichzuziehen.

Die Detailentwürfe für den W 196-S waren etwa sechs Monate nach denen des W 196 fertiggestellt. Dieser zeitliche Abstand kam der Motorentwicklung zugute. Das Aggregat basierte im Wesentlichen auf dem 2,5-Liter-Grand-Prix-Motor, es war um 2 mm aufgebohrt und wies auch einen verlängerten Hub auf. Die Zylinder-Dimensionen betrugen 78 x 78 mm, womit man auf einen Hubraum von 2982 ccm kam. Dazu benötigte man neue Zylinderblöcke, die man diesmal jedoch nicht aus Stahl, sondern aus Silumin goß. Von der Sackzylinder-Konstruktion mit nicht teilbaren Zylinderköpfen wich man dabei nicht ab, daran hielt man seit mehr als fünfzig Jahren im Rennmotorenbau bei Daimler-Benz fest. Die beiden Vierzylinderblöcke wogen jeweils 17,5 kg, wobei hier die Nockenwellengehäuse einen festen Bestandteil des Gußstücks bildeten. Die Wassermäntel waren hier noch offen, sie wurden erst nach genauen Kontrollen mit Blechdeckeln verschlossen. Der Deckel auf der Auslaßseite war mit einem Anschluß für den Kühlwassereintritt versehen. Nach der Bearbeitung wurden die Blöcke zu Mahle gebracht, wo die Zylinderlaufbahnen mit einer 0,2 mm starken Chromschicht versehen und durch Honen auf das richtige Maß gebracht wurden. Die Beschichtung war als Oberflächen-Vergütung für die Aluminium-Laufbuchsen notwendig. Ein wichtiger Punkt hierbei war die Gestaltung der Zylinderwand. Die hier unvermeidlichen Kanten mußten säuberlich abgerundet sein. An den Zylinderwänden war die Oberfläche ebenfalls mit kleinen Vertiefungen versehen, die sich schraubenförmig von unten nach oben fortsetzten. Damit wurde die einwandfreie Zylinderwand-Schmierung gewährleistet. Die Ringe waren an der Düsenöffnung unterbrochen. Man hatte nie Probleme mit festgehenden

Oben: Brescia, 30. April 1955, 7.22 Uhr. Stirling Moss und Dennis Jenkinson starten zu den 1600 Kilometern der 22. Mille Miglia.

Links: Gezeichnet von Strapazen, aber glücklich. Moss/Jenkinson als Sieger der Mille Miglia werden von Kraus, Uhlenhaut und Scherenberg beglückwünscht.

Rechts: Der 300 SLR in einem frühen Stadium des Rennens. Später waren dann einige „Kampfesspuren" zu erkennen...

Links. Vier Wochen nach der Mille Miglia gewannen die 300 SLR das Eifelrennen für Sportwagen.

Unten: Kling, Fangio und Moss in der Südkurve des Nürburgrings – die Konkurrenz hatte keine Chance!

Oben: Die Mercedes-Stallgefährten Moss und Fangio teilten sich die Aufgaben. Fangio wurde Formel-1-Weltmeister, Moss holte für Mercedes den Sportwagen-Titel.

Rechts: Stirling Moss bei der Tourist Trophy auf dem Dundrod-Kurs in Nordirland. Er gewann dieses Rennen mit einer Runde Vorsprung vor Fangio und Kling. Heimvorteil!

So stellte sich der 300 SLR mit abgenommener Karosserie dar. Das Chassis war dem des Grand-Prix-Wagens sehr ähnlich, jedoch im Mittelteil breiter gehalten.

Unten: Die Bosch-Achtstempel-Einspritzpumpe des 2982 ccm großen Reihenachtzylinders mit der Typenbezeichnung M 196.I.

Unten: Das Cockpit des Mercedes-Rennsportwagens; auch hier war das Lenkrad mit einem Schnellverschluß befestigt.

Kolben, auch wenn der aus den Einspritzdüsen austretende Kraftstoff stets dazu neigte, den Ölfilm an den Zylinderwänden wegzuwaschen. Aus diesem Grund konnte man es sich auch leisten, die Schmierungsfugen noch winziger zu gestalten, denn dadurch ließ sich natürlich auch der Ölverbrauch verringern. Dieser war jedoch ohnehin ziemlich gering. Das war zum einen auf ein geringeres Kolbenspiel gegenüber den Grand-Prix-Motoren und zum anderen auf den direkt unterhalb der drei Kompressionsringe angeordneten Ölabstreifring an den geschmiedeten Mahle-Kolben zurückzuführen. Im Renneinsatz bewegte sich der Ölverbrauch zwischen 8 und 20 Liter pro 1000 Kilometer.

Durch die bessere Wärmeleitfähigkeit der Aluzylinder ließen sich Wärmestaus an den Kolben abbauen, außerdem verhinderten die verlängerten Kolbenschäfte die Klemmneigung. Diese Verbesserungen trugen zu der für einen Rennmotor außergewöhnlichen Zuverlässigkeit des 300 SLR-Aggregats bei, eine geradezu ideale Voraussetzung für einen Langstrecken-Rennwagen. Einen Motor ließ man an die 10000 Kilometer im Renntempo und danach noch 32 Stunden auf dem Prüfstand laufen; außer acht neuen Ölabstreifringen nach 6000 Kilometer waren keinerlei Reparaturen angefallen. Daimler-Benz-Techniker wiesen ausdrücklich darauf hin, daß man diese Standfestigkeit ohne nennenswerte Luftfilterung erreicht hatte.

Die Zylinderblöcke waren diesmal nicht am Fußflansch mit dem Kurbelgehäuse verschraubt, sondern mit langen Stehbolzen, die von den Lagerböcken der Hauptlager bis zu den Zylinderköpfen reichten. Oben waren diese Stehbolzen mit Sternmuttern verschraubt; eine zusätzliche Versteifung erreichte man durch die Sechskantmuttern auf einem kurzen Gewindestück an der Kurbelhaus-Oberseite, wodurch die Lagerböcke noch einmal gesichert wurden. Ansonsten war die Anordnung des Kurbeltriebs und die Konstruktion des Gehäuses identisch der des Grand-Prix-Motors. Die Lagerböcke waren aus Dural gefertigt und seitlich in der Kurbelgehäusewandung verschraubt. Lediglich die beiden, den Mittelabtrieb flankierenden Lagerböcke, die auch die Ölpumpen trugen, waren aus Stahl. Die vergrößerten Zylinderbüchsen hatte man in den Kurbelgehäusehals eingesteckt. Dazu wurden die vorhandenen Öffnungen per Hand ausgeweitet und auf eine ovale Form gebracht. Wie beim Grand-Prix-Motor mußten auch hier noch nachträglich Versteifungen am Kurbelgehäuse angebracht werden.

Am Sportwagen-Aggregat verwendete man eine andere Zündfolge und somit auch eine unterschiedliche Anordnung der Gegengewichte an der Kurbelwelle. Damit paßte man den Motor besser an die beabsichtigten Drehzahlbereiche sowie an die Ansprüche der Schwingungsdämpfung an. Die ersten acht Kurbelwellen wurden von Hirth geliefert, sie wiesen acht Gegengewichte auf und wogen zusammen mit Pleueln und Lagern 46 kg. Mit diesen Wellen war man jedoch nicht vollständig zufrieden. Für die Saison 1955 wurden deshalb neue Kurbelwellen mit nunmehr 16 Ausgleichsgewichten angefertigt; das Gewicht erhöhte sich dabei auf 52 kg. Die Pleuel waren in der gleichen Ausführung wie beim Grand-Prix-Motor gehalten, der Mittenabstand betrug 145 mm. Die Motorenkonstrukteure berichteten 1955: „Unsere bisherige Erfahrung hat gezeigt, daß das Reißen der Hubzapfen lediglich eine Sache der Kurbelwellen-Drehzahl und der entsprechenden Laufzeit ist." Die bereits von den Vorkriegs-Rennmotoren her bekannten Sprünge auf den Gleitflächen der Hubzapfen, die die Instandsetzungs-Intervalle erheblich einschränkten, ließen sich auch am 300 SLR nicht völlig aus der Welt schaffen. Zur Sicherheit begrenzte man deshalb bei sehr langen Rennen, wie etwa in Le Mans, die Drehzahlen auf 7000 U/min, wodurch sich eine Lebensdauer der Kurbelwelle von etwa 5000 Kilometer ohne Schäden erzielen ließ. Für gewöhnliche Sportwagenrennen, die zumeist über 1000 Kilometer führten, setzte man das Limit auf 7600 Touren. Dabei gestanden die Techniker der Welle eine Lebensdauer von 3500 Kilometer im harten Rennbetrieb zu, bevor sie ausgewechselt oder zur Verwendung in einem Versuchs- oder Reservewagen degradiert wurde. Nach jedem Rennen wurden alle Kurbelwellen zur Überholung und Überprüfung zu Hirth geschickt. Einige Motoren hatte man 1955 indessen auch einmal auf 8400 U/min gedreht, wobei es die Konstrukteure jedoch lieber gesehen hätten, wenn man sich auf 7800 U/min beschränkt hätte.

Das Schmiersystem des 300 SLR war bis auf Kleinigkeiten mit dem des Formel-1-Wagens identisch. Der Öltank war wie beim Stromlinienwagen links neben dem Motor untergebracht, er faßte 35 Liter und belieferte Motor und Getriebe. Das gefilterte Öl wurde mittels einer Verteilerpumpe an die zehn Hauptlager gefördert. Dieses Instrument wurde vom Ende einer der Ölpumpen-Antriebswelle mit 0,27facher Kurbelwellendrehzahl bewegt. Hier hatte man das Prinzip des M 06 aus den späten zwanziger Jahren wieder aufgegriffen, bei dem jedes Hauptlager mit der richtigen Menge Öl versorgt wurde. Es strömte unter einem relativ niedrigen Druck von 0,14 at dorthin. Falls es sich hier um eine offene Schmiergalerie gehandelt hätte, wäre die Gefahr entstanden, daß ein kurzzeitig verstopfter Durchgang blockiert geblieben wäre und das Öl an die anderen Schmierstellen weiterfloß, das eine Lager jedoch trockenlief. Die Verteilerpumpe gewährleistete die gleichmäßige Schmierung aller Hauptlager.

Der Sportwagenmotor, der intern die Bezeichnung M 196.I trug, wies auch die selben Ventilgrößen als beim Formel-1-Aggregat auf. Man hatte jedoch den Ventilsitzwinkel geändert, die Einlaßventile hingen jetzt in einem Winkel von 45,5 Grad zur Senkrechten, die Auslaßventile gar 51 Grad. Durch die vergrößerten Winkel wurde Raum für Ventilsitzringe geschaffen, und außerdem konnte man Änderungen an der Kanalgestaltung vornehmen. Die Ingenieure Gassmann und Lorscheidt hatten diesbezüglich bei ihren Versuchen mit dem Test-Einzylinder einige neue Erkenntnisse gewinnen können. Die Brennraumform, eine erneut tiefer gewordenen Halbkugel, erforderte eine Änderung des Kolbenbodens, dessen Dom nun an der Spitze abgeflacht wurde. Das damit erzielte Verdichtungsverhältnis bewegte sich zwischen 9,0 und 9,5:1. Der Strahlwinkel der Einspritzdüsen wurde geringfügig auf 15 Grad von der Horizontalen nach oben abgeändert. Der Zeitpunkt des Einspitzvorgangs wurde um fünf Kurbelwellen-Grade vorverlegt, die Düse wurde nun 29 Grad nach Erreichen des oberen Totpunkts in Aktion gesetzt. Um auch auf den Bergpässen bei der Mille Miglia oder der Carrera Panamericana eine einwandfreie Funktion der Einspritzpumpe sicherzustellen, versah man diese mit einem federbelasteten Spritzversteller zur Anpassung an die Höhenlagen und den dort herrschenden Luftverhältnissen. An den Formel-1-Wagen hatte man diese Vorrichtung nicht eingesetzt.

Der Steuerzeiten des M 196.I gerieten gegenüber jenen des M 196 etwas länger, um den größeren Hubraum bei unverändertem Ventilquerschnitt ausgleichen zu können. Der Ventilhub blieb erhalten, während die Einlaßperiode verlängert und die Auslaßzeit um ein Grad vorverlegt wurde. An der A-Nocke wurde für den Auslaß ein Spiel von 0,32 mm und am Einlaß von 0,20 mm eingestellt. Damit ergaben sich dann folgende Steuerzeiten:

Einlaß öffnet	22° vor OT	Auslaß öffnet	51° vor UT
Einlaß schließt	62° nach UT	Auslaß schließt	13° nach OT

Die ersten 300-SLR-Motoren, die 1954 zu Testzwecken fertiggestellt worden waren, wiesen noch die frühere Version der Z-Steuerung auf, beim ersten Einsatz bei der Mille Miglia jedoch hatte man sie schon mit den doppelten Exzentern zur Spiel-Einstellung an den D-Nocken ausgestattet. Als man den ersten SLR im September 1954 in Monza probefuhr, wies er noch die gekrümmten Saugrohre, genannt „Schwanenhals", des Formel-1-Wagens auf. Die Motorhaube konnte damit völlig flach gehalten werden, der Lufteinlaß befand sich hinter dem Kühlergrill. Mit dieser ersten Saugrohr-Ausführung mit einer Rohrlänge von 285 mm leistete der M 196.I 282 PS bei 7700 U/min. Für den Einsatz in der Saison 1955 ging man auf gerade Saugrohre mit einer Länge von 250 mm über, womit auch die Wölbung in der Haube und der separate Lufteinlaß an deren vorderem Ende notwendig wurde. Zusamen mit einigen Abstimmungsänderungen erzielte man nunmehr 302 PS bei 7500 U/min und ein maximales Drehmoment von 30,2 mkg bei 5950 Touren. Der Benzinverbrauch lag dabei jedoch geringfügig höher. In Le Mans, wo ein Drehzahllimit von 7000 U/min einzuhalten war, konnten die Wagen mit 276 PS aufwarten.

Mit einer entscheidenden gestalterischen Änderung hatte man dem Sportwagen-Aggregat zu einer wesentlich günstigeren Führung der Einlaßkanäle verholfen. Am Anfang der Desmodromik-Entwicklung hatten es Gassmann und Lorscheidt als wichtig angesehen, die Drehrichtung der Schließnockenwelle entgegengesetz der Kipphebellagerachse laufen zu lassen, denn dadurch ließ sich ein Aufstellmoment vermeiden. Die dabei auftretenden Kräfte hätten zu einem wesentlich stärkeren Verschleiß an Nocken und Kipphebeln geführt. Auf diese Weise war also die Anordnung der Kipphebelachse durch die Drehrichtung der Nockenwelle festgelegt und umgekehrt. Bei der Verwirklichung des Grand-Prix-Motors hatte man nun aber erkannt, daß man bei der Formung der Einlaßkanäle durch die Lage der Kipphebelachse zu einer ungünstigen Krümmung nahe am Ventilschaft gezwungen war. Um mehr Raum für eine sanftere Krümmung zu schaffen, wurden die Kipphebelachsen auf die andere Seite des Nockengehäuses verlegt. Demzufolge mußte auch die Drehrichtung der Nockenwellen geändert werden. Sie drehten sich nun in der gleichen Richtung wie die Kurbelwelle, nämlich entgegen dem Uhrzeigersinn. Dies wurde durch die Einordnung eines weiteren Zwischenrades in den Stirnradantrieb erreicht, das 28zähnige Rad konnte auch die am Sportwagen benötigte Lichtmaschine antreiben. Man wählte dazu einen 8 kg schweren Bosch-Generator aus und darüber hinaus einen elektrischen Anlasser vom gleichen Hersteller, der 6 kg auf die Waage brachte. Betätigt wurde dieser durch eine Drehung mit dem Zündschlüssel, was sich für den Le-Mans-Start als die schnellste Lösung erwiesen hatte.

Ein weiteres ungewohntes Ausstattungsdetail an diesem Rennmotor waren die beiden „Schalldämpfer". Die 65-mm-Rohre waren vor dem Austritt ins Freie mit 120 mm starken Töpfen versehen und dort mit 5 mm großen Löchern perforiert worden, damit die Auspuffgase in diese Töpfe einströmen konnten. Die einzelnen Krümmerrohre an den Zylindern hatten einen Durchmesser von jeweils 49,6 mm; die beiden inneren Rohre pro Zylinderblock waren zu einem Sammlerrohr zusammengefaßt und beiden äußeren Rohre von beiden Blöcken zu einem zweiten Sammlerrohr.

Die Größe der Kraftstoffbehälter war je nach den Anforderungen sowie den Reglements der einzelnen Rennen verschieden, sie reichte bis zum 265 Liter Reservoir bei der Mille Miglia. Die Qualitäten der zur Verwendung gelangenden einheimischen Benzinsorten unterlag ebenfalls starken Schwankungen, die sich auch in besonderem Maße auf die Motorabstimmung auswirkten. Bei den stark verbleiten Sorten, wie sie in Italien und bei der Tourist Trophy verabreicht wurden, empfahl sich im Höchstfall eine Verdichtung von 9,1:1.

Bei der Verwendung unterschiedlicher Kraftstoffsorten war allerdings kaum ein Unterschied in der Leistungsausbeute festzustellen, wenngleich man auch Normal-Benzin mit geringem Bleigehalt vorzog, denn damit wurden die Zündkerzen-Elektroden nicht so stark angegriffen. Mit den bleifreien Benzinsorten, die bei anderen Rennen zur Verfügung standen, konnte man gefahrlos hochoktanige Kraftstoffgemische herstellen, deshalb war hier auch gefahrlos eine Verdichtung von 9,3:1 anzuwenden. Beim Eifelrennen bestand das Kraftstoffgemisch aus 65 Prozent Benzin und 35 Prozent Benzol. In Schweden fügte man dem Benzinanteil 25 Prozent Alkohol bei. Das beste Gemisch, sowohl von der Leistungsausbeute als auch vom Verbrauchsbild aus, gab es in Le Mans; der „Ternaire" genannte Kraftstoff setzte sich aus 75 Prozent Benzin, 15 Prozent Methyl-Alkohol und 10 Prozent Benzol zusammen.

Das M 196.I-Aggregat wog einbaufertig 235 kg, es wurde im Chassis in einem Winkel von 33 Grad liegend eingebaut und war damit noch um 4 Grad mehr als beim Formelwagen geneigt. Gehalten wurde der Motor vorn an zwei Stellen und hinten von einem doppelwandigen Schottblech aus Aluminium, das sich zwischen Kurbelhaus und Kupplungsglocke befand und zur Verstärkung und Abstützung von Zylinderkopf und Nockengehäusen noch weiter nach rechts geführt war.

Zwischen der Kurbelwelle und der um 0,5 mm auf 20,5 mm verstärkten Kupplungswelle betrug die Übersetzung am Mittelabtrieb 1,061:1. Die Mittellinie an der Kraftübertragung war von der Kupplung aus um 205 mm nach links im Chassis versetzt. Die Kardanwelle verlief schräg unter dem Fahrersitz nach hinten zur 120 mm nach links versetzten Getriebe-Eingangswelle. Die Radsätze im Getriebe sowie die Zwischen- und Endübersetzungen waren mit jenen im W 196-Formel-1-Wagen identisch.

Die Radaufhängungen sowie die Bremsanlage wurden vom Formelwagen mit langem Radstand ebenfalls nahezu unverändert übernommen. Die Abmessungen kamen diesem auch sehr nahe, der Radstand belief sich auf 2370 mm, die Spurbreiten betrugen 1330 mm vorn und 1380 mm hinten. Auch Felgen und Reifengrößen waren gleich. Nur der Rahmen war ganz anders. Ludwig Kraus und sein Team hatten sich bei den Entwürfen mit dem Regelwerk des Anhangs J im FIA-Sportgesetz herumschlagen müssen, das heißt mit den exakt vorgeschriebenen Maßen von Türen, Sitzen und dem gesamten Innenraum. Sie entschlossen sich zu einem ähnlichen Rahmen wie beim 300 SL, gefertigt aus 25-mm-Rohren mit einer Wandstärke von 1 mm. Er wies die gleichen Querstreben über den Aufhängungspunkten auf und auch das enge Fachwerk an den Seitenteilen unterhalb der Türausschnitte. Im Gewicht lag dieser Rahmen zwischen der Renn- und der Serienversion des 300 SL, er wog 60 kg.

Die Chassisgeometrie wurde bezüglich Bodenfreiheit und Sturz der Räder neu berechnet, dies geschah unter Beachtung der zu erwartenden schlechten Fahrbahnverhältnisse bei den Einsätzen des 300 SLR. Am tiefsten Punkt des Wagens, der Motorölwanne, hatte man den Abstand zum Boden von 110 auf 175 mm vergrößert. Der Drehpunkt an der Hinterachsaufhängung rückte auf 200 mm nach oben, und der Sturz an den Hinterrädern wurde damit ebenfalls geändert. Im Stand wiesen sie einen negativen Sturz von 2 Grad auf, das änderte sich beim vollen Einfedern über 70 mm auf 8 Grad, die Spur wurde also breiter. Bei einem Ausfederweg von 62 mm wurden die Räder nach innen gewinkelt, der Sturz wurde positiv und betrug 3 Grad. Mit drei unterschiedlichen Längen für die hinteren Drehstabfedern ließ sich die Hinteraachsaufhängung den Streckenanforderungen sowie verschiedenen Größen der Kraftstofftanks anpassen.

Das einsatzbereite Fahrgestell sah komplett mit allen Aggregaten hervorragend aus. Es stellte in der Tat eine sehr komplexe Maschinerie dar, so daß man den 300 SLR am liebsten gar nicht mit einer Karosserie versehen hätte...Doch es ging natürlich nicht ohne, und so machten sich Karl Wilfert und seine Karosseriebauer in Sindelfingen wieder einmal an die Arbeit. Das Ergebnis war eine perfekte Weiterführung der vom 300 SL her bekannten Linie. Das Heck war mit dem des Roadsters nahezu identisch, man hatte dort einen Handgriff in der Form des deutschen Nationalitätskennzeichens „D" angebracht, mit dem sich die Klappe zum Stauraum öffnen ließ. Dort waren zwei Reserveräder untergebracht. Von der Seite sah der SLR etwas stämmiger aus als sein Vorgänger, er wirkte breiter und hatte auch größere Lüftungsausschnitte. Im rechten Kotflügel war ein abnehmbares Blech eingebaut, das einen leichten Zugang zu den Zündkerzen erlaubte; dies war auch an vollverkleideten Formel-1-Wagen zu finden. Bei den Meisterschaftsläufen ließ man diese Klappen schließlich in den Boxen zurück, da man den Luftstrom direkt auf die Auspuffanlage richten wollte.

An der Wagenfront sah der 300 SLR entschieden eleganter als die Serienwagen aus. Sowohl die Kühleröffnung als auch die Kotflügel-Vorderkanten waren mit fließenden Linien abgerundet. Die Zierstrebe mit dem Mercedes-Stern war indessen nur am Prototyp von 1954 und an einem Mille Miglia-Trainingsfahrzeug zu finden; an den Einsatzwagen war sie nie verwendet worden.

Der schönste 300 SLR, der die Tore des Werks in Untertürkheim verließ, war jener erste Wagen, der im September 1954 gemeinsam mit den Grand-Prix-Wagen in Monza getestet wurden. Im gleichen Jahr hätten die Wagen bereits in Le Mans laufen sollen, die Nennungen waren abgegeben und die Mannschaften nominiert. In letzter Minute entschied sich Daimler-Benz jedoch anders. Es war einfach nicht genügend Zeit und Kapazität vorhanden, sowohl die Formel-1-Boliden als auch die Sportwagen bis zum Sommer fertigzustellen. Auf die beiden ersten Meisterschaftsläufe zur Sportwagenwertung in der Saison 1955 in Buenos Aires und Sebring hatte man ebenfalls verzichtet, denn man wollte alle Kräfte auf die Mille Miglia und Le Mans konzentrieren.

1954 durchlief der erste 300 SLR in Monza auch eine Serie von Aerodynamik-Untersuchungen. Dabei wurde ein c_w-Wert (Luftwiderstands-Beiwert) von 0,41 ermittelt. In seiner damaligen Ausführung mit einer kleinen Windschutzscheibe vor dem Lenkrad umfaßte die Stirnfläche 1,28m^2, wodurch sich für den Luftwiderstand ein Gesamtfaktor von 0,52 ergab. Damit lag der 300 SLR sogar noch günstiger als die Stromlinien-W 196. Bis zu seiner endgültigen Einsatzversion kamen jedoch noch Wölbungen und andere Strömungshindernisse an der Karosserie dazu, worunter die Aerodynamik natürlich litt.

Der erste W 196-S brachte 1954 komplett mit den beiden Reserverädern ein Trockengewicht von 860 kg auf die Waage. Als „Kampfgewicht" wurden bei der Mille Miglia mit zwei Insassen und mittleren Füllmengen in den Tanks 1145 kg angegeben. Bei den Meisterschaftsläufen in der Saison 1955 waren die Wagen mit durchschnittlich 880 kg Trockengewicht nur unwesentlich schwerer als der Prototyp. Mit zwei Mann an Bord und 167 Liter Kraftstoff im Tank lastete das Gesamtgewicht zu 41,5 Prozent auf den Vorderrädern und zu 58,5 Prozent auf den Hinterrädern.

Jaguar hatte 1953 mit einem eindrucksvollen Erfolg in Le Mans erstmals die Scheibenbremsen in den Blickpunkt des Interesses im motorsportlichen Geschehen gerückt. Gerade für diese Strecke hatten sich diese Bremsen als sehr vorteilhaft erwiesen. Daimler-Benz hatte zwar 1955 in Le Mans noch keine Scheibenbremsen eingesetzt, konnte jedoch statt dessen mit zwei anderen Lösungsvorschlägen zur Brems-Problematik aufwarten. Man verdutzte damit die konservativ denkenden Beteiligten genauso wie mit den Flügeltüren drei Jahre zuvor. Die eine Vorrichtung deutete sich bereits bei einem Blick ins Cockpit der Wagen an. Dort waren unterhalb eines Flüssigkeitsbehälters vier Druckknöpfe angeordnet, die mit aufgemalten Pfeilen in jeweils eine der vier Ecken des Wagens zeigten. Damit ließen sich blockierende Bremsen „öffnen". Wenn eine Bremse plötzlich blockierte – eine gar nicht so selten auftretende Erscheinung –, drückte man den entsprechenden Knopf und es wurde eine kleine Dosis Öl auf die Bremsfläche gesprüht. Damit ließ sich die Bremse recht wirksam lösen.

Alle 300 SLR waren in der Saison mit dem hydraulischen Bremskraftverstärker von Ate ausgestattet, der es Moss bei der Mille Miglia auch nach der

Oben: Die Einlaßnockenwelle des vorderen Vierzylinder-Teilblockes in der verbesserten Ausführung mit enger zusammengerückten Nocken.

Oben: Das einteilige Pleuel mit dem Lagerkäfig des doppelreihigen Rollenlagers.

Oben: Der Zylinderblock in traditioneller Mercedes-Bauweise mit verschweißtem Zylinderkopf. Erstmals wurde diese Einheit am 300 SLR in Aluminiumguß ausgeführt.

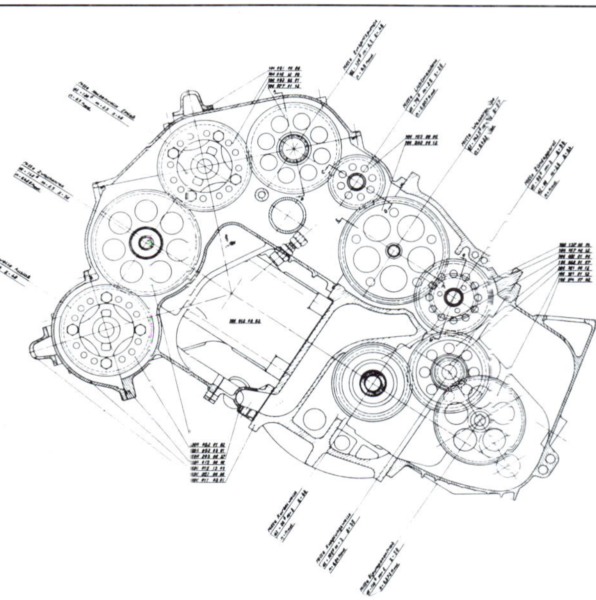

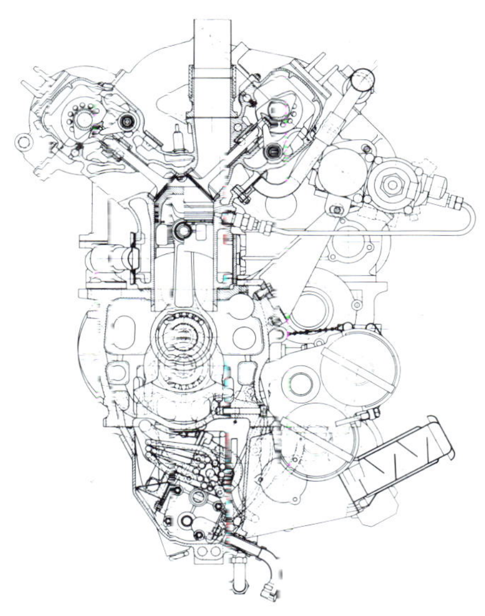

Zeichnung rechts oben: Der Zahnradtrieb zu den Nockenwellen sowie zu den Nebenaggregaten umfaßte 10 Stirnräder.

Oben: Schnittzeichnung des M 196.I. Es handelt sich hier um die Stirnseite, denn der Steuertrieb findet sich genau wie der Abtrieb in der Mitte zwischen den beiden Vierzylinder-Teilblöcken. Eines der kompliziertesten und zugleich wichtigsten Gebilde an diesem aufwendigen Motor ist die Ölpumpe unter der Kurbelwelle.

Oben: Die komplizierte Kurbelwelle des Achtzylinders. Sie ist nach dem Hirth-Prinzip teilbar und trägt 16 Gegengewichte. Die verzahnten Trennflächen befinden sich jeweils in der Mitte der Lager- und Hubzapfen. In der Mitte der Welle ist das Abtriebs-Zahnrad zu sehen.

Unten: Das Leistungsdiagramm zeigt einen Vergleich zwischen den verschiedenen Entwicklungsstufen bei den Saugrohren der Einspritzanlage.

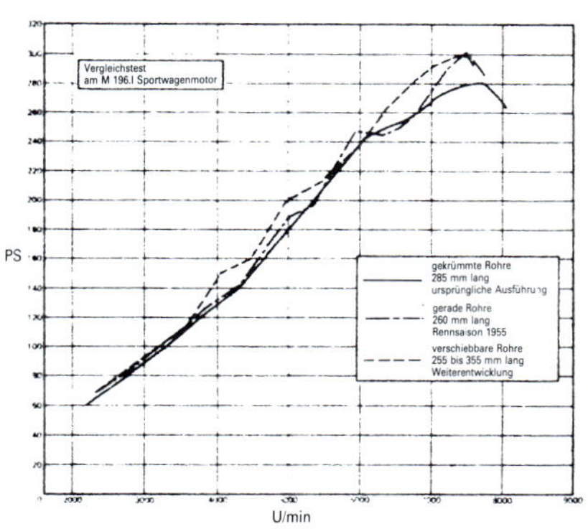

vollkommenen Abnutzung der Beläge noch gestattete, sicher zu bremsen. Mit einer weiteren Hydraulikpumpe am Getriebeausgang wurde indessen die zweite in Le Mans präsentierte Neuerung gesteuert: die Luftbremse. Sie funktionierte diesmal ganz anders als jene Dachklappe, die 1952 im Training kurz in Erscheinung getreten war. Trotz der hohen Belastung, der sie ausgesetzt war, arbeitete sie absolut störungsfrei. Knapp hinter den Sitzen verlief die Bremsklappe praktisch als zweite Karosseriehaut über die gesamte Fahrzeugbreite. Im Ruhezustand verhinderte eine abgerundete vordere Kante, daß die Luft darunterfuhr und die Klappe unabsichtlich aufgestellt wurde. Sie war ähnlich einer Flugzeugtragfläche mit Spanten und Verstrebungen versehen und mit einer Leichtmetallhaut überzogen. An der Hinterkante war die Klappe an der Rahmenstruktur des Wagens befestigt. Zuerst hatte man nur ein einziges Plexiglas-Fenster für den Blick nach hinten eingebaut, doch bei der technischen Abnahme wurde ein zweites verlangt. Aus dem Heckblech ragten zwei Steuerstangen auf die Klappe, von denen die linke mit einem Stoßdämpfer gekoppelt war, der den vehementen Ruck beim Aufstellen etwas bremsen sollte. Die rechte Stange war mit der Antriebshydraulik verbunden. Dazu wurde das normale Motoröl aus dem vorhandenen Kreislauf verwendet und durch eine spezielle Pumpe an der Rückseite des Getriebes auf einen Druck von 15,5 atü gebracht. Von der Pumpe aus wurde das Öl zum Steuerventil am Armaturenbrett geleitet, das mit einem Umleghebel betätigt wurde und den Druck auf den Hydraulikzylinder abgab. Wenn die

Oben: Der 300 SLR in Le Mans-Ausführung. 1955 wandte man neuerlich eine Luft-Bremse an, die inzwischen jedoch erheblich verbessert worden war und auch im Rennen eingesetzt wurde.

Rechts: Eines der aufregendsten Autos, die jemals bei Daimler-Benz gebaut wurden – das 300 SLR-Coupé.

Bremsklappe flachlag, wurde der Druck am Kolben aufrechterhalten, damit sie in Position gehalten werden konnte. Beim Umlegen des Betätigungshebels bewegte sich der Kolben und ließ die Klappe aufspringen. Wenn der Wagen abgebremst worden war und die Kurve durchfahren hatte, wurde der Kolben entweder durch Zurückstellen des Hebels oder durch eine Koppelung an der Schaltkulisse – je nach Ausführung des Wagens – in die Ausgangsstellung zurückgebracht und die Klappe damit in die Ruhelage nach unten gezogen.
Das Luftleitblech, das auf der Oberfläche mit einer Kopfstütze für den Fahrer versehen war, hatte eine Fläche von 0,7 m². Die Fahrer empfanden die Zusatzbremse als sehr wirkungsvoll, sie lieferte aus einer Geschwindigkeit von 280 km/h eine Bremsverzögerung von 3,0 m/sec, was sich bei 240 km/h auf 2,6 m/sec verringerte. John Fitch hatte das System als erster in Hockenheim getestet, wo eine Woche vor dem Rennen mit dem einzigen vollständigen Trainings-SLR eine 24stündige „Hauptprobe“ stattfinden sollte. Der Test mußte indessen abgebrochen werden, als ein Werks-Testfahrer den Wagen „verschrottete“. Fitch hatte jedoch bereits eine wichtige Tatsache feststellen können: „Ein unerwarteter Vorzug der neuen Vorrichtung war die zusätzliche Stabilität, die sie dem Wagen in schnellen Kurven verlieh.“ Fitch schloß daraus: „Da das Zentrum der Luftverwirbelung hinter dem Fahrzeugschwerpunkt liegt, wird das Heck des Mercedes in den Kurven entgegen seiner normalen Tendenz zum Drift auf dem richtigen Kurs gehalten. Er scheint dabei von einem unsichtbaren, aber exakt geführten Seil gesteuert zu werden.

Oben: Das SLR-Coupé setzte Daimler-Benz nicht bei Rennen ein, vielmehr wurde es eine Zeitlang von Rudolf Uhlenhaut als superschneller Reisewagen benutzt. Der Wagen erreichte eine Spitzengeschwindigkeit von 272 km/h.

Links: Blick in den Innenraum des Coupés. Wie bei den Rennwagen saß auch hier der Fahrer mit gespreizten Beinen über dem Kardantunnel.

Obwohl einen der Luftstrom bei aufgestellter Klappe gehörig durchschüttelte, war das erzielte Ergebnis äußerst zufriedenstellend." Wie schon die Konstrukteure dieser Luftbremse vor ihm, war auch Fitch sich darüber im Klaren, daß diese Vorrichtung besonders auf nasser Fahrbahn von Vorteil sein würde, denn die Wirkung wurde dadurch nicht beeinflußt.
Rudolf Uhlenhaut ging noch tiefer auf die Vorzüge der „Wind-Bremse" ein. Der Engländer Rob Walker gab dessen Erklärungen wieder: „Er erwähnte die Streckenführung beim schwedischen Grand Prix. Dort gibt es eine Kurve, in die man mit relativ hoher Geschwindigkeit hineinfahren kann, die aber dann plötzlich enger wird. Wenn man hier nun in der Kurvenmitte hart bremst, gerät der Wagen nur allzu leicht außer Kontrolle. Benutzt man aber dazu die Wind-Bremse, läßt sich die Bodenhaftung durch das niedergedrückte Wagenheck eher noch verbessern, anstatt sie zu verschlechtern. Sie hatte in der Tat einen positiven Einfluß auf die Kurvenlage des Wagens."
Nach dem Einsatzplan der Stuttgarter war der Große Preis von Schweden in Kristianstad das nächste Rennen nach Le Mans. Es war zugleich die einzige Gelegenheit, bei der die Luftbremse noch einmal verwendet wurde. Hier erschien auch zum erstenmal ein anderer 300 SLR, der noch nicht richtig getestet worden war und dann auch nicht im Rennen eingesetzt wurde. Er war mit Moss' Worten „Uhlenhauts private Limousine, sein Spielzeug." Es handelte sich um eine sehr gut angepaßte Flügeltürer-Karosserie auf dem Fahrgestell des W 196-S. Während der Saison 1955 hatte man zwei solcher Fahrzeuge gebaut, sie wurden jedoch nie zu einem Renneinsatz herangezogen. Eines diente als Trainingsfahrzeug bei der Targa Florio, wo es sogar in dieser Nebenrolle nicht ohne die üblichen Beschädigungen bleiben sollte.
Auf einem der ersten Entwürfe für den W 196-S war der Wagen bereits schon einmal als Coupé zu sehen gewesen. Das war im März 1954, und ein geschlossener Wagen wäre für das damalige Le Mans-Rennen sehr gut geeignet gewesen. Der ein Jahr danach zusammengebaute Wagen wirkte sehr elegant, man hatte ihn wieder mit einem Mercedes-Stern im Kühlergrill und mit Chrom-Zierleisten an den seitlichen Lüftungsöffnungen versehen. Der Dachaufsatz war gegenüber dem 300 SL verkleinert worden, er wies keine hinteren Seitenfenster auf und hatte eine flachere Heckscheibe. Das Armaturenbrett glich dem des ersten Prototypen für den Serien-SL, auch die Zusatzinstrumente waren hier in einem Oval in der Mitte zusammengefaßt. Selbstverständlich saß man in diesen Coupés so wie in allen W 196, nämlich mit über den Kardantunnel gespreizten Beinen.
Dieser „Traumwagen" wurde von Rudolf Uhlenhaut als schneller Reisewagen durch ganz Europa gesteuert. Er war das moderne Gegenstück zum früheren 180-PS-Mercedes in der Straßenausführung, zum 200-PS-Benz-Sportwagen oder zum Mercedes SSK. Doch all diese Wagen hatte man einst käuflich erwerben können, vom 300 SLR-Coupé ist dagegen kein einziges Exemplar verkauft worden. Im Jahre 1956 stellte man einen der beiden Wagen der schweizerischen *Automobil Revue* für einen ausführlichen Test zur

Der Gewinn der Sportwagen-Weltmeisterschaft schien für Mercedes vor der Targa-Florio nicht sehr aussichtsreich. Man hätte auf jeden Fall einen Sieg benötigt, und Ferrari durfte sich dabei nicht besser als auf Rang Drei plazieren. Alfred Neubauers Generalstabsplan ging auf und der 300 SLR überstand den schonungslosen Einsatz von Stirling Moss und Peter Collins, die den lädierten Mercedes als erste ins Ziel brachten.

Bei allen Boxenstops mußte neben Reifenwechsel und Service-Arbeiten stets auch die Karosserie ausgebeult werden, denn Moss fuhr auf Biegen und Brechen, wobei er der sizilianischen Landschaft mehrmals etwas zu nahe trat... (Foto rechts).

Verfügung, gefahren haben ihn dabei Robert Braunschweig und Gordon Wilkins.

In jenem Testbericht fanden die bemerkenswerten Eigenschaften in bezug auf die Straßenlage, das Fahrverhalten und die Bremsanlage, die den 300 SLR im Wettbewerbseinsatz so erfolgreich gemacht hatten, ausdrückliche Bestätigung. Das Trockengewicht des Coupés belief sich auf 988 kg, wobei die Hinterräder mit 52 Prozent belastet waren. Mit allen Betriebsmitteln, darunter 142 Liter Benzin, erhöhte sich der Lastanteil auf 56 Prozent und das Fahrzeuggewicht auf 1115 kg. Mit einer Gesamtübersetzung, die eine Höchstgeschwindigkeit von 272 km/h zuließ, beschleunigte der Wagen von 0 auf 100 km/h in 6,8 Sekunden, in 13,6 Sekunden auf 150 km/h und in 20,3 Sekunden auf 200 km/h. Jeder, der einmal die Gelegenheit hatte, das 300 SLR-Coupé zu fahren, war nicht nur von der Leistungsfähigkeit nachhaltig beeindruckt, sondern auch von der Geräuschkulisse. Gordon Wilkins schrieb darüber: „Mit einem kurzen Druck auf den Starterknopf setzt sich der Motor in Bewegung. Er gibt einen ohrenbetäubenden Lärm von sich, welcher sich aus dem Geklapper der Ventile und der Einspritzpumpe sowie aus dem Singen der Zahnräder zusammensetzt. Durch den geschlossenen Aufbau verstärkt sich dies alles zu einem Schlagen und Dröhnen. Die Verwendung von Ohr-Pfropfen ist unumgänglich, sie reduzieren den Lärm, verhindern aber zugleich jede Unterhaltung. Man hatte für den Straßentest einen extra großen Schalldämpfer an der Auspuffseite montiert, der das Geräusch zumindest für die Passanten (und natürlich auch für die Polizei) zu einem annähernd legalen Grollen vermindern sollte.“

Während die 300 SLR im Sommer 1955 ein Rennen nach dem anderen gewannen, war man in Untertürkheim mit neuen Versuchen beschäftigt. In dem Vorstandsbeschluß vom 16. Juni, der die Einstellung der Formel-1-Aktivitäten vorsah, war zugleich die Rede von einer Weiterführung der Sportwagen-Einsätze. Man dachte dabei an sieben bis neun Rennen in der Saison 1956. Da es sich die Rennabteilung seit langem zur Aufgabe gemacht hatte, die Entwicklung niemals freiwillig zu unterbrechen, konnte man zu diesem Zeitpunkt bereits mit wichtigen Fortschritten im Hinblick auf einen verbesserten Wagen für die nächste Saison aufwarten.

Im Versuch waren einige Modifikationen an den Motoren schon erfolgreich gelaufen. Darunter befand sich auch die letzte Verbesserung zu einer perfekt arbeitenden desmodromischen Ventilsteuerung. Alle 1955 eingesetzten M 196.I-Motoren waren mit den einteiligen Schließkipphebeln mit Exzenterverstellung ausgerüstet. Beim Übergang zu diesen Kipphebeln hatte man die wegen der Unterbringung der Schließfeder und des Koppelungsmechanismus weit auseinander angeordneten A- und D-Nocken nicht näher zusammengerückt. Bei den beiden letzten fertiggestellten Dreiliter-Aggregaten hatte man nun die Gußformen der Zylinderblöcke an den Nockengehäusen dahingehend abgeändert, daß die Nocken so eng wie möglich nebeneinander angeordnet werden konnten. Die Kontaktfläche an den Kipphebeln wurde von 12

auf 14 mm verbreitert, das Gewicht konnte gleichzeitig von 210 auf 180 Gramm gesenkt werden. Die D-Nocken waren nun ebenfalls breiter geworden, man hatte sie zusätzlich mit zwei kleinen Öl-Bohrungen an den Kanten der Überhöhung versehen, wo die geringste Belastung auftrat. Eine leichte Änderung an der Nockenform gestattete die Spieleinstellung an diesen beiden Kanten, wobei zugleich gewährleistet war, daß dieses über den ganzen Weg hinweg erhalten blieb. Bisher hatte man etwaige Unregelmäßigkeiten per Hand abgeschliffen.

Auch an den neuen Kipphebeln fand sich an der Kontaktfläche eine Schmierdüse. Das Öl für die A-Nocken und die hartverchromten Stößel kam aus einer anderen Düse, die von der Hauptförderleitung entlang der Gehäusewandung versorgt wurde. Das Öl wurde mit dem verhältnismäßig geringen Druck von 0,3 at zu den 1,3 mm großen Schmierdüsen befördert. Diese neue Anordnung schuf zwischen den einzelnen Nockenpaaren etwas mehr Platz für die Sicherungsbleche und die Fixierschrauben der Einstell-Exzenter. Äußerlich war der geänderte Zylinderkopf an der anderen Verschraubung der Nockenwellendeckel zu erkennen, wo man nur noch eng nebeneinander stehende Schrauben um den Rand angeordnet hatte.

Einige einschneidende Änderungen hatte man auch am Kurbeltrieb vorgenommen. Dazu hieß es in einem Bericht der Rennabteilung: „Aus Gründen einer geringeren Reparaturanfälligkeit mußte der Drehzahlbereich bei den bisher verwendeten Hirth-Kurbelwellen begrenzt werden. Besonders bei den Sportwagen (siehe Le Mans) bedeutete dies einen Verzicht auf einen Teil der Leistung. Es ist deshalb vorgesehen, eine gleitgelagerte Kurbelwelle einzuführen.“ Man fertigte zwei verschiedene Versuchskurbelwellen an, wobei man jeweils die normale Zündfolge des M 196.I beibehielt. Die Pleuellager waren an beiden Wellen als Gleitlager ausgeführt. Die erste Versuchswelle lief auf Rollenlagern, doch das mittlere Hauptlager an beiden Vierzylinder-Einheiten stattete man mit einem Gleitlager aus. Von dort aus sollte auch das nötige Schmieröl mit höherem Druck zu den Pleuellagern befördert werden. Dies gelang jedoch nicht vollständig, weshalb man eine zweite Versuchskurbelwelle anfertigte. An dieser waren nun pro Vierzylinderblock jeweils die äußeren Lagerzapfen gleitgelagert und alle anderen rollengelagert. An den vier Gleitlagerstellen wurde die Hirth-Verzahnung beibehalten.

Die Versuche damit wurden Ende 1955 aufgenommen. Heinz Lamm hatte auf einem seiner Motorprüfstände eine richtungsweisende Methode zur Leistungssteigerung von nicht aufgeladenen Rennmotoren entwickelt. Schon im ersten Stadium ließen sich damit vielversprechende Resultate erzielen. Er war gerade einmal wieder mit den laufenden Änderungen an der Gestalt und der Länge der Saugrohre beschäftigt. Man versuchte dadurch stets, die Leistungscharakteristik des Motors zu verändern. Dabei kam ihm nun folgender Gedanke: „Wir könnten eigentlich einen Saugrohrkrümmer entwickeln, bei dem sich die Länge der Saugrohre automatisch an die Erfordernisse anpassen läßt.“ Und genau das wurde auch gemacht.

Am Anfang fertigte man den Krümmer in zwei Teilen aus Magnesiumguß, es handelte sich dabei im Wesentlichen um einen einzigen großen Luftkasten. Die Veränderung der Rohrlängen vollzog sich innerhalb dieses Gehäuses. Die einzelnen Saugrohre waren mit Teleskop-Hüllen versehen, die ausgefahren oder zusammengeschoben werden konnten. Die Steuerung geschah mittels eines Hebels von der längs außen am Gehäuse verlaufenden Einstellwelle. Die Länge ließ sich insgesamt um 110 mm variieren; da die Normallänge der Saugrohre 255 mm betrug, ergab sich dadurch ein Maximum von 365 mm.

Die kurzen Rohre brachten eine bessere Spitzenleistung, die langen ein günstigeres Drehmoment. Diese ungewöhnliche Apparatur wurde bei den ersten Versuchen noch mit der Hand betätigt. An den absoluten Werten für Leistung und Drehmoment änderte sich bei dem verwendeten 1955er Aggregat zwar nichts, jedoch standen Höchstleistung und maximales Drehmoment über einen wesentlich weiteren Drehzahlbereich zur Verfügung. Das Drehmoment wurde an praktisch jedem Punkt der Leistungskurve verbessert. Die bisher immer zwischen 6000 und 7000 U/min aufgetretene Leistungslücke, die genau in den wichtigsten Bereich fiel, ließ sich sehr effektiv auffüllen; an dieser Stelle wurde ein Zuwachs von nahezu 20 PS registriert. Man mußte jetzt nur noch eine exakte Regelvorrichtung entwickeln, beispielsweise einen auf die Motordrehzahl abgestimmten Steuernocken.

Die Fahrgestell-Spezialisten hatten sich ebenfalls schon in größerem Umfang mit neuen Vorausplanungen befaßt. Dabei ging es wie bei den Grand-Prix-Wagen hauptsächlich um Gewichtssparmaßnahmen. Nach einem 50stündigen Prüfstandslauf auf der Vibrations-Testvorrichtung und 2000 Kilometern bei rennmäßigen Geschwindigkeiten in einem Testwagen wurde eine neue Lichtmaschine genehmigt. Damit ließen sich 3,3 kg einsparen. Weit umfangreichere Maßnahmen hatte man für das Chassis selbst vorgesehen. Ludwig Kraus leitete den Bau eines 300 SLR mit außenliegenden Bremstrommeln ein. Diese bei den Formel-1-Wagen in Monaco bewährte Anordnung sollte in einem neuen Rahmen mit wesentlich leichterem Vorderteil Platz finden. Dadurch ließ sich nicht nur eine Ersparnis am Gesamtgewicht erzielen, sondern darüber hinaus auch eine weitere Verschiebung der Gewichtsverteilung auf die Hinterachse. Äußerlich sah dieser 300 SLR genau wie die bisherigen Wagen aus, nur die Wölbung auf der Motorhaube mußte man vergrößern, um die neue Saugrohr-Anlage unterbringen zu können.

An den Wagen, die die innenliegenden Bremsen beibehielten, wollte man die neuen, verbesserten Trommeln der anderen Bremsanlage verwenden. Mit der Anordnung der Bremsen hing auch die Wahl des zu verwendenden Kühlers zusammen. Ursprünglich wies der Wasserkühler am 300 SLR eine Kühlfläche von 0,25 m^2 auf, zusammen mit dem angebauten Ölkühler wog er 18 kg. Die ersten Probefahrten mit dem neuen Versuchs-300 SLR führte man zwar noch mit diesem Kühler durch, doch die Verwendung einer kleineren Ausführung hatte man bereits vorbereitet. Dieser brachte nurmehr 13,5 kg auf die Waage und hatte eine um 15 Prozent verringerte Wasser-Kühlfläche. Der Ölkühler war um 13 Prozent verkleinert worden. Man war der Meinung, daß diese kleineren Kühler völlig ausreichend sein würden, da der Kühlluftstrom und die Hitzeabfuhr nun nicht mehr durch die dahinter angebrachten Bremstrommeln behindert wurden.

Während diese Entwicklungsprogramme im Hintergrund voll angelaufen waren, erfuhren die Einsatzplanungen für die auslaufende Saison 1955 eine drastische Änderung. Nach dem Rennen in Le Mans lag Mercedes in der Wertung zur Sportwagen-Weltmeisterschaft mit nur acht Punkten weit hinter Jaguar (16) und Ferrari (18 Punkte) zurück. Da nur noch zwei Meisterschaftsläufe ausstanden, erschien der Gedanke an ein Aufholen reichlich vermessen. Das Ergebnis der Tourist Trophy hatte jedoch bei Alfred Neubauer neue Hoffnungen geweckt. Mit dem dortigen Dreifachsieg hatte Daimler die Gegner von den hohen Punkträngen fernhalten können und nun selbst 16 Punkte auf dem Konto, Ferrari führte die Tabelle jetzt nur noch mit drei Punkten Vorsprung an.

Neubauer hatte alle Möglichkeiten kalkuliert und war zu der Erkenntnis gelangt, daß man zum Gewinn der Meisterschaft unbedingt einen Sieg bei der Targa Florio brauchen würde. Außerdem durfte bei diesem Rennen kein Ferrari auf dem zweiten Platz landen, denn dies würde einen Gleichstand in der Weltmeisterschaft bedeuten. Der Griff nach dem Sieg bei der Targa Florio kam für Mercedes einem sehr unsicheren Glückspiel gleich, denn alle Vorzeichen sprachen gegen einen derartigen Erfolg. Gerade dieses Rennen wurde von jeher von italienischen Wagen und Fahrern beherrscht. Doch auch in Untertürkheim konnte man auf eine ansehnliche Targa-Florio-Tradition zurückblicken. Neubauer selbst konnte sich noch gut an die Erfolge der Jahre 1922 und 1924 erinnern, bei denen ein wesentlich schlankerer „Don Alfredo“ als Fahrer, noch nicht als Teamchef beteiligt gewesen war.

Als er von Irland zurückkam, machte sich Neubauer gleich auf den Weg nach Frankfurt, wo viele wichtige Persönlichkeiten aus der Firmenleitung sich zur

Eröffnung der IAA eingefunden hatten. Dort erfuhr er, daß sich der Vorstand am Morgen entschieden hatte, die Targa „sausen“ zu lassen und statt dessen ein Sportwagenrennen in Venezuela, einem sehr wichtigen Daimler-Benz-Exportmarkt, zu bestreiten. Neubauer nahm sich daraufhin Uhlenhaut als Verbündeten mit zu Nallinger und versuchte ihn umzustimmen. Er drängte mit Nachdruck darauf, die Wagen in Sizilien an den Start gehen zu lassen und sprach dabei von einem möglichen Sieg. Er konnte schließlich Nallingers Zustimmung erreichen und damit auch die feste Zusage des Vorstandsvorsitzenden Fritz Könecke.
Dem Angriff auf die Targa Florio stand nichts mehr im Wege, doch man hatte nurmehr drei Wochen Zeit. Neubauer glich die knappe Zeit durch einen geradezu überwältigenden Eifer und persönlichen Einsatz aus. Eine Flut von Telegrammen rief die Fahrermannschaft aus allen Winkeln der Erde zusammen. Das Team traf schließlich mit acht Rennwagen, 15 Personenwagen, acht schweren Lastwagen und 45 Mechanikern in Palermo ein. Einige Leute stammten aus dem Karosseriebau, und sie hatten Tag und Nacht alle Hände voll zu tun, um die Trainingsschäden auszubessern, die bei den häufig

Oben: Die Targa-Fahrer waren von Neubauer drei Wochen vor dem Rennen aus der ganzen Welt herbeigerufen worden: John Fitch, Desmond Titterington, Peter Collins, Stirling Moss, Juan Manuel Fangio und Karl Kling.

Rechts: Fangio bei der Targa Florio, er hatte das Rennen lange Zeit angeführt, mußte aber dann den entfesselt fahrenden jungen Engländern Vortritt lassen. Die Sieger hießen Moss/Collins.

gewaltsamen Begegnungen der teuren Fahrzeuge mit der sizilianischen Landschaft entstanden waren.
Einige der Spezialvorrichtungen für die Targa-Wagen, wie etwa gepanzerte Abdeckklappen über den Scheinwerfern, wurden hier nur für zukünftige Einsätze ausprobiert, denn bei diesem Rennen hatte man andere Sorgen. Am 28. September teilte Nallinger in einer Mitteilung an Neubauer mit, daß es beabsichtigt sei, die Sportwagen 1956 in etwa acht bis zehn Rennen an den Start gehen zu lassen. Neubauer sollte nach seiner Rückkehr aus Sizilien eine Liste der in Frage kommenden Veranstaltungen zusammenstellen. Doch dieser diktierte bereits am 9. Oktober, eine Woche vor dem Rennen, von seiner Kommando-Zentrale, einer Villa bei Palermo, eine Aufstellung nach Untertürkheim.
Trotz aller Zusagen und des nachfolgenden Bilderbuch-Sieges bei der Targa Florio und damit auch in der Sportwagen-Weltmeisterschaft, entstanden bereits auf der Heimreise nach Stuttgart die ersten Gerüchte unter den Mechanikern über die Zukunft des Sportprogramms. Sie wurden am 22. Oktober auch bestätigt, als anläßlich der traditionellen Pressekonferenz zum Saisonabschluß bekanntgegeben wurde, daß sich die Daimler-Benz AG mit sofortiger Wirkung vom Motorsport zurückziehen werde. Damit waren nun nach den Rennwagen auch die Sportwagen betroffen.
Alfred Neubauer hatte bereits in Sizilien davon erfahren. Als er am Abend nach dem Rennen zu seiner Villa zurückkehrte, fand er einen Brief von Nallinger vor. Er war bereits am 12. September geschrieben worden und lautete, auszugsweise, wie folgt: „Nach reiflicher Überlegung ist der Vorstand zu der Entscheidung gelangt ... sich unwiderruflich für die nächsten Jahre ... vom Motorsport zurückzuziehen.“ Und man hielt sich an diesen Beschluß. Aus den Jahren sollten indessen Jahrzehnte werden.

„Weder im Renn- noch im Rallye-Sport lassen sich heute umfassende, auf die Serienfertigung übertragbare Versuchsergebnisse erzielen. Hierzu bedarf es eigenständiger Spezial-Konstruktionen."
Günther Molter

Testfahrzeuge

Die Erfolge der silbernen Rennwagen aus Untertürkheim blieben bis heute in wacher Erinnerung, obwohl seit dem letzten Einsatz bereits mehr als ein Vierteljahrhundert verstrichen ist. Mit schöner Regelmäßigkeit tauchen seit 1955 in der Sport- und Automobil-Presse die Rufe nach einem Mercedes-Comeback auf. Im Jahre 1969 glaubte man sogar reale Anzeichen für eine bevorstehende Rückkehr in das Sportgeschehen erkennen zu können, als der Mercedes C111 vorgestellt wurde. Man bedachte ihn mit viel Vorschußlorbeer und man sah in ihm einen neuen 300SL...
Doch die Verhältnisse lagen ganz anders. Gerade am Beispiel C111 zeigt sich die heutige Einstellung der Daimler-Benz AG recht deutlich. Dieser Wagen war von Grund auf als Versuchsträger geschaffen worden, keinesfalls als Prototyp einer Serienfertigung. Wobei die Versuchstätigkeit nicht auf einzelne Komponenten, wie etwa den Kreiskolbenmotor oder die Radaufhängungen, beschränkt blieben, sondern alle Bereiche des Fahrzeugs umfaßten. Deshalb erhielt der C111 auch die ungewöhnlich komplette Ausstattung, die den Eindruck eines Vorserien-Fahrzeugs erwecken konnte.
Für einen Renneinsatz hätte man an einem derartigen Versuchsfahrzeug zu viele Zugeständnisse an die Konkurrenzfähigkeit machen müssen, wobei die eigentliche Aufgabe nur noch unvollkommen zu erfüllen gewesen wäre. Daß der C111 jedoch nicht allein ein Studienobjekt der Daimler-Benz-Entwicklungsabteilung bleiben sollte, zeigte sich bei seinem neuerlichen Auftritt in der Öffentlichkeit im Jahre 1976. Diesmal errang er sich in der Tat sportlichen Lorbeer. Ausgestattet mit einem Fünfzylinder-Dieselmotor aus dem Pkw-Programm, den man mit einem Abgas-Turbolader versehen hatte, stellte diese C111-Version einige eindrucksvolle Langstrecken-Weltrekorde auf. Mit einem Schnitt von 252 km/h über Distanzen von 10000 Kilometer und 10000 Meilen zeigte er völlig neue Leistungsbereiche des Dieselmotors auf. Mit diesen und nachfolgenden Rekordfahrten durch neue Versionen des Mercedes C111 zeigten die Mercedes-Techniker ihr nach wie vor lebendiges Interesse am Motorsport. Die Bedingungen haben sich jedoch grundlegend gewandelt, denn auf den Rennpisten ist, wenn überhaupt, eine Grundlagenentwicklung nur noch in äußerst geringem Umfang zu verwirklichen. Diese Aufgaben werden heute voll und ganz von speziellen Versuchsfahrzeugen übernommen (die indessen schon einmal zu Rekordleistungen in verschiedenen motorsportlichen Kategorien „mißbraucht" werden können...).
Das automobilsportbegeisterte Publikum auf der ganzen Welt wurde 1979 von einer Meldung aus Untertürkheim überrascht: Es hieß, Mercedes steige werksseitig wieder in den Motorsport ein. Die damit verbundenen Hoffnungen und Vermutungen mußten jedoch bald wieder begraben werden, denn am Start der Rallye-Weltmeisterschaft der Saison 1980 waren keine Mercedes-Rennwagen zu sehen, auch keine speziell für diesen Einsatzzweck gebauten Rallye-Boliden vom Schlage eines Lancia Stratos, Renault Turbo oder der zahlreichen „serien-ähnlichen" Wagen mit leistungsstarken Vierventilmotoren. Die Mercedes-Sportentwicklungsabteilung unter der Leitung Erich Waxenbergers hatte für die internationalen Spitzenfahrer Björn Waldegaard und Hannu Mikkola sowie einigen anderen, abwechselnd verpflichteten Rallye-Spezialisten eine Rallye-Version des Serien-Coupés 450SLC vorbereitet. Diese Wagen waren wie die Wagen früherer Mercedes-Rallye-Aktivitäten in den fünfziger und sechziger Jahren in nur geringem Umfang gegenüber dem Serienprodukt abgeändert. Außer einigen Verstärkungen, der notwendigen Rallye-Ausstattung und leistungsgesteigerten Motoren, an deren Abmessungen und Bestückungen nichts geändert wurde, blieb die Ausgangs-Konstruktion vollständig erhalten.
Die Zuverlässigkeit und Ausdauer dieser im Vergleich zur Konkurrenz sehr zivilen Rallye-Mercedes konnte man vor allem bei Langstreckenprüfungen wie der East African Safari oder der Rallye Codasur in Argentinien eindrucksvoll unter Beweis stellen. Die Verantwortlichen in Untertürkheim waren sich indessen im klaren darüber, daß man mit den eingesetzten Fahrzeugen nicht an die großen Erfolge in der langen Mercedes-Rallye-Geschichte anschließen konnte. Man stand somit vor der Entscheidung zum Bau eines neuen Mercedes-Hochleistungs-Sportwagens, der diesmal für den Rallye-Sport zu konzipieren gewesen wäre. Bei allen größeren Aktivitäten des Hauses Daimler-Benz auf diesem Sektor des Motorsports hatte man bisher ausschließlich modifizierte Serienwagen verwendet. Das große Geländefahrer-Team bei den Zuverlässigkeitsfahrten der dreißiger Jahre hatte man mit dem 170V in Roadster-Versionen ausgerüstet; der Monte-Carlo-Sieger und Europameister des Jahres 1960, Walter Schock, war genauso wie der Champion 1962, Eugen Böhringer, mit der Limousine vom Typ 220S unterwegs gewesen. Bei den heutigen Rallies ist zunehmend der sportliche Zweikampf in den Vordergrund gerückt worden; an die Stelle der Ausdauerprüfung von Serienwagen trat die erbarmungslose Zerreißprobe von Spezialkonstruktionen. Unter diesen Gesichtspunkten verzichtete Daimler-Benz auf eine weitere werksseitige Teilnahme am Rallyesport; der Wunsch der Motorsport-Freunde nach einem neuen Mercedes-Rennwagen bleibt auch weiterhin unerfüllt...

Als 1969 dieses hochmoderne Mercedes-Coupé vorgestellt wurde, glaubten Presse und Öffentlichkeit an einen Nachfolger des 300 SL. Der C 111 sollte jedoch anderen Zwecken dienen, es war weder an eine Serienfertigung noch an einen Sport-Einsatz gedacht. Zu Anfang seiner Karriere stellte der C 111 erst einmal einen Versuchsträger für die Wankelmotor-Entwicklung dar.

Das erste Antriebsaggregat im C 111 war ein Dreischeiben-Wankelmotor, der als Mittelmotor vor der Hinterachse eingebaut wurde.

Unten: Der C 111 bei Strömungsversuchen im Windkanal. Die aufgeklebten Wollfäden zeigen die Führung des Luftstroms auf der Karosserieoberfläche an.

Die Phantomzeichnung zeigt den ersten C 111 von 1969. Neben der Motorenforschung galt das Interesse der Techniker bei diesem Fahrzeug auch der Erprobung neuer Radaufhängungs-Details.

1970 wurde der C 111 zum erstenmal überarbeitet. Er bekam nun ein Vierscheiben-Wankel-Aggregat mit ca. 350 PS Leistung eingebaut.

Die drei ersten C 111 auf der Daimler-Benz-Einfahrbahn. Links die erste Prototypen-Version mit einer behelfsmäßigen Karosserie. Rechts die Ausführung 1969, und in der Mitte die auf dem Genfer Salon 1970 vorgestellte dritte Ausführung, nunmehr mit dem neuen Wankelmotor ausgestattet. Auf der Ausstellung setzte zwar schon eine rege Nachfrage ein, aber es war nie die Absicht von Daimler-Benz gewesen, diesen von vielen als „Sportwagen der siebziger Jahre" betrachteten Wagen ins Verkaufsprogramm aufzunehmen.

Links: Angesichts solcher Bilder wurden die Dementi von Daimler-Benz zur Produktionsaufnahme lange Zeit nicht ernstgenommen. Der C 111 präsentierte sich 1970 tatsächlich in einem nahezu serienreifen Zustand!

Unten: An der Karosserie hatte man für 1970 einige Änderungen vorgenommen. Der Kühllufteinlaß lag nun unten im Bug, auf der Oberseite war der Warmluftaustritt angeordnet.

Das Kapitel C 111 schien für Daimler-Benz schon seit langem abgeschlossen zu sein, als im Sommer 1976 plötzlich wieder eines dieser Coupés auftauchte. Die radikalste Änderung hatte sich dabei im Motorraum vollzogen, denn hier saß nun ein Fünfzylinder-Dieselmotor mit Turbo-Aufladung.

Unten: An der Karosserie hatte man nur kleine Änderungen vorgenommen, die zur Verbesserung der Aerodynamik dienten.

Vom 12. bis 14. Juni befand sich ein Ingenieur-Team von Daimler-Benz in Nardo in Süditalien und stellte mit dem Diesel-C 111 insgesamt 16 internationale Klassenrekorde auf. Dabei erzielte man Durchschnittsgeschwindigkeiten von über 250 km/h.

Zwei Jahre später fand sich Daimler-Benz erneut mit einem speziellen Rekordfahrzeug in Nardo ein. Bei der Entwicklung dieses C 111-III stand die Optimierung des Luftwiderstandsbeiwerts im Vordergrund. Man erreichte einen c_w-Wert von knapp unter 0,2.

Unten: Dem Bau des C 111-III waren lange und gründliche Versuchsreihen im Windkanal vorangegangen. Hier wird der Strömungsverlauf mit verschiedenfarbigen Rauchfahnen aufgezeigt.

Am 30. April 1978 stellten die Journalisten Paul Frère und Rico Steinemann (beide erfahrene Rennfahrer) sowie die Versuchs-Ingenieure Dr. Hans Liebold und Guido Moch neun neue Geschwindigkeits-Weltrekorde auf, die vorher von Fahrzeugen mit Benzinmotoren gehalten worden waren. Der Turbo-Diesel war dabei auf eine Leistung von 230 PS getrimmt worden, womit er den Wagen auf eine Geschwindigkeit von 325 km/h bringen konnte.

Der bisher letzte Auftritt eines Mercedes-Rekordfahrzeugs fand im Mai 1979 statt. Dazu war der nun C 111-IV genannte Wagen erneut im Windkanal überarbeitet worden.

Unten: Mit dem C 111-IV wollte man Versuchsfahrten im aerodynamischen Grenzbereich mit hohen Geschwindigkeiten durchführen. Dazu hatte man auch ganz spezielle Spoiler und Stabilisierungsflossen angebracht.

Als Versuchsstrecke hatte Daimler-Benz erneut Nardo gewählt. Der C 111-IV wurde nun von einem Fünfliter-V8-Zylinder-Otto-Motor angetrieben, den man mit zwei KKK-Abgas-Turboladern versehen hatte. Somit stand ein Leistungspotential von 500 PS zur Verfügung. Dr. Liebold erreichte mit dem Wagen Geschwindigkeiten von über 400 km/h und überbot dabei auch den Geschwindigkeitsweltrekord auf geschlossenen Rundstrecken, den vorher ein 1100 PS starker Porsche 917 gehalten hatte.

Rechts: Dies ist das Cockpit eines Rallye-Mercedes der Saison 1979/80. Man erkennt noch immer den Charakter eines Luxus-Sportwagens, ganz im Gegensatz zu den Rallye-Boliden der Konkurrenz, bei deren spartanischer Ausstattung die Funktionalität manchmal zu weit getrieben wurde.

Unten: Mercedes 450 SLC 5.0 im Rallye-Trimm. Mit diesen Wagen beteiligte sich Daimler-Benz 1979/80 an der Rallye-Weltmeisterschaft.

Links: Auch die SLC-Coupés waren für den Rallye-Einsatz weitgehend serienmäßig belassen worden. Der Fünfliter-Leichtmetall-V8 gab etwa 300 PS ab. Man rechnete sich bei den Einsätzen in der Hauptsache bei Langstrecken-Rallies, bei denen es auf Ausdauer und Zuverlässigkeit ankam, gewisse Erfolgschancen aus. In der Saison 1980 konnte man dann auch einige gute Plazierungen (Neuseeland, Safari, Portugal, Argentinien) erzielen.

Unten: Der Mercedes 280 E als Rallye-Fahrzeug. Als 1977 einige Werksunterstützte Mercedes-Teams sich an der Marathon-Rallye London – Sydney beteiligten, sprach man erstmals von einem Motorsport-Comeback der Stuttgarter. Tatsächlich trat das Werk dann im März 1978 mit den leicht modifizierten 280er Limousinen bei der East African Safari-Rallye in Kenia an.

Unten: Fünf 500 SLC und ein 280 CE vor der Flugzeugverladung zur Rallye Codasur in Argentinien 1980.
Rechts: Zuverlässigkeit und Schnelligkeit waren ausschlaggebend für den Triumph beim Rallye-Marathon London – Sydney über 30000 Kilometer.

Oben: Nächtlicher Service bei der Rallye Akropolis 1980: ein 500 SLC wird zur nächsten Sonderprüfung vorbereitet.

Rechts: Ebenso Aufsehen erregend wie überzeugend war das Auftreten der Mercedeswagen bei den East-African-Safari's 1979 und 1980.

Oben: Neben den SLC-Coupés wurde in der Saison 1980 auch der kleinere 280 CE eingesetzt.
Oben rechts: Hannu Mikkola und Arne Hertz belegten beim letzten Lauf der Weltmeisterschaft 1979 an der Elfenbeinküste auf einem seriennahen 450 SLC 5.0 den 1. Platz.

Rechts: Auch auf den mörderischen Andenpässen konnte das SLC-Coupé überzeugen. Mikkola belegte bei der Rallye Codasur 1980 Platz zwei.

Stichwortverzeichnis

A.A.A. (American Automobile Association) 33, 35
ADAC 93
Adler 40, 63
A.I.A.C.R. (Association Internationale des Automobile Clubs Reconnus) 33, 76, 91, 93, 122, 145
Aintree Circuit England 239, 240
Akropolis-Rallye, 213
Alexander, Jesse 226
Alfa Romeo 51, 62, 71, 73, 92, 93, 97, 102, 106, 107, 120, 121, 160, 167, 171, 175, 181, 185, 229
Arkwright, L. G. 35
Ascari, Alberto 73, 75, 189, 228, 229, 232
Aston, Martin 181, 215
Ate (Alfred Teves KG) 237, 250
Auer, Christian 16
Austin Healey 242
Austro-Daimer 39, 79, 137
A.v.D. 76, 88, 93
Auto Union 68, 93, 102, 103, 104, 106, 107, 113, 117, 120, 121, 122, 127, 129, 133, 137, 139, 145, 151, 153, 156, 157, 160, 165, 168, 175, 229, 232
AVUS 65, 76, 78, 92, 95, 102, 104, 106, 122, 126, 128, 130, 232

Balbo, Marschall 167, 172
Barbarou, Marius 15, 23, 26, 27
Barlow, Horace V. 37
Bauer, Wilhelm 12
Behra, Jean 233
Behr 58, 169, 232
Bender, Mathias 11
Bentley 47, 49
Benz Auto Import Company 30, 33
Benz Automobile 8, 40
Benz Blitzen-Benz 27, 33, 34, 35, 37, 49, 71, 122, 137
Elefant 35, 91
Tropfenwagen 63, 65, 68
Boxermotor 11
Benz, Karl 8, 15, 76
Benz & Co. Rheinische Gasmotoren-Fabrik 8
Benz & Cie. 15, 29
Bergdoll, Erwin 33
Berge, Ernst 50
Berger, Arthur 63, 137
Bernet, Hans-Joachim 70
BMW 40, 181
Boddy, William 37
Böhringer, Eugen 258
Bolster, John 212
Bonneville Salz-See, Utah 35, 125, 140, 143, 213
Bosch GmbH 189, 191, 222, 231, 249
Bouillon, Pierre (Pierre Levegh) 185, 242
Bowden, Herbert 20
Bracco, Giovanni 183, 187, 188
Bradley, W. F. 49, 53
Brasier 29
Brauchitsch, Manfred von 92, 101, 102, 109, 113, 114, 116, 127, 128, 129, 135, 136, 147, 149, 156, 164, 165, 166
Braun, Hermann 12, 16, 22, 39
Braunschweig, Robert 255
Briggs, Commander Wilfred 47
Brighton Beach, Brooklyn 35
Brooklands 30, 35, 37, 71, 73, 103
Bugatti 53, 60, 62, 92, 93, 165
Bunz, Karl 101, 166, 212
Burman, Bob 33, 35
Burman Special 35
Campbell, Malcolm 125, 137
Caracciola, Alice 174
Caracciola, Rudolf 62, 71, 73, 76, 78, 83, 88, 91, 92, 93, 97, 102, 104, 105, 106, 107, 110, 113, 114, 118, 122, 125, 127, 127, 128, 129, 130, 133, 134, 135, 147, 149, 151, 153, 156, 157, 158, 164, 165, 166, 168, 171, 172, 173, 174, 175, 182, 183
Carrera Panamericana, Mexico 186, 192, 249
Carter, Harry 213
Castellotti, Eugenio 242
Caters, Baron Pierre de 18, 20, 21
Chinetti, Luigi 188
Chiron, Louis 113, 114
Cisitalia 181
Clément, Albert 15, 27
Clément-Bayard 39
Cobb, John 125, 140, 143, 144
Collins, Peter 245
C.S.I. (Commission Sportive Internationale) 174, 175
Continental 127, 139, 229, 230, 232, 236
Contra-Motor 10
Coppa Acerbo, Italien 102, 156
Coppa Ciano, Italien 147, 156
Coppa Florio, Sizilien 62
Creuz, Dr. 88
Cunningham, Briggs 182

Daimler, Adolf 12, 23
Daimler, Gottlieb 11, 12
Daimler, Paul 12, 23, 24, 26, 38, 39, 40, 49, 50, 54, 57, 73, 74
Daimler-Benz Aktiengesellschaft (D.B.A.G.) 8, 37, 69, 79, 88, 91, 92, 93, 95, 101, 102, 103, 105, 106, 107, 109, 134, 137, 138, 139, 144, 151, 157, 160, 162, 165, 166, 168, 172, 173, 176, 189, 213, 215, 216, 218, 232, 233, 239, 240, 241, 245, 250, 256, 257, 258
Daimler-Phoenix 12, 13, 14, 23
D.M.G. (Daimler Motoren-Gesellschaft) 11, 12, 18, 23, 24, 25, 26, 29, 30, 38, 39, 40, 43, 47, 50, 51, 52, 53, 60, 63, 66, 71, 73, 75, 76, 79, 80, 81, 83
Darracq 20, 30, 33
Daytona Beach, Florida 20, 30, 32, 33, 35, 79, 125
Dearborn, Bob 184
De Dion 226
Delage 62, 74, 147, 219
Delahaye 151
De Palma, Ralph 26, 32, 35, 40, 49
Diatto 62
Diehl, Georg 15, 23, 27, 30
Dieppe 25, 26, 29, 30
Dinsmore, Clarence Gray 18, 21
Dixi 46
Donington Park 147, 153, 156
Dreher, Theodor 172
Dreyfus, René 92, 151
Duesenberg 74
Dunlop 139, 229
Duff, Captain John 37
Duttenhofer, Max von 22
D.V.L. 133

Earl, Cameron 139
Edge, S.F. 15
Eifelrennen 79, 121, 242
Elgin Rennen, Illinois 49
Engel, Werner 212
Engelbert 229
Erle, Fritz 15, 23, 27, 28, 29, 30, 32, 33, 34, 35, 36, 37, 63
Etrich, Ingo 63
Eyston, George 125, 140

Fagioli, Luigi 102, 106, 107, 113, 116, 183
Fairmont Park Rennen, Pennsylvania 33
Fangio, Juan Manuel 165, 175, 189, 216, 228, 230, 231, 232, 233, 236, 237, 238, 239, 240, 241, 242, 245
Farina, Guiseppe 172, 229, 241
Faroux, Charles 165, 242
Fernihough, Eric 133
Ferrari 51, 175, 182, 183, 187, 192, 213, 215, 216, 225, 228, 229, 231, 232, 239, 241, 242, 245, 256
Ferrari Scuderia 167
Fiat 29, 32, 49, 51, 62, 66, 71, 73
F.I.A. (Fédération Internationale de l'Automobile) 33, 174, 229
Fitch, John 186, 187, 188, 189, 212, 213, 239, 245, 253, 254
F.K.F.S. (Forschungsinstitut für Motorisierung und Fahrzeug-Maschinen) 133, 134
Forstenrieder-Park-Wettrennen 75
Frankenberg, Richard von 50
Frankfurter Rennen 15
Französischer Automobilclub (ACF) 24
Frey, Jean 33
Froehlich, Jesse 30, 32

Gabelbach-Bergrennen 91
Gärtner, Walter 70
Gaillon Bergrennen 33, 34, 36
Ganß, Julius 15
Ganz, Josef 68, 69, 70
Gassmann, Hans 217, 218, 219, 220, 224, 249
Geier, Hanns 106
Geiger, Eugen 187
Gendebien, Olivier 189, 212, 213
General Motors 81
Grobron-Brillié 20
Gonzales, José Froilan 165
Gordini 185, 187, 216, 233
Gordon-Bennett, James 17
Gordon-Bennett-Rennen 17, 20, 23
Gordon-Bennett-Trophäe 17, 20, 22
Grand Prix
  Argentinien 79, 165, 166, 175, 229, 236
  Belgien 102, 121, 160, 164, 229, 239
  Deutschland 78, 79, 88, 106, 149, 153, 165, 175, 230
  England 229, 237, 239
  Frankreich 23, 24, 25, 26, 27, 33, 40, 43, 50, 66, 79, 95, 164, 228
  Holland 239
  Irland 79
  Italien 71, 102, 167, 231, 240
  Schweden 242, 254
  Schweiz 153, 156, 165, 175, 231
  Spanien 102, 232
  Tripolis 95, 151, 156, 167, 172
  USA 29, 30, 33
Green, William 143
Gregory, Ken 233
Groulart, Louis de 23, 27, 28, 29, 30, 37
Grupp, Erwin 186, 228
Gutbrod 191
Gyon-Rennen, Ungarn 103, 105, 122

Hall-Scott 40
Hankinson, Ralph („Pappy") 35
Hanriot, René 27, 29, 37
Harkness, Harry 35
Hartmann, Hans Hugo 165
Haspel, Wilhelm 165, 174, 216
Hawthorne, Mike 213, 238, 242
Hearne, Eddie 33
Heeß, Albert 95, 97, 102, 107, 114, 117, 160, 163, 165, 168
Heim, Franz 37
Heinkel 143
Heinrich, Ing. 191
Heinrich, Prinz 39, 41
Helfrich, Theo 183, 185, 186
Héméry, Victor 23, 24, 25, 27, 28, 29, 30, 32, 36, 37, 102
Hemminger 71
Henne, Ernst 102, 103
Herkules-Bergrennen 68, 75
Herrmann, Hans 192, 228, 229, 231, 232, 233, 238, 240
Higham Special 35
Hirth 63, 106, 120, 222, 248, 249, 256
Hirth, Hellmuth 63, 66, 101
Hispano-Suiza 51
Hitler, Adolf 93, 143, 144
Hockenheim 233, 236
Hörner, Franz 37, 65, 66, 67
Hoffman, Max 192
Hopfinger, K. B. 138
Horch 57
Hornsted, L. G. „Cupid" 35, 36
Hühnlein, D. 102, 122, 130, 144
Humber 8
Huy Rennen, Belgien 15

Indianapolis 30, 33, 53, 60, 75, 78, 80, 95, 166, 175, 240, 241
Internationale Motorsport-Ausstellung, New York 209

Jaguar, 176, 181, 182, 185, 242, 245, 250, 256
Jarrot, Charles 18
Jellinek, Emil 11, 12, 15, 16, 17, 18, 20, 21, 24, 26, 38, 39, 192
Jenatzky, Camille 18, 21, 24, 25, 26
Jenkinson, Denis 189, 245

Kaiserpreis-Rennen 23, 40
Kaiser Wilhelm II. 8, 23, 76
Kamm, Wunibald 73, 131, 139
Kaulla, Alfred von 50
Kautz, Christian 121
Kerscher, Ben 33
Keser, Artur 222
Kissel, Wilhelm 76, 91, 93, 137, 138, 139, 173, 174
Klenk, Hans 176, 183, 184, 229
Kling, Karl 165, 166, 175, 176, 182, 183, 184, 185, 186, 188, 189, 212, 215, 216, 220, 227, 228, 229, 230, 231, 232, 233, 236, 237, 239, 240, 241, 242, 245
Kniebis-Bergrennen 75
Knight, Charles 26
Knox 33
Könecke, Fritz 216, 257
König-Fachsenfeld, Reinhard 92
Königstuhl-Bergrennen 67
Kohlrausch, Bobby 147
Kosteletzky, Walter 217, 236, 239
Kraus, Ludwig 53, 176, 217, 224, 225, 226, 232, 236, 239, 240, 250
Krauss, Jakob 60, 95, 109, 113, 114, 119, 123, 144, 166
Kroth, Ewald 93

Lamm, Heinz 175, 217, 223, 256
Lancia 51, 183, 189, 192, 229, 232, 239, 258
Lang, Hermann 70, 106, 116, 118, 119, 121, 128, 129, 130, 135, 136, 147, 151, 156, 160, 164, 165, 166, 168, 171, 172, 182, 183, 185, 186, 187, 188, 216, 230, 232
Lang, Richard 55, 57
La Turbie Bergrennen 12
Lautenschlager, Christian 25, 29, 40, 43, 46, 47, 49, 53, 60, 62
Lee, Tommy 166
Le Mans 79, 91, 181, 182, 183, 192, 236, 239, 240, 242, 245, 249, 250, 252
Lightning Short Handicap 37
Lindenmaier 164
Lippart, Ing. 191
Loof, Ernst 220
Long Acre 47
Lorenz, Wilhelm 22
Lorraine-Dietrich 37
Lorscheidt, Manfred 176, 219, 220, 224, 238, 249
Loutzky, Boris 38
Lyon 36, 43, 46
Lythe, Charles 33

Mach, Ludwig 12
Mahle KG 66, 221
Mairesse, Willy 213
Manly, Charles 40
Marriot, Fred 30, 33
Maruhn Dr. 179, 190, 191
Maserati 51, 92, 93, 102, 107, 160, 167, 171, 172, 215, 216, 229, 232, 233, 236
Masetti, Count Guilio 49, 53, 62, 71, 73
Maybach, Wilhelm 11, 12, 13, 14, 15, 20, 22, 23, 26, 38, 39, 40
Mays, Raymond 73, 74
McComb, Wilson 213
Mercedes Automobile 29, 60, 83, 143
Mercedes-Benz 46, 66, 93, 102, 151, 171, 175, 232, 236, 242, 245, 256, 258
Merz, Otto 60, 71, 78, 88, 92, 164, 185
Metternich, Fürst Paul Alfons von 213
Mickl, Josef 139
Mikkola, Hannu 258
Mille Miglia 79, 92, 144, 181, 182, 183, 192, 212, 213, 238, 245, 249
Miller 60, 66, 74
Miller, Harry 53
Milner, C. Eric 37
Milton, Tommy 60
Minoia, Fernando 52, 66, 76, 78
Mischke 213
Moll, Rolf 213
Molter, Günther 165, 187
Monte Carlo Rallye 182
Monza 53, 60, 62, 65, 66, 71, 73, 74, 75, 76, 101, 104, 109, 118, 120, 121, 146, 147, 149, 151, 153, 156, 192, 231, 232, 236, 237, 240, 249, 250
Moross, Ernest R. 30, 32, 33, 35
Mors 14
Moss, Stirling 189, 213, 232, 233, 236, 237, 238, 239, 240, 241, 242, 245, 250, 254
Müller, G. 209

Nallinger, Friedrich 30, 63, 65, 83
Nallinger, Fritz 37, 83, 91, 95, 109, 114, 115, 117, 119, 140, 166, 175, 176, 192, 216, 233, 242, 257

NAG 40, 76
Napier 14, 18, 23, 125
Nazzaro, Felice 66
Neubauer, Alfred 27, 62, 71, 73, 76, 78, 83, 91, 92, 93, 95, 102, 109, 114, 119, 133, 137, 138, 144, 145, 164, 165, 166, 167, 168, 171, 172, 174, 175, 176, 181, 182, 183, 184, 186, 187, 212, 215, 216, 217, 228, 231, 233, 236, 239, 245, 256, 257
Nibel, Hans 23, 27, 30, 63, 65, 69, 91, 95, 105, 137, 138
Nizza 8, 16
Niedermayer, Norbert 183, 185
N.S.K.K. (Nationalsozialistisches Kraftfahr-Korps) 102, 122, 144
Nuffield Trophäe Rennen 172
Nürburgring 75, 88, 92, 95, 97, 102, 114, 153, 156, 164, 165, 172, 175, 228, 230, 241, 242
Nuvolari, Tazio 106, 107, 113, 151, 153, 156, 157, 165

Oldfield, Barney 30, 32, 33
Olley, Maurice 158
OM 76
O.N.S. (Oberste Nationale Sportbehörde) 122, 125, 130, 133, 144
Opel 68
Opel-Darracq 21
Opel, Fritz von 139
O'Shea, Paul 212, 213, 215
Ostende 20, 36

Packard 40, 49
Panhard 12, 13, 14, 15, 40
Panhard & Levassor 11
Palous & Beuse 40
Pau 149, 151, 153, 156, 164
Perouse, Augustin 174
Pescara 156
Peugeot 11, 40, 41, 43, 47
Pilette, Theodor 26, 40, 43, 47
Pirelli 75, 229
Pipe 23
Pöge, Willy 25
Pomeroy, Laurence 175, 182, 236
Porsche 162, 222
Porsche, Ferdinand 39, 57, 60, 62, 66, 71, 73, 74, 75, 76, 78, 79, 80, 81, 83, 86, 88, 91, 93, 102, 117, 137, 138, 139, 140, 142, 145, 146, 181, 224

Prager Bergrennen 60
Prinz-Heinrich-Fahrt 39, 41
Pullen, Eddie 40

Rabe, Karl 139, 140
Railton Mobil Special 140, 144
Railton, Reid 144
Reims 156
Richard-Brasier 21
Rieger, Hans 60
Riess, Fritz 183, 185, 186, 187
Rishel, Bill 35
Robertson, George 32
Robert-Batschari-Rennen 83
Röhr, Hans Gustav 114, 115
Rolland Pillain 66
Roller, Franz 176, 181
Rolls-Royce 47, 137
Rose, Gerald 14
Rosemeyer, Bernd 107, 113, 116, 129, 133, 135, 137, 157, 183, 229
Rosenberger, Adolf 67, 68, 75, 76, 78, 88, 102
Rudge-Whitworth 36
Rumpler 43, 65, 67
Rumpler, Edmund 65, 66
Rumpler-Taube 63
Russo, Paul 241

SAF (Süddeutsche Automobilfabrik) 65
Sailer, Karl 60
Sailer, Max 46, 47, 49, 51, 53, 54, 57, 60, 62, 73, 74, 78, 79, 80, 83, 95, 105, 109, 114, 119, 120, 131, 139, 142, 146, 160, 165, 166, 168, 171, 172, 216
Salzer, Otto 24, 25, 29, 40, 43, 47, 49, 53, 60, 62, 76
St.Petersburg-Moskau-Rennen 29
San-Sebastian-Rennen 73, 86
Sarthe-Kurs 40
Scace, William 213, 214
S.C.C.A. (Sports Car Club of America) 213
Schauinsland-Bergrennen 68, 75
Scheef, Paul 52, 53
Scheerer, Georg 95, 110, 114, 119, 120, 125, 130, 147, 149, 151, 162, 165, 166, 175
Scherenberg, Hans 190, 191, 236
Schilling, Otto 51, 54, 73, 93, 95, 100, 102

Schirmer 125
Schlör, K. 135
Schmidt, Albert 213, 214
Schmidt Special 60
Schnauffer, K. 189
Schönfeld, Walter von 166
Schopper, Karl 53
Schreck 143
Schroeder, Eric 35
Schwerdtfeger, W. 50, 53
Scott-Moncrieff, David 216
Seaman, Richard 121, 128, 129, 147, 153, 156, 164, 172, 236
Sebastian, Wilhelm 91, 92, 102, 171
Segrave, Sir Henry O.D. 73, 125
Semmering-Bergrennen 15, 21, 25, 29, 30, 62, 91, 95
Serpollet 27
Sheepshead Bay Rennen 35, 36
Shelby, Carroll 215
Schock, Walter 213, 258
Silberpfeil 102
Silverstone 229
Simon, André 238, 242
Solex 121
Solitude 60, 67, 68, 78, 192
Speer, Albert 143
Staffin, Robert 63
Stallings, J. A. „Gus" 214
Stanley Steamer 33
Stauss, Emil Georg von 93
Stuck, Hans 92, 93, 102, 135, 137, 138, 139, 141, 143, 144
Sultan von Jahore 22
Sunbeam 36, 40, 62, 74

Tak, W.J.J. 212
Talbot 76, 78, 182, 185, 242
Targa Florio 23, 49, 51, 52, 53, 54, 62, 66, 79, 168, 245, 254, 256, 257
Taruffi, Piero 167, 172, 239, 240
Tatra 43
Tetzlaff, Teddy 35, 213
Thunderbolt 140
Tigler, Carl Hermann 68
Todt, Fritz 144
Tour de France 213
Tourist Trophy 79, 91, 245, 256
Trips, Graf Wolfgang Berghe von 213
Tulpen-Rallye 212

Udet, Ernst 137, 138, 139
Uhlenhaut, Rudolf 114, 115, 116, 118, 119, 125, 126, 146, 149, 153, 156, 158, 160, 161, 162, 165, 166, 172, 175, 176, 181, 182, 185, 186, 192, 209, 213, 215, 217, 219, 226, 228, 229, 233, 236, 237, 239, 240, 254, 257

Vanderbilt Cup Rennen 23, 118, 121, 166
Vanderbilt, William K. Jr. 15, 20
Vauxhall 40
Veritas 222
Villoresi, Luigi 171, 172, 232
Voisin 66
Volkswagen 139

Wagner, Louis 47
Wagner, Max 63, 65, 66, 69, 70, 91, 93, 95, 102, 109, 114, 117, 119, 139, 145, 146, 151, 153, 168
Walb, Willy 63, 65, 66, 67, 68, 69, 78, 83, 88, 91, 102
Waldegaard, Björn 258
Walker, Rob 254
Walkerley, Rodney 184
Walz 174
Waxenberger, Erich 258
Weber, Otto 60
Weigel, D. M. 24, 39
Wendel, Fritz 143
Werner, Christian 53, 60, 62, 71, 75, 88, 95
Werner, Hans 217
Werner, Wilhelm 14, 18
Werlin, Jakob 93, 133
Wieman, Theo 53
Wieselmann, H. U. 212
Wilkins, Gordon 213, 255
Wilfert, Karl 181, 250
Wishart, Spencer 26
Worthington, Gordon 214

Zampiero, Armando 212
Zandvoort 236, 239
Zatuszek, Carlos 91
Zborowski, Graf Eliot 15, 16, 35, 236
Zborowski, Graf Louis Vorow 35, 37, 71, 73, 236
Zehender, Geoffredo 128
Zimmer, Willy 91, 125, 164